imaginist

U0932472

想象另一种可能

理
想
国

imaginist

HENRY DAVID THOREAU

梭罗传

A LIFE
完整的一生

〔美〕
劳拉·达索·沃尔斯
/著/
钱佳楠
/译/

河南文艺出版社

图书在版编目(CIP)数据

梭罗传 / (美) 劳拉·达索·沃尔斯著；钱佳楠译．
—郑州：河南文艺出版社，2021.1

ISBN 978-7-5559-1080-0

Ⅰ．①梭… Ⅱ．①劳… ②钱… Ⅲ．①索罗（
Thoreau，Henry David 1817-1862）—传记 Ⅳ．
① K837.125.6

中国版本图书馆 CIP 数据核字 (2020) 第 260672 号

梭罗传

[美] 劳拉·达索·沃尔斯 著　钱佳楠 译

选题策划　陈　静
特约策划　刘　畅
责任编辑　李建新
特约编辑　王天仪　沈　悦
责任校对　梁　晓
装帧设计　吴黛君
内文制作　李丹华

出版发行　河南文艺出版社
本社地址　郑州市郑东新区祥盛街27号 C座 5楼
邮政编码　450018
承印单位　山东临沂新华印刷物流集团有限责任公司
开　　本　1270毫米 × 960毫米　1/16
印　　张　35.75
印　　数　1—8 000册
字　　数　490 000
版　　次　2021 年 1 月第 1 版
印　　次　2021 年 1 月第 1 次印刷
定　　价　108.00元

献给理查德·冯·达索（1939—1967），这位走在前面的艺术家和诗人

“我的兄弟，成为我的缪斯吧……”

目　录

第三部　继承

序言

我们都是多么年轻的哲学家和实验家啊！

在我的读者中，还没有一个人度过了整个人生。

——亨利·戴维·梭罗《瓦尔登湖》

每个走近梭罗的人都有一个故事。我的故事始于街角的一家书店，我从书架上抽出这本书，完全是因为它小，有着绿封皮——很像我随身带着的那本绿色小书（从我爸的书房里偷来的），那本书的作者叫拉尔夫·沃尔多·爱默生*。“所有作为个体的人都有着一个共同的心灵，”书开篇写道，“历史就是这个共同心灵的记录。”† 对一个焦躁、理想主义的青少年来说，这就好比让猫飘飘欲仙的猫薄荷。现在有了第二本绿色小书，而且这本书有两个标题：“瓦尔登湖”和“论公民的不服从权利”。“我在这座星球上已经生活了30年有余，”我读着，“但我还没从比我年长的人那儿听见任何有价值的或者真诚的建议。”有道理，我们那时候都喜欢说，不要相信任何超过30岁的人，因为成人的世界很明显是精神

* 拉尔夫·沃尔多·爱默生（Ralph Waldo Emerson，1803—1882）：确立美国文化精神的著名思想家、文学家、诗人，代表作有《论自然》《生命》等。——译注。无特别说明，本书页下注均为译注，原注见文末注释部分。

† 引文出自爱默生的散文《历史》，如无特别说明，引文为本书译者根据文本新译。

错乱的。每天下午，我把门廊上的报纸拿进家门，读着上面的标题，越南死了多少士兵，最新的骚乱又把哪座城给烧掉了，我的哪位英雄又刚被暗杀了。“生活其实是，”这本绿色小书接着说，“我很大程度上还没有尝试的实验，但就算别人尝试过了，对我也没什么用处。”[1]更多的猫薄荷！我买下了这本书，把它带去了学校。后一次我参加例行的橄榄球集会时，在门口就脱离了大部队，坐在旁边的草堆上，翻开我的《瓦尔登湖》。我把书举得高高的，好让我的老师们能看见书名。他们没再管我，从此以后我就一直追随这位奏响着不同音乐的鼓手了。

我写这部传记是为了回到这位开启独立思考空间的人物，我想知道他是怎么为自己打开这个空间的。“人是一捆关系，一团根蒂，但是他开出的花和结出的果就是世界。”[2]爱默生写道。梭罗的根在马萨诸塞州的康科德（Concord），他出生于1817年——和我出生的1970年西雅图相距甚远。但倘若梭罗能活到常人的年纪，我的祖母可能会握过他的手；我们的世界离他那样近，很多时候这就是他开出的花和结出的果。200年前，美国的民主制度让人觉得很原始，充满实验性和不确定性，尤其在康科德，民主完全成了家族产业，由一代人挣得，再传递给下一代人。梭罗感到了无上的责任，他大学毕业之后回到家乡，开始为自己重审民主制度的根基。在他看来，美国革命无疑没有完成：到处都是不平等，物质主义猖狂，美国经济完全仰仗奴隶制。然而，极大的讽刺是，他的前辈们很乐意让这项他们都从中获益的制度继续运行下去。不，不能相信他们，他必须自己来做实验。

等梭罗在城郊的瓦尔登湖畔造了他的小屋时，他早已跻身一个名叫“超验主义者”的激进知识分子圈子，他们相信他们对于高尚精神的信仰能够“超越”日常生活。爱默生是这群人的领袖；梭罗还在哈佛大学念书（他是1837届学生）时，爱默生就搬到了康科德。回家之后，梭罗发现这位新邻居宣扬美国知识分子的独立性，甚至他自己的家也已变成了反对奴隶制运动的温室。梭罗加入了这项新的革命事业，不过到了1844年，他不这么确定爱默生（当时已成了他的导师）能够回答所有的疑问了。他眼前的困境在于如何不把美国革命当作死去的历史，而是将其作为生命经验来颠覆并持续颠覆封闭的传统和舒适的习惯。搬去瓦尔登湖于是具有了双重目的：它给作家提供了栖居地，梭罗可以继续他作为精神追寻者、哲学家和诗人的天职；另一方面，它也提供了公共性的舞台，梭罗可以有意识地实践他个人的革命事业，把他的抗争变成一项行为艺术。

写作《瓦尔登湖》时，梭罗鼓励他的读者尝试自我的生活实验，不要去复制其他人的经验——包括他的经验。当他从瓦尔登湖回来，再次成为城中大家庭的一员，他试图把自己对生活的信仰带进美国工薪阶层的核心——生活本身就应当是对更高的真理的追求。人们常说梭罗转向了“自然”，但其实他真正转向的是“公共领域”——转向当时仍然对所有人开放的空间：森林、田野、山丘、湖滨、蓝莓地、河流、草地、附近的山路、大西洋海岸上敞开的长沙滩。他的写作几乎都在通过林地和水域来探索“公共领域”，延展我们共同的自然和知识遗产，直到它触及了“宇宙”本身。当梭罗在康科德和梅里马克河（Merrimack Rivers）上泛舟时，他经过了时间的深河；当他沿着科德角（Cape Cod Mount）的海岸行走时，他把脚趾探入了环绕地球的大洋；当他站在卡塔丁山（Katahdin）的山脊上时，他是站在星辰的高度呼吸这颗星球稀薄、冰冷的空气。

这个视角——时间的深处、星辰的高度——造就了梭罗哈佛岁月之后的思想。他至少能读六种语言；对他来说，文学就是**世界**文学，从文字开始：荷马*、维吉尔†、《圣经》、印度和中国的典籍、古英语诗歌……一直到新近的德国哲学和科学、法国人关于新大陆的历史研究、英格兰最前卫的浪漫主义诗歌、苏格兰最雄壮的散文。梭罗把从上百卷书里摘录的笔记填满了几十本本子，创建了属于自己的图书馆：诗歌、历

---

* 荷马（Homer，约前 9 世纪—前 8 世纪）：古希腊著名诗人，著有史诗《伊利亚特》和《奥德赛》。

† 维吉尔（Virgil，前 70 年—前 19 年）：古罗马诗人，著有《牧歌集》《农事诗》《埃涅阿斯纪》三部杰作。

史、科学、人类学、旅行、探险。他无穷的好奇心意味着他家后院的蛛丝马迹都可以将遥远的时代和地域带到他身边：耕作的农民让他想起维吉尔的《农事诗》(*Georgics*)；南极探险者帮他分析新英格兰的冬天；爱尔兰的劳工为他展现瓦尔登湖里的《薄伽梵歌》*。从 19 世纪 40 年代到 50 年代，梭罗更热情地投身于社会运动，他把他的北方邻居和南方持续的奴隶制联系起来，这带来了之后的一系列抗议壮举：因为反对税收而在监狱蹲了一晚，他的名篇《论公民的不服从权利》(“Civil Disobedience”)，他愤怒的声讨词《马萨诸塞州的奴隶制》(“Slavery in Massachusetts”)，他对约翰·布朗†所策划的起义的热情声援。美国内战刚爆发不久，死亡带走了他的声音，梭罗的朋友们悼念的不仅是他，也是他刚刚开启却无法活着完成的重要事业。

* * *

当我开始写这本书时，“人类世”(Anthropocene)还是个新词：科学家认为，人类已经成为改变这个星球本身的地质力量。我在写作过程中发现，梭罗的人生虽然短暂，但足以见证和记录美国“人类世”的降临。他生于殖民时期的自给经济农场上，这片土地已经养育了稳定的美国白人社群长达两个世纪，在此之前，美洲土著群体在这里生活了 11000 年之久。自冰川融化后，人类就开始改变梭罗眼见的自然风貌。到他于 1862 年过世的时候，工业革命重塑了他的世界：铁路把康科德从由小农场和军工企业支持的地方经济体改变为全球现代农场和工业网络的城郊交会点。他深爱的树林被伐尽，他年轻时泛舟的乡间小河为棉

* 《薄伽梵歌》(*Bhagavad Gita*)：印度教的重要典籍，叙述了印度两大史诗之一《摩诃婆罗多》(*Mahabharata*)中的一段对话，也简称为“神之歌”。

† 约翰·布朗(John Brown, 1800—1859)：美国废奴主义者，他相信武装起义是根绝美国奴隶制的唯一方式。他在弗吉尼亚州策划的奴隶起义失败后，被以叛国罪等处以绞刑。他也是美国历史上第一个叛国罪罪名成立的人。

花厂发电。1843 年，铁轨径直切掉瓦尔登湖的一角，但是到 1845 年，梭罗仍把小屋造在这里，这就让铁路成为他必须直面的现实。到他离开瓦尔登湖的时候，每天至少有 20 辆客运和货运火车从他的小屋边呼啸而过。他对此的反应是号召邻居们把生活“简化，再简化”。他没有参与那些赚钱的热潮，去购买来自中国、欧洲和西印度群岛的时新装备和商品——他写道，这是在助长盲目的经济，就像在滋养有害的杂草——他呼吁人们小心呵护他们的内在自我及外在的社群，重视精神而非物质，诉诸教育、艺术、音乐和哲学。当他写下“一个人能够舍弃的东西越多，他就越富有”时，他的意思不是禁欲主义者的断舍，而是重新定义“富有”，真正的富有在于内心，而非外表，他渴望把生活自身——包括生活中最简单的行为——转化为艺术。“这就是梭罗，”他的一位挚友写道，“给他阳光，再给他一把坚果，他就觉得足够了。”[3]

梭罗的父亲创办了一家小型铅笔厂后，他家从贫困阶层跃升至中产阶级。梭罗着迷于机器，他为机器生产工序所做的发明和改进给家庭带来了财富。为了供养自己——包括支付住在自家招待所的花销——他白天打工，最终成了土地测量员。当他不在测量物产边界的时候，他就作为一个漫步者和作家穿越自己精神的边界，他从出版和讲座中挣得的钱仅供抵消他的旅行支出。梭罗在生活和工作中距离自然越近，他对科学的兴趣就越浓厚。世间万物的运行规律总在吸引他这个工程师的大脑，他对自然界“各种关联”的求知欲让他远在这一学科诞生之前成为生态学领域的先驱。然而，对自然科学的理解越深，他就越渴望了解那些在人类知识范围之外的东西，那些被他称作是“野生”的东西。在《行走》（*Walking*）这一名篇中，梭罗宣布了他的信条：“这个世界保存在野外中。”之后的岁月中，他用翔实的日志记下他对自然（包括人类本性）的观察，写下每种花的花期、瓦尔登湖融冰的日期、树叶变色的时间，还有降雪的时长和积雪的厚度。他骄傲地说，只要看一眼花，他就能说出这是这个月的第几天，误差不会超过两天。如今，科学家用他周详的日志来追踪过去春秋两季的长度，因为年复一年的气象变化让冬天皱缩，也改变了瓦尔登湖的植被种类。[4]

然而，正如当今这些科学家指出的，梭罗记载的花期看起来简直不可想象，这是因为他记录的那种大自然的节律已不复存在。正因为如此，他的记录帮助我们估量"人类世"的来临，后者正在颠覆一切他所相信的东西。梭罗把"自然"看成是永恒的可再生源泉，这种神圣的力量能够治愈最可怕的人类摧毁行径，包括奴隶制、战争和环境破坏。他用对宇宙间再生力量的动情展望作为《瓦尔登湖》的结语；在他生命的最后几年，当他读到达尔文的《物种起源》，他立即觉得进化论意味着自然是"永恒的**新**生"，一种永不停歇的创造，在每一寸土地和每一个时刻都是如此。人类的行为和他们从地里挖出来供养工业机器的古老化石资源能够彻底改变那些自然进程——改变大气和环绕我们的大洋的化学成分，融化南北极，摧毁冬天，摧毁生命本身——这些已经超越了梭罗思考的范畴。他对自然的信仰能不能延续到"后自然时期"，或者说延续到他所知晓的自然已经终结的时期？

我认为他的信仰会延续。梭罗能够推测出自然进程中哪怕任何一个微小的改变——冬天变得更冷一点儿，洪水更大一点儿——这些都可能让人类文明终结，我们是这样依赖大自然，因而我们没有任何保障。因此他强调要有生活的"意识"，也就是说，要在生活中观察和衡量我们所做选择的道德后果。《论公民的不服从权利》坚持这个观点：我们的选择创造了我们的环境，无论是政治的还是自然的——**所有**选择，包括那些最微小的和看起来微不足道的选择。这些选择的总量被放到这颗行星的天平上称重，如同瓦尔登湖，这颗星球是活着的生命，它敏感，能度量出最微小的变化，并用声音和形式的变化来回应。对于梭罗，这是应当对未来抱有十足的乐观的原因：随着村庄的扩大，老的树倒下了，但他可以种植新的树，讴歌新生的森林。如果说来自英格兰的定居者灭绝了很多新英格兰的动物——河狸、狼、熊、美洲狮、麋鹿、鹿、野火鸡——还有很多存活下来的，足以让他确信野生动物仍然遍布各地，随时能继续繁衍，恢复原来的规模。他未完成的遗作，《野果》(*Wild Fruits*) 和

《种子的传播》(*The Dispersion of Seeds*)，强调哪怕最小的种子，只要随着风或其他小生命传播，都能够改变世界。人类需要做的是，学着和这些重要的生命激流合作而非对抗。梭罗身前未竟的书关乎创建生命社群，他死的时候仍然坚信，他留下的文字会像种子一般生根发芽。正如今天的我们仍然分享着他对生命未来的信仰并为之践行，他会一直引起我们共鸣。

亨利·塞德尔·坎比(Henry Seidel Canby)在他于1939年给梭罗写下的传记中，列举了五六个他本可以选择展开的主题：梭罗作为充满创造力的艺术家，作为康科德的神秘潘神，作为成功的乡村男孩，作为与现代科学发生冲突的超验主义者，或作为与社会发生冲突的个人主义者。[5]正如坎比所见，这些标签从来都无法概括梭罗：梭罗充满堂吉诃德的精神，淘气贪玩，还有着矛盾的多面性。即便是最了解他的朋友都很难用纸笔呈现真实的他。然而，每一代人都试图用自己的方式呈现梭罗的生命。在这一传统下，我试图为我们的时代重现梭罗。我的传记主要基于梭罗的日记、书信、作品，以及和他有关的人的记录。这些档案多有断裂之处，我读到索菲娅·梭罗(Sophia Thoreau)烧毁梭罗家族的信件时哀惋不已，她写这是她作为最后一名家族成员的“悲伤的义务”！[6]不过还有很多东西留下了。说真的，当这本传记出现了膨胀成上下两卷的趋势，我发现，如果要让更广大的读者来阅读，就必须做出困难的决定。我无法囊括梭罗体量浩瀚的日志所提供的整个内部故事，这样做就会产生第二卷书了。我也没有在书里放入对梭罗的很多作品的更广泛的评论，这样做就要再增加好几百页文字。所幸的是，许多对他的作品丰富且多元的诠释都已经开放给公众了。[7]

我提供的文字有关梭罗**身为作家**的一生，因为很明显，他把自己的一生活成了文字作品的延伸，活成了一部开放的、生机勃勃的大书。我希望我的读者在读完这本传记后会有更多的热忱转向他的作品，自行探索梭罗如何“写出”他的人生。有心的读者也能在之前的传记里发现其他的事件和内涵。正如另一位梭罗的传记作者所言，不同的传记不会“相互取消或补足”，而是提供各自的焦点、资讯和视角，人们会继续如此谈论这位“神秘、渊博、天赋异禀，名叫亨利·梭罗的作家”。我对此完全同意，我希望我的努力也能推进这样的对话。[8]

时间上距离我这本书最近的传记是沃尔特·哈丁（Walter Harding）的《亨利·梭罗的日子》（*The Days of Henry Thoreau*），这部作品全方位记录了梭罗人生中重要的事件和作品；罗伯特·D. 理查德森（Robert D. Richardson）的《亨利·戴维·梭罗：思想人生》（*Henry David Thoreau: A Life of the Mind*），从梭罗的生活、阅读和写作出发详细记载了他思想的变迁，不容忽视；大卫·鲁宾逊（David Robinson）的《自然人生：梭罗的世俗超验主义》（*Natural Life: Thoreau's Worldly Transcendentalism*）关注的是梭罗自然生活中的精神轨迹，富有洞见。所有这些都是传记中的典范，我从中学到很多。在注释里我还收入了更多影响和帮助我的作品。这个书单也可以变得更长，因为梭罗的写作几乎都是自传性的，所有对他作品的研究最终都会把他的思想放到他的生命语境里来解读。真正想要研究梭罗和他的时代的读者会希望更充分地探索这些文本。[9]

不过，我寻找的这位梭罗不在任何书里，所以我写下这本书。今天距离梭罗的诞辰已经过去 200 年了，我们发明了两位梭罗，两位都是隐士，但彼此之间存在诸多抵触。一位为自然发声，另一位为社会公义尽责。然而，历史上的梭罗并非隐士，而且梭罗自己的日志显示，他的社会运动和他为自然所做的辩护从根源上来看是一致的：他在自然中看到了社会，他所见之处都有自然，包括城镇中心和人心中。因此，人们或许看到的是分裂，我看到的却是爱默生的“一捆关系”和“一团根蒂”——梭罗的人生和文字就是这些根蒂上开出的花、结出的果。他的人生有着广阔的疆域，不仅包括他走过的地方，还有他研究过的时空，以及他的家族、城镇和国家所涉及的社会历史，这些都已经是全球网络中的一部分。梭罗本人就象征着这种错综复杂的联系，他临死的时候，他的朋友说康科德就是他最真切的纪念碑。现实中，他的确常常和他镇上的同胞产生嫌隙，但他总是在他们身旁，也经常在他们之中——不是高高在上，而是那只一直蜇着他的邻居、以期唤醒他们的牛虻——这种关系塑造了他的文字。因为他的思想超越了他的时代，梭罗总是发现他的声音被审查，被消音——如此频繁，以至于我时而感叹他竟然还有勇气去发声。

总的来说，梭罗在整整一生中挣扎着让自己的声音被人聆听，尽管他面对的是愤世嫉俗者的喧哗和传统习俗的聒噪。他是充满爱意的儿子、忠诚的朋友，但凡他出现的地方，他都带来了熠熠生辉的生气和魅力，无论他是笑还是哭，无论是唱歌还是跳舞，无论是被嘲弄还是因此而哭泣。这些本无须提，然而，令人震惊的是，一些曲解把热情的梭罗说成是冷酷无情的厌世主义者，浑身长满刺，说他和世界格格不入，是个隐士，同时让人厌恶。他当然有可能是冷酷的，也长了刺，偶尔隐居，甚至让一些人讨厌——我希望我的这本书呈现出这些特质，但或许它们能令人理解。我真正的问题是：他如何能在有着那些特质的同时仍然成为世界级的作家，成为带给我们最充满诗意的自然写作的科学家，成为以大众福利的名义赋予弱者最强有力的武器来对抗强者的政治活动家，成为鼓励我们中的每个人去投身人生这场伟大实验的精神追寻者。梭罗得到了朋友们的敬意——他们眼中的他不是圣人，却比圣人更稀罕的：真正度过了完整人生的人道主义者。

术语使用说明：

“印第安”（Indian）一词是入侵的欧洲人对所有美洲土著族群和人种的通称。这一词汇如今很有争议，但是尚未出现一个满意的更正说法。如能够查明他们具体所在的部族，我都使用他们的部落名，这是如今更通行的做法，尊重了土著民族在文化留存和政治主体方面仍在进行的抗争。在我自己的叙述里，我使用“土著”（Native）一词，但是当我引用梭罗和他的同代人时，我仍然沿用他们的说法“印第安”。如果改掉这一点不仅会导致历史错误，也是无视梭罗所生活的时代的局限——他的思考受限于此，尽管他奋力在“印第安”这个通称之外去理解印第安人。尽管他仍把他们视为复数，但他肯定他们是作为个体的思想主体，肯定他们对任何关乎“美国”的定义都至关重要。

关于大写和小写的“自然”（nature）一词的区别：前者经常被用作对神圣理想的超验的或普世的表达，与“普通的”自然界相对。这是爱默生坚持的区别，而梭罗在此当然是延续爱默生的观点。当它指向神圣存在的时候，我把“自然”一词大写；而当它用作现代的世俗含义时，我用小写。

导论　草地河的土地

德国人说：一切皆真。借由它们，你会变得更好。

——亨利 · 戴维 · 梭罗，1837 年 10 月 22 日

塔哈塔莞的箭头

1837 年 9 月下旬一个星期天的晚上，有件事萦绕在年轻的亨利 · 梭罗的脑中。他被嘲笑了整整一个月，直到他把这件事记在自己的新日记本里。“这事情值得写下来吗？或许值得。”他试着讲述，在花了一整天找寻印第安遗址后，他和哥哥约翰漫步到河边看日落。亨利突然诗兴大发，手舞足蹈，拟了一首《蛮荒时期礼赞》:“‘纳肖塔克（Nawshawtuct）的那头，’我说道，‘有他们的居所，他们部落的家园，而那儿，在克兰肖尔（Clamshell）山上，是他们的宴会地。’”印第安人一定经常站在那个位置，而且就在那个时分，一如当日的约翰和亨利！他们看着马斯科特奎德(Musketaquid)河上的落日，和他们先祖的灵魂神交。“‘这儿，’我激动地叫喊起来，‘塔哈塔莞（Tahatawan）曾站在这里；而那儿，是塔哈塔莞的箭头。’”他们坐下，亨利“为了完成那个玩笑”，顺手抓起一块石子——看呀！它正是“最完美的箭头，锐利得宛若刚刚出自印第安工匠之手”！[1]

这是个轻快的故事，两兄弟扮演印第安人。但是，当亨利的手抓起了真实的东西，他少年的幻想便触及了成年人的真相。这个箭头又硬又尖，不像过去遗留下来的，而像是某位老者亲手递交给他的现实之物——如同塔哈塔莞在他身边现形，要他做出选择：你可以当这是迷信，一笑了之；你也可以把这当成是真的。当亨利把这个故事写到日记里的时候，他已经做出了选择：他会让它**成真**。这个选择最终会让他离开家人、朋友和邻居——不同于他们，亨利·戴维·梭罗将成为**作家**。这意味着拥有作家的双重意识，把自我分割成生活和写作两部分；他也开启了双重视域：现在和过去，白人和印第安人，文明和野性，人和自然。最初，促使他跨出这道闸门的不过是个玩笑，是童年时的扮家家游戏。但是梭罗在时间的裂缝里触摸着石头的利刃，感到闸门已经关闭。等时间再度弥合的瞬间，他同时跨在时间的此岸和彼岸，凝视两种现实合为一体。

在河边看落日的那个周日，他还没有领悟。一个月之后，当他以打开日记本的方式来回应爱默生时，他接近了这道闸门。爱默生问他："你现在在干什么？你记日记吗？"梭罗决定："我今天开始记第一篇。"他就这么开始了。然而，成为作家意味着什么？最初，梭罗只是在尝试；他将会在这项事业上坚持很多年。在这个小小的实验里，他把这个箭头的故事变成了**他自己讲述**的故事，他觉得这样做有点儿傻气，但是他同时感到敬畏。下一步是关键的：他知道他在"创作"这个箭头故事——一如箭头本身就是被印第安匠人"制造"出来的。但是，正因为他知道自己在创作，箭头变得真实，被赋予内涵，成为一项使命。它可以成真吗？可以，爱默生这么告诉过他。因此，在第一篇日记的末尾，梭罗写下了爱默生说过的话："一切皆真。借由它们，你会变得更好。"[2]

梭罗在学习如何让万物开口说话，在学着如何成为艺术家。但是，印第安人如今生活在哪里呢？纳肖巴（Nashoba），这座塔哈塔莞帮忙建造的小城早就消失在菲利普王战争*的版图上了：在1675年，当恐惧袭卷英格兰人时，殖民地政府下令将所有居住在新教徒村镇的印第安人收监。纳肖巴的58位居民撤离到民兵队首领约翰·霍尔（John Hoar）位于康科德的大宅，霍尔的家人和纳肖巴的居民一同建造了围桩来保卫他们的新家和工坊。霍尔坚持对康科德其他地方的人说，纳肖巴人热爱和平，勤劳朴素，不构成任何威胁——尽管有几位康科德战士刚死于发生在附近的一场屠杀之中。一个周日，一位军队上校来到教堂，渲染对印第安人的仇恨，康科德的人听着，沉默着。既然没有听到反对声音，这位上校就和他的军队率领一众“102人”的暴徒来到约翰·霍尔的家，他们破门而入，逮捕了躲在里面的58个印第安人——多是妇女和孩子——抢夺他们的衣服、鞋子、餐具和食物补给，把他们驱赶到波士顿港的鹿岛（Deer Island）监狱。在经过了漫长的靠虾蟹和海藻为生的可怕岁月之后，他们被卖作奴隶。[3]就这样，塔哈塔莞和他的族人都消失了。

这个故事的轮廓大致如此。事实上，很多康科德的原住民活了下来，最终过上了康科德寻常百姓的生活。比如说，1676年，他们中的一位，汤姆·杜布莱（Tom Doublet）把玛丽·罗兰森（Mary Rowlandson）从她著名的奴役旅程中赎了出来。但是在1734年，萨拉·杜布莱（Sarah Doublet），杜布莱家族中最后一位继承人，年迈眼瞎，为了生计无奈出售家族的最后一块土地。一个又一个家族，一英亩又一英亩土地，康科德原住民的土地根基被一点一点挪到市场上。然而，他们仍然努力生活着，静静地维系他们的习俗和亲缘。有些人成为农民，但是依然能够打猎和捕鱼，一如他们的长辈。很多去到海上捕鲸，读过梅尔维尔（Melville）《白鲸》（*Moby-Dick*）的人会记起他们。还有的人成为帮佣，或者在工

---

* 菲利普王战争（King Philip's War）：发生在17世纪晚期北美殖民地的一次种族冲突，是印第安原住民和英国殖民者间爆发的一次大规模战争。梅塔科米特（Metacomet）是印第安万帕诺亚格人（Wampanoags）的首领，被英国人称为“菲利普王”。菲利普王率领部族于1675年对新英格兰殖民地发动攻击，冲突持续近一年，最终英国殖民者获胜。

厂里打工。有些人编制篮子、扫帚和垫子，挨家挨户地售卖，常常是沿着熟悉的路途卖给同样几户人家。[4]《瓦尔登湖》的开头就是一位“知名的律师”婉拒了这样一位售卖篮子的印第安人。梭罗说，这不是要求人们停止编织篮子，而是“不要为了生计售卖它们”——这不符合现代市场的规律。但是，这里有着更深的讽刺：这位律师是塞缪尔·霍尔（Samuel Hoar），约翰·霍尔和康科德望族的后裔。1813 年，霍尔为三个涉嫌谋杀一名印第安人的男人辩护，使他们最终逃过了惩罚，这得益于大众对印第安人的深重偏见——野兽应当被猎杀。[5]如果印第安人只能被视为野兽，那么，无须惊讶，梭罗的邻居无法辨认出和他们一起默默生活多年的农民和劳工就是塔哈塔莞的族人。但是梭罗知道他们一直都在，而且很多人现在仍在那里生活。

圈地和公地

话说回来，那些“野兽”确实彻底消失了。1855 年，梭罗仔细查阅了一份英格兰殖民者记载的康科德景观报告，他感到既惊奇又失望：草地上的草本来更高，浆果更大、更多，森林也更开阔，多是树干长到 30 英尺或更高之后才发杈的大树。那时候还有“狮子”或美洲豹，有熊、驼鹿、鹿、豪猪、狼、河狸、貂、浣熊、猞猁，或许还有狼獾、雄黑松鸡、火鸡、雪雁，还有天鹅。梭罗惊叹道：“想想那情景！”[6]到了 1855 年，它们都不见了。不过这片土地在梭罗眼里并没有因此变得贫瘠，他看不厌仍生活在此的生物——土拨鼠和麝鼠，乌龟和青蛙，猫头鹰、鹰，还有小一些的鸟类——也看不厌农民周而复始的播种和收获。不过，当他去到缅因州，他觉得自己仿佛穿梭到了过去，这种惊人的对比激发了他的一些最深刻也最具创造性的思考。他同时爱着被规训的和天然的世界，渴望着两者，尽管它们看起来是对立的两极。这个事实已经无法否认：英格兰殖民者把马斯科特奎德山谷变成了另一个世界。

这是个糟糕的起点：英格兰人几乎是在厌恶中放弃了马斯科特奎德

繁茂的、沼泽丛生的低洼地。很多人往北迁移几英里来到地势更高的切姆斯福德（Chelmsford）。留在这里的人改造着可以改变的地方，对于无法改变的地方则只好适应：他们疏通河流以便更好地排水，在家门口的池边建造磨坊，开垦印第安人的种植地，把高地开放为牧牛的公地，砍伐树木作为建材和柴火。为了在新英格兰漫长而严酷的冬天生存下来，他们建造谷仓来给牲口提供庇护。他们割下野草地上茂盛的草，制成干草，以便整个冬天有充足的饲料。春天的时候，他们把动物的粪便运去田野，哪一块土地看起来贫瘠，他们就倒上几车从沼泽地和野草地拉来的粪肥使其变得肥沃。每个家庭一年都至少需要 20 捆柴火，这意味着至少要消耗 20 英亩林地，也就是说要减掉康科德三分之一的森林。两个世纪以来，大面积的林地都为此牺牲。最大的一块林地就在瓦尔登湖附近，干涸的冰碛物滋养了优质的松树和橡树，但是除此之外一无所有。这些树让英格兰人想起他们家乡的“威尔德（Weald）林地”，这也是为什么他们最后用“瓦尔登”命名处于中心位置的这座蓝色深湖。梭罗很高兴发现他家族的一支来自萨夫伦沃尔登（Saffron Walden）这座英格兰小城；瓦尔登湖与他的家族有着紧密渊源。[7]

鉴于这百纳被一般多样的地形，没有一个殖民地家庭能够集齐生存所需的所有资源。因此，在这片美国森林中，移民们建造起了 16 世纪英格兰式的乡村，保留其所有的复杂性：每个家庭拥有零散的土地，土地与土地之间隔着几英里的距离——这儿一块田，那儿一小片森林、一两片沼泽——但每个人都参与维护至关重要的草地和牧场，这些也作为公地。最富有的家庭承保全镇的支出，之后得到土地作为偿还。其中一位是托马斯 · 弗林特（Thomas Flint），这位伦敦商人得到了毗邻瓦尔登湖的 750 英亩土地，之后他回到伦敦养老，在那里过世，土地作为遗产留给了他的儿子，“这个完美的北方佬的姓”则留给了他的湖。“**弗林特的湖！**”亨利 · 梭罗嘲讽道，弗林特对这座湖有什么了解呢？“我们的命名法就是这么苍白。”[8]

随之而来的是一套复杂的圈地与公地制度，农民们必须紧密合作，维系并限制他们的权利和边界。不同于今天的“农场”（大面积的商业农场）概念，康科德使用的是种植和养殖相结合的系统：牲畜、作物、林地必须同步运营，有关用水和排水权利的争执常常引致邻居们对簿公堂。与其说这是一个欧洲人征服美国荒野的故事，不如说这是一群联系紧密的英格兰移民引进了一个前现代的英格兰农业系统，以此替换马斯科特奎德的自然风貌。过去，这里是塔哈塔莞的族人赖以为生的土地，他们用自己喜好的方式与这片土地共生，适应这里的四季，利用这里的资源；如今，这里是英格兰人定居和支配的土地，他们划分界限，订立条款，建造房屋，这些都将留存几个世纪。它确实留存了下来——能够让梭罗在其中生活，研究它，书写它，即便它正在慢慢消失。

梭罗见证了这套延续了200年的制度的最终垮塌。[9]当他在1845年去到瓦尔登湖时，变革无处不在：新建的铁路直接穿过瓦尔登最美丽的湖湾；附近传统的自给农场正在衰败，被全球化的市场侵蚀。他的邻居没有几个还在户外烧火做饭或取暖，也没有几个人还在用当地的橡木材料造屋，吃自家种植的“印第安黑麦”做的面包，或者穿自家纺织的棉毛混织品。如今的他们用灶头做菜，用煤炭取暖，用缅因的白松造房子，伐自家林地的柴来给火车做燃料，种植英格兰干草来喂养新品种的牛，他们每年会为波士顿的集市宰杀它们，也将它们运到西印度群岛去。他们的储藏室里塞满了中国茶、奴隶种植的糖、来自中西部草原的面粉、热带的橙子和菠萝；他们穿佐治亚棉、中国丝绸、加拿大皮草和英国羊毛。

穿过瓦尔登湖的火车吹响了旧世界的挽歌和新世界的序曲。未来会怎么样，当时没有人知道；现如今，地质学家把这个时代叫作“人类世”——化石燃料成为全球经济的超光速引擎。梭罗因此看到了一个地质时期的终结和另一个的开启，令他感到不安的东西今天早已泛滥成灾，占据报纸的头条，也阻碍着我们对未来的想象——他曾以为自己正在帮助创建的更好的未来。梭罗看到了物换星移，而且，得益于他的天才带给他的惊人勇气，他认为自己有责任记录这些变化，并对世界发出警告。他的“瞭望台”就在铁轨边，在瓦尔登湖的森林里，他会在这儿拉响警报，为世界指出更好的出路。

马斯科特奎德的创世记

没有哪位美国作家比梭罗更专注于地域。如果把他带离艾格岩(Egg Rock)——康科德三条河流交汇的地方——后方的纳肖塔克山，或是平缓的马斯科特奎德河，即“草地河”(*Grass-ground River*，英格兰人把那里重命名为康科德)，亦或是他惊叹过“在这里”的拾起塔哈塔莞的箭头处，梭罗都会是完全不同的人。当他搬到纽约市，试图更接近其他作家同行(他们更具流动性，更重视图书市场)时，他自己意识到这是个灾难。回到家乡后,就连最细小的事情——沙土穿过草地的行迹,“这是新英格兰的罩衫被吹拂起而露出的赤裸肌肤”——都可以让他热情洋溢 :“这是我的家园——我的乡土，我是新英格兰人。哦，大地，我的肉身得自于你 ；哦，太阳，你是我的兄弟……我来自这里的尘土，最终也会高兴地回归。”他也从未忘记这片土地先前的居住者。[10] 对于印第安人本来拥有的东西，梭罗通过艺术证明它们的价值，这是他本人和他的移民同胞的精神重生。他深深渴望和这片土壤建立深层的关联，也是这层关系让《瓦尔登湖》成为一部关于异化、改造和重生的伟大的美国寓言。

梭罗把更深层也更普遍的真理浓缩进这个地方的特定细节。拿《瓦尔登湖》来说 : 感谢上帝，他写道，它具有了象征的深度和纯洁性。要是他把小屋造在桑迪(Sandy)的山丘上,或者弗林特的湖边(那座宽阔、浅水，有着老旧北方佬名字的湖),《瓦尔登湖》会是完全不同的书。没有沙土，就不会有豆地 ；没有新英格兰的冬天让湖面结冻，就不会有春天来融化灵魂的冰霜 ；没有铁路制造的“大切割”，梭罗有关创世的寓言就需要找寻另一个依托。理解梭罗意味着理解他的所在地和这片土地的前世今生。

瓦尔登湖很深——根据梭罗的测量足足有 102 英尺，是马萨诸塞州最深的自然湖——而且湖岸很陡，梭罗称它是“一口清澈的绿色深井，松树和橡树林之中的常年清泉”。它给人一种自给自足的感觉，像一座“有围壁”的湖，事实上它的确是。瓦尔登湖的形成源于冰川转移时表面脱落的巨大冰块，它慢慢融化，与此同时极寒的融水在周围聚合流动，覆盖在镶嵌有鹅卵石的沉积物上。瓦尔登湖诞生之时根本不是湖，而是一堆覆盖着泥土的冰块——这段起源或许流传在原住民的口传历史里，因为年纪最老的人会说：“很久以前，印第安人在这里的山上举行祈祷仪式，这座山一直升到天堂这么高，就像如今的这座湖一直沉到地心深处。”[11] 地质学家说，这段描述是相当准确的。

要想象当时的瓦尔登湖，不妨去如今的冰川前沿看一眼。直到大约 13000 年以前，康科德表面还结着一英里厚的冰，它要在这片土地冲刷将近一万年之后才会融化，向北漂移，最终结束影响了北美地区长达 60 万年的第四纪冰河期。冰雪融化后的水灌注冰面，携带着沙子、淤泥、石块在冰谷里形成沟壑，外溢的水成为了较浅的桑迪湖（Sandy Pond）和宽阔的费尔黑文湾（Fairhaven Bay）。其他搁浅的冰块最终融化，形成了怀特湖（White Pond）、谷斯池（Goose Pond），以及数不清的锅穴。后退的冰川在约 1000 年的时间里挡住了这片土地北方的排水渠，所以混积着泥沙的冰雪融水聚集成巨大的冰川湖，也因为如此，精细的灰色淤泥沉积成了宽阔的平面。从英格兰来的定居者被其中一座古老冰川湖的边缘地区深深吸引，他们在高高的冰碛脊里挖洞穴寻找庇护。冰川慢慢消融，但没能够磨平由岩石构成的海角，比如费尔黑文山和爱默生的峭壁，后者也是梭罗热爱去坐着瞭望西行的山丘和峡谷的地方。当冰川融化时，它留下的坚硬的岩石沉积物最终形成了一座座长长的丘陵——纳肖塔克、彭卡塔塞（Punkatasset）——还有更小一些的“鼓丘”，比如给予谷斯池蝴蝶形外观的小山丘。[12]

因此，梭罗的世界其实最初是由冰、岩石和水构成：冰不断沉积、冲刷、推撞；岩石顽强地抵抗着冰的冲击；冰雪融水漫溢，抚平一切。由此形成的结果是“卑微”的地貌——借梭罗自己的话来说——并不伟岸的，没有令人瞩目的地方。然而，这是一片充满惊喜的土地：岩石峭壁横亘在沙质平原上，宽阔的山谷和敞开的河湾交相辉映。陡峭的山脉闯入潜藏的湖水，或者和深深的沟壑连成一体，这些沟壑流淌源自泉水的小溪，最终形成一系列渗出茶色泥水的沼泽。缓缓流动的河水贯穿所有的地貌，注入芳草茂盛的湿地，这里满是春天洪流下的深色沃土。

随着冰川北移，来自南方的植被在这里滋长，创造出一个有着苔藓、芳草和灌木的苔原带，它的遗留物将会留待梭罗在沼泽地里探寻：蔓越莓、羊胡子草、拉布拉多茶。树木的到来要晚得多。到 11000 年以前，康科德才成为一片开阔的林地，有云杉、冷杉和柳树——它们养育了驯鹿和乳齿象，这是康科德原住民的猎物。他们捕鱼、采集，建立了从田纳西延展到缅因的贸易纽带，也是他们见证了瓦尔登从一座山融成了一座湖。随着气候变暖，阔叶树取代了多数的常青树木（尽管有一些未曾离开，比如梭罗热爱的神秘的深色铁杉）：橡树结出极富营养的橡果；山胡桃木有着油脂丰富的坚果；此外还有榛子、胡桃、落花生，有桦树和榉树；松树长在有阳光的高地上，铁杉在幽深的灌木丛里。到那个时候，乳齿象已经灭绝了，但是有大量的鹿和火鸡，到了春天，柳树枝做的鱼梁会装满迁徙来的鱼群。人们不断适应环境，用火来给鹿创造更好的牧地，阻止杜松和铁杉的扩张，把土地留给他们最喜欢的阔叶林以便获得坚果。他们造出锅来储存谷物，种硬壳的葫芦来盛水，吃淡水里的贝类，留下的贝壳会堆成小山。大约 2000 年以前，松鼠——或许也包括人类——把板栗从密西西比山谷带到了阿勒格尼山脉（Allegheny Mountains），很快人们就开始栽种栗树。

1000 年前发生了一个戏剧性的变化：还在变暖的气候带来了漫长炎热的夏天，使得来自西部和南部的新作物得以生长。当人们开始耕种之后，人口成倍递增。最早来到这里的欧洲人发现了当地人把玉米、豆类和南瓜一起栽种在不平整的小山岗上，这样可以更有益于它们的生长，滋养大地。而且，当人们同时吃这三种作物时，可以得到更均衡的蛋白质。这些农场并不圈定在固定的围栏之内，而是在任何他们青睐的地方间迁徙，这样马萨诸塞州的印第安人能够利用新英格兰地区季节的更替。夏天，他们住在便于移动的轻薄居所里，在温暖的高地栽种作物，采集莓果。秋天意味着去森林里收集木材，并且搬进气候更温和的海岸边的尖顶棚屋里，在这个舒适的居所里他们能够避过严酷的冬天，继续吃滩涂上由潮汐带来的贝类。春天意味着跟随迁徙的鱼群到河流上游，他们搭鱼梁来捕捉灰西鲱和鲑鱼。这片土地上满是食物：香蒲、睡莲、蔓越莓、野葱、野生稻；十多种坚果和橡果、乌龟、淡水蛤，麝鼠和河狸，鹿和火鸡——这都是梭罗在克兰肖尔山上想象的宴会，这座大山是近 1000 年以来逐渐升起的。在 11000 年的时间里，原住民适应了这里不断变幻的地貌，按照自己的需要调整着它，他们耕种，把这片土地变成了他们对文化和艺术的有形表达。他们的故事和歌谣进入各种鲜明的文化，使他们和历史、这片家园，还有彼此紧密相连，通过"丰富的精神和仪式性的历法"这条纽带"定义了他们在这个被创造的世界上的位置"。[13] 在梭罗的世界里，这些人和这里的森林一样古老。[14]

英格兰人的到来

梭罗对此知晓甚少。事实上，我们了解的也并不比他多，因为英格兰人到来的时候，原住民的世界一片混乱，以至于任何关于他们如何生活的资料都没能留下来。1616 年左右，就在清教徒抵达普利茅斯港口（Plymouth）时，一种瘟疫从沿海地区一直侵袭到马斯科特奎德山谷及更深处，使原住民的人口减少了 90% 左右。梭罗是从莱缪尔 · 沙特克（Lemuel Shattuck）的《康科德历史》（*History of Concord*）（这本书是该城在 1835 年庆贺 200 岁生日的献礼）里得知这些的，他读到，最初来到这里的清教徒把这里"大量的死亡"看成是"神圣的天意"，看成是为了给文明腾挪空间。[15]

塔哈塔莞是少数的幸存者。他是部落领袖，虽然既不是"王子"也不是"皇帝"；他的族人散成几个族群，并不严格按照血缘划分，但凡需要，他们会聚拢到一起。这些族群由家族领袖管辖，由酋长督导，酋长的权力由族人授予。他们的大本营在纳肖塔克山上“河流之间的山陵”，他们把河的干流叫作马斯科特奎德，意思是“草地河”，“蚊子”（mosquito）和这个词享有同一个词根。涵盖在这个名字里的准确的描述让梭罗兴奋不已；他喜欢说这条米安德河（Meander）“绵延如草”（musketaquidded），因为它都懒得一动，就像霍桑*开玩笑说的：都没法知道这条河在往哪个方向流。纳肖塔克山把北面的阿萨贝特河（Assabet）——“饮用水河道”，因为它清澈，源源不断——和南面懒惰的萨德伯里河（Sudbury）划分开来，萨德伯里河在康科德的主街后聚拢，形成了便利的泊船处。马斯科特奎德的印第安人把玉米种在河岸上含沙量比较低的土壤里，或是种在英格兰人称为“大田野”（Great Field）的旧湖底平地上，它们都属马萨诸塞州最肥沃的农业用地。他们在米尔溪（Mill）造了鱼梁，春天捕灰西鲱，夏天捕鲑鱼。一年中有一到两次，他们会烧毁灌木，让森林得以延展，这样，高地的蓝莓也会生长得更加旺盛。

* * *

塔哈塔莞对英格兰来的定居者有一些了解。1620 年，当清教徒抵达马萨诸塞湾，北美的部分原住民用英语迎接了他们，那些原住民已经和欧洲人有了 100 多年的贸易往来，所以他们能用好几种欧洲语言做买卖。1634 年以后，英格兰人才开始深入内陆：西蒙·乌伊拉德（Simon Willard）希望能在皮草生意上挣一笔钱，他沿着印第安人的贸易线来到了马斯科特奎德山谷，瘟疫把这里变成了荒废的空地——正好能用来建一座新城。乌伊拉德和富裕的彼得·巴尔克利（Peter Bulkeley）合作，1635 年，第一拨英格兰移民搬进了马斯科特奎德，他们给这里重取了

* 纳撒尼尔·霍桑 (Nathaniel Hawthorne，1804—1864)：美国著名小说家，美国心理分析小说的开创者，被称为美国 19 世纪最伟大的浪漫主义小说家，代表作有《红字》等。

一个具有好意头的名字：康科德，意为“和睦”。巴尔克利占下了鱼梁，他将此改建成堤坝来给玉米磨坊提供水力，从这以后，这里开始有了梭罗少年时很喜欢的磨坊池。乌伊拉德搬到了纳肖塔克山上，成了塔哈塔莞的邻居，他在这里建了一个完美皮草贸易点，三条河流在此交汇，从内陆而来的是印第安人的独木舟，满载着鹿皮、河狸皮和貂皮。

这片土地在印第安人眼里肥沃丰富，在英格兰人看来却贫瘠荒芜。后者靠着在沿米尔溪朝南的一侧山坡挖出的洞穴以躲过第一个冬天——米尔溪也是古老的冰川湖留下的。最终，人们发现这里的草地沼泽太多，没法种玉米。他们从印第安人那儿换来鹿肉和浣熊肉，觉得这两者的味道都不如羊肉；他们抱怨印第安人的奇怪主食：玉米和各种南瓜；他们惊恐地目睹着羊群和牛群死去，目睹他们的猪被狼吃掉。第二年，他们建起了板房（它们中的一些现如今还在），在后面的年岁里他们会骄傲地自称为美国的第一代西部拓荒人，这些人开始了一路驶向太平洋的征程。康科德标志着美国西进的“昭昭天命”（Manifest Destiny），它确实是美国的第一块“西部”地区。[16]

到了 1637 年，英格兰人正式和马斯科特奎德的印第安人建立往来。那年 5 月，由塔哈塔莞、斯阔酋长（Squaw Sachem）、她的丈夫威巴寇维特（Wibbacowett），以及纳坦阔迪克（Natanquatick）率领的队伍与康科德的英格兰领袖会晤，地点是镇广场上杰思罗的树（Jethro's Tree）下，在梭罗的年代，这棵树仍很茁壮。在官方的仪式中，马斯科特奎德人领受了一些实用的物品——斧头、锄头、刀具、棉布、上衣——外加一包贝壳念珠，这些贝壳来自新英格兰海滩，北美原住民用它们来计数，英格兰人则重新将此作为货币：事实上，这就是最初的美元。于是，英格兰人教会印第安人，在这片新大陆上，东西不仅有价值，还有**价格**。顺理成章的，英格兰人认为他们以公平的价码买下一片约 23000 英亩的土地。与此不同，印第安人的整个经济体系是**生态的**，它和这片土地捆绑在一起，不可分割；他们认为英格兰人得到的钱仅仅是用于购买土地使用权，包括耕种、捕鱼、打猎、采集季节性的物产。既然土地不能被拥有，它自然也不能被售卖。这个事实仍然记录在他们的地名里——它们从不标明所有权，好比“弗林特的湖”，而是指示一种生态关系。要理解这些原始的名字就意味着知晓土地的形状和季节更替的模式。[17] 梭罗会找出并使用这些印第安地名来保存这份原住民对土地的认知。

正是在杰思罗的树下，塔哈塔莞和族人的悲剧开始了。因为他们没有“出售”他们的土地，因此他们没有离开；他们就像过去那样生活在英格兰人身边。但是乌伊拉德的贸易点正在教给三条河域内的印第安人金钱的概念。贸易把河狸和鹿变成了商品，给印第安人强大的动机去猎杀动物，然后在英格兰的经济体系下买一块地。河狸的数量骤减，对这片土地产生了深远的影响——河狸筑起的堤坝腐烂了，湿地变成了田野；作为感恩节主食的野火鸡消失了，鹿变得稀少。梭罗从没在康科德见过一头鹿，当乔治·米诺特（George Minott）告诉他，自己的母亲曾经在儿时见到一头鹿时，梭罗惊叹不已。当原住民的食物源垮塌时，英格兰人没有受到影响——他们吃得更好了，因为随着鹿的绝迹，捕食它们的动物也不见了：美洲豹、猞猁，还有狼，不用担心它们偷猎牛和猪了。当某一种野生商品没有了，英格兰人就转向另一种，或者就把贸易网延伸到那些生态尚未受到破坏的地区。随着北美原住民近千年以来形成的生态系统的消亡，他们的生活方式也解体了。比如，一旦没有了鹿皮，他们就需要英格兰人的衣服和毯子，而且需要用钱去买——包括斧头、刀具、锄头、水壶，不用说还有枪，他们不仅需要用它来打猎，更需要用它来自卫。即便箭头也成了买卖的商品。

面对所有这些，塔哈塔莞的族人表现得异常坚韧。在 1644 年，仅仅在他们和英格兰人开始贸易的第八个年头，他们请求成为基督徒，受英格兰统治——英格兰人觉得，这是个好兆头，尤其在发生了 1636 年至 1637 年的印第安人屠杀之后。当地政府被要求照顾本地的印第安人，用英格兰的文明归化他们，教他们基督教的教义。1646 年，约翰·艾略特（John Eliot）牧师呼吁用书本代替枪支来传播文明，通过推进布道来利用印第安人自己的主动性。塔哈塔莞和他的家人改信了基督教，他们请求能拥有一座自己的小镇。英格兰清教徒说，除非印第安人放弃自己的宗教仪式，即祈祷会，还有他们的猎物，不然他们不会答应——他们还要印第安人停止用高声吼叫来表达悲伤，停止撒谎、偷盗、一夫多妻制，以及其他“与礼不合”的东西。他们必须把头发理成“英格兰人的漂亮样子”，学会管理时间，偿还欠债，在他们的尖顶棚屋里祈祷，饭前饭后都要祷告，在进入英格兰人的家门前一定要敲门。马斯科特奎德人同意了这些条款，他们要求一小片土地作为回报，可以在东面的林肯县，也可以在弗林特的湖和瓦尔登湖之间。

英格兰人犹豫了——瓦尔登湖是一片向所有人敞开的公地，而且印第安人已经住在那儿了，他们走烂了梭罗所见的环绕着瓦尔登湖的小径，留下了梭罗从豆地里挖出的箭头。就这样过了好些年，直到1654年，马斯科特奎德才获得一座康科德西北几英里以外的小镇纳肖巴的产权，作为他们的“祈祷地”。塔哈塔莞和他的家人搬到那里，1660年，他的儿子约翰·塔哈塔莞成了纳肖巴的领袖；塔哈塔莞自己则成了一位传教士，常常与约翰·艾略特同行。[18]不是所有的印第安邻族都同意改信。很多人不信任英格兰人，试图坚持他们传统的生活方式——但那意味着要阻挡英格兰人的进犯，也就意味着必须拿起枪支。塔哈塔莞选择了书本，他的族人将成为读者和作家，而不是武士，他们运用娴熟的语言能力在英格兰的经济体系里谋得一个位置。他们在纳肖巴栽种玉米和苹果树，养奶牛和猪。他们穿英格兰人的衣服，把头发剪短，祈祷，唱赞美诗，制作纽扣和胸针来出售。马斯科特奎德陷在两个世界之间，不被任何一个世界接受，他们试图在中间破出一片属于自己的天地——这片天地会在20年后被完全摧毁。这就是塔哈塔莞的箭头所讲述的故事。

活过独立战争

对于梭罗，观察周遭意味着对过去的回望，用受教于历史的双眼来展望未来——包括其他人视而不见的那部分历史。他所有的邻居都知晓美国独立战争的历史，因为这对于康科德独特的地域身份及它在世界舞台上的位置产生了深远的影响。梭罗那代人是见证美国独立战争的最后一代人。埃兹拉·里普利（Ezra Ripley）牧师自美国独立战争起就是康科德的灵魂向导，他仍穿着及膝的短裤和长袜在这座小城里行走。还是一个孩子时，梭罗的祖母就给他讲那些惊心动魄的故事，例如一个骄傲地支持英国殖民者的人，先后娶了并埋了两个妻子，只因她们都是爱国者。所有真正的康科德人都知道他们的父母为赢得美国独立做出了何种贡献。继承这笔精神遗产的儿女们也继承了这个既美丽又可怕的问题：对这来之不易的一切，**你**做出了什么贡献？康科德霸占着这段历史，到了连毗邻的莱克星顿（Lexington）都恼怒不已的地步，康科德人反复讲述英国人在此打响了第一枪，美国人最早在此洒鲜血——1825年，当年幼的梭罗看着康科德庆祝美国独立15周年时，这仍然是令人痛心的话题。

康科德人很骄傲于他们始终团结一致，誓死捍卫他们的自由："我们的父亲们留给了我们重要的遗产，这是他们用鲜血和财富换来的。我们必将把这笔遗产传递给我们的孩子。危险不会使我们恐惧，困难不会使我们退缩。"——就连死亡也不会阻挡他们。[19]1775年时，这座城成了一个军事据点，储存食物、武器、弹药，只为这场殖民者也深知会旷日持久的苦战。1775年4月19日，当英国人最终进发来剿灭叛乱，他们来到康科德占领了这些军备；与此同时，保罗·里维尔（Paul Revere）和威廉·道斯（William Dawes）赶往康科德敲响警钟。当800名穿着红色军装的英国士兵来到这里时，武器在4月的阳光下闪闪发光，康科德的牧师威廉·爱默生（William Emerson）向康科德的义勇军高喊："让我们坚守我们的阵地！如果我们必死，就让我们死在这里！"在康科德河边，来自各个地方的农民、工匠、店主聚集起来面对英军，向对方开火，就是在那一刻，他们不再是被殖民者，他们成了美国人。

梭罗所见之处，全是美国独立战争的遗迹。拉尔夫·沃尔多·爱默生是慷慨激昂的爱默生牧师的孙子，他在小镇200年生日的时候做了热情洋溢的发言；两年后，1837 年 7 月 4 日，梭罗和唱诗班一起唱响爱默生写下的《康科德赞歌》(*Concord Hymn*)，宣布是在**这里**，而不是在其他任何地方，美国人打响了“震惊世界的第一枪”。他们唱响赞歌的地方就是爱默生牧师过去居住的老宅，如今里普利牧师居住在那里，也是在这里，拉尔夫 · 沃尔多 · 爱默生开始撰写他的著作《论自然》(*Nature*)——这将是震惊世界的**智慧**之音。在旧山墓地（Old Hill Burying Ground）顶端，也就是市镇广场的上方，你可以站在当年人们抵抗英国人的位置俯瞰全城;你也可以看看脚下，读读约翰·杰克（John Jack）的墓志铭。这位“非洲的原住民”被卖到康科德做奴隶，他也是全城唯一支持殖民者的人，墓碑是丹尼尔·布利斯（Daniel Bliss）立的，后者对这座城的虚伪感到愤怒：

> 虽然他生在奴役之地，
> 但他生来自由。
> 虽然他住在自由之地，
> 但他却是奴隶。

梭罗出生于这个“全世界，乃至整个人类历史上最值得尊敬的地方”，这一点一直让他激动不已。[20] 难道还有更好的地方来探讨这些问题吗？自由如何与奴隶制共存？过去如何向当今发难？人的行为如何塑造未来？当梭罗凝望着纳肖塔克的落日，触摸着塔哈塔莞的箭头，这个简单的问题已经预示着他的未来：塔哈塔莞的箭指向何处？是过去，还是未来？梭罗要用一生的时间和经历来回答这个问题——最终他的人生之旅会领他回到家园，回到草地河的这片土地。

第一部

成为梭罗

第一章　康科德的儿女

米诺特、李、乌伊拉德、霍斯默、梅里亚姆、弗林特
拥有了这片他们辛勤耕作的土地：
干草、玉米、根茎、火麻、亚麻、苹果、羊毛和木材。
这里的每一位地主都走在他的农场里，
说道："这是我的，我的孩子的，永远姓我的姓：
在我自己的树中间，连西风的响声都这么动听！"

——拉尔夫·沃尔多·爱默生：《弥勒》（*Hamatreya*）

来到康科德

爱默生在康科德早先的人名中发现了诗歌。"米诺特、李、乌伊拉德、霍斯默、梅里亚姆、弗林特"，这些人中不会有梭罗，尽管在所有的康科德作家里只有他出生在这里。他的家族属于新移民，同他们的邻居住在已经历过100个新英格兰的冬天侵蚀的房子里。"梭罗"这个姓是新的——属于外来语法语，属于躁动的大革命浪潮带到新英格兰集镇和工业中心的那拨欧洲移民。亨利那位正直的姑妈玛丽亚坚持说，她的父亲让·梭罗（Jean Thoreau）是从泽西（Jersey）移居波士顿的商人；但是他们家的熟人富兰克林·桑伯恩（Franklin Sanborn）却说让是一名

水手，他所在的泽西民船在新英格兰海岸遭遇了海难，他被救起来，带到了波士顿，从没打算久居。[1]不过两位都同意，那一年是 1773 年，让只有 19 岁。不管他的初衷是什么，最终他投身于波士顿码头上的生活，很快就加入了爱国者们的战斗。

或许对于富有冒险精神的幼子而言，回到泽西从来不在日程上。梭罗家族——或者称为“特罗”（Tiereaus）、陀罗（Toraux）、扫罗（Thaureaux）——曾是 1685 年被迫逃离天主教法国的胡格诺派*。当法国的龙骑兵开始威胁到他们在普瓦图（Poitou）的家，亨利的太祖父[2]背起了他年幼的儿子皮埃尔逃到附近的泽西岛，这里受英格兰保护，也是胡格诺派难民的庇护所。梭罗家族在此保留了他们的新教信仰，继续说法语并延续了其他传统，这里是胡格诺派族群在全球网络中的飞地之一，他们保存着他们的文化身份，以便有朝一日还能够回到家园。皮埃尔的很多孩子把梭罗这个姓氏带去了伦敦、新西兰，最终甚至带到了丹佛（Denver）；但是菲利普，他的第四个儿子，仍然住在泽西，是圣赫利尔港（St. Helier）有名的酒商。正是他的次子让跑到了海上，最后或有意或无心，在波士顿登陆。

让应该给家里写过信，但当时是战争年代。只有三封信留下来了，它们是他弟弟皮埃尔 · 梭罗从泽西寄出的，最早的一封是在 1801 年。玛丽亚姑妈很珍惜这些家信，把它们留给了亨利，亨利则把它们摘抄到自己的日记里——它们是从他的法国舅公那儿传下来的珍贵遗迹，从中可以管窥他的过往。[3]梭罗很骄傲自己出身于“法兰西的精英”，这让他有别于他的北方佬邻居。在之后的人生里，他会花好些日子来调研新大陆的法兰西遗产，直到他能够证明：“**新**英格兰的英格兰人历史始于它不再是**新**法兰西的时候。”他的朋友们说，他“发 r 这个音时带着浓重的法语口音”，以至于“他的演讲自带重音，有一个**小舌音**”。[4]

亨利的祖父让 · 梭罗个子不高，但很健壮，强壮到可以单手举起一

* 胡格诺派（Huguenot）：基督教新教加尔文教派在法国的称谓。

大桶糖浆。他最初在帆布品制造车间工作，然后成为波士顿制桶匠的学徒。当英国人孤立了波士顿港，他在那里没有活儿可干时，他就去打仗了，在波士顿港建造防御工事。[5] 作为在战争风口浪尖的有经验的水手，他很快成了民船（独立战争时获得许可追击敌船的私人船只）海员。有一段时间，让驻扎在卡斯尔岛（Castle Island，很快这里会被重新命名为“独立要塞”），受命于同样是胡格诺派信徒的保罗·里维尔［或者按法语的叫法是里瓦尔（Rivoire）］；当里维尔擒拿了密涅瓦号，让分享了赏金。[6] 如果当时没有民船，独立战争的走向可能会完全不同。到了 1776 年 4 月，民船在波士顿沿岸攻下了足够数量的英国船只，成功攻破英国的占领。两年以后，和法国的联盟使得法国港口向美国开放，让就在这条危险的横穿大西洋的航道上工作。1779 年 11 月，当约翰·亚当斯（John Adams）乘坐“理智号”（La Sensible）巡航舰来到法国和英国协商和平时，这艘船在纽芬兰大浅滩（the Grand Banks）附近和一艘美国民船打招呼。民船没听清他们的名字，一个孤独的海员在事件升级前跑到巡航舰的船首斜桅处，他大喊道：“是理智号！”亨利骄傲地在日记里写下这段话：“这个船员的名字叫梭罗。”[7]

大多数战争时期的财富都被浪费在奢侈品里，或者在失控的通货膨胀里蒸发，但是让存够了钱在波士顿的长码头（Long Wharf）上买下一间商铺，这是美国最繁荣港口的腹心位置。他的孙子会很高兴地遇见一位斯诺船长（Captain Snow），他“记得听过渔民们说他们‘给梭罗的店供货’”，他也记得让。[8] 随着财富的增加，让的家族更为显赫。1781 年，他娶了简·伯恩斯（Jane Burns，也就是珍妮），后者的波士顿贵格会母亲萨拉·沃洛克（Sarah Orrok）曾经拒绝过之后成了珍妮父亲的一位苏格兰移民的求婚，直到他脱下了他穿的一身褶边衣服。[9] 珍妮于他们在普林斯街（Prince Street）上的房子里先后怀了十个孩子，其中有八个活到了成年。[10] 1787 年，按照胡格诺派的习俗，他们用父亲的名字将长子命名为约翰。约翰长大之后也延续了这个习俗，给他的次子取了一个在法语中同源的名字：亨利。约翰的四个姐妹之后成为亨利人生中的终身未嫁的姑妈：伊丽莎白·梭罗（ElizabethThoreau，也称为“贝茨”）和萨拉·梭罗（Sarah Thoreau）在康科德的镇广场经营一家招待所；简和玛丽亚住在波士顿，定期来康科德寓居。最小的南希嫁给了凯莱布·比林斯（Caleb Billings），和他一起定居在班戈（Bangor），给康科德的梭罗家族提供了位于缅因的第二个家。

家族故事中只保留了这些早先岁月的零星记录。根据约翰的记忆，当时的波士顿仍是乡村，这家人“喝的牛奶来自一户邻居，那家人每天都把奶牛赶到公地，晚上再赶回来”。刚煮熟的滚烫的绿玉米被放在“黑人妇女头上顶着的大篮子”里卖，“绅士们会停下脚步，买上一根，就在大街上吃”。让·梭罗在日出前就起床，和约翰共进早餐，然后开店，父亲吃松饼的下面一半，儿子吃上面一半。[11] 这里当然还留有一些灰色的记忆。梭罗家未来的一位邻居回忆起她的波士顿童年时，说她母亲一直尊敬着让·梭罗，因为他是个有着虔诚信仰的人；他过去常常到访她们家，“在她们做奶酪的时候一起喝乳清，胃口大得惊人”。有一次，他问蓝马鞭草种在哪里，“他很想要，想拿来做止咳糖浆”，她就跑出去给他采了一些。[12] 他的咳嗽是不祥之兆。和很多新英格兰的先生女士一样，让·梭罗也受到了肺结核的诅咒，这种潜伏的病最初叫“消耗病”，因为它从内部把病人掏空。这一系列悲剧中最早发生的是珍妮的父亲回苏格兰试图争得一笔遗产，却不幸死在了那里；珍妮自己在生下了第十个孩子大卫之后仅过了六周就死了，那是 1796 年。[13] 让需要独自照顾八个孩子和他在长码头的商铺。

一年以后，让·梭罗娶了康科德的丽贝卡·赫德·凯特尔（Rebecca Hurd Kettell），这样就解决了他们的两大难题：他的孩子有了新妈妈，她也脱离了寡妇的贫困生活。他们可能是在教堂认识的——她也很虔诚——也有可能是通过生意往来认识的，因为丽贝卡的姐姐嫁给了约翰·怀特执事（John White），怀特拥有全康科德最繁荣的商铺，位于镇广场所在的熙熙攘攘的交叉路口。1799 年，让买下了隔壁的一栋屋子——今天，这里是协和殖民酒店（the Colonial Inn）的北楼——1800

年，梭罗一家搬来了这里。很快，年轻的约翰入读莱克星顿书院，他的父母已经加入了第一教区教会，将会举办茶会来接待埃兹拉·里普利牧师。[14] 梭罗家搬来的时候是康科德最幸福的家庭之一，一切景象都预示着幸福和繁荣。

才过了几个月，好日子就结束了。按照家族传统，让·梭罗负责在严峻的暴风雨天气巡视波士顿的街道，他染上了风寒，触发了肺结核；几周之后，在 1801 年 3 月 7 日，他过世了，享年 47 岁。[15] 他的八个孩子由继母丽贝卡照顾，丽贝卡再次成了寡妇。事情本不致如此，让留下了大笔财产，共有 25000 美元，包括康科德和波士顿的房产，还有现金及价值 12000 美元的债券。但是等到 1814 年丽贝卡去世时，房子都抵押了出去，钱也都没有了。她的哥哥约瑟夫·赫德（Joseph Hurd），一个查尔斯顿（Charleston）的商人负责管理这些遗产，把它们都用来支付自己的法律费用和支出，使让·梭罗的孩子在赤贫中长大。14 岁的约翰自从父亲死了之后就成了家里的顶梁柱，不得不辍学，一边赚钱应付无休无止的债主，一边希望能复制父亲在商业上的成功。

有一段时间，约翰在怀特执事的商店里做店员，不过 1807 年，他去了塞勒姆（Salem）。这是当时世界上最先进的海港，能看到中国陶瓷、丝绸、棉布、家具、香料，他在那里学习干货生意。他想着一步登天：进口货品需要一大笔投资。1808 年，他 21 岁，从他应当继承的遗产里借了 1000 美元来开自己的商铺，和小伊萨克·赫德（Issac Hurd Jr.）合伙，后者去过广东，熟悉中国的贸易。当约翰在镇广场上开了这家“黄色商铺”（yellow store）时，他的家人肯定对他寄予过厚望，但是他俩的合作关系很快破裂。正当约翰设法平息时，赫德却把他告上法庭。虽然赫德打输了官司，但这场法律纠纷却让约翰失去了他的商铺。[16] 与此同时，约翰的妹妹南希嫁给了凯莱布·比林斯，北上定居班戈，比林斯家在那里开有自己的商铺。丧失希望的约翰一度跟随他们，“卖东西给印第安人（和其他人）”。他的邻居摩西·普里查德（Moses Prichard）为自己在广场对面的“绿色商铺”买下了约翰的旧库存，当 1812 年美国向英国宣战时，这些库存的价值水涨船高。很快普里查德的商铺也成了当地的邮局。之后的 20 年，“绿色商铺”都是康科德的枢纽，有记录的顾客就有 200 位之多，还有很多很多其他的生意，他们甚至都不需要做广告。[17] 这一定伤透了约翰的心。

凯莱布和南希 · 比林斯坚持下去，放手一搏；他们的女儿丽贝卡之后会嫁给乔治 · 撒切尔（George Thatcher），他所发出的探寻缅因林地的邀请函将会改变亨利 · 梭罗的一生。但是约翰 · 梭罗没有在班戈待下去，他还有四个未婚的姊妹需要照顾，他之前也在弗吉尼亚路附近买了一点农田，就在乔纳斯 · 米诺特上校（JonasMinott）的农田旁边。他是什么时候认识米诺特的继女辛西娅 · 邓巴（Cynthia Dunbar）的？或许是当他在篱笆边聊天的时候，或许是在教堂，因为显然有什么牵引着他回到康科德——很可能就是这位高个子，有才，“俊朗，兴致勃勃的女人……有一副唱起歌来既嘹亮又甜蜜的好嗓子”。她帮助料理米诺特上校的弗吉尼亚路农场，每周日会在埃兹拉 · 里普利的第一教区教堂一展歌喉。[18]

* * *

辛西娅 · 邓巴大约和约翰差不多时候来到康科德，但是路径不同。当约翰的爱国者父亲还在海上漂泊时，辛西娅的母亲，玛丽 · 琼斯 · 邓巴（Mary Jones Dunbar）已经陷入了一场内战，交战双方是她支持殖民者的父亲、富得流油的伊莱沙 · 琼斯陆军上校（Elisha Jones）和她的爱国者丈夫、睿智且友善的阿萨 · 邓巴牧师（Asa Dunbar）。玛丽的父亲是激进的保皇派，和一切起义者为敌；暴力升级后，他甚至组建了一支私人军队来保卫他在韦斯顿（Weston）的大宅。失败后，他逃去了被英军占领的波士顿。困于波士顿的伊莱沙 · 琼斯眼看着美国人把自己亲手建立的一切都毁了，他崩溃了，死在 1776 年的 3 月，适逢乔治·华盛顿（George Washington）准备把英国人赶出波士顿之时。琼斯上校于是乎“用死亡逃过了驱逐”，不过他的 14 个儿子大都用驱逐逃过了死亡，他们要么加入英军，要么逃去了加拿大。琼斯家族失掉了一切。他们无尽的财富——包括遍布马萨诸塞州各地的农地和房产——都被充公了。[19]

玛丽呢？1772 年风光无限的婚礼之后，她和阿萨·邓巴牧师定居塞勒姆，她的丈夫成为第一公理会教堂的牧师。等一切灾难平息后，他们赶回她在韦斯顿的家，这样玛丽就能够照料她遭受重创的母亲，并帮助她那些支持殖民者的兄弟。1775 年 4 月 19 日是个灾难性的日子，她的弟弟斯蒂芬（Stephen）告诉英国士兵一条抵达莱克星顿的近道，这样他们就能够支持撤退的英军。后来，她的弟弟乔赛亚（Josiah）被捕，因为送食物给波士顿的英军而获刑。77 年以后，亨利·梭罗回忆起他的祖母给狱中的弟弟捎去樱桃之后所发生的事情 :“他们把刀子藏在食物里，磨断了锁链，逃回到韦斯顿，躲在苹果酒的磨坊里。玛丽听见他们在磨坊里戴上了她的骑行头巾——她害怕极了。”玛丽抓到了“老鲍德温的警长马”，把它拴上自己家族的马车，交给弟弟，他和另两位逃犯立即快马加鞭去往波特兰（Portland），他们会把马“抵押，换两蒲式耳 * 土豆——再写信给鲍德温告诉他如果他付了赎金，就可以在哪儿找到他的马”。她没有提到鲍德温最后有没有把马弄回来。[20]

梭罗的祖父忠于他叛国的妻子，即便他本人站在爱国者那一边。阿萨·邓巴一定巧舌如簧，因为当别人对他起疑时，他辩称自己是无辜的，而且被相信了。[21] 当日益加剧的健康问题迫使他辞掉塞勒姆的神职，他摇身一变成了律师。1782 年，他把家人重新安置到新罕布什尔州的基恩（Keene）这座边疆小镇，他的侄子是这里的圣公会牧师。他们的家族在此迎来了繁盛的几年 : 阿萨成了一个共济会会所的创始成员（也是第一位会长），而且还担任了第一位镇书记，然后是市政委员。当玛丽在 1787 年 5 月 28 日产下第六个孩子辛西娅时，这个家庭人丁兴旺。[22]

---

* 计量单位，1 蒲式耳等于 27.216 千克。——编注

但不到一个月，阿萨生病了，两天后他就死了，震惊了整个小镇，人们按共济会的荣耀仪式举行了他的葬礼。

玛丽·琼斯·邓巴如今成了有一屋子孩子需要照顾的寡妇，没什么钱，没有亲戚。她是个头脑灵活的人，把房子变成了一家有经营执照的酒馆，她的孩子帮忙招待客人。去波士顿的人很喜欢半路在基恩这座县城歇脚，玛丽的酒馆正好位于小城中心的大路边上。乔纳斯·米诺特上校定期从这条高速经过，他是康科德农民，但在新罕布什尔州拥有房产，在独立战争前就赢得了自己的军衔——事实上，是他警告英国人：美国军队准备好了“枪支和弹药来迎接最后通牒”。等警报拉响，米诺特自己的军队又姗姗来迟。他曾被怀疑支持殖民政府——讽刺的是，这个事件直接导致了全镇签名成立康科德义勇军（一旦有情况发生，这些人必须一分钟之内就集合到现场）。[23] 米诺特自 1792 年鳏居，1798 年他娶了颇具胆识的玛丽·琼斯·邓巴。玛丽和家人一起搬到了他位于弗吉尼亚路的农场，时年 11 岁的辛西娅·邓巴在这儿长大。

辛西娅一直记得康科德“大田野”东边的宁静生活。夏天的夜晚她只会听见“牛群的哞哞叫，或者鹅群的嘎嘎声”，再或是乔·梅里亚姆（Joe Merriam）用口哨呼唤他的工人。“她过去常常在午夜起床，在所有人都在睡觉的时候坐到房门口，除了背后座钟的嘀嗒声，她听不到世上有其他响声。”按照传统，弗吉尼亚路的命名来自“老弗吉尼亚”，一个获得自由的奴隶把小屋建在康科德的郊外，穿过小径走到城里。今天，这条道路已经被修葺平整，好让汽车可以飞速开往企业园区和大商场，但是在当时，它是“一条老旧的、曲折的，最终被遗弃的小路”，路边长着苔藓，还有石子滚落下来。1798 年，这座农场已经 150 岁了，建于几十年前的时髦农舍已经见证了一代人的成长和离开。现在，这座房子终于再次住满了人，迎来年轻的一代，而且直到今天，这座农场还在，成了美国最古老的农舍之一。[24]

辛西娅记得“寒冷的星期五”：1810 年 1 月 19 日，“厨房里的人们……紧紧围着炉火，但是哈迪姑娘（Hardy）刚洗好的碗立马就结冰了。他们最终只得把火炉烧得很旺，以便在客厅里取暖”[25]。杰克·加里森（Jack Garrison）是那晚在辛西娅家厨房帮忙烧炉子的工人之一，他前不久刚从新泽西逃过来，是个奴隶。很快他会结婚，并在附近建起自己的农场；他和亨利·梭罗将会经常一起工作。约翰·梭罗那晚没有在辛西娅的火炉旁，因为他的商铺正在走下坡路，他还要去到班戈，试着把货品卖给印第安人。1811 年，约翰回到康科德，他和辛西娅的爱情随着农收季节的临近和冬天的到来而升温。1812 年 2 月，辛西娅怀上了海伦。三个月之后的 5 月 11 日，埃兹拉·里普利牧师在第一教区教堂主持了辛西娅·邓巴和约翰·梭罗的婚礼。到 10 月 22 日海伦·路易莎·梭罗（Helen Louisa Thoreau）出生的时候，她的父母住在弗吉尼亚路的农舍里经营农场，同时约翰也在乔赛亚·戴维斯（Josiah Davis）的商铺里打工。之后的几年会充满各种不确定性，但从那时开始，约翰·梭罗和辛西娅·梭罗将会一同面对生活的挑战。

约翰和辛西娅·梭罗夫妇的早年岁月

人们眼中的约翰·梭罗是个安静的男人，没有雄心壮志，人也未免太和善了，没法狠下心跟人谈价钱，缺乏在困窘的共和国早年飞黄腾达的必备品质。几次三番，他总是在前进的时候遭遇挫败，比如开自己的商铺，又比如失败后试着在缅因重新开始。此时，回到康科德的他再次展望未来。辛西娅已经长成对人性有着精密洞察的女人。霍勒斯·霍斯默（Horace Hosmer）认识他俩，他总坚持说辛西娅是个“要求严格的女人，如果能够拿到更好的货品绝不会接受二等货色，但是约翰·梭罗没有让她感到不满”。约翰有种独特的气质，霍斯默说他“是彻底的法国人，从他耸肩膀的样子到他的鼻烟盒都能看出来……他健康、清瘦、举止文雅，是天生的绅士，心地善良，说话得体，他的妻子觉得他是个上等人”。至于辛西娅，她“从来不担心说话直截了当”。[26] 尽管很少人留意到约翰，但每个人都认识百折不挠的辛西娅，她比丈夫高一个头，也是当时镇上最厉害的“名嘴”，她的语言充满智慧、八卦和幽默讽刺，还有着新英格兰人公认充满“天分”的轻快语速。

尽管典雅的约翰和无畏的辛西娅曾期盼过能在农场上过几年安静的日子，但现实无情地击碎了这个希望。在他们举办婚礼五周之后，1812 年 6 月 18 日，美国人向英国宣战，以报复英国对美国的贸易剥削。战争延续了两年半，进口贸易萎缩，整个东岸一片混乱；英国的船只动不动就突袭美国港口，最严重的时候发生了火烧白宫和巴尔的摩（Baltimore）战役，这些都被记录在了国歌《星条旗》（The Star-Spangled Banner）里。在北边，梭罗的亲戚们战战兢兢地度日，英军在 1814 年秋天进攻班戈，重新占领缅因，一把火烧掉了所有海港中的船只——这一下就把班戈的运输系统和经营资本化为灰烬。南希姑妈正怀着她的第一个孩子，躲过了这场劫难，却在生凯莱布的时候难产死了。英军也袭击马萨诸塞湾的船只，但好在有独立要塞的枪炮守卫，波士顿得以保全。就像之前让所做的一样，约翰 · 梭罗成了要塞的政治代表，给士兵们提供食物补给。[27]

说回到弗吉尼亚路农场，家中的顶梁柱垮塌时海伦才五个月大——1813 年 3 月 20 日晚上，乔纳斯 · 米诺特上校死了，辛西娅的母亲玛丽醒来时发现自己再次孀居。和之前一样，这对母亲和孩子都是灭顶之灾。按照英国的习惯法和美国的法例，女性无法继承个人财产，所以米诺特的遗产在他死去一月内都遭到变卖，整座房子很快空无一物。玛丽仅能够买回一条床单和几样镶绿边的瓷器。至于房产——农场、一小片林地、农舍，还有其他附属建筑——“寡妇占三分之一”这个惯例让 65 岁的玛丽有权使用她死去丈夫的三分之一资产直到她过世或者再嫁。经过繁复的法律抗争，结果完全如这项条例所定：玛丽和她的孩子只能使用农舍的东边部分，包括前厅、一间厢房和上面的阁楼；他们可以出入一边的大门入口，可以使用所有后门，以及炉子、井、后院和一半的林地，另外还有楼上正对日出方向的卧室，她的孙子亨利将在这里出生。[28]

玛丽最终走出了这个困境。她把使用权以 129 美元抵押给能用口哨吹出动人曲调的乔·梅里亚姆，随后，她带着尚未结婚的儿女查尔斯和路易莎搬了出去。他们搬到莱克星顿路上的“红房子”，这是从她女婿的雇主乔赛亚·戴维斯那里租下的。几年之后，爱默生的苹果园将会出现在这条街的另一边。最终，玛丽还清了按揭，辛西娅和约翰能够回到她所拥有的三分之一的农舍。这之前的几年他们住在哪里？亨利印象中他们匆匆移居到波士顿。大约在1815年的某天，约翰从那里给他在班戈的亲戚写信，说婴儿约翰（1814年7月5日出生）正“坐在他的膝上”。与此同时，玛丽不得不寻求里普利牧师的施舍。在一封为她声援的信里，牧师指出她在已逝丈夫的财产分配中遭遇“极度不幸”，她经济拮据，“在几年幸福的岁月之后，她感到无力承受孀居、贫困、忧虑的重负，在朋友的建议下，也是迫于她困窘的现实，她希望申请共济兄弟会仁慈宽厚的援助”[29]。共济会召集募款，通过他们的帮助，玛丽活到了仅仅能给她的孙子亨利留下印象的时候，他会在日记里写下她的故事。1830年玛丽过世，路易莎姨妈和查尔斯舅舅会搬来和约翰及辛西娅一起住。

在他们位于农场的家之外，战争的结束带来了经济的复苏，不过，弗吉尼亚路上的生活要求约翰要同时兼顾农场上的活儿和镇上商店里的工作——因为有了两个年幼的孩子，寡妇的三分之一房产显得拥挤不堪。如果作物能有好收成，或许他们会试着在农业上放手一搏。但他们在1816年春天种下的所有东西都颗粒无收。到5月的时候，农民们抱怨这是个“倒春寒”，每天的温度都在冰点以下；6月上旬，来自北极的寒潮从俄亥俄州（Ohio）席卷到新英格兰并一路南下到新泽西，把大地冻得结结实实，将冰雪撒向了整个北部地区。苹果苗夭折了，玉米、土豆、蔬菜作物都被毁了。正如一位历史学家所记载的，“没有人有准备。人们穿上冬装，看着发黑的田野和花园，或者失望地围在炉火边”[30]。活过这场寒潮，以及在寒潮后重新栽下的作物又遭遇了7月和8月的几次霜冻；9月28日，一场严重的霜冻扼杀了最后的希望。在那之后，天气回暖，嘲笑这片已经被毁掉的田地。因为没有东西来喂养牲畜，猪和牛都被宰杀了，市场上供远大于求，因而价格大跌，等到冬天到来的时候，肉品的价格又飞升到破纪录的高度。相对而言，新英格兰仍依靠本地经济生活，因而作物歉收意味着饥荒。

那年的奇怪天气是全球性的：1816 年是臭名昭著的“无夏之年”，当时这种气候现象无法解释，但是今天我们知道，这是因为印度尼西亚的坦博拉火山（Tambora）在 1815 年爆发，这是 1300 年以来规模最大的火山喷发。第二年春天，一场诡谲的大雾阻挡了阳光，让日落显得更红，也让太阳黑子为肉眼所见——这个奇怪的景象被康科德的报纸称为“日常聊天的重荷”。全球平均气温下降了近 0.04 摄氏度，看起来是个很小的数值，但已足够决定是丰收还是饥荒，无论在欧洲、北美还是中国。据估计，约有 20 万新英格兰人不得不变卖或放弃他们的农场，移居西部。[31]

那个灾年的秋天，辛西娅第三次怀孕。在这些前所未有的严峻条件下，就算是出了名节省的她也很难保证家人在冬天吃饱，难以保证自己的健康。有一次，她对亨利说，在约翰去商铺里工作之前，她从没给他买过新衣服，总是把父亲的旧衣服翻新给他们。亨利评论说，在要紧关头，乡下孩子至少还可以抢劫稻草人。就是靠着这种极端的节省，他们熬了过来。1817 年 7 月 12 日，辛西娅生下了一个健康的男孩，他们叫他亨利。但是仅仅过了六周，约翰的小弟弟戴维死了，就在满 21 岁之前。所以，10 月 12 日，当他们应当把婴儿送到第一教区教堂做洗礼时，他们按照家族传统，用这个名字给婴儿命名。埃兹拉 · 里普利牧师给他们的第二个孩子亨利 · 戴维 · 梭罗施洗，出人意料的是——至少这家人觉得很意外——小亨利“没有哭”。[32]

亨利 · 梭罗的第一位传记作者认为“他能够远离熙攘的城市，在赤色的田野上吸入第一口纯净的乡间空气，这真是美好极了”。确实美好，但亨利并没有在这片赤色的田野长大。[33] 约翰和辛西娅熬过了另一个农业周期，可是 1817 年全球天气几乎没有好转。1818 年 3 月，随着春耕季节的临近，他们永远地放弃了农田。有一段时间，这对年轻夫妇租下红房子的另半边，琼斯奶奶在此度过了她赤贫但平静的晚年。亨利回忆说，大概在他 14 个月大的时候，萨拉阿姨在这里教他走路。当这个家从灾荒中恢复时，约翰设法归置他不稳定的资产，计划着他们的下一次搬迁。在之前的 8 月，他终于用他继承的遗产还掉了恼人的债务，放弃了他在波士顿普林斯街上那栋房子的份额，1818 年 9 月，他卖掉了他们在弗吉尼亚路农舍的资产以归还乔纳斯 · 米诺特的房产到期的款项。可能也是那个时候，约翰把他足金的结婚戒指都卖掉了。[34]

是时候有一个新的开始了。约翰打算做回他最熟悉的生意：开店。1818 年 10 月，他们搬到往北 10 英里以外，位于切姆斯福德的宁静乡村，在乡村教堂边租了房子和商铺，这个镇的居民把弹药储藏在一栋教堂的阁楼里。在那个年代，商店要靠卖朗姆酒才能吸引到顾客；正如霍勒斯·霍斯默所说，“教堂很冷，仪式很长”，包括牧师在内的每个人都喝朗姆酒。受人尊敬的里普利牧师担保约翰“品性纯良”，而且“正直，道德高尚，一直以来都经营商铺”。[35] 约翰就是那样得到他的售酒执照的。11 月 15 日，他的店开张了，他粉刷了招牌，卖杂货日用品和酒，辛西娅则负责招呼客人。

约翰和辛西娅在切姆斯福德住了两年半。他们从没对小城未移走弹药这件事释怀过，但是除此之外，这家人在这里的生活似乎生机勃勃。索菲娅于 1819 年 6 月 24 日出生在此，是家里的第四个孩子，每个孩子之间都有两岁的差距。四个孩子都长到了成年，尽管此时只是幼童的亨利常常让家里担惊受怕。一次，他下楼梯时摔倒了，昏了过去，“用了两大桶水才把他浇醒”。还有一次，他把玩斧头，砍下了自己脚趾的一部分。他惹怒过一头奶牛，“被领着一群小鸡的母鸡撞倒过”，这样的事不胜枚举。最有意思的故事是关于那头他们正试用的奶牛。当辛西娅去挤奶时，奶牛踢翻了木桶，邻居笑话辛西娅是个城市姑娘，但是当他说这句风凉话时，奶牛“撞翻了他，他只得用牛皮鞋揍它”。等到约翰回家的时候，奶牛“需要人挤奶”，所以他想他应该“冲上前去”，但是它“就在那儿”踢了他一脚，他晕了过去，鼻梁断了，“以后都看得见疤痕”。约翰把它领回到卖主那里，脸上还在流血，路边的人都巴不得翻墙离开以逃过它的顶撞。亨利有着一段赤着脚四处闯荡的童年——粗糙，简易，充满泥土气，到处都是动物。那时候家禽在街上自由漫步，他记得南瓜的收割季来临时奶牛会闯进家里。[36]

如果他们继续待下去，亨利·梭罗或许会从拉尔夫·沃尔多·爱默生那里学到人生的第一课。1825年的秋天和冬天，爱默生都住在切姆斯福德的农场上疗养让他失明的眼疾，同时他在切姆斯福德学校教三四十个男孩。多年以后，爱默生动情地回想这个乡村“质朴的田野，梅里马克河冲洗过的沙地”。这里到处是苹果，“栗子林会在霜冻的早晨变成棕色，宣告着丰收”。那些切姆斯福德的农民是“最初追寻自由的人”，但是，爱默生补充说，他们也是“正统的加尔文教派信徒，相信经文的力量”，他们“不读传奇故事，而是听从来自牧师、贫穷、劳作，以及乡镇大会的教诲”。[37]梭罗一家的乡村牧歌生活走到了尽头，是因为贫穷、加尔文教，还是乡镇大会上的矛盾，我们不得而知。1821年3月，他们再次收拾行装，这一次搬进了“波普大宅”（Pope’s House），这是波士顿南边一栋高10英尺的房子。约翰尝试在这里的学校里教书，亨利开始上学；到了9月，冬天快来的时候，他们搬进位于平克尼大街（Pinckney Street）四号的“惠特韦尔大宅”（Whitwell’s House），一直住到1823年的3月。[38]和切姆斯福德的岁月不同，在波士顿的两年几乎没有给亨利·梭罗留下任何记忆。

亨利只记得松树林里那片沉静、清澈的湖水。在去看琼斯祖母时，梭罗一家来到瓦尔登湖游玩。亨利在回望过去时把自己生命的起点标注在了那一刻：“23年前，我只有5岁，父母把我从波士顿带到了这座位于郊外的湖边……这个林中一景很长时间都是我梦境的布景。”即便在孩童时期，他就已经渴望着“甜蜜的孤独”，渴望“无言的寂静，我的耳朵能够从中听出重要声响”。这个野孩子会发现，颐养性情的苗圃并不在波士顿那座“喧闹纷繁的都市”里，而是在这里，在康科德的郊外，“阳光和阴影是为此增色的唯一住户”。[39]

在康科德安家

查尔斯舅舅使这一切成为可能。辛西娅的这位长兄长成了一个脾气古怪的单身汉，常常会人间蒸发几个星期或几个月，“到佛蒙特州(Vermont)北部的农场上收割干草……或者在缅因州的沿海乡村周游”。他会蓦地再次出现在酒馆里的牌桌上，把帽子抛向半空然后接住，或者“怂恿”结实的当地农民来一场摔跤比赛。[40]1822年10月，就在这样一场游历中,查尔斯偶然发现了新罕布什尔州布里斯托尔(Bristol)的“蓝雪花”(plumbago)矿藏，就在怀特山(White)南面的山麓里。现在已经没有用“蓝雪花”来代指铅的这种说法了，查尔斯当时发现的是一种油光锃亮、灰石色的碳矿，今天我们叫作石墨(graphite)。把它和红土混合，就可以制作出用来熔化金属的坩锅。在重工业的时代，石墨润剂能够承受高温，让滚珠轴承继续顺畅地转动；在铁器时代，石墨油彩能防止生锈，擦亮柴炉。更重要的，正如这个词的词源“graphein”所暗示的(来源于希腊语的“写”)，石墨是制造铅笔的关键材料。

查尔斯无意间找到了黑金。他投下了矿业开发权，同时把一些样本送去检验。纽约的一位米切尔(Mitchell)博士证明布里斯托尔的石墨具有高质量和高价值，他祝贺查尔斯“在我们的国家发现了这样的珍宝”。詹姆斯·弗里曼·达纳(James Freeman Dana)，达特茅斯学院(Dartmouth College)的第一位化学和矿物学教授，宣布查尔斯的石墨的质量要远好于之前在美国发现的所有石墨，和英格兰举世无双的博罗代尔(Borrowdale)矿石一样出类拔萃。[41]回到康科德，查尔斯和香皂及蜡烛的制造商赛勒斯·斯托(Cyrus Stow)及内森·斯托(Nathan Stow)建立了合伙关系，他们开始开发石墨矿藏。不幸的是，查尔斯之前只购买了七年的矿藏开发权。他需要帮助，需要一个熟悉市场、能够放下一切扑到这项事业上来的伙伴。他造访了约翰·梭罗。1823年3月，梭罗一家搬进了位于瓦尔登湖和主街附近的“砖头房子”，旁边就是康科德的磨坊水坝(Mill Dam)。查尔斯把这项生意移交给他的妹夫，后者把新公司命名为“约翰 · 梭罗公司”，在瓦尔登湖和埃弗里特街附近开了商铺，俯瞰储水池。约翰完全知道这么高质量、高纯度的珍稀石墨应该用来做什么：铅笔。凭借着这个乍现的灵光，他给梭罗家带来了财富。

工业革命既是通信的革命，也是器物的革命。每个人都需要可靠、便宜、便携的书写工具，羽毛笔和墨水太不方便了。16 世纪以来，英格兰的博罗代尔矿厂就给英国——之后是全欧洲——提供石墨，从把一根石墨包进木头开始制造铅笔。铅笔制造工霍勒斯·霍斯默曾为约翰·梭罗工作，他认为，美国的铅笔产业得益于一位康科德女人，是她用缝衣针把木髓从老树枝里顶出来，装满博罗代尔石墨碎屑制成的铅芯，再用胶水糊好。进口英国铅笔价格高昂，她的笔总好过什么都没有。威廉·芒罗（William Munroe），一位康科德的家具制造商，是下一步的关键人物：作为 1812 年战争导火索的英国贸易禁令带来了经济上的疲软，他开始寻找其他的产品来销售。芒罗用锤子捣碎石墨，制成了一种浆状物放到勺子上，再包裹进雪松木里。他做出了 30 支铅笔，把它们带去波士顿。它们一下就卖光了。

芒罗回来的时候，有一笔要五笼（一笼合 12 打，144 支）铅笔的订单，在之后的一年半里他会在总量为 1200 笼的铅笔上赚 4000 美元——利润惊人。因为担心竞争，只有他的妻子知道这道秘密的制作工序。但是当战争结束时，英国人的库存充斥市场，填满了人们的仓库，包括铅笔，其质量远高于芒罗所能制作的产品。芒罗回去重新做起柜子和钟座，但他还是秘密地捣鼓着铅笔，高利润的幻境仍令他心醉。1819 年，芒罗摸到了门路，他在康科德的磨坊水坝旁开了一家铅笔厂，不久后他的铅笔会远销肯塔基（Kentucky）。1825 年，他把厂搬到了巴雷特的磨坊（Barrett's Mill），四天内就可以获得他之前一个月的产量。就这样，美国的第一家工业铅笔厂诞生了。[42]

约翰·梭罗是如何在短时间内后来居上的？这是个谜。和芒罗一样，他不让任何人知道他的商业机密。但是芒罗花了数年才打造起这道工序，约翰只用了七个月，在 1823 年 10 月，梭罗牌铅笔就在马萨诸塞州农销会上被评为优级。约翰卖了六笼给摩西 · 普里查德，后者的商铺会成为他在当地主要的零售渠道。1824 年 10 月，约翰到马萨诸塞州农业协会展示他的铅笔，得到了《新英格兰农刊》(*New England Farmer*) 的赞誉 :“约翰 · 梭罗公司展示的铅笔的质量大大好于往年的任何样品。”如此惊人的业绩要么来自一个伟大的工程师的头脑，要么来自廉价的模仿（芒罗如此抱怨)，又或是某个人泄露了芒罗的商业机密。两年后，芒罗带来了新款的铅笔，改良过，包装也更华丽，他得到了银奖和一笔投资。很快,他同时推出了三种不同质量的铅笔:“优等”“高级”和“普通”——约翰 · 梭罗被迫需要提升自己的产品。竞争让两人都成了成功者，到了 19 世纪 30 年代，“两家公司每年总计生产 3000 笼到 6000 笼铅笔”。尽管芒罗担心产能过剩，市场却在不断扩张，两家公司都繁荣昌盛，使得康科德一度成为美国的铅笔制造中心。[43]

按照今天的标准，早期的美国铅笔很简陋。石墨被磨碎，混合进杨莓蜡、鲸油和胶水,加热,而后灌入挖空的、有细密纹路的雪松木条,晾干,再盖上另一半挖空的雪松木条，切割，塑形。爱德华 · 爱默生（Edward Emerson）记得这些铅笔“油腻、粗糙、易碎，写不了多久”[44]。但是约翰的石墨铅笔依然卖得很好（连同红铅笔、蓝铅笔、擦炉粉、蓄电池极板、用瓦尔登白砂做的砂纸，以及有大理石纹彩的精致包书纸，同时约翰还帮人修理钟表)，梭罗家就此跃升受人尊敬的中产阶级。约翰的两个儿子中，亨利喜欢做生意，他和父亲一样喜欢机器，也喜欢靠双手干活。得益于亨利对制作工艺的改进，梭罗牌铅笔的质量一度是全美最高的，艺术家、工程师、测量员、建筑师、木匠、作家，任何需要优质铅笔的人都来购买。梭罗自己的事业和家族的铅笔产业一同发展。卖铅笔供养了他的写作，但是更重要的是，铅笔允许他在大自然里进行记录——无论刮风、暑热，还是寒冬——他可以回家后再用墨水誊抄他的笔记。梭罗的写作生涯的的确确依靠着看似平淡无奇的铅笔。铅笔已经成为他的一部分，以至于他起草旅行清单时，不会记得要把铅笔列进去，就像他不会把呼吸的空气和饮用的水列进去一样。

* * *

约翰出于温和的性格，或许没法在商铺里态度强硬地谈价钱，但是他“喜欢坐在商店或者邮局里看报纸”。他后半辈子的时间多数就这么大隐隐于市，和所有人打成一片。他的生意给他提供社交的机会，这样他可以学到更多关于市场和人性的一手知识，同时投身于一项出色又有用的事业。亨利说他的父亲认真研究“如何做出**好**东西”，他拒绝为了赚钱做出“拙劣的东西”，“仿佛他在为某种更高尚的事业劳作”。[45]约翰热爱音乐，他演奏长笛——他那些约18世纪晚期的优雅的长笛乐谱里满是一个旅行者手抄的曲子，留存到了今天——他的名字用漂亮的铜版纸印在亨利的书房里一些最好的书上。霍勒斯·霍斯默说：“他是个艺术家……虽然他从未舞文弄墨。”约翰避开镇上的政治生活，也从没加入过康科德的精英圈子，不过每当这个圈子开启一项新项目，约翰会帮忙——他给图书馆捐书，加入米德尔塞克斯农工协会（the Society of Middlesex Husbandmen and Manufactures），成为康科德防火协会（志愿消防部门）的书记，把时间和金钱贡献给观赏树木协会，这个协会负责用榆树、悬铃木和枫树装点康科德的街道，好让“这个光秃秃的地方”对未来的子孙“微笑和绽放”。[46]

如果说约翰远离争端，那么辛西娅则恰恰相反，她是自由事业的积极支持者。她锐利的目光和尖刻的讽刺逗乐了她的朋友，却激怒了那些相对保守的邻居。尽管爱默生把她的这种“优势”称为“毒辣的讽刺”，他的儿子爱德华却从未忘却她无尽的善良，“尤其是对孩子，她特别温柔优雅”。一位邻居还坚持说，辛西娅会竭力批评那些弊端“并真诚地进行改革”。这些改革从家里开始：尽管有华丽的餐桌，有丰富的食物，但他们从没有茶、咖啡、糖这样的奢侈品，而是存钱给女孩们买钢琴，让才华横溢的小儿子上哈佛。为了能有更多收入，辛西娅把家里的房子改为招待所，不过她的餐桌永远向邻居们敞开，无论他们是否有能力回礼。和约翰一样，她热衷社区服务，加入了康科德妇女慈善协会，定期主持她们的会议。这些女士会做衣服和纺织品给需要帮助的人，她们也会讨论哪些家庭需要鞋子或需要解决孩子上学的问题，同时她们也讨论这些家庭是否需要医药费、更多的食物或少量的烟草用来解忧。这支忙碌的队伍（有些男士刻薄地称她们是“八卦协会”）进而演变为康科德女性反奴隶协会，是这个国家最早也最激进的反奴组织之一。[47] 在废奴主义进入媒体和讲堂之前，它早已存在于寻常人家：母亲、妻子、姊妹、女儿聚在这里编织社群的纽带。

最大的孩子海伦长成了一个有书卷气的年轻女子——优雅、认真、文静，是这个家的道德楷模。她是家里的第一位老师，为弟妹们指引了一条职业道路，她也把对社会不公的愤慨铭记在心，致力于终止美国的奴隶制。她成了弗雷德里克 · 道格拉斯 * 的朋友，很不幸，她年纪轻轻就去世了，但威廉 · 劳埃德 · 加里森（William Lloyd Garrison）在《解放者报》（*Liberator*）上赞颂了她。最小的孩子索菲娅继承了母亲的幽默口才和父亲的温和甜蜜。由于她的演说和庄重仪态，很多人觉得她像极了与她有很多共同志趣的亨利。在之后的岁月中，每当亨利发现了一些有趣的东西，他都会叫索菲娅来看。她喜爱植物，用阳光和鲜花装点她的家；她设在餐厅旁的玻璃暖房成了整个社区的一道亮丽的风景线。她也熟悉野生植物，不止一次认出了她哥哥没能认出的野花。索菲娅也是艺术家，虽然没有受过很多训练，但是才华卓绝，她为亨利在瓦尔登湖造的房子所画的画成了哥哥的书里著名的扉页插画。

但那些都是后来的事情。现在这个家的明星是小约翰。他爱交际，勇敢，风度翩翩；霍勒斯 · 霍斯默宣称，小约翰是“他父亲的翻版，但是更阳光，温暖着世上每个看见他的人”。小约翰强壮、敏捷，是一个天生的运动健将，可以“翻筋斗、跳高、倒立，跟男孩们摔跤，在课间休息的时候会大笑、大喊，在草坪上跟人翻滚打闹”。他还有数不尽的

---

* 弗雷德里克·道格拉斯（Frederick Douglass，1818—1895）：革命家、政治家、演说家、作家。逃脱美国马里兰州的奴隶生活后，他成为废除奴隶制度和推进社会改革的领袖，毕生争取黑人权益，影响力遍及全美。他也是首位在美国政府担任外交使节的黑人。

笑话，可以逗得他的朋友们笑到肚子疼，“就像鸡蛋里装满了蛋白蛋黄，他们的生活装满了喜悦”。[48] 不过，当约翰沉浸于男孩们的游戏时，他的弟弟却缺乏这份热情和愉悦，他待在一旁，用一种冷峻的态度观察着，霍勒斯的弟弟约瑟夫会说亨利的样子“莫名其妙，令人作呕”。少年亨利让所有人疑惑。他彬彬有礼地对待其他男孩，就算他们笑话他是“大法官”“老妈子”或者“大鼻子学究”时依然如此，就算他们朝他砸雪球，他还是会冷静地站在红砖教学楼旁看着他们的恶作剧。即便其他男孩每次都能在倒立或“大吼”的比赛里赢过他，但亨利能在课业上击败他们：“12 岁的他对书本的理解要好过大多数 16 岁的孩子。”[49]

这个安静、善于观察的孩子在想什么？长大以后，他记得他会在重要的事情上保护自己的利益。比如有一天，他发现了已经发芽的土豆，并听从母亲的建议把它种在厨房后花园属于自己的那一小块泥土中。没几天后，其他孩子也发现了发芽的土豆，并把它们带进屋，先是约翰，接着是索菲娅，甚至还包括海伦——直到亨利哭喊说有人偷走了**他的**土豆，“最后它被宣布是我的，因为我才是最初的那个发现者”，而且它长在“**我的**花园，最后我自己挖出它的茎块，为全家的晚餐提供了食材”。他还记得自己总喜欢望着窗外，抬头看天上的云，老是开小差，“我让我的想象自由驰骋，在层叠的云朵里寻找一个小孔，好看看天外的世界是什么样的”。他的母亲跟一位朋友讲起，在亨利和约翰仍然睡在同一张床上的时候，“约翰一下就睡着了，但是亨利常常要醒着躺很久。有一夜，他母亲发现这个孩子上楼很久还没睡，就问：‘亲爱的亨利，你怎么还不睡？’他回答说：‘妈妈，我在看能不能透过星星看到上帝。’”[50]

亨利的旅程并不总是独自一人。他记得大学时期，“呼吸着晨曦时清新的空气，我哥哥和我总是迫不及待地去散步”。他们去费尔黑文山（Fairhaven），一起攀上最高的峭壁“去看清晨的第一缕阳光”。从童年起，大自然就构成并装点了梭罗的内心世界。他的朋友埃勒里·钱宁（Ellery Channing）说，他们一同散步时，亨利从不留意他们经过的他童年时候的房子，但是他记得一块野地，因为他曾把家里的奶牛赶到那里去吃草，然后就像其他赤脚的乡村男孩一样，再把它赶回家挤奶。而且他常常“遗忘一些童年时关于‘磨坊水坝’的记忆，也忘掉了水坝后面的一个池塘，如今那里成了草地”[51]。尽管储水池的水很久之前已经被耗尽，但亨利的朋友们都记得，冬天这里成了“大一点的男孩子的溜冰场，也是我们这样的小孩的滑跤场”，在这儿，胆子最大的男孩会玩“滑薄冰”，谁最后一个安全滑过薄冰，谁就是胜者。[52] 梭罗从没写过自传（钱宁说他不喜欢忆当年），但是 1837 年左右，他给一本回忆录拟过提纲：“园艺——小鸡——第一次去摘葡萄——第一次去钓鱼——溜冰——采野果——打猎——拜耳花园山（Bare Garden hill）等——萤火虫——印第安人的棚屋——老磨坊——音乐——和一个同伴去斯宽特姆（Squantum）野餐——坐在花园的篱笆上吃抹了黄油的面包——书和阅读——睡谷（Sleepy Hollow）——我的同伴们的性格——游览瓦尔登湖——开车去听讲座——摆动的桦树和烤土豆。”[53] 他如果写下他的童年生活该会多么精彩啊！

对梭罗而言，最初接触自然是在家庭和集体的活动中。当时村里的外科医生乔赛亚·巴特利特（Josiah Bartlett）经常领着社区里的孩子去游泳和钓鱼。夏日午后，青年男女会叫上他们的“散步伙伴”一起去爬费尔黑文山，或是去瓦尔登湖远足。[54] 辛西娅和约翰本就是有名的郊游爱好者，经常参加这样的活动：有传言说他们的一个孩子差点就降生在纳肖塔克山上。一个邻居记得辛西娅常常举办大型野餐会，在户外支起灶头烧晚餐，用小小的锡茶壶烧水，黄昏时候领着一大群人回城。辛西娅“尤其钟爱自然……她训练她的孩子的眼睛和耳朵”。她会带孩子们出门，要他们听鸟叫，孩子们会“出于高兴或者哀伤，即兴作诗来为这些长着羽毛的各种精灵发声”。不久后，男孩们就独自出门了。辛西娅回忆道：“当约翰和亨利跑回家，把房门关得砰砰响，我就知道本·霍斯默（Ben Hosmer）或者约瑟夫·霍斯默来了。他们会带上午餐，不到天黑不会回家。他们会去瓦尔登湖、费尔黑文山、艾格岩或者到河的下游。”几十年以后，当霍勒斯·霍斯默看到亨利和索菲娅一起出门，亨利拿着他的笔记本，索菲娅拿着她的画板，霍勒斯会想："他们像极了他们的父亲和母亲，忠实地爱着大自然和艺术，儿子像妈妈，女儿像爸爸。"[55]

但是生活不是只有溜冰比赛和野餐会。一天，辛西娅领着约翰、亨利和小索菲娅到菲比·惠勒（Phoebe Wheeler）小姐的"托儿所"，把惠勒小姐的其他学生吓了一跳，因为梭罗家的男孩们"赤着大脚"。当地的母亲们定期把小孩子送到附近的"妇孺学校"（school dames），这是由寡妇或终生未嫁的女士开办的日托班，她们收取一些学费教孩子们abc，同时烘焙面包或者踩纺纱机做纺织品维生。年幼的亨利在菲比·惠勒家的空房间度过了很多日子，这是一栋"没有粉刷过的，被岁月侵蚀的老屋"，屋子附近有好些高大的梧桐树，房里是没有上漆的凳子。房间一角有张给累了的孩子打瞌睡的小床，还有一排"在阳光下腐烂"的吃了一半的苹果，等着课间休息的孩子们回来吃。孩子们把围兜铺在惠勒小姐膝前，他们就是这样坐在上面上课的。亨利·梭罗记得问过惠勒小姐一个颇有先见之明的问题："谁拥有所有的土地？"他还在地理课上赢过一枚奖牌，这之后他问母亲："波士顿在康科德吗？"他很确信如果他能够跟惠勒小姐再处一段时间，他大概会收到那本"亨利市长大人"的奖励小本子。[56]

对一个孩子来说，康科德肯定已经算很大的地方了。住在磨坊水坝边让梭罗可以看到一个兴盛的工业区，铁匠铺挤在正在打桩的工厂和铸造车间之间，铁匠杵锤的响声从摇摇欲坠的店铺里传出来。亨利在这里看见磨坊厂的大石磨磨制成印第安黑麦面点的面粉，他会透过叠起的生牛皮观察臭气熏天的制革桶，也会感受到铸造车间里的炽热高温，人们在此把黄铜熔液浇铸成挂在马拉雪橇上的铃铛，以及街对面钟表匠所需要的配件。大街上堆着皮革碎料，散着马厩，有牛队在繁忙的商铺前。这里有喧闹的酒馆，有梭罗家的老屋，梭罗的姑妈们——梭罗小姐们——把这栋屋子改成了入住率很高的招待所，很多宴会都由隔壁沙特克家的商铺提供食物。在街角，有豪华的米德尔塞克斯酒店，门口常有马车逗留，酒店后则是监狱，而就在监狱一旁，是蒙泰菲奥里（Montefiori）糖果铺魅力难挡的橱窗。在每年举办四次的开庭日，镇上会敲响钟声，召集警长、法官、律师，他们会从米德尔塞克斯酒店的休息室走到法院。康科德的中心就像微缩的世界：幼年的亨利自由自在地四处游走，他在磨坊水坝一天看到的东西就多过在学校教室里一个月看到的。[57]

有时候康科德也会融入世界——就像独立战争的英雄拉斐德侯爵（Marquis de Lafayette）在他的告别之旅中路过这里时。现实要比听起来有意思得多。1824年8月31日，由康科德要人组成的一支游行队伍把年迈的拉斐德侯爵迎入镇广场，以24发鸣枪和钟响宣布他的到来。高官们被引到第一教区教堂外支起的帐篷下，豪华的招待宴会已经准备就绪，他们会一边咀嚼美食，一边聆听一系列高质量的演讲。帐篷周围的空间本应腾出来，但是渴望瞻仰这位伟人的民众把隔栏不断往里推。随着军警把他们往外推，人群中爆发出愤怒的声音：我们不应该也有权利留在这里吗？难道是我们的衣服不够华美，或是我们的举止不够文雅？可我们的父辈们不也是独立战争的老兵吗？他们究竟为何而战？一场暴乱险些爆发，即便帐篷下的拉斐德侯爵和他的同伴一点儿都没有留意到外面的事情。人群的愤怒和怨恨会在之后的几年愈演愈烈，一些人眼里“狡诈的民心煽动者”会利用这些情绪制造分裂，以满足他们个人的利益。[58]这些憎恨针对的是由富裕的塞缪尔·霍尔和有权有势的约翰·凯斯（John Keyes）领衔的精英阶层——他们的儿子们是亨利·梭罗的玩伴——这意味着人们的憎恨不仅关于政治，也有个人情绪融入其中。

年幼的亨利也亲眼见证了康科德的庆典，1825年4月19日举行的康科德战役50周年纪念会就在他家门口的街角举办。更符合逻辑的举办地应当是老北桥，这是战役的发生地，但是住在老牧师寓所的埃兹拉·里普利驳回了这个提议，从商业利益考虑，镇中心应当是更好的选择。所以，在13发鸣枪和镇钟摇响后，康科德的共济会领导隆重地为镇广场的一座大型纪念碑奠基。随后，许多人在第一教区教堂中发表了演说（包括拉尔夫·沃尔多·爱默生纪念他祖父威廉的祝酒词，威廉在50年前召集了义勇军）。没多久后的一个晚上，镇上的不同政见者在奠基石上堆了很多柏油桶，组成一个 20 英尺高的伪纪念碑。次日晚上，好事的人把油桶点燃，高蹿的火苗让孩子激动，却让家长惊慌，奠基石裂开，纪念碑损毁了。这个耻辱的石堆会留存多年，是男孩们最喜欢攀爬的地方，对于家长而言，这时刻提醒着他们社区里产生的裂痕。[59]

虽然温文尔雅的约翰·梭罗避开了这些冲突，但辛西娅很快发现她和她的家人正处在矛盾旋涡的中心。[60] 在奠基典礼前，教会（当时仍是镇政府的分支）一直团结着康科德社会。康科德的每个家庭都付税金来给里普利牧师发工资，维护他的礼拜堂；其他的教堂从未获得允许建设，甚至没被考虑过。但是古老的清教主义正逐渐走向开放。教会曾经要求会众对他们的原罪进行告解，而今却只要求公众对其信仰进行宣誓。1811 年，辛西娅这么做了，亨利的姑妈们贝茨、简和玛丽亚也在不同时间这么做了。但是在康科德之外，针对这种自由化的抗议正越来越多，福音派牧师莱曼·比彻（Lyman Beecher）——哈丽雅特·比彻·斯托（Harriet Beecher Stowe）的父亲——依靠聚集道德崇高者抗议罪人而成为波士顿的领袖，就算是身为当时波士顿自由象征的威廉·埃勒里·钱宁牧师都在请求宽容和团结。1826 年 5 月，里普利牧师终于失去了他的领导位置，他的会众中有九位不满的成员联合起来组建了一个全新的、更保守的教会——圣三一教会（Trinitarian），代表在三位一体的上帝下基督的所有神性。作为回应，自由派聚集在“独神论派”（Unitarianism）的旗帜下，坚持说上帝只有一位，他是单独的，也是全能的。

亨利的姑妈们贝茨、简和玛丽亚是最早九位反对派中的三位。辛西娅非常矛盾，但是很快她也加入了圣三一教会。当新的圣三一教会牧师丹尼尔·绍斯马德（Daniel Southmayd）和他的妻子乔安娜（Joanna）于 1827 年春天来到康科德，辛西娅接他们到家里小住。那个时候梭罗家又搬了一次家，搬到主街对面宽敞气派的沙特克大宅（Shattuck House）。为了补贴家用，辛西娅把房间租出去。绍斯马德夫妇是最先下榻的客人之一，那整个春天，餐桌上进行着深奥的神学辩论，有时候会延续到客厅。辛西娅开始动摇。和乔安娜·绍斯马德的对话让她坚信，她不应该放弃自己的信仰，不该相信上帝是三位一体的，而非单独的，也不该相信基督具有神性，而非上帝化身成人。圣三一教会不接受信众有这样的怀疑，里普利骄傲地把辛西娅迎回自己的教堂。新的圣三一礼拜堂正在兴建，就在第一教区教堂旁储水池的对岸，两座尖顶建筑标志着新英格兰信仰多元化的起始。马萨诸塞州的不同政见者推进立法，要求政府取缔教会的官方地位，1833 年 11 月，马萨诸塞州公投通过了这项提议。从那时起，该州的教堂变成私人的、自愿性质的，它们不再肩负团结社群的古老职责了。

严肃、善于观察的小梭罗记住了这一切。他长在一个非常虔诚的家庭，在这里，安息日对一个小男孩意味着必须待在室内的无聊长日，很多事情都遭到了禁止：阅读、长时间凝视窗外、看落日、看飞鹰（让它们带走他“关于尘世的揣想”）。斋戒期总和去睡谷里参加棒球比赛的日子相冲，他想着家人要参加多少场仪式，晚上会不会有“普通的晚餐，非同寻常的晚餐，或者会不会没有晚餐”。历史学家罗伯特·格罗斯（Robert Gross）暗示，年幼的梭罗从观看家中关于信仰的挣扎学到了重要的东西：第一，没有人应当为了别人而放弃自身真诚的信仰——为了权威话语或为了家人都不值得；第二，在信仰一味追求变得纯洁的过程中，它退化成了“吵闹的牧师和分立的教会”的战场。[61]

亨利对此的回应很是真诚，发自肺腑:拒绝一切。不应该建礼拜堂，因为真正的教会不在某栋建筑里，而且不应当被某个体制限制。梭罗成为一个对自我要求非常严格的《圣经》学习者，他进而学习了其他主要宗教流派的经典，包括印度教、伊斯兰教和佛教，渴望找到精神真理的真正源泉。当愤怒的读者当着他的面挥动《新约》，梭罗反诘道，新英格兰之前没有真正聆听过《新约》里的任何一个字，“只要让其中的一句在这片土地的任何讲堂上被正确地理解，这里就不再会有一座又一座礼拜堂了，连一块砖石都不会有”。必须重新建立真实的信仰，不是建立在有裂缝的奠基石上，而是在“世间切实存在的坚硬岩石上，在我们能称作**现实**的东西上，而且我们会说，这就是现实，没有错”[62]。这个追求不会把梭罗领去礼拜堂，也不会领他去法院，而是会带他去他的那间屋子，在湖岸，在群松之间，它会编织起他无尽的梦。

第二章　从康科德到哈佛的学习之旅

（1826—1837 年）

只有当我们忘掉学过的东西，我们才开始真正理解。

——亨利·戴维·梭罗，1859 年 10 月 4 日

康科德的教育

康科德喜欢夸耀自己的学校。自从 1647 年起，康科德的公民集体缴税为他们的孩子设立免费的公立教育机构。等亨利·梭罗长大到不适合去菲比·惠勒的日托班，他就每天上午 9 点整到镇广场的文法学校报到，向老师鞠躬，然后就坐在 80 张木头课桌中的一张的后边。出勤率因为基于自愿原则的关系时高时低，如果所有符合条件的孩子都来上学，梭罗必须每天提前来抢位子。不同年龄和能力的男孩女孩挤在只有一间大教室的学校里，根据恒久不变的课程大纲学习他们所能学习的：拼写、语法、记账所需的算数和基础测量所需的三角函数。对于那些想要上大学的人，可能还要学点拉丁文和希腊文的皮毛。

镇上多数的老师都把教书看成是在大学和真正的职业之间过渡性的跳板。他们不比学生大多少，把自己的老师当年教的那一套拿出来教学生：通过朗读学习。每个学生都要大声朗诵一首长诗的一节或一篇课文的一段，就这样，等课本从第一个学生手里传到最后一个学生手里，

课就算是上完了。到了星期六，学生们必须忍受“演讲课”——他们得背下一些诗歌和讲稿。只有一个木头炉子给这间大教室供暖，紧闭的门窗里烟雾缭绕，烟味呛人。一天之中的两次课间休息非常必要，一来是给教室通风，二来是唤醒孩子们。最糟糕的要数教学的真正目的：不是为了教育，而是为了规训。老师们怀疑农场出来的男孩们如果不尝尝权威的滋味是不会懂得服从的，所以每个老师都会在讲台右上角摆一把戒尺，所有人都可以看到，这是一根约 2 英尺长的细木条，专门用来打不听话的孩子的手心，一位老师承认说这是“很痛苦”的教训。讲台里还有用于惩戒“性质恶劣”的孩子的牛皮鞭，非常捣蛋的男孩很可能会在犯事后被绑起来，挨上几下。[1]

这根本不是培养全新的共和国领袖的方式，康科德的精英阶层对此心知肚明。梭罗的一位老师，爱德华 · 贾维斯（Edward Jarvis）加入了校委会，引领一场改革，希望能够用相互尊重和礼让来取代威权。有几年，这个改革是起效的。与此同时，一批忧心的公民想到了另一个主意：开一家私立学校，用收学费（五美元一学期）的方式把“底层的坏孩子”挡在门外，如此康科德最有前途的男孩和女孩都可以得到高质量的中学教育。[2] 就这样，在 1822 年，康科德书院（the Concord Academy）诞生了，它致力于把男孩们送入大学，也培养所有的孩子成为老师。这个书院设有全套的课程：拉丁文和希腊语，外加法语和意大利语，英文修辞学和作文，数学，一些化学和自然科学，一点儿历史和地理。一批老师来了又走，直到 1827 年 9 月，书院的院长聘请了菲尼亚斯 · 艾伦（Phineas Allen），哈佛大学 1825 届的毕业生。艾伦把教书视为一生的志业——他把一辈子都奉献给了学校，直到他在 83 岁那年死于肺炎。他的讣告尊称他为整个州历史上教龄最长的老师。艾伦供职于康科德书院期间重塑了康科德新一代年轻人的知识眼界，这代人包括亨利 · 梭罗。[3]

虽然艾伦教出了一大批杰出人士，有法官、参议员，至少一位著名作家，但他的学生并不认为他是优秀的老师。“最糟糕的老师，最差劲的学校。”一个学生如此评议。有个男生不满戒尺的伺候，他在艾伦的头上把戒尺敲成了两半，砸碎了他的金丝边眼镜。这之后不再有惩戒，学校“彻底降格为无用的机器”。梭罗本人开玩笑说：“在康科德书院或者其他地方，在导师菲尼亚斯 · 艾伦的认可之下，我主要靠自己才能够格（或者被弄得不够格）上大学。”[4] 但是艾伦非常努力，而且很想成为一名模范教师。在给当地报纸写的一封信里，他告诫后辈老师要温文尔雅，衣着整洁，“连最细小的事情都不能忽视”。他更崇尚德育而非依赖惩罚措施。除了这些值得钦佩的理想，艾伦的讣告还给了他两个美誉：他是“名副其实的百科全书”，而且在 58 年的教学生涯里，总共才请了五天病假。[5]

如梭罗所暗示的，他真正接受到的教育来自别处，来自书院里和他一同成长的优秀同学。“我喜欢这段岁月的一切，”一个同学感叹说，“我们在学校里上课，去悬崖散步，下午和课间休息时去‘暗恋角’，我们还在浅水池上滑冰……我们觉得我们都是非同寻常的人。”梭罗也罗列过令他怀念的事情：“学校里的娱乐活动——游泳——划船——维吉尔（Virgil）和撒路斯提乌斯（Salust）——园艺——斯宽特姆的野餐——采坚果——书籍和阅读——散步和溜冰时的曲子——社团。”[6] 梭罗和他的朋友们怀有同一个忧虑，他们担心商业将取代美国的理想。他们追求真实性，厌恶传统的要求和当代的流行元素。他们决心要踏上独立的道路。这是躁动、充满希望的新一代人，他们认真倾听爱默生的话，后者的梦想和理念正好出现在报刊和图书繁荣的时代，这更坚定了他们改革的信心——这是一个新时代，学园、辩论社、图书馆、音乐剧小组和反奴隶制协会打开了一个新世界，它们带来的理念正在抗衡蓬勃发展的全球市场。[7]

书院本身就是康科德向新时代过渡的缩影。即使当过去的共识走向分裂，当新的教会欢迎宗教异见者时，菲尼亚斯 · 艾伦给康科德最有希望的年轻人提供的仍是一个新的、世俗的智性场所。在那个时候，组建康科德书院的这批镇上精英开始致力于重建康科德。1825 年，康科德最富有的那部分人组成了一个非官方的商业部门，他们清理了磨坊水坝周围的废旧商店和那些喧闹、发臭的工厂，拆掉了磨坊厂，重修了水坝。用当时的话说，他们“拯救”了那片沼泽密布、蚊虫缭绕的湿地上游。梭罗爱着那里，但是其他人都觉得那里会散播疾病。令人难堪的制革厂和其他工厂被华丽、有高大柱子、刷着白色油漆的联邦风格（Federal-style）建筑所取代，手工艺人、小工坊主与银行家和保险经纪人共享空间，后者为新兴的商业中心提供资本。他们拓宽了狭窄的老磨坊水坝路（那里是著名的交通阻塞点），这里成了美丽的通衢，道路两边，观赏树木协会种植了榆树、悬铃木、枫树和白蜡树——这些细瘦的小树苗会在四分之一个世纪之后长成华美的树荫长廊，梭罗赞许它们带来了“秋天的颜色”。

改革成就了一座经典的、风景如画的新英格兰乡村：高耸入云的塔尖和有着白色罗马柱的房子环绕的树荫掩映的镇中心，四周是规整的社区和几座郊区农场。当简·梭罗定居康科德镇中心的时候，这里不过是杂乱的、临时建起的商业、工业和行政枢纽，几年之后，他的儿子约翰见证着康科德重生为一座规划得整齐划一的魅力村镇。它坐落于乡村，却不完全是乡村。1843年，开发商把新兴的铁路引入小镇，康科德完成了它的蜕变，它已成为一座安静的、有着良好生态环境的居住区，完全不同于喧嚣、忙碌的波士顿——那儿没几个人还记得把牛赶到公地上去吃草。康科德再次引领风尚，它的市政规划者实现了他们的愿景——城镇秩序井然，商业的优势扎根于宁静的乡村。这个美好的愿景会引来其他著名的康科德作家：爱默生、霍桑、奥尔科特夫妇（the Alcotts）、钱宁、桑伯恩。

康科德的规划者相信，教育是每个公民所必需的，而不是富人的特权。1828年10月，菲尼亚斯·艾伦踏出了重要的一步，他创立康科德书院辩论社来锻炼男生的口才，练习政治辩论，这是民主社会的基石。辩论社成员在这些问题上激战：枪支对人类有益还是有害？美国是否应当永远自由？社团成立一个月之后，小约翰·梭罗在辩论这个问题：优秀的小说是否比优秀的历史作品更好？一年之后，作为正方，他的弟弟将在这个问题上与埃比尼泽·罗克伍德·霍尔（Ebenezer Rockwood Hoar）较量："比起成为一名即兴演讲者，成为一名好作家是否需要更多天赋？"艾伦判梭罗输掉了辩论，因此梭罗的第一次辩论输给了未来的马萨诸塞州首席法官，那年他 12 岁。梭罗的表现一个月之后进步了一些，他没有做什么准备就来了，但他赢了，因为对方根本没做准备。辩论的记录员是监狱长的儿子乔治·摩尔（George Moore），他写下了他的厌恶："今天晚上的这场辩论，如果还可以叫作辩论的话，我希望永远都不会在这栋房子里上演，或者不会再被记到这本本子上。"亨利之后加入了乔治的辩论队（他当然给了亨利不少建议），作为反方的他们赢了有关彩票是否有用的辩题。书院的学生肯定想摆脱艾伦的管制，因为在 1830 年 1 月他们成立了他们自己的辩论俱乐部：共同进步青年社（the Young Men's Society for Mutual Improvement）。[8]

不过，更精彩的要数全新的康科德学园（Concord Lyceum）的成立，它标志着梭罗人生的其中一个新启程。乔赛亚·霍尔布鲁克（Josiah Holbrook）发起了学园运动。一场有关化学和地理的讲座深深触动了这位马萨诸塞州的校长，他想象着这样一个美国：所有工人（不，所有公民！）能够受到科学知识（不，所有知识！还有艺术、文学和历史，所有**有用的**、和生活密切相关的知识）的启迪。1826 年 10 月，霍尔布鲁克发表了他的宣言，他以十字军东征般的热情来引领这场运动：学园将会是提供实践指导的当地协会，使人们互助提高。在这儿，公民可以把自己知道的教给别人，相互分享知识和社区资源，并和附近的社区建立联系，交换演讲者，不断开拓这一交流网——这些都是为了"提高国人的道德和知识品位"[9]。1826 年 11 月，霍尔布鲁克在米尔伯里（Millbury）这座靠近伍斯特（Worcester）的工业小镇创办了第一座学园，接着他来到了一座又一座小镇不断组建新的地方学园，直到他的运动扩展到全国。

1828 年 10 月，有一位办学园成狂的苹果佬约翰尼（Johnny

Appleseed）* 来到康科德，康科德辩论俱乐部（艾伦原先学生俱乐部的成人版）以是否应当在康科德创建学园为辩题，最终正方获胜。12 月 3 日，康科德的公民投票一致通过了这项决议。一个月之后，报纸上登了为康科德感到骄傲的文章："当地的先贤是那些在公民和政治自由方面最前卫和最勇敢的支持者"，这座城会最先把它的公民"从恶习和愚昧中"解放出来。凭着每年两美元的费用（那些必须从远处来此参加活动的人只用付一半的价格），每个当地公民可以在周会上携带"两位女眷，如果结婚，可以带上孩子"，会议会由演讲和辩论组成。这些费用用于邀请外地的演讲嘉宾，外加添置矿物陈列柜、科学仪器并维护图书馆，这些都会对康科德书院的学生开放（通过学园的书记菲尼亚斯 · 艾伦），也对镇上公立学校的学生开放——前提是他们的老师每年付两美元会费。[10] 既然艾伦的学生都能参与学园的活动，那么可以说梭罗从 11 岁起就成了学园的终身会员。

很快，镇上的人就聚集在康科德书院里聆听每周的辩论，多是有关政治议题：该州是否应当建造连通波士顿和奥尔巴尼（Albany）的铁路（是），学校是否应当禁止体罚学生（否），把印第安部落从他们的原住地迁移到密西西比以外是否正确（没有结论）。学园的讲座总是引来满屋的听众，大家都迫切地学习地理、历史、政治、神学和科学知识。1829 年，一系列的化学讲座引来 100 名听众。之后的几十年，康科德学园都是全国最大和最积极的学园之一。梭罗定期参加活动，当过图书馆馆长和讲座文书，这些职位让他能够把全镇的注意力导向他觉得重要的议题，比如废除奴隶制。他在大约 20 年内会在那里发表 20 次演讲，在这里为之后的社会活动做演练。这些听众看着他长大，对他逐渐增长的名声一点儿也不感到惊讶，他们自由地发表建议，有反对，有玩笑，更多的是赞赏。《论公民的不服从权利》就是在康科德学园诞生的，此

* 约翰 · 查普曼（John Chapman，1774—1845）的绰号，美国的开拓者和果树园主，此处指霍尔布鲁克的开创精神。——编注

外还有《瓦尔登湖》、《缅因森林》(*The Maine Woods*)、《科德角》(*Cape Cod*),以及晚期的自然历史随笔。学园对梭罗的重要意义是无法估量的。它拉近了他与康科德的距离，也拉近了康科德和他的关系，无论何时，虽然梭罗在给更广泛的公众写作，但他脑海里浮现的永远是这群镇上的朋友和邻居。

对于所有这一切，梭罗家族的贡献是不可或缺的。约翰的铅笔产业有利于康科德的商业繁荣，教梭罗家三个孩子的菲尼亚斯·艾伦有段日子是这个家的常客。但是这家人和学园的关系远不止于此，他们经常主持，也总是参与给书院学生和家长举办的派对。他们是学园的固定听众，常常把演讲嘉宾接回家来，给他们提供下榻的地方。他们家族的规模也在扩大：琼斯外婆于 1830 年过世之后，风趣的查尔斯舅舅和圆润有爱的路易莎姨妈搬进来了，他们会在此度过余下的人生。辛西娅总是有权来决定谁能住在家里，她确保入住者是品质高尚的人，能够把正在席卷这个国家的新知带给她的孩子们，也能够有益于整个社区的智性生活。[11] 亨利·梭罗几乎不需要离开康科德就能看到世界，他待在康科德的家，世界会来到他身边。

哈佛肖像

只有一样东西亨利·梭罗在康科德得不到：大学学位。其实他并不那么需要这个学位，家人考虑让他当学徒，将来做柜子——这是符合逻辑的，因为他喜欢用双手干活。[12] 但是他在菲尼亚斯·艾伦学究式的课程里展现了惊人的天资，这给他打开了新的可能。辛西娅一直为她的儿子们感到骄傲，也对他们期望很高，她决定至少要送一个去哈佛，她的父亲阿萨·邓巴就是在那儿开始自己的事业的。最终，奇怪的是，艾伦没有推荐她气度翩翩、活力四射的长子约翰，而是推荐了文静好学的亨利。

乔治·弗里斯比·霍尔 (George Frisbie Hoar) 觉得进哈佛很容易。

为什么这么说？有好几年，但凡稍微聪明一点儿的 14 岁男孩都能通过入学考试。但是监狱长的儿子乔治 · 摩尔每天凌晨 4 点就起床学习了，1830 年的整个夏天他严酷无情地要求自己研读拉丁语、雅各布的《希腊语读本》，还有《新约》福音，之后才敢参加哈佛 8 月的招生考试：拉丁语和希腊语，代数和算数，地理，希腊语《新约》。最后，他只在关于撒路斯提乌斯的内容上拿到了不合格。[13] 相反，梭罗把考试前的那个夏天几乎都花在造他自己的第一艘船“流浪者号”上，他整天去河边漫游。1833 年 8 月 24 日，他来到坎布里奇（Cambridge），面临一整天的面试，一门接着一门，涵盖所有学科。多年之后，他还能感受到这种羞赧。昆西（Quincy）校长告诉他：“如果你再多考一门学科，你可能就进不来了，你刚好勉强够线。”梭罗在希腊语、拉丁语和数学上都没有通过——它们是哈佛最主要的三门学科！但是他被录取了，而且顺利毕业了，尽管如此，他还是承认：“那些时间本应用来学习的，但是我全部拿来探索我家乡的森林、湖泊和小溪。”[14]

为什么要上哈佛？作为康科德男孩，这是不容置疑的选择。哈佛是全镇最优秀和最聪明的男孩的至高学府。创办于 1636 年（仅在康科德建城的次年）的哈佛大学是神学、医学、法学和通识教育的中心。它和康科德有着很深的渊源：当美国军队包围英军占领的波士顿，哈佛的教授和学生转移到了康科德，埃兹拉 · 里普利当时正是其中的一位学生，他毕业后会回到康科德，成为新英格兰祖传的公理会教会理性与自由派倾向的倡导者，哈佛是全美国这一思想的前沿阵地。这也让哈佛好似一根避雷针：1805 年自由派偶像亨利 · 韦尔（Henry Ware）（梭罗会成为他的学生）被任命为神学院的教授，这让正统的加尔文派公开与哈佛为敌，信仰加尔文派的人们去了其他的几所名校——安多佛（Andover）、达特茅斯、普林斯顿、耶鲁。这一分裂强化了哈佛作为独神论派堡垒的角色，也孕育了康科德自己的第一教区教堂。

哈佛虽然得到马萨诸塞州的支持，但不意味着它向所有人开放。只要是女性，就算是天赋异禀也将被拒之门外。萨拉 · 奥尔登 · 里普利（Sarah

Alden Ripley）帮助弗里斯比·霍尔准备了哈佛的入学考试，他将她称为“她的时代甚至任何时代最杰出的学者之一”。哈佛校长爱德华·埃弗里特（Edward Everett）本人甚至也说，里普利“能够取代哈佛的任何一位教授”。只是，她不可以——她甚至不可以听课。她辅导哈佛的学生，那些渴望进入哈佛或者被勒令退学的男生。她教数学、希腊语和拉丁语、德语和意大利语，还有自然哲学（里普利尤其擅长这一学科）。霍尔觉得，她提供的教育优于坎布里奇所提供的。[15] 同样的评价也适用于令人敬畏的玛格丽特·富勒（Margaret Fuller），她也辅导哈佛学生，和里普利一样，她成了梭罗最敬佩的同事之一——当梭罗离开了哈佛校园，回到了知识女性能够留下足迹的那个世界之后。

学费是另一道屏障。每年光学费、住宿费和杂费就要 200 美元，当时普通工人的工资每天不足一美元，由此可见，哈佛的教育不是大多数人能够负担的。即便是梭罗家——拥有殷实的家族生意和一个家庭招待所——也须节衣缩食。为了支持亨利在哈佛的最后两年，他家不得不搬出舒适但昂贵的沙特克大宅，和梭罗家未婚的小姐们一起挤在镇广场上的房子里，他们从 1835 年春天住到了 1837 年春天。简单说，亨利·梭罗是个奖学金生。大学四年的每一年，他都从詹姆斯·佩恩（James Penn）的遗产中得到小额但不可缺少的资助，这笔奖学金为家境不够优越的学生设立，他们勤奋好学，能取得好成绩，而且不惹麻烦。他的努力为他在四年里的三年争得了一笔令人垂涎的奖金，在毕业典礼上这笔奖金作为荣誉授予他。[16] 学校刚通过允许学生请 13 周的假去学校教书挣钱的条款后，梭罗马上就申请而且被准许了，虽然这段时间的缺课会让他跟不上学业。梭罗从没有忘记过，他不仅仅刚刚够格，而且必须很努力才能**不被赶出来**。对他来说，没时间偷懒，也没时间嬉戏。

* * *

1833 年 8 月 30 日，在考完入学考的一周之后，亨利 · 梭罗起了个大早坐马车去坎布里奇。车厢在莱克星顿山上颠簸，经过波特广场（Porter Square）的牛市，下山时沿着“唯一的乡村小道前行，直到校园出现在眼前。校园建筑看得出岁月的沧桑，学生为即将开始的学期兴奋不已”。梭罗来到后门，他把随身带的一点行李带去由红砖盖成的霍利斯楼（Hollis Hall），他会入住这里，室友是书院的同学查尔斯 · 斯特恩斯 · 惠勒（Charles Stearns Wheeler），一位林肯县农民的脸庞红红的儿子。他们很合拍，惠勒安静、好学，温和的性情下闪动着他对知识的野心。[17] 他们连地毯都没有的寝室没有家里舒适：家具只有松木床架，盥洗池和脸盆，一张餐桌和两把朴素的椅子，一盏台灯，还有一张或许可以当书桌的台子。学生寝室靠壁炉和一个军用锅炉来供暖，冷天锅炉会被烧得滚烫，放到支架上，暖和的晚上学校偶尔鼓励学生把锅炉推下楼，时间会安排好，如此可以“把学监晚上的睡眠分成两段”。学生需要自己生火、打水、擦鞋，除非他们有闲钱请一个擦鞋匠。[18] 这儿的生活比起梭罗在瓦尔登湖度过的艰苦生活并不显得奢侈多少。

每天的日程是严格安排的。整个夏天和冬天里的一半日子，学生 6 点参加晨间祷告，在没有供暖设备的大学礼拜堂里，督导会记录下缺勤和违纪行为。没有穿上规定的黑色外套准时出现的学生会被扣分——很奇怪，梭罗的绿色外套成了例外，他没有被扣分；可能是昆西校长明白奖学金生买不起另一件外套。[19] 而后是这天的第一节早课，接着在休息室里用早餐，学生通常吃热面包，配黄油及咖啡，幸运的话还可能吃到前一天晚上他们用叉子钉在桌子底下的一片肉。然后他们继续上课，12 点半吃粗糙但丰盛的午餐，而后是下午的课程。周六下午没课。晚上 6 点礼拜堂的祷告结束后，学生们一天中第三次来到休息室吃冷面包并喝茶。之后寝室楼会传来欢歌笑语，一直到校钟敲响 8 点开始宵禁。星期天也是学习日，早间和晚间的祷告必须出席。只有星期六的下午给学生一点儿离开校园的自由时光——但如果宵禁前没有回来报到，则会遭受惩罚。这样的生活过了五周，梭罗和惠勒想家想得厉害，他们甘愿冒险，走回了家——要走很长的路。梭罗的鞋子磨得脚生疼，他索性脱掉鞋子，赤着脚痛苦地走过了最后的3英里路[20]，才刚和家人问了声好就必须返回坎布里奇。

哈佛的课程要求也一样严格。这个时候学校正处于其历史上的低谷，批评家说它“落后于时代”，太贵族化，昂贵，目光短浅，不去吸引底层和中产阶层的优秀学生，不愿意改革。[21]它的规模也很小，约12名教授来教育200名学生。每年的学生人数不同，梭罗这届（37届）学生总数有63人，只有41人毕业。幸运的是，这一小群人中有不少活跃的家伙：理查德·亨利·达纳（Richard Henry Dana）“提前两年告别海员生活”，回到哈佛，成为第37届学生，与此同时，霍拉肖·黑尔（Horatio Hale）提前离开，加入威尔克斯海洋远征队（Wilkes Exploring Expedition）。查尔斯·达尔（Charles Dall）将会迎娶卡罗琳·希利（Caroline Healey），生下第二代超验主义者。其他同学，比如诗人琼斯·维里（Jones Very，36届）、詹姆斯·拉塞尔·洛厄尔（James Russell Lowell，38届）会在校园相遇。不过每一届的学生被严格地分开，同一拨学生会一起上一学期接一学期的标准课程，由同一批老师执教，听不到其他观点。哈佛的教授在课外不和学生交流，学生把他们视为“天敌”。如果学生需要请教教授或者询问建议，一定要在深夜秘密进行，因为如果太早进入教室或者下课后留下问问题，会被视作“犯罪”；任何被抓到这么干的人会被看成“怪胎”，被群体孤立。梭罗觉得自己似乎来到了另一个康科德书院：年轻人被置之不理，只能依靠同伴间相互学习以取得进步，他们结成紧密的联盟，会记得这个有着共同敌人和朋友的小世界，虽然这些友谊不一定会延续一生。[22]

这样的生活也有优点。正如埃弗里特校长指出，只用四个小时，“一个略有才能的年轻人”就可以完成一天的课业，他可以有足够的时间“畅通无阻地”追求自己的兴趣。[23]对于梭罗，这意味着散步去郊外观鸟，或者寻找鸟巢和鸟蛋。在一封写于瓦尔登湖的信里，他向一位年轻的自然主义者动情追忆往昔的岁月。他每天都去探访住在一棵中空的苹果树里的臭鼬。每年，他和朋友们都会突袭一只困苦已久的北扑翅鴷的巢穴，它“像母鸡一样执着地补救它的缺失，直到我的伙伴用斧头毁掉它的整个家”。他们也在空余时间每天造访哈佛浩瀚的图书馆，这是全国最好的图书馆。临死前，梭罗将会对爱德华·爱默生说这个图书馆可能是“哈佛所能给予的最好的礼物”。在那里的书架上，梭罗开始了他一生中记笔记的习惯，但凡读书，他都在笔记本里做摘写。他爱上了英国的诗歌，从乔叟到莎士比亚——正如他的同学约翰·韦斯(John Weiss)开玩笑说，这是梭罗的“工矿”，“他每天在此开挖几个小时，带着安静的热情，最后它们或许会在他与同伴的竞争中闪光”[24]。

竞争，确实如此，在这个环境里，竞争压力非常大。另一个同学记得梭罗“聪明、愉快”，但是韦斯觉得他打扮得很奇怪，“冷漠，没给人留下什么印象”，他的手“潮湿而普通”，迈着“庄严的印第安步伐”，“凸出的、灰蓝色的眼睛”打量着脚下的道路——他早已开始在心灵中探寻瓦尔登湖，只是他掩藏着他的天才，没有人看到。[25]当韦斯忙着嘲笑他时，其他同学把梭罗迎入了一个热情且忠实的朋友圈子。他的书院同学斯特恩斯·惠勒和亨利·沃斯(Henry Vose)(后者后来成了高等法院的法官)是最初发出邀请的人，而后是萨姆·希尔德雷思(Sam Hildreth)，这个班的诗人，他如此贫穷，以至于要接受同学的施舍，但他又是如此雄辩滔滔，以至于一毕业就被哈佛聘为新的演讲学教授。希尔德雷思最好的朋友是威廉·艾伦(William Allen)，梭罗之后会把他珍贵的爱默生的《论自然》首印本题词献给艾伦。詹姆斯·理查德森(James Richardson)，梭罗大二时候的室友，心地善良，喜欢做白日梦，给哈佛的校刊写诗，最终在南北战争中照顾士兵时死去。还有奥古斯塔斯·皮博迪(Augustus Peabody)，他热爱自然，之后在缅因州当医生；查尔斯·拉塞尔(Charles Russell)之后在波士顿大学任法学教授；查尔斯·赖斯(Charles Rice)是铁匠的儿子，最后在佐治亚州做律师。这个圈子里的青年才俊相互借书，在 1770 协会 * 里正式辩论，在平时的聚会里非正式地辩论，他们给对方写信——有些愉悦，有些焦虑，还有一些则是一番傻话。

当康科德书院的学生约翰 · 谢泼德 · 凯斯（John Shepard Keyes）前来参加哈佛入学考试时，他紧张得要命，但也无意间走进了梭罗的社交圈。梭罗在大门口迎接他，带他进教室，梭罗的同学正好闯进来，开始拿这两个康科德人开玩笑——他们"使尽浑身解数，攻破了我们对家乡的骄傲，我很快就发现迎接我的是位非常了不起的人，就像他之后会成为的那样"。得益于这些"哄闹的学长"，凯斯完全忘记了考试带给他的惶恐，他们拥在梭罗的宿舍，给凯斯讲述哈佛学生生活的真实内幕——包括最重要的那件事，臭名昭著的"邓金抗议"（Dunkin Rebellion），按照凯斯的观察，来自学生这一边的说法和"家乡人以为的有着本质区别"。[26]

哈佛把 1834 年的"邓金抗议"看成是历史上最严重的学生抗议。梭罗和他的同学都是新生，不过这没能使他们豁免事后的责罚。学生抗议是哈佛的一大传统，最近的一次是发生在 1823 年的大型抗议，直接促发柯克兰校长（Kirkland）起草改革，包括新的更公平和更透明的评分系统。但是到了 1828 年，在柯克兰被迫辞职之后，校方找来了乔赛亚·昆西"做规矩"。他是做了规矩——太严了。他的方法把事情弄得更糟。到梭罗入学的时候，学生们正在抗议昆西的八分"品德指标"，这个标准被用于所有课堂，背诵、作业，甚至最微小的违纪行为都会导致扣分。昆西本人来记分，他把教员变成了他的警力，每时每刻，每日每夜，哈佛的教授和辅导员都在观望，在评判，在评分，连在校园里"群聚"都被视作违纪——两个学生在一起就被视为"群聚"，这也解释了为何凯斯觉得在封闭的房间里很放松——穿错衣服的款式或颜色都是违纪，也就是说只能穿黑色。梭罗的绿色土布外套被人嘲笑，詹姆斯·拉塞尔·洛厄尔因为穿棕色外套来礼拜堂而被扣分。最微小的违纪也可以导致"终

* 1770 协会（Institute of 1770）：位于哈佛大学社交俱乐部所在的大楼。

身徒刑”，梭罗看到过比他小两级的学生因为在礼拜堂里剥核桃而被勒令休学。[27]

马歇尔·塔夫茨（Marshall Tufts）参加了1823年的大抗议，他写道：“教育和信仰不都应该是自由的吗？”[28] 梭罗同意这个观点。塔夫茨的话语成了集会的呼声。1834年3月，梭罗和班上的多数同学一起在请愿书上签名，要求废除昆西的评分系统，他们说这并不有助于真正的学习，只是“模拟对小学生的管教”。梭罗见证了白热化局面的核心，当一名大二学生和希腊语教师克里斯托弗·邓金（Christopher Dunkin）争执时，事件一点即燃。在几名学生因为不服权威而被责罚之后，全校爆发了抗议：学生朝邓金的窗户扔石头，砸坏他的家具，闯入钟楼，在午夜时分鸣响校钟。昆西请了县里的警方来介入调查，但是没能找到作案人，这使得300美元的财产损失找不到人来负责。因此，昆西勒令几乎所有的大二学生统统停课。[29] 其结果是所有学生的大骚乱。每一块可以够到的护窗板都被用来和家具一起制造篝火，礼拜堂被炸了，昆西的肖像被吊在“抗争之树”上，校园中升起一面黑旗。之后的一天，学生们小心翼翼地走过破碎的玻璃、被砸烂的家具、篝火留下的刺鼻烟灰。很多人就此离校，新一年的报考人数锐减。

在这场混乱之中，亨利·梭罗做了什么？什么都没做，约翰·韦斯如此指责道（后者已经成长为一名激进的、头脑发热的牧师）。但这不是事实。事件之后的一个月，亨利·韦尔博士向昆西校长汇报，说梭罗班上的某些学生总是在祷告时发出“冒犯的声响”。教师们投票同意，用单独审问每个大学新生的方式来找到这些始作俑者。他们的审问指向了从南卡罗莱纳州来的约瑟夫·休格（Joseph Huger）和贾尔斯·亨利·惠特尼（Giles Henry Whitney）。但是惠特尼坚持说自己是无辜的，请求让梭罗和惠勒为他做证。教师们否决了这个请求。惠特尼被哈佛勒令退学，他的父亲很失望。惠特尼递交了由梭罗和惠勒撰写的辩护信（可惜，这封信没留下来），要求进行新的听证会。这两封信没有打动校方，他们以8票对2票的比例通过了惠特尼的退学令。[30]

简单说，梭罗亲自为同学的清白进行辩护，当他被拒绝时，他写了抗辩信给校方，他们读了，驳回，并显然销毁了这封信。他或许没有去砸毁教室或玻璃窗，但是他支持一位受到不公平控诉和惩罚的朋友，这样的行为在当时可能会导致他被学校清退。

这之后的三年，梭罗是班上仅有的 19 名从未受到违纪警告的学生之一。无论他在想什么，他很小心不让自己被退学。这不是小学生的服从。即便韦斯责难梭罗在"我们年轻的荒诞行为正在兴头上时"消失不见，他也不得不承认，"男孩长大到会点篝火闹着玩很寻常"，但他们却不一定会长大到能对他们的"无政府行为"带来的损失负责。[31]"邓金抗议"促使 16 岁的梭罗思考谁为愤怒的暴乱买单，以及公民不服从行为需要怎样的勇气，即便是最微小的行为。他开始了旷日持久的反抗，尽管一直位列哈佛优秀的学生之中，但是到大四那年，他的教授因为怀疑他的学习态度，克扣了他最后的那笔奖金作为惩罚。天知道假如梭罗完全暴露出他对他们的鄙视态度，他们会做出什么来。

* * *

那么，这个要梭罗为此如此刻苦学习，要他的家庭为此做出如此巨大牺牲的所谓的"哈佛教育"到底有什么意义呢？质疑哈佛的竞争体系或许是一条线索：哈佛的评分系统嘉奖绅士行为，压制不合群的举止。课堂辩论、无休无止的背诵、公开演讲都在鼓励学生相互比较，看谁的表现更好；那些比不过别人的只能不再尝试。课堂是大多数实际的教学行为的发生地，学生做大量的课堂笔记，课下他们会再誊抄背诵。[32]虽然昆西的评分系统对叛逆的学生而言显得独裁专制，但是这个系统的目的就是在每学期结束之后让学生清楚地知道他的位置，谁的排名在他之前，谁在他之后。哈佛的所有奖励都基于这个评分系统。

哈佛教育的核心完全浸润于早已死亡的古希腊语和古拉丁语。今天，这看起来不可理喻，即便在当时，这个理念也颇具争议。正如一位毕业生抱怨的，古典文学本应成为把文明从野蛮的洪水里拯救出来的方舟，“但是没有人在阅读，连挪亚本人在洪水退却后都觉得必须生活在方舟之内”[33]。梭罗确实必须生活在这艘方舟里。入学考试时拉丁语和希腊语不及格，使他必须很努力才能赶上同学。他一头栽进李维（Livy）、贺拉斯（Horace）、塞涅卡（Seneca）和西塞罗（Cicero）——罗马伟大的演说家和道德哲学家的文本中；他读了德摩斯梯尼（Demosthenes）平息暴民统治威胁的讲演，读了索福克勒斯（Sophocles）庄严肃穆的悲剧——它们成了亚里士多德伟大的诗论的明证；他也读了荷马的《伊利亚特》，这部史诗被誉为希腊人的《圣经》，展现出人类美德的普适性——所有这些，他读的当然都是希腊语原文。这样的教育塑造了梭罗，教他用古人的尺度来衡量现代人，提醒他认真对待他写出的每一个词，让他听见多种语言和不同世纪里丰富的语词富有深意的回响。

梭罗紧接着把语言作为他自己的特殊学习科目。乔治·蒂克纳（George Ticknor）之前把现代语言引入了哈佛的“现用语言中心”，梭罗在那儿学任何他能学的：跟着被放逐的政治异见者彼得罗·巴基(Pietro Bachi）学意大利语，巴基能够如此优美地朗读他喜爱的诗歌，“就好像在听甜蜜温柔的乐曲”[34]；梭罗上了四学期法语课，通过了必需的考试；他跟着政治流放者赫尔曼·博库姆（Hermann Bokum）学习德语；他的一点儿西班牙语和葡萄牙语是从一位衣装打扮无可挑剔的法国人弗朗西斯·塞尔斯（Francis Sales）那儿学来的。梭罗错过了伟大的蒂克纳的课程，他甚至差点错过了蒂克纳的继任者朗费罗（Longfellow）：在哈佛的最后一个学期，他旁听了这位诗人有关德语和美国北方文学的一系列就职演讲，但是因为课业压力沉重，他不得不中途退出。等到毕业的时候，他至少可以阅读五门外语——拉丁语、希腊语、意大利语、法语和德语，外加一点儿西班牙语和葡萄牙语。他自学了万帕诺亚格语（Wampanoag），这是东马萨诸塞州的一种土著语言；他或许受到同班同学霍拉肖·黑尔的影响，后者仍是学生的时候就发表了有关佩诺布斯科特（Penobscot）语言的研究专著，采访了一群在哈佛土地上扎营的佩诺布斯科特人。[35]很可能，同样着迷于语言和北美土著部落的梭罗也紧随其后。

数学是哈佛的另一个标签。梭罗在这门学科上很走运：新受聘的教授本杰明·皮尔斯（Benjamin Peirce）是当时最著名的数学家，也是测量学和导航术领域领先的理论学者和实践者，很快他也会成为美国海岸测量局的主管。或者，也可以说梭罗的运气不好：就像弗里斯比·霍尔所笑话的，这间教室里没一个人能够理解皮尔斯的讲座，"他会手拿粉笔，然后用尖利的嗓音说，'如果我们用'，接下来他会用代数写一个等式，'我们就有了'，然后写另一个等式或方程式"。他沉静在极大的愉悦中，把黑板写满，衣服上沾满粉笔灰，下面的学生不知所措。不过梭罗在数学上的天赋或许让他分进了高水平学习组，他们会在晚上聚到皮尔斯的家里。在《瓦尔登湖》里，梭罗坦白说这种知识的启迪让他惊喜，毕业的时候，他想到"我学了导航术！——如果我能在港口多绕一个弯，我就可以知道更多了"[36]。不管怎样，他作为康科德测量员的职业生涯始于皮尔斯的指导，就是在后者的课堂里他掌握了一整套的测绘术语。

如果哈佛有科学课，梭罗一定也会表现优异。事实上，他学过物理和天文，但任课教师只是让学生背过时的法语论文，没有一次实验展示，也没有一次观星。更有趣的是约翰·韦伯斯特（John Webster）教授的化学讲座，他炸东西的执念让他有了"火箭杰克"的绰号。一次实验展示中，一枚铜器爆炸，冲击力把一大块器皿轰到后排，要不是原本坐在那个位置的学生刚好请假没来，他一定会小命不保。韦伯斯特只展现出微弱的歉疚："校长放我出来了，他说我必须更加小心，要是我杀了那学生的话，我肯定会非常难受的，确实，我应该会的。"[37]韦伯斯特的马虎大意或许预兆了他之后犯下的惊天大案：1849 年 11 月的一天，乔治·帕克曼（George Parkman）教授凭空失踪；一周之后，一位疑心的门卫在韦伯斯特化学实验室下的砖窑里挖出一具尸体。梭罗之前的教授被以谋杀罪名起诉，他认罪，然后被吊死了。

真正把梭罗领进科学领域的人不是教授，而是大学里羞涩、谦逊的图书馆员——撒迪厄斯·威廉·哈里斯（Thaddeus William Harris），好几代学生都爱着他。当哈佛在自然历史方面有个空缺，但却没有资金聘请教授时，哈里斯自告奋勇来教这门课，他忠实本分地用哈佛过时的教科书教导学生。但是哈里斯对自然历史的热情发自真心，他收集制作了全美最好的昆虫标本。1837 年 5 月，他与梭罗及朋友们协力创设了哈佛自然历史协会，领他们在坎布里奇周边做了很多的田野调查，探寻植物、鸟类和昆虫。学生们一直铭记哈里斯“盛满爱的美好灵魂”，他总是对他们的发现表现出很大的喜悦，“好像他从没见过这些东西”。他很喜欢借书给学生，永远用“善意和耐心”帮助学生，让人“赞美不尽”。有个学生回忆，每年春天，哈里斯的双眼会因为“天文台附近花圃中”长出的“一棵普通兰草”而放光；他每年都用极大的热情对待学生的请求，与之相比，圣杯都显得不那么重要。[38] 梭罗对北扑翅鴷和臭鼬巢穴的突袭不再是孤独的历险，而是和一群朋友共同享有的兴趣和爱好。哈里斯会一直担当梭罗的朋友和导师，直到他 1856 年过世。

哈佛把历史和哲学当作希腊语和拉丁语的延伸来教，它们不被作为死去的文明来对待，而是作为对于艺术、文化和历史的有生命的表达，它们是新生的美利坚共和国所需要的民主政治的跳板。梭罗入读哈佛的时候，适逢查尔斯·贝克（Charles Beck）和科尼利厄斯·康韦·费尔顿（Cornelius Conway Felton）在领导全国的新人文主义革命。贝克教的是拉丁语，他是德国移民，从图宾根（Tübingen）带来了最新的德国学者的风范；费尔顿于 1834 年成为了希腊文学的“艾略特教授”，使得梭罗成为最早一批能够在全美最有影响力的古典学学者门下学习希腊语的学生。新人文主义运动没能清理掉哈佛老旧的拉丁语课本，费尔顿曾开玩笑说，比起罗马军队挫败迦太基，这些课本对几代学生的蹂躏更彻底。不过他们确实打开了新局面。他们要求学生不仅仅学**有关**希腊语和拉丁语的知识，更要用希腊语和拉丁语读写，使语言本身得以内化，**成为**希腊人或罗马人。费尔顿致力于把学生从罗马共和国严肃的公民道德中解放出来，带他们去激动人心的希腊化罗马时代，让学生们清除身上的现代性毒素，重塑灵魂，为终生的自我修养建立基础。雅典，而非罗马，才是美国的真正明镜，为美国的民主制度提供更深入和真实的往昔借鉴。虽然罗马崛起之后走向了衰落，但美国可以从历史中学习，建造它的文学和文化，建造一个可以延续的国家，超越过去的所有国家。[39]

对于这些，梭罗学得很自在：当康科德的城市元老扫除那些摇摇欲坠的商铺和发臭的工厂，以建立那些华丽、有着白色高柱的新古典主义纪念碑时，他们就有意用木制建筑和涂料象征新古典主义共和国的美德，正如华盛顿特区的建筑师用大理石和花岗岩所做的一样。康科德书院本身，那个通过拉丁语和希腊语培养该城子女成为领袖的地方，也是迈向全新的、世俗的、倡导公民文化的全国运动中的一部分，它建立在无数先贤自我牺牲的美德之上。这是《瓦尔登湖》里提到的一段插曲的背景：某个周日早上，对梭罗而言如同荷马一般的加拿大法语区移民阿列克·塞里恩（Alek Therien）把《伊利亚特》（希腊人的《圣经》）拿在手里，而梭罗正在为他翻译阿喀琉斯（Achilles）对哀伤的帕特罗克洛斯（Patroclus）的责难。“他说：‘那很好。’”[40] 就在那简单的段落里，未来美国民主制度的希望已经从最深层的历史过往中孕育出来了。

把这一幕重现在瓦尔登湖畔要用到梭罗在哈佛学到的所有知识：当梭罗在深入掌握古典学的时候，他也慢慢从世界历史学到美国宪法，后者被视为世界文明进步的顶点。他沉浸于美国政治哲学的奠基人约翰·洛克（John Locke）的著作，而后是威廉·佩利（William Paley）的《道德哲学》（*Moral Philosophy*），接着是苏格兰的常识哲学，而后是德高望重的老亨利·韦尔叮嘱他去读的佩利的《基督教的证据》（*Evidence of Christianity*）。这些都在大四那年听韦尔有关希腊语《新约》的课程时圆满完成。[41] 毕业的时候，梭罗全面浸润了哈佛的理性主义，虽然离开校园后他将遇见那些会颠覆所有这一切的作家和知识分子。

* * *

教育所具有的点石成金的魔力让每一位老师感到迷惘。十多个、一百个或一千个学生之中往往会有一个学生，他与同伴一同学习，最后——常常很突然地——华丽转身成为出乎所有人预料的天才。在哈佛的教授之中，有一位对这个天才有着关键影响：他教过（或者说试图教）梭罗写作。三年里的每一个学期，爱德华·蒂勒尔·钱宁（Edward Tyrrel Channing）——修辞学和演说学的“博伊尔斯顿教授”——给梭罗布置了一系列的作业，每一篇他都收上来，批改，再发还回去，用昆西残酷的八分标准来评分。如果梭罗在那些年记过日记，日记本应该遗失了；如果他给家里写过信，这些信也不见了；他尝试着写诗，但那些习作也几乎都没有留下来。[42] 留存至今的只有他交给钱宁的这些散文。它们令人失望，沉重、严谨、毫无生气、毫无创意，不过它们似乎让钱宁很满意。而今对我们而言，这些文章没什么意义。借用亨利·塞德尔·坎比简略的概括，哈佛“差点毁掉了梭罗的作家生涯”[43]。

差一点儿，幸好没有毁掉。钱宁布置的作业题目迫使学生离开“舒适区”，用思考激发创造力——任何思考！这是钱宁的本意，他想要学生通过探索更广泛的阅读世界来发现自我。正如爱默生（他也是钱宁的学生）所说：“真正的好读者是发明家。”这里的问题不是钱宁的方法，也不是他布置的题目，而是他的嘲讽和挖苦，这很容易摧毁青年人的原创火花。每一周他都会把每个学生叫到教室前方，让他坐在那儿，钱宁会把他最糟糕的语段读出来，羞辱他。这是痛苦的煎熬，学生们尽量少写以便逃避羞辱。很典型的是他会把一个学生叫到那张可怕的板凳上，然后用他尖刻的声音朗读：“‘非洲炽热海岸的黑色子孙。’我想你指的是黑人。”是的，这个学生承认道，钱宁会把这个词组划去，然后写上“黑人”，让这孩子的难堪持续下去。[44] 只有意志刚强的人才能熬过他的教学方法，或许也是因此，钱宁不仅在他的学生身上，也在美国文学史上留下了深远的影响。钱宁对微小细节整整三年的苛责会使学生清除不节制的感情、华而不实的修饰语、所有的夸张，他要的是平衡而理性的风格，以世界上的经典文学为范本来培养公民，他们必须能够运用复杂的思维，并做出完美、有见识的政治决断。有位编辑说他总是能一眼分辨出钱宁的学生：没有一个被他的讽刺火焰烫过的学生会忘掉这段伤痛。[45]年轻、认真的亨利·梭罗娴熟地掌握了如何写成钱宁欣赏的样子，然后他要用十年，外加搬去瓦尔登湖才能摆脱这套窠臼。

直到1837年6月毕业前夕，梭罗才敢发出智慧的声音。钱宁布置的题目是定义国家“野蛮还是文明”的判定标准是什么。又是一个无聊的作业。但是梭罗的回答并不无聊。“一个国家可以文明程度非常之高，但仍然缺乏智慧，”他反诘说，“智慧是教育的结果，但是教育必须是培养、发展‘人’自身本就有的东西，对于让人接触‘自我之外的’知识，自然而非艺术才是更可信的老师。野蛮人很可能，也经常是智者。我们身边的印第安人比起城市里的居民更像人。他作为人而生——他作为人思考——他作为人而死。”[46]钱宁对这个学生感到满意吗？精炼的语句、漂亮的排比句结尾，要理解什么是文明的缺失必须先经历它，这些都得益于钱宁。然而，这个回答完全是梭罗的。至于其哲学层面的反思则完全得自爱默生。哈佛给梭罗套上的金箍终于打开了。

学着离开哈佛

大一时，梭罗迎来了新的起点。在第一个学期，他只缺了几节课，而且总是赶紧补课；他仅仅缺席一天的祷告，就在他和惠勒走回家的那个星期六的早晨和黄昏。到第二学期期末，他已经获得了足够的“昆西分数”让自己在50名学生中排名第六，这一年的年末他得到了更高的分数，可以揣着25美元的奖金回家——这是设给大一新生的奖学金中很大的一部分。只有两个学生比他拿得更多：这个班的诗人希尔德雷思，还有了不起的霍拉肖·黑尔，他们分别获得30美元。就这样，在“邓金抗议”闹得沸沸扬扬的那一年里，梭罗让自己成了班上最优秀的学生之一,这让他可以进入 1770 协会。只有七个新生有资格进入第一轮筛选,一周后有另外十个学生的资格被批准,很快他所有的好朋友都成了会员。

通过选拔进入 1770 协会为梭罗打开了一个新世界。这个会所是哈佛学生于独立战争前夕创办的,他们想要在公众演讲上获得更多训练。每两周,他们会开一次例会,制定正式辩论的日程表,余下很多讨论时间。会员轮流进行讲演,他们也写诗并朗诵,分享书评。梭罗每年交两美元的会费,很少缺席例会,而且一入会就参加辩论。1834 年 9 月,他和书院的好友惠勒及沃斯就媒体自由展开辩论。会员可从协会正在扩充的图书馆里一次借两本书——如果他们捐出某个作家的全集,他们就可以借更多书;梭罗一定这么做过,因为他每次都借三到四本书。协会的图书馆肯定比不上哈佛的图书馆,后者是全美最大的图书馆,在 1840 年就拥有 41000 卷藏书。不过协会图书馆有其他强项,它提供最新的科学专著、重要的文学期刊——那些大胆的、国外的、被禁的,以及先锋的刊物。1837 年春天,梭罗拖走了大把歌德(Goethe)、柯勒律治(Coleridge)、维克多·库辛(Victor Cousin)的作品,当然还有超验主义的伟大宣言——爱默生的《论自然》。他 4 月份借了一次,而后,当他把自己的那本送人后,6 月份又借了一次。[47]

整个大二那年,梭罗保持着他的学业荣誉,讽刺的是,昆西犯的一个错误让梭罗获益了,这让他成了班上的第六名。[48]1835 年 2 月,爱默生本人成为梭罗的考试官,虽然当时两人都没给对方留下什么印象。梭罗考得不错,得到一本特别装订的书作为奖励。[49]这学年的末尾,他的排名下滑了一点,位列第十一位——但仍然足够获得 25 美元的奖学金及在学校开放日的演讲资格。梭罗帮忙把一个短剧译为希腊语,并扮演加图 (Cato) 向恺撒发起挑战。[50]不管怎样,他有着自己的学习节奏,并把好势头一直延续到大三那年的秋天,那时他选了至少八门不同的课。但是,因为一些微小的违纪行为(基本上是迟到和缺席),昆西克扣了梭罗的奖学金,在这种压力下,他的排名下落到第十四位——仍然值得钦佩。

* * *

梭罗的麻烦开始于1835年11月，当时校方通过一项规定，允许学生休学一个学期，用教书的方式来挣额外的钱。亨利的家人刚刚放弃居住了八年之久的房子，搬去和梭罗家的姑妈们一起住。亨利清楚家里的经济负担，所以立马申请了教职。12月2日，他来到马萨诸塞州的坎顿（Canton），参加独神论派牧师奥雷斯蒂斯·布朗森（Orestes Brownson）的面试。他们之间擦出了火花。这位长着低垂的灰眼睛，清瘦但结实的哈佛大三学生和这个高高瘦瘦、话音低沉、擅长挑动政治争端的激进人士一直聊到深更半夜，布朗森有名的“取之不尽的咖啡”让他们精神抖擞。布朗森很快对哈佛校方说，亨利·梭罗通过了考试，而且接下来的一个学期会住在他这里。[51] 一段日子之后（具体的日期被人们遗忘在历史长河里），亨利住到了这个家里——和奥雷斯蒂斯、他的妻子萨莉，还有他们的四个孩子同住。白天，亨利帮忙管理坎顿文法学校，教导约70名年轻学生。下班之后，如果他不用辅导布朗森家的孩子的作业，他会和奥雷斯蒂斯一起学习德语，继续他们激烈的对话。这是梭罗第一次接触大学之外的自由学者，对后者而言，思想可以发出剧烈的声响，使他游走在伟人和近乎伟人的圈子里。亨利与布朗森家度过的这个学期破除了哈佛的魔咒。

布朗森是佛蒙特人，在贫穷中长大。他是农场帮工的孩子，早年丧父，后来在纽约州北部做牧师、作家及编辑，发声支持激进的左派，并坚持不懈地追求信仰。梭罗认识他的时候，他已经一路经历了从信仰加尔文派长老宗到无神论，最后到信仰独神论；1844年，他会以皈依天主教的方式完成他的信仰之旅。1834年，他给自己的第三个儿子取名为威廉·埃勒里·钱宁，这个名字来自于一位牧师，后者在其大型布道会“与上帝的相似”中说，是存在于我们每个人之中的上帝打开了我们的眼睛，以便让我们在周围的世界里看到上帝。布朗森径直来到波士顿，亲自对钱宁说，他的布道会把自己从无神论里拯救了出来。尽管钱宁对这个激进的年轻外来者保持着距离，他的追随者乔治·里普利（George Ripley）很快将布朗森视为朋友。很快，这两人会从欧洲购买最新的书籍，制定拯救世界的计划。1841 年，里普利孤注一掷，建立了乌托邦式的社区布鲁克农场（Brook Farm）。爱默生和梭罗都没有加入，但是布朗森送来了他的儿子小奥雷斯蒂斯及有理想的信仰追求者艾萨克·赫克（Isaac Hecker）。

当时，把亨利·梭罗收在门下的布朗森仍然处在 1834 年 7 月引起的争议的余温之中，他于独立日当天宣布：在美国，平等仅仅留存于纸面。“如果没有自由的人民，自由的政府就没有权力。”政府不应当领导人民，而应顺从民意；它无权干涉人民，应当让自由的人民来领导它。很多年以后，梭罗在《论公民的不服从权利》的开篇就致敬布朗森：“政府是一种提供便利的权宜工具，人们乐意通过它保持彼此的独立；正如我之前所说，当政府最大程度地行使权宜时，民众也就最大程度地独立了。”布朗森继续呐喊：“我们几乎没有任何值得称道的平等。几乎所有我们的学习场所都只向富人开放，你会说这样是平等吗？”对于连学费都要通过节衣缩食才能支付的奖学金生梭罗而言，布朗森的话一语中的。对布朗森而言，教育是创造真正平等的关键，也是扫除社会各种罪恶的关键。他指的不是读、写或计算，他指的是真正的教育，“锻造我们全社会的人格、道德、信仰、智识、体格和纪律”。[52]

梭罗住在布朗森家时，后者正在写会给他带来突破的书《社会、基督教及教会新见》（*New Views of Society, Christianity, and the Church*），这本书会和爱默生的《论自然》一起成为超验主义的奠基之作。梭罗返回哈佛时，开始阅读布朗森的书单：最新的欧洲文学和哲学——歌德和柯勒律治、海涅、库辛、康斯坦*。他为自己的书房买了布朗森的《新见》和爱默生的《论自然》，尽管他连一美元的闲钱都没有。当钱宁

* 疑为本杰明·康斯坦（Benjamin Constant de Rebecque，1767—1830）：生于瑞士洛桑的法国小说家、思想家、政治家。

布置题为有关政府支持教育的作文作业时，梭罗咆哮道："我坚持说，政府应当为所有孩子提供教育，不然他们会在无知中长大。首先这涉及每个人的福祉，其次这是全社会的福祉，这都要求……这一领域的职责是政府的道德义务。"[53]

大约两年之后，梭罗本人在描述自己作为教育者的道路时给布朗森写了封精彩绝伦的信。梭罗说，他们同住的六周"是我生命中的新纪元"，他指的是道德和智慧在那时产生，他作为哲人的人生在那时开启。布朗森正巧遇见了亨利的哥哥约翰，他请约翰代自己转达对亨利的"厚望"。他说："年轻人！你们有很长远的未来……你们可以加速那天的到来。你们的父辈们做出了高尚的努力，他们开启了伟大的事业，但是需要你们来完成。"[54] 梭罗把布朗森的教诲铭记在心。回到哈佛的亨利是个全新的人：沉睡的学生已经苏醒。

回哈佛的路崎岖不平。梭罗缺席的冬季学期意味着他没有得到任何分数，按照昆西严酷的系统，他的排名一落千丈。1836 年 3 月 20 日，他坐到春季学期的教室里，选满了课（八门），以此弥补错失的校园时光。但是，到 4 月份时，他病倒了，这很可能是他人生中第一次感染肺结核。5 月 21 日他被迫休学，夏天的几周里他都不确定自己是否有足够的力气——或者他家是否有足够的钱——让他回去。家人讨论了亨利是不是要退学。昆西的评分系统带给他们很大压力，梭罗的病假缺勤受到惩罚，在他健康状况恶化前得到的分数因为某些疏忽没有被记录。大三那年结束时，这位荣誉学生的排名已经降至班里的中等以下。当他那些有才的朋友们再次集结，在开放日那天领取他们的奖学金时，梭罗的名字已经不在名单上了。

梭罗的家人还在为他的未来发愁，他却用造一条更新、更好的小船的方式重建自我。前不久塞内卡部落领袖发出划时代的《告美国参议院书》，坚持印第安民族享有宗教自由不受干涉的权利，梭罗给船起名叫"红袄号"（Red Jacket）作为纪念。他在哈佛的伙伴们试图用长信报道学校的近况，使他振作起来："这里的日程日复一日，如钟摆般准确"，

"如韦尔博士的布道会一样无聊"。有个同学要梭罗放心，接着讲起学生化学俱乐部发生的令人忍俊不禁的事情来，那里上演了小型的烟火表演，鲍恩老师（Bowen）赶紧从房里跑出来平息这场闹剧，把带头闹事的人送到昆西的办公室领受责罚。紧接着，韦伯斯特教授展示火山产生的毒气清空了教室。下课后，两个学生制造了一些"笑气"（一氧化二氮）。吸入一剂后，一本正经的斯特恩斯 · 惠勒就随随便便地跳起舞来；吸入两剂，萨姆·希尔德雷思就和莎士比亚聊起天来。那确实是美好的时光！梭罗错过了这么多。1836 年 5 月，感到寂寞的梭罗给亨利 · 沃斯写去了一段带玩笑性质的对白，发誓要回来，而且要他的"老友"叫惠勒留间寝室给自己。一个月之后，另一个在家养病的忧心忡忡的朋友写信来问亨利最近有没有挖出什么有趣的印第安宝藏。亨利想，要不要请朋友过来，这样他们就可以一起探索印第安遗址了。他在信里编造了"来自红袄号航海日志的节选"，落款为"梭罗上校"。他说，这艘船初次出航时在狂风中折断了桅杆，搁浅在纳肖塔克海滩上，这儿，惊讶的土著人看起来像"无害且礼貌的民族，主要致力于农业劳作"。亨利在信的结尾处提到自己的身体好转了，而且希望能够返校，不过，请对方一定来他家做客。[55]

这些欢快、温暖、打趣的信件显示，吸引梭罗回到哈佛的不仅仅是学业。正如他在《瓦尔登湖》中所写的，尽管大学要求学生支付学费，但是对于"更有价值的教育"它分文不取，那就是结识这群同学。不管怎么样，梭罗还是需要解决钱的问题。为了支付学费，亨利和父亲一起来到纽约市，为梭罗铅笔厂开辟新市场。[56]1836 年 9 月 12 日，他终于回到坎布里奇，正好赶上和其他 200 名本科生、1300 位校友、80 位应邀的宾客一同庆祝哈佛的 200 年诞辰。庆典由学生和校友组成的游行队伍走向独神论教堂开始，他们在那儿听取了昆西长达两小时的报告，而后来到哈佛校园"祝酒，喝酒，用餐"，直到晚上的宵禁，学生才回宿舍休息。宿舍的窗户上贴有彩灯，拼成各式图案和箴言。[57]

在白天的某个时候，四位校友偷偷来到附近的一家酒店开了秘密会议。他们是被弗雷德里克·亨利·赫奇（Frederic Henry Hedge）召集的，后者在缅因州任牧师，拉尔夫·沃尔多·爱默生之前的整个夏天都在与赫奇通信，他早就想组织这个讨论小组了。新的思想被激发了：布朗森的《新见》、爱默生的《论自然》、托马斯·卡莱尔（Thomas Carlyle）的《衣裳哲学》(*Sartor Resartus*)都刚刚出版，伊丽莎白·皮博迪(Elizabeth Peabody）和布朗森·奥尔科特（Bronson Alcott）在《与孩子聊福音》（*Conversations with Children on the Gospels*）中把更激进的观点带入教育。赫奇和爱默生邀请了乔治·里普利和乔治·帕特南（George Putnam），后者是从波士顿来的独神论牧师。在哈佛的校庆还在继续的时候，这四位毕业生已经开始秘密讨论着如何继续向前，领着美国走入崭新的智性生活。会议很成功，他们决定一周后在乔治和索菲娅·里普利（Sophia Ripley）夫妇位于波士顿的家中举行第二次会议，除了原来的参与者，另邀请奥雷斯蒂斯·布朗森、阿莫斯·布朗森·奥尔科特、西奥多·帕克（Theodore Parker），还有爱默生最新的门生，查尔斯·斯特恩斯·惠勒。这样的讨论会持续了四年，组建成一个松散的知识分子和改革者群体——“超验主义者”。梭罗还没有获得邀请，尽管布朗森早就点醒了他，惠勒有时会带他来听讨论。在超验主义成为思想运动之前，梭罗本人早就在对它进行检验和判断了。

整个大四那年，梭罗非常刻苦地学习以弥补他之前一年落下的课程、分数和时间。这是哈佛的重头学年，课业很重：哲学复习（关于自然、道德和智性），钱宁的作业外加修辞学课程，韦尔叫人昏睡的神学课，哈里斯的自然历史和植物学课，外加解剖学和矿物学，德语和意大利语，一点儿西班牙语和葡萄牙语，还有演讲学的练习——为了培养未来的领袖，能够让满屋的人聆听他们的声音，能够用原创者的那种激情来朗读写好的致辞。梭罗兢兢业业，在最后一学期，他得到了令人震惊的 2285 分——正常分数的两倍——四年总分在昆西的考核标准下达到 14397 分。这还不够让亨利夺回之前的排名，但让他回到了 41 人中的第十九位，让他有资格在毕业典礼上发言并且获得 25 美元奖学金——

后者是爱默生亲自给昆西写信要求的。昆西回信说，他已经做了所有能力范围内可以为梭罗做的事情，梭罗“很冷漠，有时甚至罔顾规则”。不过昆西一直尊重梭罗，所以如果没有人反对，他可以帮他争取到“10美元，至多15美元”。[58]简单说，梭罗很努力，但是学习态度不佳，不像惠勒，后者拿到了60美元的大奖。哈佛没有原谅想要成为自己的亨利·梭罗。

在毕业典礼上，梭罗被分配到一个有三个人进行演讲的“论坛”发言，题目是“现代的商业精神，同时考虑它对国家的政治、道德、文学品格的影响”。这意味着他要用惯例中属于毕业生的六周假期来完成这项作业。课程一结束，亨利马上回到康科德。约翰和辛西娅又搬了一次家，这次他们离开了镇广场上拥挤的老屋，来到主街旁优美的帕克曼大宅。亨利回来的时候正好赶上7月4日新的独立战争纪念碑落成——经过十几年的论争，镇上的人终于同意了里普利牧师的提议，在他的老屋后面建造了一座花岗岩方尖碑。那个炎热的下午，亨利·梭罗加入了从纪念碑街拥向老北桥战争遗址的队伍，大太阳底下，300个人聚集在这里的草坪上，有男人、女人和孩子（把这条萧瑟道路变为林荫道的树木还没有植上），他们聆听祷告和塞缪尔·霍尔的演讲，合唱爱默生谱写的《康科德赞歌》。多年以后，年迈的约翰·S. 凯斯仍旧记得歌词最后一段中对英雄的召唤，那些“勇于为孩子的自由而死”的人。[59]

最后的那个关键词“自由”一定也留存在亨利的脑海里，因为他以这个词作为现代社会的基调开启他的致辞：“完美的自由——思想和行动的自由。”这也是他拥有的完美自由的夏天：7月4日之后，他和惠勒搬进后者于上一个夏天建造的木屋（可能梭罗也帮忙了），在他家位于弗林特湖（也叫桑迪湖）的土地上。大概有六周时间，这对朋友都在湖边散步、读书、写作、谈论梦想，头顶的树叶沙沙作响，宽阔的湖水在夏日阳光的映照下闪闪发光，他们会走回家里的农场用晚餐。惠勒也邀请了其他大学同学来木屋做客。之后的那个夏天，他们会在这里宣誓，在这个“美丽而与世隔绝的地方……在这里能与自然与上帝交流”，他们决定“放弃所有卑微的野心，献身于神的事业”。[60] 可以说亨利·梭罗也做出了相似的誓言。他在瓦尔登湖的实验发端于此，发端于这些和查尔斯·斯特恩斯·惠勒共同居住和写作的岁月。

这个美好的夏天,梭罗思考的题目“商业精神”其实盘踞在每个人，尤其是那一年不走运的毕业生的脑海，他们遭遇了 1837 年美国历史上最糟糕的金融危机，工作机会锐减。西进运动引来了大量的投机行为，5 月，金融风暴爆发，纽约的所有银行统统关门，接下来是全国范围内的银行关闭。随着房地产的泡沫破灭，地产价值一夜蒸发，工厂关闭，饥饿的工人走上街头抗议。37 届毕业生的前景堪忧，这是史上未有的。当有三个学生站出来就经济危机发表讲话，其他学生一定都在倾听。铁匠的儿子、查尔斯·赖斯谈到这一问题的政治原因，他站出来为民主党人摇旗呐喊，认为这场灾难是由猖獗的投机行为及纯粹的贪婪造成的，贪婪摧毁了用双手辛勤工作挣得收入的精神。他的忧虑也是杰克逊的忧虑，他担心立法者会利用恐慌来扩大政府权力，真正的解决方式是不干预人民，这样可以培养他们真正的独立性。亨利·沃斯谈的则是文学层面，为商业写了一篇辉格主义的颂歌，希望联合美国的各个地域及全部人民，用美国人不断发展的精神支持政府，一同分享富裕和梦想。沃斯在结尾写道：如果没有商业，就没有自由，没有真正的美国。[61]

戴维·亨里克斯·梭罗（David-Henricus Thoreau，毕业典礼要求以拉丁文书写名字）站在上百个听众面前，包括马萨诸塞州州长爱德华·埃弗里特、一班参众两院的议员、哈佛校方的管理者、昆西校长，还有他这个叛逆青年的教授、一同毕业的同学及他们的家人，外加纯粹出于好奇前来的观礼者，他直面这个道德问题。他告诉他们：商业摧毁道德自由。然而必须先有自由，因为自由产生商业，而不是反过来。如果站在“群星中的天文台”展望,美国商业活动的“蜂巢”真的算自由吗?几乎不是。“这边是敲敲打打，是烘焙蒸烤，那边则是买卖，是金钱往来，是演讲。”商业把我们和物质束缚在一起,没有解放我们,而是奴役我们,把我们变成了野蛮人。人之为人就是要挣脱这些物质欲望，往前走，自由地走进天堂。

就在那场演讲里，梭罗为《瓦尔登湖》奠定了基石："事物的秩序应当翻过来——第七天应当是人的劳作日……另外六天是他颐养情感和灵魂的礼拜日。"处在杰克逊民主人士和辉格党啦啦队长之间的梭罗指出了第三条，也是截然不同的道路。听众中有些人将此轻蔑地视作对现实的逃避，但是梭罗本人即将和这种现实进行实打实的较量，也将看到他的同学的努力——他在班级纪念册里说他深爱着这些同学，怀着一种文字无法形容的神圣的爱。[62] 他最终会告诉他们："人们在一种安静的绝望中活着，但是智慧的标志就是不去做绝望的事情。"面对着整个广阔的世界，面对着具有权威的听众，梭罗正做出他最神圣的许诺。一个与整个世界宣战的人，要怎么才能坚守这样的承诺呢？

第三章　超验主义的学徒

（1837—1841 年）

“你现在在做什么？”他问道，“你记日记吗？”

因此，我今天写下了第一篇日记。

——亨利 · 戴维 · 梭罗，1837 年 10 月 22 日

这就是生活

1837 年 8 月 31 日，来自第一教区教堂勇敢的新声音响彻哈佛校园：“在自信中，所有的美德都被理解。学者应当自由——自由并勇敢。”人群挤满了教堂，门外的走道上、打开的窗户外都是前来聆听被奥利弗·温德尔 · 霍姆斯（Oliver Wendell Holmes）称为“美国知识界独立宣言”的讲座的人。演讲者是拉尔夫 · 沃尔多 · 爱默生，这篇题为《美国学者》（“The American Scholar”）的演讲会让他成为巨星。[1] 爱默生站在昆西校长身旁，面对包括哈佛要人、斐陶斐学会会员（Phi Beta Kappans）、教师、学生，还有好奇民众组成的听众，他对梭罗完成学业的这所教育重地发出了有力的轰击。

梭罗不在听众席里。就在前一天，他站在同一个讲台上，宣讲“完美的自由——思想和行动的自由”。一讲完，梭罗就把理论付诸实践，消失不见了。他过去的室友抱怨说：“我几乎再也没见过你”，“我很喜

欢”你的演讲，但是“无论是在昆西先生设的招待会，还是在我们同班同学的晚宴上，我都没见到你”，连再见都来不及说。毕业典礼次日的斐陶斐学会演讲是哈佛一项非常盛大的传统典礼。梭罗和他的同学理应出席，他的缺席很可能是故意的。前不久，爱默生介入，为梭罗争取奖学金，加上几个月以来，梭罗都沉浸在《论自然》里不可自拔。为什么他不多待几个小时来见爱默生，并聆听他本人的演说呢？梭罗一定问过自己同样的问题，因为几个月以后他这样说："一个人去到……毕业典礼，想着他至少能在那里遇见这个国家的子民”，结果却发现这些人完全沉浸于这个仪式，“因此他很乐意回避这位演讲者的真人和真声，以免他迷失在这群毫无个性的听众之中”。[2] 梭罗不想这样看见爱默生，看见爱默生成为仪式的一部分，而他自己则无足轻重。

梭罗回到家也遭遇了尴尬。他充满自我意识的努力最后凝聚成一首诗《这就是生活》(*Sic Vita*)。这背后有这样一个故事：那年 5 月的某天早晨，梭罗家的一位入住者，露西 · 杰克逊 · 布朗（Lucy Jackson Brown）发现了这首诗，一根稻草把一束紫罗兰、酢浆草和诗卷捆扎在一起，从她打开的窗户外飞了进来。

> 我是一整袋徒劳的反抗，
> 偶尔捆扎在一起。
> …………
> 一包无根的紫罗兰，
> 杂有几支酢浆草，
> 一根稻草环绕着它们。
> 它曾蜷缩在它们的茎蔓旁，
> 这就是
> 困住我的法律。[3]

梭罗在调情，不过并不是认真的；露西的岁数比他大一倍，已婚，有孩子,尽管她的丈夫最近抛弃了她。亨利本应扮演她儿子那样的角色，帮她拾掇家务,用同样伤感又带有玩笑性质的口吻代她写信。然而此刻，他心血来潮的花语——紫罗兰象征谦逊，酢浆草象征不合时宜的聪明话——与精心构建的诗句结合在一起，这引起了露西的姐夫拉尔夫 · 沃尔多 · 爱默生的注意。梭罗感到他脱离了原先的自我，他没有根了。他在告白新身份——前途远大的哈佛毕业生给他带来的焦虑。就是在这个时候，他改了名字，把洗礼时定下的“戴维 · 亨利”调整为他更喜欢的“亨利 · 戴维”。在康科德，不是每个人都能接受这种定义自我的行为。一位当地的农夫坚持跟来访者说：“他的名字是戴维 · 亨利，绝对不可能变成其他名字。他自己也知道！”不过，从现在开始，按照当地人的叫法，他是“亨利”。[4]

亨利最迫切的忧虑是挣钱。他的毕业演讲或许预言他每周只想工作一天，但是刚毕业的学生还是必须每周工作六天，像所有人一样。不过不像他那些被 1837 年大恐慌逼得到处找工作的朋友们，他有了最好的去处：成为康科德文法中心学校的老师，90 个学生，一年可以挣 500 美元——这让他成了镇上最勤劳也是收入最高的老师之一。9 月 6 日周三，在缺席爱默生对美国教育者致辞的一周之后，亨利 · 梭罗走上讲台。[5]他真的打算在这里工作几年，因为他把教育看成是民主社会里公民的最高职责，这里的建筑本身就体现着这种职责：这栋华丽的两层楼红砖校舍位于镇中心。[6]梭罗穿过雕饰精美的廊柱，走进圆形剧场般的教室，坐在他的讲台边，看着商店老板、银行经理、律师、农民、磨坊主、马车制造者、鞋匠的孩子们从后门拥进来，坐到各自的位置上，男生在一边，女生在另一边。他要教他们如何写作和演讲，怎么正确书写，怎么做加减法，掌握一点儿地理、历史、自然哲学，甚至包括怎么把谷仓里的鹅毛做成书写工具，鹅毛笔大概写个一两页就要修理了。他的教室装备很齐全：黑板、拼写卡片、地球仪、天球仪、世界地图、满墙的语法规则海报。学生们在自己的课桌前学习，按照年龄和学科分组，小组成员会轮流上台复习功课。

这距离梭罗本人从这所学校毕业不到十年。由他过去的老师爱德华·贾维斯倡导的教育改革要求通过实例教学，诉诸德育而不是体罚。梭罗在被聘用的时候就说得很清楚，他绝不会因为学生不服从他就鞭打他们，而是“用讲道理代替惩罚”。不过很可惜，改革者离开了，到1837年，康科德校委会缩减后只留下三名最保守的成员。其中一位，巴尔齐拉伊·弗罗斯特（Barzillai Frost）曾在哈佛辅导过梭罗，他有可能准许后者的教学方法，但是尼赫迈亚·鲍尔（Nehemiah Ball）执事不可能同意。鲍尔是委员会里德高望重的成员，也是镇管理层颇具权威的角色，他在梭罗的第二个教学周末尾来听课，对这位新老师进行评价。据说，鲍尔执事“随着课程的进展愈加不满，他等着梭罗施行体罚，这是良好教育的基石”。[7] 但是梭罗没有执行，鲍尔大加责备：这个老师必须进行体罚，不然学校就不成体统了。

梭罗所做的事情永远地改变了他的人生。他无法鞭打任何人——他连牛皮鞭也没有——不过他的确有一把戒尺，那天下午他使用了它。关于此事的记载有几个不同版本：有人说他打了一两个学生，有人说他打的学生多至13人。只有两个人的说法被记录了下来：伊丽莎·简·杜兰特（Eliza Jane Durant），梭罗家的女佣，她很快就离开了；另一个是丹尼尔·F. 波特（Daniel F. Potter），他老年时绘声绘色地描述这段被体罚的往事：“到现在还疼呢！”他当时10岁，刚离开一所按照学区划分的学校，在那儿，老师只教他把书本放旁边，把手平放在腿上，上课期间不要讲话，乖乖坐好。令他震惊的是，梭罗因为他把书本放旁边和一言不发就把他叫到讲台前，而且体罚了他。“我很生气，我对自己说：‘等我长大了，我会给你一顿鞭子作为报复的，老家伙。’说着波特笑了，继续道：‘但我从来没这么做。因为亨利·梭罗是最善良的那种人。’”所以，可能他责罚了两个学生：简和丹尼尔，一个女生、一个男生，但是那已经够多了。当天晚上，梭罗完成了这项“不符合公民道德”的服从行为，他走到鲍尔执事面前辞职了。第二天，他回到教室，对学生说体罚和他的良心不符：“他没法再教书了，如果体罚是他不得不做出的选择。”[8]

所以，梭罗作为公立学校教师的生涯只延续了十天。气急败坏的校委会聘用了他的朋友威廉·艾伦来取代他，教学工作几乎立即恢复。失业的梭罗写信给亨利·沃斯：“我也成了37年大恐慌中的战友了。”他询问纽约州的巴特那茨（Butternuts）附近有没有工作机会，沃斯之前在那儿找到了教职。亨利开玩笑说：“修修笔，动动手，哦，学校老师还能做什么？”沃斯回复，抱歉，巴特那茨附近没学校招人。亨利对自己的家人说，他会找到“私立学校或书院的教职，这样他可以按照自己的方法行事”[9]。但是，书院的工作不是他问了就会有的。此刻，因为正处于学期的当中，学校最多只是跟他聊聊，不会落实工作。镇上的谣言给这桩丑事添油加醋。年轻的梭罗到底是自己辞职的，还是没有用心对待这份好工作？鲍尔执事难道是太爱管闲事，而且做得不对？谣言慢慢停息了，亨利·梭罗仍然不知所措。他忽然成了良知的殉道者，他需要帮助。

现在，他需要去见爱默生了。

超验主义的自我修养

现在无法明确知道爱默生和梭罗究竟于何时初次见面。爱默生认为是1837年在梭罗毕业的前后，可能是在5月，当时露西给他看这首《这就是生活》的诗作，或者可能更早，在4月份，她给他看亨利的一些日记——日记的口吻多么像爱默生。但也有可能他们要等到那年夏天的末尾才见到彼此，当时惠勒和梭罗生活在桑迪湖畔。爱默生写下赞许的一笔：“这两个男孩不在乎晚饭，他们蔑视贵族做的和说的任何只为安抚别人的事情，他们的漫不经心是人类本性中最健康的态度。”[10]至于梭罗，他小心地记录下1837年10月22日星期天发生的事，这是他生命中的第二次新生，这次他会成为作家。在一本崭新笔记本的第一页上方，他写下：“‘你现在在做什么？’他问道，‘你记日记吗？’——因此，我今天写下了第一篇日记。”[11] 无疑，这里的他指的就是爱默生。他的问题听起来是无意的，只是出于对刚刚失业的年轻哈佛毕业生的关心。这段宁静的谈话宣告了梭罗生命中的重大转变：从这一天起，他有了一位对话者。他将同爱默生展开持续一生的对话，这些对话将从关爱和启迪开始，进而产生敌意和愤怒，最终释怀，它们会把梭罗变成一位伟大且独一无二的作家。梭罗的创造力不是靠他个人培养起来的，而是得益于同伴的帮助，爱默生把拥有创造力的他催化成天才。

梭罗接下来的愿望是独处：“我要寻找一间阁楼。蜘蛛不会受到打扰，地板不会得到清扫，堆积的木材也没人整理。”这也是爱默生的建议，直接取自他的《人类文化》（*Human Culture*）讲稿：首先，“独坐。在你的住处，你必须有自己的房间，尽管这意味着你要卖掉外套，只披着一条毯子”。其次，“记日记。尊敬真理对你的头脑的每次来访，你要把这些思想记下来”。爱默生的意思是独处应当和记日记结合起来：独处不是为了做空洞的白日梦，而是为了促进思考产生成果的习惯，手里应当总握着笔，“记忆中有哪些真相”？真相会照出隐藏在未经留意的庸俗世界里的意义和生活。梭罗之前已经有了类似的记日记的习惯。精神上的自省是一项值得尊敬的新英格兰传统；在这里，日记常常被拿来和家人、朋友分享，钱宁教授也鼓励过他的哈佛学生记录下他们每日的进步。但是这位教授的道德记录没能抓住和维持梭罗的想象力——爱默生的召唤是不同的，他启发梭罗看到生活奔腾不息的潮水如何涌入每时每刻的思索。[12] 梭罗对此的回应开启了他一生的鸿篇巨著——超过 200 万词的史诗性的旅程。只要他握着笔，他就能继续前行。

梭罗有了阁楼，也有了笔，从此，他也从哈佛毕业生转型为超验主义的学徒。这里的关键是“自我修养”。修行，或者说培养，是要让某样东西生长，无论是植物、动物，还是思想；虽然它们都会生长，但只有人类才能把修养的原则运用于自身。成为人就是去寻找他独一无二的内在力量，而后有意识地开启、引导并培育它们。对于大多数人，这些力量都在休眠；只有唤醒它们，人才能成为完全的人，才能看到在所有的造物之中，只有人类拥有神性。正如威廉·埃勒里·钱宁所写："我们在周围看到上帝，因为他生活在我们体内。借由这种亲缘性的智慧，我们能在他的造物中洞察他的智慧。"[13] 这后来的几年里，超验主义者们会相互论争，追随不同的路径，但是他们都坚定地信仰神性存在于每个人之内。这个深刻见解被证明是具有改革效果的：它意味着奴隶制是应当不惜任何代价废除的罪恶行为；女性在政治和社会上的不平等地位必须被废止；孩子不应当被当成罪人那样体罚，或者像工人那样工作，而是应当接受教育，开启并培养他们内在的神性；精神探寻者可以在自然中读到神的智慧，一如爱默生在《论自然》里宣布的那样，他们能够享受"和宇宙万物的独特关联"。这个新见重塑了所有东西——哲学、神学、科学、法律，各行各业——用爱默生的话来说，"没有词汇像'修养'那样有着更清晰的含义"[14]。

康科德风景如画的村镇绿树成荫，有伟岸的新古典主义柱子、通往池塘和山巅的怡人小道，在爱默生看来，这里是进行"修养"这项新事业的完美地点。1835 年，他在热闹的坎布里奇公路旁买了一幢白色大房子，带来了他的新娘丽蒂安（Lidian）。爱默生一家很快就成了美国知识分子文化的核心：就在他发表慷慨激昂的《美国学者》演说的当晚，爱默生家和整个大学的职工一同坐火车回家，后者都留在这里过夜，参加第二天的盛大宴会——在这个庆典日，这个超验主义小圈子向朋友和意气相投者们（包括妇女）开放。玛格丽特·富勒和伊丽莎白·皮博迪都在那儿，还有梭罗的邻居伊丽莎白·霍尔和萨拉·奥尔登·里普利。丽蒂安负责确保这是真正的节庆，正如她颇具讽刺意味地写道，就算是超验主义者也想吃好的："牛肉……是唯灵论者的高贵食物"，配有刺山柑酱的羊肉、火腿和猪舌、玉米、"豆子、西红柿、通心粉、黄瓜、生菜和苹果酱"，外加布丁和作为甜点的蛋奶冻，生梨、葡萄干和坚果。[15] 不过亨利·梭罗当时不在宴会上。在一种仿佛只能归结为命运的有意安排之下，他将和这位真正的大人物做邻居。他很快就会前来拜访，不过不是作为一个当地男孩，也不是作为铅笔匠和家庭招待所经营者的儿子，而是能与爱默生的智慧相匹敌的人物——肯定是爱默生发出的邀请。

邀请很快就发出了。1837 年 12 月 6 日，爱默生于波士顿开始他的“人文修养”讲座，他给了这位年轻的邻居入场券。梭罗步行 19 英里来到波士顿宏伟的共济会总部，他再次聆听了爱默生哀伤的发言，这些话语呼应着梭罗在毕业典礼上的发言，“我看到人们对美熟视无睹，而美于他们身上无处不在”。酷爱数学，读过万卷古英语诗歌的梭罗听到爱默生发问：“人就不能同时懂得数学，并且热爱莎士比亚吗？”这位梦想着瓦尔登湖的男生听到爱默生宣布，“最高层面的文化”将通过**自然**来唤醒人类——不是通过“修建、侍弄花园”，而是**通过狂野**的大自然，“这是真正的和谐：未经修饰的风景、可怕的灌木丛、宽广的沼泽、光秃秃的大山，还有海洋与陆地的平衡”。梭罗着迷了，此刻的爱默生也一样。有人对他说，他的这位年轻邻居走路到波士顿听他演讲。爱默生的回应是请梭罗来家里做客，他将在那儿把同一系列的讲稿念给家人和好友听。[16]

1838 年 2 月，梭罗和爱默生成了同伴。“我非常喜欢这位年轻的朋友，他的思想自由、正直，是我前所未见的”，爱默生如是写道。梭罗让那个本应独自度过的午后“因为他的质朴和清晰的洞见而变得光彩照人……这男生说的每件事都让人高兴，尽管没有东西比他话里的意义更严肃”，因为他“充满了叛逆的精神”。[17]4 月的时候，他们一起散步，到了 7 月，梭罗完成了转型——至少按照詹姆斯 · 拉塞尔 · 洛厄尔的说法是这样，哈佛之前停了洛厄尔的课，把他发还回康科德过一段日子的“乡村生活”。“我昨晚见到梭罗了。”他笑着对朋友说，“看见他模仿爱默生的言行举止有趣极了。如果闭上眼睛，我简直分不清他俩。”梭罗与爱默生的相似会跟随他一生，不管这样的评判是否公平。一位访客宣称梭罗“甚至长了一个像爱默生那样的漫画式的鼻子”！[18]十年之后，洛厄尔公开嘲笑梭罗是一个窃取爱默生最好果实的小偷：“呸，羞耻，诗人兄弟；你有自己的美好果实，你就不能不去碰邻居爱默生的果园吗？”不过，威廉 · 埃勒里 · 钱宁坚持说模仿是自我修养的必要过程：

"我们需要和伟大思想家之间的纽带，这样我们才能也成为思想家。"[19] 梭罗的"学徒期"一结束，他就会努力挣脱爱默生的影响，但是这个矛盾已经扎根于爱默生哲学的核心：具有独创性的伟大门徒要怎么才能声辩他的独创性之中丝毫没有对老师的模仿？

康科德的社会风气

梭罗是因为他那个尴尬的玩笑才在爱默生家里获得一席之地的，他也同样在自己的家里争取着新的角色。他的家人为了送他去哈佛做出了巨大的牺牲，他们期待他更多的回报，不是仅有一副好嘴皮子。住在帕克曼大宅的梭罗家包括梭罗的父母、梭罗的三个兄弟姐妹（当他们没有离家教书的时候）、路易莎·邓巴（Loiusa Dunbar）姨妈和查尔斯·邓巴（*Charles Dunbar*）舅舅、玛丽亚姑妈和简姑妈（她们经常来访），现在还加上玛丽亚姑妈老迈的朋友普鲁登丝·伯德·沃德（Prudence Bird Ward）和她的女儿小普鲁登丝——外加长期住客露西·杰克逊·布朗、不同的临时租客，以及一两位住家女佣。此外，后边的铅笔厂也占据了越来越多的空间。这是个庞大的、生机勃勃的家庭，女性占多数，他们忙活着各种聚会和任务，烧饭、布置餐桌、收拾、修剪花园（这个差事落到亨利头上）、管理工厂（他也在这里帮忙）。难怪这位初出茅庐的作家渴望独处。亨利住到了阁楼里——他称此为他的"上层帝国"——从这里的"观察窗"他能看到日出，看清"万物"和"它们真正的关联"。[20]

在这个"上层帝国"里，他给康科德学园写了第一篇演讲稿《社会》，演讲定于 1838 年 4 月 11 日。那是一场让梭罗怨声载道的讲座。他会对组委会说，人们"只是聚在那里，并没有真正在聆听"[21]。至于他本人，他只是在生活的"大型闹剧"里扮演了一个角色。他的日记记录了生活"闹剧"中的片段。在一篇题为《周日一景》（"A Sunday Scene"）的速写里，他描绘了家里的"女性"代表沃德太太，她"出生在审判男性灵魂的年代”，从没让亨利忘记她的丈夫是独立战争里的上校（她说：“那时候跟我交谈的人个个比你厉害。”）；然后是玛丽亚姑妈，她手肘经常舒服地搁在《圣经》上，对亨利让她反感的外国书——斯塔尔（De Stael）夫人所著的《论德国》（*Germany*）——嗤之以鼻，“就好像她刚被大黄蜂蜇了”。但是在信里，亨利也记录了他的淘气之举：有一天，约翰寄来了一个神秘的大箱子。开箱的殊荣由亨利承担，“这会是什么呢？有人说这一定是汤顿鲱鱼（Taunton herrings）”。他趴在地毯上，左闻闻右闻闻——不是鲱鱼。他让家人继续猜，缓慢地破开一角，然后是另一角，直到有人大喊道：“拆掉它！”——最后大家看到了里面的东西，是印第安人的纪念品，大家仔细过目，而后按照接收者的名字分发给各人。[22]

就算约翰不在家，他仍旧是“每个地方的阳光，每次聚会的灵魂”。他在会客室放了本漂亮的相簿，里面是观鸟的记录，一边按照月份排列，另一边则列出它们的动物学科属，还留了很多位置给新条目。亨利添加了一些，忙着跟随普鲁登丝·沃德学习植物学的索菲娅添加了一些植物标本。按照习俗，约翰带着猎枪去观鸟；讽刺的是，有一天有个邻居在给一只雄性的猩红色唐纳雀剪翅膀，梭罗家救下了鸟，企图通过喂它虫子让它存活，最后它“暴饮暴食”，三天后撑死了。[23]

和约翰一起扮演印第安人让两兄弟缔结了深厚的情感纽带。1836年12月，兄弟俩在费尔黑文山上雕刻并建造了一座献给塔哈塔莞的纪念碑——“塔哈塔莞崖”：“大自然之子，塔哈塔莞，印第安人的最后贵族萨迟莫潘（Sachimaupan）在此打猎，他就在这条溪里捕鱼。”亨利在墓碑上刻了他在大学里学到的拉丁文。这对兄弟宣布：“这块峭壁纪念着他的阵亡。”“喔，印第安！你们的族人去哪儿了？”作为回应，亨利添加上《诗篇》第二篇第八句，用的是万帕诺亚格语：“你求我，我就将列国赐你为基业，将地脊赐你为田产。”[24]1837年11月，约翰正在霍普韦尔（Hopewell）教书，亨利给他写了洋洋洒洒的长信，落款这么写道：“马斯科特奎德历第202个夏天，自从白人到来后，这里已经有过两个月亮和 11 个太阳。塔哈塔莞——萨迟莫潘——给他的酋长哥哥——希望——在霍普韦尔的他——一切都好。”亨利的伪印第安腔效法自红袄军：“哥哥，距离我在我们部族篝火旁看到你的鹿皮鞋印那天已经升过了很多个太阳了……哥哥。我一直想着白人是怎么夺走我们的土地的。”亨利对康科德政治的详尽讥讽最终成了抗议，以那些被疏离和排除在外的人的名义，这些人在镇大会里没有代表：“议会里没有留给塔哈塔莞的席位。”[25] 印第安人的面具让亨利可以扮演一个真实的异见者，从远古而来，审判当今。

写这封信时，亨利发现美国独立战争的最后一位幸存者安娜·琼斯（Anna Jones）将不久于人世，他走到救济院采访了这位一贫如洗的老太太，忠实地记录下她断裂的记忆：哈佛的校长曾住在她家的农舍里；爱默生牧师的战时布道；她爱人过去常常哼的曲子；磨坊主巴特里克先生（Buttrick）怎么会被英军逮捕。英国人对巴特里克先生说，他们会送他下地狱，他却回答道：“悉听尊便，我反正时日无多。”这份临终病榻上的口述史成了梭罗第一份发表的作品，一份关于安娜·琼斯的讣告，刊登于《自由人公报》（*Freeman's Gazette*），尽管刊发的版本压缩掉了他记录下的很多信息，包括他的结束语：“谁能说她的宗教信仰不是一种现实？谁能说在空洞和传统的表面下没有熊熊燃烧的生命火焰？”——这是对自以为是的人发出的警示，它也预示着梭罗生命中超验主义时期的开端。[26]

当梭罗仍在摸索他的角色和思想时，这个家的女人同样也在进行探索。1833 年年末，当沃德母女加入了梭罗家，她们带来了激进的废奴主义思想，以及她们所订阅的威廉·劳埃德·加里森主编的反奴隶制报纸《解放者报》。加里森宣布，妇女把奴隶们的命运握在她们的手里。等到普鲁登丝发现康科德太古板，太怯懦，听不进这些“痛苦的东西”时，她就和她的朋友们开始唤醒群众。1834 年，康科德三位最显赫的公民成立了米德尔塞克斯县反奴隶协会，到 1835 年——这一年暴徒袭击了加里森，捣毁了他的报社，险些杀了他——海伦和索菲娅·梭罗参与到废奴运动中。一同加入的还有伊丽莎白·霍尔和玛丽·穆迪·爱默生（Mary Moody Emerson），后者带来了丽蒂安和沃尔多（爱默生的朋友用这个名字称呼他）。简单说，大学毕业后的亨利·梭罗回到的家乡是废奴主义的温床。他开始在公立学校教书的那周，废奴运动者安杰利娜（Angelina）和萨拉·格里姆凯（Sarah Grimke）在康科德圣三一教堂演讲，普鲁登丝认为这场演讲帮她们争取到了几位男性支持者。几周后，一支康科德的女性队伍——包括梭罗家的辛西娅、海伦和索菲娅，沃德母女，还有丽蒂安·爱默生——正式建立了康科德女性反奴隶协会。[27] 亨利·梭罗太专注于他的"上层帝国"，所以没有签名加入，他看似是走进了家门，实际上进入了美国直面奴隶制的日益增长的危机之中。

亨利为生计而担心。作为住宿者，他有义务和责任为家庭收入做贡献。如果他不能教书，至少可以到铅笔厂里工作。他去了，在完成工作任务时提出有趣的智力问题：为什么美国的铅笔如此糟糕？它们或多或少可以写，但是粗糙、易断、油腻、划纸。铅芯仍然由磨碎的石墨、杨梅蜡、胶水、鲸油一起混成的温热黏稠物制造出来，它们被压到横剖的雪松木的凹槽里，另一半覆在上面，裁切，完成。然而进口的法国孔特（Conté）铅笔质量要上乘很多，而且不像英国铅笔由天然的石墨切割制成，法国铅笔还按照硬度分成了不同等级。梭罗在一篇有关德国铅笔制造业的百科文章里找到了线索，但是找不到更多的类似文章，而且那篇文章当然也没有泄露德国铅笔的秘密。

梭罗不知用什么办法还是找到了突破。或许是得到了父亲的建议，或许是他在哪里读到坩锅是由石墨混合陶土制成的，因而能抵御高温。不管怎么样，过了几个月他有了发现：第一，要用对陶土［之后在他们工厂里工作的沃伦·迈尔斯（Warren Miles）说梭罗用的是玻璃制造商带来的巴伐利亚进口的优质陶土］。第二，尝试石墨和陶土的不同比例：陶土越多，笔芯越硬。第三，把石墨碾磨得比以往别人做的更细。要做到这一点，梭罗发明了一个新的石墨磨粉机，通过一只很高的搅拌桶，运用气流来筛选出最细腻的颗粒，其他石墨则要经过更长时间的碾磨。

第四，给石墨–陶土混合物塑型，然后用窑烧制。[28] 这道工序的成品是全新品种的铅笔芯：窑制的材料能够被装入凹槽，这样铅笔就可以有从一到四不同等级的硬度。艺术家、测量员、工程师愿意为这种铅笔花高价。梭罗公司给他们的产品线增加了一种漂亮的蓝铅笔，还有其他款式和尺寸，比如扁平、不会滚落的木工铅笔。随着他们的生意扩大，帕克曼大宅后的那些工屋也扩大了。为了保护商业机密，父子俩什么都没写下来，而且对此讳莫如深。有好几年，美国没有人能够做出更好的铅笔来。[29]

不过梭罗仍然觉得他的天职不是制造铅笔，而是教书。他在给奥雷斯蒂斯 · 布朗森的一封长信里详细讲述了自己的教学理念：教育应当成为师生共同的乐趣，教室里的纪律和大街上的纪律应当一致；也就是说，不能挥动牛皮鞭，我们应当尊重生命。“我一直倾向于认为牛皮是绝缘体……它传导不出一星半点的真理。”为了传递这些真理，教师必须也成为学生，和学生们一起学习。但是，这样的教学“需要自由作为前提，可惜这种解放自我的自由几乎不存在”。布朗森为他的新刊物《波士顿季刊》(*Boston Quarterly Review*)忙得不可开交，没有回信，所以梭罗继续写信给其他人，问问有没有工作机会，然而没有。[30]

到了 3 月中旬，梭罗准备发力。他给约翰写信说，“我们应该一起去西部，在那里建一所学校”——或者至少一起在那儿找教职。为什么是西部？他们过去的一位老师此刻在肯塔基，他曾列出“我能够拥有的十多所学校”。这是开始这项事业的好时候。“无论如何**我**都要去。”亨利开始召集盟友，很快他就收到乔治 · 里普利、拉尔夫 · 沃尔多 · 爱默生和哈佛的昆西校长写来的支持信——璀璨夺目的组合。当辛西娅正忙活着收拾东西送两个儿子去西部，昆西提醒梭罗在弗吉尼亚有个不错的职位空缺。[31] 但是弗吉尼亚的事情后来黄了，约翰在波士顿附近的西罗克斯伯里(West Roxbury)觅得了教职，所以亨利就转向了缅因。1838 年 5 月，他从爱默生那儿借了 100 美元，前往班戈投靠亲戚。

那两周的旅行是梭罗第一次走出波士顿地区。5 月 3 日午夜，他搭船去往波特兰，“头探在甲板外”，梭罗坚持说晕船让他觉得月色更明亮。

在陌生小城摸索和向陌生人乞求工作不是梭罗擅长的事情，但是在去往不伦瑞克（Brunswick）的邮车上，他忘掉了这些尴尬，沉浸于飞驰而过的乡村风景，每座乡村都是一个小世界，每个小世界都值得逗留品评。他没有留下任何对于班戈亲戚的记述，但是他详细写下在奥尔德敦（Oldtown）和一个坐在平底船上的老印第安人聊天的点滴，“他的鹿皮鞋在甲板上踩得啪啪作响”，“这是我见过最健谈的人——我们聊打猎和捕鱼，聊旧时期和新时代。他指着他看到的佩诺布斯科特部落：‘往河上游走二到三英里就有个漂亮的地方！’”梭罗永远不会忘记这些话。[32]

梭罗学校

1838 年 5 月 7 日，梭罗回到家，仍然待业；可以说对于教职空缺，他要么是迟了一个月，要么是提前了三个月。整个春天，或许他都在想着各种离开康科德的计划，或许离得越远越好，或许永远不回来，不过最终他还是回到了家里。埃勒里 · 钱宁提过一段梭罗小时候的逸事，他问他的母亲选什么职业好，辛西娅回答说：“你可以背个背包，然后走出国门去碰运气。”梭罗的眼睛湿润了，泪水滚落面颊，海伦一把搂住他，亲吻他，对他说：“不，亨利，你不要走，你应该留在家里，和我们待在一起。”[33] 这就是梭罗当时做的。1838 年 6 月中旬，亨利 · 梭罗开办了自己的学校，就在帕克曼大宅内。

梭罗绝境之中的出路似乎像魔法一般出现了。很快他有了四个学生，还有另一个登记在册，他们按照学校的时间来安排日程：上午 8 点到 12 点上课，午休，下午 2 点到 4 点上课，接下来是拉丁语或英语的阅读，有时候可以去乡间散步。康科德书院的校长辞职之后，校委会聘请梭罗成为新书院的教师。9 月 15 日，他在康科德的两份报纸上刊登启事，有“少量学生名额”开放，“男女不限”，学校教授“普通英语科目”，也为大学入学做准备，每学期学费 6 美元。招生迟迟不见进展，梭罗的家人很担心。10 月初，在海伦和约翰的催促下，亨利去应聘汤顿的一个教职，他承认他现在的学校“没有真正在盈利”。但是他的学生的父亲们——塞缪尔·霍尔、约翰·凯斯、内森·布鲁克斯（Nathan Brooks）律师——都是康科德赫赫有名的人物。消息传出，报名人数增多。到冬季学期的末尾，书院需要再聘请一位老师。2 月 9 日，约翰加入了弟弟的学校。作为资深教师的约翰获得了导师头衔，亨利在“古典学部门”辅助他。在梭罗兄弟的操办下，学校很快满员了，他们有了 25 个学生。[34]

如今的亨利终于能够施行他的自由教育原则，“梭罗学校”也成了全美最早的教育实验重地，将知识分子的严谨和超验主义对“文化修养”的革命性高要求结合在一起。尽管超验主义被称为宗教运动，但它最初和最有成效的运用是在教育上：每个人内在的、上帝所赋予的精神本质将成为他们终身的“指引”和开拓。[35] 正如爱默生之前在这场运动的伟大宣言《美国学者》里所说的，真正的学者是“思考的人”。每个人永远都是学生，万物的存在是为了开启每个人的潜力。“在某种程度上，这个世界最光辉的事业是成就完美的人，”爱默生宣布，“整个的理性正在你身上沉睡。”[36] 这些话对一个雄心勃勃的老师意味着什么？第一，教育是一个人可以倾尽一生的职业。第二，加入这个改革意味着个人的自我教育永不休止：他总是可以找到讨论小组，也总是可以建立人脉去探索并分享新知，好比梭罗在爱默生家参加的每月两次的教师会议。第三，打破传统的窠臼及点燃学生对知识的爱都需要勇气。爱默生告诫我们，真正的教师不在于授课，而在于启发。真正的学习主体永远是学生。

几乎没有什么书籍指导这场教育改革，但是梭罗手里有一本最好的《学校记录》（*Record of a School*），伊丽莎白·皮博迪记录了布朗森·奥尔科特的实验教会学校的教学方式。皮博迪于 1834 年帮助奥尔科特一同创办了这所位于波士顿的学校，她也成了伟大的教育改革者，为美国读者引介欧洲进步教育者裴斯泰洛齐（Pestalozzi）和德·热朗多（De Gérando）宣传欧洲“幼儿园”的前卫理念。她还在波士顿开了一家书店，以把超验主义的影响扩大到全世界，同时也把激进的书和期刊引入美国。但是教育改革并非易事。1839 年梭罗见到奥尔科特时，他的教会学校正陷入漫长的垂死状态。1837 年，奥尔科特的《与孩子聊福音》显示他带学生讨论那些令人忌讳的题目，如人类的性和基督的人性，这立即成了丑闻。新生人数锐减，奥尔科特迁了校址。等到他招收了一名自由的黑人小孩后，白人家长统统把孩子带走，那一年他招不到学生。因而，梭罗学校的成功，满员，甚至得到康科德主流社群的支持，都可谓是奇迹。和奥尔科特不同，梭罗兄弟同时教各个年级的孩子，哈佛毕业的亨利教的是难度最高的课程。这就要求他们把严格的大学预科课程——数学、自然哲学、希腊语、拉丁语和法语——与约翰任教的“普通英语科目”结合起来。但是，梭罗兄弟舍弃了传统的背诵、强记，还有以体罚作为威胁的反复练习。他们是怎么教的？

他们的教学始于入学面试。“你说你想来我们的学校，”约翰会先发问，“为什么呢？”孩子会说自己想学拉丁语、希腊语和数学。“如果你真的想学那些东西，”约翰说，“我们可以教你，只要你遵守我们的规则而且保证用心学习；但是如果你过来后游手好闲，或者只是看着其他人学而自己不学，我们是不会要你的。你可以保证按照我们的要求来做吗？”不遵守纪律的学生会被提醒自己做出的承诺，通过道德规劝使学生不那么难堪。“这是一所奇怪的学校。”霍勒斯·霍斯默回忆道，“从来没有一个学生被体罚或被威胁，但是我却没有见过比这个学校的制度更严格的军事纪律。我一点儿也不知道这是怎么做到的。连那些不可救药的学生最后都乖乖服从。”亨利负责“严厉”，约翰则放手管理“并让康科德最桀骜不驯的孩子显露出最好的一面”，包括那些被其他学校开除的学生。约翰做的最接近惩罚的事情不过是把一个违纪的学生叫到办公桌前，用只有学生本人能听见的嗓音低声责备他。有一次，霍斯默被叫了过去，不过他非但没有受到责罚，还得到了两本新书。至于亨利，有个学生记得他冲进教室，“立即以他古怪的方式”开始上课，完全不管那些没到的学生。弗里斯比·霍尔记得他们以前称呼他为“梭罗教官，因为当时的孩子把士兵称为‘教官’”，而亨利有着士兵的那种挺拔身型和阔步前进的姿态。[37]

每周六下午，亨利会昂首阔步地领着学生去郊游，到《自耕农公报》（*Yeoman's Gazette*）报社去看报纸是怎么印刷的；去枪械制造工坊自己动手制作引火燧石；徒步到瓦尔登湖、费尔黑文山或者睡谷，在那里学习植物学、地质学和自然历史；在马斯科特奎德的河上泛舟。亨利和约翰在来到书院的第一个春天携手造出了一条新船，学生们帮忙做好清理和防水的工作。有时候这些课的实践性很强，比如亨利带学生去费尔黑文山看测量员是如何工作的，并让他们尝试着用这些工具。一个学生回忆起划船在大草甸（Great Meadows）中穿行的那天，梭罗把学生赶上岸，问学生："你们有没有看到任何可能吸引印第安人来此的东西？"一个孩子指了指河，说可以捕鱼；另一个指了指林地，说可以打猎。"还有没有别的？"梭罗启发道，他指着从附近山泉流淌下的一条小溪，然后又指了指可以提供庇护的山坡。接着，他扛着锄头开始取泥土样本，直到每个人都感到无聊。忽然他的锄头碰到一块石头，然后是另一块。很快他发掘出一个印第安人的营火旧址——这些都是被焚烧过的石头，他用这种方式证明学生的猜想。他们离开之前，他小心地把草皮铺到他们发现的营地上，"不想这些原住民的祭坛被单纯的好奇心玷污"。[38]

学校本身只有两间教室，一楼是约翰管理的低年级，楼上是亨利教的一个高年级班。两人轮流主持晨间祷告，不是阅读经文，而是即兴演讲，"清理好学生的小脑袋，准备迎接一天的功课"。托马斯·霍斯默（Thomas Hosmer）记得亨利讲过四季的美，学生听得津津有味，安静得"连胸针掉到地上也能听得见"。还有一个早晨，亨利请他们想象走进一间商铺去看钟表的"轮盘、齿轮、弹簧和外框"都摊在一张长凳上，然后想象再回来的时候它们已经被精确地组装回去，并开始和谐地工作，继续展现光阴的流逝了——他们会觉得这是偶然发生的吗？还是一位"有着计划、思想和力量"的人正巧出现在那儿？亨利有一场讲座有关亵渎："孩子们，如果你们想和别人交谈，而他坚持要用某个和句子里的其他部分及整体意思毫无关联的词，比如说'脱靴器'，你们不会觉得他是在浪费你们的时间吗？"亨利把"脱靴器"一词粗暴和频繁地用进一个句子作为例证——年幼的托马斯忘不了这一课。[39]

写作是课程的核心部分。每个人每周都要完成一篇作文，会有半天时间专门留给这项作业。亨利会朗读几篇作业，通常会引起笑声。尽管钱宁布置了那些让学生大惑不解的高深的题目，亨利却反其道而行之：写你知道的东西，你眼前的东西。“他们的双手在侍弄的东西，他们的头脑在思考的东西——这是他们可以写的。”他对姐姐海伦说（后者之后也来学校任教）。他建议学生留意街道上经过的东西，或者凝视火焰，观察某个角落，“看看蜘蛛网，生发有关哲学、道德或者理论的思考，诸如此类”。学生们被鼓励记日记，写下他们的思考和日常活动。时年 12 岁的埃德蒙·休厄尔（Edmund Sewall）的日记留到了今天。“我早上学习，学了几何、地理和语法，下午阅读、拼写，或者说出阅读课里学到的单词定义，学拉丁语和代数。我隔天早晨会写作。星期六是留给我们写作文的。”霍勒斯 · 霍斯默记得另一种亨利称为“下定义”的写作练习，“不过更好的提法应该是‘糟蹋’”。学生把著名的诗篇用自己的语言转述出来，就好比“名篇被撕毁，而后被扔进泥里”。有个学生用五个字概括了柯珀（Cowper）的诗作《多余的警报》（*Needless Alarm*）：“跳之前看看”，“听到这话，约翰从座位上跳起来，大声说好，真的**非常好**”。[40]

午餐时间，学生会跑回家吃饭，不过住在约 2 英里外的霍勒斯记得有时候约翰会拉着他的手，“说：‘我得和他一起吃饭。’所以，你知道我肯定愿意的。我永远都不会忘记那些午餐时光”。辛西娅和丈夫约翰准备了一桌丰盛的“水果、蔬菜、布丁和派”，最美味的食物是新鲜面包和黄油。“桌上不会有冒着滋滋热油的肥肉，不会有任何令人不悦的食物，我爱着梭罗先生和太太就像我爱着这些食物。”所有人都知道梭罗兄弟爱吃甜瓜，有一次霍勒斯吃完饭后回到教室，发现“自己的课桌上有块绿色的瓜”。要不是香甜的味道引诱着他，他差点儿就嫌弃地扔掉了：“我吃了，很惊喜，很开心。”等到西瓜成熟的时节，梭罗兄弟会运一蒲式耳西瓜来学校，课间休息的时候——规定是十分钟休息，但他们常常会延长——所有人都尝上一块。[41]

很多学生公开表示更喜欢约翰，后者会在课间时分像个大男孩一般跟他们一起玩，还会让他们围坐在自己身边，他来讲故事。亨利则刚好相反，很少跟孩子一起玩；有个学生说，他看起来“很在乎自己的威严”。还有个学生记得他们经常取笑亨利，从年历上剪下一张傻子的肖像，相互传阅，看了都呵呵笑，说真像他们的老师。[42] 不过，梭罗沉静的性格深深影响了一些学生。有个霍斯默家的男孩说，尽管亨利一直避开成群的孩子，但他对待每个个体都很热情：“我看到过他走过去跟学生聊天时，学生会抓住他的手，想听他说更多。”他有着“真正的教育热忱，他的心思在这项事业里”，“不只为了钱”。[43] 很多年后，当他在瓦尔登湖畔拜访梭罗，这位昔日的老师问他，学校教育对他的人生有何意义。弗里斯比 · 霍尔也把亨利视作一生的朋友，后者就算离开了教室也从未停止过教书。

梭罗之前给布朗森去信说，教室不应当同街道屏蔽开来，梭罗学校的最大成功莫过于两兄弟有着把学校和社区生活整合起来的能力。梭罗思索着，我们为什么要在“成年的时候离开教育”？“应当让乡村成为大学”，成为公民可以在余生继续追求文理知识的不寻常的学校，大家应该联合起来支持艺术和教育，不是为了让这个村镇能走出几个杰出人士，而是让它成为“所有人的高尚村镇”——这间教室向所有人开放。[44] 这是他永不妥协的目标。

“爱是无法偿还的，唯有爱得更多”

1839 年，亨利 · 梭罗的人生绚烂绽放了。他成了社区里备受尊敬的人，继续着一生的旅程；他开始为超验主义者们新创办的文学期刊撰写诗歌和散文；更重要的是，他坠入爱河——两次。在康科德书院教书带给梭罗的不仅是受人尊敬的工作：这让他处在康科德文化生活的中心位置，正如十年前的菲尼亚斯 · 艾伦一样。在康科德学园新季度的首次会议上，梭罗被选为书记，之后他用自己漂亮的字迹自豪地记录下学园事宜。学园中的一位讲座策划人辞职后，梭罗成功接替了他。这意味着在 6 个月的时间里筹划 25 场讲座：挑选演讲者，写信说服他们过来，安排讲座行程，支付酬劳，以及归还被遗忘的文章，而且预算很有限。这是梭罗渴望的那种工作，这段经历让他在《瓦尔登湖》里有权利建议村镇应当成为"大学"。学园的成员肯定他的工作，第二年选他继续担任书记和策划人。第三年，他们仍然想选他做策划，但是梭罗忙得无法脱身，所以他请辞了——两年以后，在 1842 年 11 月，人们不顾他的抗议，还是选他重新担任这个职位。

与此同时，梭罗的社交生活也在膨胀。每隔几天，他就来到爱默生家见他们的访客，这段日子的访客有玛格丽特 · 富勒和布朗森 · 奥尔科特。1839 年 2 月，爱默生试图游说富勒搬来康科德，他请梭罗帮她找合适的房子。令他们失望的是，她选择了波士顿的杰梅卡平原（Jamaica Plain）。不过他们说服了奥尔科特，后者于 1839 年 4 月 29 日抵达康科德，正好赶上爱默生主持的婚礼，当时的酒保、未来的监狱长萨姆 · 斯特普尔斯（Sam Staples）迎娶旅馆老板的女儿露辛达 · 韦森（Lucinda Wesson）。奥尔科特喜欢这种简单的仪式，他也喜欢爱默生发自内心的讲话——给未来的散步和对谈开了个好头。当爱默生在学园演讲完，作为策划人的梭罗无疑加入了他们随后在爱默生家举行的聚会；两天之后，奥尔科特把他那种正式的"对话"带到了"梭罗夫人家"，他谈论起"知识、记忆、希望、前生、信仰、灵魂的要素、道成肉身、奇迹"，把通常比较健谈的梭罗惊得沉默不语。失望的奥尔科特记起了爱默生的评价，"这儿的人很愚蠢，我没有见到他们的智慧"。尽管如此，一年之后，他还是举家迁往康科德，他会做樵夫，会让长女安娜入读梭罗学校。从这以后，奥尔科特和梭罗才开启了长达一生的对话。让梭罗高兴的是，他如今走几步路就可以从他的农夫朋友乔治 · 米诺特的农业"斯基泰城”* 来到奥斯科特和他家人的哲学“雅典城”。[45]

此外，梭罗又开始写诗了。在《这就是生活》里，他是无根的花儿，凡事都不确定；现在他想象自己是二重唱里的一个声音——好比一位女士站在岸边对着潮水高歌，直到她听见“远方某个相似的灵魂”的回音——或是想象自己踏浪而去，所有的争斗都消散了：“在湿热的日子里，我泛舟于平静的湖面之上，我几乎停止了生活——而后又开始存在……我消逝在迷雾中。”[46] 那一年，亨利有过三次愉快的泛舟经历：第一次是和埃德蒙 · 休厄尔，第二次是和埃德蒙的姐姐埃伦 · 德弗罗 · 休厄尔（Ellen Devereux Sewall），最后一次是和他的哥哥约翰。

1839 年 6 月 17 日，卡罗琳 · 沃德 · 休厄尔（Caroline Ward Sewall）从锡楚埃特（Scituate）带来了她 11 岁的儿子埃德蒙，她来看妹妹普鲁登丝·沃德和她们的母亲沃德夫人。亨利一下子就被这个小男孩吸引了：“最近几天，我遇见了一个单纯的、不妥协的孩子。”这个孩子有意识地散发着“美德的气息……我不可能不爱他”。他们一同到河上划船，一起去爬山，去瓦尔登湖，做着梭罗兄弟和学生，以及其他访客常做的事。不过，这一次，亨利写了一首诗：“最近啊，我认识了一个文静的男孩，他的样子就是美德的样子。”这首题为《心灵感应》（*Sympathy*）的诗作成了这段无法达成的友谊的挽歌：他们宛如两颗行星被无意识的心灵感应相互吸引，这里的情感太过强烈。一经写出，诗人的爱迫使他们分开，“使双方都无法触及对方”，亨利只能选择不去爱这个孩子本身，而是爱“他的美德”。唉，他补充说：“如果我能克制我的爱，我一定深深爱他。”[47] 我们很少看到柏拉图式的情感留下如此明艳的灼痕。

休厄尔家很喜欢这首诗，埃德蒙如此骄傲，以至于他 5 岁的弟弟乔治忍受着嫉妒的折磨，直到亨利对这个更安静、更年轻的孩子投以一贯的关注，他给他抄了一首他之前写的有关爱与失去的诗作《蓝鸟》（*The

* 斯基泰（Scythia）：约前 7 世纪中叶至约前 3 世纪位于中亚和南俄草原上印欧语系东伊朗语族的游牧民族，有译为“西徐亚人”或“塞西亚人”。

Bluebirds）。爱默生也喜欢《心灵感应》，称之为“我认为是从这片尚无诗意的美国森林里奏响的最纯粹也是最高尚的乐曲”。他给塞缪尔·格雷·沃德（Samuel Gray Ward）寄去了一份复稿，希望后者能转给玛格丽特·富勒，而且提醒托马斯·卡莱尔和玛丽·穆迪·爱默生，康科德至少有了一位“真的能写诗”的天才诗人，他是“新英格兰智慧罕见的结晶”。[48] 但是，到了 1840 年 3 月，埃德蒙作为寄宿生回到康科德的时候，梭罗对他的热情已经不复如初了。埃德蒙的日记真诚地记载了一系列愉快的出游，不过多数是和约翰，后者就像一个慈爱的大哥哥一样照顾着这个严肃的男孩。

埃伦·德弗罗·休厄尔在弟弟离开后三周再次亲自来访。因为她也属于这个大家庭的圈子，所以亨利和约翰已经见过她很多面了；埃德蒙发现她姓名的首字母被刻在约翰和亨利·梭罗姓名首字母之间的“红桥”上，两人的落款日期分别是 1830 年和 1835 年，其中，亨利的首字母“被刻得很干净，很深”。[49] 不过，到了 1839 年，一切都不同了。埃伦年满 17 岁，是锡楚埃特独神论牧师埃德蒙·昆西·休厄尔（Edmund Quincy Sewall）的掌上明珠，温文尔雅，而且美丽动人。一张她那时候拍的银版照片显示出她既安静又机警的气质，高挺的鼻子，深陷的大眼睛，令人难以抗拒的略带讽刺意味的微笑。亨利是梦想家，是爱默生口中严肃的玩笑人，他禁不住作了诗，“来吧，让我们漫游微风轻拂的牧场”，这首诗是写给埃伦的，“一片绿叶就可以做我们的屏风，/直到太阳沉沉睡去，/我是国王你是皇后/在那片安静的绿地上”。四天之后，看似不经意的调情变成了浪漫的爱情：“我们的光芒合起来可以成为太阳，/她让夏天永远阳光灿烂。”7 月 25 日，他的日记里只记下了一句话，但是那句话彻底扭转了他先前对她弟弟疏远的感情：“爱是无法偿还的，唯有爱得更多。”[50]

亨利和埃伦做着所有度假的年轻人做的事情（当然，在辛西娅或普鲁登丝的陪护下）。周一，亨利带她去看正在康科德展览的长颈鹿。周二，他带她去阿萨贝特河划船——“我们一直划向黎明，/因为奥罗拉*在为我们引路。”周三是学校假日，约翰、亨利和埃伦一起去爬山，一路抵达费尔黑文湾。辛西娅、约翰、埃伦和亨利在巴尔齐拉伊·弗罗斯特的家中用茶。他们去采野果，散步去瓦尔登湖。亨利用马车载埃伦去郊外，他们泛舟于康科德河上。在来访差不多结束的时候，埃伦写信给父亲，用了一种可能是有意的双关表达：“我没法告诉你我有多喜欢这儿。”那天晚上，她的爱人正把新的诗作展示给爱默生，爱默生说，在爱的激发下，梭罗终于成为美国真正的诗人。

有足足两周的时间，亨利和埃伦形影不离，足迹踏遍康科德的每一个地方——或者说几乎所有地方。他婉拒了陪她去教堂，这对牧师的女儿而言是不祥之兆。第二天早晨，在亨利让爱默生看了自己新写的诗作后，当普鲁登丝姨妈在陪埃伦参观埃布尔·摩尔（Abel Moore）的雅致花园时，亨利也没能到场。当时，约翰·S. 凯斯正巧从哈佛放假回家，一下子就被埃伦迷住了，他送埃伦回家，吃过晚饭又来了，希望能再见到她。凯斯已经开始想念她了，而后，他恰好在那晚的一个派对上看到她，用他自己的话说，他“扑了上去”，陪她用完餐，接着又送她回家。第二天下午，他又在茶会上看到了她，他把她从梭罗家“撬走”，第三次送她回家，对她寸步不离。后一天早晨，坐在马车里回家的埃伦一路哭到了莱克星顿。等她回到锡楚埃特的家后，她给普鲁登丝姨妈写信，说在梭罗家逗留的两周是她迄今为止的人生中最幸福的时光。[51]

埃伦来访之后，亨利的日记出现了一段时间的空白。他或许可以忽视自负的凯斯，但是他得顾及和自己亲哥哥的竞争：约翰一直是个阳光大男孩，外向、合群、幽默、充满运动细胞；约翰还接管了学校导师的位置，虽然亨利才是哈佛的毕业生，而且是学校的创办人。[52]就算他们一同出游，两人间的冲突也在发酵。那年春天他们造了那艘马斯科特奎德号，船很大、很坚实，他们划着这艘船一同顺康科德河而下，而后沿着梅里马克河到达怀特山。他们一起攀上华盛顿山，然后泛舟回家。为

* 奥罗拉（Aurora）：罗马神话中的曙光女神。——编注

了庆贺，两兄弟邀请整个社区的人来参加他们的甜瓜派对。凯斯看到了“准备的全过程”，他很肯定，亨利“做好了充分的准备，如果他能有幸遇上好天气，那么这个派对一定会非常成功”。凯斯喜欢那张“用各种品种质地不一的甜瓜装点一新”的餐桌，他和他的同伴“大吃大喝”，直到“酒阑灯灺”，还带了很多东西回家。夏末的甜瓜派对成了梭罗家的一项传统。两年之后，伊丽莎白·霍尔记载，亨利用“向日葵、玉米秆、甜菜叶和南瓜花”装饰餐桌，“共有 46 个甜瓜，15 种之多；还有苹果，所有他的花园的出产”。辛西娅感到很惊讶，因为她之前到处跟镇上的人说亨利很讨厌派对，而今她觉得自己有必要道歉。[53]

* * *

8 月 31 日星期六，整个早晨很阴沉，但是当天色渐渐晴朗，一个温和的夏日午后来临时，兄弟俩把拴在野苹果树上的绳子解开，放船下河，出发去康科德河的开阔水域。马斯科特奎德号满载着土豆、甜瓜和其他补给；两根桅杆，其中一根可以折叠，就像帐篷的支柱一样；一顶棉布的帐篷可以折起当帆用，还有一张野牛皮可以作为床铺。船刷着亮丽的颜色，上蓝下绿，家人和亲友在岸上送别他们时都目睹了船成了美丽河景的一部分。兄弟俩举枪鸣响启程的号角，山岳间回荡着枪声。经过老北桥战争遗址时，他们思索着喧嚣的战争，而后在大草甸旁，他们看到一棵木槿正在绚烂绽放，这是很罕见的景象，他们招呼着一位农夫，给他一枝花，请他次日带去教堂给他们的植物学家朋友普鲁登丝·沃德。他们行经了 7 英里的路程，把帐篷扎在比莱利卡（Billerica）附近的高地上，摘越橘来当晚餐，佐着面包和糖，然后用河水冲热可可，边喝边看着夕阳西沉，他们的影子被拉得越来越长。

星期日早晨，营火的烟雾混合着晨间的浓雾，他们抵达米德尔塞克斯运河的时候营火就熄灭了。他们走上纤道，把船留在身后，赶着去教堂的人们用批评的眼神瞪着他们。湍急的梅里马克河困住了他们，终于摆脱困境后，他们决定溯流而上，在切姆斯福德附近的树荫下午餐。他们采了很多野李子，而后经过了维卡瑟克岛（Wicasuck），这里是佩纳库克（Penacook）印第安部族失落的家乡。在这儿，有两个迷路的人急着想赶到纳舒厄（Nashua），希望梭罗兄弟能送他们一程，但是他们拒绝了。黄昏时分，在廷斯伯勒（Tyngsboro），他们在溪边的一棵橡树下搭起帐篷，整个晚上他们都昏昏沉沉，河水起着漩涡，"兴致高昂"的爱尔兰铁路工人一直发出喧闹的响声，让他们无法睡着。[54] 梭罗后来写道，那一晚，一位水手被困于"昭示厄运"的梦中，另一位则"度过了平静，甚至可说是天堂般的芬芳夜晚"，就连第二天早晨醒来时还带着这种无忧无虑的神情。我们需要猜他们各是谁吗？

9 月 2 日，周一，他们的船经过了繁忙的渡口，他们的同乡已经开始了新一周的工作。他们中的一个把船带到水势更为平缓的牛轭湖 *，另一个则到对岸，采集井水和乡间趣事。他们招呼了一艘运河船，把他们的船和这艘船拴在一起前行，并和船员们聊天。之后，他们下船探索一个古印第安遗址，之前渔夫拽灌木时损毁了河滩，所以这个遗址露了出来——沙子被吹上岸，形成了一个小沙漠。经过纳舒厄的瀑布和工坊时，他们凝望着沃楚西特山（Wachusett）和莫纳德诺克山（Monadnock）那道壮观的蓝色风景线，但仍待在河边，在新罕布什尔州纳什维尔（Nashville）附近扎营，他们的帐篷位于深谷旁的一棵松树下，远处民兵结集的鼓声伴随他们进入梦乡。

夜里 3 点，他们再次上路。日出时分，他们已经划船经过了林地、牧场，以及种玉米、土豆、黑麦、燕麦和英格兰干草的田地。他们在克伦威尔瀑布（Cromwell's Falls）的水闸口——"印第安人的内森克格（Nesenkeag）"——等待通过的时候拾起了岸上的箭头。管水闸的人讲起宝藏的故事，他们听着，见证着一个时代的落幕；不久之后，运送这一地区货品的将不再是运河，而是铁路。[55] 那天中午，他们看到一群信鸽。

* 牛轭湖（oxbow lake）：当河流出现新的、更直的流向时，原有的河流弯曲处分离形成湖泊。

他们射中了其中的一只，捡起来，跟几只松鼠一起烤熟，不过这些被剥了皮的可怜动物看起来这么恶心，他们只好扔了，改吃米饭。在贝德福德（Bedford），他们在小瀑布上的一个有庇护的地方安营；第二天早晨，他们发现自己挡住了工人去水闸的路，他们的营地仅在这一次被别人察觉。

在贝德福德上游，水势凶猛，而且到处是小瀑布——这是全新的地貌——不过他们对曼彻斯特（Manchester）只是匆匆一瞥，当时这座小村庄已经开始转型成一座工业城市了。之后，他们到达的运河流段同意让一条运河船拖着他们的船走，但很快他们发现这意味着要把马斯科特奎德号拉到运河船的甲板上才能走（因为马斯科特奎德号太沉了）。所以，运河船上的人就发起了挑战，取笑他们的船，直到兄弟俩扬起船帆，以两倍的速度划桨，得意洋洋地超过运河船，然后换作他们来取笑运河船上的船员。那一晚，兄弟俩抵达了他们河流之旅的尽头，在胡克西特（Hooksett）尖峰下支起帐篷，这里恰好是几个夏天之前一支佩诺布斯科特印第安部族的营地。约翰去找附近的农家要点食物和补给，回来的时候有个叫内森·米切尔（Nathan Mitchel）的农家少年跟了来，要加入他们。来吧！他们说，但是孩子的父亲不同意，他礼貌地邀请兄弟俩参观他的农场，允许他们把装备储存在他的谷仓里。那一晚，亨利梦见了“和一位朋友的不合”，不过，在梦里，他们解决了纷争，他感到“无法言说的宽慰和快乐”。[56]

第二天，9 月 5 日，早晨时分他们就听见棉制房顶上“不祥”的雨声。他们冒雨步行 10 英里来到新罕布什尔州的康科德——这里是“**新**康科德”，他们对给他们提供住处的朋友们开玩笑说。他们在那儿搭晨间马车去位于怀特山边的普利茅斯。从那里，他们又步行 15 英里，经过佩米奇瓦塞特（Pemigewasset）山谷来到桑顿（Thornton）的詹姆斯·蒂尔顿旅馆。[57] 后一天，9 月 7 日，他们徒步穿过匹林（Peeling）[现在叫伍德斯托克（Woodstock）] 和林肯，来到弗朗科尼亚（Franconia）看著名的大峡谷和山上的老人像（原本是形似老人脸庞的峭壁，后来因为落石而消失了)。8 日，他们走路去克劳福德大宅(Crawford House)，次日从那里出发去探索群山，第三天登顶华盛顿山。下山后他们搭车去康威(Conway)，之后的整整两天，他们原路返回了胡克西特尖峰的营地。他们在 12 日抵达了——距离他们把装备存放在米切尔的农场已经过去了整整一周。他们没有停留，扛起船，买了小内森的优级西瓜(整个农场上个头最大的)作为压舱物就返程回家了。一路上顺风顺水，他们一直漂到新罕布什尔州梅里马克河北边的小岛上才驻营，这是他们最后一次驻营。[58]

9 月 13 日，周五，旅程最后一天的清晨，日出之前他们就醒了，听秋风扫着头顶上方的落叶。季节的转换发生在一夜之间："我们夏天入眠，"很多年后亨利写道，"醒来的时候已经是秋天了。"[59] 距离康科德还有 50 英里，但是有强劲的北风相送，他们一天之内就到了。他们顺着梅里马克河而下，经过他们来时经过的地方，看着它们一个接一个消逝在记忆里。中午的时候，他们的老友——看水闸的人——放他们回到米德尔塞克斯运河，他们划着船上到平缓的康科德河，宛如在梦境里一般从日落划到天黑，直到"夜深人静，我们的船擦拂着它的母港的芦苇，它的龙骨认出了康科德的泥土"[60]。梭罗兄弟跳上岸，把马斯科特奎德号系上野苹果树。他们到家了。

* * *

亨利用铅笔做了一些记录，但是他直到第二年的夏天才把这些记录抄到日记本里。[61] 这次的旅途是夏季的嬉戏，不是文学之旅，尽管爱默生听闻时，觉得这是一个"死灰般的"教育传统下的有趣注解，那些日子让他备受煎熬，每时每刻都枯燥乏味，然而亨利和约翰却欢快地顺梅里马克河而下，风把他们的帆吹得鼓胀。"我们已经在学校和大学的背诵教室里关了十到十五年了，我们毕业的时候装了满肚的诗书，但其实一无所知。"爱默生说道。我们既认不出林中可以食用的根茎，也不能根据星象分辨方向，或者根据太阳的位置推算时间。“看我充满智慧的年轻邻居们，不像文人那样坐进连缰绳都不用牵的火车，他们跳进自己亲手制作的船，晚上睡在可以当帆的帐篷里，他们去到梅里马克河，用他们的知识捕水里的鱼，采林间的野果。”[62] 这是个动人的故事。同时，也是时候为梭罗做宣传了，像亨利 · 梭罗这样的年轻作家需要一个地方出版他的诗作，以及他们对偏见和审查制度的尖锐批评。

从 1832 年起，爱默生和朋友们就打算创办一份新刊物了。这个主意在 1839 年 5 月再次被提起，波士顿（理应是全美的文学中心）连一份文学刊物也没有，太难堪了。[63] 时机似乎成熟了。1839 年 9 月 18 日，超验主义者们开会讨论创办他们自己的刊物。爱默生不在，不过奥尔科特在，而且后者贡献了刊名“日晷”（*Dial*），因为日晷永远报着神圣的时间，分秒不差。这事情到 10 月 19 日才有了下文，奥雷斯蒂斯 · 布朗森推动着期刊的发行，他向奥尔科特建议，超验主义的两大分支，他本人和爱默生应当合力，《日晷》应当和布朗森的《波士顿季刊》合并。动议一出，众人大惊；布朗森激进的自以为是已经导致超验主义集团破裂了，爱默生的朋友也感到这个新提议必须被制止。次日早晨，奥尔科特带上玛格丽特·富勒匆匆赶往爱默生家，他们要求，必须立即创办《日晷》，而且《日晷》必须不受布朗森干涉。《日晷》诞生于当天傍晚。富勒任编辑，乔治·里普利掌管财务，但凡需要爱默生都会协助。11 月中旬，富勒还没来得及开始约稿，爱默生的手上已经有了第一篇投稿——《心灵感应》，梭罗写下的对埃德蒙 · 休厄尔的爱的挽歌。

《日晷》坎坷的筹备过程本身就可以讲一个故事。但是这么说吧，连月的忙碌之后，这个工程移交到富勒、爱默生以及他们的至交手里，这些人当然包括布朗森 · 奥尔科特和亨利 · 梭罗，两人都忙着写他们的稿子。奥尔科特在写《俄耳甫斯的教诲》（*Orphic Sayings*），梭罗在给《佩尔西乌斯》（*Aulus Persius Flaccus*）收尾，这是一篇关于一位寂寂无名的古罗马讽刺作家的散文。《日晷》第一期于 1840 年 7 月 1 日出版，同时刊登了梭罗的诗和散文。评论家以嘲笑和敌意来迎接这本新刊物，但是至少梭罗本人很得意：《心灵感应》被《波士顿早报》（*Boston Morning Post*）挑选出来，并于 1840 年 7 月 5 日被该报转载。他诗意的夏天终于在一年之后结出了果实。得到鼓励的他开始把他的划船之旅写成文章，看看这段旅程有没有文学价值。

* * *

与此同时，约翰也有着自己的打算，他正在热情地追求埃伦。9 月 30 日，他乘车来到锡楚埃特，叩响了她的家门，他还不知道自己会给她制造多大的尴尬：她的父母都去了尼亚加拉大瀑布旅行，要在那儿待两周，留下她来照顾埃德蒙和乔治；家里还有一位时不时过来收拾的女佣。这是一桩丑闻——约翰来到她家，却没有看护人在场。埃伦没有把他赶走，也没有告诉父母他的到访。对于知情的普鲁登丝姨妈，埃伦的口供是女佣一直在场，尽管真相是埃伦之前就叫她回去了（约翰来访时，没有"陌生人"在家会添多少乐趣啊）。

休厄尔夫妇回来后从邻居那里听闻，他们的女儿竟然趁父母不在，招待了一位年轻男子。这场是非一定花了不少时间才得以平息。约翰试图在感恩节期间再次来访，因为埃伦的父母在家，所以一切都符合规矩，他也希望以此弥补上一回的失态。圣诞节前夕，普鲁登丝把梭罗两兄弟都带来了锡楚埃特。两位都怀揣礼物：约翰给埃伦的矿物藏品增加了南美蛋白石，亨利则带来了琼斯 · 维里的诗集。他的礼物展现了超验主义最讲究的形式，但也同时有落入教条主义的危险。维里在宣布自己是复活的基督后被哈佛勒令退学。或许亨利觉得自己的情况再糟也糟不过此时，因为约翰占尽了先机。那年秋天，亨利的忧郁展现在一篇题为《友谊》（*Friendship*）的散文里，友谊"实际上和天堂之境是割裂的——我们叫着我们的朋友——怀疑着我们或许不可能再度相见——这种悲伤足以滋养史上所有的哀歌……我的朋友比我好上千倍，因为我的梦想总是在我所能企及的边界之外"[64]。

这事情一直到第二年 6 月才尘埃落定，此时埃伦再度造访康科德。有一个下午，亨利约了埃伦出游："前几天我的小船载了一位自由而且迷人的年轻女子，我划着桨，她坐在船头。那天的世界没有别的东西，只有她在我和天空之间。"那一刻没能维系多久。7 月 20 日，正逢埃伦降临他们生活中的一周年纪念日，约翰决定采取行动。他和沃德家一起去到锡楚埃特，在沙滩上漫步时，他把埃伦领出了普鲁登丝的听力范围外，向她求婚。埃伦答应了。之后发生的事情只能推想，因为埃伦把那几页从日记本里裁掉了，但是她应该立即就后悔了。她说她爱的人不是约翰，而是亨利。她惊慌失措的母亲要求她毁约，出于对她的父亲的尊重，她这么做了。两天后，当约翰回到康科德，一切都结束了。亨利在日记里写："我没有写日记的这两天漫长得好比永世，长到叙利亚帝国可以历经兴衰，多少个波斯王国被打败又取胜，夜晚散落着明亮的星星。"[65]

如今是约翰的忧郁时刻。他在日记里如此写道："忧伤，倒不至于时刻想死……可以坦白说我觉得我所生活的这个世界充满着恶意。"他充满感怀地自嘲说，他并没有"对爱情恼怒"——不，一定是他的"厨房参谋"炮制了"不消化的配方"；"不是刻薄无情，而是我体内的'化学实验室'不能善意地吸收所有东西；恐怕我的胃里有着更多的食糜而非乳糜，或者其他类似的东西，所以我才有这些忧伤"。[66]

约翰喋喋不休的天赋让他开朗起来，但是亨利的文字才华可能是他忧伤的原因。亨利本应像约翰那样亲自去锡楚埃特向埃伦求婚，但是他试图用诗歌向她长距离地求爱。11 月，他写信向埃伦求婚。这封信没能留下来，不过他的日记里保存了草稿中的段落。他很可能用埃伦最喜欢的他的那首情诗《阿萨贝特河》开头，他想象他俩泛舟到黎明："我觉得我们爱情的太阳应当如海上的日出那样悄无声息地升起，作为水手的我们会一直在回归线之间摆渡，宛如白昼将永远延续下去。当你站在山巅，你会知道太阳如何从海上升起，你知道你不会感到害怕，太阳会给你所有的美好，这一切因你才变得可能。"[67] 埃伦留着这首诗，她很珍惜它，可是她无法在拒绝哥哥以后答应弟弟，还有她的父亲，一位老派的独神论牧师，不会允许女儿嫁给一位超验主义者。爱默生发表了骇人听闻的《神学院演说》（“Divinity School Address”）之后，超验主义者所引起的争议让这样的婚姻变得不可能，再加上梭罗的教师职业连稳定的收入都不能保障。埃伦拒绝梭罗求婚的信件也没能留存，不过她写给普鲁登丝的信留了下来，她说她遵循父亲的指令，让回信尽量“**简短、直白**，并且**冷漠**”：

> 我那晚就给亨利·梭罗回信了。我从未感到寄出一封信是这么痛苦的事情。我简直无法想象我这么喜欢的两个朋友竟然以后都不能和我们有这么自由、愉快的交往了。我的信很短。但是我希望我们之间有过感情……现在都结束了。直到我们下次见面之前，我们什么都不要提……阅后即焚。[68]

亨利的反应也没能在文字中保留下来，尽管他们的故事还远没有结束。

虽然埃伦为“失去了一位我爱过并且很珍惜的朋友”而痛心，但她很快又有了一位更符合家人期望的追求者，约瑟夫·奥斯古德（Joseph Osgood），他是独神论牧师。1844 年 3 月 20 日，他们在她父亲的教堂举行了婚礼，她告诉自己后来的孩子，无论她父亲说什么，她都会嫁给奥斯古德。在之后的几年，亨利·梭罗成了他们家的挚友，他多次拜访奥斯古德。[69] 亨利的画像挂在他们牧师公寓的入口处，他们全家都爱读他写的书，他送给埃德蒙、乔治和埃伦的诗歌成为他们的传家之宝。对于亨利来说，尝试过一次浪漫爱情后，他似乎不想重蹈覆辙了。在他往后的人生中，尽管有很多女性至交——露西·杰克逊·布朗、丽蒂安·爱默生、玛丽·拉塞尔（Mary Russell）——但他再也没求过婚。索菲娅·梭罗说，临终时的梭罗听到别人提起埃伦，他说：“我从始至终都爱着她。”不过，对于这个问题，梭罗本人一直保持缄默。[70]

补偿

1840年7月4日，康科德最大的公众活动是声援威廉·亨利·哈里森（William Henry Harrison）的集会，哈里森是辉格党的“木屋”（Log Cabin）总统候选人*，他的竞选标语是“蒂珀卡努，还有泰勒”(Tippecanoe and Tyler too)”，这句话巧妙地把年长的哈里森塑造成一位勇敢的与印第安部落抗争的战士［1811年，哈里森在印第安纳的蒂珀卡努河流域击败了特库姆塞（Tecumseh）的勇士］。康科德的街道满是从邻镇来的“蒂珀卡努俱乐部”成员，他们拉着横幅，举着旗帜，还有乐队从老北桥战争遗址一直游行到演讲的举办地睡谷。霍勒斯·霍斯默是梭罗学校里唯一的民主党人，他觉得自己形单影只。约翰·梭罗是热诚的辉格党人，他确保学校里所有男孩都有“戴在头上的苹果酒桶、木屋奖牌、胸章，还有藤编的木屋遮阳帽……苹果酒流得满地都是”。为“老蒂珀”（Old Tip）举行的竞选集会上有一只被绳拉着的直径3.6米的红、白、蓝三色相间的球，当它庄严地滚动时，每个人都可以看到上面的歌词和标语：“我们在每个山脊上滚这只球，/从康科德桥到法尼尔厅†。”“再见了，可怜的范‡，/你不是那位/能够指挥我们这艘大船的人。/让我们试试老蒂珀。”亨利心想，真可惜人们不能像那只球一样可以如此“庄严且高贵”地行进。[71]

那一周最重要的知识活动是《日晷》发刊，登有梭罗的《心灵感应》和《佩尔西乌斯》，他第一篇重要的散文。爱默生认为梭罗发表的第一

* 1840年，辉格党拥护哈里森竞选总统，民主党讥笑哈里森是“木屋候选人”。辉格党顺水推舟，举行了一次携带小型木屋和一桶桶苹果酒的大游行，使哈里森的形象更受民众欢迎。现在用“木屋候选人”指出身低微的候选人。——编注

† 法尼尔厅（Faneuil Hall）：美国波士顿的一栋历史建筑，靠近海滨和今天的政府中心。自1742年起，法尼尔厅就是一个市场和会议厅，塞缪尔·亚当斯（Samuel Adams）等人曾在此发表演讲，宣传美国独立。

‡ 指马丁·范布伦（Martin Van Buren，1782—1862年），美国第八任副总统（1833—1837年任职）以及第八任总统（1837—1841年任职）。

首诗作已经“好到足以拯救充斥美国的拙劣诗歌”；至于那篇散文，他之前让富勒作为“有特色的文章”收入，后者同意了。[72]《日晷》的问世被证明是辛苦努力的成果，一部分原因是超验主义团体里不是每个人都愿意出版作品。赫奇担心《日晷》太过激进，而布朗森则嘲笑它一点儿也不激进。因此，他们找到一批年轻的新人：富勒、梭罗、奥尔科特、埃勒里·钱宁，钱宁是从辛辛那提（Cincinnati）来的无名诗人。此时的梭罗已经准备好以成熟的超验主义者的身份示人。1840 年 5 月 13 日，他第一次参加在爱默生家举行的超验主义团体的会议。会议主题是为他量身定做的：“先知和游吟诗人的灵感、诗歌的本质，还有我们时代和国家的诗歌灵感如此贫瘠的原因。”[73]奥尔科特、爱默生、赫奇，还有一些年长的会员都在，同时出席的还有琼斯·维里和玛格丽特·富勒——这是梭罗和富勒的初次见面。

《日晷》收到的反馈糟糕到充满敌意——这些评论如此恶意，以至于这份全美第一本伟大的文学刊物（虽然它会勇猛地撑过四个年头）从未走出这个阴影。《波士顿时报》嘲笑说：“连泥地里鸭子留下的脚印传递的信息都比这清晰。”奥尔科特的《俄耳甫斯的教诲》尤其饱受非议。亨利优美的诗歌被转载了，但是很少人注意到他真诚的散文，以及他试图实践富勒称为“全面的”文学批评，也就是说，批评不再基于个人的喜好，而要遵循通行的审美原则。8 月，《日晷》编辑部再次召集众人，西奥多·帕克说这篇文章十分“愚蠢”，还叫梭罗不用费心，就给报纸写写文章得了。爱默生反对，认为《佩尔西乌斯》一文生机勃勃，但帕克却反诘说，文章是富有生机，然而这生机是爱默生给予的。富勒对梭罗的下一篇投稿《诗篇》（*Stanzas*）也满腹狐疑，她看到的尽是她不喜欢的部分。她的红笔修改引起了一场口角，梭罗觉得她对他的开场白的修整“不可理喻”，爱默生不得不干预，请求富勒道：“我们这位北方铁人必须保有他铁人般的诗句。”[74]梭罗赢了，但要一直等到富勒准备好——第二期《日晷》没有刊登任何梭罗的文字——1841 年 1 月出版的第三期只登了梭罗的这首诗作，虽然“铁人般”的开篇完整保留。梭罗作为诗人的伟大生涯刚开始就遭遇重重障碍。

事情还会更糟。梭罗刚成为超验主义的门徒，这个团体就濒临解散。那年9月，面对全国范围内越来越浓的敌意，他们增开两场会议来讨论如何组建属于自己的更开明的新教会。他们内部的分裂更明显了：这样的教会还算是基督教会吗？还是它会代表新的、后基督教时期的普世原则？深层的裂痕摧毁了他们所剩无几的共同立场，这之后，超验主义者再也没能聚起来。剩下的只有《日晷》和富勒及爱默生召集的年轻先锋作家，他们急于和志同道合的朋友分享他们的想法和诗歌。[75] 虽然这是个很狭隘的公共空间，但仍然是公共空间，梭罗渴望成为其中的一员。他写了一篇野心勃勃的长散文《服役》（*The Service*），并以更具实验风格的粗粝笔调写了一首新诗《沃楚西特》（*Wachusett*），他把两篇习作都寄给了富勒。

富勒两篇都不打算发。她给梭罗写了两封退稿信，两封信带有各自的毁灭性打击。她承认《服役》具有丰富的思想，但这些思想都“不符合自然秩序，我必须忍受**痛苦**才能读完。我一点儿也不觉得我自己被这些思想感动，反而，我仿佛是在听打磨瓷砖的刺耳声音”。至于《沃楚西特》，她说诗作有着“对自然的高尚认识”，两到三条“符合人性的思想”，也有一时半刻“哀怨的音律”，但是它也同样缺乏流动性，思想和诗歌“脱离”，诗句“严肃的同时令人诧异”，缺乏和生活的联系，“还欠缺流动的乐感”。她对梭罗说，作者看起来“心智健全，眼界开阔，精神高尚，蓄势待发”，然而其作品“仍旧是一片温暖的春风尚未临幸的贫瘠山丘”。[76] 富勒抨击了《服役》之后，梭罗再也没把这篇文章拿出来过；它在他的余生中也从未发表。很多年以后，他对粗粝的《沃楚西特》的拯救方式仅仅是把它插进自己的散文《沃楚西特漫步》（*A Walk to Wachusett*）之中，后者收录于他自费出版的第一本书。在这之后，富勒仅仅接受了梭罗的两篇诗作：他早期的形而上学诗歌《这就是生活》及《友谊》。[77] 曾被爱默生赞誉为美国最纯粹、最高尚的诗人在两年之内仅仅发表了四首诗。

一位浅薄的作家或许会被挫败，但是富勒真正想说的是，梭罗的天赋远比他现在施展出来的要多得多，这一点是有道理的。毫无疑问，他是天才，但是他必须学习技巧。这是梭罗需要听到的教诲，这个教诲来自富勒。正如她告诫他的，虽然“爱默生先生说得对”，比《服役》糟糕很多的散文也刊登在《日晷》上了，但是“那几篇散文并不装腔作势，而且文章呈现出的良好教养让我们包容了那些现存的瑕疵。你的这篇文章如此粗暴，因此必须在语言上加以控制”[78]。她提出的挑战是巨大的：梭罗的尝试没有前人的范本可以借鉴，他要依靠自己。他有着成为伟大作家的潜质，但是要成就这种伟大必须拥有渊博的知识，这意味着必须施展原创性——他不知道后一步要如何实现。

距离收到埃伦的简短拒信还不满两周，梭罗就收到了富勒对于《服役》的尖锐批评。这之后的几个月令人忧心，他总是想着退出：11 月上旬他退出了学园策划人选举，1841 年 1 月，他正式退出第一教区教会，不再支付康科德征收的用于支持该教堂的税费。正如他在《瓦尔登湖》中所写，他告诉他们：“我，亨利 · 梭罗，不再愿意被误认为是某个我没有参与的协会中的一员。”[79] 最糟的事情是，约翰病了，而且一病不起。他得了“消耗病”（肺结核），中了可怕的新英格兰的诅咒。随着他的身子越来越弱，亨利必须接管低年级。一直把约翰视为生命之光的霍勒斯·霍斯默在亨利的课堂里失魂落魄：“他不再跟其他男生打交道；他们讨厌他。约翰生病期间他独自教课，上课的钟声对他而言不是清脆地响起，而是缓慢地长鸣。”[80] 当约翰进一步衰弱，他们痛心地发现他们不得不在冬季学期结束时关闭学校。他们都会失掉工作。

梭罗必须找到生计。1841 年 3 月，他拒绝了一项可能的解决方案：加入布鲁克农场，这是西罗克斯伯里正在兴建的乌托邦社区。“对于这类社区——我觉得我情愿把我的单身住所设在地狱里，而不是天堂。”梭罗抱怨说。几天之后，他申请了举世闻名的珀金斯盲人学校（Perkins School for the Blind）[81] 的教职，他知道竞争激烈，所以也在寻找其他机会。到了 2 月，他开始盘算买块农田，不过随着春意渐浓，他担心成为农民和地主会限制他的自由。“我能用锄头干什么——”他尖刻地写道，“我只能开出另一条犁沟给你看。”但尽管心怀疑虑，4 月 16 日，他确实在萨德伯里河上游买了座旧农场，不过这笔交易和他的希望都随着那位农夫临时改主意而终止。[82] 和当地农夫讲价的过程引起梭罗的深思：“我必须承认，我被震惊了，看到每个地方的老旧体制如此令人绝望且顽固。我每到一处，都看到衰败的农田，但它们就在那儿衰败下去，年轻人必须买下这些老旧的土地，才能重新把这里变成农田。”梭罗是否真能承担农耕对体力的高要求，这很可能是他的顾虑，因为他也病了，得的是“支气管炎”——很可能是他的肺结核的先发征兆——2 月里多数的时间他都是病怏怏的。[83]

4 月 1 日，梭罗学校正式关闭。在日记里，亨利试图让自己振作起来：“这一次也一样，坏天气不能改变我的心智。/ 就算在阴影里我也会相信我在阳光里所热爱的。”4 月 20 日，除粪的时候他也保持着坚韧：“今天，把猪圈里的粪除掉，我赚了 75 美分，我还争取了自己的工钱。如果挖沟人能多想想怎样才能诚实地生活，那么，挖沟铲和草皮刀也许会刻到他后代的家徽上。”[84] 很巧，就在那个时候，他未来的朋友纳撒尼尔·霍桑不久前加入了布鲁克农场，和梭罗一样，他也正在对未来做着类似的乐观思考。他写信给未婚妻，伊丽莎白·皮博迪的妹妹索菲娅：“早饭后，里普利先生把一把有四枚尖齿的工具递到我手里，他告诉我这东西叫干草叉；他和法利先生（Farley）手握类似的‘武器’，我们仨就开始对一堆粪便发起强有力的进攻……”他总结说：“亲爱的，我会成为优秀的丈夫。我感到最初的亚当在我的体内复活了。”[85]

* * *

当霍桑正在布鲁克农场耕耘时，爱默生给梭罗找了一条出路：“住到我家吧。”爱默生之前也拒绝了里普利发出的加入布鲁克农场的邀请，他说他已经“建造”了**自己的**乌托邦社区，并为此“劳作”——他指的是他的家和康科德。在家里，他正试图通过“家庭实验和社会实验”来改革“劳动关系和自助行动”，爱默生家的用人会和雇主同桌吃饭。他也邀请奥尔科特夫妇搬进来，这样他们可以建立他们自己的乌托邦“协会”。爱默生的计划并没有如愿实现，女佣答应坐到雇主的餐桌旁，但是厨师拒绝了，两边不是人的女佣决定还是跟厨师一起用餐。奥尔科特夫妇那边，布朗森完全同意，但是阿比盖尔（Abigail）怎么说都不愿意。不过这个建议还是植入了他们的脑海，两年后，他们会一同去到他们自己的乌托邦社区，弗鲁特兰（Fruitlands）。[86]

与此同时，爱默生迎来一位“皈依者”，亨利·梭罗在 4 月 26 日入住他家，“和我一起住，和我一起拾掇花园，教我怎么嫁接苹果”[87]。这个安排会延续两年之久：梭罗成为爱默生的居家园丁和勤杂工，也是爱默生家孩子们的辅导老师和看护人。当时，爱默生的长女埃伦还是个婴孩，梭罗每天都和他们家的幼子小沃尔多（Waldo Jr.）玩，他天真可爱的好奇心激起了梭罗的怜爱。作为工作的交换，梭罗可以自由进出爱默生的书房，随时接触爱默生源源不断的访客，还有大量的时间做他想做的事情：学习、写作、散步。梭罗的心情很快就振奋起来。

搬进爱默生家的那天，他在日记本里描述了他的新角色：“在爱默生家。印第安人令我着迷的原因是他们在自然中自由自在，毫无牵绊，他们是自然的住客，而非访客，他们优雅地在此穿梭，无忧无虑。”梭罗想象着新生活的可能，补充道：“漫步本身就是伟大的艺术。”[88] 在爱默生题写给他的新散文集里，梭罗会在《论自立》（*Self-Reliance*）里读到爱默生第一次对公众描绘的他眼里的梭罗：“健壮的小伙子……他一一尝试了所有的职业：管理、耕田、销售、开学校、布道、编报纸、进国会、买下一块土地，等等。这些年来，他像极了一只猫，跌落多次，但从不受挫，他比 100 个‘城市娃娃’加起来还强。他和他的时代齐头并进，对没有所谓的‘职业文凭’完全不感到羞耻，因为他从未耽误自己的生命，而是在真真切切地生活。”这里，“我勇敢的亨利”（这一段在原稿中就是如此写的）可以是居住在爱默生世界里的“印第安人”，学着怎么优雅地穿梭于这个世界。[89]正如富勒之前暗示的，这段经历对于梭罗的成长至关重要，他从一个单纯的学徒成了自己的主人。

这种裨益是相互的。5月30日，爱默生写信给卡莱尔，说他的房子里现在住了一位“有一天会让你骄傲的诗人——真正的贵族，阳刚，年轻，总在吹奏美妙的乐曲，也总有满脑子的奇思妙想。我们在花园里一同劳作，我生活得很好，日益强壮起来”。一周后，梭罗带爱默生于日暮时分去泛舟，这位白天被高速行进的尘世生活所烦扰的大人物，此刻陶醉于以“美丽的河神”形象现身的夜晚，这是“勇敢的亨利·梭罗”让他看到的，他看到了“幽暗的、由月光和星光点亮的溪水的丰饶，这个迷人的新世界离我们这个庸俗的商业世界这么近，但我们却对此一无所知，正如生命不知近旁的死亡，也正如散文不了解毗邻的诗歌”。[90]梭罗也沉浸于河神的怀抱：就在几天之前，他坐在自己的船上泛舟瓦尔登湖，吹长笛，看着鲈鱼快活地在他身边腾跃，“月亮紧贴他的船底”。他觉得“只有最狂野的想象力才能设想出我们如今的生活方式”。到了8月，他晚间在阿萨贝特河上划船，仍旧带着他的长笛，“我的音乐是与河流一同蜿蜒而去的叮咚小溪——当音乐从一个音符滑落到另一个音符，就好比溪水从一块岩石上流淌到另一块岩石上”。玛格丽特·富勒来访期间，有个夜晚梭罗带她去了湖边。她之后写信给她最喜欢的弟弟理查德，说她坐在亨利的船上，拂面而来的是“漫溢着苹果花香的微风”，“河水上涨，简直像在涨潮，我非常愉快”。[91]

梭罗的长笛成了所有人的最爱。6月7日，爱默生给他寄了封信，邀请他来克利夫山（Cliff），“我们的女士们见到你会特别开心的，而且由于山谷里有回声，如果你能带上长笛，她们说会更开心的”。这里“女士们”包括丽蒂安、露西、玛格丽特·富勒，还有玛丽·拉塞尔，最后一位是丽蒂安的朋友，那年夏天她也住在爱默生家，办了所小型学校。玛丽回到家后，亨利给她寄了一首诗《献给在东方的少女》（*To the Maiden in the East*）：“无论我选择哪一条道路，/ 都是为了你的缘故。”[92]这简直是另一个版本的埃伦的故事，只是这次没有求婚。玛丽最终嫁给了梭罗在哈佛的朋友，超验主义的支持者本杰明·马斯顿·沃森（Benjamin Marston Watson），梭罗成了这家人的终生好友，他多次造访沃森家位于普利茅斯的著名花园和果园。

那年秋天，对梭罗本人（而非他的诗）颇有好感的玛格丽特·富勒把另一位朋友带进他的生命——她的弟弟理查德，后者刚刚退出了干货生意，希望能进哈佛。理查德住在爱默生家附近，以丽蒂安有名的肉饼强健自己的体格，玛格丽特请求亨利能辅导理查德的希腊语。这样的待遇让理查德顺利考入哈佛，他"摄入"了剂量刚好的超验主义以成为作家，但没有过量到阻碍他之后走上成为律师、基督徒和好丈夫的康庄大道。[93] 1841 年 10 月，亨利在辅导理查德期间收到了玛格丽特对《沃楚西特》的批评意见，她提出了姐姐般的建议，希望他能够收获"不同形态的自然所带来的对身心的颐养"，也学会不要总去说自然是"我的"。富勒解释道（显示出她对梭罗具有无限的理解）："除非你能够更多地成为自然的一部分，不然她就不是你的。去寻找荷花，体验欣喜若狂的感受……我完全理解你的灵魂，而且你似乎没有像你那些同行们那样对我产生深重的误解。"亨利一定对她敞开过心扉。富勒结尾时写道："让我知道你会不会去那座孤独的小屋，如果你去那里读莎士比亚，写信跟我聊聊他。"[94] 很显然，梭罗已经告诉过富勒他自己都还没有勇气面对的事情：他渴望离开，他想住在湖畔，成为他一直梦想成为的作家。

在爱默生的屋檐下，梭罗坚定了自己是作家的信念——不是偶尔发表习作的半吊子，而是真正的职业作家，爱默生就是他的榜样，梭罗每天都见证着他的专注。梭罗写道，他本人徜徉在"诗句的海洋里"，它们像秋叶那样飘落，拂过他的脸庞，积聚在他身旁，"一句接着一句，远远近近，宛如从阿齐奥科库 *（Agiocochook）来的群山"。在那些落叶中就有粗粝的《沃楚西特》。此外，还有一个新的诗歌圈子会把他的雄

* 阿齐奥科库（Agiocochook）：北美土著居民对华盛顿山（Mount Washington）的称呼。

心推到极致。[95] 梭罗逼迫自己实现他无法预见的突破，他决绝地抓起日记簿，把超过一千页的篇幅撕成纸屑，只把其中一些“拾遗”誊写到新的本子上，其余都不复存在。与此同时，爱默生把梭罗推荐给一位出过重要的美国新诗选集的出版人，梭罗把《这就是生活》《心灵感应》《友谊》寄给了他——这是他最好的三首诗，不过都是旧作了。出版人没有回音。于是爱默生又有了个主意：梭罗可以回哈佛，洗劫图书馆，编一本最好的英国诗歌选集——从英国的“旧”看到美国的“新”——浸润在诗歌这门学科里以学习技巧。11 月下旬，梭罗搬到了坎布里奇，和老朋友惠勒同住。他从哈佛的图书馆里借了一大堆中世纪及更早以前的英诗，两周后，他秘密地把书运到康科德。[96]

如果爱默生期待的是梭罗的顿悟，那么他注定要失望。梭罗无疑也会失望。“翻看这些英国诗人写的干巴巴的过时诗歌，”梭罗在新的日记本里写道，“我无法相信这些诗里有我想象着本应存在的天才和生命力。”望一眼窗外就会让所有英国诗歌——从约翰·高尔（John Gower）以降——显得“苍白无力”。意气消沉的梭罗只能在这些书里搜寻“有生气的词汇”。他偶尔有所发现，比如乔叟，又比如苏格兰早期诗人嘉文·道格拉斯（Gawin Douglas），但是梭罗质疑自己这么做的意义。这些诗人都显得如此温顺、文明，仿佛他们中从没有一人看见过“任何一座山的西面”——很奇怪，在齐佩瓦部族 (Chippeway) 面前，就连“华兹华斯都显得太温顺了”。梭罗觉得自己和冬天赤裸的树枝上的苔藓有着更近的“亲缘”，而不是和这些书里的任何东西。他对于荒野的渴望让他异于常人，这是他的可贵之处，虽然这一点让他迥异于文学史上的所有人。[97]

1841 年圣诞夜，围困在堆积如山的旧书和他自己落叶般的诗作之中的亨利·梭罗瞥了一眼窗外，陷入了沉思。他在日记中写道：“我想快些离开，住到湖边去……但是我的朋友们问我去那里要做什么？就去那里观察四季的变迁不也是足够有益的工作么？”新年的前夜，仍在深思的他发下誓言：“对于总在思考自然之美的灵魂而言，他是不会迎来失望和伤害的。”[98]这是他对未来信仰的高度肯定——他的信仰将要经受最严峻的考验。

第四章 “不要等到我们一无所有”
（1842—1844 年）

不要等到我们一无所有，也就是说，不要等到失去了全世界，我们才开始寻找自我，才开始意识到我们的所在，意识到我们与世界的无限关联。

——亨利·戴维·梭罗：《瓦尔登湖》

约翰·梭罗的死亡

1841 年 4 月，埃伦·休厄尔记录了有关她的朋友约翰·梭罗的噩耗：“可怜的人，他的身体不好，没法教书了。”两兄弟关闭学校后，约翰到新罕布什尔休养了一段日子，他还没回来，亨利就已住进了爱默生家。1841 年的整个夏天和秋天，回到家后的约翰都在给家人帮忙，他在铅笔店工作、修整花园，他的未来还是未知数。这样的状况延续到 1842 年的新年。在爱默生家，梭罗正在给自己打气：“让他记得病入膏肓的人们，”他在日记中写道，“但是不要把那儿作为自己的方向。”此刻的约翰正在家里度过一个普通的周六下午。[1] 在磨剃刀的时候，他不小心削掉了左手无名指上的一小块皮，切口刚好深到流血的程度。他没多想，把掉了的皮盖回去，用一块布把手指包起来，继续去过他的周末。

这是个无足轻重的切口，没有人觉得会出事。但是它已经深到足以让破伤风孢子进入约翰的体内。几十年以后，医生们才会发现破伤风菌能够潜伏在动物的粪便及施过粪肥的土地上，那天约翰正忙着给土地施肥。两三天后，手指上的伤口痛了起来。之后的周六，他发现他盖上去的那块皮已经“坏死”，这才紧张起来，去咨询巴特利特医生，后者给他包好伤口，叫他放心回家；但是潜伏的细菌释放的神经毒素已经发挥了作用，约翰走回家时就感到全身异常疼痛，他几乎都没法支撑到家门口。正当他倒在家里的时候，隔着几条街之外的亨利正写道：“哥哥，我跟你是否如此相像，我俩连对同一支曲调的感受都是一样的？”一定是某样东西或某个人催梭罗回家，因为次日早晨，他告诉丽蒂安·爱默生，他可能得回家帮忙，约翰手指上的伤口让他没法承担家务了。[2] 每个人都很乐观。但就在那天晚上——1 月 9 日，周日——梭罗的邻居内森·布鲁克斯敲响了爱默生家的大门：“亨利，你必须立马回去。”约翰呈现出破伤风的症状了。

病情发展得很迅猛。破伤风神经毒素造成肌肉无法收缩并导致痉挛，从下巴上的肌肉开始——所以破伤风也叫下巴强直病——很快就泛及全身，引起强烈的抽搐和剧烈的疼痛。亨利一回家就成了约翰的护士。周一，有人去波士顿请了新的医生。等他来了却已经无力回天，只能告诉约翰，他的死期将至。有个朋友回忆起约翰的反应：“‘没有希望了吗？’他问。‘没有。’医生答道。之后，尽管他的朋友们都无法自持，约翰却很镇定，他说：‘我的主把这只杯子递给我，难道我不喝吗？’他和他的朋友一一告别。”[3] 抽搐一直延续到傍晚，整个夜晚和第二天早晨也是一样。最后，在 1 月 11 日周二的下午 2 点，约翰·梭罗死在了亨利的怀里，享年 26 岁。

人们只能希望约翰是在平静中死去的。很可能某次抽搐让他无法呼吸，或者他的心脏因为缺氧而停止跳动。丽蒂安说他到生命的最后一刻都保有语言能力，虽然亨利从没透露过他俩之间到底说了什么。“他非常平静，在尚保有理性的时候，他显得更和蔼可亲。”亨利对朋友如是说，“这种平静和活泼所带来的光辉一直闪现在他最后时刻的胡话里。”那天晚上，亨利来到爱默生家单独会见拉尔夫 · 沃尔多，他没有跟其他人说话。第二天早上他又来了一次，收拾衣服，告诉丽蒂安他不知道自己什么时候会回来。当时，丽蒂安正在给妹妹露西写信，诉说约翰死亡的噩耗，面临死亡的约翰刚开始很“恐怖”，但是亏得他的镇定，死亡变得“不再可怕，而是优雅……我觉得仿佛一个纯净的灵魂得到了升华”。亨利走后，她补充道：“我敬爱他（亨利），因为他表现出的冷静，还因为他努力让自己不显得悲伤。他没有透露出一丝悲伤，但是他整个人都在和内心的悲痛抗争。”[4]

丧礼定在 1 月 16 日周日，巴尔齐拉伊 · 弗罗斯特牧师的悼词让约翰听起来像另一个亨利：“他热爱自然，童年时就充满热忱……在他的住处，没有他不熟悉的山、树、鸟、花或美丽的自然事物，他每发现一种新鸟或一种新花都会欣喜若狂。”约翰也非常热衷社区里的公共事务：“他有一颗体谅的心，还有一副为各阶层受苦的民众发声的嗓子；贫穷的酒徒、奴隶、无知的人和堕落的人，他牵挂着导致这些人沦落至此的原因。”他爱音乐，“他最爱的长笛的声音和他朋友的谈笑混在一起，让后者变得更温和，这也是他灵魂的印记”，为他上天堂做好准备。说到最后这一点，弗罗斯特牧师承认约翰和“革命性的理念”及“超验主义的观点”有过短暂接触——要是他的弟弟在其他场合听到这句话一定会忍俊不禁——但是，牧师严肃地总结道，约翰的“原则和宗教情感一直没有受到动摇”。在康科德开明的第一教区教堂，一个人的内心是最重要的，约翰的心灵无疑是善良和正直的。[5]

亨利努力强颜欢笑和不露哀伤，这让他在最初的一周显得出奇地平静。而后，他也倒下了，而且出现了下巴强直的症状，他的身体一直剧烈地抽搐着，吓坏了他的家人。正在波士顿的爱默生一回家就听到这个耸人听闻的消息，梭罗家担心他们的第二个儿子也保不住了。“这太奇怪了，没法解释，”爱默生写信给哥哥威廉说，“但是症状确实一样，而且在加重。你可以想见我们都惊慌失措，而且我更是如此，因为我对这个年轻人寄予厚望。”几天后，亨利的症状减轻了，他的病情终于稳定了。

然而他要在床上再躺一个月才有力气下床，那年的整个春天他都很虚弱，连花园都去不了。深陷抑郁的亨利变得很消极，他坐在屋子里，什么都不做。他的姐妹们试图领他去大自然中，希望能唤醒以前那个亨利，但是没有用。一年前的亨利是这么写的："朋友不是两个人联合起来，而是一个人分成两半。"[6] 随着约翰的死亡，半个亨利似乎随他而去了。

* * *

当亨利重新觉醒时，他听闻爱默生家也在经历命运的残酷打击。1 月 24 日，他们的儿子小沃尔多显出猩红热的症状，并在三天之后死了，只有 5 岁。他父亲的哀痛如无底深渊。有十多次，爱默生不得不在一封接一封的信里写下类似的话："我们最亲爱的孩子死了。""我们的小沃尔多今晚过世了。""我还敢再爱任何人或事吗？"爱默生过去遭受过悲哀，但这一次是不同的——这种痛苦更强烈，这种丧失令人惶惑，超出了外人的理解范围。消极的思想和他的哲学联系起来，在他伟大的沉思之作《论经验》(*Experience*)里达到极致。[7] 双重的打击让爱默生和梭罗两人都变得木然，但也使两人的关系更紧密了：小沃尔多曾是梭罗的特殊看护对象，他像爱自己的孩子那样爱着这孩子。甜蜜的回忆折磨着爱默生，他回想起梭罗每天都和小沃尔多一起玩，拿"各式各样的玩具"逗他玩："口哨、小船、玩具枪，还有他能够做和修的各种东西，他一直温和又严格地待他，给他所有的爱和尊重。"梭罗喜欢这孩子提出那些无法回答的问题的方式，"就像你自己问这些问题的方式一样"。爱默生惦记着小沃尔多说出的"是我的音乐让雷电跳舞的"，那时，小沃尔多吹响他的柳笛的时候，正好传来一声雷鸣——柳笛是梭罗给他做的无数小玩具之一。[8]

长达六周，梭罗都无法翻开他的日记本。"当两人见面时，他们虽然对彼此不造成任何威胁，但却同时顶着巨大的风险。"2 月 20 日，他终于翻开了日记本。"我觉得最近一个月漫长得宛如几年。"次日他加上了这句。他的时间似乎错乱了，他无法回到现实中，甚至无法回到自己的身体中。他承认说，世间没有任何东西比他的身体感觉起来更陌生。在大自然里漫步只会加深这种疏离感。“我每前进一步，她（自然）就后退一步。”他哀叹道。他觉得自己好像是飘落的羽毛，还未着地，每一部分都在“坠入深渊”，灵魂和身体一起摇摇晃晃，“相互牵绊、阻挡，像缺乏经验的连体婴孩——他俩本应如一个人那样行走”。[9]但要怎么才能做到如一个人那样行走？他的回答非比寻常，这直接引向了他的重生：“像一个人那样行走”并不意味着“走进”自然，出于合二为一的目的介入她，这只会让自然离得更远。他要冒更大的危险：使一切都停止下来，暂停思考，打开身体，清空理智。梭罗将此称为**倾听**，不只是听取声音：“在自然里，我总是意识到那些我的双耳无法捕捉的声音——我只抓到了一段旋律的前奏。”真正的倾听意味着要培养一种新的感官，一种深层的听觉：“我们的双耳最终难道不会捕捉到这种信仰和期待吗？”这是他找到的前进道路。“朋友们的死亡应当如他们的生命那样赋予我们同样的启迪，”他提醒自己，“美好的东西怎么会消逝？它不会来了又去，来了又去的只有我们。我们难道需要停下等它？难道它前进得比我们还慢？”[10]

不，我们才是慢半拍的那个；美好的事物在前方等着我们，而我们却总落在后边。约翰总是走得更快的那一个，如今他也走在亨利之前。为了约翰，亨利写出了他最凄美的、私人的诗歌：

> 哥哥，你如今安居何方？
> 哪一个太阳为你照耀？
> 你真的告别了吗？
> 如下方的我们所希望的……

他的问题堆叠起来：要到哪里才能感受到约翰的存在？“沿着毗邻的小溪 / 我能否再听见你的声音？……你会选什么鸟当你的使者 / 给我

传个口信？”约翰爱过的鸟儿成了他弟弟寻找的信使——但是它们仍缄默不语。“它们仍在默哀 / 或者就是忘了。”

不过，在修改过的结尾里，亨利探寻着希望：

当我在湖上回旋，
嬉戏，如果嬉戏与礼兼容，
但如今你不在这儿，
我还能追随你吗？

我相信，过去和现在一样，
我总是慢了半拍，
你一直是先到的那个，
把风破开。[11]

“慢了半拍”的人现在开始“追随”约翰。从现在开始，他将追随约翰去到林地和河畔，他不再追寻一位永远在“抽离”和“退却”的自然女神了，而是**前往**自然之中，沿着先走的那个挚爱的人留下的足迹，试图接近他，听取他传来的音信。25 岁的亨利仍然挣扎着寻找自己作为诗人的写作风格，他听到了约翰从他们曾爱过，并一起去过的地方发出的召唤。约翰活着的时候，他的光芒盖过了羞涩的弟弟；去世后，他成了弟弟的缪斯。那个感到自己不可能走出哥哥阴影的亨利，那个感到自己只是半个人的他，现在必须成长起来，来填补约翰留下的空缺，他必须培养出新的听觉来听见哥哥的声音，必须找到新的声音来说话。约翰的死亡成就了亨利 · 梭罗的诞生——这位将把自然的声音传递给全世界的作家诞生了。

要再过一周，亨利才能拿起笔给朋友们写信。他首先写给善良的露西：“我仍对一切感到惊讶，有什么资格哀悼？”这种惊讶的感觉让梭罗接受爱默生拒绝接受的东西：自然不近人情的周而复始，无论发生什么，冬天的冰都会融化，晨间的鸟儿都会歌唱。“我不想再见到约翰了——我指的是那位死者，”他向她坦白，他想要见到“另一个”约翰，那个他必须努力成为的人。他的第二封信寄给了仍在悲痛之中的爱默生，这封信更沉重。面对朋友的悲痛，亨利提供的是超验主义的冷若冰霜的安慰：“自然……会成为崭新的样子，她不会失去任何东西。”紧接着亨利谈到了春天的万物复苏：“田野里的每一株草、森林里的每一片叶子，它们消亡时都和重生时一样美丽。”看到这个年轻的亨利突然取代了之前那个老气横秋的亨利，吐露出这样的话语令人震惊，要知道他之前在《秋色》(*Autumnal Tints*)里期待自己的死亡。现在这话看起来是不成熟的，他还需要努力获得超验主义的信仰。但是在爱默生这位令他敬畏的知识之父面前，梭罗需要为他的新信仰立誓，许下真诚的诺言，他会成为该信仰的实践者：“在我想象了这么多以后，难道神不会觉得他们理应让我成就某些美好的事物吗？”[12]

面对其他人，梭罗坦言他被痛苦折磨。他不再是之前的自己，而且他内心的伤痛永远无法痊愈。在往后的人生里，亨利会在约翰的忌日与噩梦斗争。无论何时，一旦约翰的名字被提起，他就会面色苍白，而后请求一个人静静。但是在这几个月里，这段阅历的重量令他振奋，他用最彻底的方式重塑自我。如果和爱默生比较，可以看到梭罗和他明显的差别：面对自己的悲痛，爱默生在题为《论经验》的公开演讲中宣布，小沃尔多的死没有改变任何事。“我似乎失去了一座美丽的大宅——没有其他……悲痛是短暂的”，宛如秋叶飘零般轻易地散去。“令我痛惜的是哀痛没教会我任何东西，也没有让我对自然的理解更进一步。”与此相反，梭罗则宣誓说他“没有这段阅历就无法走得更远”，是它让他成为自己。[13]哀痛告诉他，他对于他人的深层怜悯会让他变得异常脆弱。梭罗能够对他人的痛苦感同身受，可以承受那种无法承受的痛苦。为了缓和这样的痛苦和惊慌，他建造起一个保护壳，这会让他看起来暴躁且疏离。爱默生记下了当时伊丽莎白·霍尔的话：“我爱亨利，但是不喜欢他；比起挽起他的胳膊，我更愿意挽起榆树的树枝。”[14]

但是深层的怜悯也迫使梭罗毫无保留地对世界敞开。他人的不公行为会激起他整宿整宿的愤怒，这燃烧着他，直到他写下最有力的伟大政治抗议宣言；自然世界把他和约翰认同的精神理想传递给他。“我在全世界的常青草木中生活——我在大自然每一年的枯萎中死去。”这是他在3月写下的。从这个角度看，自然里的每个造物和现象都响彻着意义，犹如钟声。只有他能诉说这些意义，亨利——这位志向远大的诗人——才能找到一种公共的语言和空间，好让他对所有人言说。一周之后，他提出了他的希望：“除却服务公众的特殊才能，我没有其他私人财产，这是我唯一的个人事业。”[15] 他把自己交托给死亡，向死而生。为什么？他的使命是什么？神交托他实现的目标是什么？

“欢乐无疑是生活的条件！”：新朋友，新旅程

爱默生会找到出路的。3月中旬，玛格丽特·富勒给他寄了封告急信：她精疲力竭，长时间的过度劳累让她快要垮了，她要辞去《日晷》的编辑一职。这份超验主义文学刊物在她的手上得到了稳步发展，但是它的出版人破产了。新的出版人是伊丽莎白·皮博迪，她打开账簿，看到只有300位订阅者，这不可能盈利。已经分文不取地工作了两年的富勒告诉爱默生，除非他亲自接手，不然《日晷》就死了。爱默生勉强同意，他不愿抹杀他身边那群实验作家发表作品的唯一希望。为了赶出7月的刊物，他正好看到一系列由马萨诸塞州出版的自然历史报告。他把这些文章转交梭罗，让郁郁寡欢的亨利写一篇能够用到他的“木工、船工和捕鱼技巧”的书评，这样或许也能让他振奋一点儿。这份差事只是个敷衍了事的活儿，但是梭罗全情投入。一个月后，他写了50页的文章，交给爱默生。“我不太喜欢他写的这篇东西。”爱默生抱怨道。但是为了填空档，他将这篇文章收入了7月刊。[16]

《马萨诸塞州的自然历史》(*The Natural History of Massachusetts*)不是普通的书评。梭罗只把这些书视为该州“丰富自然资源”的目录，

它们有用，但是“在普通读者看来索然无味”——不过，它们吸引读者的失败反而激发了梭罗的热情。他把成堆的旧英诗推到一边，在自己的日记中搜寻最值得记录的时刻，他渴望重新造访狂野的自然。“欢乐无疑是生活的条件！”他惊叹，“翅膀上由巧合和变化组成上千种色泽的蝴蝶”，“一大笑”就惹得树林连连作响的潜鸟，狐狸留下的曲折的踪迹似乎“暗合某种思想的波动”，鱼儿唤起了他的同情，蛇散发一种无声的魅力。春天的柳絮成了他的“小小植物救世主”；夏天的绿叶和冬天的冰花看起来都像“同一种自然法则下的产物”。

是的，那些书很枯燥，但是梭罗知道它们背后的精神是丰富的。撒迪厄斯·哈里斯*（Thaddeus Harris）本人撰写了昆虫分册。梭罗敬畏着科学所具有的“沉静的勇气”，他也敬畏哈佛老师教给他的：“自然会是最细心的检察官；她邀请我们去注意最微小的叶子，用昆虫的视角来观察它的世界。她不存在空隙，每一部分都涌动着生命。”这里的关键是，即便面对最枯燥的事实也要留心发现生命：“让我们不要低估了事实的价值；它有一天会开出真理的花朵。”这是梭罗全新的座右铭，也体现了他新的写作方法：“让**我们**”，“她邀请**我们**”。之前他被教导要高高在上地进行说教，而今他是向导和同伴，伸手邀请我们加入他，分享他的欢乐。[17]这篇在一个月之内迅速赶出的文章其实是《瓦尔登湖》的原型，粗糙、不完美，但是洋溢着生命。这和梭罗之前写的东西都不一样，在某些方面，它甚至和**任何人**写的东西都不同。他那晚朗读给爱默生听的东西完全是他的第一部原创作品。

这样就不难理解为何爱默生不那么喜欢它了。布朗森·奥尔科特爱这篇文章，宣称它的“价值不下于艾萨克·沃尔顿†本人的作品”。纳撒尼尔·霍桑读过之后肯定梭罗“是好作家……他笔下有真正的诗歌”[18]。爱默生喜欢的是他约他的新朋友查尔斯·金·纽科姆（Charles King

* 撒迪厄斯·威廉·哈里斯（Thaddeus William Harris，1795—1856 年）：美国昆虫学家和植物学家，他生命中的最后几年担任哈佛大学图书馆员。

† 艾萨克·沃尔顿（Izzak Walton，约 1593—1683 年）：英国作家，最著名的作品是《钓胜于鱼》。

Newcomb）写的古怪阴暗的小说《两个多隆》（*The Two Dolons*）。这是一篇带有神秘色彩的哥特式幻想小说：朴实无华的沃尔多在森林里遭到居住在洞穴里的督伊德教隐士尾随（后者和亨利有着诡异的相似性），他把小沃尔多放上祭坛，用一把刀剖开他的胸膛。放到今天，纽科姆神经质的小说简直没法读，但是爱默生如此钟爱这篇小说，以至于他一直求着纽科姆要《两个多隆》的下篇，但他失败了，纽科姆的天才已经挥霍殆尽。自己儿子被神秘的森林之神献祭的恐怖寓言一定让爱默生驱除了内心的心魔。到了 7 月，这份刊物交付印刷，爱默生现实生活中的“神秘河神”搬回来了，住到了阁楼里，又成了这家的勤杂工，这次还兼任《日晷》的编辑助理。

梭罗回到了爱默生不断扩大的朋友和同事圈的核心。事实上，有这么多访客住到爱默生家，以至于这家的厨师威胁要在大门口竖一块牌子："这个家不是旅馆。"爱默生的女儿埃伦还记得在“超验主义时期”，“各式各样怀揣新想法的访客来到家里，有觉得金钱是万恶之源的男人，有素食主义者，有不相信剃须刀和裁缝的自然主义者，有哲学家，还有脱离各种组织的人”。[19] 霍桑笑看爱默生如何引来这些“有血有肉的小精灵”，他们被他“宛如燃烧在山巅的灯塔般的智慧火焰”深深吸引——“蝙蝠和猫头鹰，以及这位所有夜间活动的鸟类之主。鸟儿们在这位凝视者眼前努力扇动落满尘埃的翅膀，但有时候却被误认为是长着天使翅羽的家禽”。“从来没有过，”霍桑激动不已地总结说，“哪个贫穷的小乡村挤满了这么多形形色色、穿着奇装异服、举止怪诞的凡人。”[20]

当然了，霍桑本人就是其中之一。在布鲁克农场搬了 8 个月粪之后，他决定跟社会恢复更寻常的联系。正当他在寻找住处和他的未婚妻索菲娅 · 皮博迪同住时，埃兹拉 · 里普利牧师去了天国，他的牧师公寓空了出来。霍桑签下了租约，1842 年 6 月，辛西娅 · 梭罗和伊丽莎白 · 霍尔把老旧的灰色公寓“整饬一新”，交给这对新人。那个时候，亨利已经有足够的力气来帮杰克 · 加里森的儿子约翰清理公寓旁的土地，种上豆子、白菜、南瓜，这样夏天和冬天就都有收成，它们可以作为他献给纳撒尼尔和索菲娅的结婚礼物。1842 年 7 月 9 日，在婚礼当天的下午，纳撒尼尔和索菲娅搬进了原来的牧师公寓。

很快，爱默生和梭罗就正式来拜访。这景象有点奇怪——三位伟大的作家坐得笔挺，每个人都绞尽脑汁想一些深邃的话来打破沉默，不过等梭罗独自重访时，他和霍桑发现他们有了更深的友谊。一开始，霍桑认为“梭娄先生（Thorow，按照康科德人的叫法拼的音）”是“一个怪人……丑得要命，长鼻子，说话也怪，带着粗野的乡下土气，尽管举止礼貌”。但是他的丑陋，霍桑评价说，是“实在且宜人的”，比美丽更适合他。他的这位新朋友作为爱默生家的一员过着“某种印第安人的生活”，而且为他展现了“一种对自然热忱且敏锐的观察——我猜想，一位真正的观察者或许和一位原创诗人一样稀罕”。[21]

梭罗把他心爱的马斯科特奎德号卖给了霍桑——霍桑觉得是他“缺钱了”，尽管梭罗很欣慰他终于能抛下这份悲伤的惦念。试划一次后，霍桑付了 7 美元，第二天早上，梭罗给这位大作家上了一堂划船课。霍桑感叹这艘船在自己的手上乱闯乱撞，不听使唤，但是在“梭娄先生”的调教下却“温顺如良马”。他把船重命名为“莉莉湖号”，很快他的日记里便满是诗意的泛舟游记。最终，他会把这艘平底老渔船转手给埃勒里 · 钱宁，在后者手里，船会腐烂，荣休，不再被人记起。冬天，他们的划船爱好被溜冰取代，索菲娅·霍桑记录下这三个朋友在冰面上出发，梭罗“跳着狂乱的、酒神般的舞步”，霍桑裹着厚厚的冬衣，“宛如移动的古希腊雕塑，庄严又高贵”，爱默生“显然太过小心，不敢站直，总是头朝前冲，做出俯身动作”。霍桑家会两度搬离康科德，但是每次回来，纳撒尼尔和亨利的友谊都会一如既往。钱宁说，当他俩一起大笑的时候，“力量足以震破一只水罐”。[22]

* * *

另一位被爱默生吸引的年轻的理想主义者，那位精神“总理”，是玛格丽特·富勒的弟弟理查德。[23]富勒在康科德接受的辅导帮助他在学期中途就被哈佛录取，1843 年 7 月，等不及暑假的他从坎布里奇步行到爱默生家。他先是接受了一番全面检验，“看看我是不是还保有想象力”，第二天他和梭罗背起背包，出发去 30 英里以西的沃楚西特山。他们对这趟徒步的计划是进行一趟文学之旅：理查德记下他的所有遐思，亨利的笔记则会成为他的下一篇原创散文《沃楚西特漫步》。从孩提时候起，梭罗的双眼就无法从沃楚西特山淡蓝色的轮廓上挪开。他甚至为这座山谱写过一首诗——那首被玛格丽特·富勒毅然退稿的诗作。现在，和她弟弟一同漫步本身就是一种创作尝试，用的是她推荐的方法。除非你能够更多地成为自然的一部分，她说过，不然自然不可能是你的。“去寻找荷花，体验欣喜若狂的感受。”[24]

他们是在清凉的黎明时分出发的，中途停下，把木头削成坚固的手杖，然后又和草地上的割草人聊了聊天。随着他们一路往西，当地人“越来越贴地气且狂野的口音”让梭罗愈发激动：“不是韦塔提克（Way-tatic），也不是韦楚西特（Way-chusett），而是沃塔提克（Wor-tatic）、沃楚西特。”那天傍晚他们在一座荒凉的西部旅店歇脚，店主给他们递上的竟然是一份康科德的报纸，这多令人失望啊！第二天，他们披着灰色的晨曦出发，继续走完余下的 4 英里到达山脚。随着他们逐渐攀登，树变得越来越小，最后消失在山顶，他们在一座旧天文台的废墟里读维吉尔和华兹华斯，用从山下农场带来的鲜牛奶灌下野蓝莓。他们在山上观看日落，看到夜幕降临大地，直到“整个新英格兰只有我俩笼罩在太阳的余晖里”。月亮升起，他们点燃篝火，方圆 30 英里可见，到了破晓时分，整个马塞诸塞州都“在我们眼前展开，横向和纵向地展开，宛如一幅地图”。中午时，他们往东面下山，来到人类居住的无聊的住处。他们留在哈佛村思考日落和过夜，次日一早就分开了，亨利回康科德，理查德去探访家人。[25]

回到爱默生家，亨利翻开“自然笔记”相簿，先前约翰将战利品收藏其中，包括他看到的鸟儿、收集的标本。那年春天的早些时候，还在哀痛中的亨利找出这本久未有人问津的相簿，在约翰优美的笔迹旁添加一些他凌乱的记录。然后，在6月初，发生了一些意想不到的事。外出散步的亨利偶遇一窝蹲在树叶上的鹧鸪雏仔。他捧起它们，抚摸它们，它们在他的手里一动不动，之后他把它们轻轻地放回原地，其中一只偶然侧倒，它就那样躺着，令梭罗为之触动。亨利在约翰的高贵相簿里记录了这一景象，他努力回忆自己为何被触动："我无法忘掉它们眼睛里单纯又成熟的表情。它们清澈的眼里有斯芬克斯和西比尔女巫的智慧和狡猾。只有思想诞生，眼睛才富有生气……它们的历史和眼里映照的天空一样悠久。"[26] 亨利的记录产生了异乎寻常的效果：他粗犷有力的字迹填满了整页纸，在约翰列出的整洁的清单里硬是破出一个旋涡，他写下的这个狂喜时刻将会成为《瓦尔登湖》里最美妙的段落之一——事实上，当梭罗把脆弱的雏鸟捧在手心的时候，他就已经摸到了写作《瓦尔登湖》的试金石，他在它们眼中看到了宇宙智慧的诞生。梭罗把它们放回树叶里，他也用同一只手点燃了自己的智慧火焰。

约翰的相簿里只剩下没几页的空白了，但是亨利用《沃楚西特漫步》的草稿把它们一口气填满了，他的步行之旅升华为史诗般的山巅顿悟。他发誓说，从现在开始，天堂也会在他脚下：无论何时他凝望地平线上的沃楚西特山，他的视线都会停留于"我们煮麦片粥的那几块岩石上，在云间"，这提醒他"每一刻都让人产生精神的提升，大地上没有一个地方低到不能望见天堂"。霍桑不久前刚在独具风格的新刊物《波士顿汇编》(*Boston Miscellany*)上发表了作品，肯定是霍桑建议梭罗，他富有诗意的旅行见闻就是那本上层社会流行刊物想要的东西。如果他寄去那里，而不是《日晷》，他就可以俘获全国的读者——而且可以拿到稿费！1843年1月，《波士顿汇编》发表了《沃楚西特漫步》，梭罗第一篇面向更广大世界的作品。[27] 他看起来正在接近商业上的成功。但是出版是一个不确定的世界，这份风光无限的杂志后一期就停刊了。梭罗从没拿到稿费，尽管爱默生和皮博迪都不断为他争取。好在他找到了自己的声音，也找到了他的读者。职业作家的前景似乎已经近在咫尺。

* * *

1842 年夏天，爱默生又拉拢了一位年轻的理想主义者：埃勒里 · 钱宁。1839 年秋天，爱默生收到一份诗集，他从中找到一位重要的诗歌新人。作者是超验主义“教皇”本人威廉 · 埃勒里 · 钱宁的侄子，他也是这家的不肖之子。1834 年，入读哈佛一个学期之后，埃勒里 · 钱宁退学，逃离波士顿，去到伊利诺伊（Illinois）的一个牧场，也是在那里，他收到了爱默生热情的问候信：“我从没有看到任何美国人写出过这种具有内在音律的诗句，也没看到过任何诗能带来如此真切的启迪。”埃勒里同意由《日晷》刊发他的诗作，爱默生用动情的笔调介绍这位无名的诗人：缪斯终于在美国找到了代言人。[28] 这之后，几乎每期《日晷》都会刊登几首埃勒里 · 钱宁的诗作，爱默生会帮忙使它们集结成书——虽然亨利 · 梭罗还在笔耕不辍，还梦想着他本人有一天能成为爱默生力捧的“伟大诗人”。

直到 1842 年夏天，埃勒里·钱宁才第一次来拜访爱默生。不过当时，他事实上早已是超验主义大家庭的一员。放弃伊利诺伊农场的生活后，他娶了玛格丽特 · 富勒的妹妹埃伦，这让她的家人非常失望。这对幸福但身无分文的新人想过加入布鲁克农场，但是最终留在了辛辛那提，直到埃勒里决定拜见爱默生。玛格丽特正好在 7 月来访，发现她的妹夫已经在爱默生家了，而且已经成了亨利的朋友。他们之后住哪里呢？玛格丽特建议他们住在牧师过去的寓所。这可不行，霍桑夫妇反对道。爱默生觉得埃勒里、亨利和理查德 · 富勒应该一起买座农场，种植作物，用推车运到街上卖掉，就像普利茅斯的马斯顿 · 沃森那样。不过，钱宁夫妇最终搬到坎布里奇和玛格丽特同住，直到埃勒里宣布他必须住得离爱默生更近。梭罗在附近一条街找到一座很小的红色小屋，小屋年久失修，而且要价高昂，但是钱宁很喜欢。1843 年 4 月，诗人钱宁给勤杂工梭罗寄了一张很长的整修清单：粉刷房屋、修葺地窖、建造新楼梯、清理并重新修整水井、搬走原主人的私人物品、建造篱笆——够一个施工队忙好几周的了。“哦，亲爱的梭罗！”5月，钱宁和妻子搬进新房时惊叹道，“在你的大恩大德面前，我觉得无地自容，甚至都不知道要怎么才能感谢你。”[29]

埃勒里·钱宁不是那种很容易交往的朋友。他可以满嘴蜜语甜言，可以风趣幽默，但他也可以尖酸刻薄、粗鲁暴躁、阴晴不定——“一个伟大的天才，但心里却住着个混账孩子”，这是玛格丽特·富勒的评价，她看到“他的美好中住着爱惹事的小妖精”。[30] 霍桑认为钱宁是最典型的那种“古怪而聪明的年轻人”，就是那种爱默生“总是吸引来的天才”——不过霍桑也感到钱宁有着难以抵挡的魅力。有他在，他们的聊天“井喷式”增长，好比“源源不断的喷泉，灵光乍现的喷雾是埃勒里带来的”，还有那在“喷泉池底闪闪发亮”的思想的黄金也是他的。[31] 好几次钱宁怂恿遁世的霍桑走出旧牧师寓所，划莉莉湖号去钓鱼，尽管如果真的要出远门他更指望梭罗。从一开始，这两人就成了对方最亲密的朋友，他们几乎难舍难分，是“一对乡下的骑士”，怀着宗教般的狂热情感居住在自然之中。[32]

* * *

在这个忙碌的夏天，布朗森·奥尔科特正踏上他史诗般的英格兰之旅，希望能够传播“新气象”，也希望能说服英格兰最进步的“在世思想家”来到美国。[33] 美国连让奥尔科特办学都不一定允许，但是英格兰尊他为先知。他的追随者直接以他的教会学校为模版建立他们的学校：奥尔科特之家。他们以如此高昂的热情迎接他，以至于奥尔科特开始梦想在英国建造一个“新美利坚伊甸园”。1842 年 10 月，他带着两位英国追随者回到康科德：奥尔科特之家的主任亨利·赖特（Henry Wright）及记者和改革家查尔斯·莱恩（Charles Lane）。爱默生把他们介绍给全镇的人，每个人都开始喊他们“英国先生”，因为“他们总是并肩走着”。他们刚有能力购买农场时，梭罗就听他们说起构建新乌托邦社区的计划。梭罗的家人也成了他们的拥趸——至少很喜欢他们："我们觉得这几位英国先生很和蔼"，普鲁登丝·沃德写道。梭罗家的女眷都喜欢听莱恩先生说话——他操着英国口音，句句不离奥尔科特——因为"他们与我们不同，这很有意思……身边有这些性格各异的思想家真是太好了"[34]。

六周之后，镇上的人一下子多了很多话题可以聊。1838 年，布朗森·奥尔科特成了新英格兰"不抵抗协会"的创建者之一，这是在支持奴隶制的暴徒谋杀废奴主义者伊莱贾·洛夫乔伊（Elijah Lovejoy）之后他们对此做出的回应。协会的主席，威廉·劳埃德·加里森在《解放者报》上宣布了他们的章程：我们不能以暴制暴。也就是说，他们拒绝所有基于恐惧和胁迫的体制：不打仗，不投票，不设政府办事处，不设监牢，并且当然，不缴税。奥尔科特把这个不抵抗协会带到了康科德。早在 1841 年 1 月，学园曾组织一场辩论：是否应当进行暴力抵抗。当时奥尔科特为反方辩论——对手是约翰和亨利·梭罗。[35] 作为一名高度自觉的不反抗者，奥尔科特自 1840 年来到康科德后就拒绝缴税。官方一直睁一眼闭一眼，但是到 1843 年 1 月 17 日，来了一位新的征税官：萨姆·斯特普尔斯（奥尔科特于 1839 年参加了他的婚礼）。奥尔科特拒绝缴税，斯特普尔斯便把他抓到米德尔塞克斯县监狱，但是监狱长却不见了踪影。在等监狱长回来的间隙，斯特普尔斯让奥尔科特吃晚餐，奥尔科特继续抗辩。萨姆虽然不为所动，但是他之后告诉海伦·梭罗："我相信这绝对跟他的原则有关，我发誓我从没听过任何比他所说的更诚恳的抗辩。"几个小时后，有人送消息来说，奥尔科特的税已经由塞缪尔·霍尔付了，于是斯特普尔斯就放他走了。"这样我们就不用忍受他不在的痛苦，也不用忍受他对自己能坚守原则的自豪和骄傲了。"[36] 阿比盖尔写道。之后，他那些想息事宁人的家人总为他准备好税款。

但是，那个晚上并不完全是平静的。在奥尔科特、莱恩和梭罗吃过晚餐，等待结账的时候，他们合谋，如果奥尔科特坐牢，莱恩和梭罗就会"大闹全国"。幸而那天的晚些时候，梭罗到学园的时候看到奥尔科特已经坐在观众席里，还是自由身。"我的怒火熄灭了——这个国家可能并不是我想象的那样。”但是莱恩的怒火仍在燃烧。那天的演讲者正巧是来自美国和平协会的查尔斯 · M. 斯皮尔（Charles M. Spear），曾经的普救派牧师。他一说完，莱恩就跳起来诉说他对奥尔科特被捕的愤怒。接着奥尔科特起身，发表了一篇讲话，题为“我的监狱让我们忘掉西尔维奥 · 佩利科 *（Silvio Pellico）”。斯皮尔也被触怒了，抗议说康科德的激进人士是错的；他在日记里写下：“从救世主的例子看，应当支持纳税。”[37] 但是莱恩尚未罢休。第二天，他把自己慷慨激昂的辩护词寄去了《解放者报》，辩护词的主题并不是税费是否具有不公正的目的。毕竟，有些税收转向了对教育的扶持，而且没有人比奥尔科特本人更热情地投身教育事业。不，对征税的反对是“建立在防止任何个人组成政党的道德本能之上的，无论这个政党是积极的还是消极的，是攫取权力还是传播和平与爱”。当这个国家使用暴力的时候，它就是恶魔，尤其是当舆论赋予政府这种暴力的时候。[38]

莱恩的檄文或许没有提到斯皮尔先生，但提到了亨利 · 梭罗，后者当时也已经停止缴税。莱恩本人在那个 12 月也有被捕的风险，正当他乘着马车经过康科德之时，斯特普尔斯看到了他，要求他把税付清，当莱恩拒绝时，斯特普尔斯给他戴上了手铐。之后，是塞缪尔 · 霍尔的儿子埃比尼泽 · 罗克伍德 · 霍尔付清了欠税。被释放的莱恩感到“伤感，很不情愿”，垂头丧气地来到爱默生家倾诉他的烦恼。爱默生本人定期缴税，所以并不认同他。[39] 三年以后，当同样的事发生在亨利 · 梭罗身上时，他已经有足够的时间来谋划如何诉说“我的监狱”的故事，这将会搅动全国。

* 西尔维奥 · 佩利科（Silvio Pellico，1789—1854 年）：意大利作家、诗人、剧作家，推进意大利统一的爱国者。

* * *

这一整年，梭罗的精力都在稳步提升。1842 年 8 月，刚爬完沃楚西特山回来，他就加入了爱默生和其他显赫的邻居一同创建的康科德图书室（Concord Athenaeum），这是第一教区教堂小礼拜室内向会员开放的阅览室。[40] 那年 11 月，当康科德学园再次推选梭罗为策划人，他接受了，帮忙请来奥雷斯蒂斯·布朗森及其他地方名流——霍勒斯·格里利（Horace Greeley）、查尔斯·T. 杰克逊（Charles T. Jackson）、西奥多·帕克、温德尔·菲利普斯（Wendell Phillips），以及康科德当地人士，如查尔斯·莱恩、伊弗雷姆·布尔（Ephraim Bull，他很快就要因为康科德的葡萄产业而出名）、巴尔齐拉伊·弗罗斯特牧师，当然还有爱默生。这是个出色的演讲季，令梭罗骄傲的还有在 109.2 美元的年度预算里，他们刚好花掉了 100 美元，用于劳务费、租金、灯光、暖气，还给下一年留了 9.2 美金。“100 美元可以给整个镇做多少事情呀，”他惊呼，“我自己就能提供一套 25 节课的优质冬季讲座，还可以支付会场、暖气和灯光的开销，给镇上的每位居民带来巨大的裨益。”[41]

梭罗本人也参与其中，2 月，他做了八场有关沃尔特·雷利爵士（Walter Raleigh）的讲座。这是他第一次作为羽翼丰满的康科德公民发表公开演说，正外出做讲座的爱默生寄来了他的慰问：愿“冬季最亮的星在这个夜晚发出璀璨的光辉”！丽蒂安之后捎信给爱默生说，梭罗的演讲“很打动我”。其他人也很喜欢讲座，康科德报纸视其为“值得称赞的思想产物”。“亨利，”丽蒂安急于说服丈夫，“应当让大众知晓他的演讲才能。你应该用你的影响力来推销他。微薄的学园报酬可以满足他微薄的需求”，并给他和他的听众都带来“提升和快乐”。梭罗本人也兴奋地给爱默生写信：“承你金口，这是个闪亮的夜晚。”[42] 在梭罗的演绎下，雷利爵士，这位对爱默生而言不幸的“美国学者”，在英国遭到了处决，他是一位新大陆自然世界的探寻者，一位文笔像“绿枝”一般在纸上熠熠生辉的作家，但是他真正的诗歌却是在行动中写下的，在船上，在旅程中——这些合起来就成了作家生活的崇高理想。梭罗把这份讲稿投给了《日晷》，奇怪的是，爱默生从未刊登。

作为学园的策划人，梭罗有权力制定全镇讨论会的日程，他利用了这项权力。康科德的废奴运动由女性领导，包括梭罗家的所有女性；但是当时女性被禁止于公众场合讲演。如果要讨论废奴主义，必须由男性出面——梭罗迈出了第一步，他帮助邀请温德尔 · 菲利普斯来学园，这也意味着和激进思想结成同盟，因为后者刚在女权问题上和保守主义者撕破脸皮。激进主义和保守主义的分歧也影响了梭罗的家人，玛丽亚姑妈和简姑妈是反对女性投票权的保守派人士，但是辛西娅、海伦和索菲娅都是坚定的“加里森派”（Garrisonians），为女性现在能有在她们的会议上投票表决的权利而骄傲。为了不让激进派发声，圣三一教堂和第一教区教堂都禁止激进人士演讲。愤怒的海伦 · 梭罗再也没有踏进过教堂。作为抗议，激进派把全国最激进的演讲者带到了康科德，作为 1842 年 10 月大会的主要嘉宾。弗雷德里克 · 道格拉斯，这位逃跑的黑奴可以用他对奴隶制振聋发聩的抨击紧紧俘获听众的心。和道格拉斯一同前来的是威廉 · 劳埃德 · 加里森和温德尔 · 菲利普斯，这两位正准备把道格拉斯的《一个黑奴的自传》（*Narrative of the Life of Frederick Douglass*）介绍给世界。阿比盖尔 · 奥尔科特的哥哥塞缪尔 · 梅（Samuel May）也来了。加里森和梅住在奥尔科特家，道格拉斯则住进梭罗家；此次来访之后，道格拉斯和海伦 · 梭罗成了朋友，终生保持着通信关系。[43]

1842 年 10 月大会之后，有人（可能是梭罗的母亲或妹妹，也可能是丽蒂安 · 爱默生，或者是亨利 · 梭罗本人）建议，菲利普斯应该被请回康科德学园演讲。这是很明智的选择，因为菲利普斯谙熟如何用精心设计的逻辑来动摇保守派听众。但是当这项让菲利普斯批评奴隶制的动议被提交给学园的会员时，德高望重的约翰 · 凯斯起身抗议：学园不是讨论“废奴或蓄奴这类引发争议和分裂的问题”的地方。凯斯提议取消讲座，但是多数人投票支持举办讲座。1842 年 12 月 21 日，温德尔 · 菲利普斯按日程进行演讲。菲利普斯理所当然住进了梭罗家，作为策划人的亨利 · 梭罗很可能陪同他走进讲堂，并且为听众介绍他。尽管讲座内容没有留下记录，但是从镇上人的反应就大概能看出他讲了什么。康科德激进派领袖，百折不挠的玛丽 · 布鲁克斯（Mary Brooks）恳求菲利普斯再次造访，她驳斥了凯斯“厚颜无耻的恶意歪曲”，也拒绝了他对菲利普斯是美国叛徒的指控。[44] 菲利普斯会回来，但将是在一年以后，这个讲座还会继续进行。

梭罗作为文学家的自信在逐步增长，这也是他准备好投身镇上行政事务的原因之一。富勒辞去《日晷》编辑一职时，爱默生意识到他需要找到“一位友善的大力士，借他的肩膀来扛起这个小世界”。他找到了梭罗，后者帮忙编辑了爱默生接手后的第二期杂志。结果好坏参半。9月下旬，最后一批印好的刊物被送抵爱默生家，因为那几天适逢“温和、甜蜜的好日子”，爱默生把刊物递给他友善的“大力士”后便和霍桑出门散步去了，他们会离开整整两天。几周之后，富勒收到了她的 10 月号《日晷》，大为恼火：她写阿尔弗雷德 · 丁尼生 * 的文章被一处无法容忍的勘误糟蹋了。丁尼生的诗句本应是“在无畏的**真纯**的驱使下”，刊物却印成了“无畏的**丑行**”。这是**玩笑**吗？她逼问道——更糟糕的是她本希望能通过这篇文章和丁尼生本人交流想法。爱默生回信说，这个和其他令人尴尬的错误都源自“亨利·梭罗”。他考虑过把梭罗撤换成别人，但是当时的亨利仍处在无业状态，所以爱默生还是留下了他。[45]

亨利作为编辑的能力局限是一回事，他作为诗人的短板是另一回事。富勒之前几乎拒绝了他的所有诗稿，而今爱默生急于把这些诗歌展示给全世界：1842 年 10 月，《日晷》一下子刊出至少八首梭罗的诗作，而爱默生的爱将埃勒里 · 钱宁仅有一首刊出。这也让富勒难受，她抱怨说梭罗对语感的缺乏毁掉了他最好的诗歌，而钱宁的《挽歌》（*Dirge*）

* 阿尔弗雷德 · 丁尼生（Alfred Tennyson，1809—1892 年）：英国著名诗人，继华兹华斯之后的英国桂冠诗人。其 131 首诗组成的组诗《悼念》被视为英国文学史上最优秀的哀歌之一。

却越读越觉“美妙”——所有布鲁克农场的人都同意这一点。于是乎，梭罗诗人生涯的巅峰同时也是它的终点。感到难堪的爱默生让梭罗坐下，直截了当地批评了他的诗作。尽管这些诗有着“坦诚的实在话”和“粗鲁的力量”，但它们不具备美这一品质。“它们的问题是，金子没有作为纯粹的形态闪耀，而是呈现为浮渣一般的原始状态。百里香和墨角兰尚未制成蜂蜜，这种艺术加工是不完美的。”[46] 致力于诗歌创作五年之后，梭罗被彻底摧毁了。爱默生再也没有登过梭罗的诗作。在编辑 1843 年 4 月号时，梭罗偷偷放进了三首自己的诗歌，包括他两首最好的诗作《烟》(*Smoke*) 和《霭》(*Haze*)。但是从那时起，爱默生的御用诗人是埃勒里 · 钱宁。

* * *

爱默生对梭罗还有别的期待，希望他选稿，编辑，从古书或者外文书中翻译那些难以找到的文学作品，比如阿那克里翁 * 优美的抒情诗和埃斯库罗斯 † 的悲剧《被缚的普罗米修斯》(*Prometheus Bound*)。梭罗的《被缚的普罗米修斯》译本成了几代哈佛学子的教辅书，他努力用英语捕捉这位古老天才的精髓，希望有人能受到启迪，写出比丁尼生甜糯的韵诗更深邃也更真诚的现代诗歌。[47] 爱默生还请梭罗编一本《道德教谕》(*Ethnical Scriptures*)，希望他遴选世界各地讲述道德和宗教的好文章,汇编新的文集。爱默生给的参考范本是《五卷书》(*Panchatantra*)，这是古印度学者维什努 · 夏尔马 (Vishnu Sharma) 收集整理的动物寓言集。“什么是宗教？”书中的某人问。“对所有生命的怜悯……什么是哲学？和世界的彻底分离。”从 19 世纪 30 年代起，爱默生就沉醉于亚洲的宗教典籍——古印度经书、《论语》、袄教经典、《一千零一夜》——

---

* 阿那克里翁 (Anacreon，约前 570—前 480 年)：古希腊著名诗人，以饮酒诗与哀歌闻名。

† 埃斯库罗斯 (Aeschylus，前 525—前 456 年)：古希腊悲剧诗人，与索福克勒斯和欧里庇得斯并列为古希腊最伟大的悲剧作家，有“悲剧之父”的美誉。

他不为猎奇而读，而是从中寻找指引，好让高尚的古老精神传统在美国重生：这些绵延多年的哲学真理和普世道德真理的源头之作或许能指引个人的道德信仰和行为。[48]

梭罗在爱默生书房里发现了这些书，他一下子被吸引了。为了《日晷》，他重访他过去最爱的作品，也是“现存最古老的文献之一”：《摩奴法典》（*The Laws of Manu*，“摩奴”一词与“思想”及“人”享有相同的词根）。这简直是人类文明源头的作品。梭罗借书里的智慧写下了九页文章：“舍弃所有的愉悦要比得到它们好得多。”“被艺术掌控的艺术家的手永远是纯净的。”“所有难以跨越的、难以获取的、难以求见的，以及难以演绎的，都能经由真正的奉献来实现，因为奉献才是世间最难的事。”在日记里，他把这些称为“关于你和我的法典——从古老的时代传下的芳香，我们不能否定它们，正如我们不能否定风的存在”。梭罗在新英格兰找到了属于他的印度世界，只要处于独处和安静中就能看到这些法典的真确性：“我的脑海里满是梵文。”[49]

梭罗也在收集《论语》（“知之为知之，不知为不知，是知也”），还有中国的《四书》，后者将儒家学说的要旨介绍给美国：“诚者，天之道也；诚之者，人之道也。”紧接着还有尼泊尔语的《妙法莲华经》，讲述通过圆满与觉悟成佛的道路。对于梭罗而言，这些典籍都非常有用，他梦想着在现代世界复兴古老的“东方”智慧。他也发誓要追随他自己的奉献之路：“婆罗门是理想的人。”[50]让他惊讶的是，即便宗教的浪潮已经退去，宗教学者仍在“捡拾古老典籍中的碎片，它们大概就是慢慢被冲到海岸上的，学者们捡起这些永恒的圣物，然后把它们重新拼合起来”。为了真实地重现这种古老的精神智慧，他必须找到方式来体验它——他必须试着成为婆罗门，达到觉悟，成佛。他必须尝试一种完全的奉献，不仅是在写作中成为老师，而且是在他生活的方方面面。正如他以后将会告诉他的第一位追随者的：“在某种程度上，以及在某些罕见的间隙，我甚至是个瑜伽修行者（yogin）。”[51]

1842 年一整年，梭罗的视野都在变得更深邃，也变得更清晰，但是他的情绪却常常无法控制。1843 年 1 月，约翰的一周年忌日，梭罗罹患了支气管炎。他在日记里留下了一份闷闷不乐的自我评价："我现在成了什么？站在此刻和永恒之间的一束患病的神经，就像枝头摇摇欲坠的枯叶。"不过他可以回望这一年中他的成长：扎实的发表经历，包括两篇原创散文，在康科德公共事务中愈发重要的位置，履行一份重要刊物的合编者所承担的职责，更重要的是，他重新开启和延续着一生中许多可贵的友谊。就在他把自己的悲伤留给日记的那天，他给理查德·富勒写了一封深情款款的信，为他修剪了一枚鱼鹰的羽毛（说是留给某个"重要节庆"的），以此感谢富勒赠送的新年礼物，一只八音盒。它"似乎只在为我们这两个朝圣者寻访小山和溪谷的那个夏日午后而演奏"，梭罗写道，回想着他们一起度过的幸福时光。丽蒂安也留意到亨利得到这份新礼物时显现出的"孩童般的快乐"，他先是和不到两岁的伊迪丝（Edith）在地毯上跳起舞来，然后迫不及待地冲到他的母亲和姐妹们面前展示这只八音盒。[52]

* * *

那年冬天，爱默生外出演讲，他把整个家托付给梭罗照管，显示出无比的信任。代理了爱默生孩子们的父亲这一角色三周之后，梭罗给爱默生寄去了一封感谢信："我已经做了你两年的门客，但我仍然感到自己犹如生活在夏日的天空下那般自由……我领受这种自由就好比是领受了阳光或夏日。"梭罗不是那种很容易相处的人——早些时候，爱默生说过他欣赏亨利那种"经常性的威吓态度"，但是那种态度持续了多久呢？——梭罗承认他曾经"以我的刻薄寡恩搅扰了你"。但是当爱默生离开，梭罗彻底地放松了。丽蒂安汇报说，"早餐后，小女孩们都请求要爆米花"，亨利就担起了大家长的角色，手持煎锅坐在炉边，和孩子一样享受这种嬉闹。亨利也汇报着孩子们的情况："伊迪丝在文科和理科都取得了重大进步……当然还有在地毯上"，她还喜欢喊他"爸爸"。

大一些的埃伦则“每天早晨都宣布‘爸爸今晚**可能**要回来’”。至于丽蒂安，她“几乎说服了我成为基督徒”——确实如此，惊讶的丽蒂安也对此供认不讳，在她和梭罗聊过后者的“异端倾向”后，他开始去教堂了。[53]

丽蒂安继续组织超验主义者的聚会。有一回，她微笑着听奥尔科特和莱恩宣布：“对自然的爱”是“最微妙、最危险的罪孽”，这种偶像崇拜如此美好，以至于那些罪人自己都被蒙骗了，走向无意识的堕落。“亨利开诚布公地指出这两位智者都缺乏提这个问题的资格，因此他们也没资格给出评价。”奥尔科特则反击说，他们的精神中充满了爱，“然而梭罗先生却不是这样”。“这一幕有趣极了，”丽蒂安微笑着说，“亨利勇敢、高尚；尽管一直以来我都很喜欢他，但他还是有办法让我对他的喜欢有增无减。”而亨利那边，正如他写给露西·布朗的信里提到的，他很快乐，虽然他过的是“有着奇怪组合的生活”，“一会儿是打扫和清洗，一会儿是税金和家务”。不过，他还是微笑着补充说：“就算是瓦尔哈拉圣殿*也有厨房。”[54]

爱默生把《日晷》也交给亨利照管。梭罗被这种信心鼓舞，很快就打点好这一期的内容：莱恩写奥尔科特的文章；在海德堡（Heidelberg）努力工作的查尔斯·斯特恩斯·惠勒发回的报告；分别由富勒、莉迪娅·玛丽亚·蔡尔德（Lydia Maria Child）和富勒的朋友詹姆斯·弗里曼·克拉克（James Freeman Clarke）撰写的文章；来自奥尔科特，当然还有埃勒里·钱宁的稿件；外加他自己有关欧洲黑暗时代（Dark Ages）的文章。“诗歌方面”，他对爱默生直言道，“我已经很长时间没怎么写了——我似乎忘掉了——不过有时候我觉得自己听到了隆隆的雷声。”虽然事实上，他还是悄悄地放进自己的三首诗。[55] 爱默生3月回城，给这期高质量、广见识的刊物做收尾工作，这也正好是他接手主编满一年的时候。就在前不久，《日晷》收获了一些好评。奥尔科特说，在英格兰，它的地位

* 瓦尔哈拉（Valhalla）是北欧神话中的天堂，也可译作英灵神殿。掌管战争、艺术和死者的主神奥丁（Odin）命令女武神瓦尔基里（Valkyrie）将阵亡战士的英灵带来这里，享受永恒的幸福。

“堪比神谕”。不过皮博迪带来更多的坏消息。付费订阅者滑落到220人，连纸张和印刷的成本都收不回。有好几周的时间，爱默生都为此焦虑，他的朋友们争执不休：莱恩和奥尔科特恳求“继续下去”，伊丽莎白·霍尔却说：“放手吧，这样这些杰出的作家可以在别的地方发表文章”，富勒则请求：“再试一年，为了远方乃至未来的支持者。”[56]

梭罗已经准备退出了，不仅仅是因为编辑助理这项差事没有报酬，在爱默生家当“门客”的生活也令他失去了兴趣。1843年3月1日，他写信给爱默生，后者当时正在探望居住于斯塔滕岛（Staten Island）的哥哥威廉。梭罗告诉爱默生自己比之前好多了，还说他“同时也想试试演讲和写作之外赚钱的办法”——“如果你在纽约听到任何‘其他’机会，可以转告我吗？”爱默生讨厌纽约，不过他隐隐感到华尔街已经准备好，打算听一些超验主义思想了。他和威廉商讨，一起想到了这个主意：让亨利来教威廉的儿子威利（Willie）。亨利会带给这孩子很好的影响，还可以带他去树林，去城里。作为回报，亨利可以住在他家，外加得到每年100美元的生活费。亨利觉得这个提议不错，但他问有没有其他办法再挣点额外的钱，比如他可以到威廉在华尔街的法务办公室帮忙，或者去其他地方——至少在他能找到关于文学的差事之前。他可以立马动身，最快可以在两周以后的4月1日出发。[57]

从沃尔多·爱默生的康科德门客转变为威廉·爱默生在华尔街的抄写员似乎显得前途渺茫。如果梭罗能够预先读到梅尔维尔关于华尔街的小说《抄写员巴特比：一个华尔街的故事》（*Bartleby, the Scrivener: A Story of Wall Street*），他可能会更谨慎行事。但是他的职业生涯已经来到了一个死胡同。斯塔滕岛上的生活至少能让他离开爱默生的轨道，并接近纽约的文学市场。梭罗愿意赌一把。他收拾好行装离开康科德，并计划在美国的商业中心纽约重新开始，当时他并没有想过这会将自己引向第二次“濒死”经历。

斯塔滕岛上的梭罗

霍桑仍在四处为他的朋友寻找机会。“这个人肚子里装着将会使他成名的东西。”1842 年 10 月，他对《新月刊》(*New Monthly Magazine*)的编辑说。那位编辑从未回复。不过到了 1843 年 1 月，霍桑又尝试了一次，当时他的朋友，《民主评论》(*Democratic Review*)的纽约出版人约翰·奥沙利文(John O' Sullivan)来老牧师的寓所做客。霍桑邀请梭罗到图书室和他们会面，在那里，奥沙利文的杂志被摆在显眼的位置。之后他们先在老牧师的寓所一起茶叙，而后梭罗送奥沙利文去学园。奥沙利文没给梭罗留下很深的印象，不过他当然记得“他请我给他的刊物撰稿，我当然很乐意”[58]。《民主评论》刊发几位全国最好的作家的作品：首先就是霍桑，此外还有威廉·卡伦·布赖恩特(William Cullen Bryant)、约翰·格林里夫·惠蒂埃(John Greenleaf Whittier)、朗费罗、詹姆斯·拉塞尔·洛厄尔，以及凯瑟琳·塞奇威克(Catherine Sedgwick)。事实上，这是属于开明的、推崇改革的“年轻美国”一派的出版物，同情超验主义。“最好的政府是最少进行干预的政府”，它的封面如是刊登。《民主评论》的发行量是 3500 册，梭罗在那里发表作品，可以比《日晷》找到多至 15 倍的读者。梭罗去纽约的时候把投稿这件事记在心里，还带着 1842 年开始使用的新日记本，他在这本厚本子里写下整页整页的文字，把 1839 年和约翰一同划船出游的经历誊抄进去。他在做着更长远的打算。

不久之后，他对理查德·富勒说：“我将在 5 月离开康科德，这里是我的罗马城——这里的人对我而言是罗马人。”4 月的早些时候，他来到霍桑家，请他保管富勒送的八音盒。霍桑心想，梭罗离开是件好事，虽然他会想念他，想念他身上“野性自由”和“古典教养”的结合。梭罗“健康状况欠佳，而且在道德上和智慧上也尚未找到真正的向导”。在爱默生造访之后，霍桑揶揄说，爱默生“似乎忍受着梭罗先生住在家中的不便”。或许，偶尔遇见“在自然中”的梭罗要比对着“餐桌和暖炉旁的陪客”更美好。[59]

离别之日越来越近。霍桑和梭罗带着莉莉湖号做了最后一次郊游，在河流上游，他们采了一块大浮冰，并且一路拖着它回家。普鲁登丝·沃德送给亨利一个小显微镜，好让他继续探寻自然历史，伊丽莎白·霍尔送了他一支笔和墨水瓶，她希望这支笔“能够把友善的思想传递给那些你的声音无法触及的人”。爱默生给了他20美元，让他购置日用品及几件新衣服，还有另外7美元用于路上的花销。他带着一丝忧虑给威廉写信：“我们勇敢的年轻人在你的屋里住得如何？他对新的朋友、新的城市还适应吗？我相信他是大纽约如今最真诚、单纯的人。”——不过他“偶发的奇想和对一些观念的乡村视角”或许会带给人困扰。爱默生还希望，小威利能够在梭罗身上看到“能够帮助和教育自己的真正力量”。[60]

5月6日，星期六，亨利·梭罗和威廉·爱默生的妻子苏珊·黑文·爱默生（Susan Haven Emerson）一同从康科德出发前往斯塔滕岛，路上经停波士顿，梭罗去倒闭的《波士顿汇编》追讨了拖欠的稿费。这不仅仅是原则问题，梭罗真的需要钱，尽管他没有讨到。他们的船在康涅狄格州（Connecticut）的新伦敦（New London）因为潮位低而搁浅了一段时间，除此之外这趟旅程很顺利。星期日上午10点，梭罗和爱默生夫人踏上了纽约的巴特利码头，他们一下就被“饥饿的出租车司机”包围，“迷茫的脑袋紧靠着，肉色的脸庞下晃荡着脏污的外套，他们来回摇摆，就好像有暗潮在推动他们一般”，所有司机都盯着梭罗和爱默生太太这两位憔悴的旅客，每一秒钟他们都变得更焦急：“要不要出租车，先生？”“你需要一辆出租车，先生。”梭罗冷眼拒绝他们，护送爱默生夫人和他们的行李去到斯塔滕岛轮渡大厅。[61]

很快他们就到了家，这是栋长形的棕色木瓦房，不高，沃尔多·爱默生称之为“舒适的家”，房子掩隐在葡萄藤后边，周围有花园和一块绿树成荫的草坪。[62]这里颇具乡村风情，窗外就是一直向南伸展到海岸的树林。从附近的山顶上，梭罗可以俯瞰纽约、布鲁克林、长岛、从桑迪胡克（Sandy Hook）一直到新泽西高地的纽约湾海峡，还可以望见太平洋海平线上的船只，它们要一天才能抵达海岸。斯塔滕岛是威廉除曼哈顿法务办公室之外的乡间居所。他是个有名望的人，里士满县（Richmond）民事法庭的法官，富勒觉得他和弟弟“截然相反”：是位绅士，头脑清醒，和蔼，但是他“纯粹是个商务人士”，对超验主义没有兴趣。[63] 梭罗的任务是辅导 7 岁的威利，可能还要帮助照看更年幼的查尔斯和黑文。每一天都有严格的日程安排：6 点半早餐，12 点午餐，下午 5 点晚餐，上午 9 点到下午 2 点学习。他觉得爱默生夫妇“善良，无可指摘”，但是“不算我真正亲近的朋友”。沃尔多之前要求哥哥给梭罗一间自己的房间，“不要太小……让他可以独自做梦、写作、朗诵。梭罗一直有这样的空间，而且必须有”。然而这间房间没有暖气，所以但凡梭罗需要炉火的时候，他必须去蹭爱默生法官的书房或者地下室。[64]

* * *

工作之外的时候，梭罗探索着附近的街区，“我听到两种声音……海的咆哮和城市的喧嚣”。首先吸引他的是这座岛的自然景观：枫香树和鹅掌楸、随处可见的野蒜、味道浓郁的鲜牛奶、生长了 17 年的洋槐永不停歇的沙沙声响，还有肥壮的土狗、野猫、家禽。[65] 他走遍了斯塔滕岛，从电报山（Telegraph Hill）走到海员的避风港，再到岸边的老榆树，岛上的第一批定居者胡格诺派就是于 1661 年在这儿登陆的。他最爱的无疑是大海。“我很喜欢它，”他给爱默生写信说，“每一样东西都放大了很多倍，显得雄壮——海藻、水、沙子；就算是死鱼、死猪和死马都有着浓烈的恶臭。巨大的渔网铺开晾干，蟹和马蹄铁在沙滩上留下印迹。”[66] 他看着人们驱赶牛群把船拉上沙滩，“它们小心地走在浪花中，仿佛它们会把整个桑迪胡克拖上岸”。他和现在是渔夫的老船长史密斯成了朋友，史密斯收起一张张盛满鲱鱼的网，他会成批成批地卖出去来给岛上贫瘠的土地施肥。从海岸边，梭罗能够望见移民的船停在附近的检疫港，孩子们或在疯跑或在戏水，他们的父母则伸着懒腰，深呼吸，等待船只过检。“他们会滞留一到两天，然后去往大城市，大多数情况下不会在这儿上岸。”[67]

大多数情况下，梭罗也是这样。“去到大城市”是半天的出游。每天会有五到六班船，他需要沿着里奇满街（Richmond Road）走半个小时或者沿着海滩走1英里。到了曼哈顿的南角，又是二到三英里的步行，这次是在坚硬的人行道上，而且只有在“天上下铜钱”的情况下梭罗才买得起更昂贵的汽车票。“你们看到了，”他写信给父母说，“要造访这座城的不同地方起码要花上一整天。”[68]在岛上的第一个周六，他去拜访了普鲁登丝·沃德的弟弟乔治，乔治跟他讲起想做一间银板照相工作室；而后他见了爱默生年轻的朋友们：贾尔斯·沃尔多（Giles Waldo）和威廉·塔潘（William Tappan），他们在塔潘的父亲、废奴主义者刘易斯·塔潘（Lewis Tappan）所管理的国家信用局里任职员。“某种意义上是给这个国家做情报工作”，梭罗解释给父亲听，这个局可能要雇数千名员工。那时候的星期六是工作日，这两人只能带亨利去附近的酒馆稍作休憩。亨利游览了一些景致，他参观了大西部号（The Great Western），这是第一艘跨大西洋的蒸汽客船，把欧洲到美国的旅行从惊心动魄的几周缩短到安安稳稳的几天；在克罗顿水厂(Croton Waterworks)，他看到水如何从40英里之外输送过来，供应城市的密集需求；在国家设计学院，他看到了阿舍·杜兰德*的风景画和塑造了伊曼纽尔·洛伊策†职业生涯的代表作《戴着镣铐归来的哥伦布》[*Return of Columbus in Chains*，他的《华盛顿横渡特拉华河》（*Washington Crossing the Delaware*）不久将会问世]。[69]纽约也为梭罗打开了风头正劲的现代科技的大门：社会化大生产、全球经济、城市扩张，这也是他第一次瞥见现代艺术。

---

* 阿舍·布朗·杜兰德（Asher Brown Durand，1796—1886年）：美国画家、雕刻家，哈得逊风景画派的创建者之一，有“美国风景画之父”的美誉。

† 伊曼纽尔·洛伊策（Emanuel Leutze，1816—1868年）：德裔美国画家，最著名的作品是《华盛顿横渡特拉华河》。

钟爱机器的那位梭罗被迷醉了，但是想念康科德的那位梭罗却感到惶恐。和爱伦·坡及霍桑一样，梭罗觉得城市里的人群是“全新的，应当留意”，然而他在城市里看到的越多，他对城市的厌恶也越深。“我为我的双眼感到羞愧。这比我所能想见的要卑劣一千倍。我大可以憎恶这些东西，”他宣布，“什么时候这个世界才能懂得一百万人与一个人相比微不足道？”城市产生的纷繁印象让他不知所措，“人和事这么快速地掠过我的脑袋，只过了一天，我就完全不记得他们了”。[70]他回岛上之后也没有好转，因为旅行途中感染的风寒发展成支气管炎，他卧病在床一周。之后他康复了，但是在6月写给爱默生的信中，梭罗坦言自己恐怕已经辜负了这家人的期望："除了痛苦的经历被神圣化并拥有了正当性之外，我不觉得自己真能帮到这户和我同住的好人。”他和威利相处得并不愉快："我喜欢所有的孩子，但我没有特别喜欢他。”不过他尽其所能。7月，他在信里写道："我的学生和我步调一致。”8月，威廉·爱默生让弟弟放心，“梭罗得到我们所有人的喜欢和尊重。他使威利取得了很大的进步”。[71]

梭罗也满怀憧憬地尝试着在这儿开创文学事业。爱默生迫切地想让他见到亨利·詹姆斯(Henry James),“一位独立、正直的人”,“人中龙凤”。他向詹姆斯保证，一旦后者习惯了梭罗“乡下人的迂腐和沉闷”，他就会发现“一颗真正伟大的头脑和一个慷慨大度的人”。詹姆斯立即给梭罗寄了一封热情的邀请函，等梭罗的身体一好，他就造访了位于华盛顿广场的詹姆斯家,在那儿他可能瞥见了刚刚出生的小亨利·詹姆斯(Herry James Jr.), 这位未来的小说家, 还有他年幼的哥哥威廉, 未来的哲学家。这是梭罗来纽约后第一次发自真心地感到愉快："我去见了亨利·詹姆斯，我非常喜欢他……他令人振奋，总是朝前看，也总是朝前迈步，他让纽约有了人情味，让我感到舒适。”聊了三个小时后，詹姆斯请梭罗“把这儿当自己家”。梭罗很快就再次拜访了——可惜詹姆斯和家人突然登上大西部号去往欧洲了。“因为你这么喜欢他，我更感到惋惜。”爱默生在写给詹姆斯的信里感叹说，失去詹姆斯是“莫大的沮丧”，因为他曾希望詹姆斯能举家迁到康科德。[72]

这么快就失去亨利·詹姆斯成了一系列不走运事件的开端。不过，梭罗也遇到一些幸运的事，当他走进商会图书馆（Mercantile Association Library）时，他发现他之前的哈佛教员亨利·麦基恩（Henry McKean）在里面工作，麦基恩立即给梭罗开了进入所有阅览室的权限。下一件幸运事是，就在图书馆的台阶上，梭罗撞见了这个时代最重要的乌托邦改革者：亨利·赖特，奥尔科特曾带到康科德的这位“英国先生”现在居住于纽约；同时，梭罗还遇到了这个时代最重要的傅立叶*主义者阿尔伯特·布里斯班（Albert Brisbane），另外还有埃勒里·钱宁的堂兄亨利·钱宁，他正在纽约忙着布道及编辑宣传傅立叶主义改革的刊物《当前》（*Present*）。梭罗对他们作为“联想主义者”（Associationist）的计划深感怀疑——他们想根据最新的社会科学原理来重组社会——但是他很尊敬亨利·钱宁，因而他去后者的家中做客，度过“愉快的几个小时，讨论所有那些引人入胜的问题，例如对种族问题他们应当做什么”。从那时开始，梭罗会以直面反对声音的自信来声援他们的观点——他是在钱宁的脸上最先看到这种表情的，如果钱宁决心要戳出人性中令人失望之处，他的眼神足以“击碎任何外壳”。[73]

最幸运的一件事无疑是亨利对霍勒斯·格里利的造访，后者是《纽约论坛报》（*New York Tribune*）的编辑，该周报已经迅速成为全国最大且最有影响力的报纸。格里利也是联想主义者，他曾帮助投资布鲁克农场，而且几乎所有当时的改革运动都获得了他的支持，包括超验主义。他崇拜爱默生，为《日晷》做宣传，所以梭罗一走进他繁忙的办公室，格里利很自然地站起来热情迎接他：“现在你有了一个友善的朋友。”他招呼着孤独的梭罗。梭罗理所当然地觉得这是“每个人都乐于见到的热忱的新罕布什尔大男孩”[74]。等梭罗完成了他的第一部重要作品——有

* 夏尔·傅立叶（Frangois Marie Charles Fourier，1772—1837 年）：法国著名哲学家、经济学家、空想社会主义者。他批评当时资本主义社会的一些丑恶现象，希望建立一种以法伦斯泰尔（phalanstere）为基层组织的社会主义社会。

关卡莱尔的论文——他把文章寄给格里利，后者安排发表，而且确保亨利拿到较高的稿酬。这以后，格里利会成为梭罗的好朋友和孜孜不倦的文学经纪人，向全世界推销他的作品，私下里，他鼓励这位常常丧气的作家振作起来，继续写作。这一段友谊使得常令人失望的斯塔滕岛之旅具有了不凡的意义。

* * *

梭罗遭遇第一次真正的挫折是约翰·奥沙利文退了他的稿。此前，梭罗为约翰·阿道弗斯·埃茨勒[*]的《所有人都够得到的天堂：借助自然和机器的力量，无须劳动》(*The Paradise Within the Reach of All Men, without Labor, by Powers of Nature and Machinery*）写了一篇慷慨激昂的书评。爱默生想把这篇书评发在《日晷》上，但是因为此前他俩和奥沙利文在老牧师的寓所茶叙甚欢，所以梭罗把《(期冀）重获的天堂》[*Paradise*（*to Be*）*Regained*］这篇文章投给了奥沙利文的《民主评论》。这是明智之举，但是颇具风险：奥沙利文支持埃茨勒鼓动的社群主义社会改革，但这种改革却遭到梭罗无情的批驳。来到纽约后，梭罗看到正在建设的新世界为每个社会问题都准备好了技术层面的解决方案。当我们可以如此简单地重建世界的时候，还有人会操心让**我们自己**变得更好吗？在埃茨勒用炫目的笔触描写了经过地质工程改造后的地球：人们可以利用风能、潮汐、太阳能来运作机器，碾平群山，给平地分等级，铺平道路，设置运河和公路，点亮夜空，不间断地播放音乐。梭罗嘲笑说，为什么不继续下去？为什么不“索性改变地球的运行轨道？这样可以多一些夏天，抹去无聊的四季变迁”。另外，为什么只改造地球？为什么不“从地球移民，去一些空旷的西方星球定居”？既懂得劳动又懂得操

* 约翰·阿道弗斯·埃茨勒（John Adolphus Etzler，1791—约 1846 年）：出生在德国的美国技术乌托邦主义者，代表作《所有人都够得到的天堂》描写的是运用风能、水能和太阳能最终裨益人类的未来愿景。

作机器的梭罗解释说，埃茨勒忘记要计算三样小东西："时间、人，以及金钱。"然而技术的发展同时需要这三者，没有魔棒可以把埃茨勒的奇幻世界变成现实。更重要的是，未来不是工程问题，而是人的问题："依靠一个人单枪匹马做不成任何事情……在这种改造世界的图景里，我们对企业没有任何信心，今天的世界不是这么形成的。"[75]

梭罗检审着正在纽约街道和办公室诞生的商业世界，他的超验主义信念愈发坚定：自然不允许走捷径；改革必须从自我的内部而不是外部环境开始。奥沙利文几乎完全不能同意，但是他看得出梭罗写了一篇精彩犀利的文章。他温和地建议说，或许梭罗可以做点"补充和修改"？或者给他写一篇较少争议的文章，比如私下寻访自然的文章？毕竟，创作这份刊物的"我们"需要"步调统一"。梭罗做了谦逊的回复，但是并不退缩。最后，不同凡响的事情发生了，奥沙利文做出让步，在11月刊上发表了梭罗对于埃茨勒的评论。而且，在10月刊上他也发了梭罗的人物随笔《房东》(*The Landlord*)，歌颂了一位乡村旅店主出于对人类善良本性的爱，给所有来访者提供食物和住宿，文中的原型是他和富勒下榻的沃楚西特附近的旅店的老板。这种对自然本性的"公开"描写是一种有趣的实验，然而没有人喜欢。当梭罗的家人想要一份刊物，梭罗回复说他手上没有，因为他花不起50美分来购买。[76]

这是梭罗在纽约文学市场最成功的时刻。6月的早些时候，他充满希望地写下："我还没有设好陷阱，但是我已经准备好了诱饵。"四个月之后，他必须承认："我的诱饵吸引不了老鼠，它们已经被喂饱了。"[77]他对家人倾吐了这其中更残酷的现实细节：他叩开纽约的一扇扇大门，了无收获，他推门进入每个书商和出版社的办公室，仅仅被告知他们没有闲钱付给投稿人，而且即便有[比如正在建造出版帝国的哈珀兄弟(Harper brothers)]，他们也不愿意把钱花在一个无名作者身上。梭罗面对爱默生也很坦率："在这儿，文学市场十分糟糕，我写得这么少，然而可以卖出去的更少。"流行的刊物"充斥着来稿，那些稿件分文不取，也毫无价值"。最好的刊物《纽约人》(*Knickerbocker*)拒绝超验主义，不过他们用“没钱”这个理由把梭罗拒之门外。“只有《妇女之友》(*Ladies Companion*)付稿费，”他对母亲开着心痛的玩笑，“可我写不出任何能成为妇女之友的东西。”[78]

他还有其他麻烦。刚从支气管炎中恢复过来的梭罗发现自己染上了更可怕的病：嗜睡症。据说这是纠缠着他母亲这边亲戚的“恶魔”。当查尔斯舅舅话说到一半就睡着了的时候，家人常常拿这来开玩笑，然而如今的梭罗对此愈发绝望。“这种小规模的战斗干扰了我的文学计划，”他向忧心忡忡的母亲坦白，“如果我能作为一个战士把眼睛睁到晚上，我就觉得这一天表现得好极了。”一个月之后，他并无好转：“我发现已经很难不间断地写作或阅读了。”也是这个时候，他不得不向爱默生承认，他觉得连睁开眼睛也做不到的自己像个废人。[79]

他的嗜睡症或许是遗传的，也或许是潜伏的肺结核的另一个症状，而且它确实带来心理上的冲突和痛苦。梭罗在爱默生法官家里过得非常不如意，而且在曼哈顿大街上吃闭门羹的遭遇也让他心灰意冷。更糟的是，爱默生对他寄予的厚望压得他透不过气来。一方面，他应当把超验主义带到美国的商业中心，并且给自己打造全国性的声名；另一方面，爱默生也希望他能声援《日晷》。那篇对埃茨勒的评论——对最热的社会问题的犀利讽刺，而且还发在联想主义改革者的大本营和当家刊物上——被认定是把超验主义带到了全国争议的风口浪尖。爱默生在埋怨梭罗，奥沙利文和格里利也是。梭罗甚至开始写一篇新文章《冬天漫步》(*A Winter's Walk*)，一篇写给艰苦的新英格兰冬天和在它下面燃烧的形而上学火焰的情书，它充满梦幻，展现出亲密、引人共鸣的情感，写进了属于自然的清教徒的心扉。奥沙利文和格里利可能已经准备好随时将它印在美国的刊物上，让梭罗受到全国瞩目，但是爱默生写信给他说：“我们的《日晷》已经要印了，如果可以，你必须在6月10日那天，或者之前，给我寄篇好文章来。”于是，《冬天漫步》从纽约消失，进入了《日晷》。[80]

更糟糕的是，爱默生讨厌这篇文章。“梭罗给我寄了篇文章，又犯了他的老毛病，前后矛盾。”他尖刻地说，“他很快掌握了他的修辞技巧，这种技巧包括用完全陌生的词来替代最常见的词汇和想法……这让我不忍卒读，虽然文章有很多优点。”[81] 因此他编辑的时候，剔除了梭罗最糟的反对声音，调整了梭罗的用词，同时让他的意思变得缓和——以后，编辑的干预会让梭罗火冒三丈，但不是现在，不是来自爱默生的建议。“我发现我不应该把这种状况的稿子寄给你，”梭罗卑微地回复说，“印出来的文章里有一些错误，很遗憾。”[82] 当爱默生交托他一项新任务——翻译希腊诗人品达*的作品（这是纽科姆的建议）——梭罗无法拒绝。“我……希望他值得被翻译”，他的回信里露出倦意，爱默生会更想要埃斯库罗斯的悲剧《七将攻忒拜》（*Seven against Thebes*）吗？梭罗想。寄点**东西**来，爱默生恳求说。到了10月，他的语气变得更趋近命令：“《日晷》要的品达翻译在哪儿？一定要寄给我一些好的文章。”梭罗遵命行事，品达的作品刊登在最后两期的《日晷》上。他翻译的埃斯库罗斯作品，这出反抗罪恶政府的戏剧，从来没有被发表。[83]

如果爱默生有心打击梭罗的自信，并摧毁他新生的事业，他或许要用的也就是这种方式。他或许还可以在梭罗面前赞美取代他的位置的那个年轻人，这样可谓是在伤口上撒盐——他确实这么做了。查尔斯·纽科姆有无法抵挡的魅力；埃勒里·钱宁很高兴地成为爱默生的邻居（就住在梭罗为他打点好的那间屋子），而且“工作非常努力，我们的交往让我开怀”。[84] 有一段时间，爱默生的新“天才”是本杰明·韦斯特·鲍尔（Benjamin West Ball），“这个年轻人的阅读量大得惊人，前景广阔”，他或许“只需要多一点思想的休憩……就能成为伟大的伴侣”。[85] 爱默生对威廉·塔潘和贾尔斯·沃尔多的迷恋更为持久，他们就是梭罗到纽约的首日领他去酒馆的那两位年轻人。爱默生之前恳请梭罗会见塔潘，“一个孤独的、爱沉思的美好的年轻人”，还有“年轻的华盛顿凤凰贾尔

* 品达（Pindar，约前518—前438年）：古希腊抒情诗人，代表作为《皮托竞技胜利者颂》（*Pythian Odes*）。

斯 · 沃尔多”，与他们分享“美好的友谊”。[86] 梭罗觉得他们很和善，但是没有其他优点。在他的问询下，贾尔斯 · 沃尔多败下阵来。“我与梭罗的见面让我发现只对书本感兴趣的我是多么无知。”他沮丧地诉说给爱默生听。塔潘“更内敛和更独特的思想”赢得了梭罗更多的尊敬，然而，梭罗还是给爱默生写下尖酸的评价：“天堂不会碎裂成他们头顶的钻石。”爱默生带着怒气回信说，或许梭罗没有公正地看待他们。[87]

* * *

从别的地方传来的声音也令人焦虑。5 月 25 日，布朗森 · 奥尔科特和查尔斯 · 莱恩在哈佛附近买了一座 90 英亩的农场。6 月上旬，他们兴致高昂地出发，去建立他们的乌托邦社区：弗鲁特兰。根据路易莎 · 梅 · 奥尔科特（Louisa May Alcott）回忆，他们用理想主义来填补他们在实际生活中所缺乏的常识，几乎就是用它填补一切知识。莱恩试图招来梭罗，他给梭罗写信说，他们美丽的绿色风景需要的就是“梭罗的头脑”，好提升它，使它拥有“古典之美”。他们也可以借助他的生活常识，而且，莱恩还颇具远见地说：“我想象你对目前的处境并不感到满意，到我们这里，你会更开心的。”[88] 但是梭罗没有回应。接着，从国外传来噩耗。正在德国莱比锡求学，本应名声大噪的查尔斯 · 斯特恩斯 · 惠勒，梭罗的哈佛室友，也是他最信任的朋友，突然死于胃伤寒。7 月 21 日，在写给海伦的信里，梭罗为他勇敢的朋友写了悼词：惠勒的“耐心和刻苦——他对文字的敬畏和爱——以及他众所周知的准确表达”本该为世界做出贡献。“在不同背景和品味的平民和学者之间建立联系，”梭罗叹息道，“有这么多的事情留给我们这些活着的人来做。”[89]

随着秋天的临近，梭罗逼迫着自己。“我醒着的时间已经比之前多了”，他让辛西娅放心，“而且在其他方面也更坚强，这样我才能在文学上有所斩获”。急于挣钱的他试着推销杂志《美国农业家》（*American Agriculturalist*）。他第一次的推销之旅就遇上了罕见的暴风雨，只好借宿在贾尔斯·沃尔多家。他的外宿引起了威廉·爱默生的警惕，在给沃尔多·爱默生的汇报信里，梭罗对此事轻描淡写。“我诚心希望这位这座看起来充满机遇的乡村真能给你带来更切实和公平的回报”，沃尔多·爱默生如此回复，但那儿如今看起来“更像拥挤的英格兰和威严的德国，而不是丰富和空旷的自然……”不过，他无助地补充说：“这种表面现象具有欺骗性。”毕竟，梭罗在康科德的朋友都做得很好。爱默生试图使他恢复信心的话把裂痕捅得更深了。[90] 梭罗的家信从坚定变为感伤，如今弥漫着对家人的想念。起初他只是想念爱默生一家，之后他写了一封封长信给自己的家人，讲述自己的生活，充满思念。在一封信里，他想象着星期天傍晚的客厅：辛西娅认真地阅读“某本精心选择的书，很可能有超验主义倾向”；“父亲先是再看了一眼花园”，然后聚精会神地读起报纸；“海伦第四次偷偷跑进来看最新的新闻”；索菲娅正在缅因探访梭罗家的亲戚，“但是路易莎姨妈无疑一定正赶着去某个重要的会议”。10 月 1 日，他在信里透露：“我不知道我什么时候会回家。”[91]

答案不用等多久，因为很显然他已经落入惨境。从他留存下来的几页日记中可以看到这种绝望：“昨天我走遍了纽约——我没有见到一个有灵魂的人。”“我讨厌博物馆……它们是自然的墓穴。”这种感情最清晰地见于一篇 10 月 21 日写下的日记，描绘的应当是威廉和苏珊·爱默生的房子：“哦，我在木地板上看到了有些夫妇过着这么花哨却空洞的生活——连地下室的大厅都装着折叠门——还有一些访客留下的卡片和几本最新的年刊。”这些孩子哭起来似乎“没有乡村里的孩子那样内敛、低沉”，而且这里的人只是在过日子，没有在生活。“房子的中央连壁炉都没有。”[92] 渴望壁炉的梭罗决定回家过感恩节。爱默生对他说：“给学园带一场演讲来！”很快，梭罗回到了康科德，和爱默生、奥雷斯蒂斯·布朗森茶叙，送布朗森去学园，给策划人介绍自己这位昔日的导师，聆听他的这场题为《煽动者》（“Demagogues”）的演讲。感恩节当晚，则是“从纽约来的亨利·戴维·梭罗”的演讲，题目是《过去的诗人》（“Ancient Poets”）。但是梭罗不再是“从纽约来的”了。12 月 2 日，爱默生支付了梭罗 10 美元作为《日晷》的稿酬，梭罗用这笔钱回到斯塔滕岛，收拾行装，回家。

离开前，他还是尝试了另一种可能：回纽约的路上，他在布鲁克农场住了几天。[93]这是个需要做决定的时刻，不仅因为他突然不知所措，还因为在纽约的时候他沉浸在夏尔·傅立叶提出的用社会科学的新原理重组社会的大胆提议之中。现在，两年过去了，布鲁克农场在积压的债务下苦苦支撑，来自纽约的声音［威廉·亨利·钱宁的新杂志《当前》、阿尔伯特·布里斯班的刊物《方阵》(*Phalanx*)］正合并起来酿造一个关乎生存的危机：布鲁克农场应该重整并加入傅立叶主义的方阵吗？这意味着要给布鲁克农场提供赖以为生的资金支持，也意味着放弃它们最初的创立超验主义的原则。梭罗去布鲁克农场的原因我们并不清楚：他是出于单纯的好奇，还是试图影响这个决定？毕竟，他只是发表了一篇讨伐他们正在争辩的这种乌托邦社会工程的文章而已。或许他真在考虑搬去布鲁克农场？

如果他真的考虑过，那他最终改变了主意。乔治·布拉德福德(George Bradford)给爱默生寄去了一封忧心忡忡的信：你的朋友梭罗在暴风雪当中离开了。而且令布拉德福德羞愧的是，没有人开车送他去火车站。这十分无礼——“我们责备着自己的考虑不周，缺乏待客之道”(他们之前是否产生过争执？)——不过真正令布拉德福德焦心的是梭罗“脆弱”的身体，他的喉咙“之前总是承受着痛苦”。梭罗的身体没大碍，但是他再没有回去。一个月之后，布鲁克农场正式投票，走向了傅立叶主义的道路。这个结果使农场里的人产生分裂，很多人离开了，包括布拉德福德本人，很显然他站在梭罗这边：“我们应当感谢亨利为他的思想所做出的勇敢辩护，这里的一些具有类似信仰的朋友们都很尊重他。”[94]

与此同时，另一座超验主义乌托邦——弗鲁特兰，正处于垮塌前最灰暗的阶段。“7 月份他们看起来还不错，我们可以等到 12 月再看看。”爱默生带有怀疑地评价说。莱恩甚至没有撑这么久，11 月下旬，感到被奥尔科特夫妇背叛了的他回到了波士顿。12 月上旬，他在那儿给梭罗写了一封温暖的慰问信："希望你很快就能摆脱这个尴尬的困境，真正找到让你'舒适'的位置，这是来自你最真诚的朋友查尔斯·莱恩的祝福。"[95] 如今，只有一个地方可以试试了，这个梭罗可以感到"舒适"的地方——家。他回到了帕克曼大宅，回到了约翰、辛西娅和他的妹妹们之中，他已经离家四年了。12 月 17 日，沃尔多·爱默生给哥哥威廉写信，说梭罗很感谢他的酬金，他已经带走了所有他珍惜的物品，任何留在他房里的东西都可以任他处置。梭罗先前借阅的品达作品会通过沃尔多归还。就是这样，5 月满怀希望离开的梭罗过了七个月在失落中回来了。

看起来，这种彻底的失败关上了他文学事业的大门——或者至少说，关上了梭罗自 1837 年开始追寻的这种事业的大门，当时的**他**刚成为爱默生门下光彩四射的新天才。现在他回到了康科德，被击垮了，失去了光辉，但是他**回家**了。他在纽约的岁月抹去了这座城市在他心中所具有的浪漫色彩或令人畏惧的力量。从城里杂乱拥挤的街道、破敝的办公室、空荡荡的客厅中，梭罗终于见证了他之前说过但不完全相信的话：康科德确实是他的罗马，康科德人是他心中的罗马人。"失败是天堂的成功。"他告诉过自己。离家的他遭遇的只有失败。现在是时候看看成功是否就在家里等他了。

去往瓦尔登之路

梭罗以全新的热情和精力投入康科德的生活。夏日的纽约酷暑难耐，他曾向往"过去岁月里那些树林里的散步——这些记忆如此神圣，不容随意处置"。如今他重返神圣之地。"昨天我去滑冰了，追一只狐狸"，这只狐狸在他身前全速飞奔，直到它着了魔一般一屁股坐在地上，"像狼的幼崽那样冲我狂吠"。梭罗也着了魔——看到狂野的自然让他神魂颠倒，"自由的森林生活"比法庭和讲堂都好得多。[96]

不过，他熟悉的家园已经彻底消失了。1842 年 1 月，镇领导很努力地争取让波士顿—菲奇堡（Fitchburg）铁路行经康科德。1843 年 4 月下旬，在梭罗正准备离开的时候，伟大的“魔鬼火车”就把一大群工程师和爱尔兰铁路工带进了康科德的森林。6 月，爱默生警告梭罗：“镇上满是爱尔兰人，森林里满是手拿经纬仪和红旗的工程师，从一个站台到另一个站台，他们相互喊着几英尺几英寸。”到了 8 月，自从康科德来了这群苦干的劳工之后，沉静的草地就无人造访，到了 9 月，爱默生担心“镇上的人文环境会被这群拿了 60 或者 50 美分就整夜工作不睡觉的贫穷爱尔兰劳工毁掉”。[97] 爱尔兰的棚屋充塞着瓦尔登的湖岸，走在森林的每一条小径上都能撞见劳工，他们“整天爆破，经常发生可怕的意外”，用铁路“之后能给镇上带来的改变”这种空洞的许诺做借口。到了 9 月，从瓦尔登湖切到火车站的口子已经有 18 英尺高，而且还在每天迈进。“所以，你看到了，我们的命运已决。”爱默生报告说。对他来说，他之前没有打算卖房子，不过他觉得铁路恐怕很快会把他赶走。梭罗跟妹妹索菲娅开玩笑：“我希望**你**不会被爱尔兰海卷走。”[98]

梭罗曾在纽约街头带着同情和好奇观察过移民：挪威农民带着自己的工具，英格兰的工人寻找阳光和微风，一家人晒着太阳在人行道上做晚餐。他的朋友们和家人都为爱尔兰人的“侵略”而焦虑，然而梭罗最后让他们安静下来：“强壮的爱尔兰臂膀所做的工作具有比橡树和枫树更高的价值。我觉得我能够平静地看着一长串爱尔兰棚屋，看着猪和孩子在宜人的康科德泥地上玩耍，我在他们晒黑的笑脸中仍然能看到我的瓦尔登树林和费尔黑文。”[99] 至少，霍桑也在那儿找到了属于他的瓦尔登湖：10 月的散步途中，他欣喜地发现在瓦尔登湖最漂亮的小山坡上有“几座小棚屋”，这是粗木板和泥糊的屋顶搭出来的爱尔兰小屋，它们形成了“自然的小山丘”，掩隐在群树之中，一如蚂蚁穴或松鼠巢那样自然。然而，这种风景如画的小村背后却是“高大、丑陋的铁路路堤”的“摧残”，直指纯净的瓦尔登湖水。9 月来康科德见梭罗的玛格丽特·富勒也提醒梭罗留心，“爱尔兰劳工的小村看起来很美，但是他们的铁路和康科德格格不入”。新铁路究竟会带来什么样的“改变”？每个人都同时在担忧和憧憬。[100]

然而，梭罗这位发明出更好的铅笔配方的机械师几乎从不反对科技。那个春天，梭罗重新回到家族铅笔厂工作，他们的铅笔销路非常好，但是它们太粗粝，而且硬度分级需要调整。方形的铅芯也让他不满意——如果要削得均匀，铅笔芯必须是圆柱形的。为了解决第一个问题，梭罗进一步改进了他们的碾磨过程，用气流遴选出最细致的石墨粉末，这道秘密工序让梭罗铅笔厂成为美国石墨生产商的领头羊。[101] 第二个问题更难解决：过去的方式是切一个方形的凹槽放铅芯，然后上胶。经过好几天的机器实验，梭罗做梦都想着齿轮。[102] 最终，他终于知道了怎么做出圆形的凹槽。他在中间钻孔（留下一个把手，避免浪费石墨），挤出圆柱体形状的石墨，在钻出的孔里插入硬度更强的铅芯。他的新机器是否能应用于大规模生产这一点我们并不清楚——少数留存的梭罗铅笔都是方形铅芯——但是他们可能制造出了一些。如今，梭罗铅笔厂有各种铅笔：花哨的绘画铅笔和“不同质量和价格的”普通铅笔，“体积庞大的”圆铅笔和“扁平的”铅笔，它们有着令人眼花缭乱的包装和标签，满足所有需求。

到了 1844 年 5 月中旬，亨利 · 梭罗有了一种待测试的新型铅笔。爱默生寄了几支给一位艺术家朋友，问她是否觉得这种铅笔和英国绘画铅笔一样好。“是的，”她回复说，“优等，配得起康科德的艺术和艺术家，而且确实是我在这儿见到的最好的铅笔之一。”她说肯定会推荐给所有朋友，而且希望“我自己就能‘写光’很多。有没有比 S 级更软的铅笔？例如最硬的可以有 HH，最软的可以有 SS？”[103] 到了 6 月，梭罗铅笔厂得到了科学家查尔斯 · T. 杰克逊（丽蒂安的哥哥）的推荐，他把这种高硬度的铅笔推荐给工程师使用，因为它们的铅芯细腻、平整。一位来自波士顿的艺术家兼雕刻师称这些铅笔是全美质量最高的，并且不亚于任何伦敦生产的铅笔。梭罗家把这些华丽的称赞词印成了花哨的广告传单，开始参加竞赛：1847 年，马萨诸塞州慈善机械协会授予“约翰 · 梭罗及其儿子”证书以嘉奖他们的铅笔，1849 年塞勒姆慈善机械协会颁发给他们一块银牌。[104] 伊丽莎白 · 皮博迪在她于波士顿的书店里以 75 美分 12 支的价格售卖优质的梭罗铅笔。有一段时间，人们可以在那儿同时买到亨利 · 梭罗的作品和用来记笔记的“约翰 · 梭罗及其儿子”的铅笔。

* * *

“亨利永远成不了一个作家，”埃勒里 · 钱宁向爱默生讥笑说，“他像鞋匠一样积极。”[105] 但是，即便在做梦也想着齿轮的时候，梭罗仍然列出了他对于诗歌的主张。这篇最新的文章乍一听很像爱默生的口吻：“人谱写诗歌就像橡树结出橡果、葫芦藤结出葫芦那般自然。”不过很快他加上了梭罗式的转折：真正的诗人“把这个星球和残茬都织入诗句”。**真正**的天才的作品（譬如他自己的？）不应当刷上清漆或金粉，而是“新鲜收割的”，带着“内在的光泽，即便碎片脱落了还在闪耀，这来自它完美的品质。它的美和力量同在，它的碎裂散发着光芒”。诗歌最终不应是橡果或葫芦，而是碎石打磨的箭头，一如理想的诗歌，它“期待时光的流逝”，它是刀刃锋利如钢的化石。[106]

锐利的工具，锐利的文词：温德尔 · 菲利普斯正在重返康科德的路上。约翰 · 凯斯再次提起抗议，宣称菲利普斯先前的演讲“充满恶意，毒化听众，令人发指”，而且提议只有菲利普斯答应讲无关政治的题目，他才被允许回到学园。学园的策划人则立场坚定，因此，在 1844 年 1 月 18 日，菲利普斯的叛国言论再次俘获康科德听众的心。怒火中烧的凯斯和塞缪尔 · 霍尔在第一教区教堂召集了会议，他们决定批判菲利普斯这个蛊惑了“愚蠢”、无知的康科德妇女的骄傲“小子”。有人给菲利普斯通风报信，后者就在教堂的后排静静等着镇领导开完大会。而后他起身，对与会人群说：“我是个小子，但是我重复的是岁月的声音，是我们尊敬的国父们的声音，是政治家、诗人和哲学家的声音。最后发言的这位绅士把做正确的事情的后果描绘为对生活、自由和幸福的威胁。这种主张如今在南方被合法化。”然而，“我们的布道台沉默着”。在“愚蠢的妇女和这些小子们”敲响警钟之前，有谁听过这可怕的真相？整个事件由《解放者报》报道。巴尔齐拉伊·弗罗斯特怒气冲冲地说，菲利普斯一定蛊惑了全康科德的妇女。[107]

如果说康科德的妇女被蛊惑了，那么亨利·梭罗则居于“女巫会”的核心。海伦·梭罗是康科德女性反奴隶协会的副主席。她真诚、智慧、充满道德感的声音一直深深影响着亨利。亨利回到家时发现客厅里有了一本新相簿：海伦从那些最激进的期刊[《解放者报》、《自由先锋》(*Herald of Freedom*)、《全国反奴旗帜报》(*National Anti-Slavery Standard*)]上剪下并结集了反对奴隶制的文章，她把这些剪报塞进一本南卡罗莱纳州查尔斯顿来的旧账本，这本账本记录的是奴隶贸易的可耻历史，也有全国民众努力争取自由和平等的故事。她的哥哥在翻阅的时候一定在莉迪娅·玛丽亚·蔡尔德的“纽约来信”处流连，因为她也看清了这座城市“花哨却空洞”的生活，看清了城市街道“焦虑、忧心忡忡的脸上”书写的“挫败、绝望、犯罪和自杀倾向”。[108]在同样的几条街上，亨利遇到并品评了这个时代最优秀的改革者：威廉·亨利·钱宁、布里斯班、格里利、亨利·詹姆斯。他见证着奥尔科特和莱恩找到他们的乌托邦社会，也见证着它的分崩离析；他在傅立叶主义者接替布鲁克农场时曾和他们激烈交锋；他曾在全国最重要的改革刊物上批评他们社会工程的白日梦。现在是时候发声了。

2月中旬，爱默生给了梭罗一些建议：勇敢地面对你的听众，“点燃”你的思想。就在之前一周，正在波士顿演讲的爱默生感到他的滔滔雄辩震醒了观众，唤醒了他们内心深处的“幽灵”。但是梭罗对华丽的言辞感到怀疑，他拒绝去判断“雄辩”要如何才算“自然”，他只知道“‘矫饰’是个有着不祥征兆的词”。爱默生的演讲《年轻的美国人》(“The Young American”)点燃的是从东岸到西岸之间的技术扩张的火焰，这不令人奇怪。“这片富饶的大陆属于我们，每一个州，每一片土地，一直到太平洋。”他鼓动着，“铁轨是魔术师的手杖，它可以唤醒陆地和水域沉睡的能量。”不祥？这简直是梭罗对埃茨勒的评价，他在《民主评论》上曾嘲讽过埃茨勒虚伪的艺术粉饰和洋洋得意的工业幻想。奥沙利文本人会给这种意识形态取一个极富感染力的名字：命定扩张论。[109]

一个月之后轮到梭罗演讲。他之前应邀在波士顿艾默里大厅(Amory Hall)做过两场讲座，参与到一系列改革者的行列之中。其中有加里森、莱恩、菲利普斯、埃丁·巴卢(Adin Ballou，美国不抵抗协会的创建者之一)，还有刚做过题为《新英格兰改革者》("New England Refermers")演讲的爱默生本人。在那场讲座里，爱默生嘲笑了两种改革的极端：一种是骄傲地提出异见且“形单影只”、只拥护“王国为我造”的否决者；另一种是放低身段，只“适应协会能够达成的绝对共识”的公民。对爱默生而言，他一直坚定地站在两个极端之间的中间地带，捍卫那些说出神圣真理的个体，比如菲利普斯说：“我们宣布，‘这间屋子里出了一个叛徒！’但是最后证明他才是真正的人，我才是那个叛徒。”爱默生补充说，菲利普斯所呼吁的真正的改革之路只有一条，就是向神圣的天才投降：“服从他的天才是唯一的解放之路……我们喝水，我们吃草，我们拒绝法律，我们进监狱：这一切到头来不过一场空。”[110]

如今，梭罗第一次在公开场合与爱默生划清界限：他本人就是骄傲的异见者和形单影只的否决者。他见过两个亲密的朋友拒绝法律，然后进了监狱；他也支持“叛徒”菲利普斯——但是他鞭笞爱默生温和的中间立场，爱默生暗示他朋友们的行动是“一场空”。极端主义？“至今为止，我都没认识几个足够极端的极端主义者。”梭罗反诘道。他们干预“无害的体制的根基”而从来不是他们**自己**的根基。会见威廉·亨利·钱宁和他那些联想主义者朋友之后，他就对海伦说过同样的一番话：“他们想要信仰，但他们把自我的病态看成是全社会的传染病；如果他们中有任何人恢复了希望，而且克服他那**特殊**的委屈，只消一会儿，他就不会再和那群人作伴。”[111]此刻他把这些话说给波士顿的听众。

倘若某件事让一个人痛苦，他又做了什么？他着手改革世界。你们听到了吗，沃洛夫人（Wolof）、巴塔哥尼亚人、鞑靼人、内兹佩尔塞人（Nez Percé）？这个世界必须改革，而且必须一下子就改好。准备好——改变！我觉得我听到这种愉悦的浪潮席卷了西部的绿色平原，覆盖了沉寂的南美大草原，晒干了非洲的沙漠，延伸到西伯利亚；穿过人口稠密的印度和中国村庄，沿着印度河，沿着恒河，沿着希达斯皮斯河（Hydaspes）前进。

但是他突然掉转枪头，质疑听众：你们真的相信社群吗？如果是，给我们看行动，而不是光讲话，行为要比言辞有力。

听众们（此刻梭罗是否在逼视他们的眼睛？）很清楚，梭罗接着说："演讲者的意思不是毁坏财物、撕裂家庭纽带，或者今天晚上不要任何的人类政府了。演讲者只是答应演讲，就像听众答应成为听众。"你们都知道批判金钱的演讲者说这些话是有酬劳的——**这是**你们需要记住的教训。[112] 面对话语的空洞本质，只有行动是真实的——真正的行动，不是象征意义或修辞意义上的——只有行动可以促成真正的进步。不用去另一个委员会，去拍板通过另一套无效的解决方案，然后茶歇。深入挖掘你自己的根基，去发现如何才能彻底改变你自己的生活。

这是前所未有的。梭罗不再向爱默生看齐，他致敬的对象是温德尔·菲利普斯和弗雷德里克·道格拉斯这样的践行道德准则的人，他也致敬纳撒尼尔·P. 罗杰斯（Nathaniel P. Rogers），新罕布什尔州《自由先锋》激情洋溢的编辑。《日晷》只剩下最后一期了，作为最后的投稿，梭罗为罗杰斯谱写了敬辞，说后者流淌的语言"如属于他自己的山间激流，时而清澈闪亮，时而裹挟沙粒和泡沫，但永远散发着杉木和挪威松的清香"。梭罗在爱默生谨小慎微的《日晷》里多番吹响罗杰斯正义的"战争号角"："奴隶制必须被废除，被批判，被嘲讽，包括那些支持奴隶制的人"，罗杰斯写道，"废除它们，包括这个血腥的体制，把它们从这片土地上清除出去，从这个世界上清除出去——让红海淹了它"。你说这是狂热主义吗？**“走着瞧。”**[113]罗杰斯读到梭罗的评论很激动。这个激进的年轻人是哪儿来的？罗杰斯在后一期的《自由先锋》里问道。“或许他是个德国人。他在这个国家一定还没写过很多东西，不然我一定听说过他，他的声音没有传出马萨诸塞州的康科德。”多写！他乞求这位无名的作者。[114]可惜的是，罗杰斯死于1846年，他没有机会见梭罗，也没有机会读到梭罗本人书写的反对奴隶制的雄文。

《日晷》这个盗取爱默生大量时间的“重刑犯”的死刑判决对他而言是个解脱。他之前为了其他人接管这份刊物，现在是时候让他们“用自己的名字写作”，也让他自己有时间完成下一本书《散文：第二册》（*Essays, Second Series*）。[115]几位《日晷》的作者确实迎来了声名（虽然不一定迎来财富）：奥尔科特出版了诗集和文集，玛格丽特·富勒把她开创性的散文《大诉讼》（*The Great Lawsuit*）扩展成书，即《19世纪的妇女：美国女权运动的奠基》（*Woman in the Nineteeth Century, The Foundation of the Women' s Rights Movement in the United States*）。梭罗呢？那年10月，他打开爱默生的新书，读了《诗人》（*The Poet*），这是这位导师为美国诗歌写的宣言，影响深远。沃尔特·惠特曼*说此前爱默生一直在升温，升温，升温，直到这篇文章横空出世，他沸腾了；当爱默生收到了《草叶集》（*Leaves of Grass*），他立即放下一切手头的事务写信给惠特曼：“让我在你伟大生涯的开端向你问好。”梭罗本人不会收到这样炫目的宣告。在之后的人生中，梭罗告诉富兰克林·桑伯恩，收到爱默生的批评后，他把诗作烧掉了。没有灰烬留下来证实这段逸事，但是这个故事应该是真的。倘若确实如此，这件事最有可能发生在1844年年末，在《日晷》休刊和梭罗收到爱默生签赠的新书之后。就是在这本书里，在《诗人》接近尾声的地方，他读到了来自爱默生的致命一击：“我搜寻着我形容的这位诗人的身影，却徒劳无获。”[116]

---

* 沃尔特·惠特曼（Walt Whitman，1819—1892年）：美国诗人、散文家、新闻工作者及人文主义者，他是美国文坛最伟大的诗人之一，代表作为《草叶集》。

* * *

当爱默生正在完成新书时，梭罗正在户外活动。1844 年的 4 月尤其温暖干燥，一个明媚的 4 月早晨，梭罗和爱德华 · 霍尔（Edward Hoar，塞缪尔 · 霍尔之子，即将从哈佛毕业）出发，沿着康科德河来到它的源头，一路上野营，野钓。那天早上，他们捕到很多鱼，接着划船去费尔黑文湾，在其东北角的威尔米兜湖（Well Meadow Brook）上岸，在一个树桩上架起篝火，把鱼烤了做晚餐。自儿时和辛西娅野餐开始，梭罗生起过无数的营火，但是这一次，附近干燥的野草着了火，很快火势就失去了控制。温暖、干燥的西南风像鼓风机一般扇旺他们身后的火焰。“这要怎么办？”霍尔绝望地喊。“它会烧到镇上去的！”梭罗吼着，眼看着“我们制造的这个怪物”一路奔上山，“跳着扑向森林，不受控制，不可收拾”。霍尔划船去拉响警报，梭罗则拨开树林赶到镇上去。他碰到的第一位农夫拒绝给他帮助：“噢，他说，这不关我的事。”他遇到的第二位农夫随他奔赴山火现场，但却在看见一位手握斧头逃命的樵夫后动摇了，当这位农夫也往回跑的时候，梭罗心力交瘁：“我一个人要怎么抗衡半英里宽的火势？”[117]

在梭罗帮助农民们用小型山火来清理林地之后，直到 1850 年，他才会写下这场彻底的失败。农民们教他正确的点火方式：“你必须背风点火，让火慢慢地烧起来。”但是在 1844 年的那一天，火迎风而起，迅速燃烧。梭罗记得他走在火的前方，站在费尔黑文山最高处的岩石上，看着它慢慢接近，直到差一点儿吞没自己。幸而这时镇上的救援力量赶到了。那一天余下的时光，他都在和邻居们一同救火，在山火的周围用锄头和铲子挖沟，把火圈在里面。六年之后，回想起这一刻的梭罗建议镇上组建一支 40 到 50 人的救火志愿队，火情预报的鼓声一响，他们就带着锄头、铲子驱车赶到，必须这么做，因为关键时候有些邻居会不肯出借自己的工具，怕会失去这些东西，这支队伍需要一位经验丰富的队长来指挥。他的建议很合理。[118] 到 1850 年，当梭罗终于有勇气面对

1844 年自己的所作所为，山火已经成了经常性的问题，它们主要由火车引擎引起。梭罗烧着的那片土地就曾重新遭殃。整个 19 世纪 50 年代，他都在自行研究山火的后果及康科德松树–橡树林生态的重建。之后，他发现这些树木其实是频繁的山火的产物，一些是自然引起的，另一些是几百年来北美土著部落放的，他们用这种方法管理着森林。

不过这些都没能帮助梭罗面对那天可怕的回忆。有位目击者记得“人们责备梭罗的鲁莽，但是觉得他即刻承认自己的过错这一点很可贵”，也感谢他一起救火。[119] 但是很多人并不这么宽厚，他们把梭罗叫作“该死的混账”，很多年后，还有人一直在背后喊他“烧树林的”。那个说“不关我的事”的农民失去了 60 捆砍下本来准备要卖的木柴。他的女儿从没有原谅梭罗。“不要跟我提亨利 · 梭罗，”她经常这么说，“那整个冬天我都必须穿着拼布围裙或裙子去学校，因为我必须挣钱，必须使用已经部分烧焦的木柴。”《康科德自由人》（*Concord Freeman*）指责“我们中的两位公民的莽撞”，但是也指出火势“主要燃及树龄不长的树木、灌木和树叶”，因而它看起来“比实际更具危害性”。这份报纸估测有 300 英亩林地被焚——这是夸张的，因为那一区域的林地至多只有 150 英亩，实际情况更接近梭罗自己的估量：100 多英亩林地。而且，尽管梭罗害怕山火会威胁康科德，但实际上不可能，因为在距离镇上任何建筑很远的地方就没有树了。[120]

然而，损失是真实的，也是持久的。当地报纸把财产损失估计为 2000 美元——在当时是巨款——梭罗还面临诉讼的可能。如果梭罗不是跟塞缪尔 · 霍尔的儿子在一起，他可能真的要接受法庭的审判；但是康科德这位大人物再一次悄悄平息了事件，他自掏腰包弥补了损失。森林受到的危害被遗忘了，但是梭罗的名誉遭受了持久的损失。在他死后，当他未发表日记里这段写于 1850 年的忏悔被发现，且刊登于《大西洋月刊》（*The Atlantic*）上时，嘲笑声又回来了：这位木匠们的偶像一不小心就烧掉了整座森林！这位宣传环境保护的圣人一把火烧掉了地球！他的家乡有了他更麻烦，他应该就以捕鱼为生！

梭罗本人受到的精神伤害也是真实且持久的。他不仅需要六年的时间才有勇气忏悔，而且即便他这么做的时候，他写下的文字也宣告着他试图否认的深重悔恨。独自站在费尔黑文山崖上的他，无助地看着扩大的火势，他“感觉像个罪人——他感到完全的耻辱和悔恨”。但是警钟响起的那一刻，他知道镇上派人来了，他又怒气冲冲地为自己辩护：“谁是那些自称为这些树林主人的人？我和他们之间有什么关系？我在森林放了火——但是我没有做错什么——好比此刻的这火可以是闪电引起的……我这么快就和自己达成了共识，起身看着逐步逼近的火焰。这个景象很壮观，我是唯一能享受这一景致的人。”当然，这些话语没有引起任何情感的共鸣，但是里面确实有一丝真相。从树林的角度看，梭罗的摧毁力确实和闪电一样自然，和铁路一样缺乏人性，他引起的是森林生态循环中再寻常不过的重生过程，枯萎的树叶和灌木被清除，营养重回土壤，激发被称为“森林演替”的再生循环。

从那天起，梭罗知道了一项很少人理解的真相：人类和自然不可分割，而且人类处在自然的循环之中，引起改变的人无法控制他所引起的改变。那天晚上，梭罗徘徊在“烧焦的废墟……直到夜深”，他走回自己点燃这把火的木桩。被焚毁的草地上散落着鱼，已经烤熟了。在之后的人生中，他会不倦地回到这片树林，一次又一次，他看到的一切都引起他的警觉：“春天的时候我烧掉了100英亩地，烧得大地干枯发黑——到了仲夏，这片土地已经披上了比周围更明丽、更茂盛的绿色外衣。人们应当绝望吗？人自己不也是一片正在萌芽的林地吗？他们还没有经过这么多的火烧和萎谢。”[121] 梭罗绝不会忘记他自己也是个堕落的人——他也是亚当之子。自然奇迹般地原谅了他，从没有指责过他，即便他的邻居从没有原谅他。

* * *

有一位朋友的忠诚从未动摇：埃勒里·钱宁。他和埃伦及他们刚出生的女儿仍旧住在康科德。那年夏天，钱宁在纽约有工作，他同意工作结束后在马萨诸塞州西部靠近哈得孙河（Hudson River）的皮茨菲尔德（Pittsfield）和梭罗见面。7月中旬，梭罗独自出发，带着手杖，背着一只朝圣者的背包，里面装了几本书和一些换洗衣服，徒步登上新罕布什尔州饱经风霜的莫纳德诺克山陡峭的顶峰。[122] 在山顶露宿一晚后，他前往西南方向 80 英里之外的格雷洛克（Greylock）山，也被称为“马鞍山”。他在山间攀爬了好几天，歇息的时候捡野果或者吃一块从农家买来的面包，接着来到康涅狄格河南岸，再往西沿迪尔菲尔德（Deerfield）河上游经过冉冉升起的山谷，直到穿过胡沙克（Hoosac）山脉下到山下的峡谷，再登上格雷洛克山，顺着这片被称作“大风箱”（the Bellows）的漫长峡谷往前走，据说狂野的风会在暴风雨中一阵一阵呼啸着穿谷而过。

爬山的时候，雷声就响彻在他的脚跟，幸好这阵暴风雨匆匆而过。当山间小道折向右边时，梭罗跟着他的指南针径直来到山顶，这是“更加危险的捷径”。在一户农家，他遇到了一位年轻的姑娘，她“说话的时候一直不经意地梳着她的乌黑长发，每一次落梳都让她的头发更引人注目，她双眼闪亮，生机勃勃，对我山下的家乡充满好奇”[123]。他很想逗留，但是他仍旧跟着指南针的指引穿过茂密的山月桂丛，再是稀疏的树林，最后来到树木生长线以上的山巅。干渴难耐的他喝光了马道上小水坑里的水，“纯净，冰凉，山泉一般的水”。他搭了营地，煮饭，就着营火读了一些报纸片段直到夜深。山里的夜如此寒冷，他把自己罩在旧天文台废墟中的纸板里。

黎明时分，起了一阵海洋似的浓雾，正好覆盖到天文台的底座。“我在一个世界的断壁残垣上飘浮，在我刻过的木板上，在云间。”他写道，这是“给永远沉默的人展示的视域，是一种恩惠”。当升起的太阳为浓雾镀上金色，他犹豫了：要不要回到那位长发姑娘的家里？但他受到了西面更高的山的召唤。他下到云朵和细雨里，钱宁正在那儿的皮茨菲尔德车站等着。钱宁看到梭罗的时候，觉得他像个乞丐。“他连衣领都没有露出来，背着已故的查尔斯 · 爱默生留下来的小皮包，看起来就像他曾露宿在野地上，胡子拉碴，衣衫褴褛。”[124] 那一晚，他们“在甲板上，在属于这个世界的桅杆前”过夜——或者通俗点说，他们躺在一艘从哈得孙到奥尔巴尼的蒸汽船的甲板上——梭罗站立在船头，饱览“群山之间的月光”。有个乘客把他误认作普通的水手，用胳膊捅了捅他，说：“快过来，你能借我一口烟抽吗？”之后，钱宁会笑看他走过甲板，经过时髦的绅士和淑女们，“啃着半块面包——他的晚饭”。[125]

在卡茨基尔山脉（Catskills），他们路过一个豪华的度假胜地［就是之后很有名的豪斯山（Mountain House）］，那儿的卡特斯齐尔（Kaaterskill）瀑布旁有间锯木厂，他们在里面住了一晚。梭罗记得的不是这座有名的瀑布——比尼亚加拉更高，水势更猛——他记得的是这座没有粉刷的房子，干净、清爽，走道上回荡着卡茨基尔的音乐。他梦想着住在这样的屋子里，在某个他自己的山中小湖边。[126] 在南伯克希尔（Southern Berkshires），他们在巴什比什（Bash Bish）瀑布旁驻足，之后步行 30 英里去到切斯特（Chester），登上西行火车来到弗雷明翰（Framingham），再往北走，在 8 月 1 日的清晨终于走回了康科德。梭罗离开了好几周，测量康科德与北边莫纳德诺克山之间的土地，然后又测量与西边更远的格雷洛克山之间的土地：现在他的双脚知晓马萨诸塞州的宽度，这是他一步一步得到的知识，也是对他的体力、智慧、耐力甚至文学力量的考验。漫步成了写作的同义词，测步距宛如衡量他自己的散文。梭罗这场最初的探险从未被写成单独的长文，但是从里面诞生了丰富且诗意的篇章。

他们回到康科德时正赶上英属西印度群岛奴隶解放十周年的庆典，这是一个重要的节庆。那年 5 月，康科德派去波士顿参加废奴会议的代表包括辛西娅、海伦和索菲娅 · 梭罗，她们都要求“解散联邦”，拒绝接受赋予奴隶主权力的宪法。两周之后，弗雷德里克 · 道格拉斯重访康科德，作为秘书的海伦 · 梭罗记录了这场令人震怒的废奴会议，由巴尔齐拉伊 · 弗罗斯特牧师率领的镇领导谴责这些“分裂主义者”。道格拉斯反唇相讥，在座的女性都起身唱响她们的颂歌："自由的追随者不接受有奴隶主的联邦。"这场会议还没结束，他们就已经在计划更大的活动：8 月 1 日，铁路正式通车，会有大量的人从城里来到康科德。《解放者报》忙着恳请这些人来，组织者也加紧邀请演讲者——道格拉斯当然不在话下，更吃惊的是爱默生本人也站出来了。在此之前，他没有给予废奴组织任何支持。[127]

当梭罗赶上这个节庆的开端时，一切都乱哄哄的。由于源源不断的人流，会场拥挤不堪，没有地方开会。火冒三丈的弗罗斯特牧师"砰"地关上第一教区教堂的大门，圣三一教会也关上了他们的大门。纳撒尼尔和索菲娅·霍桑贡献出老牧师寓所后面的大草坪，但是突然来了一场夏季的暴雨，人们四散着避雨。访客围堵法院，但是谁能摇响第一教区教堂的铃声召集全镇人呢？教堂司事拒绝了，另外五六个人磨蹭着，不敢在未经许可的情况下触碰铃绳。"回家还没到一个小时"的梭罗拨开人群，"用强有力的手臂"抓住摇铃的绳子，铃声"欢快地响彻全镇"。[128] 听众聚集到县政府大楼，爱默生起身，做了两个半小时的演讲，这是他的第一场废奴宣言，也是他最优秀的演讲之一。正在倾听的玛格丽特·富勒激动地落泪：爱默生终于表明立场了。超验主义的能量终于来到了现实世界里。梭罗也参与其中，印刷、分发爱默生的演讲词，他自称是"协会的中间人"——"协会"指的是康科德女性反奴隶协会。[129] 他之后会越来越多地投身于废奴运动，不仅是作为协会的正式成员，更是用他的一言一行。

那晚回到家，梭罗发现有封有趣的信等着他。那年春天的早些时候，年轻的信仰追求者艾萨克·赫克先是离开了布鲁克农场，而后在弗鲁特兰稍作逗留，最后来到康科德，跟随同在布鲁克农场待过的乔治·布拉德福德学习。[130] 赫克搬进了梭罗家，在这之后的两个月里，他和梭罗成了朋友。说真的，赫克希望他能跟随梭罗而非布拉德福德学习，因为梭罗"懂更多语言"，而且真心"乐在其中"，他也有更多空闲。赫克和导师布朗森一样，被天主教教义深深吸引。此刻，在赫克回到纽约的家接受罗马天主教教堂洗礼的当晚，他给梭罗写了一封大胆甚至疯狂的信：跟我一起去欧洲。“让我们一同走过这个星球上最美好的地区，把那些地方变成我们的……我们会证明金钱不是万能的，实现我们的白日梦。我们面前这个广阔的世界在召唤我们接受和拥抱它。”[131]

梭罗犹豫着。他从徒步穿越马萨诸塞州的经历中知晓行走才是看世界的方式。但是,最终他对赫克说,此刻的他想要的是别的东西,不是“一场漫游”，而是“某种婆罗门式的、内在的庙宇生活”。[132] 钱宁觉得梭罗不应拒绝。赫克再次请求,说只有梭罗可以伴随他去实现这场英雄伟业。梭罗再次动摇，被这里面的浪漫精神感染。“遥远的旅行、非常遥远的旅行或苦行，和守在家中有着一样的价值。”他回信说。“如果你不是很快就启程，”他补充道，“再给我写一封信。”他确实无法说不。[133] 但是他也不能说好，1845 年，赫克没有再等梭罗，出发去欧洲了。两年之后，归来的赫克和布朗森本人一起创建了保禄会（Paulist Order），后者是全国最重要的天主教知识分子之一。

当梭罗推开他怯弱的邻居，摇响教堂铃声的时候，一位观察者总结说，这个人注定是全镇人的“替罪羊”。确实，梭罗这个“该死的混账”被孤立了，但他反而感到了释放：“是哪个魔鬼附身才让我表现这么好？”[134] 他曾一度是拼搏的好孩子，如今他是乞丐一般的背包旅客，是全镇的良心，是把他们刺醒的牛虻。“亨利是个难得的好公子，没有被自己限制住。”这是爱默生在那个时候写下的；他“生活在当下，把和昨天一样激进但又有所不同的革命思想带到今天。他是我们镇上唯一的有闲阶层”。和其他“做出宏大许诺的人”一样，梭罗也曾有始无终，但是他至少没有妥协。“他的生活常识和实用技能让他攻克了这个世界上的所有王国。撒旦也没有可贿赂他的东西。”梭罗本人则对爱默生说，“他的艺术”不在这个世界，而在“另一个世界；那个不需要他改进铅笔的世界，不需要他挥动折叠刀的世界”。[135] 他眼前的道路正变得清晰起来；他很清楚他要去哪儿。此刻的他只需要找到路径。

第二部

瓦尔登湖

第五章 “是你吗，瓦尔登湖？”

（1845—1847 年）

这就是瓦尔登湖，我在很多年前就发现的森林中的湖泊……现在我几乎可以问，是你吗，瓦尔登湖？

——亨利 · 戴维 · 梭罗 :《瓦尔登湖》

准备

爱默生是对的 : 铁路改变了一切。1844 年 6 月开始运营的一天四班客运列车把康科德彻底变成了波士顿的后花园。向北延展的轨道刚好与康科德村的西南角擦肩而过，全新的康科德火车站成了通勤的枢纽。一夜之间，附近的农田被规划成房产地皮出售——这是供给没有土地的人的地产，包括约翰和辛西娅 · 梭罗。辛西娅想，租了帕克曼大宅整整六年之后，是时候搬进自己的房子了。

约翰有他的疑虑，但是家里是辛西娅说了算。她在铁轨边选了一片四分之三英亩的土地，一片一无所有的空地，这里被当地人戏称为“得克萨斯”，因为当时关于这片遥远土地的领土之争是每天报纸的头条。辛西娅计划买下康科德的某座坚固的房子，然后把它移到这块地上——在当时很多人都这么做，如此可以省下大量的人工费和稀有的木材资源。[1] 9 月 10 日，约翰 · 梭罗付给这块农田的开发商 25 美元。两天后，他用这片土地贷款 500 美元用于买房和其他补给。[2] 亨利挖地窖，砌砖，帮木工做翻新工作，抬高地基，还种了相当于一果园的苹果树。[3] 随着爱尔兰工人随铁路北迁，萨姆 · 斯特普尔斯开始拍卖空置的棚屋；梭罗家把几栋屋子改成了铅笔厂和商店，设在他们家后边。到 1849 年年初，梭罗会沿着家门前的新公路进行探索，最终这条路会用一位铁路开发商的名字命名为“贝尔纳普街”（Belknap Street），不过他们的房子永远被人称作“得克萨斯大宅”。梭罗家在 1845 年的上半年搬进来，会一直住到 1850 年。即便等他们搬回主街，他们也没有卖掉得克萨斯大宅，而是租给新来镇上的人。亨利一直钟爱这里，在生命的最后时光，他会骄傲地宣布他从那些树上摘了近 11 桶苹果，这些树是他在 14 年前亲手种下的。[4]

土地投机商觊觎瓦尔登森林。1844 年 9 月下旬，为了庆祝完成《散文：第二册》的终稿，爱默生去瓦尔登湖散步。在那儿，他遇到了几个在为怀曼田（Wyman Field）竞标的人，这是瓦尔登路边上的一块荒地，里面有条小径直通瓦尔登湖。一件事连着另一件事，等爱默生回家的时候，他已经成了一片 11 英亩野蔷薇地的主人，这是他以每英亩地 8.1 美元的价格买下的。第二天，他的朋友们指出，这块野蔷薇地如果没有旁边的松树林就一点儿价值也没有，买下松树林的人一定会把树砍掉的，所以爱默生又用 125 美元买下了 18 英亩到 24 英亩左右的松林——因为有木材，所以很贵。就这样，爱默生成了“瓦尔登湖湖畔 85 英亩土地和水域的主人”，那儿正适合造“一座小木屋，或者和树一样高的塔楼，我准备日日夜夜待在这片我永远看不厌的美景中”。[5] 现在，他对土地着了狂：他想着在家附近给露西 · 布朗造一座农社，想给埃勒里 · 钱宁买一座农场，后者正供职于《纽约论坛报》，但已经想着逃离纽约了，爱默生还想给自己再买一些瓦尔登湖附近的地。一年后，他又买下了瓦尔登湖更远的一岸至附近高地的 240 英亩地，大家都把那片高地称为“爱默生崖”。从那儿，他能够望见北边的莫纳德诺克山、西面的沃楚西特山，还有下方的萨德伯里河——完美的“诗人的栖居地”，布朗森 · 奥尔科特这么想，并认为“风和日丽时”爱默生“可以带着书和笔”在此隐居。[6]

这个想法并不新鲜。梭罗在和惠勒度过那个充满诗意的夏天后就一直梦想住在湖畔的木屋里，那一年他们在可以远眺弗林特湖的棚屋里读书写作——早在 1841 年秋天，他和玛格丽特 · 富勒都开始憧憬着这样的未来。[7]夏季的度假屋、作家的木屋、隐居自然都是当时所流行的：1843 年 12 月，当梭罗还在斯塔滕岛上收拾行装时，他住在纽约城里的朋友贾尔斯 · 沃尔多和威廉 · 塔潘就提着行李搬进纽约州北部森林深处的木屋。12 月的雪也没有吓退他们，他们计划着打猎，靠着这片土地上的出产生活下去，一如爱默生写给富勒的信那样乐观，“在那狂野的无边王国”有着他们造梦用的语词。不过事实并不如愿，这些木屋到处透风，非常冷，他们根本无法写作。爱默生的脚生了冻疮，塔潘紧贴着火炉，害得他把自己的脚烫坏了，必须去看医生。他们大胆的实验只撑到了第六周。[8]这也难怪，还陷在弗鲁特兰覆灭的阴影中的查尔斯 · 莱恩写道，“白人的真实田野生活实验”至多是一场“有趣的梦，他不是为它而生的，所以他也无法被它驯服”。要真正使灵魂获得进步，人们必须“去另一个全新的方向寻找”。[9]

埃勒里 · 钱宁觉得他已经找到了新方向。1845 年 4 月底，厌倦了在纽约城里空耗的他用 600 美元买下了位于康科德彭卡塔塞山上的田地。那年 9 月，他和家人搬了过去。他对单身的朋友梭罗提了类似的建议：“在这个星球上我看到适合你的只有那片我曾命名为‘野蔷薇’的土地；去到那儿，给你自己造座木屋，在那儿开始伟大的自力更生的生活。我看不到你有任何别的选择、任何别的希望。靠你自己，你靠不了其他人，或者其他事。”[10]梭罗和爱默生讨论了一下，他之前在弗林特湖旁找到过一片地，但是弗林特不许他在那儿盖房子。现在有了新的机会，1845 年的早些时候他俩达成一致：梭罗，而不是爱默生，将会把“诗人的栖居小屋”建造在瓦尔登湖畔。梭罗——他无疑提醒着钱宁农田买来容易，易手难——很满意自己只占有居住者的权利。作为交换，他答应清理土地，种上作物，把自己的房子卖给爱默生，后者同时会在高地上造他自己的诗人居所。梭罗主动为他设计草图，在这份图纸上，奥尔科特加上了他设计的塔楼。[11]这片广阔的森林里有足够的空间给他俩实现他们各自的梦想。

当这些计划往前推进时，梭罗还有着自己的工作，他正给得克萨斯大宅工作做收尾，也完成了几篇新散文。废奴主义再次席卷全镇，尽管如今这场运动正变得越来越个人化。1844 年 11 月下旬，塞缪尔 · 霍尔作为从马萨诸塞州派去的官方特使去到南卡罗莱纳州的查尔斯顿。他带去一份正式的控诉——指控南卡罗莱纳州非法关押抵达查尔斯顿港的自由黑人公民。霍尔期望能和平地完成这项外交使命，他带上了女儿伊丽莎白，后者是梭罗的朋友，也被爱默生视作亲妹妹；她计划去探访亲朋好友。然而，他们一出查尔斯顿港，立法者立即要求霍尔停止他的敌对行为并且马上离开。他拒绝了。哈蒙德（Hammond）州长默许这些暴民的行为升级，可怕的一周过去之后，霍尔父女被强行押入北上轮船的船舱。回家后，他们一再讲述这段遭到骚扰和驱逐的经历，直到全康科德人都怒火中烧。连向来冷静的弗罗斯特牧师也爆发了，他起草报复方案，"文笔犀利，满是'解散联邦''独立''马萨诸塞州的尊严'等字眼，充满血腥味"，镇议会第一次开会时因为稿子的火药味太浓而拒绝把它念出来。[12]爱默生也被激怒了，他也在暗中策划如何复仇。虽然保守的霍尔试图压下愤怒的言辞，但是镇上的激进声音很快占据上风。学园的策划人决定三度邀请温德尔 · 菲利普斯，让全镇了解奴隶制和吞并得克萨斯的残酷真相。

策划人塞缪尔 · 巴雷特（Samuel Barret）同意了，2 月底他把菲利普斯的名字写进日程。凯斯家的人第三次怒气冲冲地跑来抗议——这次是约翰 · 谢泼德 · 凯斯，梭罗的宿敌，约翰 · 凯斯之子，他下定决心继承已故父亲的保守派"遗产"。弗罗斯特牧师站在凯斯一边，他还为前一年被菲利普斯羞辱的事情生气。凯斯和弗罗斯特没有得到多数票，投票结果是 15 票对 21 票。接下来发生的事情不亚于一场政变：保守派人士凯斯、弗罗斯特和学园的主任切尼（Cheney）先生全部当场辞职。学园的会员立即投票选出了由清一色进步派组成的策划团体：巴雷特、爱默生和梭罗（他婉拒了）。爱默生撕下一张纸，匆匆写下一份邀请菲利普斯的急函。有人立马送到了波士顿，五天之后的3月11日，温德尔·菲利普斯走上康科德学园的讲坛，他警告人们吞并得克萨斯会带来的危机：接受一个新的奴隶州意味着国会中支持奴隶制的州会占多数席位，这会扼杀通过法律废除奴隶制的所有希望。梭罗留意到，有位女士在雪地里走了5英里来听菲利普斯演讲。爱默生认为，“在那晚的几个小时里，他听到了几个星期以来最重要的声音”。[13]

之前的两次，梭罗沉默地聆听着菲利普斯的讲话。这一次他开口了，他准备了一份长长的发言，以支持菲利普斯。第二天一早他把稿子寄给了《解放者报》，加里森以匿名的方式发表在1845年3月28日的报纸上。听着，这不是“‘上帝拯救马萨诸塞州的福祉’，而是上帝把它撕成上千块碎片”，梭罗写道，这是多么发人深省，这些碎片没有一片大到能容下一位不敢说出名字的人。这个人是弗雷德里克·道格拉斯，正如菲利普斯对听众描述的那样，他此刻正在“书写他的人生，宣告他的名字、奴隶主的名字，还有他逃出的地方”。就在康科德，梭罗写道，就在自由纪念碑的庇荫里传出可怕的窃窃私语：“他最好别这么做！”[14]

梭罗最欣赏温德尔·菲利普斯的是他的“自由和沉稳的智慧，这在改革派中很少见，他冷静地宣告他不是为废除奴隶制而生的，而是为了正义事业而生”。之前在纽约熙攘的街头，梭罗曾问过，这个世界什么时候才能明白“一百万人的重要性不敌一个人”。[15]菲利普斯就是梭罗眼中的“这个人”，正直，雄辩滔滔，他不去向一百万人的共识妥协，而是思索并坚持自己的道德原则，“不同的舆论潮流无法裹挟他”。赞同这样的人不难——梭罗不是亲眼看到了康科德的多数人都这么做了吗？但是要怎么才能真正行动起来？梭罗不想只是来**听**菲利普斯的演讲，站在席间挥手致意，就像伟大领袖走过时一样。他渴望**成为**菲利普斯，以同样的威严、勇气和坦荡站在一百万人面前——成为他很快就会写在文章里的“一个人的大多数”（a majority of one）。[16]

与此同时，梭罗有自己的学园讲座要完成，就在菲利普斯演讲的两周之后。他的题目是《康科德河》(“Concord River”)，这听起来像要逃离眼前的政治问题而逃到大自然里去，但是梭罗把它看成是他对一个更大问题的转向，这个问题就是**从事**正义的事。在他看来，奴隶制不是一项单独的事业，它的取缔不是所有问题的终结；相反，它是困扰全世界生命的大型疾病的一种症状，这些生命包括人以外的生物。在写下给菲利普斯和道格拉斯的辩护词的同一本笔记本里，梭罗也起草了他写给马斯科特奎德的鱼的辩护词，它们被比莱利卡水坝驱逐出家园："鲱鱼——只有纯真和一项正义的事业护卫你们的肉身——我与你们同在。而且——天知道——什么能帮忙撬开比莱利卡水坝！"《康科德河》的讲稿没能幸存下来，但是这份草稿显示出梭罗的信念：环境保护面对的也是政治之下的万恶之源。讲座之后，地方报纸引用了梭罗的话："我时常站在康科德河岸边，看着激流的消逝，这是进步的象征，它们遵循系统、时间、所有造物的法则……最后我决定投身激流的怀抱，让它带我去它所行经的地方。"[17]道格拉斯和菲利普斯告诉梭罗，要懂得真正的“法则”和通往正义的正确道路，需要仔细审思自己的道德立场。没有人能告诉他这个立场应当是什么——他必须自己探索。

那是3月底，春天来了，河水流淌。是时候出发了。亨利·梭罗借了一把斧头，走进瓦尔登湖畔的森林，开始建造房屋。

在瓦尔登湖的第一个季节

梭罗已经知道他的房子要造在哪里：在水边倾斜的山坡上，背朝比奇洛(Bigelow)的松树林，东南方向是初升的旭日，一棵硕大的栗子树和几棵“高如穿天之箭的白松”将为它遮风避雨。他砍下几棵树龄不长的松树，劈成6平方英寸粗细的圆柱，在条件允许的情况下留下树皮，作为房屋的建材；他只在两个地方用了钉子，其中之一是为了装地板和椽子。他在树墩上凿榫眼，锯出榫头，把它们合在一起，使衔接纹丝合缝。

中午时分，他躺在四散在地上的松树枝之间休息，吃着黄油面包作为晚餐，用他手上木头的香气作为“调料”，饶有兴趣地读着包裹食物用的报纸。如果碰到了循着他斧头的声音前来的好奇的路人，他会停下手上的活儿和他们就着木屑聊一会儿天。一开始，湖水还结着冰，雪花偶尔干扰着他的工作；不过，到了 4 月 1 日，雪转为雾和雨，最后的冰也消融了。这之后的每一年，梭罗都会观察并记录下瓦尔登湖融冰的时间。

4 月初，梭罗和一个随铁路北迁的爱尔兰工人詹姆斯·科林斯（James Collins）讨价还价，他想买下后者积着厚厚灰尘的棚屋，这有可能是这座位于铁轨和湖水之间的美丽的爱尔兰小村最后留下的木屋了。一年之后，这座村庄化为废墟，长满了毛蕊花，当爱默生的孩子来探索父亲买下的瓦尔登湖旁的土地时，他们会对此感到惊愕。梭罗觉得这覆盖着尘埃的房子里面肯定潮湿、“憋闷”，但是当他跟着提着灯盏的科林斯夫人进屋，他发现木板都很结实，质量也很好。生意成交。那天晚上他同意了他们提出的 4.25 美元的价格。第二天早上他回来交接时，看到了准备上路的科林斯一家——他们只有一个大包袱，装了所有家当：羽毛铺盖、丝绸伞、镶金边的镜子、咖啡机，还有几只母鸡。梭罗拆掉了房子，推着装木板的小车沿着林中小道来到他准备造房子的地方，他把木板洗干净，铺在阳光下晒干。[18]

到了 5 月初，可以搭房子的骨架了。梭罗喊了朋友们来帮忙：爱默生、奥尔科特、钱宁，还有最近刚从布鲁克农场来到康科德的乔治和伯里尔·柯蒂斯（Burrill Curtis）与他们的朋友埃德蒙·霍斯默（Edmund Hosmer）——这位是从山上农场下来的“可怕的异见者”——以及埃德蒙三个强壮的儿子：约翰、小埃德蒙和安德鲁。这时候的梭罗已经挖好了地窖，他挥铲掘入埋有漆树和黑莓根茎的沙土，直到挖出 6 英尺见方、7 英尺深的洞穴——这样的深度才能保证土豆不会在冬天冻坏。[19] 他们把一整棵树的树干放到地窖里，让它的顶端正好抵住上端的房梁，这就是梭罗的桁架中梁。随着他们安上屋顶的梁柱，房子成型了。梭罗铺好地板，开了通往地窖的入口，把烟囱的地基设在山脚一侧，还从湖里打捞了一车车的冰川鹅卵石。最后，梭罗覆上科林斯的好板材，作为外墙和屋顶，他重新刨平板材，把边缘打薄，不留缝隙，这样下雨时新房子就不会漏水。一栋轻薄但透气的房子诞生了，10 英尺宽，15 英尺长，8 英尺高，夏天搬进来正好。梭罗把最后的收尾工作推迟到秋天，那时候他会造起烟囱，加厚屋顶和四周的板材，给房屋内部刷上石灰。就算在最寒冷的新英格兰冬天，他的房子也能有良好的隔热条件，不会受到风雨影响。

随着春意渐浓，梭罗的注意力转向他的农田，他雇了一个人来拉牛车。他自己握着犁，和雇工一起，把位于房子上方瓦尔登湖畔的 2.5 英亩“野蔷薇地”耕成了纹路齐整的畦田，使它从周围的黑莓藤、圣约翰草、金露梅，以及“清甜的野果和美丽的小花”中区分出来。牛车为梭罗拉来了数量充足的老树墩，他劈成柴，储存好，足够两个冬天取暖用。之前拉牛车的人就开玩笑说“这些桩子能够让他暖和两次，一次是劈柴的时候，另一次是烧柴的时候”，现在这句话应验了。之后，梭罗在这些沙土上种了一排排的矮菜豆——他算过，总长 7 英里——多数是为了出售。他还种了土豆、豌豆、芜菁、甜玉米和黄玉米，后面这些是留给自己吃的。霍斯默给了他玉米种子。他种下芜菁和黄玉米的时候太迟了，不过他喜欢把未成熟的玉米拿来喂鸟和松鼠。这是一份苦工，他写道，“让地球长豆子而不是长草”，但是“我慢慢爱上我的豆苗——它们让我接近土壤——所以我像安泰俄斯*一样有了全新的力量和体魄”。[20] 每天，在忙完瓦尔登湖的活儿之后，他沿着铁轨走路回到得克萨斯大宅，步行 1 英里多一点儿的路程，回家了他还要帮忙做房子的收尾工作。

这个季节的梭罗不是用文字写作，而是用行动。这其中最具象征意味的行为发生在春夏交替时，他借来干草车，装上精心选择的书、书写工具，还有几件家具：他的绿色写字台、一张小桌子、三把椅子、他的藤编床，开到瓦尔登湖的新家。“这里既是好的港湾，也是好的基地”，

---

* 安泰俄斯（Antaeus）：古希腊神话中的巨人，大地女神盖亚和海神波塞冬的儿子。

他之后会这么写道，从这里可以和“天朝大国”（the Celestial Empire）进行交易。[21]这是1845年的7月4日，星期五，早晨是阴天，但是到了下午，一等梭罗卸下行李，准备开始新生活时，太阳出来了，照亮了他个人的独立宣言。

第二天早晨，梭罗拿出一本崭新的笔记本，记录下这一新篇章：“昨天我来到这里生活。”[22]他的“房子”，他接着写道，让他想起了“我以前见过的几幢山上的房子，它们似乎有着更清新的环境”——比如他前一年住过的，在卡特斯齐尔瀑布边高山上的锯木厂。这是他的理想：位于山巅的房子，开窗就是阵阵微风，眺望银色的湖水，他能读到天空的审思和风的笔记。在这座大自然中的庇护所里，他可以像湖水的化身那样思考和写作，他把这座湖称为他的同伴：“真的，我们就像两个还在学习说话的人，/只有训练过的耳朵才能捕捉浮现的语词，/这些语词在你铺满卵石的唇边碎裂，消逝。”之前，在1838年，他就在诗作《瓦尔登湖》里写过，似乎他整个的人生都在把他引到这里，来到这里的晨曦中，这是他自儿时起就无比珍惜的梦境。“是你吗，瓦尔登湖？”他会发出惊讶的问候；在他的笔记本里，他此处的笔记像梦呓人画的圈。[23]

其他人管瓦尔登湖畔的这个庇护所叫木屋或者棚屋，但是梭罗喜欢叫它“房子”，坚持这里面有着独立和尊严的意味，这是他付出辛勤的汗水才获得的。正如爱默生所言，“被文明驯化的人无法生活在棚屋里”[24]。梭罗的整个实验都依靠着他和别人的不同。倘若他造的只是“风和日丽时”“诗人的栖居之所”，那么他搬到瓦尔登湖的行为不会引起别人的注意，很多人都这么做过。但是**生活**在那里让他成了一位开拓者——不是西部的开拓者，而是一个内心的开拓者，他是“雄心勃勃的独立思考者，把所有的发现都应用于自己的生活里”。偶尔度假的去处只适用于一个已经建立的自我，而梭罗需要的是一座能够体现新的自我的房子。因此，建造这座屋子就意味着建造自我，一样都是平地而起。房子这么小，钱宁在8月份来此住了两周后说“两个人显得太多了”。说真的，它更像某种“耐用的布料，一件外套，是他在瓦尔登湖畔编织和留下的”。[25]

在梭罗的家人看来，梭罗的房子不安全，至少不舒适。他住到瓦尔登湖的第一晚，辛西娅和索菲娅担心得整宿无眠。辛西娅装了一些吃的，让索菲娅带去给她决心已定的哥哥。他的“新生活过得并不顺利”，她回来告诉母亲，“房子里面几乎什么都没有”。她们也很想念他。[26] 不过，尽管如此，亨利的家人坚定地支持他，也同意让他用自己的方式继续这项“实验”。

但是，究竟是什么促发梭罗去瓦尔登湖？这个问题到今天还没有确凿的答案。某种程度上，答案很简单：他去那儿写作。正如沃尔多·爱默生向哥哥威廉解释的那样，亨利一直有属于自己的房间，用来写作，用来做梦，“而且他必须有”。但是现在，梭罗要的不再是和别人合住的房子里的一小块空间，也不是一间阁楼或凹室，他要的是全部的生活，而且他宣布，写作不是他偶尔的兴趣，而是他生命的核心。从这一刻开始，梭罗会是全新意义上的作家：比起生活一段日子，再写写这段生活，他的新的人生将是完整、单一的写作生活。

在瓦尔登湖度过的第二个整天，梭罗这么对自己说：“我希望能看到生活的真相——重要的真相……与它们照面，所以我来到这里。生活！谁又知晓它是什么——它会对你做什么？”[27] 这份宣言有着誓言的力量，神圣地许诺与生活本身的可能性一一“照面”。霍桑，那位最敏锐的心理分析师，之前就观察到梭罗“在道德和思想上，都似乎没有找到方向”，这使得他“身体总是欠佳”——欠佳，指的既是身体，也是心智。爱默生也看到了梭罗有着更大的野心，他思考着他的这位朋友怎样收起“每一张纸条、每一块石头，收起每一颗种子并且种下它”，好像他的爱尔兰园丁休·惠兰（Hugh Whelan）一样。爱默生认为这是真正的作家的天职：“没有东西如此突然，如此博大，如此微妙，如此亲密，但是它因此流淌到他的笔尖，而且他会写下来。在他的眼里，人有着报道的责任，宇宙充满着被报道的可能性。”如果告诉梭罗有些事情无法被描述，他不会相信，他会去“报道上帝本人或者至少会尝试这么做”。[28]

“生活！谁又知晓它是什么——它会对你做什么？”在写下这些文

字的时候，梭罗坐在床边的绿色写字台旁，窗外的湖面在松林的掩映中泛着光，梭罗不能确知他的实验能否成功，他只知道自己必须尝试。实际上，这是他的最后一搏。“如果我在这里没有做成，我至少比之前离成功更近了一点儿，”他谨慎地说，“现在让我们看看它们有什么吧。”他的意图有着深层的信仰根源。他的房子是“一座庙宇……建自于白松木，受过岁月的熏陶，继续享受岁月的熏陶直到永远”，就好比树荫那样自然和惬意。“吃”也成了神圣的行为，是“一桩圣事……坐在世界的圣餐桌面前”。[29] 写作呢？经过几世纪的间隔，是时候让世人“听见写下的文字了，不，是**经文**”。火车每天要经过 8 次，两年之后一天至少要有 20 班列车。[30] 大迁徙把梭罗置于回收再利用的爱尔兰劳工的棚屋里。世界正在改变。现在的他不再是收集经文，而是要撰写一部给现代的“经书”。

所有的时间都被折入此刻，他刚满 28 岁。从 5 岁起，瓦尔登湖就是他梦寐以求的仙境。“现在，今晚，我的笛声唤醒了这片湖水的回音，但是整整一代的松树倒下了，我燃烧它们的树桩做晚餐。”当他在环绕着他的新一代的松树下写作时，时间塌陷了：他的“圣餐”在旧木桩上炖着，约翰遗赠的笛子因为亨利的吹奏重获生命，唤醒湖水的回音，连“火车隆隆的响声”也在远方消逝。“每一段光阴都有深度，”他思索道，“一个人的思索能带来西印度群岛的自我解放……解放的心灵和精神——它会砸碎一百万名奴隶戴着的枷锁。”[31]

* * *

要是梭罗曾想过退居到湖边可以让他逃离社会，他很快就会明白事实恰恰相反：他从来没有这么显眼过。他的房子坐落在通往瓦尔登湖最受欢迎的公路旁的小山坡上，旁边就是大家钟爱的钓鱼点，这片长满野草的空地也被叫作“怀曼草地”，或者“鳕鱼窝”。人们喜欢在路边攀谈。有个镇上的人“赶着两头牛去集市——他问我，我怎么下定决心放弃舒适的生活——我说我很确定自己喜欢这里——我不是开玩笑"。一个载一大堆木材去波士顿的邻居向梭罗抱怨高昂的生活成本，要买猪肉、茶还有咖啡，而且还得面对因为生病而卧床在家无法工作的时候。"先生，我喜欢你的理念。"一个路过的铁路工人说，"我觉得我自己也应该这么生活。"独处的梭罗成了某种磁石。他欢迎多数这样的人，尤其是喜欢待在树林里的小孩子们，还有"望着湖泊和鲜花，感到身心愉悦"的年轻女士们。[32]

其他人就没有这么善良了。"某某太太怎么知道我的床单没有她的干净？"他在《瓦尔登湖》中感叹说。很多人重复这个故事：梭罗遇见两个"年轻的恶棍"在森林里追逐一位吓坏了的姑娘，两位的父母都是"有影响的大人物"。梭罗保护她，并且为她做证，直到那两个人得到惩罚。[33]路上的旅客看到他锄地会语中带刺地说："现在种豆子太晚啦！"说到瓦尔登湖本身，这完全不是爱默生和他朋友们的私人领地。"100年来，瓦尔登湖一年四季都有人来：猎人、运动员、男孩子、伐木工人、地主。"霍勒斯·霍斯默回忆说；男士们会在镇上的酒馆喝很长时间的酒，然后，为了赌注下湖游泳，"**即便在半夜**"。至于访客，在沃尔科特（Walcott）的杂货铺和餐馆打工的霍斯默为梭罗的访客准备过无数的野餐篮。"各种各样的人，什么时间都有，"他眨了一下眼睛，说，"这些野餐篮基本上都是**双人份**。"[34]

瓦尔登湖也没能阻止家人到访。普鲁登丝·沃德对一位朋友说，"亨利·梭罗"有"很多访客，他尽最大可能热情地招呼他们。我们在想哪天去看他"。[35]家人决定每周六下午去看他，亨利则每周日回一趟家；家族的朋友记得辛西娅高兴极了，现在她的儿子每周都"来吃美味的晚餐，他们的老厨子使出浑身解数把晚餐准备到完美，梭罗显然很高兴在瓦尔登湖艰苦的日子后能饱餐一顿"。约翰·S.凯斯警告后世的人说，梭罗有时候也在爱默生家用晚餐——还有奥尔科特家和霍斯默家——"虽然他不会打扰别人，但是他比较自负，一点儿也谈不上怯生或者退隐"。[36]沃尔多·爱默生的儿子爱德华在瓦尔登岁月的时候还是个婴儿，他听到这种批评很吃惊——这种批评认为梭罗应当斩断和家人的联系，以及摒弃“偶尔在傍晚时分现身，和朋友们在篝火旁欢迎客人”的习惯。“他是为朋友而来，而不是为了吃的。”[37]

类似的声音只能说明瓦尔登湖根本不是什么荒郊野外；它是康科德日常生活的一部分，200 年来一直如此。搬去那里几乎没有令梭罗和原来的家人、朋友及生活圈子分开，而且也不难理解他一如既往地延续着友谊。至于那些节庆般的家庭晚宴，如果连自己的亲生儿子也拒绝她出了名的好客之道，辛西娅会感到多么受伤啊。梭罗也继续忙着镇上勤杂工的活儿，这份差事他已经做了很多年——这样的工作带给他卑微但必需的收入。一天一美元，对于临时工来说算不错的收入了。他搭篱笆，给房子刷漆，做木工，至少砌砖造起过一个烟囱，同时还兼做其他的零活儿，他时常给爱默生打工——当爱默生需要人来建栅栏、铺地窖地板，或把谷仓改成能上课的教室的时候，他很乐意来打扰亨利的文学工作。一次，当梭罗在凯特尔大宅（Kettell House）后面造一座木棚的时候，他的马受惊了，一脚踢在他的背上，他的腹部遭受严重的扭伤，有好几年，他都提不了重物，而且必须婉拒一些工作。[38]某种意义上，搬到镇外的湖边没有改变任何事，因为他基本还在继续他过去的生活。

但是，当然，它也改变了所有事情。梭罗从没有像现在这样凡事依赖自己，而且他自己能决定怎么使用一天的时间。即便之后搬回镇里，他也没有丢失这种新的独立观念。梭罗也从没像现在这样引起如此多的关注。作为在热闹的梭罗家长大的儿子，或者作为爱默生家的同住人，梭罗是透明人。但是如今，独自住在简单得不能再简单的湖畔小屋里，公路上的人都可以望见他，他成了一处景观。很难确定梭罗是否期盼如此。他原本的决心是仅仅与生活的必要真相照面，这是他在最初的湖边岁月里动情写下的，他要追寻内在的旅程，但是这意外的情形意味着这趟旅程被展示在公众舞台之上。他在瓦尔登湖生活的两年两个月零两天会成为，而且永远是讽刺的行为艺术。出人意料的是，梭罗迅速并清楚地明白了发生了什么，他调整他的目标和愿景，利用这个事实，从这些被他的斧头声吸引的第一批好奇的过客开始。毕竟，就算是上帝本人的记者，倘若没有读者，他有什么用？一旦梭罗开始向他人解释自己，《瓦尔登湖》的基础就奠立了。

但是这些基础建立在不可避免的破坏之上，这在梭罗的控制之外。他本人宣布的实验有着单纯的初衷和高尚的目的，一开始他用宗教的语言形容这是虔诚隐士的退居修行。很多人把他的瓦尔登小屋称为“修道院”。但是用折衷的方式修行，不是在荒郊野外，而是在小镇的边缘——“只远到别人没法看得这么清楚而已”，借用哲学家斯坦利·卡维尔（Stanley Cavell）的话——这使得梭罗，一个非常内向的独居者，必须营造一种公众人格来抵挡所有的质疑，为众目睽睽之下的自己辩护。矛盾的是，他发现自己成了他在散文《房东》里赞赏过的角色，就住在高速公路边，一切都敞开，大门连锁都没有，用一个好故事热情地招待所有的行人，不管他们有何动机。但是，正如他所说，旅馆老板“掌管着旅店，而不是良心”[39]。于是就有了这种困境：既然梭罗是全镇的牛虻，也是公众的良心，他的每一个行为都是一场布道，他遇到的每一个人——即便是路边的偶遇——都需要他对其解说、规训和劝服。

从那时候开始，亨利·梭罗失去了闲谈。随着消息的传播，他没有预见到，超出控制的情况正把他变成一种新生物，变成现代商业和通信技术结合的产物：名人。会见梭罗成了“大事”，成了某个人可以向后代炫耀的花絮，梭罗在哪里洗衣服，怎么收听新闻，在哪里吃饭，或许连带一块派饼做早餐都会让梭罗面对“为人虚伪”的指控。没有任何一个美国男作家会因为和喜欢的人吃顿饭或者不自己洗衣服而遭受这么大的信任危机。但是，从一开始起，这些指控就被用来让梭罗受到压制。[40]

这一切很快引致的结果是：梭罗原本打算去瓦尔登湖写一本书，现在他写了两本。第一本是他计划了很久的《康科德和梅里马克河上的一周》（*A Week on the Concord and Merrimack Rivers*，以下简称《河上一周》），这是他写给约翰的挽歌——如今也写给更年轻、更天真的自己，写给他们曾一同分享的那个急速消逝的世界。当《河上一周》的长度和深度逐渐延展，梭罗对工业革命的理解也在加深。这场革命在不到十年的时间里已经彻底改变了新英格兰的风貌，锦缎般的铁轨取代了过去河道里的商业贸易。很多年来，梭罗都在1842年开始使用的厚日记本中记录，为这本书采集篇章，一想到什么就添加进去，就像拼马赛克一样把这些篇章拼接起来。他每天都固定地在湖边的“墨水台”工作[41]，他的自律和付出都迎来了回报。到了1845年秋天，他完成了第一稿，到1847年春天，这本书完成了（或者说，当时看起来如此），爱默生帮助他投递给潜在的出版商。在《河上一周》这本非常私人化的讲述瓦尔登岁月的文字中，梭罗投入了自己年轻时创作的最好的文章——30年来所有的热情和诗歌。

第二本书《瓦尔登湖》是完全不同的作品。它诞生在1845年7月5日，他在湖边的第一个早晨，就在他打开新的日记本宣告为何来到这里生活的时候。清新、活泼、幽默的片段如今已经被几代读者熟知，它们当时在这本本子里闪耀，如同育空河（Yukon）河床上的金子。梭罗在此有了全新的声音：大胆、诗意、渴切，带有预见性和对抗性。这不是诗人的倾诉，而是先知的声音，是一位老师终于发现了怎么说话别人会愿意听（他是在一个肥皂箱上发现的）。从那时起，世上有两个梭罗：一位沉静、内敛、质疑自我、非常内向、偶尔抑郁，而且常常身体欠佳；另一位则盛气凌人、自信，发出嘹亮的声音，强健得像黎明啼晓的公鸡。后面这位梭罗将在《瓦尔登湖》的座右铭中宣告：“我不打算写沮丧的讴歌，而是要像早晨的雄鸡那样骄傲，站在它的窝里，把邻居们唤醒。”在不久的未来，在那两个极端的自我中间调和会打开梭罗所有的艺术才华。他会一直陷于与这个“新造物”之间的纠葛：“梭罗”，这个巨大的幽灵在瓦尔登湖的最初对话里诞生，当时的房子还不过是一堆松木木板，但这个幽灵会逐渐长大，向全世界叙述他的创造者的生活。

* * *

有了一个新人格意味着有意识地把湖边简朴的生活变成一系列面向公共的责任：房子、邻居、自然。他的房子里只有必需的东西。令梭罗最骄傲的家具是一张很朴素的绿漆写字台，他自 1838 年夏天就开始使用了，放在房子前方正中的位置，就在能望见瓦尔登湖的窗户下方，桌上是他的笔记本。他的大门没有锁，但是这张桌子上却有把锁，而且从木头上的磨损痕迹判断，他是使用这把锁的。桌子后边只有一张椅子，另外两把椅子放在一张小的三角桌旁，这张桌子用来放书；他寂寞的时候，会把其中一张椅子移到门外。如果有更多的客人，他们只能坐在门后那张结实的藤编小床上，床板是对一张中式沙发床的回收再利用，梭罗给它装了支架和腿。在他往后的人生中，他都睡在这张小床上。它低到小朋友也可以爬上去，但也有足够的高度，他们之后回想起来，坐在上面，脚是够不到地板的——这个高度对钱宁刚刚好，他那年夏天在这儿住了两周，睡在床底下，就像那里也有一张床铺。[42]

梭罗的需要再简单不过：为了公众形象，他的剃须盒翻开有面直径 3 英寸的镜子；为了保持干净，他有脸盆；如果需要水，他有一整个瓦尔登湖，只要可以，他每天早晨都在里面洗澡。夏天，湖水暖和到可以直接饮用，他从山上的布里斯特泉（Brister's Spring）接凉水。我们没有关于他是否装过厕所的证据。至于厨房，第一年夏天，他在地上挖了洞，放上一圈石头，作为炉灶：一位初期造访的客人回忆说，他们“接地气”的晚餐包括“烤鲇鱼、玉米、豆子、面包等”；鱼撒上一点儿盐，“美味极了”。梭罗用面粉沾了一点湖水，把面团放到石头上，用他的地炉烘焙出没有发酵的扁面包。他一造好烟囱——用二手砖和湖里的石头造的，灰泥来自湖里的白沙——就可以用壁炉烤东西了。第二年冬天，他装了个炉灶。他的厨具包括一只水壶、一个平底锅、一个炒锅、一只油壶，还有一只糖浆壶；三个盘子、两把刀、两把叉子、一把勺子，还有一个杯子。[43] 无怪乎这么多客人要自带野餐篮。

这栋轻便透气的房子是完美的避暑地，但是随着秋天临近，梭罗为了防水买了一堆便宜的木板，抛光表面，钉到房顶和四边。虽然由树干做成的房梁和粗糙有节的棕色松木板让他很喜欢，但是它们缝隙太多，会影响房子的保暖效果。所以，那年 11 月，梭罗很不情愿地给房子内部刷上石灰，他边学边做，那段时间他住回家里，直到石灰干透。12 月初他搬回来了，木柴在壁炉里毕剥作响，火影在房梁上舞蹈，他觉得“第一次有住在”自己的舒适小屋的“感觉”，“厨房、卧室、客厅、储物室”一应俱全——当然很小，但是所有一切都属于他自己。[44]

在后来《瓦尔登湖》最有名的金句之一中，梭罗宣称他为何要有三把椅子：“一把留给孤独，两把留给朋友，三把留给社会。”最常来看他的是他最亲密的朋友们：农夫埃德蒙 · 霍斯默、诗人埃勒里 · 钱宁，还有哲学家布朗森 · 奥尔科特，奥尔科特在第二年冬天每周日都过来，此外梭罗还收到来自“土地和水域的主人”爱默生及法裔加拿大伐木工人阿列克 · 塞里恩的问候，塞里恩“用他的狗逮到的土拨鼠做了最后的晚餐”。[45] 不仅仅是“社会”来门口找梭罗，他也出去找它。8 月末的一个周六，一场暴风雨突然到来，梭罗只能跑到附近的木屋寻找遮蔽，在那儿他见到了爱尔兰人约翰 · 菲尔德（John Field）、他“宽脸的”儿子和妻子玛丽，她的膝上还有个婴儿。梭罗记下这段逸事，“诚实、勤劳的”约翰和他“勇敢的”妻子，后者渴望实现自己的美国梦。贝克农场（Baker Farm）的主人雇约翰来“开垦”，10 美元开垦 1 英亩，他还可以得到一年的土地使用权。梭罗觉得，这是艰苦的佃农的生活，是蚀本生意。约翰 · 菲尔德有着自己的愿景，他以非常爱尔兰的方式被这片荒地“套牢”了，“他以为必须在这个原始的新国家里继续以传统的乡村模式生活下去”，除非他的后代生出翅膀，否则世世代代抬不起头来做人。[46]

这些翅膀恐怕不可能生出来。在湖对岸生活着休 · 科伊尔（Hugh Coyle），他的妻子在镇上工作。从爱尔兰移民来美国之前，“科伊尔上校”曾在滑铁卢打过仗，但是来到康科德的他也成了一名开荒人。梭罗和他聊过一次，试图带他看布里斯特泉，就算是夏天最热的日子这里也有凉水，但是这位老酒鬼太虚弱了，走不了这么远。不久之后，他倒在瓦尔登路上，死了。难受的梭罗用了一整个下午观察科伊尔长满野草的怪异房子，之后这栋屋子被镇政府烧掉了。[47]

这些经历让梭罗的注意力转向瓦尔登林中的其他居住者——被毁的房屋和被毁的生活。发现他们的足迹需要足够留心，梭罗发现了。休·科伊尔不是特例，而是这个挣扎着的群体中最后的一个，这是一群被驱逐的乡下贫民、酒鬼和无家可归者。[48]这里面有凯托·英格拉哈姆（Cato Ingraham），"邓肯·英格拉哈姆（Duncan Ingraham）先生的奴隶"，他是独自住在他的主人于1795年建造的小屋里的非裔人士，用劳动换取居住权。他可能是搬来瓦尔登森林的十多个奴隶中最后的一位。这座小屋最后只余下一个半满的地窖，从大豆地去谷斯池的小路顶端能望见它。还有制陶工人约翰·怀曼（John Wyman），他先占有了后来休·科伊尔住的那栋屋子，每天从湖的泥岸挖来陶土。他的儿子托马斯也是制陶工，他买下了梭罗的小屋所在的几英亩地（因此这块地被称为"怀曼田"），之后卖给了爱默生。[49]

悉帕·怀特（Zilpah White）直到独立战争前都是奴隶，她用建造自己的一居室小屋的方式宣告她的自由；她像一位"隐士"一般住在梭罗未来的豆子地附近，一住就是40年，完全依靠纺织和手编篮子、扫帚和地毯赚来的零钱过活。1813年，纵火犯烧掉了她的屋子，杀掉她养的鸡、猫和狗。悉帕重建了房子，继续生活了七年，直到死神在她82岁那年带走了她。梭罗踢开树叶，发现了她的烟囱留下的砖石。布里斯特·弗里曼（Brister Freeman），另一位康科德奴隶，也在独立战争中打过仗，且以他的姓氏来宣告自己的独立。渴望建立自由身份的他买下了瓦尔登湖以北山上的1英亩地，即"布里斯特山"。他种植果树，养几头猪，和非洲裔的妻子芬达（Fenda）一同抚养孩子，芬达"给人算命，招人喜欢"。每年秋天，梭罗会咬上几个弗里曼家"酸酸的"野苹果，充满感激。[50]几步路之外是理发师约翰·布里德（John Breed）的小房子，当地的男孩在1841年把它烧毁了；梭罗跑出当时居住的爱默生家，看着这场大火。第二天晚上，他回到这里，和布里德的儿子一起为房子默哀，后者是农场帮工，他来哀悼他童年时居住的房屋。和科伊尔一样，布里德也是因醉酒死在瓦尔登路上，那是在 1824 年；他妻子的所有衣服都来自康科德妇女慈善协会，协会也定期资助每周去教堂的悉帕 · 怀特。[51]

开始探索这一片区的废墟和地窖后，梭罗发现了惊人的事实：不久之前，这片土地聚居着昔日的奴隶、临时工、移民和贫穷的白人，几乎都是身无分文的占屋者。但是，他们有着房子、花园、家禽、家人、生活和梦想。为什么他们要住在那儿，而不是去镇上？他房子后面的那条公路一度是连接波士顿和新罕布什尔的“大乡村公路”，新英格兰的大动脉之一。但是，在 1785 年之后，随着莱克星顿和查尔斯顿之间贯通，这条公路便仅仅作为瓦尔登路存在，它探出镇外，通到哪儿也不是的地方，尤其是那片太贫瘠、没法耕种的山地。土地的拥有者觉得它毫无价值，甚至都不费心驱逐擅自占屋的人，所以瓦尔登森林成了康科德的一个能容忍穷人、流离失所的人和被遗弃的人的地方，这些人要靠自己的双手想方设法生活下去。另一个地方在“大田野”的角落，那里的情况要比这儿好多了。自由的奴隶在那儿一代一代生活下去：屠夫彼得 · 哈钦森（Peter Hutchinson）和他的家人；从新泽西逃跑的临时工杰克 · 加里森和他的妻子苏珊·罗宾斯（Susan Robbins），后者是西泽·罗宾斯（Caesar Robbins）的女儿，还有她的兄弟彼得 · 罗宾斯（Peter Robbins）和他的家人；加里森家的女儿在镇上工作，他们的儿子约翰是旧牧师寓所的园丁。在梭罗生活的年代，这一片区仍然兴旺，家家户户互帮互助，在汉弗莱 · 巴雷特（Humphrey Barrett）的土地上定居。[52]

梭罗奇怪，为什么瓦尔登村衰败了，而康科德村仍旧兴旺呢？为什么“编织篮子、马刷、地毯，晾晒玉米，纺织，制陶不能在这儿发展呢？为什么不能让野地里开出绚烂的玫瑰”？这里没有“水力使用权”，他语带双关地说道，这让瓦尔登湖的“好码头没有得到改善”。现在，是他来给此地新一代的生活奠基的时候了，“我去年造起的房子会成为这村里最老的屋子”[53]。讽刺的是，他是对的，但并非他期望的意义上的那种奠基。爱默生和他的后代会买下瓦尔登湖沿岸的大部分土地，他们会将此地留给未来的子孙作为公园。在梭罗的房子消失多年之后，这里会被尊为新时代环保思考的发源地。瓦尔登湖不会被用来定居，而是被保护起来——而且不是因为它有价值，恰恰是因为它没有价值。梭罗在瓦尔登湖研究的是如何在商业边缘的荒地上看到新价值体系的中心。

* * *

为了看见新价值，他必须扩展他的责任感，包容一切，他的责任延展到房子之外、邻居之外，直抵自然世界。或者，是他意识到，应该是说自然延展了，把他自己纳入其中。不管是前者还是后者，都让梭罗感到强有力的亲密感。“在每个自然物里，都有着这么甜美、温柔，最天真、最振奋人心的小社会，”他写道，“我的这种意识被激发出来，留意我的**亲属**的存在，即便在我们已经习惯称为**野地**的地方。”[54]每个晚上他都听着风声和野生动物的声音入眠，清晨他则在这个人类尚未主导的世界里醒来。过去野营的时候，他经历过这些，但是现在他不仅在野营，而是生活在“自然”不请自来的小屋里，夏日的空气从墙上的裂缝里灌进来，携带着松香和鸟儿的叫声。

他的第一位“亲属”是在他房子里筑窝的老鼠，它“从没见过人类”，所以不怕他，而是每天来到他脚边捡面包屑，“跳上我的鞋子，钻到我的裤腿里，用它尖锐的爪子挠我的皮肤”。梭罗一点儿也不厌恶，他请它靠得更近：“当我给它一小片奶酪时，它会过来，就在我的手指之间啃着，然后像苍蝇一样擦擦它的小脸和爪子。”梭罗的新伙伴没有经历过文明社会，所以在客人约瑟夫·霍斯默来访时，它躲了起来，却仍在小屋里。霍斯默必须为梭罗的汇报做证，“当他吹奏他的长笛，它会露面，从它藏身的地方倾听”，梭罗换曲子的时候它又跑掉了。有人在梭罗的门后画了一只老鼠，用这种方式纪念他的小伙伴。[55]

野性的“亲属”把梭罗的思考带到新的方向：在此地的第一个隆冬，梭罗在离他的家门不到三步远的地方发现了“让 · 阿兔（Jean Lapin）”，他“因为惶恐而瑟瑟发抖——但是不愿意动——可怜的骨瘦嶙峋的小东西——凌乱的耳朵——尖鼻子——简直没有尾巴，爪子很细”。他走近这只饥饿的兔子，“看哪，它蹦跳着越过雪地，躲到灌木丛里，属于森林的自由生灵——仍然是野性和敏捷的……很快我和它之间就隔着整座森林”。梭罗留意到，这只野生动物对他要比他对它小心得多。不用多久，梭罗和这些瓦尔登湖野生动物神秘交往的故事会广泛流传：他可以吹口哨叫出一只土拨鼠，换一种口哨声召唤出一对松鼠，再换一种招来各种小鸟，包括两只乌鸦——其中一只，据某位惊愕的目击者回忆，“依偎在他的肩头”。他会从袋子里掏出东西，亲手喂给它们吃，温柔地抚摸它们，用各种奇异的低声口哨打发它们离开。他可以把手伸进湖里，但鱼儿不会惊慌地游走，而是任他轻柔地抓起它们，高举到空中。[56]

随着类似的故事越来越多，梭罗成了现代的俄耳甫斯*，他能够吸引世间的生灵来到自己身边，用音乐把它们迷得神魂颠倒，或者说他是美国的圣方济各（St. Francis of Assisi），他从尘世隐退，向群鸟布道，用他的祝福驯服了骇人的野狼。梭罗的北方同乡觉得这是无稽之谈。当土拨鼠糟蹋了梭罗的豆苗，他向当地的农夫求教怎样可以在不伤害它们的情况下设陷阱抓住它们。“开枪打死它们，你这个蠢材。”农夫没好气地说。[57]当梭罗设陷阱逮住了土拨鼠，又在几英里之外把它放了，全镇人都在笑话他——当然还少不了各种闲话。不过，虽然有各种关于瓦尔登湖的甜蜜和狂野琴瑟相和的传说，梭罗意识到冲突至少与和睦一样多。单纯住进森林不会解决存在的问题；这只会让问题暴露得更明显。比如他的庇护所：就算是建造这样一座只满足生活最基本需求的房子也意味着要和土地所有人协商使用权，把树龄不长的茂盛树木砍倒，还要借一把斧头才能做成这事（很可能是问奥尔科特借的，不过一旦连斧头

* 俄耳甫斯（Orpheus）：古希腊神话中的音乐家，他的演奏让木石生悲，猛兽驯服。

也声名大噪，钱宁和爱默生都宣称是他们出借了斧头），另外还要保养斧头——梭罗宣布，他归还的时候，斧头比来时磨得更利。这还意味着寻求帮助来一起搭起房屋的骨架，讨价还价买来木板以完成建造；意味着发现他的房门不可能真的“关闭”，田鼠和蚂蚁都在他之前搬进新家，马蜂在他搬来不久后入住。造一栋屋子催生了大批的帮手、敌人和诽谤者。

更糟的还是另一项生活必需品：食物。种豆子是梭罗的自我教育方式，这是已经被整个哲学界遗忘的基本事实：种植生命是所有人类智性活动的基石。[58] 面对这一事实意味着让他自己和 7 英里长令人乏味的豆苗纠缠不清，还有与它们相关的多位“助手”，首当其冲的就是耕牛，他需要借牛的力量来破开坚硬的土地，还需要一个人来驱赶牛群，提供耕犁。这也意味着要获取种子，期盼雨水（但是不能太多），挥动锄头（从植物的角度看，这是锋利无比的工具）来除去杂草——路过的人看到这一切，嘲笑梭罗不肯施加肥料，那意味着他要雇一个沼泽工——也就是说，雇一个约翰 · 菲尔德。一旦豆苗发芽，他和它们之间的复杂关系就升级了：“我的助手是露水和雨水——来润湿这片干旱的土地。”梭罗在 7 月上旬观察到，“我的敌人是凉快时候的虫子——还有更具破坏力的土拨鼠。它们啃光了我的八分之一英亩地”。最终，这些豆苗连土拨鼠都觉得太老了，但即便到那个时候，“它们也会迎来新的敌人”。[59]

所以，要拿这些土拨鼠怎么办呢？如果它们偷袭了梭罗的豆苗，他的实验的经济基础就垮塌了。他应该按照阿列克·塞里恩说的做吗？——杀了它们，把尸体放进汤锅？梭罗试过这么做：“又一次，我确实一怒之下杀了一只来我的豆地搞破坏的土拨鼠……把它煮了吃了，半是为了我的实验的缘故。”他承认，他这么做很高兴，但是即便你“让村里的屠夫（指彼得·哈钦森）把你的土拨鼠宰了卖到市场去”，这也不是“实用”的长久之计。梭罗的朋友们注意到坐在别人家餐桌边的梭罗什么都吃，包括肉，但是如果独处，他就被更高的道德感驱使。他常对食物小题大做：忧虑吃肉所引起的**道德**困境的他怎么能吃肉呢？当他自己也是捕食者时，他有什么资格指责野蛮行径呢？他最喜欢的展现人与自然和谐共处的行为是钓鱼，但恰恰是这一行为提出了真正的难题。他曾钟爱钓鱼，而且在湖边践行他“神秘的精神生活”，这其中包括把鱼杀了吃。他可以杀鱼吗？他可以只依靠苹果、坚果和野果为生吗？他对鱼肉的强烈喜好是原罪，还是神圣的？梭罗没有停止杀鱼和吃鱼，但是他确实开始为此忧虑。“我发现，我每次钓鱼都会鄙视自己，”他在日记中写道，“我总觉得如果我没有钓鱼，一切都会更好。”[60] 几年之后，他的疑虑会发展成《瓦尔登湖》里《更高的律法》（*Higher Laws*）中对素食主义充满矛盾的辩护。

接着，他用锄头犁地时触碰到了箭头，它们让他明白，他种下玉米的这片土地最早是由印第安人开垦的——在现实和文字的层面上，他的“创造”都是在取代被强行驱离家园的民族的记忆。耕种豆子的间隙，梭罗思考着这些废墟，这些奴隶们遗留的地窖，还有赤贫的移民，这些人渴望获得自由，但却最终消亡了。研究他们的人生时，他发现了未经讲述的故事：有关凌辱、剥削、纵火、偷盗，也关于希望、毅力、英雄主义，还有至少是暂时性的胜利，好比布里斯特·弗里曼美好的果园和悉帕·怀特庄严勇敢的独立宣言。在空旷、简朴的瓦尔登森林里，不仅梭罗的行为更容易被看见（被自己和被邻居），他的邻居们也暴露得更明显：**所有**邻居，人类和非人类，过去、未来和现在。随着他愈发清楚自然和人类之间关联的程度，他的疑问更多了：“这些松树和鸟儿是怎么生活的？这座湖如何运转？我必须知道得更多——而且永远做好准备……这些自然元素的意志显现在我的生活里。”[61]

简单说，梭罗发现，即便这种简单、精简的生活也没能提供在不伤害其他生物的前提下实现他乌托邦理想的可能。没有容易的方案来解决自然与人类纠葛的漫长历史中的矛盾、冲突与驱逐，这些在森林的每一寸土地上发生。他开始给自己设想一个新的角色，照顾“镇上的野生种群”，这些生活在公地但无人拥有的生物被忽略和漠视着。而且，倘若他解决不了土拨鼠问题，他至少可以让自己和它们和解：“这些长成的豆苗不应该仅仅留给我收割。它们或许也是为了土拨鼠而长的？”[62]梭罗的时代没有我们现在称为“生态”的这个词，但是他逐渐增长的意识让他转向对生态关系的思考——远远超过他的时代——人类参与生态环境但不应占据主导；他也思索着历史上的斗争和不平等，这些会成为他对权力与正义的政治思考的基础。

这些都会被写进《瓦尔登湖》，它始于梭罗记录湖边生活的第一刻。不过，《瓦尔登湖》成形并发展成具有远见的整体发生于几个月之后，在1846年1月，在瓦尔登湖冻得结结实实，足以承受梭罗的重量之后。梭罗把他之前在康科德书院用过的测量工具带来这里。至少有一周，也可能是两周，可能是一个人，也有可能找了一位助手，梭罗在寒冬里测量了这座湖。这项工作做起来比说起来困难。首先，他必须沿岸竖起20面左右的旗帜作为标杆，然后把沉重的仪器——三脚架上的指南针、金属测量链、斧头、铅垂线、作为秤砣用的石头、标刻度用的工具——拖到冰面上，他用两个导线站建立了一条925英尺的基准线。从这两个导线站出发，梭罗用被测量员称为“交角测量”（angle intersection survey）的方法，测出了湖面的半径，一次能量出66英尺的长度，湖面周长一共为2900英尺。然后，他用斧头和冰凿在冰面上钻出了100多个小洞，把铅垂线放到冰下的湖水里。在每一个洞口，他都停下来记录方位和距离。最终，他汇集数据，用铅笔把它们绘制成精细且非常准确的素描图。[63]

这是一项浮夸的工作，不切实际。没有人需要湖的测量数据，而且这项工作需要认真的学习，承担艰苦的体力活，还需要专业的数学知识，更别说对这些科学仪器和制图技术的熟练操作。但是梭罗做成了。他运用科学和工程学的工具创作出杰出的艺术作品，一张以英尺为单位、精准展现瓦尔登湖全景的测量图：包括长度、宽度、深度。他说，他做这件事，是要证明这座湖是有底的，因为传说这座湖是无尽的深渊。事实上，梭罗发现它最深的地方是2英尺，这也让瓦尔登湖成为马萨诸塞州最深的内陆湖。感谢上帝，梭罗在《瓦尔登湖》里补充道：“这座湖被造得如此深邃，如此纯净，成为了某种象征。”[64] 至于它象征的是什么，则需要一整本书来阐述，不过到了 1846 年春天，他对这一发现做出概括："湖面最宽的线条正好和最长的线条、最深的水位线相交。”这是普遍的法则，不仅适用于力学，也适用于伦理学："这是人心——是太阳系里的太阳……把人的特定日常经验及生命里最私密的部分看成有容量的总和，为它画出长和宽的线条——它们相交的地方就是他人格的深度或高度。”[65]

《瓦尔登湖》于此成形了，梭罗有了两个重大发现：第一，这座湖有着“坚实的底部和一些岩石，我们把这叫作**现实**，而且可以说，事实如此”。[66] 梭罗对湖水“底部”的探索是他对根本真相的探索，也是渴望与“事实真相”照面的初衷驱使他最初来到瓦尔登湖。但是，一旦找寻到这种根本真相，你要做什么呢？这是他的第二个发现：每个人的答案将依赖于，也会揭示，他们个体道德人格的长、宽、高。我们特定的日常经验、生命里最私密的部分将会决定这个交角，并左右我们的决定和我们在世界上的行为。我们所有道德行为结合起来的总和将会组成我们一同建立的这个社会的道德属性。

走向极端之一：梭罗在狱中

1846 年 1 月，梭罗在冰封的湖上得到了他的第一个重大结论，虽然很快现实就要带给他考验。不到一年前，温德尔 · 菲利普斯对吞并得州的愤怒批评撕裂了康科德学园，可惜这样的批评为时已晚：1844 年总统竞选，支持奴隶制和吞并得州的詹姆斯 · 波尔克（James Polk）战胜了亨利 · 克莱（Henry Clay），后者坦言吞并得州就意味着和墨西哥开战。波尔克和善于交际的总统泰勒（Tyler）把他们的获胜看成是民心所向。泰勒通过国会提请吞并得州，波尔克当选后国会通过了提议。爱默生非常忧虑——“墨西哥会毒杀我们的”，他预言说——但是奥雷斯蒂斯 · 布朗森在约翰 · 奥沙利文的《民主评论》里代表数百万民主党人发声："我们的新土地已经耗竭。"[67]美国需要更多领土。1845年7月，奥沙利文本人发言说，只有扩张才能实现美国"让我们不断繁衍的百万子孙自由发展的昭昭天命"。命定扩张论正在推行。梭罗搬到瓦尔登湖的当天，得克萨斯的议员同意了合并。到了12月，简·梭罗已经收集了超过100个抗议吞并请命的签名，但是那时候已经太迟了。[68]法律文件已经在起草；1846年2月，文书生效，吞并得州已成历史。对于简·梭罗及其他请愿者，波尔克于1846年12月8日的总统演说中宣称，那些反对吞并得州的人正在给美国的敌人"协助与宽慰"，这是叛国罪的指控。

1846年5月13日，美国向墨西哥宣战。这是一场血腥的硬仗，历史学家很清楚地指出这一点，美国的"天命"并没有这么"昭昭"，因为这是一场暴力入侵的恶战，由扎卡里·泰勒（Zachary Taylor）这位战区指挥一人领衔。[69]当1848年3月双方终于签署了和平协议，墨西哥被迫割让它整片的北方领土，这是它自16世纪起就统领的领土，美国一下子拥有了这个从得克萨斯以北延伸至科罗拉多，向西到加利福尼亚的西班牙天主教帝国。几个月之后，加州会发现金矿。随之而来的淘金热会让1849年的加州人潮汹涌，从大西洋沿岸各州涌来的投机者和定居者打破了西班牙居住者的安宁生活，而且引起了针对加州土著部族的种族屠杀。在美国的首都，将奴隶制扩展到新并入领土的企图动摇着北方和南方岌岌可危的平衡。逐渐地，有可能避免内战的大门正在被关上。

1846年7月下旬的一个晴朗的午后——很可能是7月23日，周四——亨利·梭罗从瓦尔登湖走回镇上，想要取回修好的鞋。日暮时分，他在路上碰到了萨姆·斯特普尔斯，后者正打算行使税务官的职责，想清一清账目。自1842年起，梭罗就没有缴税，在斯特普尔斯于1843年逮捕奥尔科特和莱恩时起，他就在催请梭罗缴税。"哦，对的，"斯特普尔斯年迈时回忆说，"我提醒过他好几次，但他说他不赞成纳税，而且不应该缴。"当时梭罗需要缴的只是人头税，每个年满20岁的男人缴1.5美元，斯特普尔斯甚至愿意帮他掏钱。"但是他说：'不，**先生**；请你不要这么做。’所以我当时就跟他说，要么缴税，要么进监狱。‘我现在就可以入狱。’他说……‘那好，跟我走。’我说，于是我就把他关起来了。他没有闹事，他就这样入狱了。”[70]

按照梭罗之后在《论公民的不服从权利》[71]中讲述的，当时天已经黑了，是时候锁上监狱大门了。犯人都在监狱的院子里活动，当萨姆把亨利领到他楼上的监牢，他能听见下面的空狱所里回荡着他们的脚步声。整夜，他都在与和睦的狱友聊天，后者曾因抽烟时不小心睡着而烧掉了一个谷仓，正心态平和地等待着判决结果，很享受这洁白干净的狱所，这儿还有从隔壁米德尔塞克斯旅店送来的伙食。[72]亨利在狱友入睡后的很长时间里，都徘徊在监狱装了两道栅栏的窗户边，观望着旅馆厨房里忙碌的景象，听着盘子磕磕碰碰的声音，听着镇上的钟报时的声音、街上的人声。传说是爱默生见到了铁栏后的梭罗，他惊呼：“亨利，你怎么会在里面？”梭罗回答说：“爱默生先生，你怎么不在里面呢？”[73]这不可能是真的：梭罗的监牢在楼上，石墙高10英尺，墙外环绕着铁蒺藜。但是，这个传闻确实反映着梭罗的思想：“我近距离地窥见了我的家乡。我完全就在它的内部。这之前，我从没看到过这些制度。”他恍然大悟，顿时看清了“我居住的这个国家”，但他也变得更为消沉。他的朋友和邻居都“只适合晴朗的夏天”，他们太怯弱，不敢冒险做正确的事情。他在监狱里，爱默生不在，而且永远不可能在这里，这可能是他们之间最重要的分别。[74]

那晚的某个时候，当梭罗仍在窗边观察的时候，一位蒙着面纱的女子叩开萨姆 · 斯特普尔斯家的大门，递上一只装着钞票的信封以补缴梭罗的欠税。没有人确知这是谁——萨姆出门了，他年幼的女儿埃伦应的门，但是她还记不住名字。萨姆有时候说这人是塞缪尔 · 霍尔，她之前为奥尔科特做过同样的事。梭罗家流传着辛西娅惊慌地请玛丽亚和简两位姑妈帮忙的故事，简赶紧凑钱，玛丽亚送到了斯特普尔斯的门口，“其他人在附近守候”。学者很长时间都一致同意这人应当是玛丽亚姑妈。能够确定的是当时已经天黑，等萨姆·斯特普尔斯回家看到信封的时候，他觉得没必要急着做什么。所以等到第二天早上，吃过早饭，他先把犯人放出去做他们每天的劳动，然后他对梭罗说，他可以走了。“所以，他就走了。”斯特普尔斯在1891年的访谈中这么说；不过，还有些时候，他喜欢给这个故事添油加醋，嘲笑说，亨利看到自己的抗议行为没有奏效，“生气得像鬼一样”。[75]

毫无疑问，梭罗是愤怒的，用他自己的话来说，“有人介入了，还付了税金”。但是既然他看到同样的事情发生在奥尔科特和莱恩身上，就不应该感到意外。令他意外的是他走出监狱后感到的疏离感，他的邻居们“先看了我一眼，然后面面相觑，就好像我出了一趟远门刚回来”。不过，他还是按照原计划继续这一天的生活：去拿他修好的鞋，接着“参加采越橘的活动，他们等不及我的指导了”。如果这是传统的采越橘活动，那么梭罗会亲自驾驶干草车，小孩子和用人会欢笑着跟在后面，几个成年人在树荫下看着，等着从梭罗割回来的果实累累的树枝上采下越橘。离活动开始还有半个小时，梭罗在费尔黑文山上，孩子和越橘的香气萦绕着他，7月阳光和煦，“这个国家已经看不见了”[76]。

“这个，”他写下花哨的结语，“是‘我的监狱生活’的全部历史。”[77]逮捕本身无足轻重，梭罗很明白——他被捕的严重后果似乎被随和的萨姆·斯特普尔斯和他清闲的狱友消解了。然而，米德尔塞克斯县监狱还是令人畏惧的：三层高的花岗岩建筑，重建并加固于独立战争后，就建于梭罗的托利党舅公成功越狱之后；它关押着它所在片区的盗贼和谋杀犯。和奥尔科特不同，梭罗确实被关押了，即便只是一夜，这让他从“内部”窥见了美国的监狱社会；而且，即使和奥尔科特及莱恩一样，他的抵抗行为被别人代缴税费而平静化解，奥尔科特和莱恩还是启发了他下一步应当做什么。在奥尔科特被逮捕和释放的晚上，他不请自来地到学园发表演说，学院里正好聚集了来聆听不抵抗主义讲座的人群；第二天，莱恩给《解放者报》寄去了为奥尔科特做出的激情抗辩。这两种方式梭罗都会用：首先，在学园向他的邻居们发表演讲；之后，发表一篇有关自己行为的动人辩词。然而，这些都需要时间。镇上的人都没有把不切实际的奥尔科特和性格古怪的莱恩当回事，但是梭罗是康科德之子，他会被严肃地对待。他感到自己暴露于公众视野之中，格外脆弱，成了争议的中心。

梭罗引起了全镇的热议。约翰 · S. 凯斯代表了一般的观点：梭罗、奥尔科特和莱恩都是“愚蠢的、想要成为殉教者的人”。巴特利特医生 14 岁的儿子乔治是来瓦尔登湖拜访过梭罗的年轻人之一，他记得梭罗获释的当晚来寻求父亲的指点；他就像“见到了西伯利亚的流放犯人”。[78] 梭罗日记中愤怒的章节暗示了他当晚做了些什么——问题的症结不是人性的弱点，而是“制度”，那些“像摩洛神 * 和讫里什那神 † 那样僵化的幽灵，都因为人们盲目地崇拜它们”。讽刺的是，应当捍卫他的自由的国家反过来剥夺他的自由：“我宣称我的自由之后，它宣布我被捕了。”至于说到斯特普尔斯本人，梭罗很克制：“那位监狱长只是个普通人，一个邻居……他可能是个正直的、值得尊重的人。”真正的问题是：一个好人怎么会让自己成为罪恶的帮凶？斯特普尔斯知道梭罗按原则行事，不是因为贫穷，但还是把他关了起来，甘愿沦为国家的工具，这个国家犯下了有史以来最糟糕的罪行之一 ——“正在进行的墨西哥战争”。但是谁犯下了这种暴行？梭罗看到的身边人都很善良、正派。然而，每天的罪恶都在继续，没人阻止。这告诉我们，“每个能够命令自己的人都没有给自己下令”[79]。人类的行为不像人类，而是像石头，他们让自己被当成砌墙的砖头。

说到布朗森 · 奥尔科特，几周之前斯特普尔斯也对他下了威吓令：如果奥尔科特不清还他的欠税，他会挂牌出售奥尔科特的山边小屋——对于身为阿比盖尔 · 奥尔科特的丈夫和四个正在成长的“小妇人”的父亲的他而言，这无疑是当头一棒。布朗森在日记里写下了他的愠怒，和

* 摩洛神（Moloch）：一位上古近东神明的名号，古代迦南人所祭拜的神明，经常和火祭儿童伴随在一起。

† 讫里什那神（Juggernaut）：传说讫里什那神是毗湿奴神的化身，人们每年用车载此神像游行，迷信者相传如果能被该车碾死即可升天，所以甘愿被该车碾死的善男信女极多。

梭罗的言论有着很多重合：看看国家如何剥夺自由民的权利，甚至把手掌伸到了你的口袋里，“只要它愿意，但是我不愿意用我的金钱来加固它”。梭罗用最快的速度找到奥尔科特，他们一起谈论此事。奥尔科特肯定告诉了他爱默生苛刻的评价：之前，当奥尔科特为梭罗辩护，称他的行为是“有尊严地抗议民事权利的裁决”，爱默生付之一笑。不，爱默生说，梭罗做的事情“卑劣、鬼鬼祟祟，而且很不体面”。[80]

爱默生受到了伤害，并感到困惑。在日记里，他努力压制心头的怒气。他的第一反应是尊重：“我的朋友梭罗先生情愿进监狱也不愿缴税。他们（华盛顿的乌合之众）不会理他。废奴主义者批评战争，为此付出很多努力，但是他们缴税。”啊，这是对这些人为人虚伪的指控。当生出这样的念头后，爱默生意识到既然他自己也缴税，那就是说梭罗也在控诉**他**。他感到为自我辩护的需要。国家这个穷酸的野兽本意是好的：“不要拒绝给出你的皮斯塔林银币*。”废奴主义者当然有权拒绝，因为他们鼓动的是单一议题，而且只是寻求补偿他们某一方面的不满；他们“应当成批地抵抗，然而进监狱”。但**不是你**。“你这个泛化论者。你不是公民。”“不要疯狂地与全世界作对。”写着写着，爱默生的愤愤不平变成了犀利的羞辱：“但你，什么都不会让你满意。没有政府会让你满意，没有君主制的政府也不会让你满意。你对马萨诸塞州的反对具有欺骗性。你真正反对的是人的存在状态。”拒绝缴税是毫无意义的——不，更糟，这是虚伪之举！真正的伪君子就是**梭罗**，不是爱默生本人。“州税没有用于墨西哥战争。你的外套，你的糖，你的拉丁语、法语、德语书，你的手表在为战争买单。然而，你没有停止买东西。”爱默生用赤裸裸的鄙夷结束了这天的日记：梭罗不是公民。他不配和真正的公民并肩作战，不配“成为和他们平等的人……监狱离自取灭亡只有一步之遥”。[81]

梭罗入狱事件发生的四天之后，筋疲力尽的爱默生把本地新闻汇报给了伊丽莎白·霍尔。这是充斥着失望和挫败的记录：“钱宁先生在罗

* 皮斯塔林（Pistareen）：西班牙古银币。

马待了 16 天之后回来了；梭罗先生因为拒绝缴税而在康科德监狱待了一晚；莱恩先生来到康科德努力兜售他的弗鲁特兰农场；E 先生……但我想还是不再说其他令人厌倦的历史了。这就像给乞丐的衣服数线头，为无意义的事情写流水账……而且持续的生活之网是依靠这些悲哀的破布和绒毛编织出来的。"[82] 没有什么，肯定没有任何事情会比得知这个更让爱默生震惊，他虽然写下充满怨念的文字，但梭罗的行为会被尊为灯塔，指引着未来上百场非暴力的革命，它们会动摇并重塑全世界。

* * *

只有时间会告诉我们，梭罗在监狱度过的那一晚究竟对他意味着什么。在当时，他没有对任何人诉说。对于他的康科德邻居，另外两项抵抗行为显得更有影响力。两年前，梭罗周游全州后回来正好赶上拉响镇上钟楼的铃声，召集康科德第一次大规模的反奴隶制集会。1846 年 8 月 1 日，就在他入狱事件发生后的一周，梭罗主持了康科德女性反奴隶协会的第二次庆典，再次纪念西印度群岛的解放。典礼的组织者之一[很可能是梭罗在康科德书院的同学，即勇敢且直言不讳的安娜·怀廷（Anna Whiting）]激动地给《解放者报》寄去信件："我认为这是目前为止世上最好的庆典。"天气很好，晨间的云消去了暑气，梭罗的那片小树林"看起来是最好的小树林。我们有足够的椅子，有很多东西吃，还有一大桶冰水喝"。[83]

她们还有一系列演讲者，一位接着一位走到梭罗小屋的门口，对人群宣讲。梭罗之前在纽约认识的威廉·亨利·钱宁严肃地宣告他前一年的末日预言已经成真。沉静、富有哲思的爱默生也做了演讲："仔细检查，精确地调整尺度，这样就不会有哪个尺度比另一个尺度高，找出哪些是必需的。"从肯塔基逃出的奴隶刘易斯·海登（Lewis Hayden），"结巴地讲出没有人有力量说出的事实——自由是多么光荣的事，感动了所有人"。布朗森·奥尔科特被请来为梭罗的被捕辩护，但是他拒绝了邀请，说要修建他的花园，因而在那一天，梭罗身边没有亲近的盟友。至于梭罗本人，他说的话没有被记录下来，他甚至没在日记里提这个活动，尽管他隐晦地在《瓦尔登湖》里提起了这一天："很惊讶一所小房子可以容纳这么多杰出的先生和女士。我请来了 25 到 30 个灵魂，同来的是他们的身体，都在我的小屋里，我们分开时都没有意识到之前彼此之间曾贴得这么近。"[84] 梭罗望着这个筹备已久的集会在家中举行，却感到自己与它的距离非常遥远。

"25 到 30 个"，这个人数很少。激进的废奴主义仍然是极少数人的硬仗，他们需要反抗敌意和漠视。[85] 怀廷嘲笑说，毫无疑问，康科德人都觉得应该待在家里，"忙着给他们的新姐妹得克萨斯和她的徒子徒孙提供他们的所需"。她对沉默的主持人点了点头，补充道，他们不仅无意"拒绝他们的借贷，反而还愿意为最后的花销买单"。尤其是，她继续咆哮说，康科德人不会允许他们自己在如今的新时代庆祝"那个神圣的词汇'自由'"。不管你用多大的声音把这个词喊给他们听，他们只不过"看你一眼，很像那种已经被时代抛弃的人的眼神，他们先前亲密的记忆已经消逝了"。不过至少这些参与者涵盖不同背景："不少是妇女和孩子"，外加"很少几个农民"，以及和农民差不多数量的机械工，还有"一位商人、一位律师、两个医生"（其中应该包括了具有同情心的巴特利特医生），再加上几位牧师。那天的庆典以大合唱结束，怀廷说这个合唱"棒极了"。[86]

随着乐声消逝在树林中，随着与会者打包剩下的食物，梭罗一定衡量过每个人人格的长度、宽度和深度，包括他自己的。在他自己的家门口，一批不同职业和性格的废奴主义者做了讲演，从加里森派的分离主义者（disunionist）到爱默生的温和立场，再到海登结巴的嗓音中那种彻底的痛苦，后者回忆他的第一位妻子和第一个孩子"在某个暴虐者的种植园中"被虐待至死，"整天都在皮鞭底下，晚上要看那些白皮肤的魔鬼的脸色。这样的事情还要持续多久"？究竟还要多久？在座的人（尤其是梭罗）并不清楚为了不缴税而入狱究竟会不会只是无意义的殉道行为、不负责任的消极怠工，或是和犯罪行为之间粗俗的“打情骂俏”。[87] 他在监狱里度过的无伤大雅的一晚怎么跟刘易斯 · 海登挣扎在南方皮鞭下的一生作比？威廉 · 亨利 · 钱宁的“分裂”倡议或是奥尔科特的“无政府”非暴力抵抗能否遏制鞭笞海登的皮鞭？爱默生警告极端主义者弄乱了“必须”的微妙尺度，而今全镇人都听够了他居高临下的冷漠话语。这是不是胆怯和冷漠？梭罗坚持自己的所作所为，但是他的情感十分焦灼，他的头脑一片混乱。在他发表演说之前，他必须度量他的思想，他必须非常小心。什么才是这儿的基石？什么才是“现实”？他会苦思整整 18 个月才重新走上讲坛，面对他的公民邻居，他会发表历史性的对公民不服从权利的辩护。

刘易斯 · 海登是第一位被记录的来瓦尔登湖造访梭罗的逃亡黑奴。可能还有其他人。辛西娅 · 梭罗的家本身就是“地下铁路”* 的一个安全站点，镇上还有好几处，亨利定期护送逃亡的黑奴登上北上的列车，给他们买票，保证他们有钱，他在康科德和他们一同搭车（坐在附近的座位，保护他们）或者开车送他们去西菲奇堡的小站。很长时间，传言都说他的瓦尔登小屋也是奴隶的庇护所，这是无稽之谈：它连躲藏的地方都没有，甚至都没有锁。但是可靠的参与者记得出逃的奴隶被带来这里，请梭罗代为照看到夜深，而后他可以送他们去辛西娅的房子或者另一个安全的庇护点。[88] 没有文件记录这些——毕竟，这是“地下的”、非法的，甚至是叛国行为——但是，在很少见的情况下，私人日记记录下了特定的事件。1846 年晚些时候，阿比盖尔 · 奥尔科特记录下“约翰”的到来，“一位和善、聪明的男士，七周前刚从马里兰（Maryland）的‘绷带之家’逃出来”。布朗森 · 奥尔科特可能记下了约翰在山边小屋逗留的两周，他锯木头，捆扎柴火，非常珍惜自己头一次获得的自由，给“可怕的奴隶制贡献了图景和名字，对我所有的孩子来说都是重要的一课，

* 地下铁路（Underground Railroad）：美国内战以前帮助南方黑奴逃往北方（或加拿大）的地下秘密组织。——编注

这让他们看到黑人所受的苦难”。第二年冬天，布朗森通常会在瓦尔登湖和亨利一同度过周日的傍晚，在《瓦尔登湖》里，亨利回忆了“一个真正的逃亡黑奴，我帮他还有其他人上了北极星号列车（Northstar）”。或许这位就是约翰，按照布朗森的记载，他“健壮、灵敏、聪慧、自立”，坐在周日晚梭罗家聚会的第三把椅子上。[89]

杰克·加里森、弗雷德里克·道格拉斯、刘易斯·海登，可能还有“约翰”，还有多少没有留下名字的其他人呢？梭罗继续写着，渐渐地，他身边那些废屋的空地下室成了一代人失落的梦想的象征。在宁静的瓦尔登森林，梭罗思考着一种新的反讽：一代新美国人只能依靠逃出美国才能实现他们独立的梦想，一直逃到北极星。

走向极端之二：梭罗在卡塔丁

“守护梭罗的是行走的缪斯，”奥尔科特大约在这个时候写下这些话，“脚踝生有羽翅，应和着她的脚步。这是踏足我们树林的面色最红润、身手最矫捷的天才，在无限诗意的一天的洪亮雨声中，穿过雾气而来，头发滴着水。”有一年时间，梭罗那位行走的缪斯领着他开拓瓦尔登湖的周边地区。“谁知道自己的邻居是什么人？”第一年夏天他写道，“我们似乎生活在世界的同心圆系统里，你在一个圈里，我在一个圈里，相互之间封锁着边境——未知和想象的种族住在哪里——我们的生活就像我们各自的思想那样不同。”现在是时候延展他的活动范围了。自1838年5月起，缅因就在他的脑中，当时他去找教职，然后碰到了一位手指佩诺布斯科特部落的印第安人，喊着：“往河上游走二到三英里就有个漂亮的地方！”[90]梭罗熟悉佩诺布斯科特部落，因为他们仍会往南来到康科德河上野营，卖篮子；“河边的佩诺布斯科特部族于我而言就是来到罗马的不列颠人。”很多年前他就这么写过。[91]罗马人是时候往北走了。

梭罗家和缅因州的堂亲有着紧密的关系，而且一直得到热情的接待。1832年，亨利的亲戚丽贝卡·比林斯（Rebecca Billings）嫁给了乔治·撒切尔，一个在上游拥有木材生意的班戈商人，他熟悉这个国家和伐木业。1846年春天，洪水侵蚀了西布兰奇（West Branch）的上游，损毁了水坝，把原木冲击到几英里以外的河床。有些木材就是撒切尔的，当他决定去上游亲自检验损失时，他邀请亨利同行。亨利坚持说，他们不爬过卡塔丁山是没办法到达那里的，于是这趟出行成了一场远征。8月31日，梭罗搭火车去波特兰，然后换蒸汽船去班戈，这是延展至加拿大的森林边缘最后的贸易点。9月1日上午11点，撒切尔带来一辆马车，带着一只旅行袋和他的双管手枪；梭罗把自己的背包放上去，然后两人从"这个木材的大本营，这个残破的老班戈"出发，风尘仆仆地来到上游60英里处的马特沃姆凯格（Mattawamkeag）。[92]

几十年以来，佩诺布斯科特河都是把缅因的森林转换为商业用木材的自然马达：梭罗读到，250座伐木场每年生产两亿板英尺*的木板。[93]他们对上游的寻访让梭罗可以掌握第一手的资料。马车驶过几英里后，他们在斯蒂尔沃特（Stillwater）的瀑布线停留，这里有这一区最集中的木材厂，梭罗在此第一回看到"箭样的缅因森林"如何夜以继日地被"砍伐、标记、浸泡漂白、抛光、切割"，直到树木变成"木板、隔板、条板和木瓦"，可以被运送到波士顿、纽黑文（New Haven）和纽约。再往北一点儿，他们看着船员举着"长叉"从一段木头跳到另一段木头，把漂在水上的木头推到木材厂，偶尔也会跌入水中。他们在老城的一家船厂稍作停留，因而亨利可以看到这一区最有特色的船是如何制造的——这是一种长形的坚实木船，像独木舟，"batteau"（平底河船）这个"充满狂野节奏"的名字启发了法语词"旅行者"（voyageur）。[94]

从那儿，他们搭轮渡往上游走，经过印第安岛，这里是曾经可以自由在几百英里土地穿梭的佩诺布斯科特人如今被安排的聚居地。这座小镇有着一种"残破、憔悴、无精打采的样子，满是背影和木棚"。梭罗

* 板英尺（board foot）：美国和加拿大用于木材的专业计量单位。1板英尺为1英尺长、1英尺宽、1英尺厚的木材体积。——编注

看到的是一座被遗弃的小岛，唯一有精神的是“一位矮小、衣衫褴褛，看起来很像浣衣妇女的印第安人”，她停好梭罗的独木舟，一手拿着几张动物皮，另一只手拿着一个空水罐，去到一家小杂货铺。“他们的历史就这么被记录着。”梭罗愤愤不平，感慨这里的脏乱和贫穷。政治历史把这个“一度强盛的部落”从他们的家园迁走，圈在这座小小的岛上，这一刻，他的同情和理解于事无补，因为他看到的只有正快速走向“灭绝”的遗民。[95] 渡轮最终把他们送到米尔福德（Milford），他们驾车沿着霍尔顿军工路（Houlton Military Road），看着夏末的河流，布满岩石的浅滩和急流。梭罗在所行之处都目睹着洪水带来的破坏：被掀翻的房子，巨大的木头如火柴般四散，木头上挂着所有者的名牌，但还没有人来收拾。撒切尔在寻找自己的名牌。他们在特里特（Treat）禁酒的旅馆（temperance house）里过夜，这是此处最早的定居者的房子，梭罗注意到漂亮、健康的果园结着毫无价值的野苹果。

第二天，在林肯县北郊，他们找到了一位印第安向导，他领他们穿过森林直到看到河对岸小岛上印第安人的棚屋。他们借了艘独木舟，划过去，发现了路易斯 · 内普丘恩（Louis Neptune），“一个瘦小、结实的男人，噘着嘴，脸上都是皱纹”。这是备受尊敬的族长，之前在爱默生的连襟、地质学家查尔斯 · T. 杰克逊于 1837 年造访卡塔丁北部的时候给他做过向导。内普丘恩说他和他的朋友打算次日去奇森库克（Chesuncook）打驼鹿。运气太好了！梭罗和撒切尔赶紧雇了他们，同意和他们在西布兰奇水坝旁的麦考斯林（McCauslin）农场会合。梭罗在内普丘恩面前拿帕默拉（Pamola）这位邪恶的山神开玩笑：或许她不会让他们登上去。卡塔丁［或者按照梭罗的写法，卡它丁（Ktaadn）］，这个名字本意为“最高的地方”，它对内普丘恩的族人而言很神圣。内普丘恩用一个玩笑回应了梭罗的羞辱：他们会在上面留一瓶朗姆酒；他之前已经放了很多瓶，而每次他回去，那些瓶子总是空的。梭罗没有理解这种羞辱，也没有理解这个玩笑。[96]

回到林肯县，两人饮了马，买了弹药，梭罗闻了闻当地人卖的“粗劣的”铅笔。到达了马特沃姆凯格的旅店后，梭罗研究起当地人清空林地的方式：他们把树砍倒，然后就地烧掉木桩，把砍下的木头滚到一起，再点火烧，一次接一次，直到什么都不剩。与此同时，他们在烧过的沃土上种下土豆和芜菁。梭罗本人也算是个垦荒的农夫，拔起几根土豆苗时，他惊呆了。这看起来多么容易！为什么纽约或波士顿那些饥饿的移民不弄几块便宜的土地，“然后想要多富，就有多富呢”？回到旅店，梭罗在最新版的缅因地图上追溯他们的路线，但结果他发现这是“错误百出的迷宫”；虽然缅因州有几十年的伐木历史，多数的土地却从未被精确地度量。这时候，撒切尔的朋友们来了：他的连襟查尔斯·洛厄尔（Charles Lowell）和霍拉肖·P. 布拉德（Horatio P. Blood），他们都叫后者“雷什”（Raish）。第二天，9 月 3 日一大早，四个人背上肩包，跃过篱笆，出发了。这之后，河流就是他们的道路，因为他们已经把其他路甩在身后了。梭罗激动不已。两边都是“荒无人烟的原野，一直伸展到加拿大”：没有马，没有牛，没有车——只有河和常青的树木。“这儿，”梭罗宣布说，“没人再能控诉体制和社会，但是必须面对罪恶的真正源头。”[97]

荒原上的小径先领他们穿过一片烟雾缭绕的荒地，这里的树木被砍光了，“方圆四到五英里都黑如煤炭”——这么多的木头，梭罗观察道，“足够波士顿和纽约的穷人取一个冬天的暖了”，但是这个麻烦越快解决越好。之后，他们在这片本应“荒无人烟”的地方意外碰到很多人：他们在克罗克（Crocker）的小屋休息了一阵，而后在霍华德（Howard）胡乱搭建的房子里歇脚，接着是更远一点儿的菲斯克（Fisk）家。离开的时候他们把书留给孩子们，把报纸留给成年人。为了渡河，他们找到一个船员，他住在一个整洁的居所里，“有很多书，还有刚从波士顿娶回来的太太”。过河之后，他们经过一个堆满了夏日干草的谷仓，这是整个冬天的牛饲料。很快他们就看到了伐木工的营地——大型的原木建筑，缝隙里长着苔藓，有雪松或云杉木的房顶，壁炉也很大；不需要在这里储藏木料。在黑尔 (Hale) 农场，他们希望能从空地上看一眼卡塔丁山，但是焚烧树木的烟雾如此浓重，他们什么都看不到。韦特（Waite）太太为他们准备了丰盛的午餐，还拒绝收他们的钱；她只需要他们陪她聊聊天。他们送了她儿子一本图画书，他们还没走，他就已经津津有味地读起来了。[98]

在乔治·麦考斯林的农场上，他们停下来等待那些印第安人。当了22年的伐木工和水手后，"乔治大叔"收心了，他清理了几百亩地，改造自己的农场，做生意以满足伐木工的需求。晚餐桌上满是小麦烤饼、火腿、鸡蛋、土豆、牛奶、芝士、西鲱鱼、三文鱼，既有热蛋糕，又有甜蛋糕；至于甜点，有炖好的山蔓越莓，还有放了糖浆的茶。黄油这么多，他们甚至用来给靴子上油，"整根整根的原木，这么多，4英尺长的木头烧来煮开我们的茶水壶"。通往他们卧室的小路经过一个牛奶场，"全是新鲜的牛奶和压好的芝士"。入睡后，雨水撞击着屋顶，他们在一场暴雨中醒来，所以那天他们只能等着雨停，继续等待他们的向导，也继续观察这座农场。为什么，梭罗问乔治大叔（他还在想那些移民群体），这片土地上不能有更多人定居呢？因为，乔治回答说，这片土地不对外出售。拥有土地的公司不希望在征税名单上添加市民，购买这里土地的少数个人也不想要邻居。人只会带来麻烦。[99]

显然，这不是梭罗期待的无人管束的荒原。印第安人也令他失望：内普丘恩和他的朋友爽约了。因此，第二天早晨，麦考斯林本人答应做他们的向导，没有理会妻子要他留下帮忙挤奶的请求。他打包了一些必需品：一顶帐篷、一张毛毯、15磅硬面包、10磅猪肉。往河上游走了4英里后，他们在托马斯·福勒（Thomas Fowler）的地盘雇了年轻的汤姆来划平底船，划这船需要两个人。为了弄到船，他们去米利诺基特（Millinocket）找到汤姆的父亲老福勒，后者同意出借自己的船。梭罗在笔记里写，这肯定是最后的一栋屋子了。当有人去把马弄来拖船到水边时，福勒太太告诉他们，狼群刚刚杀死家里的九头绵羊，她展示给他们看不同的钢丝陷阱：捕狼的、捕水獭的、捕熊的。两点钟的时候，马来了。这些旅行者们走过坑坑洼洼的印第安陆运小道去到夸克虚湖

（Quakish Lake），马拖着四分之一吨重的平底船跟在他们后面。马来到河边的时候，天边正好响起雷声，这些人就把船翻过来，在船下等着风雨过去，他们削着木桨，唱着船歌。站在外面的马儿“因为雨水而显得毛色闪亮，只是成了落汤鸡”。[100]

最终，一线蓝天预示着好天气的到来。这六个人整理行装，再次起程。两位船员在急流中熟练地掌控着这艘 12 英尺长的船，速度和技艺都让梭罗感到振奋。他们在夸克虚湖终于第一次眺望到卡塔丁山，山距离他们还有 20 英里远，山顶被云团遮掩。他们在湖边检查了水坝——一项重要的工程，梭罗记录道，建起来是为了能把洪水泄到方圆 60 平方英里的范围内——这里有一群人正在维修春天洪水造成的损坏。在伐木工的营地，厨子给他们准备了茶水、热蛋糕和甜蛋糕，梭罗发现了一本被翻烂的爱默生在 1844 年所做的《西印度群岛解放演讲》的稿子，就是为了这场演讲，梭罗于两年前摇响了镇钟，也是他亲自监管的印刷和分发。撒切尔本人是废奴运动的支持者，他在上一回来这里的时候留下了讲稿。他骄傲地说，他至少成功把两个人转变为自由党的支持者。梭罗一定这么想过，即便在这里，国家也并未遁迹。他再次承诺自己，这**真的**是“这个方向上人类最后的居住地了”。[101]

这一次，他算是对了。太阳下山，月亮升空，借着月光，他们划到 5 英里之外的北双子湖（North Twin Lake），这是“一片高贵的水面”，位于美国和加拿大之间的高地上。当麦考斯林指引他们来到他在伐木岁月扎营的地方时，天黑了，他们赶紧收集枯枝，麦考斯林则砍倒几棵树来生出 10 英尺长、3 到 4 英尺高的营火，他们在营火前支起了棉帐篷，没有计算火可能烧到的范围。当帐篷的确着了火时，他们扑灭了它，然后把剩下的棉布铺在地上，当防水布用，最后还是把平底船翻过来，在下面睡觉，把他们冻僵的脚凑近火苗。梭罗在午夜时分醒来，给营火添柴，凝望着月光下的湖水，希望能见到一只驼鹿或一匹狼。他听着寂静的夜里叮咚的小溪，感到自己终于来到了一个新世界，他永远不会忘记这里“庄严但温柔的野性”。[102]

天亮之前，他们又出发了，留下营火让其自行熄灭——这是通行的惯例，对火非常有研究的梭罗记录道——在这片潮湿的森林，失去有价值的木材之后，没有人会在乎剩下的木料被烧尽。他一路上都在读梅尔维尔的《泰皮》（*Typee*），随着他们划桨，他想象着自己在南太平洋上，正在靠近泰皮居住的港湾，他们正跑到山里捡拾椰子和面包果带回海滩。不同的是，没有友善的土著人迎接这些**旅行者**。他们划过一连串的湖泊，它们由被“篱笆之类的东西”围起来的狭长通道串联在一起，这些篱笆是扎在一起的粗糙木头，等待春天的急流带着它们去到下游饥渴的木材厂里。每一次梭罗都为这地方“白人建造的朴实走道”可以同时兼具狂野和美感而惊讶。在翁比德吉斯（Umbedegis）湖吃过早餐后，亨利、汤姆和乔治大叔探索了一座老伐木营地所留下的野草丛生的废墟，还有一座废弃的打铁铺。即便在这种地方都有废墟和遗迹。“随便去哪里，都有人比你早到一步。”[103]

他们继续上路，一英里接着一英里，一座湖接着一座湖，一段搬运道接着一段搬运道。他们路过一张被树皮包裹的橘色广告牌，广告上的内容关于一间很大的波士顿服装店橡木堂（Oak Hall）。最终，麦考斯林送他们抵达卡塔丁山的山脚，一个由死去驼鹿的尸骨标记的营地，他保证这里“有足够的鳟鱼”。他们在驼鹿肋骨的空隙里摸索，找到了猎人留下的桦木杆；很快他们迫不及待地甩出鱼钩捕鱼了。在梭罗失掉了鱼钩之后，他被安排负责接住其他人扔上岸的鱼：鱼儿在他的脚边扑腾，“像在一场完美的暴雨中”。它们还活着的时候闪闪发光，“像最美的花儿，他呆呆地站在它们旁边，无法相信自己的感官——这些宝物竟然在那条阿布尔杰克那其萨克（Aboljacknagesac）河里游了这么久！这么长久的黑暗时代里，只有印第安人见过这些闪亮的生物！”麦考斯林把这些俘获物押解进煎锅，同时还“嗞嗞”地煎着猪肉。等他们吃完，梭罗数着鳍条和鳞片来辨认鱼的种类：“奇温”鱼，也叫白鳟鱼，梭罗记在日记里，同时也记下它的拉丁语学名。他睡梦中也想着钓鳟鱼。醒来的时候他不相信他真的置身在这片自然里，他又往水里抛了钓线，然后他“发现梦是真的，寓言叙述了真理”。在那儿，在卡塔丁山的深色轮廓下，梭罗钓着鱼，直到月光被晨曦取代。[104]

＊＊＊

早晨 6 点，吃饱了鳟鱼的六个人往小溪上游继续前行，根据梭罗的指南针，径直去往梭罗误以为是卡塔丁最高峰的地方。他们踩过原始的乡野，吃蓝莓，一路上都是熊、驼鹿和兔子留下的粪便。到了下午 4 点，因为担心前面没有水，他们停下扎营；但是梭罗没法停留，他继续攀登，借助冷杉和桦树的根做支点，或者干脆踩上因结着苔藓和蔓越莓而显得平坦的树冠，其实这很危险，他一直看着脚下的无尽深渊——这是“我去过的最凶险、深渊最多的乡野”。最终，他终于越过林木线到了半山腰，“这里只有岩石，各种形状和尺寸，无言的灰色岩石，羊群和牛群在这里放牧——日落时分，反刍着坚硬的食物。它们几乎看都不看我一眼，更别提发出咩咩或者哞哞声了”。这种仿制的乡村风情是他能够抵达的边界。夜幕降临，除了云一无所有。但是正当他折返时，他望见了缅因州“在下面波动，流淌，起着涟漪”。[105]

梭罗发现他的朋友们在一个山沟边可怜巴巴地抱作一团，一个人生病了，裹在毯子里，其他人坐着，没有晚餐吃。这是个难眠的长夜，他们“在一阵正在积蓄的风暴的正中心”。早晨，在吃过冷猪肉和硬面饼以后，梭罗带他们上山脊。很快，他就把他们抛在身后，迫不及待地往一座高地进发，那儿距离他没法看见的一座峰顶只有几百英尺。他穿过茫茫岩石——“就好像这里下过一场岩石雨”——直到他攀登到云端。偶尔，风会吹散云朵，他会被笼罩在阳光里，但这样的时刻转瞬即逝，他很快就被裹挟在灰色的晨曦之中。这是云朵的工厂，“风从光秃秃的石头上把它们吹出去”。他搜刮着词汇：这是高加索，是普罗米修斯被缚并永久受刑的地方；这是帕默拉，卡塔丁的“邪恶山神”；这是上帝，对所有攀上来的人都感到愤怒。不。他试图用自己的语言描述：

这是巨山，巨大到人类从未占有过她。攀登者的一部分，甚至是最重要的部分，似乎已经在他攀登时鼓胀的肋骨里游走了——他比独处时更孤独……庞大的、非人的自然让他感到相形见绌，让他目睹自己的孤苦无依。她掠夺他，她不会像在平原上那样对他微笑。她似乎在板着面孔问：你的时间还没到，干吗来这里？这个地方不是为你准备的。我在山谷里微笑，这样难道还不够吗？我从没把这片土地造成适宜你双脚的样子，也没有把这里的空气造成适合你呼吸的样子。我没有召唤你，你为何要来找我？而且找到后还抱怨我不是你温柔的母亲。

梭罗无法停留。“因为除了被从这里遣散出去，你还能在这里祈祷什么？而且，你应该冻僵或挨饿吗？或者颤抖着，让生命一点儿一点儿流逝？这里没有神龛，没有祭坛，也没有能进入我耳朵的东西。”他的朋友在下面等着，渴望快点下山，回到河上，回到家。这些云团可能会几天不散，他无法停留。但是他必须劝服自己离开。[106]

梭罗发现他的朋友们在一片没有树的山野等他，吃着蔓越莓和蓝莓。他们用这个山坡的景象相互慰藉（哪座山不是云雾缭绕的呢？），匆匆离开，下山，跳过一根又一根木头，不确定他们正在去往哪里。汤姆爬上树，给他们指了一片空地的方向，在那儿，一头驼鹿刚留下的小径暗示着他们把它吓走了。很快，他们看到了熟悉的路标，到了下午 2 点，回到了平底船上。他们顺流而下，桦木杆断了，食物补给不足，天气变幻莫测，他们祈祷不要撞上石头然后沉船。那晚他们在橡木堂附近扎营，第二天一早继续出发，经过了一连串的湖和搬运道，直到来到美丽的翁比德吉斯湖，在这里他们吃了最后剩下的猪肉作为早餐。随着他们继续漂流，天色转晴，卡塔丁山在他们面前冉冉升起，这么高，这么圣洁，而且没有云的遮蔽。那天下午，当他们回到汤姆的小屋时，他们的影子已经被落日拉得很长了。他们碰到了内普丘恩和他的同伴，后者正划着桦树树干做的独木舟往上游走，内普丘恩温和地问：“咱们捕到了些什么？”梭罗和他的同伴拒绝回答，他们觉得内普丘恩口口声声说自己身体不舒服，但其实是去喝酒了。他们把汤姆送回去，在麦考斯林家过了夜，剩下的三位班戈人和梭罗继续往下游划，要到第二天，9月11日夜里1点半才抵达班戈。三小时后，梭罗登上回波士顿的蒸汽船，这天的晚些时候回到了瓦尔登湖的家——离开不到两个星期，这些时间还不够整理他脑袋里的改革念头。

在卡塔丁的高坡上，梭罗究竟经历了什么？没有任何事是他之前想见的，甚至连那片荒原也出乎他的意料，因为那根本不是荒原。即便在没有公路的地方也还有房子，即便在经过最后一栋房子后，也还有伐木工的营地和打铁铺、水坝和栅栏，还有一直被人使用的小径，甚至还有一块广告牌。这片“原生态”的森林其实已经被伐木工占据过，每一棵树都被砍过，被做上了记号，它们的命运不是不断向天堂生长，而是被扔到溪水里，顺着瀑布流到锯木厂。他既没有看到狼，也没有看到驼鹿——至少没有看到过活着的。他碰到的印第安人中没有高尚的，也没有帮忙的。甚至连卡塔丁山也拒绝了他，用风和雾折磨他，而一旦他回到低地，她就露出了微笑。

然而，不管怎么样，这个经历令人愉快，让他激动。回到他的写字台边，一整个秋天，他写出的纸页堆积得越来越高；他自己也知道，他从没写得这么好。发生了什么？之后回忆起来，他意识到这个转折点不是在卡塔丁云雾缭绕的料峭山顶，不是在他期望寻求启示却遭遇无上自然的冷遇的经历。转折点发生在山下平静的草地里，更加陌生的东西带给他惊喜——“这里让我感到很熟悉，就像逐渐废弃的牧场”，他跑着，采集蓝莓，直到神秘的真理一下颠覆了他的认知：没有人曾经在这里放牧过。“只有驼鹿来这里吃草，熊在这里藏身——还有黑鹧鸪以这里的野果和嫩芽为生。”在这里，就在这片柔软、神秘的绿草上，大地向他展现了自身。“这不是人类的花园，而是最初的地球。这不是草坪，不是牧场，不是林地，不是耕地，也不是荒地。它是地球本身新鲜而自然的表面。”不是“地球母亲”，而是“庞大而非凡的物质”，在任何程度上都没有人为因素的影响，而是“上帝为这个世界所造的适宜的样本”。

于是就有了梭罗所有作品中最关键也最具情感的段落：

> 如果你可以看到星星的表面，看到原始家园里的实物，去博物馆看一系列整理好的东西又有什么意思？我为自己的身体感到惊讶，束缚我的这个实物现在让我感到陌生。我不害怕鬼怪、幽灵，我自己就是其中之一，但我害怕我的身体，害怕所有身体，看到它们的时候我会打战。这位拥有我的提坦神（Titan）是谁？说到神秘，想象我们在自然之中的生活，我们每天都看到物质，并且跟它们接触——岩石、树木、吹拂我们面庞的清风！坚实的地球！现实的世界！常识！接触！接触！我们是谁？我们在哪里？

有些人在这些文字里只看到恐惧和疏离。沦为被异己的身体占有的幽灵确实很可怕——这种存在意义上的恐惧如此深远，让梭罗最终看到了他的极限，看到关于他的根本事实。他没有退缩，而是拥抱这个真相。他**会完全占有**他的东西："某些实物"，"束缚我的这个实物"，这个"**现实**的世界"——"岩石、树木、吹拂我们面庞的微风！"[107]包围我们，触碰我们，甚至抚摸我们的神秘事物**其实是**我们自己，是我们所有人；因为就像所有有形体的生命，我们也是"原始家园里的实物"。梭罗的回应方式是去与它接触，触碰回去，用身体触碰身体："**接触！接触！**"从山上下来，他什么都没带，只有他自己的身体，如今他清楚这只是这个星球上的某种物质——存在于这颗"星星的表面"——和岩石、树木和清风一样。梭罗在卡塔丁山上找到了他的真理；它深邃，甚至深不见底，却异常亲切和熟悉，当然，它也绝对狂野，狂野得无法用语言描述。

当然，这意味着他必须找到语言来描述，必须找到一种狂野的语言，同将他和这个星球表面联系起来的全新发现同样狂野。1846 年整个秋天，梭罗把他在野外细心记录下的笔记——就算平底船穿梭于急流的时候他也没忘奋笔疾书——拓展成长篇叙事性文字，这会是一场轰动的公众演讲和随后他最成功的杂志文章的基础。他会表现这种"难以表现的温情和冷酷的森林里有限的生命”，“驼鹿、熊、驯鹿、狼、河狸和印第安人的家园”展现美国人依靠铁路和电报生活的思维盲区：他们房子用的木材来自“那片昨天印第安人还在里面打猎，驼鹿还在里面狂奔的森林”。就算是康科德熟悉的田野，梭罗也用全新的视角来审视：“我们的田野和上帝一样古老，我们展示的岩石有着他手制的烙印。”他从卡塔丁带回的真理夯实了他和周边物理世界的亲缘关系，正如他在那个秋天写下的：“所有物质都在某种程度上是人类的亲属，和人一样受制于同样的法则。”[108] 站在湖边，眺望夜空，他将群星视为“他遥远的亲戚”。为了站在某颗星星的表面，他需要让天堂来到他的脚下。现在，他看到瓦尔登湖的边界超越了人类的极限，触碰到天边的群星。

离开瓦尔登湖

在《瓦尔登湖》里，梭罗忽略了第二年，仿佛第二年和第一年一样，他把这两年两个月零两天制成了一个宏大的一年期叙事。但是，事实上第二年对他的实验至关重要，因为第二次经历四季的变迁让他能够进行比较，能够对实验结果再次确认。比如说，第二年夏天，他犹豫着要不要再种一次豆，或者“保持诚心——真理——单纯——信仰——信任——天真——看看它们是不是无法长在这里”[109]。他种了豆，也又一次种了其他作物——番茄、南瓜、玉米和土豆——结果却是目睹 6 月 12 日晚间的一场霜冻杀死了它们。虽然这阻止了他重复他的农业实验，但也给他时间照料他的“野生仓房”。他在瓦尔登湖最先做的事情之一就是采集一盒盒的野果——红色的越橘和沙樱桃，铁木、角树和朴树的种子——给他的朋友马斯顿 · 沃森。沃森正忙着建造自己在普利茅斯的房子，在周围的 80 英亩地上栽种苗圃和果园。几个月后，在 1846 年 2 月，沃森迎娶了梭罗的“东方少女”玛丽 · 拉塞尔。梭罗会对他们茂盛生长的果园保持着不懈的热情——那是另一个放大版的瓦尔登湖。

此刻，1846 至 1847 年的冬天，他对狂野自然的兴趣在激增。他发出的“接触”世界的呼唤找到了科学的方法和路径：在卡塔丁山，他把一条完好的鳟鱼留作标本，数它的鳍条；几个月前，他还测量了河里捕到的另一条鳟鱼，用文字记录下它的形貌，并在评论一份发在《马萨诸塞州的自然历史》上的鱼类报告时公布了他的记录。当该报告作者的儿子从哈佛给梭罗来信，询问有关收集鸟蛋的事宜，梭罗回信分享了他快乐的回忆，并邀请对方来瓦尔登湖做客。[110] 更多的问题涌向梭罗。一队凿冰人来到湖面，梭罗好奇地在冰上凿开小洞来度量水温。紧接着，他想知道寒冬中鱼如何生存——路易斯·阿加西 * 也在问同样的问题。那个冬天，每周人们都会聚集在波士顿的翠蒙堂（Tremont Temple），一次能有 5000 人之多，来聆听阿加西所做的洛厄尔系列讲座：《动物王国的造物计划》（“Plan of Creation in the Animal Kingdom”）。他最喜欢做的一件事是在黑板上画下一枚鱼鳞，然后——令观众震惊的是——快速地画出鱼的其他部分，直到它似乎能从黑板上游走。梭罗的内心涌动着烧灼的激情。冰刚开始融化，他就为这位伟大的人物采集样本。5 月 3 日，阿加西的助手詹姆斯·埃利奥特·卡伯特（James Elliot Cabot）代阿加西感谢梭罗从瓦尔登湖寄去的三盒样本：一只小淡水龟——“真的很稀有！”——几条亚口鱼，外加鲈鱼、鲷鱼和鳟鱼。梭罗能不能再多寄一些龟来？卡伯特奉上 5 美元以支付开销。[111]

信件和标本的交换继续着。梭罗不仅采集、分装、寄送，他还“抛掷”了一大堆问题：为什么他的瓦尔登梭鱼和其他河里的梭鱼不一样？那些大头鱼也不一样吗？这些亚口鱼属于什么种类？鲈鱼呢？银光鱼呢？阿加西还想要什么？“那儿还有水貂和麝鼠，有蛙、蜥蜴、陆龟、蛇、石蚕、蚂蟥，还有很多很多别的，不，应该说**这儿**有。”阿加西愿不愿意亲自来看一看？临近 5 月末，卡伯特汇报说，阿加西对梭罗的贡献感到“又惊又喜”，他在其中发现了生物学上的新品种。至于梭罗寄来的“小狐狸”，

* 路易斯·阿加西（Louis Agassiz，1807—1873 年）：19 世纪美国的瑞士裔植物学家、动物学家和地质学家，以冰川理论闻名。

它在他的新家（教授家的后院）过得很好。最后，作为瓦尔登湖交流的最后一笔，阿加西认出梭罗的瓦尔登室友是“白肚鼠”。这是教授第一次亲眼见到这个品种的标本。[112]

梭罗的面前展开了全新的职业机会——至少爱默生是这么想的，他把梭罗推荐给自己的连襟查尔斯 · T. 杰克逊，后者正在召集一支考察密歇根地质情况的科学探险队。梭罗非常想去，在 5 月下旬，他甚至对《康科德和梅里马克河上的一周》一书的一位潜在出版商说，印刷必须加紧完成，因为他将要开启“一段长时间的旅程”。[113] 杰克逊没有带梭罗去密歇根——这种机会的竞争很激烈。但是，如果梭罗被选中了会怎么样呢？他是不是会在来年夏天加入阿加西的远征，去苏必利尔湖（Superior）？这会置梭罗于阿加西科学圈的核心位置，为美国的专业科学领域奠基——这个圈子几年后会接纳一位年轻人威廉 · 詹姆斯，他在 1865 年加入阿加西赴巴西的征程。

然而，这不是梭罗的职业生涯。他希望开拓的“空白”不在地图上，而是在脑海里。这两种探寻方式——向外的和向内的——将会以意想不到的方式结合：阿加西的助手卡伯特分享给爱默生他对《薄伽梵歌》的热情，爱默生听说过这本经典但从未真正看到。1845 年 6 月，《薄伽梵歌》来到了康科德；很快，梭罗也在读它。“他不可能是一位瑜伽修行者，从他的行动看来，他没有摒弃所有初衷。”他在入狱的那个夏天把这段抄录到日记里。[114]《薄伽梵歌》近乎成为他私人的《圣经》。那年春天，他的书桌上是打开的《薄伽梵歌》，他望着新英格兰冰业“国王”弗雷德里克·图德（Frederic Tudor）带来一队爱尔兰劳工收集瓦尔登湖的冰，一天能采集一千吨。爱默生被吓坏了。“如果这情形持续下去，”他愤怒地写道，“他会糟蹋掉我觉得这块土地具有最重要价值的部分。我愿意把它卖掉。”梭罗很高兴，他和工人们开玩笑，让他们到家里取暖，当他看着他们建起他们的“灰白色巨塔——散发着天蓝色大理石的光辉”，他想象着印度那些“被炙烤的民众”很快能喝上从他家井里打上的水。“早晨，我的思想沉浸在《薄伽梵歌》那令人惊叹的天体演化哲学里，”然后去湖边，“我家的井。看哪，我在那儿遇到了婆罗门的仆人……来为他的主人打水，我们的木桶好像在同一口井里擦碰着。纯净的瓦尔登湖水混合有恒河的圣水”。借助现代全球贸易的奇迹——也是同一个奇迹给他带来了《薄伽梵歌》——他现在能憧憬着回馈这份礼物，他要融合印度的神圣经文和新英格兰的全新现代经文。《瓦尔登湖》的智慧将融入世上所有的水域。[115]

梭罗造的是一座能够久居的房子。不难想象他会在那里度过他的余生，在松林间变得老迈孤僻。事实上，这位美国传说里著名的隐士仍“生活”在那里。但是作为活着的人的梭罗却离开了，而且在之后的岁月中，离开的原因也让他疑惑：“我为什么离开那片森林？我不觉得我能够解释。我常常希望我还住在那里……也许我想要一些改变——或许那里让我感到有一点停滞不前……要是我在那儿住久一点，我或许会永远住在那里——每个人以这样的方式接受天堂的时候都会多想一想。”或许，他在《瓦尔登湖》中补充说，他想要“尝试很多不同的生活，所以他不能让那种生活占据更多的时间”。[116]

讲得俗气一点，他离开是因为被一位他无法拒绝的人叫走了——丽蒂安 · 爱默生。沃尔多计划着要去欧洲做一年的讲学，那儿的人对超验主义和爱默生本人都生出愈发浓厚的兴趣。直到 8 月 29 日，丽蒂安似乎还打算在丈夫外出后和一位朋友同住，但是忽然间，她邀请亨利来与她和孩子同住。梭罗在瓦尔登湖的生活来自爱默生的慷慨馈赠；如果他的朋友需要某种回赠，他肯定说好。一周之后的 1847 年 9 月 6 日，亨利·梭罗把书和家具装上车，关上房门，离开了瓦尔登湖畔的家。他不会再回来。9 月 17 日，爱默生买下房子，租给他的园丁休 · 惠兰。完事之后，10 月 5 日，亨利、丽蒂安、奥尔科特夫妇在波士顿港送别爱默生，后者开始了盛大的欧洲之行。阿比 · 奥尔科特（Abby Alcott）“一抽一抽”地哭泣着，但是丽蒂安按照她一贯的性格，一滴泪也没有掉。[117] 随着沃尔多的轮船消逝在海平面上，丽蒂安和亨利回到康科德，一起忙活家里的事情。梭罗作为隐士的历史结束了。这之后，亨利再也不会独居了。

第六章　作家生涯
（1847—1849 年）

但是我，地球上区区一名铅笔工匠，要怎么和众神交流而不显得疯癫呢？

——亨利 · 戴维 · 梭罗 :《康科德和梅里马克河上的一周》

“你能当我的父亲吗？”：梭罗在爱默生家

尽管梭罗之后奇怪自己为什么甘愿离开瓦尔登湖，但是在某种意义上，他从未离开。瓦尔登湖伴随他的整个余生，维系他重生的自我意识——自立，即便在人群中他也是单独的个体，自然基岩上涌动的清泉是他的生命底色。他搬回城里的几周之后，梭罗骄傲地给 37 届的毕业生写信说，没有辜负在哈佛的毕业演讲里对自己的高期望：“我找到了一种与寻常的上班或进企业不同的生活方式……我上的最持久的班，如果可以这么称呼，是让我保持最好的状态，准备好随时迎接出现在世间或天堂的事物。”[1] 他在瓦尔登湖看到了天堂。现在是时候应对世间、家庭和社会的挑战了——因为如果他在瓦尔登湖发现的东西是真实的，它会跟随他到任何地方，即便在这里。

这张绿色的小书桌再次摆在爱默生家楼梯上方的“先知卧房”里。接下来的十个月，从 1847 年 10 月 5 日到 1848 年 7 月 30 日，梭罗不仅是园丁和杂工，也是一家之主，照顾着这个兴旺的大家庭：丽蒂安和三位小爱默生——8 岁的埃伦、6 岁的伊迪丝，还有 3 岁的爱德华［或者叫埃莉（Ellie）、伊迪 (Edie) 和埃迪 (Eddy)，亨利在信里是这么称呼他们的］——外加露西 · 布朗阿姨和住家的侍仆：阿比和阿尔迈拉 · 史蒂文斯（Almira Stevens）。[2]“这样的生活——对于像我这样的隐士——有点像加入一个小型社区。”梭罗向爱默生坦白，但是这个新实验“有益于社会，而且我不会后悔我暂时性或永久性地参与”。梭罗负责果园和菜园的出产和美化，也就意味着他要监督爱默生的园丁休 · 惠兰。他也追踪爱默生复杂的金融事务，也就是说他需要不断地询问这些交易，他每天也花很多时间和孩子待在一起。[3]

信件穿越了大西洋，满是新闻和奇遇。“丽蒂安和我把家里照看得很好，”梭罗向爱默生保证，“她就像我的亲姐姐一样——埃伦、伊迪丝、埃迪，还有布朗阿姨，都和往常一样继续着生活中的悲剧、喜剧和悲喜剧。”当埃伦和伊迪丝去希尔赛德（Hillside）上安娜 · 奥尔科特的日托班时，亨利给小埃迪做辅导，小埃迪喜欢坐在亨利的肩上观察世界。亨利向沃尔多暗示，小朋友懂得欣赏“任何新的和珍稀品种的木马或锡制马……他前几天很严肃地问我：‘梭罗先生，你能当我的父亲吗？’偶尔我也和他小打小闹，我不让**他**落单，以免他太想你。”沃尔多很惊讶也很感激。“我们的斯巴达–佛教徒亨利不知不觉成了个好脾气的父亲。”他在写给丽蒂安里的信说。知道亨利帮他看家，他每天都感到安心。[4]

那年秋天，全镇最劲爆的八卦消息是索菲娅 · 富德（Sophia Foord）向亨利 · 梭罗求婚。“虽然我写这些很犹豫，但她真的希望能嫁给我，这是他们的说法。”他给爱默生写信说。他当然拒绝了，但是他急切地补上这句：“我真的希望我的职业生涯里不会遇见这样的敌人。”爱默生在回信里表现出尴尬：“你在信里说到了这个可怕的状况，我们今后会把它愉快地忘掉。”[5]富德（她已经 45 岁了，比梭罗年长近一倍）之前住在奥尔科特家，而后作为教师来到爱默生家。梭罗住在瓦尔登湖时有一项工作就是回城把爱默生家的谷仓改造为她的教室和起居室。富德欠佳的身体迫使她不得不于一年后辞职，但是她留下了好印象：孩子们都喜欢她，埃伦之后回忆道，路易莎·梅·奥尔科特记得她带女孩们出去散步，在弗林特湖畔脱了外套，泼水玩，“鱼儿逃命一般地躲过我们的魔爪，当我们到湖的另一边穿上鞋子和衣服的时候发生了很多有趣的事情，然后我们跌跌撞撞地走回家，又湿又脏……我们大声唱着歌，叫着，像疯婆子一样”。[6]

确实有一些人觉得自由奔放的富德是疯婆子。1849 年晚些时候，玛丽亚姑妈被一条传言吓到了——富德为梭罗自杀，她给梭罗寄了“前言不搭后语的”信，他读完就烧掉了。富德继续教书，和奥尔科特夫妇保持联系，也继续关注梭罗一家：1869 年，亨利的妹妹索菲娅被她吓了一跳，在波士顿的一场会议里，富德走近索菲娅，说“你不认识我，梭罗小姐”。1885 年，富德过世后，路易莎赞许了她欢快的课堂，“她让我们用梭罗的书作为向导去认识各种花儿”，“她一生都追求高尚的思想和神圣的生活”。[7] 到了最后，富德坚持说她是梭罗的灵魂伴侣，说他们的精神会在来生相伴，到那个时候，无论是年龄的差距还是维多利亚时代对婚姻的标准要求都不会介入他们之间。

那年秋冬，另一项重大工程是建造爱默生的夏日度假屋。在“爱默生崖”上建造“诗人的栖居地”计划流产之后，奥尔科特找到了让夏天更富精神内涵的方式：用砍下的柳条编织出一顶繁茂的帐篷。梭罗和爱默生都喜欢这个主意，爱默生于是委托奥尔科特在他家后院造一个豪华的版本。1847 年 7 月，他们仨坐车前往爱默生的瓦尔登林地，砍下 20 多棵年轻的铁杉，运回家里用作建材。想想这些树，爱默生写道，它们长了这么多年，就连他睡觉的时间它们都在生长，它们“被人们圈起来，买下，拥有”，现在让他分享了它们的阳光和土地，雨露和风霜！他和奥尔科特都没有提到这里面的插曲：眼看奥尔科特砍倒的一棵树倒向了旁边的树木，梭罗必须截住它，用尽力气让它倒到空地上。[8] 很快，奥尔科特和梭罗就在地板上搭起九根龙骨——九根龙骨给九位缪斯女神，奥尔科特说。他们没有按照惯常方式以买来的木材来覆盖房屋表面（梭罗在瓦尔登湖的房子就是这么造的），奥尔科特把树枝一根一根编到一起，很仔细地选出来，然后由梭罗拖回家。爱默生焦虑地看着屋子渐渐成形，想着这团杂乱的房顶很可能会塌。“我想叫它‘欲坠堂’（Tumbledown-Hall）。”他和丽蒂安开玩笑说；写信给富勒的时候，他说，房子正在“长出令人惊讶的维度来：列柱走廊、天窗，而且坐落在我的玉米地的正中”。[9]

1847 年整个秋天，奥尔科特都沉醉于这项工程——他把它叫作他的“森林系”建筑，布满神秘的曲线。白天他为它挥汗如雨，到了晚上，他梦里也全是它。梭罗更觉得它是噩梦。玛丽亚姑妈担心奥尔科特“拆它和建它一样快”，这已经够坏了，更糟的是，有一次，最高的房梁意外砸落，幸而梭罗及时跳进附近的干草堆才躲过一劫。[10]11 月，梭罗警告爱默生事情的严重性：奥尔科特的空中楼阁需要一些符合物理和数学法则的地基。“你学过几何学吗？”有一天他冲奥尔科特咆哮，“‘直线和曲线的关系，从有限向无限的转换？牛顿和莱布尼茨的书里有很好的解释。’——但是他什么也听不进。”不过奥尔科特听到了路人的嘲笑，他们停下来观望：从没见过这么古怪的东西——一枚巨大的陀螺。然而，它的确有自己的魅力，连梭罗都承认它有着“美丽的特质”。[11]整个冬天，它就以未完成的样子存在着，到了第二年春天，奥尔科特用茅草和苔藓盖屋顶。然而，作为“诗人的栖居地”，这栋房子毫无用处，下雨漏水，蚊虫丛生。出乎所有人意料的是，它在好几年里都能屹立不倒，一栋两层楼高的装置艺术——至少对一些人来说是这样。爱默生的母亲见到它时，“哼”了一声，叫它“废墟”。爱默生付了奥尔科特 50 美元劳务费，付了梭罗 31.5 美元，之后的几年他都不断汇钱给奥尔科特要他修这个，修那个——朋友们怀疑，他这是借个名堂帮助奥尔科特一家度过经济困境。[12]

对比之下，梭罗这么精心打造的瓦尔登小屋有着截然不同的命运。亨利搬出去的三周之后，爱默生把房子租给他的园丁休·惠兰，后者计划把房子迁到路边，扩大面积，种一片果园，让家人一起搬进来。到了

1月，休迁了房子，挖了地窖，买了些石头准备进行修葺，然后事情就到此为止，因为他和妻子大吵一架，搬出了康科德，发誓永远不回来。这个未修葺的地窖塌陷了，吞掉了房子的一角。事情本可以补救，梭罗在1月写信给爱默生说——他之前期待自己的小屋成为新兴的瓦尔登社区的第一幢房子，他也仍希望爱默生能够让它“成为某个人的家”。[13]但是，爱默生让房子就这么塌陷到1849年9月，接着转手卖给一个当地农民，后者把房子搬到几英里以北的地方，作为储存玉米的棚屋。就在那儿，梭罗挚爱的小屋慢慢地腐烂，索菲娅或埃勒里·钱宁偶尔会去看看，直到拥有它的人在1868年把它推倒，取走能用的木板去造了一个木棚，还修了一个谷仓，传说有几块木板一直用到了今天。其他的则消解回最基本的元素——阳光泥土，雨露风霜——回到了源头。[14]

森林也在灭亡。火车引起了瓦尔登森林里的火灾，造成了大量有价值木材的损失；在11月里，梭罗向爱默生汇报，后者所拥有的瓦尔登土地上，一侧的树木已经被烧尽到公路，另一侧则烧尽到防护梁，都是“撒旦”纵的火。这么“剧烈的损失”好几年都无法弥补。后一年5月，这位“撒旦”放火烧了爱默生的树林。愤怒的爱默生要求铁路方面赔偿他的损失（他们赔偿了），他一回家就把烧掉的土地卖给了他们。[15]但更糟的事情还在发生：铁路让缅因木材变得更便宜，更容易获得，康科德的土地所有者们正把现在一无是处的康科德林地转化成现金，给火车引擎充当燃料，给铁轨增加木枕，有可能他们还在这片砍光了的土地上收割到一棵作物、两把黑麦或英国干草。之前的200年，瓦尔登森林都备受重视，得到很好的保护。梭罗记得儿时的瓦尔登湖“周围全是高大繁茂的松树和橡树”，葡萄藤从池边覆盖到深谷，船行过的时候要钻过漫漫藤蔓。现在他眼睁睁地看着这些树倒下。1854年，《瓦尔登湖》出版的时候，几乎所有的树都被砍掉了，瓦尔登湖孤零零地留在那里：“从现在开始的很多年，不会再有林荫下的漫步，树木掩映中若隐若现的湖水了。”梭罗的缪斯被噤声了；“鸟儿的家园都被砍光了，你怎么还能指望它们歌唱呢？”[16]

* * *

随着 1848 年的冬天来临，丽蒂安的健康出现了问题，整个家为此忧心。亨利向孤独且操劳过度的爱默生隐瞒了这个消息，他知道后者需要温暖且欢乐的家信。1 月，爱默生在回信时流露出他的爱意："不管发生什么，我总有亲爱的亨利（如果还有别人有资格这么称呼他），他正直、平和、诚实。所以，不用管世事纷扰！"这番话语让亨利的防范彻底崩溃，他赶忙回以无尽的感激："亲爱的沃尔多"——亨利之前从未直呼爱默生的名字——"不管我怎么**称呼**你，我对你本人的了解要比对你的名字深得多。"这种突如其来的亲密感让亨利释放了一直隐藏的对丽蒂安的担忧，他现在承认，她已经卧床两周，黄疸病已经让她虚弱到连写信的力气都没有了，她"整个脸都是橘黄色的"。整个冬天，丽蒂安卧病在床，亨利把自己奉献给孩子们。每晚，他给他们念《王冠》（*Diadem*），这是一种孩子们的年刊："所有的年刊还有《王冠》都被征用了，埃迪每到故事时间都会大喊：'现在是冠冠时间！'"埃伦会奉上她的"智慧的批评"，伊迪丝抗议亨利翻页翻得太快。他们还读完了《一便士杂志》（*Penny Magazine*），"从第一页看到最后一页，然后从最后一页再看到第一页，第二遍读的时候，埃迪像第一次读那样聚精会神"。[17]

尽管亨利让沃尔多放心，但后者还是忧心如焚。与此同时，他还被金钱问题困扰，因为英格兰的生活更艰难，而且他的讲座只取得预期利润的一小部分。家里的债务也日积月累，好几次他必须叫丽蒂安向威廉借钱。"我再也不敢离开家了。"他担心这引起了"这么多的烦恼和痛苦"。[18] 但是他在海外的日子异常充实。爱默生被尊为名人，被大英帝国最重要的人物们视为拥有同等地位的人，而且他对世界历史有了前沿的了解：那个春天，他暂时搁置他对金钱的忧虑，去了巴黎一趟，直接走进了 1848 年革命的街头暴力中。就在那种严峻的情况下，玛格丽特·富勒还在为《纽约论坛报》头版报道惊心动魄的关于罗马的新闻，她之前已加入了支持组建罗马共和国的运动；爱默生担心她的安全，所以求她跟自己一起回家；他不知道她已经爱上了一个意大利的抵抗者，而且已经生下了后者的孩子。

然而，即便世界历史就在眼前风起云涌，沃尔多最在乎的新闻依旧来自家里。很快，丽蒂安写信告诉他自己康复了：在亮丽的春日，梭罗正栽下梨树，“我希望你，我亲爱的丈夫，一定会亲手采集这些果实并且尝尝味道”。她还写信汇报说，此刻的亨利正和埃迪做着“睡前游戏”，埃迪告诉他的母亲说“梭罗先生先是把书吞掉，然后把书从埃迪的鼻子里抽出来，接着放到他自己（梭罗先生）的睡裤里。我告诉亨利，我会偷偷跟你说，他正在第二个童年期，还穿着宽松的睡裤”。每一个充满爱的时刻都“让我想家”，沃尔多叹息道，他数着日子，忧心自己正被英国人当成美国最新的文学雄狮。[19]

在这段作为这个家的代理父亲和代理主人的繁忙岁月里，亨利心里是怎么想的呢？他这时期的日记没有留下来，从现存的记录来看，我们可以猜测这是一段快乐舒心的日子，但也充满深深的心理负担。在丽蒂安病重的时候，她写下的信让身在远方的沃尔多感到恐怖，他绝望地回信说，“光度计不可能是炉子”，“孤独的诡计从来没有放过我”。[20]丽蒂安和亨利都怀着对遥远的爱默生的爱——即便当他在家的时候，他也是遥远的。这一点在之前就让他俩惺惺相惜，如今更是如此，因为亨利本人对丽蒂安的爱已经是他目前为止所怀有的对除亲人之外的女性最深的感情。不过，他不知道如何定义他俩关系的本质。

一年后他写道，这是对一位“姐姐”的爱。“你对她有着无尽的信赖，就对她有着纯洁的爱。”丽蒂安就像当年的埃德蒙·休厄尔，两者对梭罗都具有深深的吸引力，但却遥不可及。而且在这两段感情中，他的反应都是柏拉图式的。“我仍然把你看成我的姐姐……其他人是我的血亲或者我的熟人，但是你是我的。你是我的，而且我也是你的，我不知道我和你之间的边界。”“我是你的弟弟也是你的妹妹——你是我的姐姐也是我的哥哥。”这几乎不存在肉体上的吸引，因为对他而言，她的身体只是一层会完全消失的"面纱",会让他俩的灵魂坦诚相见:"当我爱着你,我感到我仿佛并吞了另一个世界。我们拼合了天堂……作为女性的我",或是作为女性的沃尔多——比爱默生本人更好地呈现出他们精神理想的结合。亨利没办法说,这究竟让丽蒂安更像母亲还是姐姐,让他自己更像儿子还是弟弟。他可以肯定的是,她给予了他生命,她双眼里的光辉充满生机,孕育灵感。她是他的启明星。[21]

这引起了,而非解决了,梭罗的性问题。这里,他的表达在现代人听来纯洁得近乎刺耳,而且对于传统两性角色而言充满了流动的特质。梭罗能够毫无羞赧地写:"我对男性怀着我对女性一样特别的爱——好比我的朋友是第三种性别。"他补充说。那些"朋友"通常是男性:爱默生、奥尔科特,当然还有钱宁,以及之后的其他人。他们也包括女性:丽蒂安、露西、安娜·拉塞尔、玛格丽特·富勒,是的,还有埃伦·休厄尔——或许还有索菲娅·富德,在她以求婚的方式摧毁他的理想之前。这些人都极具智慧,而且除了埃伦之外,都已经结婚,或年龄已经超过了结婚的可能性——以后遇见的人则显得年纪太小。梭罗喜欢这些女性的陪伴,有时候,比如在和丽蒂安的关系里,他还找到处子般纯洁且神圣的东西,"爱的最终目的不是一起操持家务",他假想说,而是"舍弃房子"。在富德求婚那段时间的前后,他有过这样的观察,"想到诗性的友谊有多么难得,令人震惊的是有这么多的男女结了婚",似乎男人太轻易"在没问过自己的天赋的情况下向本性"妥协——这是对埃勒里·钱宁和埃伦·富勒日益恶化的婚姻恰如其分的描述。"本性的目的不是繁衍种群",他继续写道,而是更高:爱人应当"不断地激励对方去过更高尚圣洁的生活"。我们因为花朵的盛开而爱它们,不是因为它们能结果。[22]

当梭罗写下他对伴侣的渴望,他用的代词通常是男性的"他";当他被某人的身体吸引,他们也通常是男性(不过不全是)。不过,没有留存的证据透露他对那些吸引做出何种反应或有何感受。与之相反,他让自己成了爱默生口中的"思想和本性上的单身汉",在一个未婚男女很常见的地方，在一家子的未婚姑妈、叔伯和姊妹间过着看似平淡无奇的生活；梭罗“在思想方面，而非行动方面，更有别于他的邻居”。[23] 有一些思想涌现在《更高的律法》这一让他饱受煎熬的章节里，他和他更感性、更具有生物本能的自我交战。“人很难克服本性，”他写下这个激烈的结论，“但是她必须被克服。”然而，他的脑海中有着更多的升华而非压抑。他想象着生活在抵达“纯洁”之境，在那里“精神”会“占据身体的每一个部分和功能，而且会把形式上最下流的淫荡本性转化成纯洁和奉献”——“一种再生的力量”，如果能够把持好，则可以“激活并启迪我们”。他在想，为什么我们不能在不感到羞耻的情况下谈谈身体的吃喝拉撒功能？“在纯洁的社会”，他说，“性交这个话题不会因为羞耻而不便提及”，也不会遭遇别人的眼色，“而是可以被自然和简单地谈论”。为什么我们要对我们的身体这座神庙感到羞耻？为什么我们不去做我们身体的艺术家，这座“神庙”的雕塑师和建造者？在沃尔特·惠特曼出版他的诗作之前，这些思想还没有在日常语言中得到表达。[24]

梭罗向一位朋友坦言：“我梦想过，性交有着无与伦比的美，太美了，以至于无法被记住。”这是他眼里“真正的婚姻”所具有的“无可言喻的至上幸福”。但是他只有在梦里才知晓的。在“美和艺术”中绽放热情才是他真正的天职，他用他所称为的“贞洁”（他的时代的语言）来奋力守护它。如果换一个时间和场合，他禁欲的天职甚至可能会召唤他走向僧侣生活，他的朋友艾萨克·赫克就选择了这条道路，后者之后催促亨利也成为修士。在爱默生的礼赞里有一个被删去的词汇，说梭罗最接近“禁欲宗教里的老派修士”。[25] 对于梭罗而言，自我与他者之间最深的存在意义上的沟渠不是由性别差异引起的——他写道，还有什么奇迹比得上相互对视的瞬间！——也不能通过对男女有别的抗辩而解决。如果换一个时代和地点，他可能会和一位男性伴侣共度人生。然而，对梭罗而言，在维多利亚时代的康科德，不存在这个可能性。他敏锐地意识到周围人和自己的差异却无法言说，他制造出流动性的自我但小心守护着性和更强烈、更具破坏性的浪漫能量，他把那些能量转化为日益增长的热情，注入了他作为艺术家和先知的一生之中——一个“自由人”，他在《瓦尔登湖》里，写一个“信仰上的自立者”，在没有成果的情况下可以成为“自由人”，自由得一如常青的松柏。[26]

“桌上的讲稿堆积如山”：梭罗找到了他的读者

1848 年 3 月，有一个不期而遇的机会带来了与哈里森 · 格雷 · 奥蒂斯 · 布莱克（Harrison Gray Otis Blake）一起探索专业领域的机会，后者成为梭罗第一位真正意义上的追随者。哈里 · 布莱克住在毗邻的伍斯特（Worcester）。他 1838 年毕业于哈佛的神学院，之前帮助激发并发表爱默生对传统基督教神学的突破性的批评文章《神学院讲稿》（*The Divinity School Address*）。在随后的抗议浪潮里，布莱克离开了教会，开始教书，他经常邀请爱默生来伍斯特做讲座。梭罗的一些话语吸引了他，他找来读，然后看到了梭罗那篇晦涩的《奥禄斯 · 珀尔修斯 · 弗拉库斯》，布莱克立即写了一封崇拜的信：“我很想认识那个能说出‘我什么也不是’的灵魂。它的话语会激励我走向更真实、纯粹的人生。”[27]

梭罗自己也得到了激励，他坐在“先知卧房”的绿色书桌前，敞开心怀。“我很高兴得知你读到了我之前写下的文字，虽然那些话是我这么久之前说的，连我自己都几乎认不出来了。”他如此开场，“人与人之间的对话不是徒劳的。这是文学的价值。”在这封信余下的部分，梭罗阐诉了他的愿景、梦想和哲学观；他给出建议，散发智慧，渴望更高层面的生活。在此之前，还没有人能促使他写下这么翔实的回应。“我需要见你。”他在结尾写道，“或许你可以给我一些神谕。”[28] 布莱克确实有准备给梭罗的神谕，他即刻复信。他俩成了终身的朋友，频繁地相互造访，常常一起旅行。布莱克多次邀请梭罗去伍斯特演讲，常常在他家客厅，哈里和他的妻子南希邀请朋友来聆听、交谈。梭罗写了 50 多封信给布莱克，最后一封写于他临死之时。但凡收到一封新的信，布莱克会召集他的小圈子——先想到的是就有“哲学裁缝”西奥菲勒斯·布朗（Theophilus Brown），他就住附近——一起阅读，并且品评梭罗的文字。在随后的岁月里，布莱克成了梭罗的遗著保管人，但是可惜的是，有人毁掉了近一半的布莱克和梭罗往来信件；他把梭罗的作品视为珍宝，出版了四卷的梭罗日记选，造就了他的第一批现代读者——梭罗到今天为止还有源源不断的读者。这确实是文学的价值。

更重要的是，布莱克给了梭罗他最需要的东西：让他相信他有话要说，而且他有着言说的对象。“桌上的讲稿堆积如山。”梭罗高兴地告诉爱默生。[29] 他从瓦尔登湖带回来一大摞未完成的作品，包括已经写完的《康科德和梅里马克河上的一周》的初稿，快要完成的《瓦尔登湖》初稿、《卡塔丁》粗糙的草稿，还有更多——事实上，这里有他一生的大部分作品。他一项接一项完成他的作品，修改润色，然后松手，让它来到世界上。在瓦尔登湖，梭罗已经学会如何以作家的身份生活；现在，在爱默生家的他仍然这样生活，身旁围绕着处于不同阶段的手稿，不同的作品需要不同的心态和兴趣，每一部作品都具有独特的声音和与他人的联系，这些作品合起来创造出了一种文学生态。

梭罗在瓦尔登湖完成的作品之一是探讨如何写作的散文。爱默生的苏格兰朋友托马斯·卡莱尔出神入化的讲演在梭罗头一次于哈佛听到它们时就俘获了他的心。卡莱尔打破了钱宁教授要求的每一条规矩，像在玻璃上翩翩起舞的魔鬼。评论卡莱尔时，比起他说了**什么**，梭罗更在乎他是**怎么**说的——也就是说，他的“风格”。梭罗解释说，“风格”（style）这个词来自书写用的“尖笔”（stylus），说得更准确一点，指的是笔尖，当思想触及白纸的那一刻，它触及了全世界。梭罗需要找到他自己的笔尖，他自己的风格。他最终发表的这篇文章《托马斯·卡莱尔和他的作品》（*Thomas Carlyle and His Works*）读起来像一门自学课程的长篇期末论文，这门课的主题是如何写得不像哈佛毕业生，如何在触及牧师和教授的同时触及农夫和工程师。老先生们，梭罗写道，对卡莱尔的“愚蠢”和“即兴胡言”直摇头，但是年轻一代喜欢他：他的疯狂展现于优美流畅的英语中。为卡莱尔辩护就是在允许梭罗找到自己的声音。“夸张！有没有存在于人身上的美德不是夸张的呢？我们难道不是对自己夸大自己吗，还是我们确实以自己的真实面目认同自己？我们不都是伟大的人吗？……闪电是光的夸大。”[30]

首先，卡莱尔把哲学放置于普通人的世界。梭罗把他视为劳工阶层的英雄——卡莱尔本人就是劳工阶层的一员，在伦敦的烟雾里勤苦谋生，然后将所得无偿分享给穷人，他是“文人中的英雄”，除非他“扶正了一千个被正视或不被正视的不公现象”，不然他不会休息。梭罗在这里看到了作为文人英雄的卡莱尔和作为理想主义哲学家的爱默生之间有个空隙：两位都没有为“我们时代的人”或普通“劳动者”的生活发声。那会是梭罗的位置——梭罗是个能够犁地、挥斧头、填地窖、装厕所、种果园的劳工。“**工作**！”卡莱尔呼喊，“知道你能够做什么。”但是，梭罗看着平静的瓦尔登湖面，补充说，他在卡莱尔的演讲里没有看到“一种平静的深度，比如一座湖”，能够让高速旋转的劳动者平静下来，这样他们可以思考，可以反思，可以“感受草地的甘露”。说出你的信仰，说出你的**经验**。“挖出你脚下的泥土，展示给世界看。”[31]

1846年2月4日，梭罗熄灭了他在瓦尔登湖的炉灶，走回城里，准备向他的邻居讲述他对托马斯·卡莱尔的看法。他们礼貌地倾听着，但是之后抗议说他们更想听亨利·梭罗的故事，而不是托马斯·卡莱尔。他在湖边做什么？他寂寞吗？他害怕吗？他吃什么？梭罗还没有准备好回答这些问题。他修改了他写卡莱尔的文章，寄给了纽约的霍勒斯·格里利——格里利差不多三年前主动提出成为梭罗的文学经纪人，这是梭罗的第一次试探。格里利的承诺依然作数。《卡莱尔》太长了，他告诫道，对普通大众来说也太“扎实”了，不过，格里利仍然很快找到了买家：精英主义的《格雷厄姆杂志》(*Graham' s Magazine*)。他向编辑保证文章“既有才又有气势”，而且这样的文章“全美国只有两个人写得出来”。这很符合这份杂志的风格，该杂志也是当时少数几份支付稿酬的刊物之一；不过《格雷厄姆杂志》直到第二年，也就是1847年春天才刊发梭罗的文章，而且忘记付稿费，直到气急败坏的格里利一年后亲自拿着一张 75 美元的账单去堵编辑。能有这样一位拥护者，梭罗喜出望外。爱默生确保卡莱尔收到一份杂志，他这位远方的朋友“不仅高兴地读完，还很激动”，因为梭罗展现出“最令人敬仰的善良之举”。[32]

一篇关于卡莱尔的厚重的长文不会让梭罗的名字为大众所知，不过即便在这里格里利也看到了机遇。“就认认真真写一篇关于爱默生的文章”，他鼓励说，然后写一篇霍桑，再是其他人。他为每一篇文章支付 25 美元，然后一篇一篇卖，最后再收集成书。这是个很好的计划——但是留给别人吧。梭罗在写下一些关于爱默生和奥尔科特的笔记后，明智地放弃这个为友人撰写评论的项目。说实话，他已经不想再写别人了。他想要给出他自己的演讲：“一份关于他自己生活的简单、真诚的记录。”因此，一年之后，1847 年 2 月，梭罗再次熄灭炉火，搭车回城，走上学园的讲坛，回答他的邻居们的问题：“有人想知道我吃什么，我是不是觉得寂寞，我是不是害怕，如果我生病了要怎么办，还有其他……去年冬天，我在此演讲之后，我听说有人希望我能够在自己的讲座里回答这些问题。”[33] 这引起了全场的震动——普鲁登丝·沃德觉得这个讲座“出类拔萃”。亨利被要求第二周把同样的内容拿出来再讲一次，但是他却给出了一个完全不同的演讲。很快他有了三场讲座的内容供他整理，或者说整理成一个系列，最终它们成了《瓦尔登湖》开篇几章的内容。

关于瓦尔登湖的新材料所引起的反响令人振奋。即便怀疑者“也被讲座里洋溢的幽默才华慑服”，爱默生如此评价。阿比盖尔·奥尔科特开玩笑说：“奥尔科特先生觉得，除非我们能在瓦尔登湖边弄个棚屋，带上我们的豆子和书本，安宁、诚实且自立地生活在一起，不然我们永不会安全。”她之后用更严肃的口吻补充道：“和这样一位真诚且充满实验精神的‘大写的人’生活在同一个时代，是莫大的福分。”普鲁登丝·沃德有更多的犹疑：“当然，没几个人会真的追随他的步伐——我的意思是，当他们看到他真实的生活后。”不过，她仍然认为这是有用的，而且“很必要”。[34]《瓦尔登湖》逐渐成形，充满犀利的社会讽刺，出于幽默和批评目的的夸张，邻居们争相传阅。“我相信，我的听众中没有人会残忍到要去看看我的房子现在的样子”，在一个脏污的冬天的末尾，用“挑剔的居家主妇的眼光”——他当时看到了谁的眼神？——“因为我打算用砂纸擦拭房屋，来迎接第一个灿烂如新的春日早晨，到时候它会白如百合——或者，就像洗衣服的妇女形容她们洗好的衣服那样，白得像兰花”。[35] 等梭罗从瓦尔登湖搬到爱默生家，他重新回到写作工作中，把早期的讲稿打磨成他现在觉得是第二本书的内容，《河上一周》的续篇。

亨利·梭罗的冬季讲座开始成为康科德生活的新常规。有一次，1848 年新年后不久，他的讲座被安排在爱默生家，他拿出《卡塔丁》的手稿，在这群听众前做个“测试”。这次讲座也很成功。“我面向一群数量庞大的听众，读了一部分我去卡塔丁的历险故事。”他向身在英格兰的爱默生汇报说，“他们都很感兴趣。文章包含了很多事实和几首诗。”忠诚的阿比盖尔和布朗森·奥尔科特夫妇再次坐在听众席里，布朗森喜欢梭罗对狂野“可塔丁”（Kotarden）的生动描绘——布朗森拼错了，但这也暗示出梭罗是如何发这个佩诺布斯科特语词的音的。[36] 梭罗的瓦尔登湖系列演讲透露出他的目标：“我想要活得深邃，吸吮生活里所有的精髓……把生活逼到角落，如果它被证明是刻薄的，我要去得到它全部和真实的刻薄……而如果它是崇高的，我想要用经历来了解它，也希望能够用我下一次历险的真实记录来展现它。”[37]

两个月之后，梭罗已经有了这份真实记录。他希望《卡塔丁》能够带来他迫切需要的金钱，来“给我的根施肥”，他问詹姆斯·埃利奥特·卡伯特［阿加西的助手，现在就职于新的《马萨诸塞州季刊》(*Massachusetts Quarterly Review*)］他们是否支付稿酬。在《日晷》的岁月，梭罗让自己的作品无偿刊发，但是当卡伯特说他们不付稿酬时，梭罗把《卡塔丁》寄给格里利，后者马上寄送一张 25 美元的支票：至少值这些钱，他说，虽然文章对于《纽约论坛报》来说太长了，而且“对于其他一众报刊都太好了”。[38] 格里利又一次说中了：两个月之后，1848 年 7 月，《联邦杂志》(*Union Magazine*) 刊发了分五个月连载的第一期。梭罗收到的格里利的下一封信包含另一张支票，50 美元。“想到当我或多或少懒散地坐在这里时，你却在为我忙里忙外！”梭罗惊叹道。他补充了一段，说起自己在瓦尔登湖的生活：那是简朴的生活，在一栋自己建造的房子里，每天靠做杂工挣一美元。格里利这位目光如炬的记者马上就发现了一个好故事。他在 1848 年 3 月 25 日的《论坛报》(*New York Daily Tribune*)上刊发了《给青年诗人的一课》(*A Lesson for Young Poets*)一文。这篇文章成为一时名文,全国各地的报纸争相转载。一下子,梭罗火了。“不要怪我,”格里利恳求说,“这大有好处”,而且很少人会知道这个人是谁。为了让道歉显得更有诚意，他附上另一张支票，25 美元——《卡塔丁》的余款。[39]

这条路走通了：格里利完全知道怎么把梭罗推销到全国市场的顶端。他说，多写一些短文，追随你的思想，写一篇关于“文学生活”的文章。还有，天哪，要做推广！从书稿里摘出一些段落，然后把它们印出来。“你必须给杂志写稿，这样才能让大众知道你是谁，在干什么……你或许在用天使的笔书写，但是你的文章没有商业价值，除非你被大众知晓，并被当作一个作家谈论。”[40]

格里利敏锐的商业嗅觉加上他对梭罗坦诚的看法——他是个值很多钱的重要作家——给梭罗信心来顶撞爱默生，他的这位老导师从英格兰写信来请梭罗帮忙写一篇文章给一份有价值但已岌岌可危的刊物——就是梭罗已经拒绝的《马萨诸塞州季刊》。爱默生去往英格兰前夕，有些老班底聚在一起讨论过复兴《日晷》。西奥多·帕克牵头，在 12 月推出新刊，但是到了 1848 年 5 月，糟糕的消息传到了远在英格兰的爱默生耳朵里：这份重生的刊物已经快不行了。他发来急电：梭罗必须“赶去救火”。但是梭罗不愿意再掺和进去。他回信时不留情面地说：这里的问题不是“发表好文章”,而是要人“写出”好文章。谁需要更多的“无法穿越的笔墨的泥潭”？“《马萨诸塞州季刊》怎么样了？……我读了，或者说我读了我能读的部分”，而且如果真有人写出来，但没有出版人愿意发表该怎么办？“这应当打住，因为没有人当**为此**挨饿。”说到梭

罗自己 :“格里利给我寄了 100 美元，他想要些稿子。”就是这样。“感谢梭罗写来的信，”爱默生写信给丽蒂安说，“他总是**绝对**正确的，而且老是**故意**作对。”[41] 爱默生从欧洲返家的第一时间，就撤除了对帕克的杂志的所有支持，这份杂志在三年后停刊。梭罗从未在上面发表文章。

“公民不服从”

梭罗现在站在职业的十字路口。他把一大摞新写成的手稿带离瓦尔登湖，文章的量足以让格里利开心好几年了。但是，如果说他不会听从爱默生的建议，他也不会听从格里利的。“你这样要十年才能出书。”格里利警告说，催促梭罗给他一些更短的文章，并且与此同时建立声名——但是梭罗的书桌上放的是《康科德和梅里马克河上的一周》的手稿，一本很厚的书。尽管他可以写一篇短文章寄给格里利，但他没有这么做。他脑中想写的这篇文章是《抵制公民政府》(*Resistance to Civil Government*)，最终这篇文章会发展成《论公民的不服从权利》，为他赢得全世界的赞誉和骂名。

1848 年 1 月 26 日，在用攀登卡塔丁山的经历逗乐学园听众的三周之后，梭罗再次登上学园讲坛，这次终于是为了解释，为什么他宁愿进监狱也不愿付人头税（对此深感不满的爱默生此刻还在英格兰）。梭罗把最新的讲座命名为《个人对政府的权利和义务》(“The Rights and Duties of the Individual in relation to Government”)，他有这么多想说的，以至于三周之后他又回到讲坛讲了余下的部分。他的反缴税同僚，布朗森 · 奥尔科特，赞誉梭罗的演讲为对“聚精会神的听众”做了“令人尊敬的发言”：墨西哥战争，塞缪尔 · 霍尔被驱逐出卡罗莱纳，梭罗因拒绝纳税而入监，霍尔为经历相同遭遇的奥尔科特缴税，“都和我们切身相关，它们得到梭罗的深思熟虑和清晰陈述。我非常欣赏他的这一行为”。[42]

对于这个讲座，除了奥尔科特的反馈外只留下了另一个声音 ：一年之后，伊丽莎白·皮博迪问梭罗，她是否能在她的新刊物《审美文稿》（*Aesthetic Papers*）的创刊号刊发这份讲稿。可以，梭罗回答说，尽管他来不及做很多修改，而且他要求讲稿必须在创刊号全文发完，不要留到第二期连载。他的谨慎是有道理的，因为这份刊物第一期之后就倒闭了，从来没有第二期。因此，在 1849 年 5 月 14 日，《抵制公民政府》问世了，不过很快就销声匿迹。评论本来就不多，而且都对此表示不予理解。一位评论者嘲笑说，这位作者万事都听信《新约》，除了那些关于尊重并服从权威的丑陋箴言。另一位则认为梭罗的文章是这份“古怪”文章集锦里最怪的一篇，不过，“他写出了他的心声”。还有一份评论采取了完全蔑视的态度：“如果诚挚祷告，他可能会成为更好的臣民，不然就去法国旅行吧，把他的《抵制公民政府》讲给那班红色共和党人听。”即便如此，当梭罗的这篇散文以新标题《论公民的不服从权利》于 1866 年重新刊发时，它制造了一个新词，促发了一场运动，而且最终给梭罗带来国际声名。[43]

在梭罗于 1846 年 7 月被捕和 1848 年冬季的两场讲座之间，他对被自己信任的人民伤害的那种感受慢慢发酵成对民主政治的核心疑问：个人要如何才能保有过合乎道德的生活的权利，如果社会不允许这种权利，或者更糟，社会在积极地摧毁它？正如奥尔科特对讲座的反馈所显示的，1848 年冬天，梭罗直接地为朋友发声，而且把他的抗议扎根在康科德的政治现状里。讲稿本身已经散佚，但是从 1849 年 5 月的这篇散文可见，在某个阶段，即便梭罗的论点还是针对当时的人和事，但是他不断扩充了论点，涵盖了各种相反的观点和不同的反应，他后置了个人经验。

梭罗开篇便引用了奥沙利文《民主评论》的标志性座右铭：“政府管得越少，则越是好政府。”——这是向他那些和平抗议的师长奥尔科特和莱恩致敬，这两位是加里森“无政府运动”的追随者。但是就在这里，梭罗做出惊人的转折：他**拒绝**他们对政府的拒绝。“但是，说到实际的，作为一个公民，我和那些自称无政府主义者的人不同，我要求的不是即刻无政府，而是即刻有个更好的政府。让每一个人说出，什么样的政府能够得到他们的尊重，这会是我们取得这个愿景的第一步。”[44]在这里，他反思的是爱默生的观点，爱默生嘲笑说抵抗公民政府的人无法自称是其公民。梭罗的回答经过细心推敲：正是“作为公民”，他才重申了对政府的需要，但是反过来政府却只在递给他一纸税单的时候才意识到他的存在。因此，**作为公民**的他有权利（而且有道德责任）来发声。这就是为什么税收才成了反抗的关键：税收是公民权的标志。因为这样，每张税单只给公民留下两个选择：缴税和拒绝缴税。这两个选择必须经过慎重思虑再做出，也就是说，这不应该是不假思虑的习惯，而应当经过有意识的思考——经过良心的拷问。

面对公路税，梭罗是认可的，所以他自愿交付，但不是人头税：既然只有付这项税的人才能投票，这不仅是公民权的标志，也是维护公民权的**手段**。这也是为什么爱默生的反对意见（付税相对无害，因为只有一小部分的税收用于“恶作剧”）站不住脚：“即便我可以，我也不想去追溯我支付的美元的去向，以至于到它是买了一个人还是一把杀人的步枪——钱是无辜的——但是我想追溯我的效忠将会产生的结果。”梭罗拒绝的是效忠：“我一刻也不能承认那政治机构同时是我的政府，也是奴隶的政府。”[45]因为他的效忠只是怂恿同一个政府奴役民众，射杀墨西哥人，掠夺印第安人的土地，这是梭罗列出的三项具体控诉，每一项都是国家层面支持的暴力，且每一项暴力行为不仅有悖他个人的良心，也有悖更广大公众的良心。符合良心的行为要求使自己与国家割裂开来，至少直到国家终止这些罪行。

一直到这一刻，奥尔科特或许会点头表示同意，但是以《**抵制**公民政府》为题刊发的文章也反对奥尔科特的观点。奥尔科特的“不抵抗”哲学要求对法律的服从，以神圣的爱来回敬暴力胁迫。对于这一点，梭罗听取的是弗雷德里克·道格拉斯的意见，后者从奴隶到自由人的自我转变完全仰赖他对来自奴隶主科维（Covey）的一顿鞭打的拒绝：“我的抵抗是完全出乎意料的……他颤抖得像一枚叶片……他问我，我是否真的坚持反抗。我说是的，不管有什么结果。”[46] 为声援道格拉斯的行为，梭罗重提了威廉·佩利的文章《论服从公民政府的义务》（*On the Duty of Submission to Civil Government*），这是哈佛的必读篇目。梭罗用道格拉斯的例子来反驳佩利，他指出强加于每个哈佛学生并且广泛散播于康科德精英阶层的致命错误观念：良好社会的终极图景是能平稳运转的社会机器。梭罗的文章标题已经显示了他的驳论姿态。当这个平稳运转的邪恶政府制造不公，公民的道德义务不是服从，而是抵制："如果我不正当地从一个溺水者那儿夺得一块木板，即便我自己会淹死，我也应该把它还给他。按照佩利的看法，这不符合权宜。但是，在这种情况下，即使挽救自己的人必将失去生命，也应该放弃木板。这个民族必须停止蓄奴，停止对墨西哥的战争，即便要付出作为民族存在的代价。”[47]

确实要付出这个代价。或许《抵制公民政府》中最有说服力的地方就是梭罗对那些在暴力制度下受难的人的感同身受。并且，这之中也包括了他的康科德朋友和邻居。迫使他们忍受的东西，梭罗认为，既不是愚蠢也不是怯懦，而是他们对自身和家人的担忧："他们无法脱离现存政府的保护，他们害怕不服从将会引发的后果，他们恐惧自己的财产和家人将会遭受不测。”梭罗看到了他们的脆弱和他自己所拥有的特权：他没有财产也没有需要照顾的家人，他唯一需要担心的是他的身体，也就是说，他尤其**有义务**来承担这种风险。和他的邻居不同，他能够“承担拒绝效忠马萨诸塞州的后果，我不用她保护我的财产和生命”。具有讽刺意味的是，贫穷让他更“富有”，因为不服从无须付出任何代价。但是，为什么要孤注一掷？为什么（梭罗想象别人问他）要“把你自己暴露在这个势不可当的强力之下”？爱默生的回答是，他认为梭罗的行为可能无异于自杀。梭罗回答说，这不是“完全的强力，它部分是人为使然”，因此“呼吁是有用的”。在他的邻居们眼前，梭罗把自己的身体暴露在暴力面前（比如被强制监禁），揭示出国家机器行使的隐性暴力，曝光了每个人隐秘的恐惧，让每个人都成了可以随时被采取行动的对象。梭罗告诉他的邻居们，他们把憎恶集中于他是错误的，他们的目标不应该是被关押的人，而应当是关押他们的人。但是就在他们的深恶痛绝里（如果瞄准**正确**的目标），梭罗看到了希望：这个强力是人为的，而人类能够做出道德选择。人们可以抵制，正如道格拉斯所做的一样。[48]

所以，这些人可以诉诸暴力吗？说到这里，梭罗转向“我的公民邻居、税务官”，也就是他的老友萨姆·斯特普尔斯，把他推到了风口浪尖。“如果税务官或者其他公共官员问我，‘但我能怎么办？’，就像之前那位所做的一样，我的回答是，‘如果你真的想做什么，辞去你的职务’。当臣民拒绝效忠，官员辞去职务，那么革命就完成了。”现在，面对道路分岔口的不是公民，而是占据官方职务的官员，是他们必须完成道德的取舍——是执行不公正的法律，还是抵制它？他也必须用自己的良心做出判断，作为**一个人**，而不是机器里的一枚无意识的齿轮。这是梭罗发出的最尖锐的命令，在一篇文章里满是这样的文字：“如果不公……有着需要你对他人行使不公的本质，那么我说，犯法。让你的生命成为勒停这架机器的反作用力。我必须做的是去看清，在任何情况下，我都不会容许自己助长我所谴责的错误一方。”[49]梦想着齿轮和零件的发明家知道怎么制造机器——但也知道怎么砸毁机器。

奥尔科特之前就用他自己的生命作为刹住机器的反作用力，梭罗看到这危害到他的家人。一部分的危害是由他们的邻居们脑海中植入的恐惧所带来的，他们看着奥尔科特夫妇和亨利·梭罗，开始惧怕即便是最平和的公民不服从行为将引致的后果。这是梭罗得出的关键结论：无论怎么样，政府都是必要的，但不是对如奥尔科特和梭罗这样的异见公民施行惩罚，而是要尊重他们的价值，保护他们的权利，就像保护所有公民的权利一样，要让他们按照道德原则生活。梭罗以对真正公正的国家的展望来结束演讲：“她能够无畏于对所有人施行正义，像尊重邻居一样尊重所有个体；如果有一部分人对她敬而远之，她也不会认为这有违她的安宁”，她不会鼓励也不会干预这种行为。“结出这种果实，且任由它们瓜熟蒂落的国家，能够为更完美和光辉的国家开辟道路，我也想象过这样的国家，但是还从未在任何地方看到过。”[50]

文章的结尾重申了梭罗在开头就呼吁的乌托邦式的“更好的政府”，它不仅包容如奥尔科特和梭罗本人这样的异见者，更让他们开花结果，让他们播撒种子——野果，例如他从监狱释放那天领着越橘采集者到田野里看到的那些。梭罗的文章暗示更广泛的行动可能，从他自己的越橘郊游和他母亲拒绝把奴隶种植生产的糖放上餐桌，一直到基督本人崇高的牺牲——对于帝制暴力的终极殉道。没几个公民被召唤或者有能力成为殉道者——但是有些人是殉道者，梭罗认为，当这样的异见英雄现身的时候，他们不应被视作疯子，而应被视为救世主。梭罗对约翰·布朗强有力的公开支持已经结出了有形的种子，即将发芽。

在此，梭罗最杰出的创举也结出了种子。“抵制”不仅是自卫或维护自己的公民同胞，甚至不仅是护卫自己的国家，而是护卫任何与我们相关的生命体：他们包括奴隶，连“自由的”马萨诸塞州都在经济上依赖这些劳力;还有墨西哥人,美国的公开对其宣战的敌人;以及印第安人，文明本身认定的“敌人”。但是梭罗没有在此止步。瓦尔登湖的生活帮助他理解人类和其他自然生命之间的纽带是多么紧密，无论那些动物是被用作劳力还是食物，树木是否被用作建材，野生鱼类是否被水坝杀害，或者整个生态系统，森林、河流和草地有没有被人类摧毁。在完成《抵制公民政府》的这几周里，梭罗还给《康科德和梅里马克河上的一周》收尾:“谁听见了鱼儿的哭声？”他在文章开头问道。“一些人不会忘记，我们是它们的同时代人。”它们被抛进比莱利卡水利机械，“只有纯真和正义的事业能护卫它们的肉身”,它们失去了生命,但是“我和你们同在，天知道什么能帮忙撬开比莱利卡水坝”。[51] 在 1849 年，把人类的道德伦理延展到其他自然世界是前所未有的，令人感到震惊甚至可笑。但是，梭罗会用他余下的生命来建构这个革命性的视野。他在《抵制公民政府》中的思考不仅成为他政治哲学的基础，也将他引向环境方面的道德准则。

一箩筐柔软细腻的织物：编织梭罗的《河上一周》

这几年来，当梭罗从爱默生的学徒成为他的助手、朋友和对手，他最珍惜的作品《康科德和梅里马克河上的一周》一直在他的手边，始终循序渐进地继续写着。多年后，他会告诉《瓦尔登湖》的读者，他曾经创造过“一箩筐柔软细腻的织物”，这个比喻非常贴切。在这本讲述他1839年与约翰一起划船郊游的第一本书里，亨利把他的感受、思考和经历都编织了进来：康科德的鱼儿，日出时河边的露珠带给他的感受，烤熟的信鸽的样子，拒绝付税，印第安名字，关于友谊的哲学，印度经文，噩梦，旧诗，登山。“这些灵感来自指南针的所有维度，包括脚下的土地和头顶的天堂”，每一条进入他的日记的灵感都会被“遴选”进讲稿，最终成为至少能站得住脚的散文，就像“站在底座上的雕塑”，看起来很美。但是，“这些雕塑很少能握住我的手”。[52] 他希望，《河上一周》可以比这些文章更强：不是一座僵硬拘谨的雕塑，而是有机流动的整体，将繁多的部分凝结在一起，再由河水注入生命。

在1839年那个幸福一去不返的夏天，约翰和亨利的游船之旅本来只是一场大男孩的冒险，并非文学之旅。但是，从一开始，这位初出茅庐的作家就无法忽视旅途所具有的文学和象征色彩，尽管这些意味要到1842年1月约翰死后才变得清晰。这之后一年的秋天，亨利开始重新把这段旅程想象成对过世哥哥的挽歌。在他新的大开本厚笔记本里，他一段一段地“种”进段落，就像把豆子撒在犁好的田里，给每一段文字充足的空间来发芽和生长。[53] 在那段时间，他的瓦尔登计划已经成形，他开始整理本子里的笔记，想象它会和爱默生写出的东西截然不同——不是一系列独立完整的散文，不是脱离语境的一座座有底座的美丽雕塑，而是一本具有生命力的书、一部游记，充实着遐思、文学和历史。

玛格丽特·富勒之前告诉过他要怎么做。1843年秋天，当她来斯塔滕岛上看他，她兴奋地讲述着她去五大湖地区游览的经历，还计划在第一本书里重访那段旅程：游记会成为装载由这一路上的启迪所产生的思想、观察、诗歌、评论和书摘的“信箱”。《1843 年的湖光夏日》(*Summer on the Lakes in 1843*)于一年之后的 1844 年夏天出版，梭罗读着读着，找到了写作他自己的书的方法。[54] 他会把两周的旅程折为一周，写成七天的“创世”故事，从星期六出发到星期五折返，这是一段发现之旅，旅途的高潮是他们登上华盛顿山的顶峰。梭罗在 1845 年 3 月的康科德学园讲座试探地提出这个想法，就在他建造瓦尔登小屋之前。来到瓦尔登湖的第一天，他就动笔写这份书稿。一年后，他把其中的部分章节读给爱默生听，他们同坐在河边的橡树下。爱默生激动不已，赞赏这是“艾萨克 · 沃尔顿式的牧歌，辛辣如蒲根，博大深邃好比《摩奴法典》”。[55] 梭罗知道他的方法是对的。

又过了一年，在 1847 年 3 月，他将作品朗读给奥尔科特听，后者如痴如醉，说这些文字“好似如画的风景，不断流淌，就像他泛舟的小溪”，但它也有“强硬的一面，有坚韧的活力，好像植物的根茎”，其中有“野生动物”，有“河床里鱼儿湿润的光辉”。这才是**美国**文学，带着“新英格兰的草皮、汁液、纤维和滋味”。爱默生仍然为之激动不已：在写给威利和帕特南出版公司(Wiley and Putnam)的《文学世界》(*Literary World*)编辑埃弗特 · 戴金克(Evert Duyckinck)的信里，爱默生宣称这本书“卓越的品质”会吸引自然爱好者、文学学者和各种富有思想的读者，他们会爱上“它的深邃和原创性”。他希望威利和帕特南出版公司可以在他们的“美国书图书馆”(Library of American Books)系列里出版，紧随霍桑、爱伦 · 坡和梅尔维尔——不过，爱默生所具有的批评家的目光已经预期到之后会遭遇的麻烦：这段小小旅程的叙述“线索太细，挂不住这么大、这么沉重的珠宝”。[56]

戴金克或许有所保留——毕竟，霍桑之前警告过他，梭罗能够写出好书的机会是“千分之一”——但是爱默生说服他相信大好前景就在眼前，所以他在《文学世界》里宣布梭罗的书即将出版。但是，爱默生操之过急了，梭罗还没有准备好。一两个月过去了，他还在修改手稿。等他完成，在 5 月底寄给戴金克时，一切都太迟了：戴金克很喜欢，不过他已经被出版公司开除了。梭罗又焦急地等待了两个月，他清楚地知道威利和帕特南出版公司已经拒绝了他。爱默生再次尝试，写了封热情洋溢的信给费城的出版商 W.H. 弗内斯（W. H. Furness），但是后者的公司来稿成山，所以他没时间打理一个不知名的作家。威廉·爱默生写信试探纽约的哈珀斯出版公司（Harpers），但是他们也拒绝了。梭罗一直坚持到 9 月底，即便爱默生已经起程去了英格兰，但是到 11 月，他放弃了。他写信给爱默生说，四家不同的出版商都拒绝了，虽然威利和帕特南之前同意出版——但前提是，如果梭罗愿意自费出版。“如果我足够喜欢这本书，我不会迟疑；但是此刻，我的感觉已经淡漠。我相信，最后还是应该采纳你的建议——随它去吧。”[57]

爱默生没有给过这样的建议。“一个月也不要耽搁，”他从英格兰寄来语词激烈的回信，“如果是我，我会立即出版它，我也不认为你会遭遇任何你不能负担的风险。你在这里有读者和债主，在那里也会有。”亨利推迟了一个月，然后又一个月。失去耐心的爱默生写信给丽蒂安：“如果亨利·梭罗将来想来英格兰，让他立即出书，一天也不要拖延。或者就算他不想来，也让他出书。”[58] 但是他怎么才能这么做？爱默生担保说，梭罗能够“负担”之后的“风险”，但是他连印刷的钱也拿不出。四年前，爱默生资助埃勒里·钱宁出版了第一本书，但是爱默生没有对梭罗做出类似的许诺。梭罗无法承担这笔费用，走投无路的他只好做结说：只有他的书好到没法被拒绝，它才能得到出版。所以他把书稿抽了回来，继续修改润色。与此同时，他润色了《卡塔丁》，寄给格里利筹钱——他很感激格里利，因为即便后者几个月都没有找到《卡塔丁》的买家，他还是付了客观的酬金，并且要求梭罗寄来更多的作品。

不过，格里利想要的是更多**短**文章。梭罗有的是一本书。“我的书在我的手中再次膨胀，”他回答说，“但是我一有空闲，就会想想其他短文章的。所以，再等一等。”[59] 无论格里利说什么，梭罗仍把《河上一周》视为首要要务。他确信唯有一本全新的大书才能让他走出爱默生的阴影；此外，他对约翰的纪念比什么都重要。

* * *

1848 年 7 月 27 日，爱默生终于从欧洲回来了，他乘坐蒸汽船抵达波士顿，直接“身体健康、神采奕奕地”回到康科德的家。“他见过了大象，”梭罗说，“或者我应该说他见过了英国的狮子，现在他自己也成了雄狮。”休整了三天之后，爱默生准备好接管家中事务了。于是，在 7 月 30 日，梭罗离开了这位公认的最新的“文学雄狮”和他的家人，搬回了得克萨斯大宅。从那以后，埃伦记得，爱默生家会像“寻常人家”一样生活，再没有住宿者或者同住的客人；[60] 从那以后，亨利 · 梭罗再也没有离开他的家人。

爱默生几个月都杂务缠身，把他的家、花园、家人和紧巴巴的财政状况整理回轨道。梭罗还会经常来看孩子们，帮忙造好露西阿姨的新房子，帮奥尔科特给爱默生盛大的夏季度假新屋做收尾工作——他不留情面地说，为这事情忙活就像“竹篮打水一场空”——爱默生和梭罗之间往来的信件在降温。“与其挽起梭罗的臂膀，我还不如挽起榆树的臂膀。”爱默生在日记里取笑说。爱默生满脑子都是对英格兰高度文明的赞誉，他怀疑梭罗调情般的文字是不体面的，“亨利 · 梭罗就像个林神，到处勾引迷路的诗人”，他会掳走他，让他“赤身裸体，缠绕着藤蔓，手里拿着树枝。从城里走到林间的最初几步具有高度的诱惑性，但最后只剩欲望和疯狂”。[61] 如今，钱宁，而不是梭罗，才是爱默生散步时的伴侣，他们轻松愉快的日子让他能从他下一本书的长时间写作中暂时解脱出来，这本书是《代表人物》(*Representative Men*)，他需要此书的出版来抵消他庞大的旅行开支。

梭罗也为金钱烦心；他的家人需要他所能给予的一切帮助。5 月，为梭罗家生产铅笔外层木质笔管的康科德蒸汽制造公司遭遇大火，这场点亮了河流和草地的火灾把公司厂房夷为平地。有人怀疑是人为纵火。公司所有人投了保险，但是租户没有保险，梭罗家的损失是最惨重的：按照梭罗的估计，他们的损失高达 400 到 500 美元。他一回到家，就开始打各种零工挣钱——做园丁、木工、纸匠，刷涂料——他借钱给母亲，为父亲支付每月的租金，还在铅笔店里投入更多的时间。[62]

搬进爱默生家让梭罗那年夏天无法外出旅行；1848 年夏天，他希望能去到缅因，但是到了 8 月底，他打消了念头。他至多能和钱宁一起远足一趟。于是，他们在 9 月 4 日出发，先到梅里马克河上游，借道邓斯特布尔（Dunstable）来到新罕布什尔爬尤坎努努克（Uncanoonuc）山，回程经过胡克西特和汉普斯特德（Hampstead）。这也算是做研究：这段路让梭罗能够观察这部分土地发生了多少变化（他九年前走过相同的路线），他会把这些记录到他的书里。这也让他得到了关于邓斯特布尔镇历史的书，他问住在镇上最豪华的房子里的一位年轻女士，他们有没有这本书，“她是不是‘不愿意卖给他’”。（她愿意。）[63] 他们于四天后回家，行程超过 100 英里。玛丽亚姑妈一点儿也不兴奋。“我真希望他能想点更好的事情做，别老是动不动就走。”她奚落道。[64]

那年秋天，为了补贴家用，梭罗开始寻找“更好的事情做”。他有两个好选择：测量或者演讲。感谢康科德日渐兴旺的铁路业，测量员很抢手。梭罗早就掌握了基本知识，而且在这几年的时间，他也完成了不少工程。再加上他对户外工作的喜好，以及他的数学和机械天赋，这份工作看起来很适合。秋天，他准备了一个需要研读的长书单，提醒自己要修好指南针，再买一些补给——记录测量笔记的新本子、一些画纸、几双新鞋和一顶帽子。[65] 第二年春天，他从镇上的资深测量员赛勒斯·哈伯德（Cyrus Hubbard）那里借来了指南针，接了几个项目，从他父亲希望镇政府铺设在得克萨斯大宅前的公路开始工作。

1849 年 4 月 2 日，康科德镇政府接受了梭罗的测量报告，同意修建“贝尔纳普街”，并且雇了梭罗来修建。之后，梭罗测量了爱默生在瓦尔登湖边拥有的土地，总共 80 英亩；5 月，他测量了弗林特湖边的一块林地，他劝说爱默生买下来，因为那里有珍稀的花卉和漂亮的小瀑布。他打开了新的笔记本，这本笔记被命名为《测量员的田野记录》（“Field-Notes of Surveys”）；第一份笔记有关一片大林地，他是为了这片土地的所有者做的，后者砍光所有的树做木材，然后把土地划分成一片片住宅区。之后的 11 年间，梭罗会完成超过 150 个测量项目，每一个都要做好几天甚至好几周的苦工，远到新泽西。他测量住宅用地、林地、农场、果园、镇的行政边界、康科德的主街和新贝德福德街，在他人生的晚些时候，他甚至测量了康科德河的长度。事实上，梭罗的工作刻画了康科德的地图，他丈量土地，刻画距离，绘出了篱笆和铁轨。[66]

至于演讲，到目前为止，他都是无偿演讲。这在 1848 年 10 月发生了改变，三年前搬去塞勒姆海关大楼工作的霍桑以 20 美元邀请梭罗到塞勒姆学园演讲。当时，《卡塔丁》正在《联邦杂志》上连载。《抵制公民政府》差不多完成了，格里利刚用他对《瓦尔登湖》的预评引起了全国范围内的争议。这是来自塞勒姆"国际港"的有偿邀请！终于，文学生活看起来迎来了回报。梭罗打算润饰他的瓦尔登讲座三部曲，带着《瓦尔登湖》手稿上路，赚一点钱，吸引一些公众注意力，在新的听众面前测试他的新材料。按照这样的速度，很快他的名字印上的不是一本书，而是两本书。

那年 10 月下旬，一桩麻烦事毫无征兆地降临了，梭罗的哈佛宿敌，詹姆斯 · 拉塞尔 · 洛厄尔出版了一份讽刺小册子《批评家寓言》(*A Fable for Critics*)，攻击那些深受礼赞的美国文学灯塔。他这样说爱默生："所有人都崇拜他，但是他才得到六个信徒，/ 我不知道（他们也不知道）他们皈依了什么。"说到奥尔科特："他说话的时候显得很崇高，但是走起路来像根细长的蜡烛，/ 你可以用笔、墨和纸包住他。"爱默生大可以忽视他，奥尔科特一直以来都是全国笑柄，但是洛厄尔伸向梭罗的匕首捅得更深：

> 他来了——比如，来看他罕有的举止，
> 迈着痛苦的小短腿走在爱默生的田野里；
> 看他跳起来的样子，他使劲儿的样子，他的脸多么红，
> 只为和秘法家的天然节奏保持同步！

这和十年前的嘲讽如出一辙："呸，羞耻，诗人兄弟；你有自己的美好果实，/你就不能不去碰邻居爱默生的果园吗？"洛厄尔聪明的诋毁，将在好几代书评人那里找到永久的回响，也会追随梭罗的一生。梭罗的回应是继续写作。他知道《卡塔丁》和爱默生写出来的东西都不一样，也知道《抵制公民政府》挑战了爱默生的立场，即便它是在爱默生家写出的。但是这个老伤口还未愈合，洛厄尔的倒钩留下了它的印记。

在接下来的六个月里，梭罗用《瓦尔登湖》的内容在六个城市做了九场讲座，得到了超过100美元的报酬和无价的公众影响力。[67] 书评总是固执己见的，虽然它们经常是正面的——多数书评从洛厄尔那儿得到提示，把梭罗认定为爱默生的模仿者。但是公众对梭罗产生了好奇心，梭罗看到了市场是如何运转的：当一份格鲁斯特（Glouster）的报纸把他批得体无完肤时，他耸耸肩装作什么都没看到，因为这是很好的广告。走进公众视野也帮他夯实了和老朋友之间的纽带，从霍桑夫妇开始。纳撒尼尔透露给他的塞勒姆朋友说，他的嘉宾是格里利的"神秘人"，湖边的诗人。1848年11月22日，梭罗的瓦尔登湖讲座在塞勒姆引起了"一场骚动"，人们评论其为"精致的幽默"，"优雅地讽刺这个时代的愚蠢"。索菲娅·霍桑被迷住了，她写信给姐姐玛丽，说梭罗已经度过了他之前目中无人的阶段，如今"文雅、质朴、红润、温和，就像所有天才应该有的样子"——甚至"他蓝色的大眼睛"都很迷人，"掩盖了一度让我觉得会让他一辈子都不标致的鼻子"。[68] 和霍桑夫妇重聚后，亨利和纳撒尼尔一起去坎布里奇，和亨利·沃兹沃思·朗费罗*一起用餐。霍桑提醒过朗费罗梭罗有种让人不舒服的"粗俗"，但同时也称赞他是具有思想和原创力的人。朗费罗之前一周和梭罗在爱默生家一起吃过饭，他看起来很喜欢梭罗，几个月之后，他公开宣称《抵制公民政府》"非常出色"。[69]

---

* 亨利·沃兹沃思·朗费罗（Henry Wadsworth Longfellow，1807—1882年）：美国著名诗人、翻译家，辞世之时，全世界的人都尊他为美国最伟大的诗人。

简单说，梭罗红了。玛丽亚姑妈终于满意了，塞勒姆学园似乎完全被他“迷倒”了；他们已经再次邀请他回去。不久后他会去波特兰和缅因做讲座——报酬都不错！——而且“他在准备出书了，书名是‘瓦尔丁湖’（我不知道怎么拼写）或者‘林中的生活’。我觉得就算书本身很难卖，凭这个标题也能卖出去”。[70] 在塞勒姆和圣诞节前后寒冷的格鲁斯特之行后，梭罗在康科德尝试了他的第三场瓦尔登讲座，就在新年之后不久，在友善的听众面前。然后他又在 2 月重访塞勒姆，在 3 月初去到林肯。两周之后，当一场春分的暴雨敲打波特兰的屋顶时，他在演讲。观众“清醒”地听了两个小时，他的思想“独特、原创、幽默、夸张”。[71] 波特兰的赞誉进入了格里利的耳朵，1849 年 4 月，他写过一篇有关梭罗在瓦尔登湖的生机勃勃的宣传报道，全国各地的报纸纷纷转载。一周之后，格里利刊发了一篇犀利的反驳文章，说一位蒂莫西·扫罗（Timothy Thorough）先生不知所措地问妻子对发生的一切怎么看。噢，她说，这个愚蠢的家伙肯定是“一无是处、自私、一文不值的家伙”，他逃避了身为**一个人**的责任。格里利再次用一篇激烈的回应来炒作争议，这一事件发酵到全国各地，盖过了对梭罗真正作品的讨论。格里利的宣传才能留下深远的影响，对梭罗的嘲讽延续到今天。[72]

梭罗作为专业演讲者的第一个工作季是在伍斯特进行三场瓦尔登湖讲座，每场之间相隔一周，听众包括哈里森·格雷·奥蒂斯·布莱克及其朋友们。当地的其中一家报纸嘲笑道：“一架独轮车和作为其命脉的爱尔兰人，在给这个世界提供更好的服务。”但是，席间的不少听众完全懂得这位“森林哲学家”和他所传递的信息。[73] 布莱克和他的朋友们（可能就是他们组织了这场讲座）会一直请梭罗回来，伍斯特会成为仅次于康科德的重要测试场地。梭罗之后一直用这种方法来写作：观察现场听众对他的语词的反应，然后进行修整。他的书页背后是几千位男女的面庞，他们都有自己的立场，谁会笑，谁会反驳，谁会揉眼睛，都是难以预测的。

这些都是很好的宣传——可惜对象错了。正当全国读者渴望一场关于《瓦尔登湖》的社会问题大讨论时，梭罗正准备出版《康科德和梅里马克河上的一周》，这是一本完全不同的书。在他把书稿撤回的 18 个月里，书的内容膨胀到了原先的两倍。爱默生担心的那些又大又重的“珠宝”膨胀得更大了。1849 年早些时候，梭罗把它寄给朗费罗的出版人，波士顿的蒂克纳（Ticknor）出版公司，对方回复说他们愿意出《瓦尔登湖》，但不是《河上一周》。之后他们后悔了：假如梭罗可以支付印刷费用，一千册 450 美元，先装订其中一半，那么他们就愿意出《河上一周》。

他们还不如抢钱算了。梭罗于是转向了詹姆斯·芒罗（James Munroe），后者的条款也很糟，但不是完全没的谈——芒罗没有先行索要印刷费，他提出先印一千册，然后用销售额来支付印刷费用。如果书卖不出去，梭罗必须承诺填补所有花销。亨利的家人很担心。“我不知道他要怎么付钱，因为我担心书卖不出去。”玛丽亚焦躁地说；她觉得部分内容听起来“十分亵渎”。辛西娅同意，亨利把“根本不应该放进去的内容”放入了书里，连海伦也感到不安。但是亨利非常坚定。[74] 毕竟，爱默生在相同的条件下由芒罗出版作品，而且书的销售情况很好，加上爱默生一直催促他拿这本书赌一把，说书会卖出去的。奥尔科特喜爱《河上一周》，当他告诉霍桑，梭罗要出书了，霍桑以为他指的是《瓦尔登湖》，因而喜出望外，而且提前向梭罗保证一定会大卖。“我写的时候，想象你是我的读者。”梭罗回信表示感激。[75] 他开始修改校样，准备出版。

1849 年的春天，时间显得很紧。梭罗的手写字迹很糟糕，校样满是错误。他还忙着很多讲座及第一批测量工作。当伊丽莎白·皮博迪问他要《抵制公民政府》时，他大胆地把手稿寄了出去，告诉她自己没时间修改了。最糟糕的是，他的姐姐海伦生命垂危。她一直梦想着将一生奉献给教育和社会活动，但是她虚弱的身体让她无法如愿。如今，令人痛心的现实是她命不久矣。亨利赶紧做完缅因的讲座，回到家，取消了他在班戈的行程，再次推迟了他期待已久的和撒切尔的第二次郊游。5 月 1 日，海伦坚持说，她的葬礼上不需要“一点儿悲伤”。亨利借了一台银版摄影机回家，他知道爱默生丧子之后最大的慰藉就是约翰·梭罗在世时给小沃尔多拍的照片，拍完照片后不到几周，他们都去世了。[76]现在，亨利要为姐妹们留影。相片上的海伦看起来优雅，超凡脱俗，双眼闪着坚定的光芒，嘴角露出一丝笑意。索菲娅——她讨厌自己的第一张相片所以要求重拍——看起来很严肃，就像被相机囚禁了，她似乎不耐烦地要跳出相框，回到她自己的生活里。亨利自己没有拍照。他的日程这么满，肩负这么多工作和期望，还为家中的阴霾憔悴着，他只是继续做他需要做的事情。

* * *

没有什么能和作家见到自己的第一本书时的兴奋相提并论。1849年 5 月 26 日，亨利 · 梭罗搭火车去波士顿取《康科德和梅里马克河上的一周》的样书：一本装帧平平无奇的褐色的厚书。他把一本寄给了伍斯特的布莱克，回来后亲自把另一本送到布朗森 · 奥尔科特手上。奥尔科特坐下来，用两天的时间把它读完："这是美国文学，"他表示敬仰，"值得和我书架上爱默生的散文集做邻居。"[77]其他反馈要晚些才到。第一个公众反馈，也是最受全国瞩目的书评出现在两周后格里利的《纽约先驱报》头版——它定下了摧毁性的基调。文章开头写道，《河上一周》倘若不算是完全"新鲜、原创、富于思考的作品"，它也十分接近了；梭罗的自然书写有着"伊奥利亚人的甜美"。但是他的文辞是"断续的"，他的哲学是拙劣的，是"一种可疑且危险的学派的糟糕样本"。最糟的是对神的亵渎。梭罗先生敢于承认婆罗门的神圣之书"没有一点儿不如基督教《圣经》的地方"——这是对良好品味、判断力和大众常识的"令人反胃"的攻击，作家应当以在《先驱报》首页声明撤回该书的方式以示歉意。[78]

梭罗被深深伤害了，因为他猜测这位匿名书评人就是格里利本人，他信赖的朋友——或许是为了引起另一场争议。令人惋惜的是，他的愤怒和责备瞄错了对象，这份评论是其他人写的，很可能是乔治 · 里普利

(George Ripley)。[79] 至于爱默生，他什么都没说——除了在一封给英国友人的信里，他在梭罗收到样书的四天之前写道："这里没什么值得跟你汇报的，没有书，没有诗人，没有艺术家。"他事后才提起梭罗的书。当西奥多·帕克请他为《马萨诸塞州季刊》写一篇关于此书的评论，爱默生尖刻地拒绝了："我不适合来评梭罗的书。我和他属于同一个教派和教区。"类似的疑虑没有阻止他给其他朋友的书写有用的评论，但是对于梭罗，他只是提供了一系列或许愿意写评论的人名。长期提防着梭罗的帕克意外发现自己很喜欢这本书，他不仅把书寄给爱默生推荐的书评人，也寄给了具有良好文学品味的仲裁人：詹姆斯·拉塞尔·洛厄尔。[80]

事情原本可以更糟。洛厄尔拖延了六个月，不过最后他还是写了评论，很中肯，不像他一贯的风格。他认为书中有些部分有很高的格调，尤其是梭罗的自然描写令人迷醉。洛厄尔说出的最苛刻的话除了完全认定梭罗的语言是"拙劣的文辞"，还有认为书中布满了跑题的段落："就像岔出的枝丫，我们本来平稳地在小溪上划着桨或者顺流而下，它们把我们钩得底朝天。"这些大段大段的文字不应出现在这本书里，它们"玷污了我们的梅里马克河，我们要去河上旅行，而不是听布道"。玛丽亚姑妈认为洛厄尔的评论"美极了"，"非常公正，写得很漂亮，有些部分风趣幽默，我非常喜欢"。[81] 但是等到洛厄尔发言的时候，已经是1849年12月了，太迟了，这本书已经死了。

问题不在于评论的数量。爱默生帮助梭罗寄了75本书给朋友们和可能的书评人，而且梭罗的书在美国和英国都被广泛评论着。问题也不是这些评论的本质——大多数评论是正面的，就算是负面的评价也会引起关注。问题出在芒罗身上。他没有出版书，只是印刷了这些书。他拒绝宣传，没有分销渠道。要买梭罗的书，只能去波士顿芒罗的商铺，或者邮购。这种商业模式适用于爱默生，因为他已经很有名了，而且他的名声集中在波士顿。但是对一个寻求全国读者的无名作者，这无异于灾难。霍桑也在芒罗那儿吃过亏。芒罗于1841年印了他的《重讲一遍的故事》(*Twice-Told Tales*)的三年之后，600册书积压在仓库里，没有卖出。爱默生试图也让富勒在芒罗那里出第一本书，天真的梭罗也劝她自费出版——但是富勒明智地把《湖光夏日》拿给另一位出版人，后者不用她担心出版方不能或不会帮忙推广。作为对比，梭罗深陷困境。他的书才卖出 200 多本。这位骄傲于只用了 28.12 块半美元造起他的湖畔小屋的人欠下出版商 290 美元巨款——普通人一年的工资。他要花上四年才能还清，靠的都是自己的血汗钱。

或许梭罗人生里最大的讽刺在于这本书才是他想去瓦尔登湖完成的书，给他的哥哥同时也是他亲密的朋友的一曲挽歌。而且令人痛心的是，这曲挽歌也标志着梭罗人生中的其他损失：姐姐海伦的亡故；他和爱默生友谊的终点；他对文学生涯希望的破灭。1849 年 6 月 14 日，海伦死于肺结核，就在哥哥的书出版后的两周——足以分享家人的骄傲和喜悦，虽然他们有忧虑，但仍然有喜悦。现在，家里的四个孩子只剩下亨利和索菲娅两个了。家里的女性按照传统把海伦的遗体陈列在客厅里，四天后，为表示无上的敬意，镇上两位牧师——独神论派的巴尔齐拉伊 · 弗罗斯特和圣三一教会的威廉 · 马瑟（William Mather）——一起在梭罗家的客厅为她主持了葬礼，纪念海伦对这两个教会的拒绝，因为她发现他们的门户向奴隶主敞开，但对为奴隶辩护的人关闭。

马瑟牧师的妻子记得从不去教堂的亨利一动不动地坐到仪式结束。正当他们准备抬棺，他突然起身吹响笛声，“这些**最甜美**、**最温柔**的低音简直不像人间的曲调。所有人都安静地坐到曲声终了”。[82] 威廉 · 劳埃德 · 加里森在《解放者报》上刊登了一篇热情的文章，纪念海伦多年来对废奴运动做出的贡献，向她对真理的耐心追寻，她承认真理的坦诚态度，以及她一直按照道德信条行事的勇气表示敬意。亨利在他的送别诗里写下:“后悔仍在 / 现在，比起和我的社区 / 我和你的关系更紧密。”他没说他后悔什么。或许比起勇敢决绝的索菲娅，他和理智的海伦之间的关系没有这么近，但是她是他的道德灯塔。马瑟牧师的妻子怀疑海伦“对他（梭罗）古怪的行事作风有着最多的同情”，她不是唯一一个这么想的人。[83]

到1849年秋天，梭罗痛苦地认识到，他写来向爱默生证明自己的书并没有让后者感到满意。而且，加上爱默生建议他冒险出版，梭罗落入了债台高筑的境地。形势随着时间的进展而显得愈加严峻。爱默生抱怨梭罗榆树般固执，失意的梭罗在日记里显出了迟疑："(我从来没有如此接近过一个朋友，甚至不管他是否在我身旁。）然而，即便我仍然视他为亲友，这位朋友还是间接地控诉我冷漠且不够坦诚，在我无法为温情和真诚辩护的时候。"危机在9月爆发。梭罗私下里满是心寒和怨怼：

> 我有一位朋友，我写了一本书，我问了这位朋友的意见，我从没有从他那儿得到赞美之外的话语——我的朋友和我疏远，之后我遭受了所有的责备——所以，最终我得到了我需要的批评意见。
>
> 当我的朋友还是我的朋友的时候，他嘴里都是好话，我从未在他口中得到真相，但是当他成为我的敌人，他向我射出了毒箭。
>
> 世上有多少爱就有多少恨。恨是好的批评家。[84]

之后的很多年，梭罗的日记里会一次又一次出现这样饱受折磨的痛苦宣泄：他和爱默生之间的友谊最终无法挽回地走到了尽头。但是，尽管他一直为此致哀，它并没有完全终结。梭罗已经明白："我们之间的关系是一部超过五幕的悲剧——这还没到我们悲剧的第五幕，还没到！"[85]

从爱默生的日记看，他似乎没有留意到任何不寻常的事情。几年来，他小心地为梭罗经营，完全没有意识到他在这位朋友带刺的表面之下搅出了怎样的混乱局面。两人都无法容忍的一件事是不去联系对方。所以，尽管再也不会完全信任对方，他们表面上仍继续维持着过去的关系：一起散步；亨利为爱默生做零工，他也付给他钱；亨利来到爱默生家翻书房里的书，招待客人，拜访丽蒂安，和孩子们玩。即便两人之间的关系越来越紧张，梭罗还是愉快地写信给身在斯塔滕岛上的埃伦，让她参与埃德的5岁生日会：亨利为他们带来了"洋葱和南瓜做的乐管和大黄做的口哨”，然后“小萨米·霍尔（Sammy Hoar）非常成功地吹响了它们，制造出最响的噪音，尽管他差点把眼睛都熏哭了”。[86] 如果说他们的性格差异让他们产生了矛盾，他们对于友谊几乎不现实的柏拉图式理想让他们分开，那么他们之间的距离反而成了他们的纽带，一起散步，交谈，也相互激怒——当爱默生在梭罗“说不”时看到了他所主张的“自立”时，他无法不被激怒，他们有时候见面时会“故意中伤对方，拉扯对方的牛角”，就像爱默生在1850年记录的那样，但是他们还总是见面，到生命的最后还是双方智识上的辩友。[87]

* * *

《康科德和梅里马克河上的一周》的失败给梭罗的作家生涯带来了深重的打击。这样的失败有着双重的悲哀：虽然这本书有着缺陷，但它仍是杰作。如果它被真正地出版，而不是被印出来堆进仓库，它可以与霍桑的《古宅青苔》（*Mosses from an Old Manse*）和梅尔维尔的《泰皮》并列为美国文学的代表之作，成为开启具有划时代意义的19世纪50年代的作品——霍桑的《红字》、梅尔维尔的《白鲸》、梭罗本人的《瓦尔登湖》、沃尔特·惠特曼的《草叶集》。[88] 梭罗还是对第一本书念念不忘：他在1851年回望它时，还是骄傲地称其为“上不封顶的”，意思是它向天空和风雨阴晴敞开，没有书房或图书馆的味道，而是散发着“田野和森林”的气味。而且尽管他在里面放了太多老旧的章节——没有收入《日晷》的文章、旧诗、关于殖民历史的枯燥摘录——这些在瓦尔登湖写就的文章还是透露出新鲜、狂野的户外气息。

在《瓦尔登湖》里，他把《河上一周》称为“一箩筐柔软细腻的织物”，这也暗示了他的写作方法：箩筐是用经线和纬线编织出来的。在此，作为骨架的经线是这对兄弟的两周旅行，这是叙事主线；在这根经线上，作者编织了阅读和思考的纬线，交叉的线条给予文本力量和质地，让这场旅行不是停止思考的度假，而是洛厄尔欣赏的、促发更深入思考的机遇。河流和书页一同向前延展，融合着进程和意外、目的和偶然。存在意义上的冲突成了本书的重要特色：动与静的节奏，计划之中和意料之外，某一片刻的火花和回忆的长久光辉。凝合作品的是一系列强有力的纽带：兄弟之间的纽带，船与河流的纽带，线性流动的时间和穿梭于时间内外自由漂浮的自我之间的纽带，这样的自我随着河流流动着，或是踏上岸边坚实的土地。随着书页往前展开，日程往前推进，时间的概念深化了——兄弟俩在最后一天急速顺流而下回家的时候倏然发现之前这段向上游进发的历险已经铺开在眼前。[89]

诗人在书的首页就给书镌刻上双重含义，从宣告河流有两个名字开始：它叫康科德，也叫马斯科特奎德（意为“草地”）。只有一个名字是永久的：“只要草还长在这里，水还在此流淌，它就会被叫草地河；只有人们在岸边过着和平的生活时，它才叫康科德河。”[90] 印第安的名字中是永恒的草与水，这是梭罗的自然和诗歌的坐标；英语名字中则是暂时的农场与运河，这是梭罗的历史政治坐标。在河边的每一处，梭罗都用这两个名字来标示他的两种关怀：自然生长与和谐生态的永恒世界，以及充满历史变迁的人类世界，在后面这个世界里，和平岌岌可危，和谐匆匆消逝，时间的长河能让两兄弟的世界沉入过去。《河上一周》是具有多重含义的复杂之书，梭罗初写的时候已经如此，而且他还在超过十年的时间里为之加上更多的层面，使它一直在改变。它对殖民和美洲土著历史的研究让梭罗具有更深层的时间感知。他对地貌的调查显示随着工厂、水坝和铁轨的到来，这里的自然风貌在消失；他插进当下的事件（比如墨西哥战争和他因拒绝付税而入狱），直接使和谐诗意的过去和动荡不安的未来交织在一起。梭罗写书的时候，时代在改变；读者阅读时，它仍在持续改变着。

这艘船，马斯科特奎德号，这条手工打造的坚实的平底渔船是一个载体。从船名就能看到两兄弟对印第安人充满怜悯的体认：这些人和他们一样，无家可归，与时代格格不入。梭罗俏皮地告诉我们，这条船是“两栖”的，是“有着两种性质的生物”，鱼儿在木质的船骨之下，鸟儿在棉质的帆布之上。而且他们给船刷上两种颜色，下面的绿色象征土地，上面的蓝色象征水和天。[91]在这艘“两栖”的船里，两兄弟——一位在世，一位离世——迎来了一系列的双重含义，把它们织入具有更高意义的全新智慧：真实和理想，表面和深层，神圣和世俗。梭罗的《河上一周》宣称这本书是七天的创世故事，是知识的“创世记”。所以，河上的每一天都贡献出思考，一天接着一天，就这样整个旅途徐徐展开——去到迷雾缭绕的大山，期待已久的顶点。但是，梭罗也写出过《卡塔丁》，那时他的年龄更长，不忍放入少年时和约翰登山的回忆。因此，在这本书之外，一切也在悄然改变：外来的压力侵入了纸页，留下令人困惑的空白。每个读者都期待叙事会把登上华盛顿山之巅作为高潮。然而，在高潮部分，梭罗只留下一个印第安名字：“阿齐奥科库”，外加四分之一的空白页面。在这片神秘的土地上，梭罗不仅向西方传统里英雄般的征服表示敬意，也纪念着这个阿尔冈昆语（Algonquin）名字激起的神圣沉默。[92]

在书里，登上山顶提前两天发生，而且发生在一段插叙当中——他们在马鞍山（Saddleback）之巅独自醒来，看到被茫茫白云覆盖的世界。第七天的返程把我们一口气送回家，回到一个看似熟悉实则陌生的世界：船的骨架“认出”了康科德的泥土，“我们高兴地跳上岸，把船拖到陆地上，拴到一棵野苹果树上，树上还能看到河水涨潮时锁链留下的磨痕”。[93]这棵被缚的野苹果树直指这本书古怪的源头：在梭罗重述的“创世记”里，他的知识之树其实是由一棵被圈养的坚韧之树变成的野树。那些在梭罗的家园版图里随处可见的苹果树，一如他所爱的其他东西，都在迅速消失。在生命的终途，梭罗会用这个题目命名他唯一的自传：《野苹果》(“Wild Apples”)。

书评人觉得这种蜿蜒曲折的双重结构——或者用梭罗的玩笑话说，这种“马斯科特奎德”结构——太过疯狂。洛厄尔之前愤怒地指出，他以为自己被邀请到河边旅行，结果却发现是说教。这暴露出一个更严重的问题：梭罗打破了高品质写作的所有要求，他要写的不仅是诗歌，而是他所说的现代“经书”。为《日晷》编辑“道德经文”是一回事，但是如今梭罗在玩火，他把基督教《新约》和其他世界的宗教作品放在同一个层面。“不要仅仅成为基督徒，不要只欣赏基督圣名的美和重要性。”他大胆地说，“我想对所有《圣经》的读者说，如果他们想要读好书，读《薄伽梵歌》……这本书值得用所有的敬意来阅读，即便是北方佬，也应视其为虔诚信徒神圣写作的一部分。”[94]唔！梭罗一下子就把现代世界卷入一个更深邃也更广阔的新世界。作为一个在所有安息日被严格要求待在家里的孩子，除了《圣经》什么也不许读，梭罗在小时候就经常眺望窗外，观察云朵，渴望看到一只鹰越过天际。现在，他展开自己的翅膀：“我不知道还有哪本书有这么少的读者。里面没有东西说得上古怪、渎神，或者不受欢迎……‘先看天国这部分。’——‘不要为你尘世的宝藏停留。’”“想象这个吧，北方佬！”他嘲笑说，“只要让这些语句在这片土地的神坛上被正确讲述，就不会有那种频频出现的礼拜堂了。”[95]被吓得不轻的乔治·里普利是对的：这令人反胃，令人恶心。

就算它能够卖出去，《河上一周》也不会有广泛的读者。梭罗被那个时代最激进的思想家所指导：奥雷斯蒂斯·布朗森、拉尔夫·沃尔多·爱默生、布朗森·奥尔科特、西奥多·帕克、玛格丽特·富勒、弗雷德里克·道格拉斯。他在形式上做着狂野的实验，尝试着危险的思想，他认为他有着坚实的地基——他要采取下一步，追随他的前辈们批评社会成俗和基督教历史的逻辑，提供全新的道德框架，这个框架会有足够的力量来承担现代科学的重量，有足够磅礴的气势来宣称布道者就是诗人，有足够的批判锋芒来从道德上质问奴隶制、工业化和征服战争。玛丽亚姑妈曾希望没有编辑会出版侄子的渎神话语，但是通过芒罗自费出版意味着梭罗的话语直接从手稿变为印刷品。天才，如果要被倾听，必须不能超越他的听众的智慧——但是梭罗把听众远远抛在背后。然而，他最根本的见识从未动摇：“你的计划必须是为宇宙制定框架，其他所有计划都会很快化作灰烬。”[96]他去瓦尔登湖看过基石的质地。他在卡塔丁山上也看过它，并且在瓦尔登湖的天空下再次确认它。他已经花了十年的光阴试图找到最好的文字来分享他的发现，但是他失败了。

梭罗写出了两本好书，但是只出版了一本；另一本被他放在一边。他唯一的选择是重新开始。

第七章　从康科德到宇宙：梭罗转向科学
（1849—1851 年）

天才知道他的目标是什么；其他人都不知道。

——亨利·戴维·梭罗，1858 年 12 月 27 日

"揭示真理的法则"：科德角

1849 年的夏天如此炎热，孩子们都被关在房里，爱默生的园丁必须一直打水来给新栽下的梨树消暑。农田里，玉米被炙烤得蜷曲枯萎，到了 7 月底，农民们只能把它们砍倒，救下他们能够营救的植株。梭罗不顾高温，仍到处散步。那年秋天，当橡果仍是青色的时候，商陆的茎却已经显出成熟的紫色，他在一天之内查访了所有地方，"大草地、贝克农场、科南特姆（Conantum）、贝克斯托（Beck-Stows）沼泽、大牧场"，纳格格（Nagog）山"以越橘出名，我在那儿一下就看到几百桶的越橘；以及充满印第安人回忆的纳肖巴山，从那儿可以望见尤坎努努克山"，还有草莓山、安娜史努克（Annursnuck）、彭卡塔赛特（Ponkawtasset）、瓦尔登湖、桑迪湖、怀特湖——最后这个湖需要一个更好的名字，比如"上帝的水滴"。[1]这是预示着未来可能性的清单。人生的过渡期很难记录，但是这个名册可以见证梭罗重生为世界著名作家的一刻。

梭罗一直在行走，这是没有其他办法的人从一个地方去到另一个

地方的方式。但是，在前一年，他意识到“我的散步足迹开始延展了”，早上的工作结束后，几乎每个下午，他都造访“好几英里外的新山丘或湖泊和树林”。在另一年，这些漫长的散步不再是工作之外的消遣，它们会成为工作的一部分，构成他最主要的文学项目。这是他人生第一次真正感到自由：不再承受爱默生的期望，不再听从文学市场的指挥，不再被游历海外的期许纠缠。通往传统文学生涯的路径已经关闭，梭罗另辟蹊径，学着用旅行者的眼睛来看熟悉的风景——梭罗有“不断往前看的眼睛”，爱默生如此形容，他看到“河流及它们流淌的方向……旅途就像在天堂里穿梭，但居住却不是”。梭罗这么多年写作《康科德和梅里马克河上的一周》的经验帮助他习得了作为局内人观察美国历史和社会的视角。现在他渴望瞭望寰宇的更广阔的视野——不是星期天礼拜课上教的“旧的犹太人的体系”，而是“天堂的图景”真正的地理样态。[2]这样的渎神言论引起了他的读者的愤怒，即便他们敬佩梭罗对自然清新畅达的描绘。不过，对于梭罗，说教和河上旅行是两回事也是一回事——不是模糊的宗教意义上的泛神论，而是一个严肃的尝试：跃过未经思索的社会成俗的陷阱，接近真正的“地理学”，书写大地，不是将文字刻在陈旧的书页上，而是刻在这个星球的地层上。

“遵循揭示真理的法则，而不是被标榜为真理的法则。”梭罗如此写道。[3]他指的是科学书籍里的法则，比如查尔斯·莱尔*出版于1830年到1833年的《地质学原理》(*Principles of Geology*)，这是现代科学的奠基之作，也是梭罗读到的第一本现代科学书，他是于1840年在爱默生的书架上看到的。书的开篇就让人难以抗拒：莱尔逾越了《创世记》，来到古印度的“大年”(Great Year)，引用古印度历法来显示世界上最古老的宗教——古印度、古埃及、古希腊的宗教——如何在难以想象的时间里构想出生命的周期和世界的毁灭，而且这些记录还有深埋在地下

* 查尔斯·莱尔(Charles Lyell，1797—1875年)：英国地质学家、律师，是均变说的重要论述者。最著名的作品是《地质学原理》，达尔文的演化论受到这本书的启发。

的化石为证。莱尔对时间纵深的展望显示出地球的地质就是一本伟大的创世之书的书页，他颠覆了正统的《圣经》时间线，把世界上最古老的经典和现代科学的深层洞察联系在一起。每个人都可以清晰地看到这一点：把望远镜对准星空，就能穿透数百万光年的天文距离，而且整个宇宙系统一直经历着生存和毁灭；地质学则揭示那些星空的变化就在每个人的脚下。正如莱尔演绎的，最大的变革也是从最微小的改变开始的，它们经历了万古长河才改变了星球：因为一次次的地震，山一寸寸升起，又被雨水中的沙粒一点一点侵蚀。梭罗几次三番把莱尔振聋发聩的观点摘到他的日记里："我们在当下看似不变的宇宙秩序里发现了过去所有改变的原因。"当下就是了解过去的关键，也是了解未来的关键；宇宙的脉搏仍在跳动。[4]

阅读莱尔的作品改变了梭罗对世界的理解。他把莱尔的观察延展到人类世界："社会系统的变革和地质变化一个道理，我们可以在看似不变的当下的社会秩序里发现过去所有改变的原因。物理世界中最容易辨认的变化就是轻盈的空气、流动的水，以及地下的火焰所引起的变化。"[5]虽然人不可能在一天之内看到山升起或消失，但是人可以见证一天之内创造的进程；想象可以填补肉眼看不到的东西。梭罗渴望懂得万物的运行规律，和爱默生一样，他也认为这是诗人的工作："诗人运用科学和哲学的结论，把它们最广泛的推论推广到万物。"但是，和爱默生不同，梭罗用科学和工程学的工具衡量这些洞见。"单靠一把尺子就可以揭晓多少新的关联啊！而且还有这么多东西没有被运用到实践之中！铅垂线、水平线、测量员的指南针、温度计、气压计，多少美妙的发现是由这些工具带来的，而且又有多少正在被带来？哪里有天文台和望远镜，哪里就能即刻看到新世界。"从这种对科学的赞歌可以看出梭罗将他对瓦尔登湖的发现归功于测量时用的铅垂线和指南针。1851 年年初，他在怀特湖（"上帝的水滴"）上重复了实验，把确认的数据写进了《瓦尔登湖》。[6]随着他的眼睛搜寻出原因和进程，他的手镇静地抓起铅笔、直尺、指南针、温度计，拥抱大地和世界。

这不意味着放弃超验主义，但是它意味着给超验主义一个新的维度。在《论自然》中，爱默生宣布“自然是精神的象征”，并且自然现象是“上帝思想里先在观念”的外显。当梭罗第一次读到这些文字时，它们撬开了哈佛这座象牙塔：自然中每个微小的物体都显示了隐藏的生活和终极目的。很多年来，这就是他所需要的所有东西。但是现在，写完《河上一周》之后，梭罗把枪头转向爱默生，痛苦地呼吁：“我们难道看不见上帝吗？难道上帝只是个寓言，好让我们甘愿在此生取悦自己？难道正确读解的自然不是她通常被视作的象征？”[7]在卡塔丁山寒冷的高地上，梭罗曾大喊“接触！接触！”他确有此意：身体与身体的接触，味觉与嗅觉、臭味与香味同在，被暴雨浇淋，被太阳暴晒，被树鸫的歌声柔化，扎进草地中的粪便里。梭罗列出一张一周中任何一天能够去的野地的列表之后，也写下了他的理由：“野生的造物有如此多优点。那儿有自然的髓质——她神圣的汁液——那是我热爱的美酒……一座城要得救，靠的不是里面的正义人士，而是靠环绕它的树林和沼泽。”[8]爱默生觉得，梭罗的这个极端倾向无异于疯狂。但是一无所有的梭罗没有什么需要顾及的了，他会反对爱默生，并且追随自己的疯狂，直到他穷尽智慧为止。

1849年10月，梭罗走了一条新路，来到一片未曾踏足的海洋。已经有两个夏天没有远足了，他准备好了要来一场远行。马萨诸塞州地图给了他提示：去科德角。就看看它是什么样子！沿着科德角外沿的海岸线一定有至少30英里不中断的海滩。10月9日清晨，他和埃勒里·钱宁登上去波士顿的火车，计划坐船穿过海湾去到普罗温斯敦（Provincetown），向南走，或者说向“上”走，登上连接大陆的海角。但是等他们到了海港，他们发现海面正在沸腾，一场风暴让船只都停靠在港口。街上到处是刚贴上的传单：“死讯：145人于科哈西特（Cohasset）丧命！”三天之前从爱尔兰戈尔韦（Galway）出发的圣约翰号双桅船在波士顿南部触礁，沉没于狂风巨浪里。船上共有120人，只有23人获救。尸体一直往南被冲到远达锡楚埃特的地方。圣约翰号是一艘“逃荒船”，满载着逃离大饥荒的绝望的爱尔兰难民。梭罗和钱宁跳上去往科哈西特的火车，挤进了数百名参加葬礼的爱尔兰人之中。

这是个意外的巧合：葬礼的主持人不是别人，而是约瑟夫·奥斯古德牧师，也就是梭罗唯一爱过的埃伦·休厄尔的丈夫。梭罗和钱宁来到牧师的住所见了埃伦和约瑟夫，之后约瑟夫陪他们走到附近的海滩，他们仨很快被人群吞没，找寻失踪亲人的爱尔兰人和寻找纪念物的好奇人士全部熙熙攘攘地挨在刚刚挖好的墓穴边，“一个像地窖一样的大洞”。同时，农场的马车拖着粗糙的木质棺材轰隆隆地沿着海岸而来，一架马车载三副棺材。围着马车的栅栏至少有一英里长。这些人站在栅栏外面，慢慢往前走，停下来看着没有盖棺的尸体或是沉船的遗骸，看着家人望向海浪或者一副又一副棺材，盼望但也同时害怕会找到兄妹或表亲。

梭罗震惊了。这可怕的景象不是理智所能预期的。但是似乎没有人感到不安，他没有看到一丝悲痛。他确实见到了“很多大理石色的脚丫子和盖着茅草的脑袋……一个溺水姑娘残缺、肿胀的青色身体——她很可能想着去某户美国人家家里帮佣”，就像他家，有两个同住的爱尔兰用人，其中一个就是坐这样的逃荒船来的。梭罗有着专业记者的克制，他通过海滩上的事实来传递他的震惊和愤怒——“一位女士的围巾、礼服和草帽”在海滩上被风吹拂；海浪“就像石头砸破鸡蛋那样”敲开了轮船的铁壳；船上的木材腐蚀得这么严重，他简直可以轻易插进一把雨伞；人们从尸体上拨开海藻，对海藻的兴趣远胜于尸体。“淹死谁都无所谓，他们不会忘记海藻是有价值的肥料。沉船事件没有在社会上制造任何有形的震动。”[9]

《科德角》以这样超现实的景象开场了。或许原本梭罗根本不会关注这些——这和严格意义上的“康科德”毫无关系，但是，他却以此开启了这本书。接触？自然一高兴，就可以抛掷这么多人类的生命，这给之后的所有事情都蒙上了阴影。他在卡塔丁山上遭遇的自然不可思议的野蛮性跟随他来到科哈西特，并且促发他的愁思：人类肉身在狂野的自然面前何等脆弱？ 1857 年年尾，当他在修改《科德角》时，他写信给布莱克："你必须登上山才能明白你和物质的联系，也只有这样你才能明白你和你自己的身体的关系，因为那儿是**它**的归属，却不是**你**的。"这是悖论所在：没有物质，灵魂就没有生命；但是作为寄居在身体中的灵魂，只有脆弱的身体才能让灵魂"接触"世界。这种经历应当成为你的写作之源，他告诉布莱克，一次又一次回顾这种经验，直到你的文章有了所有重要的东西，也舍弃了所有不重要的东西。这只能在事后完成，在家里——因为我们真的站在山顶又能做些什么呢？我们只能坐下吃午饭。"我们回家之后开始真正攀上山顶。山说了什么？山做了什么？"[10] 梭罗要用余下的人生来"攀登"这座山，在纸上写下它的言行。之后的十年，他不断回到《科德角》，这本书要到他死后才会出版。

这时候，这两位走在海滩上的旅行者还在担心午饭吃什么和在哪里睡觉。他们回到内陆的布里奇沃特（Bridgewater）过夜，第二天早上乘火车来到科德角的山脚。风暴还在肆虐，所以他们挤上了拥挤、狭窄的车厢，火车在湿漉漉的沙地上颠簸，经过荒凉的平地和崎岖的山丘，来到奥尔良（Orleans），科德角北转的"手肘"处。这就像被搁浅在"海中央的浅滩"，在迷雾中，他们甚至连下榻的旅馆面对的是陆地还是海洋也不知道。第二天早晨，雨势依然磅礴，但是他们已经计划要去散步，所以他们出了门，使劲将伞靠在后背，让南风把他们推向北面。穿过贫瘠的瑙塞特平原（Plains of Nauset）时，他们听见瑙塞特港后方大西洋单调的咆哮。最终他们来到俯视海滩的悬崖，下到海边，让他们的伞再次在暴雨中将他们推向北边，暗色的天空下，海水有节奏地敲击着沙滩。他们只遇到一个人：一个清理沉船现场的人给他们指了沙坝上的口子，从那儿可以通往上方赤裸的海岸。所以他们继续走，有时在上方的海岸，有时在下方的沙滩上行走。梭罗终于满意了，"我把科德角踩在脚下"，骑在它的背上，望着"摧毁人类杰作的海滩"。[11]

那天下午，暴雨初霁，天边挂起了彩虹，两个又湿又冷的徒步者试着推开"慈善之家"的房门，这是给海难者设立的庇护所。但是大门紧闭，而且从锁孔看进去，他们只能望见冷冰冰的石头和几团羊绒。他们颤抖着前行，折向内陆，终于路过一栋房子。他们敲响房门，发现开门的是约翰·扬·纽科姆（John Young Newcomb），后者孩提时候听见过邦克山（Bunker）的枪声，而且仍记得乔治·华盛顿。纽科姆和他们开玩笑，想看看这两个湿透了的流浪汉是不是真是从康科德来的，等到他们通过考试，“他说：‘好，进来吧，我们让女人们来收拾’”。整个晚上，他们用故事和交谈相互取悦，“女人们”端上热饭热菜，疯儿子在暗处喃喃自语：“该死的书商，张嘴闭嘴不离书。最好做点什么别的。这些人真该死。我会开枪打他们。”梭罗会在之后的一年再次拜访纽科姆，会知道他和钱宁被怀疑是几天后抢劫了普罗温斯敦银行的两名劫匪。[12] 后来，他会把纽科姆记作“韦尔弗利特（Wellfleet）的采牡蛎人”，这是他无数的人物速写里最伟大、最有趣的人物。

10 月 12 日是个大晴天，在吃过难忘的早餐后，这一对旅客继续往北走，去到高地灯塔（Highland Light）。帆船点缀着如今已平静如湖的海洋。“然而，就是这同一片平静的大洋，”梭罗想着，“能够像疯牛的祖宗那样把人的身体乱撕乱扔。”在灯塔度过一晚后，他们爬上科德角的山脊来探访海湾上的城市特鲁罗（Truro），回去时正好赶上从灯塔守望人，一个“具有独一无二的耐心和智慧的人”那里学习灯塔照明。[13] 第二天一早，梭罗起床看太阳从海边升起，看着双桅船在耀眼的曙光下扬帆。这是他们徒步的最后一天，一直从科德角的“手腕”处来到普罗温斯敦。他们在富勒酒店（Fuller’ s Hotel）住了两晚。星期天，他们冒着大风和寒冷寻访附近的沼泽和沙丘。周一，他们在城里转了一圈，然后乘坐纳逊号（Naushon）蒸汽船穿越海湾，于当晚抵达波士顿。

梭罗让这项意外的行程成了一本书的“骨架”。之后他还三次去了科德角，开始又一项全新的研究活动：他认为科德角是让新英格兰不再“陈旧”，而变得“崭新”和成为“英格兰”的关键。1849 年夏天，他打开了全新的笔记本，准备他的第一次旅行，在笔记中摘录了一段来自巴塞洛缪·戈斯诺尔德（Bartholomew Gosnold）船长的话语，这位英格兰旅行家于 1602 年命名了科德角。戈斯诺尔德如此描绘遇见的印第安人："海岸上满是沿着沙滩奔跑的人群。"[14]但是，他们是谁？梭罗的笔记本成了12本"印第安之书"的第一本——钱宁说，"它们自己就是一个图书馆"——梭罗会收集近3000页的信息，来自几百种资料源：探险家、定居者、传教士、民族志学者、美洲土著人的记录和自我描绘。梭罗做这些的时候没几个土著作者得到过出版。那年9月，地方图书馆的资料已经无法满足梭罗，他写信给哈佛校长贾里德·斯帕克斯（Jared Sparks），恳请他允许自己把书借回康科德的家。"**我选择了从事文学，**"他写道，所以这项一般为神职人员保留的特权应当延伸给他。"一年。"斯帕克斯用铅笔回了信。[15]11月，梭罗带着这封信回到哈佛，继续他的研究。他的老朋友，自然学家撒迪厄斯·哈里斯接待了他，后者现在是哈佛的全职图书馆员。哈里斯从未质疑过梭罗是否有权借出他所需的书籍。

梭罗一把鞋子里的沙子倒掉，就忙碌起来。很快他要为1849年至1850年的学园季做三场讲座。玛丽亚姑妈记录道，梭罗的试验性讲座"趣味横生，大家很喜欢"。康科德学园把他的演讲安排在1月份，不过只有两晚，所以他做了一些删节，然后带着他的听众从沉船去往海滩会见韦尔弗利特的采牡蛎人。第一场怪异的讲座让一些人感到困惑，但是第二场讲座时他们"笑到流泪"。[16]爱默生告诉南丹弗的人，梭罗善于逗乐人群，所以他们邀请他2月18日再回去演讲——这次就一个晚上，所以梭罗只能把两场讲座的内容整合到一场。这个简约的版本带来了更多的邀请。事情正在好转，奥尔科特如此认为。就在几年之前，他和他的朋友们不仅不受欢迎，而且"令人生厌"；现在，梭罗的讲座能够"被完全接纳"。后面一年，梭罗用二度访问科德角的材料把讲座更新了一下，包括他们被怀疑是银行大盗的趣闻，他又做了三场讲座。这些讲座之旅为梭罗开启了研究地方史的新窗口：1850年12月，在纽伯里波特（Newburyport）的室内集市做完题为"科德角"的讲座后，一位当地的自然学家接待了梭罗，给他讲了微观世界中植物细胞里液体循环的知识。三周之后，当梭罗在位于马萨诸塞州克林顿的比奇洛机械学院（Bigelow Mechanics Institute）重复“科德角”讲座时，他的接待者请他到棉纺厂里面走了一圈。[17]

并非所有听众都是友善的。真诚的克林顿棉纺工人觉得“科德角”讲座不过是“那种琐事，轻得像空气”，人们可以愉快地听，但学不到任何东西；讲座应当有助于自我提升，不只是诗人的一时兴起。波特兰有位没好气的听者抱怨（边笑边说）：学园委员会应当“为听这种垃圾而浪费的时间支付他酬劳”！另一位则批评梭罗引用渎神的话，叫嚣“这种语言品味低劣”。但是，在波特兰，梭罗有幸遇见一位罕有的把他视作演讲家的评论员，“他用超验主义的迷雾迷惑你们，用光彩照人的意象让你们愉悦，用他毫无遮掩的不敬让你们震惊，最后用他一连串的幽默智慧让你们争吵不休”，他做这一切似乎都轻而易举。梭罗的风格、声音、举止，都是“他自己的一部分”，还有“他那奇怪的表情，让你准备好面对一些怪异的事件，这比语言本身更让讲座绘声绘色”。文字无法记录这精彩的讲座，你必须亲自到场聆听。当然，死气沉沉的人只会感到困惑，可是但凡有一点儿想象力的人都会觉得他拥有“富有的灵魂”，古怪，趣味无穷——是真正的美国声音。[18]

死气沉沉的人还会错过梭罗不动声色的幽默，他是继承马克·吐温幽默故事传统的大师。“科德角”讲座在笑到流泪的听众看来兴致勃勃：异想天开，不惧成俗，会意、调皮、抒情，和恐怖的黑暗共舞。梭罗把它写成书稿时加深了黑色的笔调，精心放入了他的历史调查以瓦解“命定扩张”这种美国人得意的叙事。与此同时，他在北边开拓了一个新的观察前线，在缅因森林和法属加拿大。整个19世纪50年代，梭罗都在开拓这两条前线，写满了一本又一本印第安笔记——1851年他就已经在写第五本了——只要有时间，他就继续做田野调查。当他知道自己想做什么，就独自回到科德角，从6月25日到7月1日，他从普罗温斯敦出发，倒过来追踪他先前的足迹，访问了新的灯塔守望人，见了约翰·纽科姆，在海港待了更长的时间。第一次科德角之旅只是为了好玩，这一次是研究之旅，笔记本在手，书稿在脑中。回到家，他就继续写作，从日记本里撕下正在生成的草稿，最后本子里只剩下碎片。“种子在我的体内发芽，”一段草稿这么写道，“有利的时机会让这些种子在阳光下茁壮成长。”[19]

“这足以让这一年不同”：1850 年

1849 年的干旱之后迎来的是 1850 年春天的洪水，它淹没了草地，还把瓦尔登湖的水位提升到几年未遇的高度——“水涨到了灌木丛里，所有散步的人都不会靠近它的岸边”，松树在减少。梭罗在雨中散步，感到兴奋不已。“我们的生命好比河里的流水”，升到了未知的高度，淹没了上游的土地；“这个事件足以让这一年与众不同，流水淹没了我们所有的双桅船”。[20] 这确实是非比寻常的一年。到了 1850 年年底，亨利·梭罗找到了他的理想状态，为他的生活和写作设定了新的模式。

来自家人的支持实现了这种新转向。梭罗家成了铅笔行业的领袖，1849 年下半年，利润开始从此前没有预料到的地方涌入。梭罗铅笔依靠高质量的石墨质地赢得了市场份额，这归功于亨利改进的碾磨工序，他们的笔芯要比竞争对手的更细更好。当波士顿的印刷公司史密斯和麦克杜格尔（Smith & McDougal）发来石墨订单时，梭罗家担心又来了一位竞争者。但是，在要求梭罗家保密后，这家公司解释说，是他们最新的电版印刷需要大量的优质石墨。如果梭罗家能够保护他们的商业秘密，他们会从梭罗家独家订货。于是，亨利 · 梭罗的石墨磨房不仅产出了最高质量的美国铅笔，也推动了刚刚开启的大众印刷技术。很多时候，亨利亲自把石墨从不同的磨坊运回家里，去除杂质，打包，装船运去波士顿，最终运往全国各地。随着这项新业务的到来，梭罗家的铅笔产量逐渐走低。1853 年，大约是纽约的德国铅笔品牌充斥市场时，梭罗家完全停止了铅笔制造业务。亨利为了打发问长问短的朋友们，据说是这么解释的：“为什么我还要做这个？我不会做我之前做过的事情。”即便石墨的价格从十美元一磅降到两美元一磅，利润还是很高；梭罗家每年运出多达 600 磅这种珍贵的商品。但是，朋友们也注意到细腻的石墨粉尘覆盖着房里的每样东西。在这样的空气里呼吸一定缩短了亨利的寿命，倘若他不是每天都兴致勃勃地出门散步，他的寿命可能会更短。[21]

亨利一直喜欢得克萨斯大宅，它位于城郊的一角，由他栽种的欣欣向荣的果园环绕。他从窗口可以看到费尔黑文山上放牧的奶牛，走路就可以去瓦尔登湖或者康科德河，不用经过小镇。但是辛西娅又动起了脑筋，按照他们现在的经济状况，他们可以去看看城里最好的房子。主街上的“黄房子”引起了他们的注意，就在他们租住了很多年的帕克曼大宅附近。小店主乔赛亚 · 戴维斯身强力壮的时候造了这栋房子，之后在 1837 年的经济恐慌所导致的破产中失去了它。房子多番易主，最终来到了小店主丹尼尔 · 沙特克（Daniel Shattuck）的手中，他很愿意脱手。于是，约翰 · 梭罗在 1849 年 9 月 29 日以 1450 美元买下这栋黄房子。辛西娅列了一个维修和翻新的清单：把房顶抬升起来，这样层高可以达到 9 尺；安装新的隔墙和门、新的玻璃窗、新的水槽、新的墙面板，如此等等。他们雇了一个木工，亨利帮忙把铅笔店从得克萨斯大宅搬过来，迁移到新房子的后边。这些翻新工程要花差不多一年，然后这家人才于 1850 年 8 月 29 日乔迁新居。“一点儿”都不想搬的亨利抗议无效，他们最后还是回到了主街，毗邻镇中心，住进了康科德最好的地段之一。[22]

连梭罗也不得不承认新家光彩照人：整个阁楼借着斜顶延展了房子的长度，楼梯在阁楼中间，他把书桌靠到俯瞰小镇的那扇窗户前，把床放到俯瞰河流的另一扇窗户边，这样他起身之前就能望一眼外边的天气。夏天，阁楼太热了，所以有好几周他都必须下楼和家人共度夜晚，但是房子的空间很大，足够放下他的藤床、写字台和他用浮木做的书桌。房里也有精巧的钩子和缝隙来放他卷起来的帆布帐篷，展示他的箭头、印第安遗迹、植物标本、苔藓、地衣、鸟巢、鸟蛋、矿物标本、昆虫标本、孵蛋的乌龟，还有他能拖回家的任何东西。黄房子的阁楼成了他的卧室、客厅、工作坊、自然博物馆和看世界的窗户。有一次索菲娅陪一位朋友上楼，说了一声抱歉，因为梭罗把自己家具上的尘埃视为"果树上的花朵，不应该扫除"。[23]这里最壮观的风景是康科德河：它就在街对面，流经埃勒里·钱宁的后院。在1849年6月，亨利的这位老友已经卖掉了彭卡塔赛特农场，买了河边的这栋房子，梭罗可以把船停泊在这儿；在之后的几年，约翰·梭罗会买下毗邻的土地来扩大后院，亨利会在这儿种下美丽的果园，把他心爱的一棵"得克萨斯"鲍德温苹果树移植过来。这里会是他度过余生的家——他在这里度过忙碌、快乐，而且最多产的岁月。

梭罗习惯自己赚取生活费，他向父亲支付自己的住宿费，归还欠下芒罗的债务，支付他自己的书和旅行花销，有稳定收入一直是他的首要任务。讲座可以赚一点钱——大多数去到其他镇的讲座会支付20美元左右的酬劳，旅行开支也不高——手工活儿也可以挣一点儿钱；有一次他甚至考虑投资蔓越莓。[24]更可靠的是他通过测量工作赚取的收入。1850年，梭罗成为专业的土木工程师：他投资购买自己的器材，包括测量链、一套十枚钉在地上标示距离的测量钉、图纸，还有其他工具（量角器、三角尺、丁字尺，以及其他不同的卷尺和直尺），还有，最高级的，是价格不菲的15英寸指南针，表面镀有黄铜，还有一枚5英寸的镀银表盘。他甚至印了宣传传单，承诺他测量准确，"因为有这枚指南针的保证，几乎很难有误差，人们可以重测检验"。[25]

梭罗的准确保证没有夸大。在他死后，他的康科德测量数据收藏于镇图书馆，之后的几十年，它们都提供了有关镇上房产边界的无价记录。新的测量显示，梭罗的工作做得一丝不苟；比起使用简单的磁极，他很罕见地去确定"真正的子午线"，也就是真正的地磁北极，1851年早些时候他就用这种耗时两天的复杂工序来测量黄房子前的土地。[26]他的第一个完整工期带来了一大拨工作：他测量了黄房子的土地；爱默生请他解决一场长期的边界争议；划分梅里马克河上游黑弗里尔（Haverill）60栋房产的用地，还有通往火车站的公路。梭罗赢得了良好的声誉：一位细心且机敏的土木工程师。有位客户回忆说，梭罗还没完成他的

10 英亩林地测量工作时，天已经黑了，但是他点起蜡烛，借着烛火完成了工作。[27]1850 年，梭罗至少完成了 15 项测量工作；1851 年，他完成了 18 项——奥尔科特写道，梭罗的“指南针为他的书买单”。[28]

梭罗没有忘记这一点，虽然他很适合这份工作，但是测量让他成了毁灭他所喜爱的森林的帮凶。1850 年 11 月，他重走了前一年测量过的土地，土地拥有者砍光了树木，把土地分成了 52 块房屋用地。儿时的梭罗在这片树林里玩耍，而今，他只能安慰自己，把树砍掉至少可以看清远处蓝色的山脉。然而，他被罪咎折磨着。“今天，我留意到，我走在一片原本茂密的松树林里，可能在我测量之后，这块地上的木材会被拍卖，然后迎来伐木工。”树木当然可以长回去？毕竟，他记得青年时的一片草地如今已是郁郁葱葱的树林。但是，两天之后，他无法宽恕自己：“我看到栅栏已经造起一半……一些守财奴让测量员来看守他们所拥有的土地。”他们不顾在他们身旁歌唱的天使，“在天堂正中寻找一个能插上他们旗帜的洞孔。我重看的时候，已经看到他站在一个魔鬼环绕的阴森沼泽里……再走近一看，我发现他的测量员就是魔鬼。”梭罗把灵魂出卖给魔鬼了吗？“贸易会给它触碰的任何东西下咒。”他悲哀地作结。[29] 1851 年 9 月他做了一场异常困难的测量——测量康科德镇的边界，这让他觉得“在某种程度上无异于自杀”。[30] 长时间的测量工作总是让他心烦气躁。

但是测量也给了梭罗一个受人尊敬的职业身份，他也自豪于自己的高标准，他的随机应变，在任何天气下都能穿越沼泽和荆棘的能力，以及他精准的素描，它们总是令人眼前一亮。之前嘲笑过他的镇上同胞现在出高价雇他，他的日记开始堆满对地主、农民和劳工的一手观察。多亏了他如饥似渴的好奇心，使可能让他的视野变得狭小甚至失明的事情产生了相反的效果：测量员的眼睛是打开的眼睛，他的测量员日记虽然都是专业的笔记，但他的私人日记里全是对他所见一切的科学、诗性的观察，他称他可以通过“自己的眼睛”观察。如果梭罗的职业迫使他离开他选择的道路，它也帮助他用全新的视角看他周遭的世界：“我想知道每棵灌木的名字”，他宣布，即便在他艰难地于灌木丛里劈出一条道的时候也是这样。[31]

在 1847 年，梭罗曾梦想过参与科学探险队，他曾激动地写信给爱默生说，哈佛终于“真的开始苏醒”，而且“跟上了时代”：它最新的望远镜是全美最先进的，全新的劳伦斯科学院（Lawrence Scientific School）聘请了霍斯福德（Hosford）教授来教化学，阿加西教授来教动物学。就在康科德，镇上的业余天文学家佩雷斯 · 布拉德（Perez Blood）购置了足够进行严肃天文研究的望远镜，可以给梭罗展示土星的光环和月球上的群山。[32] 虽然天文学无关梭罗的职业［当哈佛新聘请的天文学教授威廉 · 克兰奇 · 邦德（William Cranch Bond）告诉他，肉眼仍然可以用来做科学观察时，梭罗很满意］，但是他想兑现知晓每棵灌木名字的誓言。即便在去看邦德的望远镜的路上，梭罗也在研究窗外的植物，他很惊讶地发现虽然康科德和坎布里奇距离这么近，但在植物学意义上却是两个完全不同的片区——他是通过阅读哈佛新聘请的（世界级）植物学家，阿萨 · 格雷 * 的专著看到了这一点的。1848 年 1 月，在为路易斯 · 阿加西收集了这么多标本之后，梭罗终于在阿加西第二次洛厄尔演讲季期间见到了这位伟大的科学家。梭罗试着邀请他去班戈做一系列讲座，虽然长年过劳工作的阿加西婉拒了，他们还是在整个 19 世纪 50 年代都保持密切的联系，这部分归功于他们和爱默生及詹姆斯 · 埃利奥特 · 卡伯特的共同友谊。[33]

这就是科学和工程对梭罗的意味：它是在地的、即时的、通过亲手实践完成的。学习它也是迫切需要的：“在今天，理解蒸汽机应当进入所有人的教育日程”，他写信给表亲乔治 · 撒切尔，后者十多岁的儿子对工程很感兴趣。“如果一个人不懂得火车是如何运行的，他有什么权利坐在里面？”小乔治应该参观他可以去到的每一座机器作坊、商店和工厂。梭罗本人（他路过每座制造厂都要进去参观一番）刚去过欣克利

* 阿萨 · 格雷（Asa Gray，1810—1888 年）：被认为是 19 世纪美国最重要的植物学家。

和德鲁里制造厂（Hinckley and Drury's），这是最大的火车引擎制造商，现在的他"看过并理解每个齿轮和螺丝钉的运转，这样只要我准备好，我自己也可以造引擎"。当他去马萨诸塞州的克林顿做讲座时，他去一家大的格子棉布厂看布是如何做出来的，他不仅在日记里详细记下过程，还把同样的道理迁移到写作之中："这门手艺教了我们很多有用的知识。如果织机没有百分百的准确性，那么它一尺布也造不出来。轮船在准许航行之前必须被造得**分毫**不差。"他学到的东西中有一部分是这个有心选用的提法——"百分百的准确性"，他让这个词汇兼指制造工序和写作过程，这也成了他的座右铭。[34]

后来的人不会像梭罗那样有这种对科学和技术即刻的、切身的感受，因为"科学"退位成一部分精英知识分子的专业，"技术"则进入一个机器的黑匣子，仿佛由魔术驱使。不同的是，在梭罗的时代，人与自然通过机器的结合依旧令人神往。1850 年一个春雨绵绵的周日下午，梭罗听到草地上传来"微弱的叮当叮当声，就像在桦树林和越橘丛中作响的牛铃"。随着他走进草地，一切更神秘了，声音就从大地上传来，仿佛开阔的草地张口说话了。或许这是某个未知的蛤蟆或麝鼠的声音，是自然历史里的一项新发现？接着谜底揭晓：一架小男孩玩的玩具水车正敲打着钉在木板上的哑了的牛铃。"小溪也似乎沉静于这种节奏，水打在微小的水坝上，欢快地落在水车上，对这个响声感到骄傲"——梭罗那天晚上意识到，他在家里也能听见这个声音。他把家人叫到窗前，他们也惊奇于能听到从这么远传来的甜美声响。这后来成了梭罗自己的技艺：假如他能恰当地组织好材料，那么自然可以借由他来发声，而且声音会被带到城里，街上的行人都会驻足倾听，听这种更高尚的、超越他们自己的声音。[35]

梭罗自己的超验主义也需要这种突破性的见地。科学向他昭显了如何在一粒沙里看见宇宙，在森林的池水里看见海洋，在费尔黑文山巅看见山脉，在瓦尔登湖的卵石里看见冰川。诗歌给他一个声音，让世界知道为什么这些发现是重要的。1849 年下半年，梭罗投身于新的阅读：

他读着亚历山大·冯·洪堡（Alexander von Humboldt）的大卷本科学考察记录，还有受洪堡启迪的科学家和探险家写下的有关世界各地的大量书籍——上至奥里诺科（Orinoco），下到安第斯山脉 (Andes) 和火地群岛（Tierra del Fuego），向外延展到落基山脉和美国西北部，南至南极，北到北极，还有遥远的亚洲干草原和非洲大草原。随着他的阅读，梭罗想象自己独自在世界各地历险。和他同时代的其他探险家正展开宏观的旅行，而他可以展开微观的旅行，通过最微小、最具地方色彩的地貌的启迪，通过这个宇宙本身的启示，他能够写下他在这个星球上的游记。梭罗可以把他的"本地宇宙志"加到最前沿的科学里。1850 年 11 月，他找到了方法，到 1851 年 9 月，他用具体的语词表达了出来："作家写作的一切都属于自然——他就是玉米，是草，是环境的笔记。"[36]

但是，首先有个峡谷需要穿越。大约十年前，玛格丽特·富勒提醒梭罗："除非你能够更多地成为自然的一部分，不然她（自然）就不是你的。"此刻，轮到他对富勒投以敬意，他把她书写女权的开拓性文章《大诉讼》（*The Great Lawsuit*）称为"杰作，丰富的即兴之作——出口成章"，文章显示出"成文的对话能够被压缩得比现实中厚实百倍"。[37]《河上一周》中梭罗自己压缩对话的尝试也受到了富勒的文章的启发。之后的几年，富勒的生涯把她从波士顿带到纽约，她会作为格里利的《先驱报》记者报道广泛的社会议题，然后她会去到欧洲，成为格里利的海外记者。

富勒在罗马定居，自 1848 年意大利革命爆发，她本人也成了革命者，成了罗马共和国激烈的支持者，她发自前线的一手报道既让美国读者惊慌，又让他们沉醉。虽然她没有告诉任何人，但是她结婚了（这一切是暗示的），她的丈夫乔瓦尼·奥索利侯爵（Giovanni the Marquis d'Ossoli）是个意大利革命者，他们育有一子安杰洛（Angelo），小名"尼诺"（Nino）。当共和国垮台后，富勒逃亡至英格兰，她在那里以第一人称写下了意大利革命史。[38]她决心要亲自看到这本书在美国的出版，所以为她和家人，他们的保姆切莱斯塔·帕德纳（Celesta Pardena），以及他们的朋友霍勒斯·萨姆纳（Horace Sumner）一起定了英国轮船伊丽莎白号上的座位。

1850 年 5 月 17 日，他们一同离开意大利，和一班可靠的船员、好友一起出发去纽约，船上满载奢侈品：丝绸、杏仁、橄榄油、橄榄香皂、礼帽、草帽，还有相当于一座美术馆馆藏的杰出画作、为南卡罗莱纳州的约翰 · 卡尔霍恩（John Calhoun）带去的雕像，以及 150 吨卡雷拉大理石。[39]

厄运从轮船抵达直布罗陀时开始，船长死于天花，他们被隔离检疫，而后在一位毫无经验的大副亨利 · P. 班斯（Henry P. Bangs）的指挥下继续进发。当他们于 7 月中旬靠近纽约时，并不知道历史性的飓风正在横扫大西洋沿岸。他们也不太知晓自己究竟在哪儿：班斯船长觉得他们在新泽西外安全的深水区，但实际上他们比正常航线向东偏离了 60 英里，逼近火岛（Fire Island），形势危急。7 月 19 日周五，就在清晨 4 点之前，所有乘客在沉重的撞击中惊醒：伊丽莎白号一头栽到了沙洲上。巨浪打在双桅船的舷侧，以能够击碎大理石的力量把它推上沙洲。海水倒灌入船舱，冲掉了帆桨、救生船，受惊的乘客跑到甲板上，连睡衣都来不及换下，他们看到海岸就在 300 码之外。潮水回落，到了日出时分，已经有几十人甚至近百人来到了岸边。救援似乎立马就到。但是，这群人忽视了他们，涌到被冲到岸上的箱子边，打开它们，抢走一箱箱的衣物和商品。乘客们愈发恐惧和怀疑地看着这一切。

被抛弃的乘客试图自救。有些人跳进水里，游到岸上，他们被海里漂浮的碎木敲打着，但他们活了下来。其他人，包括霍勒斯 · 萨姆纳，消失在茫茫海上。奥索利夫妇紧紧相拥，不愿被分开，他们保护着吓坏了的孩子，等待救生船——它从来没有来到。愤怒的大副之后告诉梭罗："岸上的人连划救生船过来的勇气都没有。"他们只能坐着，看着，偶尔抓起"一顶冲上岸的帽子"。[40] 最终，午后的洪峰撕裂了船余下的部分，船员把尼诺抱在怀里，跳到木板上。两人都被海浪打落，沉入海里。接着切莱斯塔和乔瓦尼被冲走了，此刻的玛格丽特，正如梭罗之后会写进书里的，"背靠着前桅杆坐着，双手抱膝——她的丈夫和孩子已经溺水了——一个大浪打来把她也冲走了"。[41] 尼诺赤裸的小身体被打捞到岸上，被放进水手用的贮物箱埋进了沙子。他父母的尸体从未被找到。

这个灾难性的消息要于三天之后的 7 月 22 日晚上才传到康科德。整个晚上，爱默生都在苦苦思索是否要亲自去看看，但在第二天早晨他派了梭罗——“应当选最能胜任的人”——赶到火岛“代表我们所有人，在沉船现场搜集一切的音讯，如果可能，找回任何书稿的残片或其他财物”。[42] 梭罗即刻起程，爱默生给了他 70 美元应急，7 月 24 日星期三早晨，他在纽约长时间等待，时间长到足以让他留张条子给缺席的格里利。而后在 9 点，他和威廉 · 亨利 · 钱宁会合，乘车去火岛。中午时分，他们抵达了；玛格丽特的弟弟阿瑟 · 富勒（Arthur Fuller）和霍勒斯 · 萨姆纳的哥哥查尔斯当晚也到了。在康科德，玛格丽特的妹妹埃伦到了令朋友担心她会精神崩溃的地步。她的丈夫埃勒里 · 钱宁也赶去火岛略尽绵力，希望能够搜索到玛格丽特的音讯。

如果梭罗对恐惧做过准备，他会发现现实要比预想更可怕：什么都没有。或者说几乎什么都没有。遭遇船难的海滩现场已经被洗劫了好几天——三天前，有个目击者数过走在几英里海滩上的人多达千人，超过半数“偷走任何看起来有点价值的东西”。梭罗来来回回行走，搜集任何碎片，仔细询问调查警官是否有任何他能找到的目击证人，试图理解这些前后矛盾的混乱报告。但他马上明白，任何有一丁点儿价值的东西都被抢夺一空。没有人否认这一点。“这里面有几个正宗的盗贼，但是大多数人根本不是盗贼——他们只是卑劣的小偷小摸者”，他们就正好贪个便宜。就算是死者的朋友也在搜刮遗物，“这个可以给你的孩子，那个可以给你的妻子——这些是他们自己的原话。我看到几个青年男人拿自己的帽子装满溺亡者的遗物，在帽子边摆多米诺骨牌”——这里面或有属于富勒的流苏和缎带。[43]

星期四早晨，梭罗在附近的史密斯 · 奥克斯（Smith Oakes）的房子里把这些悲痛的音讯报告给爱默生，奥克斯的房子是一栋“完美的强盗屋”，堆满了遗骸和偷来的物品，幸存者和死者的尸体都在这里。乔瓦尼 · 奥索利的名字下面只有一只空的毛毡旅行袋和一只鞋，可能是他的。玛格丽特 · 富勒 · 奥索利的名字下只有一口黑色皮箱，挂锁被撬开了，里面只留下二三十本书和几张纸——只够堆满一张小桌子。玛格丽特用印花布包着的文具箱已经坏了，抽屉里有几封信。她的手稿没有留下。二副告诉梭罗，他看见过一个男人翻开一堆手写的纸，但是后来大概觉得不值钱，就丢在了沙滩上。

因为还有一些线索可以追溯，梭罗一直待到星期六早上，他走在沙滩上，踢开货舱里的杏仁堆和杜松子堆。可能还会有其他东西被冲上岸。他贴出告示，敲开从这里一直到长岛的帕乔格（Patchogue）和塞维尔（Sayville）的每一栋房子的门。他得到的结果无法帮助他建立对人性的信心。“有人听说，侯爵夫人手上戴的戒指值 3000 美元，”他忧伤地写道，“他们相互盗窃——一个人藏在灌木丛里，另一个把它偷走。”梭罗和一船醉鬼乘牡蛎船去到帕乔格，几个渔夫打呼噜的时候咽下了自己的呕吐物，他这才发现富勒生前的衣服穿在那些偷走它们的男人的妻子身上；这些女人不肯放手。[44] 玛格丽特或乔瓦尼的尸体没有一点音讯。传言说他们早就被冲上岸，但是他们的衣服、珠宝、钱财被抢劫一空，而后盗贼怕留下证据就把他们偷偷埋掉了。[45]

梭罗本人只留下一个纪念品：在沙滩上他发现了一位绅士的外套边角，他扯下了一枚纽扣。在奥克斯的小屋，他拿着它对比奥索利衣服的纽扣，是一样的。星期五，灯塔守望人报告说沉船现场以西四到五英里外有具尸体。第二天，梭罗走路过去，“一具骷髅的一部分”，他写信告诉悲伤的查尔斯 · 萨姆纳（Charles Sumner），或许是他弟弟霍勒斯的，尽管梭罗连尸体是男是女都不清楚。梭罗请求灯塔守望人把它埋了，并设一座墓碑，写下身份不明，需要“可信的检验”。萨姆纳难受地说，这样的遗骸或许无法辨认——又一场徒劳的调查。[46] 但是他对梭罗充满无尽的感激。不到一年，萨姆纳被选为美国参议院议员，取代声名狼藉的丹尼尔 · 韦伯斯特（Daniel Webster），之后他一直给梭罗寄所有的政府科学报道，他可能觉得对梭罗有用。

沙滩上的一枚纽扣和几根骨头：这就是所有失事的人和所有的希望

最后剩下的东西。回到康科德的家后，梭罗抚摸着纽扣，陷入了沉思。“拿起它挡住光线，投下一个影子，这是一枚真正的纽扣——然而和它有关的所有生命对我而言已经不及我遥远的梦想那样重要。”真的，我们的尸体在“现实”的小溪上漂浮，“我们对它们有着同情”——但是他充满厌恶地补充道，“我不再想那些真实……它是某种不净的爱所咽下的呕吐物”。几天之后，略微平静的梭罗写信给哈里森·格雷·奥蒂斯·布莱克：“我们的思想标志着我们生命的纪元，其他东西记录的不过是拂过我们生命的微风。”[47]

这些尸骨令梭罗不安，但却是从一个完全不同的意义上。它们太过寻常了，“就是横在沙滩上的几根骨头而已”。几个月之后，他还是无法忘掉它们，不是因为它们令人作呕，而是因为它们并不令人恶心——它们看起来“完全不讨人嫌”，反而有着“某种高贵的特质”：“它们孤零零地和沙滩与海在一起，海洋空洞的咆哮似乎就是冲它们喊的，我甚至觉得它们和海洋之间有着某种我无法得知的默契，任凭我怜悯地啼哭。”[48]火岛的海滩把梭罗带回卡塔丁山的谜团，那是他头一回参透身体的神秘本质：“因为那儿是**它**的归属，却不是**你**的。”尸骨和海洋懂得一些他挣扎着想要知晓的东西——不仅是没有什么是天长地久的残酷事实，而是更深邃的见解。他在约翰死后开始慢慢懂得，只有肉身的死去才能迎来灵魂的降临。再次被悲剧重创的梭罗这一次没有背离自然，而是走进它，再次表达他对肉身所具有的奇异本质的敬畏。除非你能够更多地成为自然的一部分，不然她就不是你的——这是富勒留给他的精神遗产之一。

埃勒里·钱宁在沉痛中写下，富勒仍在激励她的朋友们，像“神秘的磁石……备受珍视的奥秘，如今像流火一样在她身前通信者的网络中传递。她留给每个人一些回应，一些共同问题的答案，还实现了一些共同的渴望”。梭罗试图以转向他所珍惜的通信人的方式来传递富勒的馈赠。他最后摸了一次纽扣，放下，拿起笔，写信给布莱克：“我对自己说，再坚持做一些你知道是好事情的工作……如果有任何你想要尝试的实验，去试……做没有人能为你做的事情。不要做其他事。”对于自己，他的要求更广泛：“如果你可以钉钉子，或者有任何可以钉的钉子，钉上它们。如果你有任何想要尝试的实验，尝试它们，现在你的机会来了……成为宇宙之子。”[49]

* * *

从法尔岛回来的两个月之后，梭罗和钱宁有机会钉上一枚“钉子”。整个夏天，波士顿都在谈论威廉·伯尔(William Burr)的“移动的镜子”展，它将动画绘制成“7 英里长的全景”，配上文字和音乐。展览吸引观众从五大湖去到尼亚加拉瀑布，再下到圣劳伦斯河（ St. Lawrence River ）。梭罗是看展的大约 100 万人中的一个。[50] 作为宣传噱头，伯尔组织了三场从波士顿到蒙特利尔（ Montreal ）的铁路游，5 美元往返；也可以乘船从圣劳伦斯河去魁北克，这只用花 2 美元多。欧洲之旅对梭罗而言不现实，所以这次出国之旅简直魅力难抵。购票人必须在十天内回来；尽管如此，还是有 1346 人买了第一场旅行的票，包括梭罗和钱宁。这是一场闪电游，梭罗决定充分利用这个机遇。这一整年，他每天都散步，有时候晚上也散步，借着月光探索森林和农田，不管其他人的眼色。[51] 想到可以在法属加拿大的腹心地带漫步，沿着北美洲最宏伟的河流，他完全迷醉了，在 8 月帮助家人搬进黄房子之后，他也很想有个假期。于是，一个月之后，梭罗带好不多的旅行装备，穿上“恶劣天气穿的衣服”，拿起他常年用的伞，和钱宁一起出发去加拿大了。

1850 年 9 月 25 日，星期三，早上 7 点 40 分，这两位自诩的“雨伞和背包骑士”在康科德火车站登上北行的列车。他们一定吸引了不少人驻足：其他徒步者都穿上自己最好的行头，梭罗穿的是他最旧的皮鞋，为了防雨上足了油，他在第二好的外套外面披了便宜的棕色亚麻防尘罩衫，头戴棕榈叶编的旅行帽。[52] 火车当晚 6 点抵达佛蒙特的伯灵顿（ Burlington ）。天色太黑，看不清辽阔的尚普兰（ Champlain ）湖，但是滞留一晚后，他们及时赶上黎明出发的蒸汽船，看到了夹在两片蓝色山脉之间的狭长湖泊。蒸汽船在黎塞留（Richelieu）河上往北行驶，他们穿过无形的国界进入加拿大——梭罗人生中第一次来到陌生的国度。他很快就观察到房子和岸上停泊的独木舟的不同样态，看到边境线竖起奇怪的双语标牌：圣约翰（St. Johns），又名“黎塞留河上的圣让堡*”。

这些徒步客花了三个小时观看严肃的红装士兵操练，看穿着尘色土布的加拿大人开车经过，而后他们一同跨越大陆来到拉普雷里（La Prairie），梭罗和钱宁冲在队伍的最前头，最早登上横渡圣劳伦斯河的渡船——这条河有9英里宽！在河上，梭罗觉得蒙特利尔看起来像正在兴建的纽约城。在下午的早些时候，他们踏上码头，挤过向北方佬大喊欢迎的人群，径直走到圣母院，这是法国天主教的中心，也是通往新奇事物的入口。梭罗这位北方新教徒在沉静的天主教教堂里流连忘返，它的价值堪比几千座新教教堂，是一座“世界向你布道而且会被听见的”圣所——几乎和康科德森林同样伟岸和圣洁。他打趣说：“我不清楚，不过如果可以忽略神父，天主教信仰还是令人敬仰的。”这算是他的一句恭维。[53]

让梭罗一次又一次着迷的是法语。这些街道的名称让他想起法国大革命——希望这些无处不在的战士能够全心全力“团结协作”，而不是去打仗。在集市里，他结巴地说着哈佛时期学习的法语来给梨、苹果讨价还价，后来他们在暮光下的甲板上边看着最后一批北方佬被轮渡送来，边啃着这些水果。随着他们的蒸汽船穿过夜色下的圣劳伦斯河来到180英里外的魁北克，梭罗研究着地图，读出这些宛如诗句的地名，比如“潘托特朗布勒”（Pont aux Trembles），意思是白杨树曾在那里颤动：“因为世间的诗句都凝固在一个名字里，所以这些就成了普通人都可以倾听和阅读的诗歌……全世界反复诵读着这句细微的真理，白杨树曾经长在那里。”[54]

---

* 原文为法语：Saint-Jean-sur-Richelieu。

黎明降临时，他们正靠近魁北克壮观的山崖。他俩一上岸，就远离人群，走上一条狭窄的小道，然后攀登台阶，登上山顶的一座石头碉堡，它可以追溯到沃尔特·斯各特爵士*笔下的中世纪时期。他们在石群里漫步，饱览风景，摘下炮台间的花儿，最后再下到东北方向的圣劳伦斯河边。他们的右手边是圣劳伦斯河，左手边则是一片无人居住，也无人到过的荒原，一直绵延到哈得逊湾（Hudson's Bay）。他们到现在还不敢相信这场奇迹般的旅行：就在两天之前，他们还在康科德，而如今，他们在这里，不是闯进弗林特湖或萨德伯里草地，而是"在加拿大散步，在博波尔（Beauport）的领地上，在异国他乡"，这儿感觉起来"几乎像英格兰和法兰西一样遥远"。"好了，"梭罗心想，"我终于来到了另一个国度，让我睁开双眼，看到一切。"[55]

他们看到了河边长条状的农场，每隔几英尺就可以望见用石灰水粉刷过的整洁房子——一整条街都是连绵的村舍，没有前门也没有前院，女人和男人在农场里并肩干活，挖掘土豆抑或收割谷物。日落时分，他们来到蒙特莫伦西瀑布（Falls of Montmorenci）边的博波尔，这两位北方佬问人怎么去最近的酒馆。令他们吃惊的是，没人能够用英语作答。这儿就连狗也讲法语！所以，操着糟糕的学生时代的法语，他们终于明白这个地方没有酒馆，因为没有游客。每家每户都拒绝他们求宿的要求，因为没有多余的床铺。最后瀑布旁的锯木厂老板答应让他们过夜，他们身后是咆哮的水声，这两位北方佬整晚跟所有人兴奋地"说着或者摧残着法语"，直到钻进家纺的亚麻床褥。

第二天早晨，他们发现锯木厂老板的私人居所挡住了蒙特莫伦西瀑布。这可是自然景观，梭罗嘟囔着，跨过隔离栏，他觉得神圣的自然景观不应被私人占有。这个瀑布群要比尼亚加拉高 100 英尺，但是他没有留下什么对瀑布的印象。很快，他们在雨中蹚过泥泞的红土路，来到 22 英里外的圣安妮瀑布，他们看到朴素的房子，在户外洗衣做饭的人们，

* 沃尔特·斯各特爵士（Walter Scott，1771—1832 年）：18 世纪末苏格兰著名历史小说家、诗人。

木质的十字架和神龛，到处都是红色的羊绒帽和腰带（在单薄的防尘罩衫和草帽下冻得发抖的梭罗有点儿嫉妒）。每到一地，人们都用法语向他们说“早安”，每到一地都可以看到壮观的加拿大河流，就算离河口325英里远，它还是看起来像连接着一片大洋。离那晚他们借宿的人家不远有座教堂，教堂的墙上装点的是被奇迹治愈的瘸子所留下的拐杖。在梭罗看来，更像是村里的木工刚把它们打造出来。早晨他们吃了面包和黄油，喝了加枫糖的茶和一种当地用土豆和肉类煮出来的浓汤。而后，他们在这个“完全天主教的地方”过了周日，很清楚他们是目力所及仅有的两个新教徒。

在圣安妮瀑布，他们“凭借猜测和指南针”辟出了3英里的路，梭罗差点儿跌入峡谷深处，那个“未开垦的、陡峭、巨大的裂口”。这是他们步力所及的极限。之后，这对旅行者原路返回。梭罗觉得，这地方看起来“像诺曼底一样古老，让我想起听过的很多关于欧洲和中世纪的事”，包括那些圣徒的名字，让他“梦见普罗旺斯和行吟诗人”，还有挑战他的现代意识的土地分封制——尤其当他得知加拿大有更高比例的人拥有投票权。[56]那晚，他们住在一座农舍里，在厨房里取暖，用饱受他们“蹂躏”的法语和一个快乐的家庭攀谈，后者擦干净油污的桌布，这样他们可以用粉笔写上当地的地理和法语词汇，借此聊聊当地的植物和出产，例如李子和“塞雷国”（senelles，一种山楂），还有光泽照人的硬苹果，梭罗一直在记笔记。回到魁北克，他们迫不及待地探访另一座瀑布，于是雇了架折篷马车送他们去西南方向9英里外的绍迪耶尔瀑布（Falls of Chaudiere）。到达目的地之后，梭罗已经厌倦了瀑布，但是水上的这些彩虹如此迷人，害得他们错过了回去的渡船，只好在一所寄宿学校过夜。那里的女主人太好客了，她为梭罗的草帽缝上了羊毛内衬。[57]

10月1日，他们回到魁北克，但是梭罗感染了风寒，所以他们只能缩短行程，买了回蒙特利尔的船票。在上城区，他们还是耐不住寂寞，在等待客船的间隙参观了沃尔夫和蒙特卡姆（Wolfe and Montcalm）的纪念碑，数了炮台——共有 24 枚 32 磅的大炮陈列着，对准美国侵略者。兴奋的梭罗画下关卡，标出位置，仿佛他是被暗中派来做侦察工作的。回到城里的集市，他讨价还价，买下蛋糕和水果，寻找不是从其他地方进口来的纪念品。令他厌恶的是，就算是正宗的加拿大长颈南瓜的种子也是从波士顿运来的。离蒸汽船起锚还有一个小时左右的时间，他奔回一家旅馆，站在他们的红木餐桌上摹下墙上的加拿大地图。那天晚上，梭罗在蒸汽船的卧铺上疗养他的风寒。

回到蒙特利尔，他觉得自己恢复了，可以去攀登让城市得名的“罗亚尔山”(Mount Royal)，追随雅克·卡蒂埃*本人的脚步，后者于 1535 年攀登过这座山，这是在英格兰人踏足普利茅斯岩的一百年之前。梭罗站在与卡蒂埃俯瞰“新世界内部的印第安城”时同样的位置，看到的是“白人建造的兴盛的石头城”，只有少数几个“脏兮兮”的印第安人在卖篮子。[58] 那天下午，他们和那些吵闹的北方佬同胞会合，在回程的火车和蒸汽船上待了一天一夜，于 10 月 3 日晚上抵达康科德。他们正好离开了 9 天，足迹覆盖了 700 英里，梭罗花掉了 12.75 美元，其中包括购买两本向导手册和一份地图的 1.12 美元。

梭罗之前见过加拿大吗？几乎没有，而且他知道这一点。但是他踏上行程前就知道一些知识：“我看到的加拿大，不只是火车的终点站，也不是犯人逃亡的目的地。”梭罗渴望看到更多，所以他暂停写作《加拿大的北方佬》(*A Yankee in Canada*，他最终会发表这篇游记)，因为他希望能“去加拿大更荒凉的地方做更长久的徒步旅行”。[59] 写这篇游记时，梭罗最初构想的是比单纯的游记更广、更深的文章；他投入全新的研究，勾绘了某种全面、多元、长时段的历史，在漫长时间和广泛地域上创设的新英格兰伟大的“7 英里全景”。加拿大给他准备了需要攻破的谜语：是什么引起了让人熟悉的新英格兰和异域风情的新法兰西的

* 雅克·卡蒂埃(Jacques Cartier，1491—1557 年)：法国探险家、航海家。他在法国国王弗朗索瓦一世的赞助下一共进行了三次航行，既未能开辟通往东方的西北航道，又未能发现黄金，但是他成功地为欧洲人开启了加拿大的大门。

分野？为什么法国人是探索者，而英格兰人却是定居者？为什么法国人可以加入印第安人之中，而且变得这么像他们，然而英格兰人和美国人却和印第安人决裂并且摧毁他们？这片土地的河流和山脉如何成为这些民族的生命线，这些民族——英格兰、法兰西和印第安人——又如何改变他们赖以为生的土地？梭罗的笔记和观察让他坚信，在新大陆探索、定居和工业化的伟大时代已经开启了面向现代世界的历史性转向。他知道他是这个世界的孩子，即便他似乎一出生就站在它之外反抗它；或许，通过学习，运用他的精力和语言天赋，他能够懂得发生在周遭的变迁的原因。

他宏伟、统一的视野指向了被他称为“宇宙的框架”的更深、更广的现实。当你研读他的记事本研究他的笔记，数百本细心记录的日记，还有上千页自然历史笔记，以及未发表的手稿、地图和调研记录，你会开始懂得他的这种愿景；但是如果要全面理解，你必须研读他注释过的上百本书，还有他从中获得大量数据的上百份图表。这个野心勃勃的愿景实际上是不可能完成的，但是梭罗花费了极大的精力投身其中。这所有的活动都可以追溯回 1850 年。由于这一愿景，梭罗使一系列核心思想在书和项目中结晶：《科德角》和《缅因森林》合在一起，探索了连接这两个不同地域的荒原、海洋、山脉和河流。第三个结晶是他的印第安书系，梭罗在其中试图记录欧洲的社会和经济生活之外的土著居民的故事。使他们关联起来的是自然历史，是基本的环境框架，梭罗在其中描绘社会历史的变迁——正如《河上一周》中康科德和梅里马克河提供的那个一致的自然基线，它们成为串起他的研究和思考硕果的线索。倘若梭罗能够活得更长一些，可以完成那场穿越“加拿大荒原”的西部旅行，我们就能更清楚地看到这段短暂的加拿大之旅是多么适合（甚至促发了）他更远大的愿景。[60]

格里利劝他趁加拿大之旅还是新鲜事的时候发表游记，但是让格里利不悦的是，梭罗转身投入他雄心勃勃的研究项目，利用他在图书馆的新特权借阅了成堆的历史书，在他的新“加拿大”笔记本里抄入了大量信息。他没有把加拿大旅行当作 1850 年至 1851 年演讲季的材料，他讲的是修改过的“科德角”讲座。一直到 1851 年至 1852 年演讲季逼近，因为听众要求一场全新的讲座，梭罗才回到加拿大的材料，于 1851 年 12 月 30 日在林肯学园发表了第一场题为《加拿大远足》（“Excursion to Canada”）的讲座——这离他们回来已经过去了一年多。他于 1852 年的 1 月 7 日和 3 月 17 日分两场在康科德重复了这场演讲。在那个时候，他知道这个乱糟糟的新讲座非常失败，完全是粗制滥造的产物。他警告听众，不要期待过高，因为他只“访问”了加拿大“枪弹撞击墙面的地方，它们发射，从墙上迅速反弹，然后落地”。不得不走马观花的他没有什么可说：“我从加拿大旅行唯一带回的东西是一场风寒。”[61]

他可能雪藏了所有旅行见闻，但是，急需金钱的他还是把文章寄给了格里利。“不可想象”，格里利抱怨说，它太长了，而且坦白说，已经过时了。在那个时候，很多人造访了加拿大，而且发表了文章。经过一连串令人沮丧的退稿，格里利最终把它发在了最新的《帕特南月刊》（*Putnam's Monthly*）上，该刊的编辑乔治·柯蒂斯（George Curtis）曾帮助梭罗造起他的瓦尔登小屋。柯蒂斯打碎了梭罗“不可想象”的叙事，把“加拿大远足”分成五个部分，从该刊 1853 年 1 月的发刊号开始连载。但他很快就惹来了麻烦：虽然柯蒂斯是梭罗的老友，但他深知不便刊发异端言论这个道理，他删掉了梭罗关于蒙特利尔圣母堂的带有讽刺且非常冒犯的言论：“我不清楚，不过如果可以忽略神父，天主教信仰还是令人敬仰的。我觉得我本人都可能会去教堂，某个周一，要是我住在和这儿一样没地方可去的小城。”当梭罗发现这一删改，他的怒火差点终止了他们之间的友谊。心急如焚的格里利请求梭罗冷静。“你没看到吗？”他据理力争，因为《帕特南月刊》有隐去作者姓名这一惯例，“删去这些冒犯性的亵渎言论（比如你的泛神论）是必须的。”不，梭罗没看到。争吵还在继续，《帕特南月刊》在第三期连载后决定不再刊发该文。按照愤愤不平的梭罗向布莱克所说的，原因是“编辑柯蒂斯要求拥有在不询问我的前提下就删去异端言论的特权”，连加利福尼亚都没富有到足以买下这一特权。[62]

没有其他出版人会接这个流产的连载文章。《加拿大远足》半途而废。这也不会是充满对抗性的梭罗最后一次和恐惧引起公众愤慨的编辑打笔仗,《科德角》和《奇森库克》会遭遇同样的被删改的命运,最后也引致类似的结局。梭罗越清楚自己的思想,越想大声说出来,这个时代愤怒的卫道士就越想要割掉他的舌头。即便像《加拿大的北方佬》(这是此文最后定下的篇名)这样一篇粗陋的文章也让公众觉得具有煽动性。但是在梭罗蔑视尘俗的头脑中,大门紧闭的礼拜日世界(Sunday Cosmos)已经被证伪了,这也意味着,如果上帝存在,他就无处不在,他也在康科德家门口的草地上。说这是泛神论也好,异教言论也好,但是问题依然存在:如何**践行**这一真理?如何在众目睽睽的主街上践行这一真理?又要如何书写这个真理?——还有,如何在写作和践行的同时,把它展现给其他人?

* * *

从加拿大回来后,梭罗所做的事情让人难以理解。有三周多的时间,他继续把这本旧日记本当成作家的工作记录,像过去十年一样记录着。然而,在 1850 年 11 月 8 日,他把每天散步中注意到的和思考的所有事情一下子写成了一个很长的条目。多么难得,他开头这么写道,这一年如此平静,就像它在等待冬天。第二天,他做了同样的事情,只是这次关注的是记忆里的风景,仿佛观察四周也是在回望过去。接着,两天之后——写这么多一定需要不止一天的时间——他又做了同一件事。“我被五针松根做成的栅栏迷住了,”他如此开场,用意识流一般的语言写了满满的几页。仿佛他是一边散步一边写下这些的:“我摘下了”“我听见”“我看到昨天”“我留意到”。[63] 他在 14 日、15 日、16 日也写了类似的长条目——当他写下如何才能看到最小的溪流时,他写得仿佛它们是雄伟的奥里诺科河或密西西比河,他告诉我们怎么才能用这种奇特的新角度看到它们。梭罗的新实验把写作的行为呈现在纸页上——就像我在打出这些文字时，渴望向你诉说 5 月午后和煦的阳光如何从我打开的窗口洒进来——连间断也一览无余："有人关门时夹住猫的尾巴了，它叫得这么刺耳，简直吓走了我脑中两个完整的世界。"[64] 但是很快，梭罗又找回了他那"两个完整的世界"，因为他又接着写了好几页。第二天，他又写了这样的长日记。两天之后，又一次，而后不断重复。

真正让人吃惊的是，从梭罗的角度看，他再未停止写长日记，再未——即便在他垂死的时候，即便他虚弱得几乎连笔也握不动，他依然写下了最后一个条目。一直到 1850 年 11 月 7 日，他想到哪天写日记就哪天写。但是自从 11 月 8 日以后，他把这些日记视作他的艺术精髓。这些日记及当天他记录下的生活，已不再是某个更大的诉求的注脚——它**就是**诉求本身。从那之后到他离世，除了少数的例外，梭罗几乎每天都记下他当天的所思所想。在过去，他会裁去整段整段的日记，有时候除了本子的缎带和一些残片几乎什么都没有留下，但从那天之后，他很少剪掉日记里的纸页，而且，很快，他再也不剪去任何东西了，他小心地把所有日记保存完整。简单地说，梭罗虽然没有宣布，但是他不再是只把日记当作完成其他"真正的"艺术作品的工具了，而是将日记**本身**视为艺术作品，用艺术要求拥有的完整性来对待它。[65] 或者说，是用**科学**应有的完整性来对待它：在这种新模式下，他的日记本成了科学笔记和实验记录，它们的价值与它们记录的规律性及完整性直接相关。

重新调整他的写作意味着重新调整每天的日程。梭罗的新写作模式要求注意力高度集中以及高度自律，因为它的价值在于持之以恒：每天出门，每天用语言来记录寻找到的值得观察的新东西，做研究。一位早期的传记作者说："他用的是他测量康科德农场时记下角度和距离的那种习惯和仔细。"[66] 梭罗养成了拿着纸笔散步的习惯，当场就可以记下简单的名字、词汇，第二天早晨，他会写长段的日记条目，通常也颇具诗意——有时候，如果他耽搁了，他会一下子写下两天或三天的记录——而后安排好时间在下午继续散步三到四小时。"上午的时候，我通常透过窗户观察自然——到了下午——我置身的这个书房或者说房间就成了山谷。”这是他于 1851 年 10 月写下的，这时候这个实验已经成了他的例行公事。有时候他会改变日程，早上出去散步，下午写作；有时候，为了获得不同的感受，他会于日出前出门，或者午夜时分还逗留在外。但是他必须出门，他告诉钱宁，每天都要出去看看他设下的捕捉现实的陷阱抓住了什么。爱默生评论道：“他每天漫长的散步让他有了漫长的写作。”[67]

梭罗通常独自散步，但有时钱宁会随行。梭罗也会显得不耐烦：“在我们散步的时候，钱宁先生有时候也会拿出他的笔记本，学我一样来写作——但最终是一场空。他很快就收起来，或者画下一些风景涂鸦来满足自己。他看到我还在速记，会说**他**受制于他的理想——他只记录理想——把现实留给我。”钱宁的批评促使梭罗解释他想要这么多的“现实”来做什么：它们不只是数据，而是“我正写作的神话的素材”——或者说，在更广泛的意义上，是“我的脑海捕捉到的现实——我的身体觉得我需要处理的思想”。梭罗的散步成了一种冥想形式，是身体的规训也是精神的规训。他担心过，自己只是身体进入树林，精神没有相随，担心过脑中的一些事物阻隔了他的视线。“我不在我的身体所在的地方——我失去了我的感官。散步的时候，我会像鸟兽一样重获我的感官感受。如果我想的是树林之外的东西，那么我在树林里做什么？”动物们成了梭罗的榜样；他努力像狐狸一样行走，身心完全打开。就像他描写麝鼠时所说的：“我看着它的时候，我在想它怎么想我。它是一种不同的‘人’，就是这样。”[68]

11 月 26 日，一场早来的雪正在融化，梭罗穿过细雨和迷雾，和一群佩诺布斯科特部族印第安人坐在一起，在河上扎营。就像他几周前坐在圣劳伦斯河畔的那家法裔加拿大人的农舍里一样，现在他和这家人坐在他们位于康科德河畔的家中。梭罗向他们提问并记录他们的答案。你们靠什么为生？他问。你们怎么打猎、煮饭、做独木舟、烧水、抚养孩子？他们给他做手势，他记录着他们的语言：“加伯共（Jeborgon）还是加本共（Jebongon）？”这是雪橇的意思吗？我们的“托伯共”平底雪橇（Toboggan）就来自这个词？而且，他第一次在日记本上画下他们展示给他的东西。“铅笔是最好的眼睛。”路易斯·阿加西说，他做讲座时会当场在黑板上画画。梭罗研读的有关印第安人的书也有很多插图，他已经开始临摹这些插图了。此刻，与佩诺布斯科特人坐在一起，他们的帐篷外是 11 月的小雨，梭罗不仅用双眼观察，也用耳朵和手。[69]

对于没法用笔记本带走的东西，梭罗就收在口袋里。于是，黄房子的阁楼成了某种储存物质记忆的场所，这地方守护着他不断拓展的精神世界：笔记本、日记本、书、地图、图表、自然历史标本，还有一些奇珍异宝。镇上的人也开始给他带东西。1849 年 12 月，一个邻居的母鸡被一只鹰吃掉了，他一怒之下开枪射杀这只半空中的鹰——不过他没有把尸体丢在树林里，任其腐烂，而是带给了梭罗。梭罗接下来做的事情很了不起：他把它带去给波士顿自然历史协会，带给他们的鸟类馆馆长塞缪尔·卡伯特（Samuel Cabot，詹姆斯·埃利奥特·卡伯特的哥哥）。非同凡响，卡伯特也同意，这是一只珍稀且异常美丽的北美苍鹰。梭罗的捐助让卡伯特平息了一场争论，因为这显然是北美特有的新品种，而不是奥杜邦（Audubon）所宣称的和欧洲苍鹰相同的品种。卡伯特剥下这只鸟的皮毛，解剖它，进行测量，用酒精浸泡它的内脏，填充它的皮囊——现在它正式成了标本。爱默生认为，梭罗在为全镇提供真正的服务。确实，每座小城都需要一个像梭罗这样的人。一个实践中的自然主义者，其重要性不亚于村里的医生和律师，只要能给他显微镜和望远镜，他就能回答你的这些问题：“这是什么鸟？哪种雨蛙？哪种毛毛虫？”——有点像护林员。[70]

梭罗也学到重要的一课。“科学将有限的原则运用于无限的事物，这是你能够衡量的，也是你可以效法的。”他在把苍鹰带给卡伯特之后把这些记在日记里。“科学的阳光不再晃眼，而是让宇宙充满光。”他要一年之后才等到第二课，卡伯特通知梭罗，为了感激他带来的苍鹰，波士顿自然历史协会选他为通讯员，“按照会员的等级，授予一切殊荣、权利等”，并免去会费。作为回报，梭罗需要“以沟通交流或其他方式协助协会进步，增进协会的利益”。[71] 从这一刻起，梭罗去波士顿的旅程将会停留两站：一站是哈佛图书馆，他和撒迪厄斯·哈里斯可以就着历史书聊聊大自然；另一站则是波士顿自然历史协会，位于波士顿的科学中心，他可以借用这里的馆藏做研究，和当时最杰出的博物学家谈谈他的发现。

消息传到了华盛顿，1853 年年初，梭罗正式当选美国科学进步协会（American Association for the Advancement of Science）的会员。他接受了邀请，并立即回复了他们寄来的问卷，列出他最感兴趣的领域是“阿尔冈昆印第安部族和文明人接触之前的习俗”——他在日记里坦白：“他们只能部分地理解我。”事实上，他是用骄傲的口气向自己承认的，“我是个神秘主义者、超验主义者、行走的自然哲学家”，他不指望美国科学进步协会理解这所有的身份。这一年的年底，他去信婉拒了延续他的会员资格，解释说他无法出席这些会议。[72] 对于梭罗而言，科学在地方层面最具有意义，他更渴望朋友们接受他是诗人中的科学家，也是科学家中的诗人——美国仅有这一人能够不把诗歌和科学当成两回事，而是融会贯通。

“越橘聚会的组织者”

梭罗如今生活在两条轨道上，一条是有形的轨道，另一条则是隐形的轨道。有形的那个梭罗是忙碌的小镇测量员、乡村博物学家、积极的演讲者，也是帮忙管理家业的作家。“他是自立的人当中最自立的人，”奥尔科特如此形容他，“真的，他可以独自一人签署《独立宣言》，自己一人完成革命。”[73] 但是，爱默生对这个已步入中年的朋友很失望，觉得他一事无成。“他没法坚持，”爱默生抱怨道，“如果弄豆子最终能让他弄出一个帝国来，那这是好事，但是如果到头来还是只有豆子的话，当初就不该这么选择。”在笔记本里，爱默生写下尖刻的话语，这让他之前的赞誉显得不堪一击："我无法不觉得他有个致命的缺陷：毫无抱负。缺乏这一点，本可以成为全美领袖的他，如今不过是越橘聚会的组织者。"[74]要等到梭罗离世，读到梭罗日记的爱默生才会瞥见隐藏在梭罗身上的远大抱负，他承认，梭罗所具有的"橡树般的力量"和"农田帮工"的双手能够做出他本人无法达成的伟大知识性的功绩，这就像看见自己"最初的抓跳动作"由一整个体育馆的年轻人延续下去，他们"用非比寻常的力量腾跃、攀爬、摇摆"。[75]

整个1851年，培养这种非比寻常的力量是梭罗的首要要务。他之后出版的日志中，单是那一年的条目就有446页之多，每一页都以令人炫目的扩张力量闪烁着光芒。在之前的1850年11月，开始这项实验的两周后，梭罗经历了别人口中的"神秘体验"：落到远处树林一角的阳光刺激了他，"一个遥远的地方，但却是真实的，而且是我们到过的地方……就像望见梦想之地。这是通往我的未来的路径之一"。突然，一道光芒像"晃眼的闪电"罩住了全世界，这是"令人震颤的平静光芒，让人很长时间都看不见任何东西"。他看到两只鹰漂浮于水面上，沉静、敏捷，但是"我没看到这些东西究竟是什么。当我不再尝试**理解**的时候，我看到了这东西"。"不过我没法再更深入。"他绝望地补充说。[76]随之而来的冬天和春天，这个矛盾都困扰着他："深入"意味着知晓，但也要同时放弃他的所知，只有那样他才可以抵达真知，梭罗将此定义为"突然惊讶于意识到我们之前称为知识的一切是不足的；对世界的雄伟和荣耀有了无限的感知。这是阳光点亮了迷雾"。[77]

迈向真知的第一步是学他所能学的一切。整个1851年，梭罗继续如饥似渴地阅读科学著作，最重要的当数阿萨·格雷的植物学、科学历险者洪堡和米肖（Michaux）的作品、查尔斯·达尔文的《小猎犬号航海记》（*The Voyage of the Beagle*）。从他们的眼中看出去，他的世界也成了"仙境"。"我在想，哪怕只走上5英里，一路上就充满事件和各种现象。有这么多的问题我还没有问这些住民呢！"[78]等他的眼睛疲累了，他就在月光下走，凭着触觉、听觉和嗅觉找方向。他吓了黑暗中的小生物一跳，它们也吓了他一跳。要不，他就索性跳到河里，试着“浑身湿透”，躺在野草丛中的沙地上，沉下所有想法，让孕育在他体内的空气和水生植物的种子孵化。[79]这样的经历是多么珍贵！“现在我已经 34 岁了，然而我的生命几乎完全没有得到拓宽。”他感叹道。这种尺度对人类的生命而言太大了，但是那又怎么样？“我很满足……不管是什么音乐，让人先听到它。”他提出了他的终极之问：“知晓了所有科学之后，你能不能说出光是怎样，又是在什么时候进入灵魂的？”即便他迫不及待地想要找到答案，但是他的这个问题太大，让他没法把时间浪费在焦躁中。焦急正与狂喜交战：“但是这种细部观察的习惯——洪堡的、达尔文的，也是其他人的，它会不会要求科学等待得太久？不要践踏你自己的经验，让它们在你身上留下印记，但是你一分钟也不要言说。诗歌在印象和表达之间设置了间隔，等待着，直到种子自然地发芽生长。”[80]

那一年梭罗唯一的一场远足也是在当地，而且是他一个人完成的。虽然它没有被写成文章，但令他非常满意。7 月 25 日周五，梭罗出发去普利茅斯港，想亲眼看到清教徒是在哪里登陆创建新英格兰的第一个殖民地的。从波士顿，他搭船到赫尔（Hull），步行到南岸，调用他的探险者的双眼，记下所有一切——天气、地方习俗、建筑、植被、被侵蚀的岛屿的形状——去达克斯伯里（Duxbury）的路上，他俨然成了一位放松的“达尔文”。他在科哈西特逗留了一天，研究海洋和沙滩，惊讶于两年前的圣约翰号海难没有留下一丝痕迹。他再次拜访约瑟夫和埃伦·休厄尔·奥斯古德，拜访斯诺船长，后者犹记得渔夫们当年“在梭罗家补充装备”。[81]星期天，让·梭罗的孙子继续前往锡楚埃特，拜访埃伦·休厄尔的父亲（这对那家而言是如此重要的回忆），并于当天下午在阳光和雷暴交加中到了达克斯伯里。传言常年生活在陆地上不懂潮汐危险的梭罗，相信只要蹚一蹚水，就能抵达隔着 3 英里潮滩的克拉克岛。正当汹涌的普利茅斯潮汐差点儿把他卷走，一位过路的渔夫救出了他，把他送到了岛上。或许这个具有更多诗意、更少尴尬的版本才是杜撰的：梭罗让一艘双桅帆船在黄昏时扬帆，它热情地把他送到岛上。[82]

那地方就是1620年那个阴冷的冬天，清教徒第一次停泊“五月花号”的地方，外号“内德大叔”的沃森先生接待了他，后者是海员、农夫、诗人和哲学家，他生于克拉克岛，也是该岛的第三顺位继承人，因为它于1690年就被写入他家的地契。[83] 内德大叔很少离开这座86英亩的岛屿，整整四天，他和梭罗一起探索这里，梭罗在这里记下大量笔记。在教亨利海洋导航方面，内德胜过亨利的哈佛老教授本杰明·皮尔斯——先转弯离开港口，然后扬帆去到普利茅斯，这样亨利或许可以上普利茅斯岩看看，正如清教徒在231年前所做的那样。内德带亨利出海钓鲈鱼后，让他在普利茅斯下船，梭罗走了1英里到“希尔赛德”，这是内德的侄子马斯顿·沃森和妻子玛丽的著名宅邸，他们创建了“旧殖民地苗圃”（Old Colony Nurseries），这是当时最壮观的果园和植物园。

普利茅斯很长时间都是货真价实的“海边的康科德”，1834年爱默生在此演讲，被气宇不凡的莉迪娅·杰克逊（Lydia Jackson）吸引，他们在1835年结婚时，他把后者的名字改成了“丽蒂安”（为了听起来更悦耳）。丽蒂安不在康科德的时候，她的妹妹露西就回到普利茅斯居住，她的弟弟、科学家查尔斯·T. 杰克逊也在那里安家。丽蒂安的儿时玩伴玛丽·拉塞尔现在是马斯顿·沃森的妻子，她还住在那里。1835年，马斯顿在普利茅斯聆听了爱默生的讲座，很骄傲地视自己为全世界最早的真正的超验主义者之一。自从他和亨利帮助创建哈里斯教授的哈佛自然历史俱乐部后，他一直是一位乐于奉献的自然主义者。亨利在瓦尔登湖最初的实践包括给马斯顿欣欣向荣的园艺中心寄去当地的野果和植物种子。但是，虽然有这么密切的关系，梭罗还是第一次造访此地。之后的十年，他会频繁回访，有时候是为了做讲座，还有一次是带上指南针，为了给沃森家族的80英亩地产做一次全方位的正式测量。第一个下午，他们在政府大楼翻查最早的清教徒记录，在清教徒博物馆观察遗迹；茶歇的时候，玛丽的父亲回想到，他见过孩提时候的埃比尼泽·科布（Ebenezer Cobb），后者也记得见过孩提时候的佩里格林·怀特（Peregrine White）——清教徒在新英格兰生下的第一个孩子。梭罗看到，历史不是书本上死去的知识，而是活在人们身上，活在这些地方。从他们的下午茶时光追溯到清教徒殖民者不过度过了三代人的生命周期。[84]

回康科德的路上，梭罗在波士顿自然历史协会多停了一站，这位新当选的会员从他的新同事那儿打听关于水母和海雾成因的知识。这是他如今的旅行方式：目的明确且行程密集的郊游，脑中装着问题，手里拿着笔记本，手指放在向导手册和他的马萨诸塞州地图上，他把州地图割成四大块，这样他可以每次只带上需要的那块。他抱怨过，为什么没有人印一份让游客觉得更方便携带的口袋地图呢？他随身还携带植物标本采集箱和卷尺，这些都收在特制的防水背包里，里面有便于收纳的口袋。[85] 不管在康科德还是在外面，从现在起，他的信条是一样的："为什么不从家里开始旅行！"想象一个旅行者从"知晓所有当地事物开始，慢慢融入旅行者的眼光……这个世界会大大受益。只有天才才能在自己的国家旅行，在自己的家乡"。他在《瓦尔登湖》里说的名副其实："我在康科德做了大量的旅行。"[86]

* * *

1851 年 10 月下旬的一晚，梭罗做了个奇异的梦：他在学习帆船，拖着锚来到大海深处——他看到溺水者外套上的纽扣掉落了——他向奥尔科特引用他从不知晓的诗歌——醒来时觉得自己的身体是一架乐器，"呼吸时，器官成了管风琴，好比你在吹奏笛声。我的肉体在发声，而且因此颤抖——我的神经是七弦琴上的琴弦"。他"无尽失望"地回想起，他的身体"不过是装满尘土的船舱"，但是他知道音乐还会奏响。[87]

六周之后，1851 年 11 月 30 日，梭罗对他看到的某个东西感到一阵"稍纵即逝的愉悦"，但是他不确定那是什么——或许是眼前五针松一层又一层清晰的色彩？或许是在他身后窜上树梢的松鼠？他似乎在请求自然给他提示。他站着，忽然意识到他站在原来瓦尔登湖小屋所在的地方。"我的家哪儿去了？现在只剩下一个老地窖洞口，毫无标识，就像在农田里会看到的洞穴……我坐在原来的家的所在地，坐在一棵橡树的树桩上，这棵树曾经也长在这里。这就是我们居住过的地方本来的面目。”[88]两年前他因为灰心丧气而放在一边的手稿，就是关于自然的书。现在他准备写本自然之书，一本书写“玉米、草地和环境”的书。

他得到了他的提示。很快，他从老瓦尔登小屋边的树桩上站起来，拿出旧的手稿，掸去尘埃，开始工作。

第八章　自然之美，人之卑贱
（1851—1854 年）

我走近我们的其中一座湖泊，但是当人如此卑贱时，什么才能展示自然之美呢？

——亨利·戴维·梭罗：《马萨诸塞州的奴隶制》

《逃亡奴隶法案》颁布后的废奴和改革

1854 年 7 月 4 日，在这个时代规模最大、情绪最激动的反奴隶集会上，自称瓦尔登湖隐士的梭罗登上高高的讲台，上方倒挂着一面系了黑色缎带的美国国旗。在酷暑中，面对将近两千名听众，这位隐世的哲学家敞开心扉。“我走近我们的其中一座湖泊”——在那个时候，大家都已经知道他指的是哪一座——“但是当人如此卑贱时，什么才能展示自然之美呢？”这个问题已经折磨了梭罗近四年，自从《逃亡奴隶法案》（Fugitive Slave Act）于 1850 年通过，把奴隶制带到了他家后院。即便迎来了创作的春天，即便完成了写作生涯的杰作——就在那一周，他的出版人正在装订《瓦尔登湖》的书稿——梭罗仍然觉得自己所代表的所有东西都在被摧毁。“我对乡村的记忆毁坏了我的散步，”他向人群坦白，“我的思想对于国家无异于谋杀，我非自愿地走向了对她的颠覆。”[1]

九年前，梭罗搬到瓦尔登湖就是对整个被奴役的美国做出的自由宣言。就在他开始造屋的几周前，他得知弗雷德里克 · 道格拉斯在写他逃亡的经历，“宣告他的名字、奴隶主的名字，还有他逃出的地方”。“他最好别这么做。”听众嘀咕道。[2] 捆绑在道格拉斯身上的锁链是什么？它和把所有人牵引到康科德会议厅来的纽带有什么共同点？《瓦尔登湖》就在这些问题的阴影下诞生，因为瓦尔登湖不是人们需要逃离的地方，而是人们需要正视的地方。离开瓦尔登湖把一个更艰巨的问题压到梭罗心头：在一个到处都是锁链和枷锁的地方，还可以过自由且有原则的生活吗？在好的时代，他知道答案是肯定的；但是在坏的时代，当世界看起来浅薄、腐败，他则相信他看到的不是它原本的面目，而是他自己暂时失了明，正如他所写：“对于美的察觉是一项道德测验。”[3] 他深信正义和美是整个寰宇最基本的框架，是这种信仰驱使他每天来到森林和他的书桌边。在和平年代，单靠这个信仰就已经足够。但是如今在他身边，美国和自己开战，和自然开战，他担心仅靠他的信仰远远不够。很多时候，某个事件的发生，某场“道德地震”的发生会击碎他的信仰，恢复信仰的努力会给他的散步增加目的，给他的写作增加迫切性。《瓦尔登湖》诞生于这种努力。

讽刺的是，把美国带入内战的 1850 年《逃亡奴隶法案》最初是为了维持和平而达成的妥协。“墨西哥会毒杀我们的”，爱默生曾经预言，而且他是对的：1848 年，战胜的美国兼并了墨西哥北部，各州争论着这片新的国土应当是自由州还是奴隶州。1850 年达成的妥协法案造就了不同的制度：加利福尼亚是自由州，犹他州和新墨西哥会自行决定；奴隶贸易（而非奴隶制）被这个国家的首都禁止。作为交换，南方各州也得到了一些它们渴望的东西：加强版的《逃亡奴隶法案》。他们“珍贵的财产”一直在逃往北方，南方资本在流失，所以，这项新法案要求所有联邦和州官员及普通公民归还逃亡的奴隶。任何被怀疑是逃亡奴隶的人都会被逮捕、监禁、审讯，没有自辩的权利，即便他们已经是自由民。每个美国公民都被要求帮助拦截、保管、归还这些可能是“财产”的人。抵抗这一方案会导致六个月的监禁和 1000 美元的罚款。没有一个州，包括马萨诸塞州在内，有权保护它的有色人种。奴隶制不再只是南方的制度，它成了这片土地上的法律，而且每个公民都必须遵守。如果你不帮忙逮捕奴隶，你就是罪犯。

马萨诸塞州本州的参议员丹尼尔·韦伯斯特在对《逃亡奴隶法案》表示支持时保证它会通过。“韦伯斯特赞成奴隶制”，爱默生嘲讽说，当他同意把人类当成“一种金钱的物种”，他就败坏了道德原则。[4]马萨诸塞州的大部分人同意爱默生的看法，韦伯斯特被迫辞职，这个空出的参议院议席由梭罗的朋友查尔斯·萨姆纳填补，这位直言不讳的废奴主义者于 1851 年就职。尽管如此，由韦伯斯特的变节行为支持的法律还是在 1850 年 9 月 18 日生效。不到三周之后，波士顿就必须用这项法律做出裁决，彼时，两位来自佐治亚州的追捕奴隶的人来此逮捕威廉和埃伦·克拉夫特（William and Ellen Craft），后者在最近两年频繁地公开讲述他们逃亡的经历，故事很震撼，吸引了大量人群。波士顿治安委员会快速做出反应，把克拉夫特夫妇从一家转移到另一家，骚扰佐治亚来的抓捕人，直到后者放弃回家。路易斯·海登，这位曾站在梭罗的瓦尔登湖小屋门口讲述自身经历的逃亡奴隶，把克拉夫特夫妇接到他位于波士顿的褐色砂石房，誓言就算小屋被炸掉，他也不会放弃他们。危机一结束，克拉夫特夫妇立即逃亡英格兰，但是波士顿的骄傲被彻底击垮了：奴隶制来到了该州。数千名誓言不惜任何代价守护自由的群众聚集起来表示抗议。[5]

康科德面临的第一项考验在几个月后到来。1851 年 2 月 15 日，在波士顿餐厅做侍者的逃亡奴隶谢德拉克·明克斯（Shadrach Minkins）被捕了。在他的聆讯会上，数百名抗议者涌进波士顿法院大楼，在路易斯·海登的鼓励下，他们攻破关卡，把明克斯从联邦司法系统的镣铐中解救出来。当晚，海登把明克斯送上一架马车，不顾暴风雨和泥泞的道路把他径直送到康科德。夜里 3 点，他敲开安妮和弗朗西斯·比奇洛（Ann and Francis Bigelow）的家门，这两位是梭罗的邻居。当这几位旅人还在火炉前烘干身子，吃着早饭时，比奇洛已经计划好把明克斯送到 30 英里以西的莱明斯特（Leominster）。那天早上，听说前一晚发生的事儿的梭罗，在日记里记下了他的怒火："我们从乔治四世那里得到了什么自由？倘若我们还继续这种充满偏见的奴隶制？……政治自由的价值到底是什么？如果不是作为通往道德自由的途径，它还有什么意义？"[6] 明克斯很快在加拿大获得了安全，康科德帮助他逃亡的人在很多年里都对自己的身份严加保密。海登被捕，并且因为他的公开挑衅遭到审判，然而，波士顿的陪审团拒绝判他有罪。他继续帮助几十名逃亡奴隶，很多人的逃亡路线都经过康科德，但都没有留下记录。

当逃亡奴隶托马斯·西姆斯（Thomas Sims）于 4 月 4 日被捕，波士顿政府已经做好准备：他们没有用对外开放的审讯室，而是把西姆斯关在窗户上装有铁栅栏的位于三楼的监狱。治安委员会秘密筹划，聚集几千名支持者公开集会，要求西姆斯获释。当然，这一次法庭面对的不仅是审讯西姆斯，还要面对关押他的这项法案是否合宪这个问题。但是波士顿法庭肯定了法律的有效性，在 4 月 12 日破晓前的黑暗中，令 100 多名守夜的废奴主义者失望的是，400 名佩着马刀的警察把西姆斯护送出"波士顿的巴士底狱"，押解过州街（State Street），一艘船正等着送他回萨凡纳（Savannah）的奴隶场。如有任何人反抗，警员收到的命令是"拔出你的马刀，砍倒他"。抗议者［包括康科德新的圣三一教会牧师丹尼尔·福斯特（Daniel Foster）］跟在警方后面，大吼着咒骂这一羞耻行为，表达愤慨。随着船起航远去，牧师带领悲伤的人群祈祷，唱颂歌，赢得了梭罗深深的尊敬："当我读到……在码头上带领人做祷告的人是康科德的丹尼尔·福斯特，我禁不住感到一丝骄傲。"福斯特把他的教堂开放给康科德最激进的废奴主义者，在市政厅布道，接触镇上"最高贵的人"，还有像梭罗这样被康科德的教堂拒斥为"异教徒"的农夫和杂工。[7]

但是令梭罗恼怒的是，康科德**其余**的人在哪儿？史上第一次，波士顿绑起一个黑人，给他戴上镣铐，送他回到皮鞭与枷锁之下。4 月 19 日，正当康科德再度纪念促发独立战争的战役，西姆斯抵达了佐治亚，被关进监狱，而且在公开场合被鞭打。这种激烈的矛盾，这种全然的道德失明，让梭罗无法承受。他在日记里倾泻愤怒：“好比那 300 万人为自己的自由而战，但却是为了奴役另外 300 万人。”有人叫嚣要“把这项法案踩在脚下——他们根本不需要专程来做这事”，因为这项法案的“栖息地”就是阴沟。“让你的生命成为勒停这架机器的反作用力。”他两年前这么说过。但是现在，不公已经不只是政府的副产品，一整架新的政府机器被建立起来把人碾磨成“肉酱”。人吃人就是这个时代的秩序。梭罗写了一页又一页，不过他没有发表公开声明。反而是爱默生发声了，两周之后，他哀叹道：“去年，我们所有人都被卷入政治旋涡。”恶行“掠夺了这片土地的美，带走了每一刻的阳光”，也终止了所有在 4 月 19 日和 7 月 4 日重复的关于自由、基督信仰、神圣法律的空话。此刻，就连爱默生也引用起梭罗的《抵制公民政府》：“每个公民都有责任触犯不道德的法律，不惜犯险。”[8]

梭罗被安排于康科德年度庆典四天之后的 4 月 23 日在学园演讲。几个月来，他都在准备这份新讲稿：《行走，或荒野》（*Walking, or, The Wild*），这是他所发表的有关爱默生口中“更高的律法”的宣言——这部至高的道德律法取消了所有违背它的民法的有效性。纽约参议院的威廉·西沃德（William Seward）在反对丹尼尔·韦伯斯特的演讲中让这个词流行起来，这发生在韦伯斯特发表支持 1850 年妥协法案（Compromise Act of 1850）言论的四天之后。西沃德声明：“有比宪法更高的律法。”爱默生在 1851 年反对《逃亡奴隶法案》的演讲中借用了这个词汇，它成了超验主义者的试金石。这也是最初酝酿梭罗死后发表的散文《行走》的熔炉。梭罗对这个事实感到心碎：这个社会可以一手摇响自由的铃声，另一手紧抓奴隶制的镣铐，他要求真正的自由空间，也要求一种能够让我们走向这种空间的生活方式。[9]

为了向他的听众解释为何他不说此时此刻的恶行，而是谈论“更老且更广的统一体”，梭罗重写了介绍语：“我觉得我欠我的听众一个道歉，因为今晚我要说的不是每个人都理应对其表明立场的《逃亡奴隶法案》。

我早就计划好今天要谈自然，谈绝对的自由和野性，而不是代表恶的自由和文化，我把人视为居住者，或者说自然的一部分，而不是社会的成员。”《行走》成了梭罗最受欢迎的讲座之一，他演讲了很多次，至死还没有完成。在之后的年月里，它会发展成他的生活哲学的伟大宣言，因为，按照梭罗所说，行走（离开村庄，离开政治，去到能使精神重生的“荒野”）不是一种避世的行为，而是“一种征战……前进，从异教徒手上征服这片圣地”。更高的律法不是审判原罪的上诉法庭，它是自由不被视作例外的地方，在那儿，人们可以栖居在自由的家园。[10]

这段时间，梭罗私下践行他的反奴原则，他甚至秘密地做这一切。梭罗家很长时间以来都是“地下铁路”可信的一站，但是在新的联邦体制下，他们要比以往冒更大的风险。梭罗有一次不够小心。1851 年 10 月 1 日，他写道：“刚把一位名叫亨利 · 威廉斯（Henry Williams）的逃亡奴隶送上了去加拿大的火车。”威廉斯从弗吉尼亚逃出来，在波士顿寻找庇护。当听闻有人正在追捕他，威廉斯就带着一封给梭罗的信靠双腿跑到康科德，住在梭罗的家，由他们凑集送他去加拿大的旅费。亨利来到车站，拿着手里的钱准备给威廉斯买去位于佛蒙特的伯灵顿的车票，但是当他瞧见有个看起来像波士顿警察的可疑人物，就换了另一个计划，他开车送威廉斯去西菲奇堡。他问威廉斯，奴隶逃跑时夜里靠什么导航？威廉斯说，靠跟着星星导航，包括北极星；也靠追踪电报线路——他们在“帽子上覆上草皮”，这一点绿色的土壤象征着好运。[11]

除了这条足以定罪的条目之外，梭罗几乎没在日记上提这些事。“今晚，一个自由的黑人女性住在我们家。”他在 1853 年下半年写道；她正准备去加拿大赚钱买她丈夫的自由，后者是一名弗吉尼亚的奴隶，一个男人以 600 美元的价格买下了他，说不会以低于 800 美元的价格转卖给他的妻子。[12] 其他记录纯粹出于偶然幸存下来。1853 年 7 月 26 日，弗吉尼亚的废奴主义者蒙丘尔 · 康韦（Moncure Conway）来访，发现梭罗正在照料当天早晨敲开他家家门的逃亡奴隶。“我观察梭罗对这位非洲人温柔、谦卑的付出。他时不时靠近这个颤抖的人，用愉快的口气要他把这里当自己家，而且不要害怕任何会再度无理对待他的权力。那一整天，他都在守护着这个逃亡的奴隶，因为当时很多人都在追捕奴隶。”[13] 康韦的记载显示，这家人在这种情况下还是在想方设法地庇护和引渡很多奴隶，但是究竟他们帮了多少人，帮了哪些人，永远都不会被人知晓。他们帮助过的其中一个人（传说是亨利·威廉斯）给了亨利一座汤姆大叔和伊娃的斯塔福德郡（Staffordshire）瓷雕，雕像一直傲然立在这家人的壁炉上，标志着梭罗家是废奴主义者的安全屋。[14]

然而，亨利回避着**有组织**的废奴运动。他或许喜欢康韦的贵格会朋友威廉·亨利·法夸尔（William Henry Farquhar）的来访，后者是马里兰州的废奴主义者，他很可能是来审查梭罗是否在未来继续能够从事“地下铁路”相关的工作。[15] 但是，当 1853 年 6 月，三位供职于马萨诸塞州反奴隶协会的人员到访他家时，亨利厌恶他们“老是用他们盛满善意的油腻脸颊蹭你”，“像叠在一起的调羹一样”贴着你，像“母牛舔牛犊一样”舔你。梭罗一张口，有人就说：“富有同情心的慢条斯理的梭罗，我知道你要说什么，我完全理解你，你不用向我解释任何东西。”“我会进入**亨利**的内心深处。”这人对其他人说。“我相信你不会用头去顶我的屁股的。”梭罗回敬道。[16]

* * *

废奴主义和女权是一体两面的事业：正如玛格丽特·富勒在很多年前就说过的，正是“被奴役的非洲人的领袖”“为女性做出最温暖的抗辩”，部分出于道德原则，但也因为是女性，而不是男性，才是草根层面的废奴主义领袖。富勒本人的写作为女权奠定了基石。她明确表示：“我们会拆掉每一座专横的路障。我们会让所有道路对女性敞开，正如它们对男性一样。”男性，她充满鄙夷地补充道，长期处在“奴隶制的惯性”下，无法帮助实现女性的解放。[17] 这是事实：她的朋友亨利·梭罗没有帮忙争取女权。但是，他确实盛赞富勒关于女权的奠基性文章。大约也是在这个时候，他去了纽约的贵格会教堂聆听卢克丽霞·莫特（Lucretia Mott）关于“奴隶制和女性堕落”的演讲。“讲座非常好”，他回来告诉海伦，阐述了“最温和的超验主义”。他喜欢贵格会的平实做派。[18]

五年之后，莫特帮助组织了1848年塞内卡瀑布权利公约（the 1848 Seneca Falls Convention），这是全美声援女权的第一次公众会议。1850年，伊丽莎白·奥克斯·史密斯（Elizabeth Oakes Smith）在《纽约先驱报》上刊发了十期的女权系列文章，之后她成为第一位在学园演讲的女性。根据梭罗在1851年下半年的记录，当她在康科德演讲时，“这个讲座最重要的事实是它是由女性说出的”——因为女性被禁止在公开场合演讲。史密斯一直记得梭罗：“这位19世纪美国的田园绅士庄重地和我握手，用庄严的口吻强调：‘你演讲了！’”讲座的主持人布朗森·奥尔科特把这句话解释为：“你带来了一条神谕！”梭罗在日记里表现得不那么绅士，他抱怨说“她毕竟只是个最寻常意义上的女性”，演讲时他为她提着的包散发着刺鼻的香水味，他感到不舒服的是“女权运动的支持者还是要求你做一个殷勤的男人”。[19]

玛丽·穆迪·爱默生不是这样的人。她是“我认识的最聪明、最有活力的女性”，梭罗在1851年11月写道，“从不卖弄风情”，最能激发你和她进行“智性的交谈”——他评价最高的就是这种坚强、有韧性、有智慧的人。玛丽喜欢他的陪伴，亨利也仰慕她的天才；她同意他的看法，女性“几乎毫无例外都喜欢卖弄风情”；无论她去到哪里，她总是拥有更多的男性朋友，因为他们更可能有自己的看法。“安静，”她朝一个年轻的女子比画道，“我想听男人说话。”[20]简单说，梭罗尊敬那些拆去路障并走上自己的道路的女性——他可以在“上升的道路”上遇见的女性，他写道，富勒那样的女性认为性别是个流动的概念，女性也可以阳刚。[21]但是，“卖弄风情”的女人只是跟从时代潮流和尘俗的指引，她们会得到梭罗即刻的白眼和潜在的鄙视。他更喜欢那些担负领袖角色的女性朋友，比如他自己的母亲和妹妹们——她们勇敢、聪颖，读了很多书，而且直言不讳。

居家的隐士

这些年来，亨利 · 梭罗的生活表面上看来平静、勤勉。虽然他几乎每天都出门，但是他很少去到比波士顿更远的地方，如果去波士顿，他会到长码头上看一眼海洋，再到哈佛图书馆和波士顿自然历史协会报到。在 1852 年 5 月到 1854 年秋天期间，除了少数例外，他几乎也没有把讲座放入日程。然而，这些安静的岁月成了他人生中创作成果最丰盛的阶段。1852 年和 1853 年，单他的日记就有 1253 页，充满丰富的真知灼见。他还写下了超过 500 页的印第安书系笔记，完成了两份《瓦尔登湖》的新书稿，书的体量扩大了一倍。这些书页显示：当他的外在生活稳定并有节律的时候，他的内在生活丰富得令人惊叹。确实，居家生活提供给梭罗按照他的方式追求事业的稳定性，令他心满意足。与作为元老的爱默生、作为政务官的霍桑、偶尔令人喜欢的厌世主义者钱宁，抑或依靠阿比盖尔和女儿们的辛勤付出保驾护航的理想主义者奥尔科特都不同，梭罗凭借着极度艰苦朴素的生活“买”到了他的自由。

不过，这些年，梭罗不是隐士，尽管爱默生是这么想他的，他或许还给出了比隐士更低的评价。“爱默生对我来说太高高在上了”，梭罗咕哝说，“他属于贵族阶层，穿他们的袍子，展现他们的仪态”，就连他的赞美听起来都带着高人一等的态度。1852 年春天，两人的关系跌入低谷：“我渴望同伴的时候，他指责我总是独自散步”，他“还咒骂我的写作习惯”，责怪梭罗自私地把思想锁在日记里，而不是分享给别人。受伤的梭罗不惜叫嚣：就让爱默生“可怕的”诅咒应验吧，“我祈祷，倘若我正是他诅咒的这个冷酷的怀疑派知识分子，那么就让他的诅咒应验——让我的生命之源枯竭，让我的日记不再带给我快乐和生命”。[22] 与此同时，爱默生还有自己的怨言：梭罗最新的无休止的日记看起来像空洞的延宕，拖延了他达成真正的成就。“但是我已经敲过一百次这样的警钟了，”他叹息道，“就在昨晚，亨利 · 梭罗还坚持要‘扩充’，而且它听起来像新东西。”或许，它**就是**新东西。爱默生一直愿意聆听，甚至不惜打消对方的念头，他知道这会导致对抗，但是唤起他朋友的最大的潜力会“给人一种胜利的感觉，像一阵鼓声”。[23] 因此，他们在共同的误解中相互碰撞，他们是被拴在敌对阵营的朋友。

然而，当爱默生需要可靠的人帮忙时，他还是会找到亨利。当爱默生的老母亲于 1853 年 11 月去世时，亨利张罗丧事；当著名的演讲者需要主持人或者陪同人，爱默生指望着亨利的“礼貌和建议”来让活动顺利进行。不过，两人的关系已经疏远。梭罗把他们间友谊的墓志铭写入了《瓦尔登湖》:“我曾和另一个人共度‘美好的岁月’，就在他的乡村居所里。我将会一直惦念，他对我视如己出。但是在那里，我不再有这样的同伴了。”[24] 如果需要同伴，他俩都会找到埃勒里 · 钱宁，后者让瓦尔登小屋回响着嘹亮的笑声和严肃的交谈。

和钱宁一同散步一定充满乐趣。“多么美好的一天！这儿没有一丝不朽的痕迹！”钱宁有一回如此向爱默生感叹，后者把他称为“散步艺术学的教授”。梭罗说，钱宁是唯一一个他愿意一起散步的朋友，因为只有钱宁可以活在当下时刻，“真正随着场景、事件、地面轮廓的变化而变化”。[25] 尽管钱宁的诗歌或许过于理想化了（梭罗称它们“既庄严又随便”），但爱默生注意到他开始效法梭罗，随身带一本小本子记下每一株新的植物的名字和每一种花的花期。[26]1852 年 1 月前后，钱宁带来了一条个头挺大的黑色纽芬兰犬幼崽——做个伴，他解释道，它“能活跃家里的氛围”，击垮他“可怕的孤独”。很快，全镇人会称这条跟着他去任何地方的忠犬为“教授”，仿佛它是两者中更聪明的那位。之后的好几年，梭罗记得“这大块头狗崽”的滑稽样子——它会把泥带进清澈的小溪，或者站在水里冲每一朵浪花吠叫，仿佛那些浪花是活物，抑或是莫名其妙地对形状怪异的树桩狂吠，再就是冲立着的东西撒尿——梭罗微笑着想，这是给植物浇水、施肥，无疑有益于节约自然资源。[27]

埃勒里也有他的缺点——他“可能是我见过的最情绪化的人”，梭罗如此形容道，钱宁的阴晴不定就像奶牛身上的花纹这么鲜明。钱宁的粗野会遭来朋友们的鄙夷，比如上一回两个向梭罗借了船的男孩回来时悄声穿过钱宁的院子，钱宁竟然穿着衬衫一路跟在他们后面，他们一走就立马关上铁门，“仿佛要把他们锁在外面”。他也可以很绝情，有天晚上，梭罗看到他用一根拨火棍打他的猫，只因为猫叫得太响了。[28]这样的评论让人担心他的家人，确实，当埃伦产下他们的第四个孩子乔瓦尼（以他的叔叔奥索利侯爵的名字命名）之后不久，灾难降临了。由于厌倦了和多变且无业的丈夫生活在赤贫之中，埃伦寻求妹夫托马斯·温特沃思·希金森(Thomas Wentworth Higginson)的帮助。1853年11月18日，希金森来了，收拾好埃伦和孩子们的东西，带他们永远离开了这里。可怜的埃勒里再也没离开这栋屋子。这桩丑闻震惊了康科德，受惊的巴尔齐拉伊·弗罗斯特夫人愤怒地到处跟人说，就在第二天晚上，亨利·梭罗和埃勒里·钱宁“在前厅里开了个派对”——这是对这一事件严厉的阐释，至少在梭罗看来，这一定是一个尴尬和困难的场面。爱慕埃伦的店主霍勒斯·霍斯默承认：“那个时候我简直想看到他被绞死。”这之后的钱宁恢复到他最好的表现，他仍然受到爱默生家的欢迎，还至少被辛西娅邀请去梭罗家吃过晚饭。不过，他仍像以前一样善变：“谁知道他什么时候来，什么时候走。”梭罗在《瓦尔登湖》里写道。[29]

布朗森·奥尔科特是梭罗社交生活里的另一位常客。亨利说他“可能是”他所认识的“最正常的人”，不为任何信条辩护，不效忠任何组织，是一个传播哲学的人，一说起话来，世界仿佛都能被抛于脑后。[30]但是不管奥尔科特如何欢快地将世界遗忘（更别提他的妻子和女儿们持续不懈地工作和严格地节衣缩食），世界正在吞噬他脚下的生活。1848年11月，他照料希尔赛德大宅花园的幸福岁月来到了终点，钱用光了，这家人再次陷入危机。奥尔科特只能出售心爱的希尔赛德的房子，全家人搬到波士顿，家里的女性出门工作，布朗森则为他的“对话”寻找愿意买单的听众。

希尔赛德，这座一度令人骄傲的房子，在纳撒尼尔·霍桑搬回康科德的时候已经异常衰败了。霍桑想在这里定居并安心写作。在几年前的1845年10月，霍桑家被迫迁离老牧师的寓所，他们不辞而别，来到了塞勒姆。在这里，纳撒尼尔接受了他那份有名的薪水丰厚但却扼杀灵魂的官职：塞勒姆海关大楼测量员。1848 年梭罗会在那里找到他们。巧合的是，梭罗和霍桑的经济状况在此之后都急转直下：《河上一周》的失败让梭罗的生活翻天覆地，霍桑则因为失去这个肥差而深陷危机。面对贫穷，霍桑转向了纸笔，且接连完成了《红字》、《七个尖角顶的宅第》(*The House of the Seven Gables*)、《福谷传奇》(*The Blithedale Romance*)。没有一本畅销，但是都受到了好评，它们给霍桑的口袋带来足够的钱，所以当他看到奥尔科特破敝的老屋时——1852 年 2 月还没卖出去——他有能力买下来。1852 年 6 月，霍桑一家兴高采烈地回到康科德，搬到翻新的希尔赛德，他们立即将其改名为“威尔塞”(Wayside)——今天这栋著名的房子还是叫这个名字。

之后一年（直到霍桑家再次搬迁，这次是去英格兰），梭罗时不时会走到威尔塞大宅的门口。霍桑的儿子朱利安记得 1852 年的一天，他还不满 7 岁，梭罗肩上斜挎着测量工具来到他家。测量工作开始后，这个好奇的孩子跟着这位“深色皮肤，个头不高，长得也不好看的有趣男人”，不想错过他的一举一动，但也坚持一言不发。几个小时以后，测量完成，梭罗转向他的父亲说：“真是好孩子！目光锐利，而且话也不多！”朱利安成了梭罗的另一位散步同伴：“我们在乡村漫步时，梭罗能看到所有东西，他会沉默地点一点头，示意有我看不见的东西存在。”有一次，当他们站在康科德河边，梭罗告诉这孩子日落时分睡莲会合上花瓣，但是早晨的第一缕阳光洒下时，它们会“抖动着身子醒来，绿色的花苞开出绚丽的花朵。‘值得一看！’梭罗说，用他‘吓人的蓝眼睛’盯着我……这个怪人说的所有东西在我听来都是真理，我暗暗打算某天起个大早，亲眼看看那个神奇的戏剧场面”。[31]

与此同时，被驱逐到波士顿的奥尔科特一家在寻找出路。为了赚钱，布朗森开始兜售“他的思想……就像坚果在兜售它的果仁”——确实，梭罗仔细想了想，奥尔科特能够跟任何人说上话，“孩子、乞丐、疯子、学者”，他应该“在这世界的高速公路上开个大旅馆，所有国家的哲学家都可以下榻”。[32] 奥尔科特在伊丽莎白·皮博迪的西街书店旁边租了房间来举办他的“交谈会”，梭罗只要有可能都会去听。1849 年 2 月，奥尔科特开始举办每月的专题讨论会，叫作“乡村和国家俱乐部”（the Town and Country Club），聚集遴选出的绅士“一起学习和推进 19 世纪理应具有的思想和潮流”。[33] 梭罗受到了邀请，出于义务他参加了第一次会议，但立马退出了。钱宁嘲笑说，波士顿的律师和国家官员根本不可能结盟，俱乐部一年后解散。不久之后，爱默生自己也尝试了实践这个理念，他帮忙建立了非常成功的星期六俱乐部，这个俱乐部具有前瞻性的刊物《大西洋月刊》最终会给梭罗机会发表他的一些最好的作品。

奥尔科特继续“经营”着他的“大旅馆”，在向西踏上长途的演讲之旅或者在波士顿附近做巡回讲座的时候会经过康科德，他在任何他觉得“思想和潮流”会受到欢迎的地方举办讲座和“交谈会”。梭罗一直在他的短名单上，奥尔科特一听说瓦尔登湖讲座系列再度推出，就于 1852 年 3 月把梭罗邀请到他的对话室，朗读《林中生活》(*The Sylvan Life*) 的章节。[奥尔科特一直怂恿梭罗把书名改成《林中》(*Sylvania*)。] 他聚集了 60 名左右的听众，他们“愉悦地”聆听梭罗的讲座。[34] 当听众大叫着要听到更多时，他们的老友希金森介入并组织了两周后的第二场讲座。梭罗犹豫着，担心他充满深思的第二场讲座会太过“超验”，不对“很多听众的**胃口**”，但是他需要这些钱，而且不愿拒绝他的朋友。这成了他的噩梦。几十年后，回忆起此事的希金森仍然感到难堪：暴风雪挡住了入口，等到他和梭罗好容易进门之后，他们发现里面只有奥尔科特和另外四五个人。奥尔科特认为，他们应该到隔壁的阅览室里，让那些年轻人加入听众队伍。梭罗读着稿子，空荡的阅览室回荡着他的声音，那些旁听者却在无聊地翻报纸或索性睡着了。之后，他听见其中一个人问另一个：“他讲这些是为了什么？”“这让我浑身发抖。”梭罗补充道。[35]

1852 年的春天，梭罗还安排了一场讲座：马斯顿和玛丽·沃森邀请他去普利茅斯，给莱顿大堂的会众（Leyden Hall Congregation）做瓦尔登湖讲座——给那些拒绝来教堂的人做世俗的“礼拜日布道”，并探寻这个时代的社会和道德问题。每周日，他们都会请一位不同的演讲人，讲两次，早上和晚上，报酬是 10 美元加上路费——这只有通常讲座费的一半，但是沃森夫妇有人脉优势。爱默生、钱宁和奥尔科特都来讲过，此外还有加里森、菲利普斯、格里利和希金森。梭罗收到两次讲座的邀请：2 月 22 日他讲述《瓦尔登湖》，然后在 5 月 23 日讲《行走，或荒野》。第二天早晨，一位仰慕者，詹姆斯 · 斯普纳（James Spooner）清晨就出了门，想给搭早班火车的梭罗送行。梭罗迟迟没有现身，斯普纳想方设法追踪他，跟着他，扮演着撰写《约翰逊传》的博斯韦尔 * 一角，记下梭罗说的所有话、做过的所有事情。他们一起参观了墓地，访问了科学家查尔斯 · T. 杰克逊，探索朝圣先辈厅博物馆（Pilgrim Hall），梭罗在这里读了万帕诺亚格战士菲利普王（King Philip）的书信。而后他们再出发去车站，梭罗一路上滔滔不绝，手上还捧着摘自马斯顿花园的花束，要送给波士顿的奥尔科特太太。他们一边走，梭罗一边发表着他对错过火车，对书籍、海洋、天气，以及对关于钱宁、爱默生、奥尔科特、霍桑和他本人的流言蜚语的哲思。梭罗上火车前，他们握了手。“一定再来，”斯普纳说，“下一次，要住久一点儿。”[36]

“真是惊人，这么寻常的观察里竟然可以挖到这么多讯息，”梭罗评价道，“聪明人会想办法让这些观察为自己所用。”斯普纳描绘出了一幅关于工作中的梭罗的稀罕画像——他始终在行动，在别人给自己倒早晨的第二杯咖啡前，梭罗已经走了好几英里，寻找、观察、提问、收集。他彬彬有礼、慷慨大方、机敏、目标明确，偶尔轻率。他一天中有很多时间都靠“紧致的、不知疲倦的”双腿行走（这是钱宁的说法），向农夫、孩子、杂工、伐木工、店主、印第安人、铁路工人、猎人、渔夫提问——简单说，除了毫不相关的无业游民和让他没有耐心的“酒吧里的无所事

---

* 詹姆士 · 博斯韦尔（James Boswell，1740—1795 年）：英国传记作家，最有名的作品是记录英国大文豪、词典编纂家塞缪尔 · 约翰逊的传记《约翰逊传》。

事者”,他跟所有人聊天。钱宁问过他为什么总是好奇并要知道所有事情，梭罗这么回答：“生活中除了这些还剩下什么？”[37]只有一个人断然拒绝了他——那就是康科德真正的隐士，奥利弗·B.特拉斯克（Oliver B. Trask），他住在阿克顿镇（Acton）那一边的树林里。“穷而且疯。”钱宁说。这个人坐在松树下的摇椅上,在空地上铺上草和冬麦,门上有挂锁,屋顶上挂了个告示：“任何烧掉或破坏这撞*房子的罪人都要坐 15 年大牢。”梭罗觉得告示看起来挺伤感的：“他是真疯了还是清醒着？”如果他知道这人属于后者，“我会多么高兴地去拜访他的小屋”！但是这个告示真让人伤脑筋。[38]

爱尔兰人也继续吸引着梭罗，越来越多的难民来到康科德定居。1850 年，当赖尔登家族（Riordan family）的三代人一同搬到靠近底普卡特（Deep Cut）的一座棚屋，梭罗先是被他们的赤贫吓到了。但是，当他慢慢熟悉他们，他开始思考爱尔兰人是不是比他本人更接近他的理想——他们过着依赖土地的独立生活，并且不被成功的北方佬引诱。他尤其佩服年幼的约翰尼·赖尔登（Johnny Riordan），这孩子上学路上可以像“活泼的蟋蟀”一样从一堆雪跳到另一堆雪上，与此同时康科德有身份的人都裹着皮草蹒跚而行。[39]1852 年 1 月，当亨利看到约翰尼连外套都没有，而且雪就化在他赤裸的脚趾上时，他赶紧回家告诉辛西娅，她召集慈善协会来织毛衣。一周以后，亨利带着约翰尼的新外套来到棚屋，“屋子靠爱尔兰人单纯的社会关系取暖……要是壁炉里的火少一点儿，而人们内心的火多一些，那该多么好”！他在那儿得知约翰尼的叔叔已经搬到城里，在爱尔兰报纸《我们联盟的旗帜》（*Flag of Our Union*）任职;他还听说约翰尼不仅是学校里最优秀的学生之一,而且“不喜欢因为大雪就没法去上学”，真是“太美妙了”。[40]

梭罗家和他们的邻居一样都雇年轻的爱尔兰用人，他们一旦学会美国人的谋生方式就会离开。1850 年人口普查列出的梭罗的家庭成员有：

* 原文中这个告示包含拼写错误，故译文中使用错别字营造相似的效果。

11 岁的玛格丽特 · 多兰（Margaret Doland），13 岁、出生于爱尔兰的凯瑟琳 · 赖尔登（Catherine Riordan）——可能是约翰尼的姐姐。康科德的农民也雇爱尔兰杂工。当来自爱尔兰凯里郡（Kerry County）的移民迈克尔 · 弗兰纳里（Michael Flannery）赢得了米德尔塞克斯县展销会的铲土比赛，他的雇主把 4 美元的奖金占为己有，梭罗一怒之下起草了请愿书，希望凑钱来补上这笔被劫走的损失；他挨家挨户地敲门，最终凑了 50 美元让弗兰纳里可以把妻子和孩子从爱尔兰接来，其中很多是梭罗自己掏出的钱。1854 年 3 月，凑足钱的梭罗帮弗兰纳里写信回家把家人请来。或许是因为想起圣约翰号，当弗兰纳里口述这些话时，为他代笔的梭罗动容了："不要担心船的摇晃，但是要看好孩子，不要让他们跌到水里。"弗兰纳里的家人安全渡海，在安顿好之前都先住在梭罗家。[41]

如果没有这种稳定和满足的居家生活，梭罗不可能按照他的方式追求事业。黄房子里的阁楼成了他在主街上的瓦尔登小屋，这是在大家相互帮助、相互依赖的平等大家庭里属于他自己的房间。在这个大家庭里，家庭成员需要劈木柴、点炉火、打井水、倒夜壶、扫地、掸地毯、洗衣服、叠床褥、买食物，还要给花园浇水和除草，同时也要煮饭、洗碗碟，还要一天跑两趟邮局（这后来愈发成为亨利的差事）。辛西娅是这个家的管家，亨利一直把自己家称为"她的"家：她从小在酒馆帮忙，之后在农场工作，掌握了一手新英格兰的生活经验，包括怎么管理用人——在那些有很多事情要忙活的日子，这些经验是每一个中产阶级家庭必须具备的。

这些都没有什么引人注目的，只有梭罗经常留意这些，他在阁楼里感叹音乐比噪音传得更远。他爱着"传到我阁楼的钢琴的颤音"，而且只有"甜美的乐曲"才能进入他的耳朵；这声音一定吸引他下楼加入家人之中。对于梭罗来说，即便是最平常的声音也是音乐，他的日记本里记下许多造访他的"曲调"——来自环境的小插曲。温暖的夏日傍晚，邻居和农民"割完了一天的草会去买东西，他们就站在路边闲聊，我听到很多人家都传出乐器的演奏声和人们的歌声”；10 月温和的夜晚，他听到孩子们在街上玩，他的邻居在吹笛；第一场雪后的早晨，他会发现“窗玻璃上有融雪产生的水痕”，烟囱下的壁炉里，灰烬堆成锥形的小山峰，窗外，邻居们已经开始铲家门口的雪了。一天早上，听见火车的笛声，他望向窗外，看见“两棵去掉树皮的巨型松木穿过全镇，它们来自西北部，按照他们说的，要被运去朴次茅斯（Portsmouth）的海军造船厂。在我叫索菲娅来看之前，它们已经转了弯，往底普卡特的方向去了，我只能看到木头的尾端”。[42]

但凡梭罗看到什么稀罕或有趣的东西，他都会叫来索菲娅，而且，不管什么时候，只要他看到一朵特别艳丽的花儿，都会想到家人。他会把花装在他博坦尼羊毛帽的特制内袋里带回家：“每天都在桌上的花瓶里盛满水，然后插上当季含苞待放的野花，这是多么美好的事啊，要是没有它们，还能说房子是被装点过的吗？”[43] 荷花盛开的时候，亨利把它们大把大把地带回家，给家里增色添香。厨子大胆地用他带回来的花楸果烤布丁（这家人都觉得烤得“太干了”），他还用桶装回紫菀，这样索菲娅就可以挑出最漂亮的花儿。[44] 多年以后，一位梭罗家族的朋友回忆，这个家“整洁一新，安静的客厅从早到晚盛满阳光”，照亮了索菲娅靓丽的窗台植物，她总能让它们开出“绚烂的花朵”。有些晚上，家中传出朗朗的读书声、钢琴声，他们也会合唱，玩围棋或双陆棋，办茶会，寒冷的冬夜也有杰出的宾客和学园的演讲人来访，一连几个小时在家中聊天——这种定期、稳定的社交生活滋养着亨利在自然和文学中的求索。[45]

有时候亨利会透露一些聊天的内容。一个周日，在拒绝读一本宗教书之后，他听到玛丽亚姑妈隔着墙对简姑妈抱怨：“想想看，他今天站了整整半小时就为了听蛤蟆叫，但他就是不肯读查尔默斯（Chalmers）的传记！”有个晚上，在和查尔斯舅舅聊到这个国家的某个大人物是个真正的天才后，查尔斯舅舅在家里其他人已经入睡许久后“热诚地喊起来，声如洪钟，足以叫醒全屋的人：‘亨利，约翰·昆西·亚当斯*是天才吗？’‘不，我不觉得。’这是亨利的回答。‘哦，我也觉得他不是。’查尔斯答道”。[46]

亨利确实也在思考关于天才的问题。天才是一个人所能**拥有**的吗？“人们通常说得就好像天才是专属于某个人的东西。我尊重这样的看法，但我认为它是一项普通的殊荣，如果某个人此刻没有拥有它——他或许应该祝贺他的邻居拥有天才。”[47]不，没有人能够拥有天才——但是如果你按照对的方式生活，天才可能会眷顾你。

* * *

在梭罗平静的居家生活的表面下是频频绽放的思维火花。他的一天过得越安静，他记在本子上的文字就越张扬。他觉得，创造力的关键是坚持写作，而且不要很快下评判或做修改："你必须尝试一千种主题，然后才能发现对的那个——就像自然会造出一千颗橡果，之后才能长出一棵橡树。"还有，要接近大地，远离书本："安泰俄斯不会长时间地离开大地"，因为如此，句子才可以充满活力，"像我们生活的这块富有适应性的大地一样"。[48]1852 年 1 月，梭罗掸去《瓦尔登湖》手稿上的积灰，重新想象他渴望写就的书。他看到窗外的农民用推车运着泥炭和牛粪走过冻住的草地，去给泥土施肥。学者们不也在做一样的事情吗？他想，在冬天施肥，所以夏天才会拥有肥沃的土地。"我的谷场就是我的日记，"他开玩笑说，"枯萎的文学是最好的养料。"[49]他曾经梦想过买下一个农场，虽然他在《瓦尔登湖》里对农民显示出居高临下的态度，但他一直感到自己和他们之间有亲缘关系。农民靠土地过活，他也应当"生活在更替的四季里——呼吸空气，饮水，品尝水果"，把自己全身心地交托

* 约翰·昆西·亚当斯（John Quincy Adams，1767—1848 年）：美国政治家，美国第六任总统（1825—1829 年在位），还担任过外交官、参议院和众议院议员。他是美国第二任总统约翰·亚当斯（John Adams）和第一夫人阿比盖尔·亚当斯（Abigail Adams）的长子。

给它。《瓦尔登湖》必须“生活”在四季里，它必须成为一本农业书，接近大地。为了写它，他愿意在淤泥中深挖：“我们很少像爱尔兰人挥动铲子那样决绝地动用我们的思维能力。”[50]

梭罗搁置于1849年的《瓦尔登湖》是一本只书写了春夏两季的书，他在书中回忆造房子的美好日子，并探索隐藏于社会假象背后的现实。然而，从1852年开始，《瓦尔登湖》也包含进秋冬两季。梭罗回想着为了抵御寒冬而紧闭的房子，还有在灰暗日子里前来陪伴他的访客，有人，也有动物。四季的循环似乎不只关乎天气，更影响了精神生活深处的形而上学框架：“你想看到你的思想吗？仰望天空。你想知道自己的心情吗？观测天气。”新的《瓦尔登湖》会书写梭罗看尽长夜宣告黎明的到来，像雄鸡一样骄傲地报晓。[51]政治和战争都曾让梭罗花很多时间翻看报纸，但是现在他把它们也放在一边：“你不能身侍二主。要了解并收获一天的价值，必须奉献出多于一天的努力。”所以，他决定书写另一种意义上的战争，它发生在瓦尔登湖的“红色保守党和黑色暴君或帝国主义者之间”，两者是致命战役里的死敌——这超越了现实世界的报纸头条，直抵更大的“思想与灵魂”的世界。《蚂蚁大战》(*Ant War*)就这样诞生了，这是梭罗最有名的戏仿英雄诗文体的寓言故事。之后，他停下笔：为什么他之前要离开瓦尔登湖？为什么他现在渴望着回去，尽管只是在想象之中？或许“对于未完成画卷的思考可以启发人们想象它被完美地完成会是什么样子”。现在是时候来“把碎片变成整体了”。[52]

更高的律法：从奇森库克到瓦尔登

现在的问题是，当梭罗重新着手写作《瓦尔登湖》的书稿，要怎么才能有足够的闲余完成它？他之前在普利茅斯挣的一点点钱支撑不了多久。梭罗写信给格里利，请求能够在纽约流行的“人民课堂”系列讲座中占有一席之地，但是格里利泼了冷水，他认为梭罗既不够优秀也不够有名，但他建议梭罗或许可以拿出他的“荒林笔记”来换些钱。于是，梭罗给他寄了《瓦尔登湖》里的两章节选内容——《铁马》（*The Iron Horse*）和《买下农场的诗人》（*A Poet Buying a Farm*），外加加拿大游记的手稿。当加拿大游记的手稿还在四处传阅寻找买家时，《瓦尔登湖》的节选很快由格里利找到了买家，《萨廷联盟杂志》（*Sartain's Union Magazine*），他们在1852年的7月和8月分两期刊载。但是这家杂志很快倒闭了，梭罗又分文无收。写些能卖的东西，格里利请求说，写一篇爱默生的评传，“客观、公正、有探究性的”，类似写卡莱尔的那篇，他可以立马付50美元。梭罗又一次拒绝为金钱出卖他的友谊，他直接问格里利是否能借他75美元——这意味着他真的走投无路了。[53] 1853年2月，《帕特南月刊》终于为那篇流产了的《加拿大远足》付了59美元，让梭罗可以还一点儿钱给格里利。虽然那篇写加拿大的散文彻底失败，但是它为梭罗争取了足够的时间完成《瓦尔登湖》新的一稿。与此同时，他接受格里利的建议，全情投入写作，婉拒了普利茅斯圈子12月的讲座邀请，他的理由是目前在写的作品太“粗俗”了（假如它不算是彻底的“不敬”）——“因为我发现庙宇里的空气太有限了，所以坐到了外面”。[54] 新写好的《瓦尔登湖》还没到与大众分享的时候。

当演讲和写作都没有收益时，他必须靠测量赚钱。演讲“还不足以支付我之前那本书的印刷费”，他抱怨说，但是接很多其他的活儿或许可以，“我可以做很多测量工作”。1853年夏天，他接下了一份大工程，测量新的贝德福德路和毗邻的农场，镇政府正在这里建睡谷公墓（Sleepy Hollow Cemetery），灵感源自爱默生的作品的新花园墓地。这是件苦差事：6月的康科德感觉起来像“拥挤不堪的加尔各答”，到了8月，“蚊虫萦绕的夜晚，热得只能门窗全开，连一条被单都不能忍受”。暑气这么毒辣，纽约有几百人死于中暑。[55] 到了1854年2月，工人开始在冰冻的湖面上切出一英尺深的口子，用车运走冰块，终于开始把梭罗的抽象线条变成事实。那个时候，梭罗已经绘制出公墓的规划图，这也意味着要砍掉9英亩的树木——价值767.25美元的橡树和松树——他如此写信对撒切尔说。[56] 不管怎么说，可以待在家里了，他告诉布莱克，让其他人忙活吧；这整个西进工程，“去到俄勒冈（Oregon）、加利福尼亚的日本城等地，我一点儿兴趣都没有”，完全是“用一整条西进的路线阻碍**通往**天堂的路径。不，他们或许正走向他们的昭昭天命，我相信这不是我的”。感谢上帝，他对自己说，贫穷把他钉在“我的家乡，怎么也走不出去，而且让我可以研究这片土地，我越来越爱它”。[57]

然而，梭罗同样渴望“荒野——我无法踏足的自然”。他起草了新章节《更高的律法》，这提醒他，即便他宣称打猎和捕鱼把年轻人领入荒野，他自己从没捕到过比土拨鼠更大的动物。[58] 所以，当乔治·撒切尔邀请他在夏末去奇森库克湖来一场打猎之旅时，梭罗异常激动地答应了。1853 年 9 月 13 日，星期二，佩诺布斯科特号蒸汽船离开波士顿港前往班戈，梭罗在这个温暖的夏夜倚靠在甲板的围栏边，凝望着海水缓缓流淌。第二天中午，他来到撒切尔家，得知乔治去老城雇一个印第安向导了——亨利也是这么希望的——如果说乔治的目的是用枪打一头驼鹿，亨利的目的则是用笔追踪这个印第安人。他没有失望：乔治回家时说，他雇到了乔·安提昂（Joe Atteon），佩诺布斯科特族长约翰·安提昂的儿子，乔本就打算去奇森库克打驼鹿，所以很愿意调整计划顺便多赚一点儿钱。

乔·安提昂那晚准时到了，第二天早上他把桦树皮做的独木舟装上马车，去往穆斯黑德湖（Moosehead Lake），乔治和亨利坐在紧随其后的马车里，满载着能够支撑“一个团”的补给：硬面包、猪肉、熏牛肉、茶、糖。当亨利还在抱怨雇用乔和他的独木舟花了整整 7 美元（他觉得应该直接到穆斯黑德湖雇一个印第安人，再借一条船），乔却一整天都在外面冒雨骑马，把他马车里的座位让给女士们。走了 50 英里后，梭罗和撒切尔在蒙森（Monson）的一家酒馆过夜，天亮前就上了路，为了赶上停泊在汹涌、荒芜的穆斯黑德湖畔的小蒸汽船穆斯黑德号。他们和浑身湿透的安提昂会合，后者希望能在出发前烘干自己的衣服。但是下一班船要等到四天之后，所以，一等哨音响起，他们立马排队上船，前往湖的东北岸——他们要在这汹涌的水面上行驶 38 英里。

一等亨利有机会熟悉乔，他的疑虑便一扫而空，“他是个俊俏的印第安人——爱笑，强壮，宽脸，面色红润”，眼角向上翘。安提昂是个有经验的伐木工，他穿着河道伐木工的实用行头：羊毛裤、全棉内衣、红色的法兰绒罩衫，戴一顶黑色的科苏特（Kossuth）帽，还带了一件印第安橡胶雨衣（只有这件雨衣是适合这个天气的）。他们于中午12点半左右来到了搬运道，亨利和乔治走在前头。亨利留意着周围的植物，乔治则准备好枪，随时可以打山鹑，他们的船和行李则在他们之后通过小火车运到佩诺布斯科特河的西岸。在搬运道北角的伐木营地，这对表亲生了火，为晚餐煮了茶，安提昂给独木舟上油——他很仔细，把小火把的热气吹到桦树皮上，让它软化，接着涂上松香和油脂的混合物，再把独木舟架到树桩上，往里面泼水，以此查看是否漏水。“我仔细看着他的一举一动，”梭罗记道，“倾听他通过观察得出的结论，我们雇印第安人最主要的目的或许是让我可以学习他的生活方式。”他注意到安提昂说了一次脏话——“该死的，我的刀钝得像锄头”——但是安提昂对自己被如此密切地观察会作何感想？梭罗只字未提。[59]

很快他们下到了独木舟里：行李放中间，安提昂坐在船头的横木上，这对表亲坐在船尾，怨声载道。不管怎么坐，梭罗咕哝说，总是难受得要命。他们划船，寻找驼鹿的踪迹。梭罗问安提昂佩诺布斯科特语里这些东西怎么说，得知山雀叫“克库尼勒苏”（kecunnilessu），熊叫“瓦瑟斯”（wassus），花楸叫“尤帕西斯”（upahsis），他觉得这些词可能以前都没被拼写过。他很认真地学习发音，直到这位“情报员”确认他的发音是正确的。那天他们见到的唯一一头驼鹿是一具腐尸，某个猎人把它留在了他们的营地，这让梭罗难受了一阵。但是，他提醒自己，他“不该因为了解到印第安人怎么猎杀驼鹿而对驼鹿产生怜悯”，而且他的角色是无伤大雅的，他相当于“记者或随行牧师”。那晚，他们支好帐篷后出去打猎，安提昂一次次吹响他的桦树皮号角，但是他们迎来的只有护林员的回应。在黄昏，他们也听到一声“沉闷的嘣嘣声，好像是某个实心物件发出来的”，有点像一扇门关上的声音，将“潮湿、粗粝的荒野”

关在外面。那是什么？他们低声问安提昂。“树倒了。”[60] 梭罗从没忘记树冠上美丽的月色，他一边看着杉树缝隙间透出的营火，一边进入梦乡。

第二天，他们打到了他们的驼鹿。梭罗已经开始对这位印第安向导失去耐心了，他老是说“遵命”“当然”，还哼《喔，苏珊娜》的小曲，这些都让梭罗不悦。但是在下午三四点时，正当亨利注意到几根树枝发出的嘎吱声时，乔往回划了几英尺，他们看到一头母驼鹿和它半大的幼崽，它们看着周围的桤木，又看着他们，“像受到巨大惊吓的兔子”。乔治先对母驼鹿开枪，它吓得逃走了，正当它停下回头看它颤抖的孩子时，乔治把第二发子弹射向小驼鹿，它们逃上了山丘。乔·安提昂停好独木舟，追踪受伤的猎物。此刻的亨利完全相信了他的打猎能力：“他快速追上岸，脚底像装有弹簧一样悄声穿过树林——真的一点声音也没有。他在陆地上左右环顾，跟上受伤的驼鹿留下的细微足迹，时不时默默地指出一滴血迹。”[61] 半小时之后——这么快，梭罗想——安提昂放弃了，他们往上游走去，但是忽然间，它出现了，是那头母驼鹿，它躺在水里，死了，身上还是温热的。亨利拽着它的耳朵往岸上拉，安提昂则把独木舟拖上岸，在他的帮助下，亨利用独木舟的吃水线量了它的大小：7.5 英尺（这不准，他后来说），8 英尺，一头“奇形怪状的”笨拙动物，真正以这片荒野为家的“那种生命”。

屠宰开始了。“安提昂现在开始剥皮，用一把折刀，我在旁边看着，多么残忍的事啊，看到刀刺入这具仍旧温热悸动的身体，看到温热的乳汁从撕裂的乳房里流淌出来（它有四个乳头），剥离外皮后，可怕的红色尸骨露了出来，即便皮已经剥掉，有些肌肉仍在抽搐。”猎人们还没有腻烦，他们晚饭时尝了一点驼鹿肉——很像小牛肉，梭罗觉得——而后，他们继续穿过灌木和浮木往上游进发，一路上，亨利仿佛处于半梦半醒之中。等他们回到营地的时候，他觉得自己受够了。安提昂和撒切尔到下游打猎，梭罗留在后方，借着营火的亮光在日记里写下他的惊恐和反感：“下午的悲剧和我的共谋——尽管我表面看起来无辜——这一切毁掉了我旅行的快乐。”为了生存打猎是一回事，但是“这种仅仅为杀害驼鹿那一刻的快感而猎杀——甚至都不是为了得到它的兽皮……就像晚上出门去某个林边牧场，射杀你的邻居的马儿——他们既是上帝的马，也是我自己的马。”那夜猎人归来了，他们没有再看到其他驼鹿。在亨利的坚持下，他们把一大块肉装进船里，对于这么小的独木舟来说，肉的分量很沉。[62]至少有很多肉会被浪费掉，在荒野里无意义地腐烂。

第二天是星期天，没有打猎活动。他们划船去安塞尔·史密斯（Ansell Smith）位于奇森库克湖的一头的伐木营，在那儿，安提昂的朋友们走进来，报告北边的驼鹿狩猎情况“一塌糊涂”，就连渴望打更多猎物的撒切尔也放弃了以那样的方式打猎的计划。梭罗已经出去散步了，回来时很遗憾地得知他错过了这些在附近扎营的印第安人。但是，天色已经太晚，没法再去回访，所以他就仔细观察这个伐木营——房子、平底船、农场、家禽、铁匠，还有一个阴凉的地窖——他们把驼鹿肉留在那儿给伐木工人。梭罗和撒切尔这一晚住在木屋舒适的卧室里，安提昂则住在印第安营地里。第二天，他们顺着佩诺布斯科特河原路回到搬运道的北岸。一路上，亨利都待在安提昂身边，细心观察着他怎么能划得这么有力，而且走路竟然不发出声音。他记下更多的佩诺布斯科特语名词，尝了所有安提昂试吃的野果。当他们回到搬运道北岸，发现三个印第安人在那儿扎营，熏烤驼鹿肉，晒干驼鹿皮。他们受邀一起吃烤熟的驼鹿舌头（三个印第安人道歉说，肉很老，没掌握好烤肉的时间），还有煮蔓越莓——吃了几天猪肉和硬面包后，这些果子尝起来味道好极了。撒切尔做晚餐时，梭罗看安提昂处理驼鹿皮，即便撒切尔的子弹已经把它打穿，安提昂还是有办法弄出一张完整的皮来。

接着迎来了有趣的一刻，撒切尔想继续在佩诺布斯科特河沿岸打猎，但是，“因为某些原因”，这个计划“必须舍弃”。之后，撒切尔想在附近的伐木营地和白人伐木工过夜，尽管印第安人已经邀请他们留宿。撒切尔似乎赢了这一回合，因为这对表兄弟去了伐木营——梭罗觉得那儿恶心，“闭塞、肮脏”，散发“恶臭”。他更愿意和印第安人过夜，他们“脾气更好，是更好的旅伴”。所以，他们回去了。安提昂提议午夜时分出去打猎，于是表兄弟俩躺在铺在地上的驼鹿皮上，盖上毯子，和一同过夜的印第安人聊天，这些人中包括安提昂的朋友塞巴提斯·达纳（Sebattis Dana），也是佩诺布斯科特人，还有塔蒙特·斯瓦森（Tahmunt Swasen），他是从魁北克来的圣弗朗西斯河附近的阿布纳基人（Abenaki），他把自己的名字写给梭罗。[63]

这一晚在梭罗的生命中具有关键的意义。在那晚之前，“印第安人”是他在自我世界的边缘偶然碰上的人，或者是历史传奇里已经消逝的遥远故事的主角。那晚之后，对于梭罗，他们变得更……梭罗会用他剩下的岁月来找到一个妥帖的形容词。整个晚上，这些瓦巴纳基（Wabanaki）* 人都说个没完，因为“他们很外向”，有时候和白人讲英语，有时候则用自己的语言彼此交谈。梭罗做了好几页笔记，试图记下他们说的每一个词：有关狩猎驼鹿的，有关驼鹿皮多种用途的，等等。谈到印第安语词“佩诺布斯科特”，塔蒙特解释说，它的意思是“多石的河流”。安提昂说，穆斯黑德湖在印第安语里叫作“塞巴姆克”（sebamook），但是“塔蒙特发的音更像‘塞北姆克’”。这是什么意思？亨利问道。塔蒙特艰难地用英语描述这个概念，过了很久亨利才明白他说的是什么：“水库”，水流进来却不流出去的地方。亨利继续问，“马斯科特奎德”是什么意思？应该是“马斯科提库克”（musketicook），他们纠正他，意思是“死水”。其他的康科德地名呢？彭卡塔塞特？安娜史努克（Annursnack）？他们摇了摇头：这些名字是别的语言里的。那么魁北克呢？撒切尔问道。它的意思是“回家去”，塔蒙特俏皮地说。[64] 不清楚乔治和亨利有没有听懂这句玩笑话。

那一夜，他们没去打猎。安提昂似乎把这事忘掉了，也没有人提醒他。随着夜色渐深，亨利平躺在他的毯子上，满怀敬畏地听着这些瓦巴纳基朋友继续彼此聊天。“没有比亲耳听见原生态的印第安语更能确定

---

* 美洲原住民联盟，由五个主要国家组成：米克马克（Mi'kmaq）、马利塞特（Maliseet）、帕萨马夸迪（Passamaquoddy）、阿布纳基（Abenaki）和佩诺布斯科特。——编注

他们是独特且属于土著居民的种族了，这种语言白人说不来，也懂不了。”在这儿，生活在他们自己的世界，他们是完整的，完全是他们自己，完全“无法被我们理解”。几周后，他还在想着这个晚上的经历：听见他们的语言让他确信印第安人是客观存在的，“不是诗人的发明”——比他找到的所有箭头还要真实。“我坐着，听着佩诺布斯科特人闲聊，大笑，打趣，操着《艾略特印第安圣经》*里的语言——谁知道这种语言已经在新英格兰被讲了多久？这些口音听起来……”梭罗喜欢想象自己是自然界的最后一人。但是这些人才是1853年的世界里真正的自然之子，他们和他一样真实，说着一种完全属于他们自己的丰富且鲜活的语言。从这里开启的思考会迫使梭罗重估他所知道的一切。[65]

第二天早上，他们在细雨、红松鼠和雨蛙的声音中醒来。这对表兄弟迟疑着，想着这种天气里可以做什么，但是眼看雨越下越大，他们反而不用多想了：是时候回家了。撒切尔把枪借给安提昂，换来一对驼鹿角，后来它们成了他家的衣帽架。梭罗走在前面，采集植物，在湖岸边度过了独自沉思的一小时，等来了载着撒切尔和行李箱的小车。12点半，蒸汽船带他们穿过湖水，来到格林维尔（Greenville），撒切尔取回了马车和马儿。三小时后，他们来到蒙森酒馆，梭罗讨厌这里的“肮脏”，倒头就睡。次日下了一整天的雨，他们没法看到期待已久的卡塔丁山。梭罗的日记里记录了两人间的嫌隙：自从撒切尔杀死了那头驼鹿，表兄弟俩就变得貌合神离了。虽然梭罗没说一句话，但他的道德感已经毁掉了他们伟大征程的乐趣。到了班戈，他们才有了一点儿兴致。他们来到印第安人的岛上，拜访约翰·内普丘恩族长，这位86岁的老先生是连通现在和过去之间的活着的桥梁。内普丘恩穿着长袜坐在床上，用狩猎驼鹿的故事招待两位访客，直到他的女婿把话题转到地方政治上，谈到佩诺布斯科特人苦苦争取要有自己的学校。正如他所说：“如果印第安

* 《艾略特印第安圣经》（*Eliot Indian Bible*），在英属北美地区出版的第一个《圣经》版本，由英国清教徒传教士约翰·埃利奥特（John Eliot）将《日内瓦圣经》译为马萨诸塞州土著语言。

人有了知识，他们就可以守住自己的钱。”教育是在不断扩大的白人社会里重建主权的途径，只有这样他们才能争得他们自己的未来和一席之地。[66]

梭罗发现，和伐木营或乡村酒馆不同，佩诺布斯科特村非常干净。村里全都是整洁的两层楼白墙房子，快乐的小男孩奔向梭罗，手上拿着弓和箭，和他闹着玩，想从他手里讨一分钱。“岛上的印第安人似乎生活得非常快乐，而且得到老城居民的厚待。”他写道。[67]有个人正忙着造独木舟，梭罗采访了他，仔细地记下长长的笔记——“这些过程值得事无巨细地描述”，“日记里现在写的这些东西”至少应当得到和“白人的艺术”同等的关注。接着，他们一起参观了一间锯木厂和一个制造平底船的作坊；在这些地方，梭罗几乎没有记笔记。他在这里停留了三天，最终于 9 月 27 日返回康科德，带着一件纪念品：一双花 5 美元买的漂亮的佩诺布斯科特雪地鞋——这是他五天的工资。[68]冬天的积雪不会再妨碍他去森林深处探索了。

* * *

在最终会出版的书里，梭罗这样写道：回到家乡“流畅但仍富有变化”的风景中是一种慰藉，这儿的林地和农田是“每座村庄都能拥有的”，而“真正的天堂”就坐落于荒野和小镇最“华丽”的公园和花园之间。尽管如此，他作结说，我们必须保护荒野。他问：“为什么不建立国家保护区？这样没有村落会被破坏，里面的熊和豹子，甚至一些猎户，都能生存下来，而不需要‘被文明驱逐出地球表面’。”我们能够“为了灵感和真正的创造”保护我们的森林吗？“还是我们要像强盗一样，在我们的国土上偷猎，把它们搜刮一空？”梭罗对于国家公园系统的梦想从佩诺布斯科特河边展开，就始于他听到乔·安提昂和他的亲友们说着他从未听过的语言的那一刻。在更早的时候，他希望有地方公园和保护区，而今，他呼唤“国家保护区”来守护我们的“国土”——在他的愿景里，这也包括保护土著部落，使他们继续生活在他们土地上的权利也能因此得到捍卫。[69]

“到了 10 月，如果人有根茎和枝叶，那它们也都该成熟了，”那年秋天梭罗写道，“他浑身洋溢着天才的气息。”[70] 整个 10 月他都在写《奇森库克》，11 月下旬，他被邀请给一本新杂志撰稿，他寄出了这篇新出炉的散文。杂志社没有回音（出版计划搁置了），不过几年之后，星期六俱乐部会使这个出版计划得以复苏，《大西洋月刊》会在它最早的几期里刊发《奇森库克》。与此同时，现在的梭罗已经为康科德学园准备好了全新的讲座，他会再次当选策划人，再次辞职——这次是为了抗议这一季没有足够好的演讲人。爱默生接替了他，他知道去哪儿找好的演讲人，所以一转身就订下了 12 月 14 日梭罗的讲座。爱默生的女儿伊迪丝立马找到了梭罗，她问，他的讲座会是“她想听的有趣故事，还是……那种她不在乎的古老哲学”？面对着这个 12 岁的小姑娘，梭罗“陷入了深思”。《奇森库克》没有让她失望，孩子们喜欢它，丽蒂安说，即便是小埃迪也坐着听完了整场讲座。[71]

梭罗在乎伊迪丝的意见，她正长成一名能干的助手，常常带给他花和标本。那是个风和日丽的秋天，梭罗的社交生活突然又繁忙起来。他带埃伦、伊迪丝和爱德华上科南特姆“采野果”，和埃勒里·钱宁开帆船，带索菲娅在费尔黑文湾划船，她在那儿画了一张素描；他划船载着伊丽莎白·霍尔和她的朋友上阿萨贝特河，载着索菲娅和辛西娅下康科德河。这段日子，他记录关于秋叶的思考，它们带给他前所未有的感动。“它们如此美丽地走向坟墓，如此温柔地落下，化为尘土！”它们“卑微地重生，来年要爬得更高”，它们是这一年中最伟大的作物，“它们教会我们如何死去”。[72]《瓦尔登湖》因为着眼于春天和重生，放不进这些消极的思索。他把这些段落放到一边，它们成了诞生《秋色》一文的种子。

忙碌的社交季持续到冬天。辛西娅的朋友卡罗琳·布鲁克斯·霍尔（Caroline Brooks Hoar）——埃比尼泽·罗克伍德·霍尔法官的妻子，想到了一个主意：1853 年的圣诞应当成为真正的全社区的庆典。每个镇上的孩子，不管是富贵还是贫穷，都能收到一份为他精心选择的礼物。组织者们列出了一张16岁以下孩童的名单——共有700个——康科德的妇女花上几周时间为每个孩子准备礼物，募集钱款，给最贫困的家庭织毛衣。亨利答应由他来负责圣诞树，12月22日，他走到林肯县的沼泽地，砍下一棵黑色的小水杉树，运到市政厅。小树一放到室内就显得十分庞大，填满了整个场所，因为树太高，人们不得不砍掉最上面的树冠。圣诞夜的6点整，市政厅的大门敞开，几百个孩子涌进来，水杉树上装点着点燃的蜡烛，光彩动人（尽管梭罗说由星星点亮的12月夜空更加光彩照人，这很符合他的品味）。树的周围是大堆大堆的礼物，圣尼古拉斯*本人隆重登场，把糖果撒给等待的孩子，同时叫每个孩子的名字，分发礼物。[73]

这个节庆开启了真正的新英格兰冬天，如此寒冷，梭罗家的水管也差点儿冻住了。节庆之后是一场封住所有公路、让所有学校停课的暴风雪。亨利在大风中试了试他的新雪地鞋，但是风太大，20分钟之后他留在雪地里的所有足迹都被吹没了。街道显得很荒凉，每家每户的门口堆积着高高的雪，但是在室内，他发现每个人都比以往更快乐。邮局里，每个旅客都在焦急地打探关于铁路的音讯，想知道铁轨上的积雪有多深。梭罗用他长2英尺的尺子测算过，积雪的深度大概从14到24英寸不等。然后，很突然地，雪融化了，屋檐开始滴水。“我们也解冻了，”梭罗写道，“它们影响了我们1月的心情……被严峻考验封冻的思想融化为情感喷薄而出。”[74]

梭罗确实解冻了，他忙碌的社交生活延续到来年，1854年。威廉·塔潘，十年前梭罗在纽约认识的那个试图生活在荒野木屋里的人在1月上旬来访。他的话不多，但是在雪地里跑来跑去，像个孩子一样高兴地卷起裤腿。[75]梭罗不情愿地做了件新外套，他讨厌它——“我是谁？干吗

* 圣尼古拉斯（St. Nicholas，270—343年）：圣诞老人的原型。他是土耳其历史上真实存在的一位主教，心地善良，乐善好施，喜欢以匿名的方式给当地穷人赠送礼物。去世后，他被尊称为圣人，其生前事迹后来演变为今天圣诞老人的传说。

要穿这样的外套？它适合和我身材相仿的恶魔的天使”——这是为了让他得体地出席 1854 年 1 月 19 日坎布里奇的庭审，作为一场房产纠纷案里的专家证人。他的委托人败诉了，但是出席庭审让他能顺便探访撒迪厄斯 · 哈里斯，后者认出了梭罗带去的神秘蚕茧来自高贵的帝王蛾。穿着温暖的新外套，梭罗那年 1 月下旬拜访了很早之前就想探望的布莱克和他的伍斯特“门徒”，和他们在极寒冷的天气里出去散步。[76]

但是那一季的新闻——真正的新闻——发生在 1853 年 10 月 28 日，706 册未售出的《河上一周》寄到了家里，梭罗把书拖上二楼，塞在他的阁楼卧室里，堆得有半人高。“现在我有了 900 册的藏书，其中超过 700 册是我自己写的。”他尖酸地自嘲。[77] 之后他迎来了苦中带甜的一刻，正好一个月后，他走进詹姆斯·芒罗的办公室，付清了出版《河上一周》欠下的最后的一笔 290 美元债务。他一共还了四年零七个月。他和芒罗开了个新账户，出售 12 本《河上一周》——“诗人怎么能承担书商的风险？”他发出痛苦的牢骚，闷闷不乐地抱怨他的第一本书总共才挣了 15 美元。[78]

不管怎么样，梭罗终于把债还清了。他投入《瓦尔登湖》最后阶段的修改，庆祝他的解脱。在书中，他放入了 1853 年日记里的新材料，描述现实中融雪的绚丽语段被用来强调“春天”的降临，“那些沙地上的植物！它们让我相信自然还是位年轻的姑娘”，地球不是“已死的历史的遗骸……而是充满活力的诗歌，就像枝头的树叶”。[79] 一周后，瓦尔登湖上电闪雷鸣，梭罗惊愕于它的生机勃勃，“这个家伙个头这么大，体温这么低，皮肤这么厚，但却是如此敏感”。就算在隆冬时节，万物也都涌动着生命，适应着人无法适应的气候变化。“大地是活的，上面布满灵敏的触手——就像乳头一般。最硬最大的岩石，最宽的海洋，和温度计中的水银一样敏感于环境的变化。尽管你可能不觉得天气在变，但瓦尔登湖都知道。”[80]

《瓦尔登湖》完成了。1854 年 2 月末，梭罗把清晰的书稿誊写给印刷工。到了 3 月中旬，他和波士顿最好的出版公司蒂克纳和菲尔茨

（Ticknor and Fields）签订合同，首印 2000 册。格里利向梭罗表示祝贺，并马上刊登了关于《瓦尔登湖》的启事。经过了九个漫长的年头，一切都在加速：3 月 28 日，第一批校样到了，整整两个月梭罗都在忙着校对（他向一位气愤的印刷工保证，自己会把字迹写得更清楚），他把语句调整得更清晰、有力、流畅、准确。[81] 他太专注了，甚至错过了瓦尔登湖第一株臭菘发芽和湖面融冰的日子，但是只要他能腾出空来，就会兴奋地回到周遭的世界。“大地散发着香气，就像到处开着同一种花。”他在 5 月 16 日这样写道；5 月 24 日，他在日出前走到爱默生崖，写道：“自然现在待人温柔似水。”[82] 当阳光刺破覆盖东方的广阔雾霭，他发现这种景象能使他从一个新的维度看待世界：“阳光吞掉了雾霭。”他蹚进贝克斯托沼泽，观察蛤蟆和马醉木的花，这天晚些时候，他写了一张长长的表格，列出各种灌木和树木的发芽时间，补上了因为校对而拖欠的真正的自然笔记。[83] 他不知道这一天在波士顿，联邦法警逮捕并监禁了安东尼 · 伯恩斯（Anthony Burns），一个在波士顿服装店秘密工作的逃亡奴隶。

两天后，由几位梭罗的朋友（希金森、奥尔科特、西奥多 · 帕克和温德尔 · 菲利普斯）带领的愤怒的人群洗劫了关押伯恩斯的法院大楼，但是没能救出他。在随后的庭审里，法官爱德华 · G. 洛林（Edward G. Loring）做出以下裁定：作为财产，伯恩斯必须被归还给他的主人。6 月 2 日，波士顿人戴着黑纱走上街头，看着戴着镣铐的伯恩斯被押上港口，一艘船正等着送他回南方。游行队伍被持枪的警察、全副武装的联邦法警、一个炮兵团和三支海军部队看守着，其中一支海军部队带着大炮。美国革命的发源地如今受到了强有力的军事管制。[84]

* * *

伯恩斯被捕后，梭罗继续写作和记日记，但是很快，他流露出不安。“我们的生活是清白的吗？”他问道，“对于人和动物，我们的生活在思想或行为方面是不是不人道的？”对于任何生物的最不必要的伤害在任何意义上都是自杀。“一个凶手谈得上拥有安宁或生活吗？”他心里想着自己的行为，因为他又在为阿加西采集标本了。1847 年，曾经的他为了科学而杀戮，当时，这从未让他不安，而今他很焦虑：“科学的非人道让我不安，当我杀死一条少见的蛇，我曾说服自己只有这样我才能知晓它的种类——我觉得这不是求得真知的方式。”第二天，他的怒火爆发了：“我看到法院满是全副武装的人，他们看守着犯人，审讯一个**人**，问他是不是**奴隶**……这竟然是马萨诸塞州的法庭，只要她还犹豫着是否要释放这个人，她就是有罪的。”[85]

从这时起到 6 月底，政治的火焰会炙烤并摧毁他惯常的春季工作：观察蜉蝣、老鹰、雨蛙、沙锥鸟、醋栗、紫杜鹃、彩虹。三年前，当托马斯 · 西姆斯被捕时，梭罗写下了好几页愤怒的话语但保持了沉默，现在他再度怒火中烧，连枕头下都搁了一支铅笔，可以倾泻让他难以入眠的愤怒。这一次他准备好发声了。整个 6 月，梭罗都在搅动西姆斯被捕后压抑的怒火，在纸页上写下他此刻新的震怒，把这一切凝聚成极具感染力的演讲《马萨诸塞州的奴隶制》。[86]1854 年 7 月 4 日，《瓦尔登湖》印好的书页正在蒂克纳和菲尔茨出版公司被装订成册，但是梭罗却站在南弗雷明翰（South Framingham）的哈莫尼·格罗夫圆形剧场（Harmony Grove Amphitheater），舞台上倒挂着一面系了黑色缎带的美国国旗，他加入了索杰纳 · 特鲁斯（Sojourner Truth）、温德尔 · 菲利普斯、蒙丘尔·康韦和威廉·劳埃德·加里森。加里森在做完开幕演讲之后高举《美国宪法》，“这是和死亡订下的协议，和地狱缔结的条约”，他说着，把《宪法》点燃，就此定下了大会的基调。面对嘲讽、嘘声、不满和愤怒的嘶吼，加里森坚持高举燃烧的《宪法》，直到灰烬烧到了他的手指。[87]

梭罗的演讲排在大会的尾声部分。“燃烧的话语，”一份报纸如此形容他的演讲，“波士顿法院大楼再次挤满了全副武装的人，他们看守着犯人，审问一个**人**：试图辨明他是不是**奴隶**。真有人觉得正义或上帝在等待洛林先生的裁决吗？”这里的选择很清楚：服从《美国宪法》（梭罗说话的时候踩在它的灰烬上）还是上帝的更高律法？“不是爱德华·G. 上帝（Edward G. God），而是‘上帝’。”一个观察者记录道，梭罗用“平静的、无意识的声调”讲出这些震动人心的话语，他道出了别人不敢言说的所有内容：既然大多数人的法律制造出这样的丑行，那么道德之路反而被扫清了。“让这个州和这些奴隶主决裂……只要这个州不履行她的义务，就让这里的每一个公民与她决裂。”他告诉人们，一整个月来，他都能感到“一种巨大且无尽的失落”。让他失落的究竟是什么？“最后我发现，我失掉了这个国家。”在这个可以把无辜的安东尼·伯恩斯变成奴隶的国家，所有的生命，或者说生命本身，都被贬值了；不自由取消和颠覆了所有事情的意义。我们不是处在位于天堂和地狱中间的人间，此刻的我们“完全在地狱里”，灰烬覆盖了我们的生活之处。[88]

在演讲最后，梭罗将一个严酷的问题抛给自己：“我走近我们的其中一座湖泊，但是当人如此卑贱时，什么才能展示自然之美呢？”梭罗没有回答这个反问。这样的危机让他最深层的恐惧成真，他的语言表达了深层的背叛感。它们质疑的不仅是他在瓦尔登湖的散步，更是他作为艺术家的整个生涯，包括《瓦尔登湖》这本书本身——他人生中的巅峰之作。现在，他的作品所展示的美学究竟意味着什么？《瓦尔登湖》也埋在灰烬里。政治把自然化为废墟。“想起我的国家毁坏了我散步的乐趣，我的思想对于国家无异于谋杀，我非自愿地走向了对她的颠覆。”但是梭罗不能也不会沉入暗夜。在讲座的最后部分，他做了了不起的转折——他让自己走向希望：“但是，前几天很偶然地，我闻到荷花的芳香，我等待的季节已经来临。这是纯洁的象征。”纯洁的外表，美妙的香气，但却扎根在“大地的淤泥里”，荷花象征着梭罗的“纯洁与勇气”，它或许尚未——但是**一定**会——从“人的懒惰和恶习”、人性的堕落中生出。[89]这是美国的荷花，也是点亮梭罗康科德之路的圣洁符号，象征着佛教中的顿悟。他把它分享给听众的同时，也是在分享他本人存在与信仰的核心，分享他自己的救赎故事。[90]

安东尼·伯恩斯带来的“道德地震”迫使梭罗陷入道德深思：既然

他的成功和安宁都需要他“和寰宇融为一体”，那么他必须认识到人们只有在不伤害他者的情况下才能人道地生活——不伤害人，不伤害驼鹿，不伤害蛇。梭罗首先把这种伦理的要求带入科学领域，按照科学的精神他必须杀害他渴望了解的动物；接着是政治，按照政治的律法他必须把人变成奴隶，把人变成物品。他决心要把科学、政治和自然结合起来：人类美德的准则是让所有生物——人和动物——按照自己的方式繁荣生长。但是如果按照这种严格的道德标准进行检验，没有人能全身而退。我们都有根扎在淤泥里。被梭罗比喻为荷花的救赎方式体现了他最深层的信仰：纯洁和勇气可以由最污浊的泥土生出，甚至产生于“阴沟”里的污秽——即那些孵化了《逃亡奴隶法案》的狗屎（他只有在私下才用这个词）。我们必须“每周问自己——我们的生活是清白的吗？对于人和动物，在思想或行为方面，我们的生活是不是**不人道**的？”诚实的答案不意味着不合格，因为人性从不是清白的。但是我们要努力变得**足够**清白。至于“奴隶制和奴性”，它们不可能具有生命力，只会腐烂发臭。让活着的人把这些东西埋葬，他总结说，“它们尽管腐烂，但也可以成为好的肥料”。[91]

梭罗的演讲让他成为极端废奴主义者中最好战的角色。威廉·劳埃德·加里森在7月21日和8月2日的《解放者报》上刊登了《马萨诸塞州的奴隶制》，霍勒斯·格里利在《论坛报》上转载该文，称其为“**真正**关于更高律法的演讲”，带着黑色幽默的力量。格里利说，很多人会指责我们刊发该文，“但是我们身正不怕影子斜，能够承受批评”。[92]《全国反奴旗帜报》于8月12日在题为《燃烧的话语》（*Words That Burn*）一文中引用了梭罗的讲稿，称以前批评梭罗不过是爱默生的模仿者是“近乎亵渎的”。梭罗本人的日记里只有这么几句：“昨晚很热，什么都没盖，所有窗都开着，早上八点，去弗雷明翰。”他记录了一些花的生长情况，这天日记里的最后一句话是：“今天非常热。”[93]

之后的几周，暑热加剧，他的阁楼房间成了烤炉，晚上只好下楼和家人共度时光。这一切都让梭罗感到封闭和窒息，周遭环境“廉价、粗俗”，

“富有侵占性”。一夜之间，到处都是他的名字。5 月，纽约的出版人查尔斯·斯克里布纳（Charles Scribner）来信向他索要资料，因为他想将其作为“重要的美国作家”列入新版的《美国文学百科全书》(*Cyclopaedia of American Literature*)。[94]6 月 7 日，梭罗的出版人詹姆斯·T. 菲尔茨带着《瓦尔登湖》的校样起程去英格兰，准备在那儿出版并弄妥版权。蒂克纳和菲尔茨在《瓦尔登湖》上花了大量精力，他们相信这是这一季最好的书之一，正如菲尔茨写给英格兰同行的信中所说：“《瓦尔登湖》不是一本普通的书，它肯定会成功。”可惜的是，他晕船晕得太厉害，只能在哈利法克斯（Halifax）下船返回波士顿；在他没有到场的情况下，没有英格兰出版人会接手这部激进的美国书。[95] 格里利发动了他的宣传引擎，到了 7 月，尽管梭罗的弗雷明翰抗议讲稿引发的争议还未平息，《瓦尔登湖》的完整出版讯息（包括书摘）已经开始登陆各大报刊。梭罗被形容为“马萨诸塞州隐士”，勇敢地走上极端废奴主义的风口浪尖，《瓦尔登湖》也在这个风口浪尖问世。

虽然 8 月 9 日才是正式的出版日期，但书提前出炉了：第一本书是 8 月 1 日卖出的，梭罗 8 月 2 日拿到了他的样书。很快，从弗吉尼亚到缅因，从新奥尔良到旧金山的订单纷至沓来。8 月 8 日，梭罗写信给布莱克，显出对这种关注的不屑：“我觉得我这个夏天到现在都没做成什么事。乱七八糟的事情太多了。”8 月 9 日，他的日记只有这样一条：

> 星期三，8 月 9 日，去波士顿
> 《瓦尔登湖》出版。接骨木果子……蜡像在变黄……[96]

那周三在波士顿，梭罗带着他的作者样书和布朗森·奥尔科特吃饭，他送了后者一本书；余下的书他带回了康科德。他终于迎来了他的“雄鸡报晓”，有人听到这声音吗？

阅读《瓦尔登湖》

《瓦尔登湖》诞生于和朋友、邻居的面对面交流，他们毫无顾忌地提“无礼的”问题，期待梭罗诚实作答。1847 年年初，当梭罗站在他们面前，他的房子能够为他说出的每个字做证：进来看吧！但是，到了 1854 年，瓦尔登湖已经不是原来的样子了。湖泊当然还在，但是大多数的树木已经被砍掉，他的小屋也没有了。此处只留下一个野草丛生的地窖洞口。如果那些岁月的意图只是继续生活，那梭罗必须为一本书创造出持久的价值，把物质意义上的空间（散发着柴火和湿羊毛气息、铺着木地板的房子，脚踩松针留下的足迹，来到家门口的老鼠）转化成语言空间。他的另一个困难是找到他的读者。梭罗知道有很多人在背后嘲笑他，但是他也知道像他一样的梦想家和“穷学生”很多时候生活在无声的绝望里。对于所有其他人（不只是嘲笑者，还有尊重事物原本状态的本性“勇敢强壮”的人），他的要求很简单：如果他们试穿《瓦尔登湖》这件外套，不要“扯坏接缝”，以免那些合身的人会失去这件衣服。[97]

《河上一周》想象生命随着时间之河一去不复返，而《瓦尔登湖》则想象生命被热情和痛苦点燃，凝固成一颗多棱面的钻石。罗伯特·弗罗斯特（Robert Frost）深感钦佩：“想一想，这本仅由一个词作为书名的书让这个人完全振作了起来。”[98] 虽然《瓦尔登湖》的主题永不过时，但是它着眼于现实和历史的语境。它需要这些“毛边”：铁路的哨声，土拨鼠偷吃他种下的豆子，悉帕一边烧菜一边低声说脏话。这些物质材料回响于《瓦尔登湖》的观念性内容中，尤其让我们注意到物质的现实和行动如何塑造了个人和社会的特征。长长的开篇章节《经济篇》（*Economy*），让我们知道建造房子这个行为如何（重）建起自我——完全是从地而起；但是**这一次**，这些选择是“有意”的选择，梭罗完全意识到了它们的代价。当他在独立日搬进新居，叙事者重复三次：我们要记得，建立美国这个国家的公民不是维系生活现状的公民，而是创造生活的公民。

听到弗雷德里克·道格拉斯宣布《独立宣言》是个谎言后，梭罗把道格拉斯的愤怒转为自己的道德义愤：他的前人满足于利用奴隶来获得商业的繁荣，而不是靠自己的双手来实现美国伟大革命的诺言，他们把他们的每一个理想都变成了谎言。梭罗的愤怒和鄙夷即使到今天也令我们惴惴不安，统治者们仍然忽略被他们统治的大多数人——这是在宪法保障每个公民参与日常决定的民主国家中不该出现的。因此，解放应当由自省开始："一个人怎么看待自己会决定，或暗示，他的命运。"或者正如圣奥古斯丁在《忏悔录》(*Confessions*)里写的："我并非受制于别人加诸我的镣铐，而是受制于我本人的意志的铁链。"梭罗问，哪个威尔伯福斯*能够解放自我？

《瓦尔登湖》初稿把梭罗置于前沿和核心的位置，建造他自己的世界，钉钉子，犁豆田，沿着铁轨走到康科德，记下每一分钱的开支。那是一栋坚固、温暖的房子，他带着北方佬的得意宣布道，成本是 28.12 美元加半分。最重要的是，这本书装满了道德教谕，连最有同理心的读者都会读到厌倦。年轻的梭罗渴望真理，他坐在他的肥皂箱上针砭前人的愚蠢行为，用他的三寸不烂之舌抵挡他们的嘘声，让他们一边笑一边皱眉——那是他于 1849 年束之高阁，没有付梓的书。

1852 年的梭罗完全不同了，失败让他历经磨炼，家庭生活让他温和成熟。瓦尔登湖帮助他做好准备来应对主街生活的挑战了吗？如果没有，他在那儿的成就就是纯粹却有限的：它意味着一个人只有离开社会才能坚守道德。一种乌托邦？那个撣去旧书稿上积灰的梭罗，希望能把碎片变成整体，他一定想象过自己不只是遭听众腻烦的布道者——他可能想象过自己是带来改变的人。这要求他重新调整全书的重心。几乎整个第二部分都不是湖畔的隐士所写，而是主街上的行走者，充满了各种发现——实践中的"测量员"用他的道德指南针测量人们和他们的行

* 指威廉·威尔伯福斯(William Wilberforce，1759—1833 年)，英国国会下议院议员、慈善家、废奴主义者。他领导国会内的废奴行动，对抗英帝国的奴隶贸易，并于 1807 年亲自见证《废除奴隶贸易法案》(Slave Trade Act)的通过。

为。他的新章节是向外延展的，它对我们之后所称的“环境”完全开放。在最早的稿子里，他告诉我们他的想法；现在，他会让我们看到他如何进行观察。这些章节创立了“自然写作”这个流派，但是梭罗不把自然视为存在于自我之外或是小镇郊外的他者。梭罗将自然看成是更高的真理，它是包含了自我和社会，包含各种生命形式的真理，它们结集到一起，以瓦尔登湖——而非梭罗——为中心。[99] 在新的书稿里，“瓦尔登湖”绽放如大地的亲笔信，如一个人的生命，充满生机，就像有棱镜把阳光反射到书页上。

为了从旧的材料转向新的材料，从哲学转向诗歌，梭罗运用了更多戏剧化的经验，他也因此失去了众多读者。[100] 在《贝克农场》一章，他把在暴风雨里给自己庇护的、生活在沼泽地的贫穷爱尔兰拓荒者约翰·菲尔德塑造为失败的象征，活该承受叙事者的攻击。然而，失败也是叙事者生活的一部分：梭罗把自己塑造为爱卖弄学问的多管闲事者，他用一大堆谚语把这个贫穷的爱尔兰家庭唬得一惊一乍，而当这家人瞪大眼睛看着他，不是像他一样奇迹般地化身为“哲学家”，而是完全听不懂他在说什么，他只好带着鄙夷转身离开。很多人觉得梭罗此处的道德诽谤是不可饶恕的。但是，菲尔德一家的故事也传达了梭罗的一个核心隐喻——虽然是个有问题的隐喻。菲尔德也代表读者，他们都深陷于传统的生活方式，犯下同样的错误。他们以为更好的生活就是努力工作，赚更多钱买更多东西——茶、咖啡、肉——然后加入这种由奴隶制驱动的经济体系，供养这台名为“命运女神”的机器，它会摧毁世界，吞噬灵魂。

梭罗本人确实希望改变我们的生活，或者至少让我们直面生活的现状。如果我们无法改变这些现状，至少需要意识到其中有多少错误来自我们自身。但是，到了书的中间部分，作为叙事者的梭罗没有改变任何事情。读者也像菲尔德一家一样，瞪大眼睛看着他——他们不理解他，他们高兴地继续以往的生活，出卖生命来买一些毫无价值的消费品。如果梭罗面对着他自己建造的房子和眼前的瓦尔登森林，尚且不能当面说服绝望且饥饿的菲尔德一家，他又怎能在他的小屋化为废墟且瓦尔登森林消失不见的未来说服他的读者？此时此刻，按照梭罗自己的标准，他的伟大作品是一本失败的书。

梭罗的慈悲心仅仅表现为试图教约翰·菲尔德钓鱼。但是，当《瓦尔登湖》的叙事者带着自己的钓钩回家，他为自己喜好吃肉而深感羞耻。紧接着的章节是《更高的律法》，在其中，他审视了满足他的胃口所需的杀戮，令人不安；就是这个章节使梭罗去到奇森库克见证乔治·撒切尔的驼鹿狩猎。梭罗在《奇森库克》一文里剖析了这一暴力现实，但是在《瓦尔登湖》里，他书写了一个被折磨的清教徒努力缩减他的大胃口："本性很难克服，但必须克服。"这句话让梭罗失望地收回他严苛的道德要求，他为自己所做的羞愧之事感到羞耻。如果我们真的尊重人的本性，难道我们不应像古印度的法律制定者那样，简单并开放地说出我们的肉体需求，说出"怎么吃喝拉撒，等等"？比起努力"克服"我们的肉体需求，我们更应当接纳它，替它赎罪。

梭罗就此结束了这一章，这也是全书的转折点，他重新塑造了自己，这一次，使自己成为某个 9 月的傍晚坐在门口的"约翰·法默"（John Farmer）。也就是说，我们看到的《瓦尔登湖》书里的那个梭罗不是精心策划该书的作者本人，而是书里的主人公，后者在一年零一天的时间里，完全被这段经历改变。约翰·法默代表着蜕变的第二阶段，虽然他的头脑盛满关于第二天工作的奇思妙想，但他的身体渴望休息。远方的笛声传入他的双耳，但这只是零碎而模糊的声音，"从和他的工作完全不同的领域传来"，直到它们一点儿一点儿淹没了街道、乡村，甚至整个州的声音，邀请他离开这种"辛苦卑贱的生活"。但要怎么离开？"他只能想到更加朴素的生活，让他的精神下降到肉体之中，替它赎罪，一天一天地更尊重自己。"[101] 至少，这是一个开始。

《禽兽为邻》（*Brute Neighbors*）一章完成了这种转变：梭罗以第三幅自嘲式的自画像开场，这次是作为被"诗人"打断的过分自省的"隐士"——前者即精力充沛的埃勒里·钱宁和他的忠犬，他鼓励"隐士"走出他纷乱的思绪，一起去钓鱼。转瞬之间，这位颐指气使、过度关注自己的哲学家成了另一位抒情诗人，成了瓦尔登湖畔的俄耳甫斯。当他手拿钓竿，向河流进发时，他问："为什么我们面前的这些东西就能组成一个世界？"他接下来的观察始于一只野生小老鼠，它坐在他的掌心，在他的手指间啃噬奶酪；随后，他的观察范围不断向外拓展，他放眼生活在瓦尔登森林的除自己以外的生命（多数都是动物），展现了一个不曾被看见的世界。正如梭罗提醒自己的："诗歌**暗示**全部的真理。哲学**表达**了其中的一部分。"[102]

把《瓦尔登湖》转向重生这一主题意味着让它向四季的更替敞开，在"季节轮回中"生活改变了生活和思考的节奏。当冬天把生活"逼入死角"，这不意味着"残酷"，而是意味着丰富和温暖。叙事者的火炉旁聚满了访客，包括获得自由的奴隶和贫穷的劳工（他加入了他们的生活圈子），还有在他身旁找到庇护的"野兽邻居"，例如被他收容的黄蜂，它们住在他家，直到有一天消失在缝隙里。第一章里的人的"经济"于是扩展成一个全新的概念——不是经营家庭的"经济行为"，而是代表整个家庭的"生态"，这里有千百种声音：老鼠和黄蜂，兔子和松鼠，松鸦和山雀，还有梭罗的人类朋友，布朗森·奥尔科特、埃勒里·钱宁、埃德蒙·霍斯默，还有（略有些冷淡的）拉尔夫·沃尔多·爱默生——格里利一直想让梭罗写写他著名的朋友们，书写这些是梭罗充其量所能做的。瓦尔登湖本身此刻结了厚厚的冰，吸引着作为测量员的梭罗的目光。他也测量了瓦尔登湖的深度，发现一直以来说这个湖是无底深渊的传言其实站不住脚。

《瓦尔登湖》一书开场的时候是春天，书中愤怒、心灰意冷的叙事者能够在他人身上洞察到绝望，因为他自身充满了绝望：他是下船来到瓦尔登湖这片汪洋的以实玛利*（Ishmael）。到了第二年春天，叙事者经历了蜕变，重新准备好接纳生活，他痊愈了，身心强健。那个指责菲尔德一家要做出改变的人改变了自己，经历了一系列的重生，从哲学家到

---

* 美国作家梅尔维尔的著名作品《白鲸》里的主人公。

农夫，再到隐士和诗人。和菲尔德一家最初不愉快的交往结出了硕果，巧妙的构思在此得以完成。最终，这位诗人将先前所有的思考融合为一。当铁路“深切”而出的伤口慢慢愈合，他在流动的沙子上看到了创世的画卷，揭示了这一伟大的真理：我们不是生活在一个已死的星球的表面，而是生活在生命涌动的大地之上，如同一枚树叶展开生命。随着湖泊解冻，随着流淌的湖水带来了生机勃勃的闪亮生命，他在混沌中看到了宇宙秩序的降临。这是如此深邃的精神顿悟，以至于他甚至不能接受腐烂的马尸是恶心的，因为死亡和牺牲不再是对自然之美的背叛，而是象征着“世界的纯洁本质”（universal innocence），它们让我们超越生命的局限，它们高尚、深刻，也可怕。他拥抱着他哥哥的尸体，承认这个可怕的事实：尸体也会像火岛海滩上的沙子那样消融。

梭罗在《结语》一章里贡献的重生寓言同样适用于他自己的瓦尔登实验：时间会洗刷一切，生命最终由艺术复活。梭罗用了两年多的时间来让《瓦尔登湖》臻于完美，他搁置了其余的一切事情，他拒绝与时代妥协。当他完成最后的一笔，它“突然在惊讶的艺术家眼前展开，成为梵天最美的造物”。在书的扉页上，他印上了他的座右铭：“我不打算写沮丧的讴歌，而是要像早晨的雄鸡那样骄傲，站在它的窝里，把邻居们唤醒。”在这本书的最后一页，他用一声雄鸡的报晓迎接永恒的黎明：“如果某种光亮限制了我们的视野，那么它对我们而言即是黑暗。只有我们醒来时看到的早晨才是真正的光明。黎明后的光亮比黎明时分更多。太阳不过就是一颗晨星。”在书写《瓦尔登湖》的过程中，他还被生活的门槛挡在外面，而今，他就是吹笛人，他奏出的音符让听见的人获得解放的可能，开启他们通往黎明的旅程。梭罗在瓦尔登湖边和《瓦尔登湖》一书中践行的生命仪式创造了一个奇迹：正如爱默生憧憬的，我们时代的经典，已经由一个同时生活在这个时代之内和之外的人写成。

第三部

继承

第九章　缅因州的瓦尔登
（1854—1857 年）

人若赚得全世界，赔上自己的生命，有什么益处呢？

——《马可福音》第八章第三十六节

“有什么益处？”：《瓦尔登湖》之后的梭罗

“毫无疑问，我们认为亨利是所有美国雄狮之王，”爱默生说，“他走遍了康科德，看起来很坚毅，却因为大家寄予他的厚望而焦虑。”《瓦尔登湖》出版还不到三周，梭罗得到的反馈已经给了他足够的欣喜和自信。得到第一本作者赠书的奥尔科特当天晚上就一口气读完了，第二天重读了一遍，他预言它会“随着时间的流逝找到更多的读者，拥有更大的声誉”。[1] 希金森从伍斯特写信来，感谢梭罗写出了《马萨诸塞州的奴隶制》，他觉得那篇文章是那个糟糕的一周里刊登过的最好的东西，还说看了一眼《瓦尔登湖》的书讯后，他立马预定了两本。[2] 它很“轰动”，理查德 · 富勒（Richard Fuller）说，高尚而真诚，这颗果实定会“流传后世，并随着时间变得更珍贵、甜美、芬芳”。“你为以我们母语书写的文学做出了恒久的贡献。”参议员查尔斯 · 萨姆纳宣布。爱默生补充说，这本书“令人愉悦，妙语横生，通俗易读，有着各种优点，有些部分写得卓越超群”。[3] 但不是每个人都对此书表示赞赏——过着僧侣般的生活的赫克警告布朗森，这本书“骄傲、做作、不可信”；霍桑虽然买了两本书送人，但却埋怨说，读到最后没几个读者能够得出“结论”——但梭罗终于有充分的理由来希望（或者恐惧）他正处在获得文学名誉和财富的边缘。[4]

报纸上刊登了大量的书评，多数是正面的，甚至充满溢美之词。“买这本书，”波士顿的《每日蜂报》（*Daily Bee*）建议说，“你会喜欢的。它独一无二、清新脱俗，来自一个**活人**的脑袋。”“就像野地里新鲜的花束，清香扑鼻，发人深省。”一份新泽西的报纸评论道。新贝德福德的《水星报》（*Mercury*）被它的清新魅力“迷”住了，欢呼说它播下的道德真理的种子会“发芽，开花，美化新的家园”。一位纽约的书评人惊叹梭罗“对语言的娴熟运用”；另一位则认为书“近乎疯狂，但一点儿不愚蠢”。《基督教纪事报》（*Christian Register*）欣赏它“对于现代生活充满智慧的犀利批评”，以及它“戏谑幽默和闪闪发光的思想”。不过，一位波士顿的批评家厌恶梭罗的“自私哲学”，从来不讨好作家的《纽约时报》也批评说：“梭罗先生贬低所有代表进步的东西。”英国的书评人大多较为温和。一位书评人写道，《瓦尔登湖》是“一本勇敢的书，百万里挑一，它是美国的荣耀，是献给全人类的馈赠，值得一读再读”。乔治·艾略特在拥有大量读者的《威斯敏斯特评论》（*Westminster Review*）上赞誉梭罗“深层的诗人气质”，以及“他混合着出世特质的坚定”。[5]梭罗几乎不可能要求更多了。《瓦尔登湖》正在找到它的读者。他之前担心会令朋友和家人失望的恐惧终于消散了；从现在开始，亨利·梭罗确定他已经写出了一本伟大且会载入史册的书，他也可以以此迎接未来。

应对成功——甚至是成名——是一项令人尴尬的新挑战。那年秋天，《论坛报》把梭罗的名字列在了即将到来的演讲季的嘉宾名单中，他们都认为这一季的阵容会比以往都“耀眼”。梭罗做好了准备，他大胆地向布莱克宣告：他的第一场演讲在普利茅斯，接着是费城，“然后去西部，**如果他们要我**”。但是，这种新的状态让他充满焦虑。“无名且贫困”的时候，他可以按照自己的想法自由生活，可以花费整整两年用来观花，用一整个秋天来观察秋叶的颜色。“啊，我以孤独和贫穷为乐！它们带来的优势再怎么说也不为过。”如果公众需要他呢？“如果我出国演讲，我要怎么补偿我失去的冬天？”或许，他的成功源于他的缺陷，包括他愿意为了达成自己的目的而做出“巨大牺牲”。[6] 尽管如此，梭罗还是放下了他的恐惧，决定开始巡回演讲，翻开了他人生乐章中在公众领域最活跃的部分。

梭罗一生中只让人画过三次肖像，第一次就是《瓦尔登湖》出版后不久。[7] 波士顿最重要的插画师之一，塞缪尔·伍斯特·罗斯（Samuel Worcester Rowse）被委派来为爱默生画一幅正式的肖像，他住在梭罗家时，对亨利的长相生出了浓厚的兴趣。一个梭罗家族的朋友记下了罗斯的作画过程：有两三个星期之久，他都在研究梭罗的脸，没有动笔，直到“某一天的早餐时间，他突然从桌边站起来，请辞，接着一整天不见人影”。梭罗的脸上掠过某个表情，罗斯希望能够捕捉下来。第二天早晨，他带来了为这位年轻、文雅的诗人所画的细腻的粉笔和炭笔画像。这让梭罗的多数家人都欣喜不已——索菲娅在余生里珍藏着它——尽管玛丽亚姑妈嘲笑说一点儿也不像，亨利的朋友们也觉得不怎么样。布莱克觉得画像“令人非常失望”，富兰克林·桑伯恩认为它“太弱了”，奥尔科特抱怨说，这让他的朋友看起来“太绅士了”。无疑，那就是罗斯的初衷。他想做的不是精准的写实，而是捕捉艺术家带给人的印象。当时，照相机的发明正给艺术界带来天翻地覆的变化，罗斯的声名来自把他所描绘的对象转化成理想且感伤的维多利亚时代的中产人士。亨利对自己这个不切实际的平庸化身作何想法没有被记录下来，但是，他过世之后，这张画像成了 19 世纪最广为流传的梭罗画像。[8]

那年 8 月的另一位访客是来自塞勒姆的植物学家约翰·刘易斯·拉塞尔（John Lewis Russell）。整整两天，他和梭罗一起散步和游船，梭罗一路上都在发问。拉塞尔特地来康科德是为了寻找康科德最稀有、最珍贵的植物：一种美丽、娇嫩的攀缘蕨，它是全英格兰的蕨类植物中独一无二的，能够像藤蔓一样环绕其他植物。它只长在一个地方，在森林深处的荆棘里，梭罗在 1851 年 11 月下旬找到了它——他只跟最信赖的朋友分享这个秘密。伊丽莎白·霍尔是其中之一。1854 年 8 月，他细致且耐心地解开这种娇嫩的花枝，帮她收集了一些做花环。两天之后，8 月 16 日明亮的早晨，梭罗带着拉塞尔去采集这种高贵的珍稀植物做标本。这以后，他俩一直是朋友。第二年春天，拉塞尔发表了一篇优美的散文，记录了他们“深入未知童话世界的探索之旅”。[9] 两年之后，拉塞尔又回来做了一次乡野漫步，1858 年 9 月，他们一起探索了安妮角（Cape Ann），在这片海湾高兴地采集植物，用枯萎的野梅枝生火煮晚茶。[10]

《瓦尔登湖》很快给梭罗带来了读者的信件和新的友谊。一封信来自新奥尔良的法国天主教神父阿德里安·鲁凯特（Adrien Rouquette），他说他读到了一篇书评，就立马出去买了一本。鲁凯特是一位热情的废奴主义者，他敬仰奥雷斯蒂斯·布朗森和艾萨克·赫克。很快他会离开城市，作为传教士及保护人和乔克托族（Choctaw）印第安人住在一起，穿他们的衣服，学他们的语言，并拥有一个乔克托语名字“恰塔-伊玛”。他的信是用他的母语法语写的，表达了对《瓦尔登湖》的无尽赞赏，他请求梭罗给他寄一本《康科德和梅里马克河上的一周》，并附上了他自己的书：一些他写的圣诗歌，以及对作为宗教隐士的一生的思考。收到这样热忱的法语来信让梭罗喜出望外。“这是我祖父的语言，”他优雅地回信说，“我向你保证，我深受鼓舞，你让我看到我们共同拥有的这个祖国的辽阔和命运。”[11] 他对于北美法国人的亲切感，在他的加拿大短途游中被点燃，尚未消散。

接着有封奇怪的信寄自新贝德福德，一打开是生硬的“敬爱的先生”，接着文字就像炉子上的开水壶那样快速地升温并欢叫——这位作者热情洋溢地分享着自己对自然的热爱，他喜爱的米德尔伯勒（Middleboro）湖群，他的乡村旅行——但是他有老婆和四个孩子，而且已经 42 岁了，采取这种新的生活模式显得“为时太晚”，不过，他是在自己“距离新贝德福德 3 英里远，长 12 英尺，宽 14 英尺，安静、偏僻的粗木小屋里”写下这封信的。几页之后，这封洋洋洒洒的信戛然而止：“亲爱的瓦尔登先生，我必须先说再见了。丹尼尔 · 里基森（Daniel Ricketson）。”梭罗写下礼貌、谨慎的回复，附上他最好的祝福和一些推荐的书名，还开了个无伤大雅的玩笑：“虽然你告诉了我这么多关于你的事情，但我仍然觉得我占据优势，因为我在书里告诉了你更多有关我的事。你也因此有了更大的枪靶子。”“急匆匆写下了信，差强人意。”里基森在他的日记里这样写道。但之后，他拿出一页白纸，写信邀请梭罗来访——他没有寄出这份邀请函。看起来，这位冲动、爱抱怨、容易被激怒、喋喋不休的里基森和“瓦尔登先生”之间似乎没什么缘分。[12]

当里基森冒失的信还躺在书桌上没来得及回复，梭罗已经开始了繁忙的生活，夏日的干旱终于过去，那年春天他埋在花园里的乌龟蛋也终于孵出了小乌龟。看到大地能够呵护这么脆弱的生灵之种，他深受感动。他经常和朋友一起散步，比如米诺特 · 普拉特（Minot Pratt），一个在康科德买了农场的布鲁克农民，他正在学养蜂并了解当地植物；还有罗斯，他教会梭罗用艺术家的眼睛看世界；以及钱宁，他仍然孤寂、苦恼，把他的空房子和外面的街道踩得嘎嘎作响。还有他最新的访客，一位身形瘦长的什罗普郡（Shropshire）绅士，名叫托马斯 · 乔姆利（Thomas Cholmondeley），8 月的一天出现在爱默生家的门口，现在要在梭罗家住上一整个秋天。乔姆利毕业于牛津大学，刚出版了《天涯海角》（*Ultima Thule*）一书，基于他多年在新西兰养绵羊的经历，对新西兰的政治和社会经济进行考察；现在他想看看英联邦在新大陆做了些什么。梭罗称赞他是“拥有朴素习惯和真正的自由派思想的英格兰乡绅，有一天或许会在他国家的政府里任职”。[13] 不知怎么的，他们喜欢上了彼此。新年一过，将要坐船回家的乔姆利来到康科德，想劝梭罗一起去英格兰。他们的友谊肯定很深，爱默生害怕梭罗真的会去。[14]

那个秋天，梭罗的努力目标是在巡回讲座中崭露头角，他有了个良好的开端。第一份邀请来自普利茅斯的马斯顿 · 沃森，他和詹姆斯 · 斯普纳以及其他几个人凑了 10 美元，要梭罗加一场演讲。[15] 奥尔科特也在普利茅斯，他正在给家人物色一个可能的新家，沃森也希望梭罗可以测量他广阔的花园和果园。梭罗高兴地带上两个指南针和讲稿，于 10 月 7 日出发来普利茅斯。不过沃森的邀请让他有点尴尬：他们想要两场讲座，梭罗只准备了一份讲稿，而且他们都已经听过了。时间紧迫，他扩写了《行走》的章节，把它变成适合他计划中的西部之旅的系列讲座。在普利茅斯，他以“月光”的主题开场，一段在缥缈月光下散步的狂想，揭示了我们“不是大地上的尘土，而是大地上的灵魂”。[16] 听众很少：沃森一家、忠实的斯普纳、奥尔科特——他和过去一般支持梭罗，大赞新讲座“令人钦服”——外加别的几个人，加起来也不超过一个“缝纫小组”的人数。关于这段旅程，梭罗没有记录任何文字；这位喜欢生活里有大量闲裕的作家在这个秋天没有任何空闲。他和奥尔科特一起住，他们一直聊到睡觉时间，而后花了三天测量希尔赛德的 80 英亩土地——沃森指路，奥尔科特拉测量链——回程时，梭罗于 10 月 13 日借道波士顿，探望了奥尔科特的家人。[17]

一回家，梭罗就写信给布莱克，计划他们去沃楚西特山的徒步——不算旅行，他只能腾出一点儿时间。至少它能够让急于攀登一座美国高山的乔姆利看到些许乡村风光。他们于 10 月 19 日出发，遭遇干旱之苦的树木已经落光了叶子，高地覆上了一层早雪。他们从威斯敏斯特走到丹尼尔 · 福斯特的家——在康科德的圣三一教会当了一年牧师后，福斯特定居在东普林斯顿的农场上。丹尼尔出去做讲座了，不过他的妻子多拉（Dora），索菲娅 · 梭罗亲密的朋友，热情地招待了他们。从那儿到沃楚西特山的顶峰只有 2 英里山路，所以他们出发了，和布莱克在山顶会合，然后用亨利带来的望远镜看停泊在波士顿港的轮船，啧啧称奇。[18]

在福斯特家睡了几个小时后，他们在日出时分回到山顶，望向“镶着金线，如雾一般朦胧的”东边。西边，沃楚西特的山影在最遥远的地平线上和胡沙克山脉相交，而后逐渐收敛成金字塔的形状消失于下方的农场。那天傍晚，他们回到了家。丹尼尔 · 福斯特写信说，他很遗憾自已不在家，希望梭罗哪天能再来，因为他一直给家人朗读《瓦尔登湖》，读得很慢，时不时停下来讨论，他想要梭罗明白他们之间的友谊“尤其有助于实现和深化我最重要的愿景”。[19] 这个愿景是能在自己的土地上，在一个幸福的家里“寻求真理和永恒的生命”。这是个令人心酸的期许——热忱的福斯特将来会到堪萨斯（Kansas）边境追求他的理想，他会加入约翰·布朗的起义，之后会作为美国有色人种军队第37团的团长，战死于南北战争中。

* * *

梭罗刚从沃楚西特山回家，就投身于写作。他已经同意作为第二位演讲人加入费城负有盛名的春园力学研究所（Spring Garden Mechanics Institute）举办的演讲季，这是他第一次在新英格兰地区之外露面，他很重视。他宣布，他的讲座主题是《荒野》（“The Wild”），这是从扩充的《行走》里划分出的第二份讲稿。但是，西部讲座之旅的计划进展得不顺利。他只收到两份邀请，一份来自俄亥俄州的阿克伦（Akron），另一份来自安大略（Ontario）的哈密尔顿（Hamilton）。在匆匆的书信往来中，他试图把两个讲座都排在1月上旬，同时寻找更多机会——两个邀请不足以支付路上的开支——他还要腾出时间到普罗维登斯（Providence）和楠塔基特（Nantucket）露脸，也希望能从波士顿地区再得到一个邀请，后者未能实现。[20]11月20日，他出发去费城的时候，之后的计划悬而未决，这次的旅程用了漫长的一天：早班火车去波士顿，快速列车到纽约，接着在傍晚转到了第三趟火车，穿越新泽西去到卡姆登渡口（Camden Ferry），再横渡特拉华河（Delaware River）到达费城。抵达时间是晚上10点。从康科德出发需要15个小时，梭罗记录道。[21]

梭罗在美国的前首都只待了一天。早上一起床，他就去了州议会大楼，这是《独立宣言》签署的地方。他爬到穹顶的最高处俯瞰全城（尽管比起这宏伟的历史景观，他更喜欢松鼠穿梭在自己的脚边）。爱默生之前写信给他的大学同学，费城的独神论牧师威廉·亨利·弗内斯（William Henry Furness），请他带梭罗到处转转。弗内斯带梭罗进了美国国家科学院，木匠们正在给这栋楼增建四层，以满足扩大的馆藏。梭罗在莫顿（Morton）臭名昭著的人类骨骼标本区逗留，莫顿用头盖骨作为人类智慧的标尺，认为头盖骨越大，这个人越聪明，也是因为这个原因，他认为白人最聪明。至于美国哲学协会，梭罗记录道，它被形容为“老太太的俱乐部”。而关于他的讲座本身，他却只字未提。尽管如此，《荒野》对他有着至关重要的意义，正如他在题词页所写的，“我将此视为之后我所有作品的序言”。弗内斯有事错过了讲座，他告诉爱默生，一位教友的女儿说，“听众很愚蠢，不懂得欣赏他”，但是梭罗本人“很风趣”，有着最“怡人”的语调。为了使他的描述更生动，弗内斯还画了张梭罗的漫画，看起来傻乎乎的，瞪大眼睛，噘起嘴，下巴缩起，有着零乱的头发，还有一个荒诞的塌鼻子，像极了貘。[22]

梭罗在费城遭遇的所有失落第二天都在纽约消散一空，兴高采烈且比以往任何时候更热情支持梭罗的格里利像招待名人一样迎接这位刚出新书的客户。水晶宫（Crystal Palace）让梭罗叹服，里面陈列了各式各样的东西：从 50 英尺厚的整块煤炭到铁矿石、铜矿石、数不清的雕塑和油画，还有来自伦敦塔的 18 世纪盔甲。在巴纳姆博物馆（Barnum's Museum），他驻足于出土的印第安手工制品、高高的长颈鹿——没有巴纳姆宣称的这么高，身为测量员的梭罗调笑说——还有巴纳姆的世界立体模型，它告诉瓦尔登湖的房屋建造者，世界上哪里的房子都差不多。格里利把梭罗介绍给《论坛报》的同事，然后再带他去看歌剧：贝利尼（Bellini）的《清教徒》（*The Puritans*），这部剧在巴黎红极一时，也是维多利亚女王的最爱。当剧院的男童把他们带进去见不同的宾客，梭罗完全迷失在这场密集的社交盛宴里：“格里利似乎认识每一个人，而且每个人都认识他。”[23]

回到家，他没有时间休息。两周后他要去普罗温斯敦演讲，他答应了要带去全新的讲座《有什么益处？》（“What Shall It Profit?”）——

这会成为他之后重复最多的讲座的首秀，最终发展为他的伟大论辩《没有原则的生活》(“Life without Principle”)。和《月光》与《荒野》一样,这第三篇讲稿也来自《行走》,写的是他在行走中无法持有“漫步者”救赎性的眼光。在所有讲稿之中，梭罗把《行走，或荒野》以及《有什么益处？》保留为讲稿，至死都没有把它们刊发出去。它们的内容互相补充——自然和人文——它们结合在一起,组成了梭罗作品的首要原则。曾经，在谢德拉克 · 明克斯越狱事件的余震之中，他问道 :“任何形式的政治自由，如果不是取得道德自由的手段，还有什么价值？”这两场讲座正是他的回答。《行走》进一步呼吁让自由远离谋生的要求，让人每一天的生活都完全符合更高的律法。这场新的讲座则要求让人们拥有正直地生活的自由，包括在政治意义上——让更高的律法成为人们每日的“口粮”。正如他取自《圣经》的标题向读者发出的质询 :“人就是赚得全世界，如果赔上自己的生命，有什么益处呢？”[24]

这里的反讽意味很快就戳伤了梭罗自己。他通过告诉听众“做你爱的事情来谋生”来讨生活，然而他讨厌他正在做的事情，讲座让他不得不离开所有他爱的事物。12 月 6 日，经过了几天的写作和一连串的社交活动，他登上去往普罗维登斯的火车，坐在窗口位置，望着这片风景陷入沉思 :“我看到厚厚的冰，看到男孩们一路上溜冰去普罗维登斯，但是我忙于写讲稿,连它何时冻住的都不知道。”他 9 月就有这样的担忧:“如果我出国演讲,我要怎么补偿我失去的冬天？”[25] 但是他坚持了下去。普罗维登斯的组织者提出了更细致的要求 : 鉴于“奴隶制的暴行”，他们的演讲者必须强调改革。他们邀请了西奥多 · 帕克、温德尔 · 菲利普斯、威廉 · 劳埃德 · 加里森、T. W. 希金森，让梭罗和这个时代最伟大的改革演讲家坐到一起。听众很想听轰动一时的精彩讲座《马萨诸塞州的奴隶制》，但是梭罗不会重复已经出版的内容，所以他带去了《有什么益处？》——火药味少了，哲学意涵多了。听众的反响很平淡，梭罗离开的时候很不开心。“我甚至没能抓住大众的注意力。如果我不那么坚持自我，或许可以更合他们的胃口。”他们要的不是原创的东西，而是他们熟悉的东西："除非你本身就和他们相似，和他们有共鸣，不然你就没法引起他们的兴趣。"此行唯一的好处是哈里森·格雷·奥蒂斯·布莱克最好的朋友西奥·布朗（Theo Brown）的出现,这是"天意的安排"。梭罗知道"在伍斯特，有一些土壤"让他的话语不至于砸在"坚硬的地面"上。[26]

所幸，即便是坚硬的地面也能结出一点儿果实。在普罗维登斯，梭罗的"果实"是见到了爱默生的门徒查尔斯·金·纽科姆,《两个多隆》里提到的那位。纽科姆带梭罗去看了罗杰·威廉斯岩（Roger Williams' s Rock）和纳拉甘西特湾（Narragansett Bay）。但是梭罗仍然忘不了演讲带给他的不快。他已经贬低了自己，耗尽了心力试图成为广受欢迎的演讲者，这又是为了什么呢？已经是第二次了，他最好、最新的讲座让大城市的听众直打哈欠。他的整个事业是失败的。不仅如此，它还夺走了他最为珍视的一切：他每天深入自然的散步，这让他能看到新的一天带来了什么。"我没有察觉到冬天的到来。"从普罗维登斯返回的路上，他再次抱怨说。还是应当写书。让书来筛选出他的听众；让听众来到他的身边好过梭罗自己去到他们的身边。[27]因为下了这个决心，他不再计划去西部做演讲。这样的长途演讲适合爱默生，他每年都做。然而,这也成为梭罗最后一次在新英格兰之外的地方开讲座。尽管如此，他还是认真完成了已经答应的演讲。圣诞节的后一天，他在新贝德福德学园讲了《有什么益处？》，两天之后在楠塔基特图书馆做了同样内容的讲座。幸运的是，虽然他感到绝望，但是这两个地方都给了他足够的支持，鼓励他不要完全放弃。

新贝德福德邻近丹尼尔·里基森的家乡，理所当然的，里基森一听说梭罗要来，马上从抽屉里取出了他在10月藏起的信，添了一句，希望梭罗来家里小住，然后就寄出去了。梭罗立即接受了邀请，里基森回信告诉他乘坐圣诞节那天的晚班车——但他一写好就把它忘得一干二净。[28]1854年圣诞节的早晨，他赶到车站去等午班车，结果扫兴而归。与此同时，梭罗按照邀请搭了晚班车，结果发现没有人在车站接他。里基森看到“一个男人从马车道走来，一手拿着公文包，另一只手拿着雨伞——他穿着深色的长外套，戴着深色的软帽”。正在家门口扫雪的里基森想，准是个兜售小商品的人。但是这个陌生人走到他面前停下，说：“你不认识我。”“我的脑中一下子就闪过这个念头：眼前的这个人是我早上期待看到的那位笔友，我想象他有着健壮的身板，但却看到一个矮小、难看的人。不过，我还是掩饰住我的失望，马上回答：‘我猜您是梭罗先生。’”[29]

从这一系列滑稽的误会里诞生了非同一般的友谊。里基森是个富有的贵格会成员，他的曾祖父在捕鲸业积累了大量财富，他继承了遗产，也放弃了先前的律师事业。他是个终身学习者，而且富有善心，扮演着十多种角色——作家、诗人、地方历史学家、博物学家、改革者、废奴主义者——他也是神经质的焦虑狂，大多数醒着的时间都待在他的“棚子”里，这是一间作家的小木屋，有火炉供暖，堆满了书籍和稿纸。距小屋几英尺远的地方是布鲁克朗（Brooklawn），这是由他的妻子露易莎·里基森（Louisa Ricketson）掌管的豪华祖屋，他们的四个孩子给这座大宅增添了生气：他们是阿瑟、沃尔顿（后来成了著名的雕塑家）、安娜、爱玛。和梭罗彻夜长谈让丹尼尔·里基森的失望一扫而空。亨利也立即被对方的款待感动：“我和里基森一起在林中散步。这段路温暖怡人……我感到冬天在我的体内溶解，如果此刻我在家里，我应该会尝试写诗。”[30]“亲爱的瓦尔登”，一周后里基森用这种玩笑的方式称呼亨利，他已经邀请他下次再来了；梭罗很快就做了热情回复。就这样，两人好像已成了一对老友：亲密、坦诚、放松，前一分钟还在互相取笑，后一分钟就对他们之间的误解一笑而过。

一起在林中漫步了一天，然后又坐车在当地游览，过于激动的里基森不再想去听梭罗的讲座，所以他和儿子沃尔顿留在家里，露易莎带着“小朋友们”去新贝德福德学园。梭罗的听众很多，但他们再一次对梭罗的讲座感到困惑。“我觉得大家听得有点云里雾里。”一位听众承认说。讲座很有见地，当地报纸说，但是“极为怪异”。里基森让他的朋友放心，那些“明白人”肯定喜欢。[31] 梭罗还能期盼什么呢？新贝德福德是一座靠着鲸油产业兴旺发达的海港城市，整个大厅都是富裕的商人、船长、木匠、修桶匠，还有正好放假的船员，这些人都从海洋中榨取丰盛的利润。他们要怎么明白梭罗的警告：追求财富会让他们失掉灵魂？

第二天，这位看起来像小商品贩子的矮个先生再一次把《有什么益处？》的讲稿折进口袋，在雨雾中渡过汹涌的海面来到楠塔基特，在海上的 30 英里，他的头“始终伸在甲板外面”。晕船的梭罗这一晚在一位昔日的捕鲸船船长爱德华 · W. 加德纳（Edward W. Gardiner）的家中休息，加德纳用捕鲸的故事招待他：在这个地方，一个男人不去捕鲸就别想结婚，他得把鱼叉叉到鲸鱼身上才有资格跳舞；加德纳自己的亲戚就有被鲸鱼甩下水的，一如亚哈船长（Ahab）*。楠塔基特的树很久之前就被砍光了，这位退休船长的新使命是恢复松林。加德纳驾车带梭罗去位于海岸边的塞厄斯康西特（Siasconset），指给他看自己种下的树苗，告诉他种植松树的成本和种子的来源，梭罗很仔细地听着。“这些树很快就会改变这个地方的面貌。”梭罗在日记里写。康科德的树木也被砍光了，这会不会是一条让土地重生的捷径？他生出了这个想法。在楠塔基特图书馆，人们给他展示了水手们从南太平洋带来的珍奇物品，但是当他问起当地的土著部落，他们就给了他一张照片：岛上最后一位印第安人，提着一篮越橘。梭罗来晚了，这个人在几个星期前过世了。[32]

梭罗的“恶名”引来了一大群冒着风雨前来聆听《有什么益处？》的听众。之前的三次演讲都不成功，但是世俗的楠塔基特人却很喜欢它。“这才是我的听众。”梭罗欢呼道。第二天早晨，他的船在晨雾中出发，结果在海恩尼斯港（Hyannis）附近迷失在茫茫大雾之中（加德纳船长说，有一回，邮船花了五周才靠岸），尽管有各种声距仪器的导航，但最终，他们还是迎来了“船头的哨音和救生船的铃声”。[33] 傍晚，梭罗回到了康科德。两天后是新年夜，他顺着冰冻的河流走到费尔黑文湾。“冬天

---

* 美国作家梅尔维尔的名作《白鲸》里的人物。

的风景有着绝对的安宁，辉煌极了。”他赞叹道。他自由了，冬天是他的了！那一季，梭罗还对听众做了另两场《有什么益处？》的讲座，但都在家附近。四天后，他和伍斯特的老朋友们度过了愉快的时光。他绕着昆西加蒙湖（Quinsigamond Pond）漫步，停下访问一位编篮子的瓦巴纳基人和铺电报线的沃什伯恩（Washburn）先生。六周之后，1855年2月14日，他读着已经翻烂了的《有什么益处？》讲稿，在康科德学园结束了这一季的讲座。人们的反馈并没有惊喜之处，没有什么让梭罗后悔取消他的巡游讲座。梭罗再踏上讲坛会是两年之后的事情。

生病和休养

在之前的12月，梭罗为错过冬天而忧愁，现在他每天都出门亲近冬天。他不再嫉妒滑冰的男孩们，现在他就是其中之一——几个小时里就滑了30英里！这个冬天真的很“适合滑冰”。2月4日，他和威廉·塔潘一路溜到潘特里草地（Pantry Meadow），上衣后摆摇荡在风中，一如鸟儿的尾羽。他们“宛若广阔草丛中身姿优美的魔鬼，扬起的飞雪覆盖和点亮了一切”。为了保护脖子，他们跳过危险地带。每个人都感叹着冬天的严寒。冰一路结到了镇中心，人们可以一脚踏上河面，而后“靠一双溜冰鞋就能抵达康科德河谷的任何地方”。[34] 2月，寒冷让时钟停摆，人们睡觉时床单冻在他们的脸上，手指麻得这么厉害，害得他们“必须紧紧扣着纽扣”。小猫哀求主人开门，但是门开了却不想出去，几小时后从谷仓回来，身上一股干草味儿，“我们每个人都抱起它，闻了闻，真香啊”。在室内，梭罗写字前要先融化墨水。在室外，他寻找老鼠、山鹑、狐狸在雪上留下的“字迹”。他看着伐木工塞里恩砍下曾经给他的瓦尔登小屋遮风挡雨的大栗树：为了砍下这棵有着75圈年轮的大树，连斧头都被冻得断掉了。索菲娅的植物就算放在屋里也冻坏了。梭罗想，描写这样的天气很重要，因为“它影响了我们的心情。此刻，如此重大的事情不可能没有被记录的价值”。[35]

3 月寒冷，北风呼啸——这么冷，梭罗都快失去耐心了——临近月底时，他遇见了他未来的传记作者：富兰克林 · 本杰明 · 桑伯恩。这位有着雄心壮志的哈佛大三学生于前一年秋天曾来拜访爱默生，爱默生对他印象深刻，邀请他立马在康科德开一所学校——他们急需一所学校。梭罗和桑伯恩在 1 月几乎算是擦肩而过，他当时正把一本《河上一周》带去哈佛给一个在《哈佛杂志》（*Harvard Magazine*）上为他写评论的学生。桑伯恩收到书的时候没有认出这位作者，只是答应帮他送到那个学生手上。几个小时后，他才恍然大悟，他看到这时的梭罗正在和撒迪厄斯 · 哈里斯密切交谈——现在再自我介绍，已经太迟了。于是，他写了一封造作的信，透露着本科生的轻狂——“如果问我怎么看你的哲学，我会说它一文不值”——梭罗的回信明智地忽视了这种奚落。[36]

桑伯恩的行动很快：3 月 13 日，爱默生给他提供了免费的教学场地、20 名学生，还有 850 美元的薪水。两天后，他和他的姐姐萨拉抵达康科德，准备租下埃勒里 · 钱宁楼上的房间，在街对面的梭罗家搭伙。后来，桑伯恩描绘了梭罗家典型的晚餐时光：耳聋的老梭罗安静地坐在主人席上，亨利主导着对话，但是时不时被“唠叨的”辛西娅打断，等她一说完，他就接下他没说完的部分讲下去，索菲娅也一直热情地加入到对话中来。当梭罗正式来拜访他的新邻居时，桑伯恩认为他是“微缩版的爱默生”，穿着不合身的朴素衣服，面色红润，饱经风霜，像“某只灵敏而诚实的动物——某只归隐的、哲学家一般的土拨鼠或者洒脱的狐狸”。[37] 有传言说梭罗会去做老师，但他拒绝了。不过，他还是时常带学生——包括爱默生、奥尔科特、霍桑的几个孩子，亨利 · 詹姆斯的两个儿子威尔基（Wilkie）和鲍勃（Bob），还有约翰 · 布朗的女儿——在周六出去郊游。[38] 5 月 12 日，桑伯恩的两位哈佛好友帮他把家具运上从坎布里奇出发的马车，这三人借了梭罗的船（停泊在他们家的后院里）开始了顺康科德河而下的闲适漂流。桑伯恩找到了新家。

一直到 1855 年年初，梭罗的日记满是高兴的文字。但到了春天，到处都是杀戮。透过他的望远镜，他看到加菲尔德（Garfield）射杀了一只在空中翱翔的红尾鹰，看到猎人坐船穿过草地，射杀麝鼠。梭罗躲过子弹，把一只漂浮在水上、已经死去的美丽鸭子够到岸边，发现它是稀有的秋沙鸭。雅戈·法默（Jacob Farmer）说，他一年可以用陷阱抓住 100 只水貂，猎人古德温（Goodwin）在瓦尔登湖抓了 25 条大头鱼和一条鲈鱼。梭罗则用他的望远镜"狩猎"，他看到一只银鸥"用自己的翅膀抚摸天空"。他也用手捕猎，把手伸进树桩里，摸到一只他猜是鼯鼠的动物。它挣扎着，咬他的手指，梭罗用手帕包住它，把它带回家。这一晚，他都在观察它失败的飞行企图。它可怜巴巴地从家具上跳下去，笨拙地跌到地板上。第二天，他把这只受挫的小动物还回到同一个树桩，它端详着他，然后滑到地上，跑远了，爬上旁边的一棵枫树，接着"用最优雅的身姿离开了，更像一只鸟儿，而不是我能想见的任何四足动物"，它在树与树之间滑翔，如鹰一般。[39] 梭罗还在树节里看到一只鸣角鸮，他把手伸进去，摸了摸它。这只小猫头鹰"把头靠得更低一些，完全闭上了眼睛"，像一只小猫。还有一天，几个闲逛的人嘲笑起他来："嘿，梭罗，你研究鸟的时候难道不会把它打下来吗？"梭罗早有准备："那你觉得如果我想研究你，是不是应该把你先打死？"[40]

但是，那年 5 月，有些事情不对了。梭罗的日记变得零碎、松散；火花在熄灭。到6月17日，爱默生非常忧虑。"亨利·梭罗这个季节很虚弱，我们很担心，"他写信告诉哥哥威廉，"我们试过请他过来，在我们家住一周，换换心情。"十天后，在写给布莱克的信里，梭罗终于承认了这个事实："我已经病了两三个月。除了躺在床上等着病情好转，我什么都做不了。"写这封信是为了取消他们的夏季出游计划。将近三个月之后，他在日记里承认"这四五个月碌碌无为，乏善可陈"。[41] 这个病从他的双膝发灶，延及其他部位，最坏的时候，梭罗连路都走不了。

病因未明，巴特利特医生一头雾水。会不会是心理作用引起的？因为完成《瓦尔登湖》后的抑郁？因为梭罗觉得他的一生再也不可能超越这项辉煌的作品？这个想法看起来成立，1854 年一整年梭罗的雄心都让他对自己不依不饶。但是，要怎么解释他在整个冬天都拥有纯然的喜悦，日记里洋溢着这种欢喜？要怎么解释他在零下的冰冻河面终日不倦地溜冰，在厚厚的积雪中追踪动物，在寒风肆虐的寒冷春日扬帆？更为可能的是，梭罗被他的慢性肺结核引起的炎症撂倒了——肺部的伤口感染，把致命的结核杆菌散播到全身，最终散播到他的膝盖和臀骨，引起骨头发炎，肌肉退化。到了4月，他意识到事情的严重性，开始采取所有医生建议的措施。桑伯恩第一次见他时，留意到他把胡子蓄到脖子。这不是为了留时髦的“高尔韦须”（Galway whiskers）——从下巴开始一点一点往下留——而很可能是为了颈部的保暖，防止寒冷的空气进入脆弱的肺部，阻止病情恶化。留络腮胡，在户外的新鲜空气里锻炼身体，当时被认为是抵抗神秘的“消耗病”的最好方法。梭罗所做的一切都会被认为是合理的预防措施。

当梭罗写下这封难过的信给布莱克时，他已经为漫长的疗养做好准备。他那时候本应该深入缅因的森林，划独木舟，但是他去不了，现在的他病怏怏的，心灰意冷，而且非常孤独。“我独自行走，”他向自己的日记吐露心声，“我的心是沉重的。各种情绪扰乱着我的思想。我叩响大地的门，想找个朋友……但是没有朋友出现，或许没有人在想着我。”悲哀越深，孤独感就越浓，直到写信给布莱克取消出游计划时，他再也不能忍受这种孤独了。现在就来！他突然召唤他在伍斯特的朋友们，来康科德。你们可以参加我们的反奴会议，次日早晨我们可以一起去科德角。我现在只能走几步路，但是我们可以聊**很久**的天。[42] 布莱克和布朗都无暇分身，但是任性的钱宁愿意加入——说真的，他早就梦想着躺在海滩上——他决定了，他要去科德角的海滩。

* * *

从4月起，梭罗就记挂着海滩了：他写的关于科德角的手稿已经在《帕特南月刊》的编辑乔治·柯蒂斯的桌上吃了三年灰——因为柯蒂斯删除了他有关宗教的言论，梭罗撤回《加拿大的北方佬》一文。格里利之前就求梭罗不要跟德高望重的柯蒂斯过不去，现在证明他是对的:《瓦尔登湖》大获成功后，柯蒂斯翻出了旧书稿，掸去灰尘，决定作为《帕特南月刊》的夏季游记系列刊发。4 月，梭罗开始为了第一个月的连载修改校样。7 月 4 日，正当他和钱宁登上去往波士顿的火车，准备前往科德角，7 月号的第二期连载正传到书商手里。梭罗和钱宁，这对雨伞和背包“骑士”，或许以前看起来像流浪汉，但是现在将以名人的身份回来。

他们赶着时间上蒸汽渡轮，等到了码头后，却被告知船长决定假期后再启航。他们用这一天参观了波士顿图书馆里的画廊，梭罗在此看到了弗雷德里克 · 丘奇 * 明媚的油画杰作《厄瓜多尔的安第斯山脉》(*The Andes of Ecuador*)，接着看了一场划船比赛。他们晚上住在好客的奥尔科特家，后者正收拾东西准备搬去新罕布什尔州沃波尔 (Walpole) 的一所不收租金的房子。第二天，梭罗和钱宁乘帆船去普罗温斯敦，后一天的清晨他们搭早班车去北特鲁罗，早晨 6 点就到了，在雾中走了一英里到达高地灯塔。自梭罗上次于 1850 年 6 月来此逗留之后，灯塔守望人詹姆斯·斯莫尔 (James Small) 新增了一间招待所，住一周 3.5 美元，梭罗和钱宁决定接下来的两周都住这里。“现在加入我们还不算晚，”梭罗仍在怂恿布莱克，餐桌“没有希望的那样干净”，但是要比普罗温斯敦好，斯莫尔是个聪明、善良的人，很好相处。“无论怎么样都请过来。”梭罗请求说。伍斯特的朋友们没能过来，但是梭罗还是度过了愉快的时光，他欣赏着海雾和令人心旷神怡的东北部风景，在海里沐浴，在这儿和那儿采集植物，和当地人交谈，在被冷落已久的日记本里写满笔记。他和钱宁于 7 月 18 日晨间离开，驾帆船回家，但是那天的风小得可怜，到了点亮烛火的时候他们才到达波士顿港。“我觉得我开始好转了。”梭罗告诉布莱克。[43]

---

* 弗雷德里克·丘奇 (Frederic Church, 1826—1900 年): 美国风景画家，托马斯·科尔 (Thomas Cole) 的学生，也是第二代哈德逊河派的中心人物之一。他的作品主要以他在美洲旅行时看到的山川、落日等宏伟景观为主，晚年也画过一些城市景观及地中海和中东的景象。

紧接着就传来了坏消息。即便《帕特南月刊》在8月刊发了《科德角》的第三期连载《海滩》(*The Beach*),即便梭罗写信感谢他们的稿酬,寄去9月连载的修改稿,柯蒂斯还是取消了余下的连载。为什么?梭罗猜测他们听说他准备把这个系列拓展成书,他写信告诉柯蒂斯,这是无稽之谈。但是柯蒂斯闪烁其词。这里问题的症结不是梭罗未来的出版计划,而是他的写作口吻。柯蒂斯已经删掉了不雅的部分,梭罗意外地用沉默接受了这种删改。但是,当柯蒂斯坐下读后一期的连载《韦尔弗利特的采牡蛎人》(*The Wellfleet Oysterman*)时,他一定深感绝望。梭罗的文字不敬而且粗俗,虽然这个章节曾让康科德听众"笑到流泪"。更糟的是,连之前章节的删改版都还是冒犯了科德角的居民,他们在报纸上抗议。柯蒂斯想,最好是对易怒的梭罗编一个借口,不要实话实说,以免他大发雷霆。柯蒂斯写信告诉出版人:就把稿子全部退给梭罗。"他过于自负……这对于他是致命打击。"确实如此,病弱且失意的梭罗闷闷不乐地要求柯蒂斯退还他剩余的稿件。他又一次被胆怯挑剔的美国刊物激怒了。"知道出版这么折腾,"他在日记里叹息道,"难道作家不该把手稿锁进保险箱算了吗?"[44]

《瓦尔登湖》理应帮梭罗捅破窗户纸,帮助他其余的作品问世。那年4月,当《帕特南月刊》复活休眠的《科德角》,梭罗深受鼓舞。他写信催促他的出版人:既然有《瓦尔登湖》在前面,《科德角》刊登在即,难道不正是时候重出《河上一周》吗?毕竟,他家的阁楼里还堆着700本书呢。但是书仍然会留在那里。9月下旬,蒂克纳和菲尔茨报告说,《瓦尔登湖》卖出去了,但是卖得并不好。首印的2000册中他们仍然有256本库存;开头很好,但是销售额往下跌了。他们感到遗憾,"对你对我们都是"。[45]销售额会一直处于低位。到了1857年2月,只剩下16册书,但是到了1858年12月,他们算过了,就算只剩下几本,但是在可见的未来都不会有人买了。[46]

* * *

梭罗病得太厉害，没法写作，但是他并非完全卧病在床。他去河里沐浴，和钱宁游船，而且，虽然那年的野果收成不好，采野果仍是爱默生家的孩子的常规活动。梭罗甚至做了一点儿测量工作：那年 8 月，他扛着他的三脚架和指南针（或者是有人帮他扛）来到了睡谷，度量了草地中的一座人工湖选址，它位于未来将被称为“作家岭”（Author’s Ridge）的墓地的后方。[47] 这之后，工人很快就挖出了这座新湖，在之后的几年逐渐掘深。到了 9 月中旬，随着凉爽的秋天临近，梭罗汇报说：“在四五个月的碌碌无为、乏善可陈后，我开始觉得体内有了生命的悸动。”[48]

梭罗渴望的不是自然，而是朋友，他的朋友们围绕在他身边。里基森 9 月 21 日来到康科德，立即对这里的一切着了迷：“你、钱宁和我，我们多么合拍啊！”他欢呼说，而且外号“梭伦”的埃德蒙·霍斯默是“真正的‘自由哲人’”。虽然里基森的头痛缩短了他留宿梭罗家的时间，但他还是一到家就写信邀请梭罗去他家做客，附上了火车票的钱。“你才是我认识的唯一一个‘百万富翁’。”里基森肯定地告诉梭罗，要他放心。“‘火车’对我来说像是‘忧愁’的代名词，”梭罗叹息着，准备婉拒——但是突然，他改变了主意，“或许你那儿的海边空气对我有益。”梭罗还是没有好起来，他写信对布莱克说：“我不知道我的双腿是否还能变得有力。”就在之前的一夜，他痛心地加上了这句话，他曾梦见“我再也爬不上让我兴奋的任何高地。那真是**悲伤的事**”。[49]

9 月 29 日，当康科德的其他人忙着睡谷公墓的事情时，梭罗正出发前往里基森的家。那儿的生活很好：阿瑟和沃尔顿这两个孩子带着他们刚捕到的一串鱼来火车站接他。他们在河边漫步，坐车去池边或去新贝德福德，花很多时间看孩子们收藏的贝壳和印第安工艺品，抑或是参观他们父亲的书房。那儿有“棚子”里的“自由哲人”，客厅里有钢琴、小提琴和竖笛。有一天，里基森驾车带梭罗去看“印第安人的古老墓地”，沿途碰到了他的朋友约翰·罗齐尔（John Rozier）的遗孀，她是印第安人和黑人的混血。当他们一同在海岸边探索时，他们注意到一对印第安老夫妇在钓鱼。里基森把他们叫过来："不要怕，我不会伤害你们。"他和亨利"对这些'活化石'感兴趣，他们现在如此稀少"。"是的，"这个印第安女人回敬道，"你们希望最好我们统统消失。"梭罗逗留的最后一天，这对朋友开车去普利茅斯，梭罗在下午茶时光把里基森介绍给沃森夫妇。第二天早晨，梭罗回康科德休息，里基森也"异常疲累"地驾车回家，他修正了对梭罗的原初印象："他和很多人不一样，你跟他越熟，就越喜欢他——谦卑、文雅，是我见过读过最多书，也最聪明的人……我对他人格和才华的仰慕高于我认识的所有人。"[50]

回到家的梭罗看到有两封信在等着他。一封来自他的哈佛老同学威廉·艾伦，梭罗曾把爱默生的《论自然》作为毕业礼物送给他，在梭罗辞职后，正是艾伦接管了康科德书院。艾伦要来康科德参加主日学校礼拜天的活动，他想借宿在梭罗家，跟老同学们叙叙旧。艾伦到了之后，梭罗感到厌烦，他不想叫来任何他昔日的学生，他俩只是去康科德的新墓地转悠，看着一段段墓志铭。梭罗在门口等艾伦，念叨说"这地方的气味不太好闻"。[51]梭罗这位学生时代的老友以错误的方式成长着，他活在过去，饶有兴趣地窥探这些墓地——现在的梭罗渴求生命和健康，公墓是他最不想待的地方。第二封信好多了，它来自托马斯·乔姆利，他被征召入伍参加克里米亚战争，想在上战场前处理好他的私事。在这段过渡时期，他忙着帮梭罗收集了"一系列关于印度的书"，这是他们深厚友谊的象征。继续留心关注印第安人吧，乔姆利鼓励梭罗；他还补充道，假如能活着回来，他准备在英格兰的南海岸买一栋瓦尔登式的农舍，他会邀请梭罗来这里同住，只要他需要，有一间房会永远留给他。[52]

* * *

梭罗告诉里基森他需要休息，但是事实上，他正在苏醒："在这么多个月的游手好闲、一事无成之后，我正打算回到严肃的工作中去。”[53]他看着工人们在睡谷挖出他夏天测量好的人工湖来；在上方的山脊，有爱默生家新买的墓地，“粗鲁地霸占着松林的沃土”。看到这片地的奥尔科特随即决定他也要被葬在这里，安息在他的恩人和朋友身旁。[54]松针落了一地，滋养着未来的土地。“凋零如此之美！”梭罗对着光举起一枚橡树的树叶，惊叹道。显然，这些叶子没有死，只是成熟了。他带了一些桦树叶和枫叶回家，把它们铺在白纸上，在晚餐桌上，他把它们传给大家，让每个人都能欣赏它们的色泽，它们的颜色比任何艺术家画笔下的色彩都美。他也带了一些栗子回家——他是用石头击打树枝的方式摇落它们的，但紧接着他为自己向树枝施暴而感到羞耻。“老树是我们的父母……如果你能懂得自然的奥秘，你会比其他人流露更多人性。”[55]他喜欢收集河流上的浮木，把每一根都载回家，用它们生火，接着回想它们的一生。他用浮木做了书架来放乔姆利寄来的书。他在口袋里装满了野苹果——在10月的微风里，它们的味道新鲜饱满，但是一回家就变得如此酸涩，以至于他不得不一口吐掉；它们应该被标记为“需要在风中品尝”。他的思想也可能如野苹果一般，是漫步者的“食物”——“如果在房子里尝”，不能保证“可口”。[56]

1855年的秋天，就算是吃也是一种胜利，每一场漫步都是庆典：“当秋叶飘零，走进大地就像走入坟场。”**这儿**，没有虚荣，也没有墓志铭。“我的同乡都用一首诗歌和一次拍卖决定好他们的墓地，给自己**封圣**，花这么多钱在选择墓地上。我不要买那样的墓地，**这儿**有足够的地方留给我。”[57]随着白昼变短，叶子落尽，一个新的梭罗出现了：更忧郁、更忧伤、更慢条斯理、更深沉。他努力寻回力量，和死亡抗争。就这样，他凭意志和坚韧回归了最平常的活动和世俗责任。《瓦尔登湖》是他的春夏之书。现在，一心要康复的他学会了思考秋天。在日记里这些阴霾笼罩的页面上，梭罗开始勾勒出《瓦尔登湖》续篇的轮廓：他会将它题作《野果》，这也会是他最后的收获。

在病到无法写作的时候，世俗意义上的贫困感加深了，梭罗恢复了他“简单、朴素”的生活理念，尽可能地提升他的生活质量。但是，在瓦尔登湖可行的准则在主街很难实现。在这儿，当所有人都被“疯狂的欲望束缚，并且会招来千百件多余的事情”，要怎么种自己的食物，建自己的房子，收集自己的柴火？每个孩子的生日都是灾难：梭罗想给他们做礼物，鉴于他们有一整个“博物馆”的昂贵礼物，梭罗会用一整年的收入“买下他们连看都不想看一眼的东西”。然而，他还是对亲手做礼物感到愉快。11 月下旬的一天，他在河上发现了一根结实的松木，他把它打捞上岸，锯下两圈做轮子，把它们装上木轴——也是从河上弄来的——做了个可以用来拖船的推车。三天之后，河面结冰，他骄傲地用推车把他的船拖回家过冬。当他想起一个税务官曾把自己叫到办公室，要他列出财物清单并为之纳税时，梭罗笑了。房产？没有。股票或债券？没有。**任何**需要纳税的财物？“据我所知没有”——除了他的船。好吧，他们想，或许那东西可以按照一架游览马车收税。现在他给它安上了轮子，或许他们说对了。[58]

就在那个晚上，乔姆利的书到了。一个月前，梭罗收到了一张“有我的半条胳膊这么长的”包裹清单，他即刻回信，感谢这位仍在克里米亚打仗的远方的朋友。书终于到了！在梭罗拆开包装时，这家人聚在一起庆贺。他把每一本书从一堆包装纸里抽出来，传给每一个人欣赏，然后把这些珍宝铺在地毯上。他“蹚进印度哲学和诗歌的深河”：古印度历法、《奥义书》(*Upanishads*)、《梨俱吠陀》(*Rig Veda*)、《毗湿奴往世书》(*Vishnu Purana*)，还有最重要的一本——《薄伽梵歌》，如同丘奇的画作《厄瓜多尔的安第斯山脉》里迎着光的科多帕希火山(Cotopaxi)一样闪亮！乔姆利寄来的不是几本书，而是一整个图书馆，可能包括了当时美国最好的印度书籍：21 种著作，涉及英语、法语、拉丁语、希腊语、梵文，一共 44 本。[59]

梭罗充满爱意地把它们放进他特意打造的浮木书架，第二天早晨醒来时，他高兴得像个孩子，在“瞥见它们亮色的书脊”之前几乎不能相信它们是真的。这些书他读得不多，部分原因是他的兴趣已经转向了殖民史、地质勘探和美洲土著人的文学，但也是因为他早就对这些作品一读再读了。他吸收了这么多古印度的哲学和诗歌，以至于《瓦尔登湖》有时候读起来像是延续着同一个传统写出的。正如他在给里基森的信里说的，“我熟悉它们中的大多数，也知道如何展现它们的价值”——这包括把书出借给他的朋友们。里基森本人用不着这些“靡靡之音”，所以当梭罗在圣诞节再次去信时，他如此解释：“我给你寄上这些书的介绍，就像我在给你介绍一个新生儿。”[60]

乔姆利的礼物最大的意义，和梭罗与那些朋友（如布莱克和布朗、沃森夫妇、里基森和拉塞尔）的稳固友谊类似，是他们在梭罗患病和失落的岁月里带去的支持。所有人都提醒他说，他过着反抗现代社会的独异生活，是这些朋友对他的尊敬和仰慕帮助他度过了自我怀疑的时刻。正如他在写给密歇根来的新追随者加尔文·格林（Calvin Greene）的信中所说：“我很高兴听到你对我的书感兴趣；这鼓励我写更多的书。”[61]

梭罗以高昂的热情迎接1856年的冬天，他陶醉于这深深的积雪，在手杖上刻出英寸的刻度，这样无论走到哪儿，他都能丈量出积雪有多深。当他看到一条冻僵的梭鱼恢复了生气，他开始测量冰下的水温；当镇中心的大榆树被砍倒，他为失去这种与过去的重要纽带而伤心——接着他对树进行测量，数了数年轮：9.5英尺，127岁。热衷于猜测树龄的旁观者之中几乎没人想听他的科学讲解——“比起光明，人们当然更喜欢黑暗。”他叹息说——但是他继续测量其他倒下的树木。他画下乌鸦和老鼠留在雪地上的足迹，揭开它们留下的神秘疑团。他收集旧的鸟巢，细心拆解，感叹它们的精巧结构。[62]当一只名字叫“敏”的马耳他猫加入他家之后，他被它充满野性的怪诞行为逗乐了。和它玩了半个小时后，他停下来写日记，边写边摇头：“我们还算是什么哲学家？连猫的起源和命运都不知道。”[63]用同样的热忱，他记录下人们的话语，和每个有着有趣故事的人聊天。只有像他这样喜欢说话的人才能收集这么多素材。有时候，他也记录摩擦。当他开始采集树汁，在厨房里煮开用来制糖，他的父亲受够了。制糖有什么用？他咆哮道，你可以在杂货店买到更便宜的。“他说做这个浪费了我做研究的时间。我说这就是我的研究；我觉得做这些就好像在上大学。”[64]

梭罗也回望过去，记录着家族史，仿佛他已经意识到有一天会有人写他的传记。他记录他们住过的所有房子，他在切姆斯福德和康科德度过的童年，家人的故事，以及琼斯家族的族谱。接着，在 1856 年 3 月 27 日晚上，家族中深受喜爱的怪人查尔斯舅舅过世了，享年 76 岁。在这个有着百年一遇的罕见积雪的冬天，外面的雪到现在还没有化。亨利负责丧葬事宜，他通过教堂的司事预定了康科德新墓园里一块没有结冰的墓地。第二天，他们把查尔斯 · 邓巴埋在了那儿。在日记里，梭罗写下简要的悼词：“他生于 1780 年 2 月，一场大雪的幸存者，如今他死在另一场大雪里——茫茫大雪标记着他生命的开始和终结。”[65] 当老人们交换着他的舅舅的故事——他的纸牌魔术和帽子戏法，他可以在摔跤赛里把每个人摔得“四脚朝天”，还可以一口气爬上 12 英尺高的梯子再从另一面爬下去——令梭罗印象深刻的是，那年冬天死去了这么多老人，尤其是在春天临近的时候。这似乎证实了古老的谚语：当树汁开始流淌，“疾病变得更加凶猛”。[66]

树汁正在流淌，河水也正在解冻，是时候把他的船推回河岸了。当梭罗把船放到水里，他突然冒出个念头，并为此感到有点意外：不管怎么样，他还**活着**。“是为了实现什么样的伟业，我们才没有在春天临近的时候死去？”[67]

“我们之间无尽的关联”

梭罗在 4 月的温暖午后迎来了关于这个问题的第一个暗示。他在老马尔伯勒路（Old Marlborough Road）边测量一座农场，他的助手指着一旁的树说，这多有意思啊，一棵松树被砍倒后，橡树苗就会长出来。确实如此，梭罗同意，现在，在最近被砍倒的一棵白松树的位置，“地上全是橡树苗”。“备忘——”他写道，去看看那些遭砍伐的森林，记下那儿长出了什么东西。两周后，他有了这个假设：即便在最茂密的松林的地表，人们也可以观察到很多小橡树，它们是从松鼠种下的橡果里长出来的。这些橡树苗在树荫深处挣扎，多数会夭折，可是一旦松树被砍伐，哇！橡树苗“有了它们需要的所有东西”，它们会长成一片橡树林。虽然当时没人赞赏松鼠和鸟的功劳，是它们传播了种子，但是确实如此，长久以来，它们都在为未来植树。[68] 就在前一年秋天，梭罗还觉得大地是墓园，现在他把它视为苗圃。

这种奇怪的松树——橡树演替现象已经困惑了康科德农民多年——说实话，他们当初组建康科德农民俱乐部就是为了讨论这类问题。每年农休的时候，他们都组织一周一次的研讨会，比较彼此的观察结果，交换意见，讨论康科德的花园和农场要怎样改善。每一次会议，50 多个成员里的一位会就俱乐部的一个指定命题发表正式演说，随后会是长时间的激烈讨论。他们的会议记录（常常是逐字逐句）记下了盘踞在梭罗的朋友和邻居脑海中的实际问题：怎么饲养猪和牛；怎么种玉米和干草、苹果和桃子、葡萄和蔓越莓；怎么设计花园的植被，施肥，出售作物。还有，怎么教育孩子才能把他们留在农场，而不是去到城市或是西部——他们同意，教育是关键。还有，怎么实现自我教育，怎么把数学、化学、地质学、植物配种学、农业科学的最新成果应用到实践过程中。一定程度上，他们想要学习怎么让殖民时期留下的康科德农场适应工业化的农场运营，但是他们也渴望照管好土地，让康科德成为拥有自然胜景的地方，从它优美的庭院、绿树成荫的街道、创新的新花园墓地，到它的农场、田野、河流、草地和森林。[69]

他们都同意，有一些问题应当请教亨利 · 梭罗。梭罗虽然不是俱乐部的成员，但他和很多成员是朋友：创办人兼首任主席雅戈 · 法默，他们尽职的秘书、来自布鲁克农场的米诺特 · 普拉特，梭罗的童年好友约瑟夫 · 霍斯默（Joseph Hosmer）和约翰 · S. 凯斯，镇上的印刷员和图书馆员阿尔伯特 · 斯泰西（Albert Stacy），还有伊弗雷姆 · 布尔，他用甜美的野葡萄培育出康科德的葡萄品种，梭罗每年秋天都去采，以及埃比尼泽·哈伯德（Ebenezer Hubbard），他拥有瓦尔登湖畔最好的松树——橡树林。当这些人掌管着全镇的**家畜**的时候，梭罗的工作，借用他在《瓦尔登湖》里用的双关语，是掌管全镇的“野畜”。爱默生留意到，那些一度认为梭罗是个怪人的当地农民开始钦佩他对土地的渊博知识。[70] 当康科德农民俱乐部想知道哪里能找到适合康科德花园的鲜花，或者哪些当地的树木适合为镇上的院子和街道遮风避雨，他们都会请教梭罗。在 1850 年代末期，当他们的注意力终于转向恢复康科德受到破坏的森林，梭罗给他们指明了方向。

梭罗对于松树——橡树演替谜团的快速解答引出了更多的问题。很快，一位做了一辈子农民的人问他：你怎么知道这些种子不是一直就在那儿的？不是休眠在大地里？其他人说根本不需要种子，新的植物自己会长出来，直接从地里长出来。[71] 梭罗直觉那是错误的，但是要证伪就必须告诉他们种子是从哪儿来的，它们怎么被携带，或说“传播”，是松鼠、鸟儿、风还是水作为其中的媒介，或者是人和其他动物？它们怎么被种下的？或者，是它们自己种下了自己吗？如果它们确实活了下来，它们又是怎么活下来的？当答案累积起来，它们也引发了更多的疑问。梭罗的新研究让他愈发深入田野。爱默生注意到，梭罗“最近读书少了，花更多的时间行走在自然里”。[72] 他有着充足的理由：书本里没有现成的答案来解答他提出的这些问题。这种科学门类甚至连名称都没有。后人会叫它“植物演替”，并且把梭罗尊为森林管理和植物生态学科这一领域的开创人。[73]

* * *

1856 年的春天渐渐演变为炽热的夏天——当然，康科德的夏天一直炎热，但这次的暑热有些不同，特别潮湿。它带来了野果的丰收，还有各种各样的野蘑菇，它们鲜艳的色彩和奇怪的形状让梭罗着迷——即便是恶心的白鬼笔，外形“活像阴茎”，臭得像死老鼠。当梭罗带了一朵回家时，全家人都大声抗议。在阁楼换气之前，他被臭得根本睡不着觉。自然究竟在想什么？“她几乎把自己放在和厕所里涂鸦的人同样的水平线上。”尽管很热，梭罗还是走火入魔般地继续他的研究。“我在拉开一把长长的弓，”他写信对加尔文·格林说，“祈祷这名弓箭手能够在箭射出之前就得到力量。”“等箭射出去了，请告诉我。”格林风度翩翩地回复道。[74] 认真考虑之后，梭罗推迟了格林发来邀他去密歇根访问的邀约、布莱克的讲座请求，以及格里利的工作计划：格里利希望梭罗搬到他家在纽约的农场，待一年左右，辅导他的两个孩子。他们太小了，梭罗最后说。格里利同意取消这个计划。“不是我们喜欢孤独，”梭罗写信告诉布莱克，“而是我们喜欢翱翔。”很少有人能够跟随他飞到他渴望的高度。[75]

爱默生属于这种少数人。钱宁离开康科德，去多切斯特(Dorchester)找埃伦，希望能和好，他离开后，这两位老友试图冰释前嫌。他们之间有很多磕碰。爱默生抱怨梭罗会突然造访，甩出他“大量的”想法，然后又离开；梭罗则害怕张口，怕开口之后他们友谊的“漫长悲剧”会更糟。[76] 但是，到了 1856 年 5 月，他俩像过去一样一起散步了。爱默生笑着说，梭罗记录植物的样子“好比收账的银行家”，但是当梭罗炫耀说，他光看花就知道今天是这个月的几号，爱默生惊讶不已：这真是和通过日晷知晓时间一样。当亨利去“翱翔”的时候，爱默生为他高兴。有一天，他警告梭罗不要去找一只大家都找不到的鸟，“除非生活里没有其他事值得他忙的”。他说：“你用了半生苦苦寻找的东西，有一天会突然出现在全家人的晚餐桌边。——你看到他宛如做梦，但是一旦你找到了他，你反而成了他的俘虏。”在日记里，爱默生充满爱意地描绘他的朋友：“梭罗的胳膊下夹着乐谱，用来压里面的干花；口袋里装着望远镜，用来看鸟儿，还有用于数花蕊的显微镜。他还带着日记、小刀、麻线，穿着结实的鞋子、厚实的灰裤子，时刻准备深入灌木、橡树林和菝葜丛，或者为了鹰的巢穴而爬树。他蹚水时，健壮的双腿成了他有力的盔甲。”[77]

梭罗最具代表性的照片就是这年夏天拍的。亨利、索菲娅和梭罗家的姑妈们去伍斯特拜访亲戚；在最后一天，6 月 18 日，哈里 · 布莱克和西奥 · 布朗说服亨利让摄影师给他拍照，这是他一直抵触的事情。在哈灵顿大街 16 号，本杰明 · D. 马克斯汉姆（Benjamin D. Maxham）的工作室里，梭罗拍了三张银版照片，一张照片 16 美分。他立马把一张给布莱克，把另一张给布朗，又寄了一张给格林，后者从密歇根写来热情的信，说他渴望见到《瓦尔登湖》的作者。"我本人不值得一见——我不过是个说话结巴、行为愚钝的乡下人。"梭罗回复道，但是他满足了朋友们想要东西留念的心愿，冷静地直面照相机，不流露一丝笑意。大多数人会穿上最好的衣服、整好领子、梳好头发再来拍照，但他不是：凌乱的头发，略微歪斜的领结，起伏的高尔韦须，梭罗把自己原本的面目展现给摄影镜头，要就要，不要拉倒。索菲娅讨厌这张照片，她情愿要罗斯画笔下温柔、如梦一般的诗人。奥尔科特不喜欢这张照片，他觉得梭罗的疾病在相片的阴影里盘踞着。梭罗把它寄给格林时添上了一句玩笑话："我的朋友们觉得它（照片）挺好——比我本人好看。"[78] 但是霍勒斯 · 霍斯默喜欢这张相片："照片显示出梭罗最好的状态……他把帽子摘掉，给我看里面的爬蕨的时候就是这个样子的，爬蕨简直像为它的发现者准备的花冠。那一天我见到了最开心、最充满人情味的他。"[79]

社交季持续着：梭罗还坐在伍斯特拍照时，里基森已经来到康科德等着他归来。里基森的到来完全是心血来潮，看到他的朋友不在令他很失望，不过他没有立即返回，而是和亨利的父母喝茶，耐心地听着辛西娅细数她儿子的众多优点。他和亨利文静的父亲也成了朋友，第二天和他一起去墓园漫步。"为数不多的老派绅士，"里基森如此形容他，"诚实的性格点亮了他的面庞。很少人给我留下这么正面的印象。"亨利那天下午回到家，里基森终于把他的朋友占为己有，他们立即出发去游船。他在康科德再待了四天，散步、聊天、扬帆划桨，会见其他康科德名人，包括爱默生；里基森自诩阅人无数，他觉得爱默生善良、智慧，但是不"热心"，虽然他"对时代很重要"，但是影响力有限。[80]

接着，梭罗陪里基森回到布鲁克朗继续他们的漫游。在纳逊岛上，他们探索了没有遭遇刀斧之灾的古老森林——壮观的榉树、大片大片的高高的橡树、直径 3 英尺的蓝果树——他们吓跑了两头鹿，这是很早以前就在康科德被猎尽了的动物。[81] 他们还拜访了年迈的玛莎 · 西蒙兹（Martha Simonds），新贝德福德最后一位“纯种”印第安人，他们去了她位于一小片印第安营地中的小屋。“她有真正的印第安黑脸。”梭罗写道，但是他觉得她无精打采，只用单音词回答他的提问。虽然她出生于那片土地，但她年纪很小的时候就去给白人当女佣，不会说自己的语言，也完全不了解自己的种族。当梭罗问她怎么称呼某一棵植物时，她突然兴奋起来：“那是苞根。如果胃不舒服，可以把它放到苦味酒里。”啊，假如他能在帽子里装满植物就好了。作为结语，梭罗写道：“她的邻居，一位自负的贵格会老牧师，用威严的口吻说：‘我觉得印第安人也是人，你不这么觉得吗？’”[82]

一周后，埃勒里 · 钱宁来了，迫不及待地和梭罗重聚。他俩那晚就去里基森的“棚子”宿营。第二天一早，里基森开车送梭罗去火车站，钱宁走回城里。其实，这不是一次偶然的来访，而是暗藏着不愉快的内情。前一年秋天，埃伦同意和埃勒里复合，因此惹怒了她的家人。有一段日子，他们相处得很好。就在圣诞节之后，埃勒里决心要翻开人生新的一页，他请求里基森帮忙把他们安顿在新贝德福德。里基森一定帮了忙，因为埃勒里得到了一份工作，到新贝德福德《水星报》做助理编辑，但是他开始忽视他的家人，工作日早出晚归，整个周末则和里基森待在一起。大惑不解的里基森写信请求梭罗的帮助：“钱宁当然很可怜，但是他一点也不肯说关于家里的事。他身上是不是……有什么不对？我能够信任他吗？”梭罗赶忙回信要朋友放心：“钱宁就是你看到的这样，有好的一面也有坏的一面。”他长期以来都让他的康科德朋友头疼，如今——天哪——他也让里基森头疼，“或许需要你来解决这个问题”。丹尼尔和露易莎 · 里基森做了他们能为埃勒里做的一切，背着钱宁，他们也尽量帮助埃伦。[83] 但是，到了 5 月中旬，丹尼尔 · 里基森失去了耐心，觉得受到钱宁“忧郁心情”的“压迫”。当他于一个月之后不打一声招呼地造访梭罗，其实一部分原因就是为了询问钱宁的事情。心直口快的辛西娅给了丹尼尔一份“长且细致”的答卷，亨利一回来，他们就开始聊钱宁的问题。[84]

钱宁本人那天下午现身，晚上和梭罗彻夜长谈，他们的对话一定令人不舒服。梭罗被夹在当中，好多年以来，他都在尝试让自己和钱宁的“问题”保持距离，后者因为他的“迟钝”，让一切情感上的亲近都难以实现。[85]但是那一晚，他必须听钱宁的倾诉。钱宁在那一晚一定告诉了梭罗，埃伦刚生下了他们的第五个孩子亨利（之后改名为爱德华），之后，她的身体因为生育和之后的感染而变得虚弱，她活不长了。三个月之后，9 月 22 日，埃伦 · 富勒 · 钱宁死了。阿瑟和理查德 · 富勒埋葬了他们的姐姐，把五个孩子分给富勒家的亲戚养育，埃勒里则留在新贝德福德。他一个人住，在《水星报》工作，周末则去里基森的“棚子”，坐在火炉边抽烟。很多时候，里基森只能静静坐在窗边的书桌旁写日记，忽视这个他无法回绝的访客。[86]

* * *

回到康科德的家，梭罗观察着仲夏“三伏天”的来临。他每天早上写日记，在炎炎午后于橡树苗和小灌木丛中喘着粗气。就算在树荫里，温度计都会攀升到 36 摄氏度。空气如此潮湿，他压的干花都发了霉，家人洗的衣服也干不了。但是梭罗喜欢湿热的空气，像蒸桑拿似的把它们深深吸进肺里。野果长得如此茂密，整座山坡都变成了黑色，“有五六种野果之多”。8 月 4 日，梭罗组织了一年一度的采野果活动，他们去到科南特姆，采到了像拇指一样大的黑莓和子弹一样大的越橘。[87]暴雨于 8 月 8 日来袭，那一天，当亨利正好从晚餐桌旁起身去查看涨潮的河水，有个用人冲进来，大叫（这是由一名目击者记录下的）：“老天！猪跑出猪圈了，它糟蹋霍尔法官花圃的野蛮劲儿吓坏了所有人。”当亨利、约翰和迈克尔 · 弗兰纳里跑出去追捕这个“流窜犯”，女士们

"拥到窗口看这场对决"。之后，梭罗写了《猪的被捕》(*The Capture of the Pig*)，这个滑稽故事不亚于马克 · 吐温的手笔。[88]

随着精力的恢复，梭罗开始感到焦躁。他想看到9月的自然，而且他觉得，看一眼9月的康涅狄格河，可以帮助他更好地观察9月的康科德。9月5日，他乘列车去佛蒙特州的布拉特尔伯勒（Brattleboro），背着他的旅行袋，从菲奇堡直接走到威斯敏斯特，而不是等下一班火车。就算在水位最高的时候，康涅狄格河仍旧是一道狭窄的浅河，令人失望——"与康涅狄格河相比，康科德的价值对我的研究而言要高出一百倍。"他嘲笑说——但是这里的植被很丰富，他还受到了热情的欢迎。整整四天，他漫步于群山、森林和田野，陪伴他的是当地女校的校长艾迪生 · 布朗牧师（Addison Brown）、他那位有着植物学和天文学天赋的妻子、他们的两个女儿弗朗西丝（Frances）和玛丽，还有他们的植物学家朋友查尔斯 · 克里斯托弗 · 弗罗斯特（Charles Christopher Frost），他同时也是一个鞋匠。[89] 布朗家的姑娘带梭罗爬上当地的高山，弗朗西丝用当地的话称呼它为"万塔斯堤奎"（Wantastiquet）；玛丽回忆说，他们的这位客人似乎什么都知道，但他一直问她各种各样她无法回答的问题——好像一个14岁的姑娘能比他懂得更多！来年的3月，梭罗给她寄了爬蕨的样本，附上一封信解释它怎么生长，还加上了这么一句："爬蕨以前可能是某个优雅的印第安少女的芳名。"[90] 这是他寄给她的三封信中的第一封，玛丽说她珍藏了所有这些信。

梭罗的下一站是新罕布什尔州的沃波尔，他要去那儿和布朗森 · 奥尔科特共度一天。他乘坐北上的列车到贝洛斯福尔斯（Bellows Falls），往南走过福尔斯山（Falls Mountain），他的平跟皮鞋让他一路打滑跌跤。他在康涅狄格河里游泳，洗了洗身子，接着在路上搭了一个伐木工的车去最后1英里外的沃波尔。这位伐木工说他帮忙把400万根原木运出贝洛斯福尔斯，包括一些梭罗见过的某些由火车载着穿过康科德的桅杆。梭罗的造访让奥尔科特很高兴，他和家人已经搬到沃波尔一年有余，但还是觉得当地人都是陌生人。他们聊了一早上政治——"弗里蒙特

（Frémont）、加里森、爱默生，等等”——走了一下午去看康涅狄格谷，奥尔科特在日记里写道：“很少学者的研究范围会像我们这位行走的智者一样，在广阔的宇宙中为自己设立如此多限制。”[91] 梭罗在自己的日记里高兴地罗列所有新采集的植物，祝贺自己：康科德河在任何方面都比康涅狄格河更丰富多样，“在任何意义上都是最肥沃的”。在广阔的世界中设限带来的最大好处是让他清楚地看见家乡。

生了这么久的一场病，梭罗急着想写作，而且觉得自己时间不够。但是他多年不变的收入困境驱使他离开康科德，去新泽西做了一个月艰苦的测量工作。这是奥尔科特安排的，他们在沃波尔重聚后，为了为新家找一个合适的地点，他来到纽约城，在拉里坦湾（Raritan Bay）的伊格斯伍德聚居区（Eagleswood Colony）驻足，这里位于珀斯安博伊（Perth Amboy）以东。这个聚居区是马库斯·斯普林（Marcus Spring）和丽贝卡·斯普林（Rebecca Spring）的智慧结晶，他俩是自由派的贵格会成员，也是热忱的社会改革者。1846 年，他们把玛格丽特·富勒带上他们的欧洲之旅，就这样使富勒之后走上了意大利革命之路。1852 年，斯普林家试图用创建他们的乌托邦社区的方式来改变未来，他们的拉里坦湾联邦（Raritan Bay Union）以布鲁克农场为模版。但是它在经济上是失败的。等奥尔科特来到这儿的时候，他们已经把土地细分为住宅区卖给纽约的上班族，他们希望这些人会被这里富有文化气息的社区生活吸引过来。[92] 他们一提出自己需要个测量员，奥尔科特当即推荐梭罗，后者不仅需要工作，还可以带来一些文化。所以，1856 年 10 月 24 日，亨利·梭罗带上他写好的讲稿，外加指南针、三脚架，出发来到新泽西。

“这是个诡异的地方。”梭罗给家里写信说。这里有一栋巨型的、石头建造的空想共产村庄，还有斯普林家的房子（梭罗住在这里）、几间商店、一间办公室、一所学校。他是周六下午抵达的，和伊丽莎白·皮博迪一同搭车，正好赶上了定期于周六晚上举办的舞会，**每个人**，包括他，都需要参加——“他们想当然地觉得你需要**社交**”！星期日早上是贵格会会议，有人警告梭罗，他们希望他能受到这种氛围的感染。他准备了几句话，“刚刚好可以引起他们之间的一点点争议，但又能活跃气氛”。那天晚上他给大伙儿——他发现，多数是孩子——念《猎驼鹿》（*Moosehunting*）。周一早上他开始工作，这确实是苦差事：200 英亩地，“要穿过树林、峡谷、沼泽，沿着河岸步行，蹚进潮水——经过绿蔷薇的淤泥和山蚂蝗——没时间抬头或思考我在哪里”。开始工作后，梭罗的项目变大了：斯普林夫妇要求他造一座果园和葡萄园，还有一些新的业主也要他测量他们的土地。[93]

“我把自己的时间拿来换钱，而且在这里，我不过是测量员梭罗。”他写给布莱克的信里满是疲惫。不过，那儿的时光不尽是工作。11 月 1 日，周六，奥尔科特从纽约过来，对这个挣扎中的社区的未来提出了一些尖锐的问题，他还想知道这里有没有留给他和家人的位置。他和梭罗共度了一晚，次日早晨主持了题为“自由和责任”的对话。那天晚上梭罗朗读《行走》的时候，他听得津津有味，他觉得孩子们尤其会喜欢。[94] 奥尔科特有很多计划：之后那个周六，他带梭罗去参观格里利的韦斯切斯特（Westchester）农场，就是格里利希望梭罗来住上一两年的地方。梭罗作何想法没有留下记录，但是奥尔科特觉得所有这一切——田野和沟壑，谷仓和作物，男人、妻子、孩子——会是一场灾难。在城里过了一夜后，他们乘坐布鲁克林渡轮去听亨利·沃德·比彻（Henry Ward Beecher）的礼拜日布道。教堂里人山人海，光是这场面就已经让奥尔科特佩服了。会众们大哭，大笑，完全被吸附在伟大福音的磁场里。梭罗“称它是异教，而且让他浑身不舒服”。[95]

接着，他们去拜访沃尔特·惠特曼。诗人不在家，他的母亲接待了他们，她给他们现烤了蛋糕，一直夸赞着自己的儿子这么优秀，这么聪明，永远站在弱者的一边抵抗强者。她让他们放心，她的儿子次日早晨就回来——毕竟，他的生活里只剩下“吃，喝，写，睡”——他一定会很高兴见到他们的。奥尔科特渴望把梭罗介绍给惠特曼；他几周前造访过这个奇怪的新晋诗人，觉得他充满“原始力量”，天赋异禀，胆大妄为。之前的一年，惠特曼出版了《草叶集》之后寄了一本给爱默生，后者又看到了一个值得提携的诗界新秀，赶紧给惠特曼写去了一封招牌式的热情支持信。让爱默生震惊的是，受到鼓舞的惠特曼抓取了信里最具引用价值的话，把这句话直接印到了这本书新版本的书脊上：“我向即将开启伟大生涯的你致意。”就这样，惠特曼成了使用现代书封宣传语的先驱，却从没得到爱默生的同意。

现在，终于轮到了梭罗，他对惠特曼充满兴趣，但不知道他是个什么样的人。他们的会面并不是很顺利。奥尔科特带来了萨拉·廷代尔（Sarah Tyndale）——“女性中坚实的海象”，他这么称呼她，“质朴耿直和具有常识的人之中最耀眼的一位”。不知道她的耿直是否让对话变得更顺畅。惠特曼在门口迎接他们，带他们爬上两层楼的楼梯来到阁楼，他们一眼就可以瞥见夜壶，没整理的床上留有他和他那位同住的“孱弱弟弟”睡觉后留下的痕迹。寒暄过后，他们去到楼下的客厅，奥尔科特试图让梭罗和惠特曼直接交流。但是，这两位伟大的作家只是坐着看着对方，“像两头怪兽，都在想对方会做什么，要打还是要逃”。梭罗担心他为谈话起了一个不好的开头。惠特曼宣称他自己代表美国的时候，梭罗回敬了他：“我从没多想美国或政治或其他。”——这可能扫他的兴了。接着有人提到了爱默生的信，这让惠特曼急于替自己辩解。“这事情很简单。”他无力地道了歉，暗示爱默生也负有责任。两个小时之后，奥尔科特结束了会面，让廷代尔太太“独自占有惠特曼”。[96] 过了一周，梭罗告诉布莱克他“仍然很迟疑”，不知道惠特曼是什么样的人——他如此粗野但又如此文雅，喜欢“整天乘车在百老汇街来来去去”。他会坐在公共汽车的司机位旁边，大声抨击荷马。[97]

梭罗离开前，惠特曼给了他一份1856年第二版的《草叶集》——书脊上印着爱默生的致意——梭罗一回到康科德就开始认真地阅读。他喜欢这些诗歌。“这比我很长时间来读到的任何东西都对我有益。”他写信对布莱克说；他尤其喜欢《日落之诗》[*The Sundown Poem*，很快题目被改为《布鲁克林轮渡》（*Crossing Brooklyn Ferry*）]和《自我之歌》（*Song of Myself*）。至于惠特曼的自夸，梭罗承认他有资格这么做——

这是一只文学雄鸡向另一只文学雄鸡的致敬。至于惠特曼臭名昭著的色情表达，梭罗简单地写道，“就仿佛是野兽开口说话”。这评论来自一个近距离、以极大的同情心研究过野兽的人，评论里有复杂的意味，因为有人也这么评价过梭罗。梭罗最后总结道，他希望的不是惠特曼没有写出这些粗俗的话语，“而是如此男人和女人可以以单纯的心态读它，而不觉得受到伤害”。[98] 为了印证这一点，梭罗带着他的《草叶集》去到康科德的每一处，“像一面抗议的旗帜”，爱默生之后告诉惠特曼。在惠特曼那边，他晚年赞许梭罗的“不守法——他的异见——他坚定地走着自己的道路，让地狱烧毁它的选民”。爱默生撰写的悼词显示，梭罗深深敬佩过三个人，而其中之一，他告诉桑伯恩，就是惠特曼——因为索菲娅的请求，他之后没有把这个名字写到悼词里。[99]

梭罗在和惠特曼会面两周之后，终于完成了他在伊格斯伍德的苦差。在那儿的最后一个周日，他朗读了最后一份讲稿《有什么益处？》，“很意外地成功了”。这似乎是只有怪人才能欣赏的讲座。和梭罗正好擦肩而过的布莱克，希望他可以回程时借道伍斯特，再做一次演讲，但是筋疲力尽的梭罗已经等不及想要回家了。11 月 24 日周一，梭罗洗净手上的新泽西红土，打包好测量工具，向北方进发了。火车于夜里 3 点半把他带到了伍斯特，在换上到康科德的火车前有好几小时的等待时间。梭罗疲惫地在主街上晃荡，他徘徊在西奥 · 布朗的裁缝店门口时，守夜人警觉起来，差点儿就把睡梦中的布朗一家叫醒了。[100] 刚回到新英格兰“整洁的沙地”，看到灌木、橡树、桦树和松树此刻终于披上了“它们赤褐色的衣裳”，梭罗就感到如释重负。他走进家门，看到敏的时候笑了，才一个月的工夫，这只小猫突然间长大了，很威严，面颊上长出抵御冬天的厚厚新毛，“像寻常的母猫一样鼓胀着”。[101]

梭罗也为冬天做好了准备。光是把船从雪地里拖回家就让他出了一身汗。是时候做点真正的事情了！他用在新泽西赚来的一部分钱买了一双新的牛皮靴，防水，不怕雪和泥。那个晚上，他喜滋滋地盯着靴子看：“梦想着森林的深处和林中小径，梦想着霜冻或泥泞的道路。”[102] 在经历了伊格斯伍德令人窒息的氛围之后，他眼里的一切都散发着金光。“我多么喜爱这些淳朴、内敛的乡下人啊，我的邻居，他们都忙着自己的事情，不过问我的事！”他说道，“朋友们！同伴！我所拥有的似乎已经足够，有这么多的人让我喜欢，引起我共鸣。”他告诉一位朋友，所有东西都是“为了幸福而存在”：“树林、大地、土壤，等等，都为了欢乐而生。你觉得如果康科德河不快乐，它会沿着克兰肖尔山和亨特岛（Hunt’s Island）流淌几百万年吗？”在这儿，最重要的，是“叫作冬天的宏伟旧诗”再次归来了。“我从来不会停止对这一事实的惊讶：我竟然生在了全世界最可贵的地方，而且也生逢其时。”[103]

* * *

1856 年至 1857 年的冬天，梭罗有足够的精力来应对讲座，但是他没有做很多场，他很欣慰讲座邀请不多。“我没办法诉说我的经历，尤其是面对对此毫无兴趣的人。我更希望拥有更多经历。”[104] 如今他又在写作了，新的素材累积得很快，不过过去的讲稿会再沿用一年。12 月 18 日——“噬骨般寒冷”的一天，地方报纸这么写道，温度计显示零下 29 摄氏度——他雇了一架马拉雪橇去新罕布什尔州的阿默斯特（Amherst）演讲《行走》。最后的 11 英里，他一手抓着缰绳，另一只手放在怀里取暖，当握缰绳的手发麻了，他就换手。他开玩笑说，他在阿默斯特公理会教堂的地下室演讲，是在帮忙挖这个地方的墙脚。讲座结束后，没人跟他讲话，但是人们听完了。梭罗没有更多的期待。那晚他住在一家萧条的乡村旅馆里，楼下舞会的噪声让他彻夜无眠，店员也让他恶心，他们把鼻涕先擤在手指上，再蹭到靴子上。夜深时分，地面冻裂了，他被吓醒了。房子“像爆破的面粉厂”一样摇晃，地面也裂开了四分之一英寸的口子。第二天早晨回家，他在半途停下，在冰冻的梅里马克河上行走。那天下午，他走去了瓦尔登湖。湖面果然一夜之间就结冰了，梭罗走在这洁净的冰上，觉得宛如行在水上。[105]

六周后，1857 年 2 月 3 日，梭罗再次发表了《行走》这个演说，这次是在菲奇堡的图书馆。他的题目是“行走”，但他发现，讽刺的是，其他人都没有这么做：方圆几英里都是连绵的积雪，也就是说这个镇的几千名居民没有一人走下过它狭窄而拥挤的街道。梭罗担心，他们的思想就像他们的双脚一样受限。果不其然，他的听众装装样子地抬头看他和讲台，“仿佛是假装在空中行走的走钢丝的人或江湖术士”，抑或是正在表演在薄冰上奔跑。但是，至少有一个鼓励的声音：“这个讲座比整一季学园讲座的任何一场都含有更多真正意义上的幽默、智慧和诗意。”当地的报纸评论道。[106] 这篇评论的作者几乎毫无疑问就是他忠实的朋友布莱克，他热情洋溢地请梭罗到伍斯特再讲一场。梭罗确实再讲了一次《行走》，2 月 13 日于伍斯特新修缮的、华美的布林利大厅（Brinley Hall），他用这场讲座完成了去年 11 月匆匆路过伍斯特时向布莱克许下的承诺。

这个冬天异常寒冷，打破了所有的低温记录。新英格兰很多地方的地面都开裂了——梭罗推测，这是因为雪下得不够，所以没法隔热。圣诞节那天，他拨开李崖（Lee’s Cliff）下的雪，给敏弄了些新鲜的绿薄荷。[107] 新年前后，他测量了位于纳肖塔克山上的李家农场，那正是 1635 年被西蒙·威拉德抵押出去，换来康科德三河汇聚处贸易点的农场。你觉得这房子有多老？新任房主问梭罗。梭罗翻查沙特克的《康科德历史》，猜测这是全康科德历史最悠久的房子，可以追溯到 17 世纪 50 年代。几周之后的晚上，房子失火，烧得只剩下烟囱。梭罗在灰烬上架了一块板，仔细研究这个古老的烟囱，抄写下剥落的旧灰泥上题写的字迹：“康科德制造——1650 年 10 月。”因为灰泥是抹在已经被烟灰熏黑的砖头上，因此这栋房子应该更老。梭罗带了一块砖回家留作纪念。[108]

随着更加寒冷的隆冬的到来，梭罗发现，在康科德也一样，除了他之外没有人还会去森林和田野。他感到没有什么比这还能彰显他和他认识的所有人的区别。他试图写下为何他每天都想着进入严冬的中心：就像是想家的人回到了家，像虔诚的人听见了祷告，像鱼儿回到了水里，像在一栋闭塞的屋子里打开了窗户。“我需要真正的**天窗**……可惜的是，这个社区、小镇、乡村，抑或农民俱乐部都不能为我提供天窗……它们让我感到无聊。”但是在冬天孤独的野外，他遇见了“一些出色的、安静的、不朽的、无限激励人心的旅伴，尽管它们是看不见的，但它们与他同行”——让他镇定，恢复他的感知。他回想起儿时常做的梦，他叫它“狂暴和平静”——他被抛于“一个可怕、致命的平面上”，接着突然之间，“躺在了一个宜人、光滑的平面上，一如夏天的海”：“我醒时的经历**总**是,而且仍然是‘狂暴’与‘平静’的更替。换一句话说,是‘非理性’和‘理性’的更迭。”[109]只有在“理性”的状态下,他才能成为“不偏不倚地观察宇宙秩序的见证人”，探讨“存在的问题”，这也是冬天最残酷的现实所抛出的问题。

1 月下旬迎来了最寒冷的时刻：波士顿港于 18 日结冰。19 日，屠夫和牛奶工都回不了家了。20 日，爱默生的儿子小埃迪骄傲地给亨利看他深邃而美妙的雪洞：一盏灯照亮了洞穴内部，就像灯塔里的光影，但是当埃迪放声大喊时，他的声音几乎是听不见的。每个孩子，还有亨利，挨个爬进去，尝试这个实验。雪消除了所有的声音。23 日，梭罗的墨水结冰了。24 日，温度计跌到了极限，他猜，气温已经是零下 32 摄氏度了。梭罗也跌冷了极限，他觉得自己也结成了冰：“在我的孤独里，我为自己织起了丝网，或者说蚕茧，就像幼虫一样，不久之后这会破开，飞出一个更完美的生物，适合更高等的社会。凭借朴素，或者更通常的说法是贫困，我的生活重心得以明确，也因此井然有序，或者说，它从一团混沌中生出一个世界。”[110]梭罗会成为内向的沃尔特 · 惠特曼。“我，沃尔特 · 惠特曼，是曼哈顿之子，我是世界”，惠特曼在纽约的大街上向人群咆哮着讲述荷马，他用“魔法”影响了梭罗——他也是世界，是康科德之子，是水晶洞穴里的蚕蛹。

* * *

梭罗已经到达了他的极限。首先，是和爱默生之间的关系："如今，另一场友谊也终止了。"他写于 1857 年 2 月 8 日那个他宣布自己就是世界的日子。他很肯定，这是最后的宣告，他和这位交情最深的老朋友之间的友情已经无法挽救。"我宁愿人们拿走我脚下的土地，而不是我脑海中的你。"他哀叹道。他整日整夜地经受"身体上的痛苦，胸口痛得让我无法工作"。发生了什么？爱默生没有提供线索。他刚从中西部讲学回来，无暇抽身。正在经历精神巅峰时刻的梭罗感到自己被残酷地拒绝了。紧接着，爱默生回来后，因为看似因劳顿而引起的咳嗽引发了一场恶疾。他卧病在床，发着高烧，出于狂热状态的梭罗终于认识到，他最重要的精神友伴，爱默生，永远都不可能改变。梭罗不能和他一起生活，但是没有他的生活又无法想象："在那个时候，我似乎在和这个一直是我的朋友的人永别，我觉得我自己反而更加接近他，也正是我们彼此之间的亲近和密切让那种离别的永恒变得刻骨铭心、意味深长。于是，我成了无助的犯人，我无法解开这些镣铐。我以为我解开了一道锁链，但我早就锻造了另一道。"[111] 危机过去了，很快梭罗又来到爱默生家吃饭，他快乐地和路易斯 · 阿加西争论。到了 5 月 1 日，他和爱默生再次一起徒步漫游。梭罗的情绪风暴清除了他们之间的芥蒂。这之后他再也没有怀疑过自己对爱默生的爱，或是爱默生对他的爱。[112]

为了让情绪更平稳，梭罗需要自然这扇"天窗"。这种欲求显示了他生活在一个过于密集的社会空间里，他和周围人之间的纽带也成了无法破除的枷锁。讽刺的是，就在那时，乔姆利寄来的一份一针见血的关于梭罗性格的分析证实了这种看法。梭罗在之前的 10 月就给在克里米亚打仗的乔姆利写信，坦白他的身体每况愈下。他没有收到回音。最终，到了 12 月，乔姆利在罗马收到梭罗的信，正庆幸自己活下来的他，给梭罗回了一封洋洋洒洒的长信，好几页长，满是他的经历，以及对战争、人、地方风貌、国家及命运的看法——最后一点包括他自己的和梭罗的命运。对于自己，乔姆利开了一剂“梭罗式”的药方：肯特郡（Kent）的一栋乡舍，有好几英亩地，还有足够的房间让梭罗可以去那儿小住。对于他的朋友，他开出了相反的药方：“你没有像我期许的那样振作地生活。你应当社交……缺乏这一点，随着年老你会崩溃的。**请原谅我作为一个英国人直白的说话方式。**”乔姆利的话让梭罗想起很多年前富勒所说的相仿的话语。乔姆利告诉梭罗，后者对自然的爱“是你尚未发现的一种深情的弥补”。不要让你的隐居太过孤独，他警告说，“就像收集树叶一样‘收集’你的同伴，好生对待他们”，试着写一部马萨诸塞州或康科德的历史。“这会是伟大的工作和宏伟的成就——只有你够格做这项工作。”[113]

这是极好的建议，等梭罗收到信的时候——乔姆利等到2月，在可以通过可靠的英格兰邮政来送信时才寄出这封信——梭罗已经对孤独有过冷静的深思，他的日记里满是对他的朋友和邻居的犀利剖析，他确实像收集树叶一样“收集”他们。他决定喜欢惠特曼，所以寄了本《草叶集》给乔姆利（同时附上的还有《瓦尔登湖》和爱默生的《诗集》)。4月2日，他出发去里基森家，度过一个壁炉边的漫长假期。鱼儿一旦冻住，还能复生吗？那是他和阿加西争执不休的问题。他们没有就鱼儿达成一致。那么蛤蟆呢？去布鲁克朗的路上，梭罗捉到了一只冻僵的蛤蟆；不，他总结说，蛤蟆一旦冻住，就没法复生了。

但是，梭罗可以复生。有两周的时间，他被欢乐融化了，在朋友的陪伴下感到舒展。奥尔科特也待在那儿，有时候，让奥尔科特感到“比以往任何时候都更健康、更理智”的钱宁也来这儿抽烟。一天晚上，正当丹尼尔和埃勒里还缩在“棚子”里时，露易莎·里基森用客厅里的钢琴弹奏起活泼的苏格兰乐曲《坎贝尔一家来了》(*The Campbells Are Coming*)。他们的女儿安娜笑着向“棚子”嚷嚷：“快来看哪！”梭罗在跳舞，他踮起脚旋转，还在家具上做疯狂的“印第安跳”，孩子们都乐坏了。当不以为然的奥尔科特缩到沙发深处，梭罗一路跳过来，踩到了他的脚趾。[114]露易莎拿着《汤姆·鲍林》(*Tom Bowling*）的乐谱——

亨利最喜欢的歌，也是纪念约翰的歌——坐在钢琴旁，请求他一起唱。梭罗声明说："可以，但我怕如果我唱起来，屋顶也会被我掀翻！"接着，梭罗"饱含深情"地高唱这支船歌，露易莎抄了一份乐谱，把它寄到康科德。"它得到了多次的演唱，并被反复要求再唱一遍，"梭罗感谢她，"而且已经依法移交给我的妹妹和她的钢琴。"[115]

梭罗甚至变得浪漫起来：4 月 13 日，他和里基森在昆西加蒙湖附近停留，和凯特·布雷迪（Kate Brady）共进晚餐。凯特有一半爱尔兰、一半美国北方人血统，她曾是里基森家的女佣。她在农场长大，能骑马犁地，捕鱼牧羊，学过纺织和缝纫。她读了《瓦尔登湖》，如今以帮人看管学校为生。凯特有远大的理想，她在和梭罗一同散步的时候坦白告诉了梭罗。不管她的女性朋友如何讥笑，她都会独自回到废弃的家族农场"自由地生活"，而且会让它重现辉煌。"我从没有听过任何姑娘对自然有着这么强烈的爱。"梭罗写道，他深受震动。他 40 岁了，年长她一倍，而且很久之前就已经放弃了婚姻这个选项——"整个自然就是我的新娘"，他提醒自己——但是他对凯特的描绘中透露出一丝喜悦，他把凯特形容为"黄金时代的孩子"，拥有强大的灵魂并热爱好书，能够"把自然变成真正的家，在田野和森林中找到壁炉"。[116]

回到家的梭罗渴望更多陪伴。他一得知自己错过了布莱克的来访，立即写信邀请他的伍斯特朋友回访，还笑着加上一句最顽皮的玩笑话："都来吧……来成为'康科德'，因为我已经被'伍斯特'了。"[117]与此同时，他忙着植树：他的父亲买下了隔壁的一块田，他栽下新的苹果树，造了新栅栏，给花园翻土。当他们的邻居赖尔登漂亮的公鸡跟在他屁股后面走，梭罗高兴坏了。在被当地人戏称为"得克萨斯"的土地上，他把豆子撒进花园里。5 月的三个整天，他穿着单衣，为爱默生造一座新凉亭。当里基森来访时，爱默生在爱默生崖为他举办了家庭晚宴。在晚宴上，当里基森坦白他对雷暴和神的报应的恐惧，令爱默生高兴的是，梭罗坚持说恐惧上帝的审判是伪神学，一棵新的梨树才展示了真正的宗教："没有喜乐会被中断，"梭罗澄清说，"它的果实也不会被摧毁。"[118]第二天早晨，当里基森又抱怨起他频繁的头疼，梭罗哄他走出屋子，用游泳和划船治愈了他——眼下是亨利在哄骗这位“在精神上过度紧张的病人”，他“突然变得比最近两年都要强健”。[119]

当梭罗以恢复一新的精力漫步于森林与田野之时，他被松树苗一年内的长势惊到了。一夜之间，贫瘠的土地成了兴旺的小树林，小树向天空伸展，一个季节就长了 3 英寸。之前在楠塔基特，他看到过加德纳船长如何在那片荒凉的土地上重建森林；此刻，和爱默生一起散步的梭罗提议在瓦尔登做同样的事：他们可以先找人在怀曼田中开犁土机，紧接着用播种机撒下松树种子，然后就可以这样种出一整片森林。在梭罗眼里，每个地方都处于重生的季节。去李崖嫁接苹果树的路上，他停下来和农夫的儿子聊天，接着，眼看一片低空中的乌云往西北方向移动。他走在平静的蓝天下到了费尔黑文，一到那儿就下起了瓢泼大雨。随着黑云翻滚成暴雨，他赶回李崖，站在那儿的岩石缝里，在电闪雷鸣的庇护下，在雨中高唱起《汤姆 · 鲍林》。[120]

两天之后，梭罗再次感到喜出望外，他在一片山坡上听见了食米鸟的歌声。起初，“两三个圆润的音符像珠子一般，从它溢满歌声的嗓子里挤出来，像清澈的泡泡一样落下”，这歌声就像盛满旋律的花瓶。“喔，小鸟先生，请永远不要再在艺术上有所精进，请永远不要让我们听到你的完美发挥。但是它继续唱着，草地于是溅满了音符。”[121]三年来，亨利·梭罗都没有过完美的发挥，也没有在他的艺术上有所精进。现在，迎来了 1857 年春天的他，准备好了放声高唱，一直唱到最后。

第十章 野果

（1857—1859 年）

结出这种果实，且任由它们瓜熟蒂落的国家，能够为更完美和光辉的国家开辟道路。

——亨利·戴维·梭罗 :《论公民的不服从权利》

最后一次去科德角和缅因森林

“现在是时候把我们的哲学带到屋外了。”1857 年 6 月，随着温和的天气带来了蟋蟀的鸣叫，梭罗渴望一场徒步旅行。钱宁一表示有兴趣加入，梭罗就赶紧腾出时间——而当钱宁宣布退出时，他还是按计划去了。他于 6 月 12 日晴朗的早晨出发，前往广阔、荒凉的科德角。在普利茅斯，马斯顿和玛丽·沃森带着他乘坐周日的帆船去克拉克岛（Clark's Island），他们和内德大叔（Uncle Ned）一起查看捕龙虾用的笼子和[illegible]哥巢。[1] 周一早晨，在造访过位于森林中的詹姆斯·斯普纳的农场之后，沃森夫妇开车把亨利送到玛诺梅特（Manomet）。他们不忍和他告别，依依不舍地看着他背起背包，独自去往海滩。[2]

之后的一周，梭罗都在沿着海滩步行。他往东走，穿越半岛来到凹岸处，接着长途跋涉，一路向北，到达普罗温斯敦——他就这样靠着地图和指南针走了 80 英里。[3] 等他来到凹岸处，风和雾气早已让他浑身

湿透，他的双腿也覆上了一层沙。他在寒冷的“人道招待所”（Humane House）哆嗦地休息了一阵，继续往前走，去看韦尔弗利特的采牡蛎人约翰·纽科姆——但走到那儿的时候，一位邻居告诉他，纽科姆前一年的冬天过世了，享年 95 岁。他们一定进行了一场奇怪的对话。梭罗刚刚发现了一只小海燕的尸体，按照他一贯的作风，他把鸟儿绑在雨伞上，这样他一找到落脚点就可以分析它的尸体。“他们大概以为我是疯子。”他承认说。那天下午，他来到高地灯塔，之后的三个美妙的日子，他都在这里的沙丘上漫步，参观新建的电报站，和灯塔守望人、邻居，以及来修理灯塔的木工聊天。他们中的一位评论说，没有哪片海滩能和安妮角的海滩媲美。梭罗记了下来。星期天，他去往普罗温斯敦，像服药一样饮下在沙丘漫步的孤独感，“对我来说像花儿一样甜”。他在朝圣者招待所（Pilgrim's House）待了一晚，听着野猫的叫声，抓着床上的臭虫，6 月 22 日，他搭蒸汽船去波士顿，回到家的时候刚好赶上吃晚饭。[4]

这是场很不错的旅行，悠闲，振奋人心。梭罗记下了超过 50 页的笔记，不过几乎没有一句最后被用进《科德角》。因为他已经在修改这本书的最后一章，这份手稿基本上已经定型。他也把注意力分给其他项目；《科德角》的问世要等到 1865 年的春天，大约在他去世的三年以后。有趣的是，梭罗长期疏远的天主教朋友艾萨克·赫克写了最重要的书评，认可他在质疑所有有组织的宗教之外仍怀有“深层的宗教感情”：“倘若他住在 5 世纪，很可能是沙漠中的神父。”[5] 赫克抓到了《科德角》——《瓦尔登湖》阴暗的孪生兄弟——的特异之处。梭罗在这本书里承认了所有形而上的恐惧，而《瓦尔登湖》所做的却是缓解这种恐惧。他从没有改变他的叙事结构，虽然这来自他第一次偶然的科德角之旅：冗长乏味的马车之行；面对海滩的震惊：它们毫无秩序可言，满是最初生猛粗犷的混沌状态所培育出来的反常生物；韦尔弗利特的采牡蛎人尖酸的嬉笑；灯塔守望人兢兢业业地工作，时常“剪灯芯，好让它烧到最后”[6]；对于历史的苦苦探寻，直到科德角永不休止的流沙和时间斗转星移的力量吞噬了所有坚固确凿的东西。

最重要的是，梭罗把他的叙事嵌入他令人震惊的开篇里：圣约翰号可怕的海难中充斥着火岛上无法言说的伤痛。他不仅没有消减这个开场存在主义意义上的阴暗氛围，而是借它呈现封闭的“人道招待所”中人性的残骸，还有残酷的“原始自然”，它任意蹂躏人和动物的尸体，在他们身体下面填满新鲜的沙子，自然是“非人道，但真诚的”。[7]《科德角》是 19 世纪晚期的自然主义作品，和斯蒂芬 · 克莱恩（Stephen Crane）写出的任何作品一样阴暗：“关于这残暴海滩的记录！除非是遭遇海难的船员，否则谁能来写？”和克莱恩相仿，梭罗用诡异的优美笔触来发酵他的噩梦，但是和克莱恩不同，他用发自肺腑的愉悦给它调味，让这本阴暗之书光芒万丈。《科德角》是梭罗自己的高地灯塔，从混沌的边缘散发出光亮，穿越“清泉之中的清泉，瀑布之中的瀑布”。这是能够照亮所有海上之人的灯塔。“那儿可能还站着一个人，”他以这种方式结束全书，“他把整个美国抛在身后。”[8]

梭罗渴望更多的旅行。7 月 11 日，他写信给乔治 · 撒切尔，说他恢复了体力，而且“决心要做一场悠闲且经济的郊游”，乘独木舟出发，希望能带上两个同伴——比如说，上溯穆斯黑德湖，到达阿勒加什河（Allagash River），再去往法属加拿大，全程几百英里，耗时一个整月。在这些水域长大的“孩子”乔治，会愿意同行吗？当乔治婉拒后，梭罗决定雇一位印第安向导。他也写信给埃本 · 卢米斯（Eben Loomis）：你愿意参加“悠闲”的三人之旅吗？卢米斯来拜访他了，他们在阿萨贝特河一起划船。当经过从巴雷特的磨坊排出的污水时，梭罗用火柴点燃了大批锯末产生的沼气，他们听见了燃烧的声音——但是，不行，卢米斯也没法跟他去更远的地方旅行。[9]梭罗名单上的下一个人是爱德华·霍尔，后者多年前曾和他一同点燃了瓦尔登森林，而且刚回康科德：爱德华的漫游癖已经让他去加州当律师，也让他淘过金，接着去了秘鲁，并在那儿得知了父亲的死讯。这个浪子回家帮助家人，最后被证明是个体贴的人，而且也是优秀的自然主义者，尊重梭罗做事的方式。几年后，霍尔回想这份邀请的意味：“走路去远方；把脚弄湿，走上好几个小时；

划一整天船；走完好几英里后深夜回到家里……如果这之中有任何事情让你犹豫，那就不要跟他疯。”梭罗知道他没几个朋友吃得了成为真正的“旅行者”的苦头。[10]布莱克虽然一直想去，却没这份毅力。但是沉静能干的爱德华·霍尔吃得起苦。

1857 年 7 月 20 日，星期一，他们一同出发去班戈。去波特兰的列车闷热，满是烟灰，驶向班戈的蒸汽船因为大雾而误点，但是缅因的天气像春天一样清凉。一两点左右，他们到达撒切尔的家。当地人警告梭罗不要雇印第安向导——说他们肮脏、执拗，喜欢酗酒，而且难以理解——但是梭罗“一门心思要一个印第安人”。[11]因此，第二天，这对表兄弟开车去老城，从那儿坐渡轮到印第安岛。岛上的村落几乎被遗弃了：这儿的人不是去打猎、采集贝壳，就是划独木舟到新英格兰卖手编篮子去了，剩下的人全都因为害怕天花而撤到其他的印第安人聚集地，这种疾病是在老城爆发的。撒切尔和梭罗远远望见的第一个人是个穿鹿皮衣的结实男人，他站在位于花园和果树之间的两层楼木屋的院子里。他们走上去，发现他是乔·波利斯（Joe Polis），撒切尔的老朋友，他俩一同长大，波利斯的哥哥一年前做过撒切尔的向导。波利斯愿意带他们上阿勒加什吗？“好啊，我想去打点儿驼鹿。”他边说边挠鹿皮。撒切尔开始跟波利斯讨价还价，从 2 美元一天砍到了 1.5 美元一天——梭罗的预算很紧——他们达成了一致。[12]

他们很幸运，梭罗汇报说——波利斯有着“为人特别可靠和稳重”的声誉。[13]到底有多幸运？时间自会揭晓。感谢波利斯，本来这又会是一场男孩式的冒险，如今却成了成年人的探险，他们二人共同面对棘手的边缘文化。波利斯是个部落领袖，深山老林、纽约或费城都可成为他的家。在缅因州政府和美国政府面前，他代表他的人民，帮助佩诺布斯科特族争取白人世界中的永久家园。白人领袖早就把几乎所有佩诺布斯科特族广阔的土地吞并了。按照协议，他们能够拥有印第安岛——他们祖先的其中一座家园。在这个受保护的小小主权基地，佩诺布斯科特族人努力在一个迅速现代化的经济体系下找到他们的职业机会：把传统的菜园扩大为市场导向的农场，把他们以打猎为生的生活方式转变为商品经济的经营方式，把他们的手工业和技术——主要是编制篮子和制作桦木独木舟——变成能由他们自己带入远至东北部中心城市贸易网的产品。

梭罗对此有所了解，因为他沿康科德河或哈佛周围的河岸野营的时候经常和佩诺布斯科特人聊天。爱德华·霍尔也略有所知，因为他儿时就见过佩诺布斯科特族的印第安人会从缅因州的河滩划着独木舟拍浪而下，划过洛厄尔（Lowell），再沿着康科德河去到上游，他们会在那儿搭起圆锥形的树皮庇护所，“卖他们做的香气扑鼻的篮子”。[14] 但是梭罗没有意识到佩诺布斯科特族也在争取文化主权。在这个前沿阵地，波利斯也是佩诺布斯科特族的领袖，他的人民尊他为“米蒂欧林”（meteoulin），意思是“老师和法师”。作为白人旅行者的向导，波利斯也有责任让白人社会理解佩诺布斯科特族的世界。答应撒切尔意味着牵起梭罗的手，或许他可以教教这位新英格兰乡下人佩诺布斯科特人在自己的家园里是怎么生活的。

* * *

梭罗的学习从那晚波利斯和他的桦树皮独木舟（他自己做的）抵达班戈火车站的时候就开始了。梭罗把波利斯领到撒切尔家，一路上都急切地找话题以打破尴尬的沉默。按照梭罗的记录，波利斯“归根结底是印第安人”，他正把重 100 磅的独木舟顶在头上，气喘吁吁地跟在他们身边，只咕哝了一两句话。梭罗之后会转述给爱德华·霍尔，波利斯问他，为什么你老问这些没用的问题？“这可能是你说话的方式——或许这没问题——但这不是印第安人之间交谈的方式。”[15] 第二天一早，波利斯研究好了怎么把两位客人和他们这么多的装备装进他的小独木舟。随后，他们一起上马车，把独木舟绑在车厢上方。梭罗感叹波利斯本人除自己穿的衣服、一条毯子、一把斧头和一把枪之外什么都没带——这些就是他所需要的一切。车厢很挤，外面大雨倾盆。去穆斯黑德湖的一路上，波利斯都静悄悄地坐着，即便有个粗鲁的乘客嘲笑他，也不置一词，仅仅让他的眼睛“瞪大了一些”。当“一位醉醺醺的加拿大人”问波利斯：“你抽烟吗？”梭罗开始明白了一些事情。波利斯说：“抽。”“那你能不能把烟管借我一会儿？”“我没有烟管。”波利斯说着，用他招牌式的“远距离”凝视着加拿大人。但是你明明有！梭罗想，他那天早上看到波利斯小心地把烟管和不少烟草装进口袋。[16]

汹涌的暴风雨打乱了他们在那天出发的计划。他们只能拨开人群，去到岸边的一家旅馆。第二天早晨，在波利斯的盯视下，他们小心翼翼地踩进独木舟（他怕他们把船弄翻或者一脚踩出个洞来），接着，他们借着从云雾里透出的黎明光辉起程了。他们划向基尼奥山（Mount Kineo）的一路上，梭罗都在饱览风景并观察波利斯的一举一动。我想跟你去学校，他尝试说道，学你的语言。这要花多久？一个星期，波利斯说，时间很充裕。梭罗开始写下波利斯说出的所有语词：不同的鸭子、鸣禽、潜鸟——还有不同的地方。他很高兴波利斯知道“马斯科特奎德”（或者说“马斯科提库克”，波利斯更喜欢这么发音）的意思。[17]这意味着马萨诸塞州和缅因州是同一个世界的两极，由印第安人相连。波利斯受到了鼓舞，他指着基尼奥山，讲述在他的族人的传说里，那座山是被一位力大无穷的猎人杀死的巨型驼鹿——梭罗没有记下这位猎人的名字，他觉得这个故事不过是印第安人的迷信，又一个冗长的“愚昧奇迹”。这是个严重的错误，波利斯正告诉他一位重要族人的创世故事，这是他们宇宙观的核心。虽然梭罗能够一眼看出柯洛城（Kouroo）的艺术家*的故事所具有的诗意和象征性的价值，但他完全忽视了正在讲述类似神话寓言的波利斯——可以看到，梭罗仍然需要更长远的旅行来甩掉19

* 梭罗在《瓦尔登湖》结束语里写到了柯洛城中的艺术家的故事，这位艺术家想要做一根完美的手杖。完美的作品都不受时间限制，于是艺术家专注于创造这件完美的艺术品，他的城倾覆了，光阴流逝，但他还在坚持。当他最终完成这件作品的时候，手杖成了梵天最美的造物，他在创造手杖时创造了一个新世界。

世纪的偏见。不幸的是，梭罗的奚落引导了波利斯，后者调整了他的讲述内容。从那以后，波利斯不再提供任何创世传说，只有动植物的名称和历史。梭罗从没有意识到他的粗鲁让他失去了什么。[18]

那天下午，这三人在基尼奥山下扎营，波利斯教梭罗和霍尔怎么在雨中用湿木头生火。波利斯捕鱼的时候，梭罗和霍尔爬上山，俯瞰下方的基尼奥招待所。梭罗欣喜地发现，这座山由独特的角岩构成，他在康科德找到的箭头就由这种角岩打制而成。现在，他脚下就是打制塔哈塔莞的箭头的原材料。这是另一个连接他的瓦尔登世界和乔·波利斯的佩诺布斯科特世界的广袤网络中的一环——而且，如果他能倾听波利斯所说的，这也暗示了后者的基尼奥故事的深层含义。那天晚上，当他们坐在营火旁看着暮色苍茫的树林，波利斯说起了他种的干草和土豆，他开始向霍尔这位律师请教有关白人物权法的问题。波利斯还从蛇发出的响声辨认出了它的品种——梭罗很惊讶，蛇竟然会发出叫声，但这是真的——他唱着他儿时从耶稣会牧师那儿学来的歌曲哄他们入睡。[19] 梭罗读了多年的《耶稣会关系》(*Jesuit Relations*)在这一夜终于被赋予了生命。

森林也有了生命。午夜时分，梭罗醒来，搅动奄奄一息的营火，一个特别的发现让他深受感动：柴火没有点燃的一端不是发着红色的火光，而是冷冷的白光。多年后，霍尔还记得梭罗把他摇醒就是为了要自己看他掌心里原始木头发出的白光，它像火一样照亮了他的双手。这是"阿图索驱"(Artoosoqu)，波利斯解释说，他的族人见过这样的火光烧到树那样高的位置，发出响声。这一次，梭罗准备相信他。波利斯的族人终日、终年生活在自然里，而且"自然一定向他们揭示了千百件事，而这些她仍然对我们保密"。[20] 在这方面，他需要的不是科学，而只是奇迹——忽然间，森林不再是"光靠化学就能解释的空空如也的厅堂，而是一座住满生灵的房子——好长一阵儿，我都沉浸在和它们的关联之中"。[21]

此刻，波利斯终于引起了他们的重视。第二天清早，他们想在起风之前划到东北搬运道，一路上，梭罗又向他提问了：你怎么在树林里找到方向的？他问得越多，波利斯的回答就变得越含糊。对波利斯来说，真正的疑问是梭罗，或者任何白人，怎么会**不**知道这些事情？在丛林深处找到路径太容易了，简直不需要用语言解释。作为向导，波利斯清楚白人很容易找错方向，或者完全迷路，每一次这样的事情发生，他就笑着带他们径直回到营地。但是，你怎么**做到**的？梭罗穷追不舍。"喔，我没法告诉你——这是我和白人的巨大差别。"[22]

在东北搬运道的佩诺布斯科特河一端，他们发现了一群住在圣弗朗西斯河附近的阿布纳基人在梭罗四年前整宿未眠的地方扎营，那一夜梭罗听着一群人给另一群人讲故事，但是他一个字也听不懂。不过，他能够理解他们如何制作独木舟。既然这些阿布纳基人在造船，他就停下来学。一想到这门制作桦树皮独木舟的技艺有一天也会失传，他就感到遗憾。但至少，他可以记录下来，或许可以学会自己来制作。那天晚上，为了躲避另一场暴雨，他们很早就扎下了营，大骂在湿漉漉的林中繁殖的蚊子。次日，梭罗迫不及待地想继续行程。别这么着急，波利斯反对说，你怎么可以不尊重安息日？[23] 他们最后达成了妥协，或许也是因为蚊虫的缘故，他们做了一个短途游，划到上游的一个毗邻营地。

波利斯对这地方很熟——梭罗也开始意识到其熟悉的程度。他在一棵树上看到了波利斯留下的标记，是一只划独木舟的熊，旁边有他的名字："尼亚索瑟伯 · 波利斯（Niasoseb Polis）/ 只有我们，约瑟夫 · 波利斯（Joseph Polis）"，还有他途经的时间。当波利斯加上一个新日期"1857 年 7 月 26 日"时，梭罗意识到"这是他的其中一个家"——事实上，这片所谓荒野上的每一寸土地都是他的家。梭罗的学习还在继续：波利斯告诉他们怎么分辨黑水杉和白水杉，怎么连根挖出水杉，怎么刨树皮，怎么把它们劈成做独木舟要用的坚韧木条，怎么将它们捆扎起来。他让这些步骤看起来很容易，但梭罗觉得简直无法仿效。波利斯接着告诉他们怎么在一星期的每一天用随处可见的植物做出不同的花草茶，梭罗已经看得头晕眼花了。告诉我你知道的一切，梭罗请求说，我也会告诉你我所知道的一切。[24] 波利斯同意了，教学仍将继续。

这两位康科德先生第二天会懂得，事情没有这么简单。要抵达阿勒加什河，必须先穿过泥池搬运道（Mud Pond Carry），接着划船到张伯伦湖（Chamberlain Lake）。泥池搬运道是缅因州最潮湿的搬运道，那年夏天也是几年之中湿度最高的夏天。当波利斯在下船前给他们详细的指示时，这两位康科德先生深吸了一口气。他们收起自己的行李——梭罗算过，他的包裹重 60 磅，霍尔则把行李分成两部分搬运——跟在波利斯后面，但是他们没法在布满苔藓的林地上看清波利斯留下的足迹。走了 2 英里后，梭罗知道他们迷路了，但是前面有迹象指明张伯伦湖的方向。这有什么难呢？他们继续走。很快他们就没入了深及膝盖的泥潭。梭罗把包袱扔到一旁的草丛上等待，霍尔则原路返回取他的另一半行李。过了很长时间，霍尔带着行李回来了，还带上了惊讶的波利斯，他无法明白他们怎么会走上那条通往张伯伦湖的搬运道——两倍的距离——而不是走在通往泥池的搬运道上，他自己留下的足迹已经够明显了。他“很显然觉得我们没什么森林生活的技能”，梭罗失望地写道。但是这时候回头太晚了，所以他们继续往前走，波利斯则回去把独木舟和剩下的东西搬到张伯伦湖。[25]

更糟的事情还在后头。梭罗和霍尔蹚进了第二片沼泽，这片沼泽满是与他们的头齐平的死去或者倒塌的树木——这是几年前建造张伯伦湖水坝时砍下的树，为了让阿勒加什河改道，这样作为商品的原木可以往南运到班戈。两人绝望地从一个泥沼挣扎到另一个泥沼，从一根浮木跨到另一根浮木，太阳在他们身后缓缓落下。祸不单行，霍尔的靴子（和梭罗的单皮鞋不同，它会进水）已经磨破了他脚上的皮肤。每一步都是煎熬，霍尔已经快要虚脱了。天色渐暗，他们愈发绝望，直到波利斯再次现身，把他们带到湖边。他俩累到连支帐篷的力气都没有，吃了一顿迟来的晚饭，而后躺倒在石头上。当他们望向夜空，波利斯给梭罗讲起星星的名字，一只潜鸟的叫声从远处的湖面传来，梭罗觉得，这就是荒野的声音。虽然这一天险象环生，但是“如果重来，他还是不会放弃这个漫步的机会”。[26]

第二天起来，他们先在湖里洗了澡，然后划到阿勒加什河的支流。波利斯在船头划桨，他必须时不时戳一戳可怜的霍尔，后者接连打瞌睡，他这样下去会让船有倾覆的危险。他们把船运过一对水坝，来到了鹰湖（Eagle Lake）——它也是阿勒加什河的一部分——并在鹭岛（Heron Island）登岸。他们一边在这里吃早午饭，一边权衡着他们的选项。梭罗本来打算往北走，去到法属加拿大，回来的时候借道圣约翰河。这完全可行，波利斯说，指出他们可以使用的一系列营地，而且他对这条路很熟。这也比绕着崎岖的佩诺布斯科特河走更简单，那里满是危险的急流。但是哪条路更具**狂野**的气息？梭罗问。佩诺布斯科特，波利斯回答说，加拿大的那条路会带他们经过整齐的乡村。在这片土地上，“北方”并不意味着“狂野”。就这么决定了：距离班戈约 110 英里的鹭岛成为他们此行的最北端。他们转向东南方向，顺着每年春天把缅因树木顺流带到班戈锯木厂的“伐木者道路”而行。这条路也更快，意味着他们有时间去攀登卡塔丁山，它在不远处召唤他们。

此刻，乌云再次翻滚，这一天余下的时光，他们都在暴风雨的间隙中穿行，很庆幸在夜幕降临前抵达了张伯伦农场。梭罗跑到农家去买一些补给，接着波利斯追了上来——他解释说，路过一栋房子如果不进去问候一下，是不礼貌的。梭罗和霍尔笑着挥挥手打消他的念头。他们想要荒野间的旅行，不要路过每栋屋子都进去闲聊。当波利斯访问那户人家的时候，这对疲惫的康科德旅人躺进他们的帐篷，伴着雨声进入梦乡。

梭罗需要睡眠，因为第二天他会迎来最严峻的考验。他们起了大早，没有吃早饭，直接划过了张伯伦湖。波利斯一路上勘探着沿途的山坡，寻找着可买的土地——商业上的成功意味着失去产业的波利斯能够买回一些佩诺布斯科特族过去的土地。[27] 他们经过了终极湖（Telos Lake），这是原本的阿勒加什河与圣约翰河的分水岭，而后顺着人工河下到韦伯斯特湖（Webster Lake），这是佩诺布斯科特河的分水线。当北向的河道被迫改道，它释放出了汹涌的水流，把这条连通的运河变成迅猛、湍急的水道，“有点像航行在雷击中”——波利斯判断，这对两位缺乏经验的客户来说太危险了。因此，当波利斯划着独木舟穿梭在这些急流之间时，他的两位客户正拖着行李绕陆路，然后在韦伯斯特湖与波利斯会合。当波利斯划过一个振奋人心的大浪头时，他想起自己曾经特地造访丹尼尔·韦伯斯特在波士顿的家，只为献上敬意。这位伟大的律师让波利斯等得太久，最终他放弃并离开了。耐心的波利斯第二天重新登门，再次被忽视。波利斯从敞开的门口看到韦伯斯特正来回踱步，但仍旧不理他。他走了上去。“你想干吗？”韦伯斯特问道，他举起一只手仿佛要打人。这位命定扩张论的总设计师不喜欢交际，连基本的礼节都没有。波利斯厌恶地离开了，没有一个印第安人会这么无礼。[28]

下一个急流又招来了麻烦。水位太高，水流太急。波利斯再次要求这两位白人把行李拿走，绕道陆路，时不时看他一眼，以确认他一切安好。走了一阵儿之后，梭罗停下帮波利斯把独木舟抬过一块岩石，然而爱德华·霍尔神不知鬼不觉地不见了。梭罗最后一眼看到他时，他正绕过一座悬崖，小心地下到河边。梭罗知道他的这位朋友近视很深，而且他受伤的脚让他走不了多远——实际上，霍尔一路都在挣扎。霍尔先前向梭罗坦白说，再过一个搬运道，“我们就会看到一个死人”。“就像他沉入了大地。”梭罗写道。他沿着悬崖寻找他的踪影，越来越担心，又到山下来回搜寻，害怕会在石头之间看到爱德华破碎的尸首。[29]

与此同时，波利斯在河上搜寻，等他回来告诉梭罗，他找到霍尔留下的足迹时，梭罗已经焦虑成狂：万一找不到霍尔呢？如果梭罗不能把他带回去，要如何面对爱德华的家人？正是这家人补救了亨利和爱德华把森林烧掉造成的巨额损失。波利斯努力安抚因恐惧而呼吸急促的梭罗，梭罗也尽量倾听。日薄西山，他们没法在黑暗里划过急流。霍尔肯定找到了到下游的路，这片森林里没有东西会对他构成任何威胁。一个夜晚的独处不可能让他有生命危险。但是一整夜，亨利都辗转难眠，仿佛听见爱德华在向自己呼救。他暗地里不再相信波利斯，或许这个印第安人在骗他，或许他只是假装说找到了爱德华的足迹，只是为了让梭罗平静，也好掩饰他印第安人的懒惰习气。简单说，梭罗正变得歇斯底里，他自己也知道，但他无法控制自己的情绪。

梭罗摇醒波利斯的时候，这个糟糕的晚上还没有结束。他坚持他们必须在早餐前离开。波利斯同意了，他们一同应对这段搬运道余下的艰难路程。梭罗一直在喊爱德华的名字，直到，谢天谢地，爱德华答应了。当时波利斯和梭罗正来到稍微平缓一些的水域，准备放下独木舟。梭罗一次又一次继续大喊爱德华的名字，直到波利斯怒气冲冲地打断说："他听见你了！"——"就仿佛喊一遍已经足够。"梭罗冷冷地回忆道。在那儿，就在韦伯斯特溪口的下方，是爱德华·霍尔，他坐在营火边抽烟管。他完全按照波利斯教的方法生了火。重聚的三人在霍尔的营火上煮早餐吃，梭罗说，他们的"胃口特别好"。[30]

如释重负的他们下到壮阔的马塔加蒙湖（Matagamon Lake），湖水平静、安宁，宛如镜面——此时正是宁静时分。突然波利斯大喊："有驼鹿！有驼鹿！"他自己此行的目标是要打一头驼鹿，它在那儿，在浅滩上冷静地看着他们逼近，而后小心地跑上高地。波利斯打了两发子弹但是没打中，它悠然地跑开，他重装子弹，又开了两枪。波利斯兴奋得像个 15 岁的男孩，霍尔说，他看到波利斯的手都在颤抖，但是他的射击是真的：驼鹿应声倒地，"完全死了"。尽管梭罗在奇森库克有着种种不满，他还是再次见证了驼鹿被猎杀。[31]

波利斯娴熟而迅捷地剥掉了驼鹿皮，把肉剁好，梭罗则在泥泞的浅滩里搜寻鱼的踪迹。波利斯用驼鹿皮包起一大块鹿腩，装到独木舟的尾部——大约有 100 磅重，就像他说的，多带"一个人"，这艘船已经负载了两个客户和他们大量的行装。波利斯提议他们再等一等，这只驼鹿的幼崽会出现，他可以为他们猎杀它。梭罗非常反感，和波利斯争辩了起来。这是个令人难堪的话题：为市场的需要猎杀驼鹿帮助波利斯维系他的传统文化，买回他的祖地，但是当他说他必须用杀戮来供养家人时，梭罗批评说这是"典型的白人借口"。梭罗虽然在《瓦尔登湖》里抗议过这样的经济体系，但是在缅因，梭罗的哲学和他自己的作为都不可能让波利斯和他的族人生存下来。到头来，河边的这场讨论纯粹是纸上谈兵。他们已经吃厌了腌猪肉，连梭罗也承认，在营火上煎熟的驼鹿肉“异常鲜嫩、甜美”。[32]

剩下的行程顺利多了。他们划着超载的独木舟顺着佩诺布斯科特河而下，波利斯每到一个经停站都会从驼鹿上割下更多的皮——有一天他用割下的皮做床铺——以此减轻船的负重。教学仍在继续：波利斯教他们怎么用黑水杉的树枝在桦树皮上写字（这些文字是他的族人早就习得的），当他看到梭罗没法在营火下看清东西，就告诉梭罗怎么做桦树皮蜡烛。霍尔弄丢他的烟管时，波利斯用桦树皮给他做了一根。到了 8 月 1 日，猎杀驼鹿的两天之后，他们已经离猎人小屋（Hunts’ house）不远了，这是逆流而上的最后一站，之后他们会转往卡塔丁山。梭罗希望能完成 1846 年浅尝辄止的事情——再次有机会攀登这座让他魂牵梦萦的山。但是他没有这个机会。爱德华 · 霍尔几乎没法走路了；在张伯伦湖周围的沼泽地里拖行了几英里后他的双脚疼痛，至今未消。波利斯提议去猎人小屋换一双软鹿皮鞋，多穿几双袜子再穿鞋，他应该就能走的，鹿皮鞋很透气，可以让他的脚保持干燥。不过，这几个人还是直接顺流而下了。在沼泽里迷路给了梭罗很多启示，但是这段经历也让他付出了无法重登他最渴望的梦中之山的代价。波利斯也有着自己的感伤：假如他知道他们直接回家，他会把所有驼鹿肉都带回去给他的家人，而不是只带鹿腩——他深深地懊悔这种浪费。[33]

他们离定居点越来越近，波利斯有心活跃着气氛。在磨石瀑布群（Whetstone Falls）周围的搬运道上，他向梭罗提出了挑战：“我搬独木舟，你搬余下的东西，你觉得你可以追上我吗？”梭罗接受了挑战，开始打包行李（枪、斧头、水壶、炒锅、盘子、勺、毯子，等等），波利斯把自己的牛皮靴子也扔给他。“这也给我？”梭罗倒吸了一口冷气。“当然了。”波利斯说完就赤着脚、顶着独木舟，消失在山丘上。梭罗把东西都背上肩，咚咚地跑了起来，很快超过了波利斯。但是突然之间，盘子和勺“生出翅膀飞了出去”，在梭罗捡起它们的瞬间，波利斯又超过了他。

于是梭罗把熏黑的水壶抱在怀里，再一次咚咚地跑起来，超过波利斯。这次没有再被反超。“你去哪儿了？”梭罗在终点和波利斯开玩笑。“石头划破了我的脚。”波利斯笑着说。“喔，我喜欢玩这个，在搬运道比赛，看看谁速度快。”“余下的路程，我的胸口一直留着那只水壶留下的黑渍。”梭罗补充道。[34]

到达下游后，整座乡村映入眼帘，1846 年梭罗来这儿的时候只看到一两栋房子。一位母亲抱着她的孩子爬上窗沿，看看这些路过的、形色各异的旅客。在他们旅行的倒数第二天，波利斯病了，他们不得不在离林肯县稍北的地方暂作停留。恼怒的梭罗以为波利斯是装腔作势，他想过让波利斯搭火车上班戈，但是在波利斯拒绝后，梭罗留下来陪他。第二天早晨，波利斯好了——他用火药熬出来的汁治愈了自己！他告诉梭罗，他知道森林里所有植物的药用价值。当他们来到最后的急流中，波利斯终于教会了梭罗怎么正确划桨。梭罗学着，但是感到疑惑，因为之前波利斯还称赞过他，甚至还说他是“好桨手”。但彼一时，此一时，现在波利斯急需梭罗的帮助。他告诉梭罗手应该放在哪里，怎么将独木舟的一侧作为支点。梭罗惊异于自己的进步，很骄傲自己通过了第一个考验：他们遭遇急流时，波利斯大喊：“划桨！”梭罗划了桨，他们通过了这段水域，一滴水都没有溅到船里。[35]

在他们一同经过的这 325 英里和近两周的时间里，波利斯与梭罗分享了很多自己的人生故事，每一个都揭示出佩诺布斯科特世界的一角。现在，在旅行的最后一天，他分享着他部族的历史，包括他过去为了阻止一个天主教神父砍倒他们的自由杆而要的诡计。对波利斯和他的追随者而言，自由杆象征着他们对现代学校教育的信仰。波利斯认为教育是保护佩诺布斯科特主权最重要的途径。正如他告诉梭罗的，如果你上过大学，学过计算，你就可以“守住财产——否则没有其他办法”。他为自己的儿子感到骄傲，后者是老城白人学校里最好的学者。至于他自己，当梭罗问他是不是不想回家，波利斯说：“我在哪里都一样。”这让梭罗印象深刻：“他的野性不会被驯服。”他们在波利斯“宽敞、整洁”的房子里又流连了一个小时，梭罗看到了波利斯夫人，虽然没有得到正式的介绍。当他和霍尔问起下一班去班戈的火车时，波利斯的儿子把班戈的报纸拿进来，梭罗看到报纸是寄给“约瑟夫 · 波利斯”的。[36] 他们搭了末班车，当晚抵达班戈，停留了三天，休整，养伤，把一路上的故事讲给梭罗的亲戚们听，一起在昔日印第安村庄的所在地猎鸭或闲逛。8 月 7 日星期五，他们起程回家。梭罗次日正好于早餐时间回到家。

整个秋天，梭罗都在写《阿勒加什河和东部支流》(*The Allagash and the East Branch*)，试图厘清他与佩诺布斯科特世界交往的意义。曾经，他和约翰扮演过印第安人，梭罗装成已经消失已久的塔哈塔莞，嘲笑美国白人的“会议厅”。但是波利斯去过这些会议厅，认真地向白人争取他族人的未来，争取他们作为一个活着且重要的民族的权利。波利斯颠覆着梭罗知晓的一切。他住在一座整洁、宽敞的木屋里，每天读报纸，虽然他的前院里晾晒着兽皮。他在费城的街道感到舒适自在，拜访过参议员丹尼尔 · 韦伯斯特，购买了几百英亩地产（或者说管理着他的 50 英亩干草和土豆农场）。阿勒加什河上游到卡塔丁山的斜坡，再到米利诺基特的内海，都让他觉得宾至如归，“尼亚索瑟伯 / 只有我们，约瑟夫 · 波利斯”，“这是些他或许终其一生从不曾知晓的美国地名……他或许从没听说过美国，这个由某位欧洲绅士所取的名字”。[37]

自那以后，梭罗再也不会放过任何一个赞许印第安人的机会，他为他们辩护，反对他朋友们的偏见。在他给《缅因森林》写的文章里，有这样一句话（最终被人删掉了），他坚持他的印第安向导和白人一样可靠，是“给人更多启迪的同伴”，而且是“**一流的人**”。[38] “他在我们中断的地方开始探路，”归来几天后，他滔滔不绝地向布莱克诉说，“这个印第安人可以在森林里轻轻松松地找到路，他有着这么多白人没有的智慧，观察这一点提升了我自己的才能，以及对印第安人的信任。我很高兴看到智慧在我所知的领域之外流淌。”[39]

在哈佛，梭罗震惊了新的图书馆馆长约翰 · 兰登 · 西布利（John Langdon Sibley），因为他坚持说当前的科学“没有足够重视印第安人，以及他们的语言和习俗”，这是极端错误的。他们有这么多可以教我们。比如,他们对雪松一定有丰富的认识,他们有“超过 50 种名称”来称呼它。他的向导凭借响声辨认出了一种蛇——哪个博物学家拥有这种知识？波利斯能够把动物召唤到身边，而且知道这么多鱼的习性，阿加西做梦都无法企及。[40] 乔治 · 柯蒂斯被这样的话语惊呆了，这和小说及剧院里展示的完全不同，“没有受到浪漫或感伤情调的沾染”。梭罗告诉柯蒂斯，印第安人不是注定要灭绝的，而是“被诅咒了，因为他们的敌人就是这些历史学家;他们只能说:‘啊，如果我们这些狮子能画画该多好啊！’”。他也震惊了奥尔科特和爱默生，因为他为“被视作消失或灭绝的印第安人”辩解，坚称“他们在文明人和自然之间占据着独特的位置，而且这个位置应当得到保留”。奥尔科特无视这个观点，他认为，野蛮人正如丛林里的动物，“必须服从高等的白人”，因为他们“至今仍是野蛮的”。爱默生则露出了欣赏的微笑，他说：“亨利不谈普通的东西，而是与所有来者讨论桦树皮。”[41]

整个 1857 年，梭罗都在给他的印第安书系添加内容，1858 年年初，他完成了第 10 卷。要到 1861 年 4 月，他才把第 12 卷，也是最后一卷放到一边。他的几千页笔记记录了他所见的印第安人遭受的诅咒，它们来自那些所谓的历史学家。他也记录了所有他能够搜集的有关印第安人的生活和风俗。他的多数资料来自白人作者，因为几乎没有什么美洲土著人出版过作品。但是只要梭罗能够找到土著作者写的书，他都会充满热情地阅读它们——比如关于西苏必利尔湖奥吉布瓦族（Ojibwe）历史的书，作者是乔治·寇普威（George Copway），也叫加葛加加博（Kah-ge-ga-gah-bowh），是加拿大原住民。难得能买得起书的梭罗，为自己的书房买了这本书，而且做了大量的注释。

他做这项浩大工程的初衷是什么？他或许计划过要写本关于“印第安人”的书，但是，如果是这样，那么这项计划应该止于乔 · 波利斯。[42] 但他对印第安人的兴趣没有终止，他不仅把《缅因森林》写成了鲜活的印第安“反民族志”，也揭示了他自己的思想进步：从《卡塔丁山》里的偏见与嫌恶，到他在《奇森库克》中对印第安族人的敬畏与认同，再到《阿勒加什河和东部支流》里在文化边境充满挑战和缺陷的探索。这次旅程之后，梭罗的目标改变了：他的下一本书会把印第安名称和习俗与《野果》中的节令与集体的喜乐编织在一起，把回归自然想象为不是回归原始，而是如何在现代复苏自然与文化之间的共同纽带。这个想法已经酝酿多年。如今，得到波利斯教导的梭罗终于能够看到如何才能使这个想法成形。自 1857 年秋天起，梭罗的日记记录了他一些最具有启迪的见解，之后，他会把它们归纳到他的下一本书《野果》中。

和以往一样，梭罗带着他的新材料一同上路。他在《论坛报》上的年度通告显示，那一年，他只有一场讲座，但那场讲座很成功。1858 年 1 月 13 日，讲座在波士顿东北角的林恩（Lynn）举办。在那儿，他向聚集在约翰 · B. 阿利（John B. Alley）客厅里的听众朗读了《阿勒加什河和东部支流》，阿利是马萨诸塞州的州参议员，贵格会废奴主义者，也是查尔斯 · 萨姆纳的朋友。没有人记下讲座的内容，但是当奥尔科特几周后对同一群人演讲时，他觉得这是一群了不起的听众，“通情达理，开放包容”，乐于接受新观点。他们非常喜欢他们听到的内容，所以一年后再次邀请了梭罗。约翰 · 拉塞尔也邀请梭罗再做一场演讲，到附近的塞勒姆；回到家，梭罗不得不写信向拉塞尔致歉。之后，他辩称，一次访问两个地方会让他觉得太赶了。[43]

几周后的 2 月 25 日，梭罗在康科德学园重复了他最新的“缅因森林”讲座。按照惯常的逻辑，讲座的下一步是著作出版，但是有趣的是，当他的宿敌詹姆斯·拉塞尔·洛厄尔想把这篇文章发在《大西洋月刊》上时，梭罗婉拒了。这里“致命的问题”，梭罗说，“是我的印第安向导懂得如何阅读。他订报纸，虽然我忠实地汇报他的一言一行——这是故事最精彩的部分——但是我不知道文章刊出后要如何面对他。”这清晰地反映出梭罗思想上的变化。他的写作对象不再是作为神秘共同体的印第安人，而是乔 · 波利斯，他是具体的人，而且肯定会阅读梭罗的诚实描述。不过，梭罗手上还有早前未发表的《奇森库克》，这篇文章他们会感兴趣吗？

虽然文章不是最新的，但洛厄尔接受了，梭罗开始修改。是的，他在2月下旬向洛厄尔保证，在这篇文章里他会公开姓名。3月5日，梭罗把《奇森库克》寄给洛厄尔，请洛厄尔让他核对校样，因为他需要检查那些印第安名称的拼写，他还要求保留之后将其放入专著出版的权利。[44] 如今，在梭罗眼中，《缅因森林》是未来的现实。

洛厄尔把《奇森库克》分成三部分，分别作为1858年6月、7月和8月的旅行特稿刊发。6月，他重点推出了梭罗的文章《奇森库克》，这篇他三年来发表的第一篇文章，印在杂志的首页。《波士顿晚报》（*Transcript*）讽刺说，作为作家的梭罗已经搁浅，他只会重复自己。这样的评价是不公平的。7月的连载戳中了读者的内心，梭罗不仅有力地控诉了捕猎行为，还展现出宰杀这位驼鹿母亲的残忍与血腥；8月的连载则以他自己的强烈呼吁作结："为什么我们能够拒绝国王的威权，却不能建立国家保护区？这样没有村落会被破坏，里面的熊和豹子，甚至一些猎户，都能生存下来，而不需要'被文明驱逐出地球表面'……"他总结说，"还是，我们要像强盗一样，在我们的国土上偷猎，把它们搜刮一空？"他对于国家公地的远见会启发美国建立独特的国家公园，以及森林和野生动物保护区。[45]

梭罗一次又一次将自己的话语付梓，结果却发现它们遭遇审查。6月22日核对校样时，他发现洛厄尔不顾自己的要求，删去了关键的一句。"被砍倒的和死去的松树都不再是松树，正如人的尸首不再是人。"他写下这句话，之后总结说尊敬活着的树木是一项圣事："树和我一样都有不朽的生命，而且死后可能也会升入天堂，在那儿，它仍然会高过我。"洛厄尔删掉了这句话，把梭罗对宗教原则的声明变为诗人的个人喜好。梭罗一气之下写信抗议洛厄尔"非常卑劣且胆怯"的行为，如此"自大、怯懦"，他简直不相信这是洛厄尔会做出来的事情。这种行为违背了作者和编辑之中最基本的协议："我没有要求任何人接受我的意见，但是我希望当他们想要刊发它们的时候，他们会刊发它们……我要是知道我读的书已经被**删节**过，我就不会读这么多书。"并且，设想"用钱可以收买我并压制我的意见”是“一种侮辱”。洛厄尔的回应没有留下记录。这一次，这个系列没有流产，但是洛厄尔在侮辱之外增加了对梭罗的伤害，他拖欠着梭罗198美元稿费，梭罗之后会用冷冰冰的信件催请两次。[46]在洛厄尔辞去编辑职务之前，梭罗不会再接触《大西洋月刊》——美国最重要的文学刊物——《缅因森林》要到梭罗死后两年，于1864年才得到出版。也就是说，梭罗在《瓦尔登湖》之后再也没有收获过看到自己著作出版的喜悦。

公地上的生活：村、山、河

大量的信件在等待梭罗从缅因归来。马斯顿·沃森寄给他一封名副其实的“闪亮的信件”：六只萤火虫，和珍贵的宝石一样稀有和美丽。很快，沃森夫妇来访，他们一同惊异地观察着萤火虫。与此同时，梭罗写信向里基森致歉，他必须推迟去新贝德福德的访问。他还写了另一封道歉信（这封更棘手）给布莱克，因为他没有邀请对方去缅因。布莱克被深深伤害了，梭罗试着解释，他没有直截了当地说布莱克的体力承担不了这种挑战：这样会显得很“轻率”；他说他是突然之间决定的，说这场旅途如此困难，连结实的爱德华·霍尔都“受了很多苦”。一路上都在下雨，蚊虫很多，他们甚至都没法去卡塔丁山。[47]之后他会弥补布莱克，但是眼前尚有一系列的社交活动：去内蒂克（Natick）和一位当地的博物学家一起视察印第安的遗迹和标志性树木；跟爱德华·霍尔（从现在起，他是梭罗最牢靠的朋友之一）和过去布鲁克农场的乔治·P.布拉德福德一起沿着阿萨贝特河而上；和爱默生一起散步；还有，最令人期待的事情，和布朗森·奥尔科特聊个没完没了。[48]

自从贫穷迫使奥尔科特卖掉了希尔赛德，他一直在寻找新家。奥尔科特一家讨厌他们在沃波尔的孤立状态，他们的女儿伊丽莎白久治不愈的疾病（她从没有从猩红热中康复）让他急需找到新家。最终，他们搬回康科德，住在莱克星顿路上他们老宅的隔壁：面积12英亩，有林地和一座漂亮的苹果园，可以给家庭带来额外的收入。很快，他们会称呼这里是“果园大宅”（Orchard House）。1857 年 9 月 22 日，奥尔科特签下了协议，梭罗测量土地，这家人先租下了这栋大宅的几间房间，霍桑家还在海外。[49]1858 年 7 月，修缮工作完成，奥尔科特家乔迁新屋，露易莎会在这里写出著名的《小妇人》（*Little Women*）。梭罗对于他们回到了他的日常生活感到很高兴。1858 年 3 月伊丽莎白过世，梭罗出席了她的丧礼和葬礼；当安娜嫁给他的朋友米诺特·普拉特的儿子，梭罗在婚礼上跳舞。[50] 当露易莎指导了一出戏剧为反奴运动募集善款的时候——她让“奴隶制”穿上僧侣的衣服，大口喝下《圣经》形状的酒瓶里的酒，同时“昭昭天命”在舞台上踉踉跄跄，“苦苦哀求一口威士忌”——梭罗也在场。这之后，他回家时经过村庄，注意到天上的云“特别红，特别粉，好像在折射远方的大火”。[51] 那是北极光，但是在当时，每个人都以为是看到了地平线上的火光。

在这么多年的乡村生活里，梭罗一直喜欢一年一度的“家畜展览会”，它更正式的名称是米德尔塞克斯县农业展销会；但是，到了 1857 年的秋天，他不再只是旁观者。那年春天，他从专利办公室得到六颗大黄南瓜的种子，他种下它们，其中的两颗种子发芽，一株结出了四个大南瓜，另一株虽然只结出一个，但那个南瓜重达 123.5 磅，得到了农销会的金奖。买下梭罗巨型南瓜的人计划以 10 美分一颗的价格出售种子，但是南瓜本身糙到没法吃——正是人为的力量把最简单、最健康的园林植物变成了彻头彻尾的杂草，梭罗写道，它们成了人类“卑劣和奢靡”的污秽产品。[52]

他的悲观情绪呼应着所有人的心情，因为那一年农销会的演讲主题是 1857 年的恐慌。“似乎没有人知道所有这些灾祸的缘起，”梭罗的邻居范尼·普里查德（Fanny Prichard）在纽约写信对母亲说，“我们只听说这是艰难的时刻——每个人都失败了——我们既恐惧自己要受难，又恐惧出现大量的犯罪行为。”[53] 恐慌的起因很多。克里米亚战争结束，小麦价格暴跌，俄国重新进入全球市场。西部的铁路出了问题，银行在倒闭，中美洲号这艘载有400多人和3万磅加州黄金（今天的价值折合为5亿美元）的船也在飓风中沉入海底。整个北方的生意都破产了，造成了大规模的失业和城市地区的暴动。大萧条蔓延全球，持续到南北战争之时。这一切都令人咂舌。梭罗兴致高昂：大恐慌印证了他说过的所有东西。"如果失业的人数达到几千人，"他把明智的见解分享给布莱克，"这意味着他们之前就没有得到好工作。为什么他们不接受这个教训？"几十年来，有财有势的人站在有着铁保险箱和花岗岩建筑的银行大楼的罗马柱前，嘲笑他的超验主义空想。现在他们都倒下了——包括康科德本地的银行——但是看哪，"空想仍在，平静、慈悲，没有改变"。[54]"你的哲学是多么伟大啊，它在这些**艰难**时刻屹立不倒！"里基森感叹说。当一位商人朋友遭受失败后，里基森把自己的《瓦尔登湖》给了他。[55]

尽管面临大环境的崩塌，梭罗仍然保有他能应付的测量工作。整个秋天，因为繁忙的工作，他没有记下很多日记。他不喜欢看到亲爱的瓦尔登森林被这么精确地度量：翻看老旧的地契提醒他，他的"荒野"是"几个村人熟悉的林地，他们的祖先曾从那儿得到燃料，供养好几代人；也可能是某个寡妇的三等财产，老地契里就是这么记载的"。在其中一份这样的地契里，他找到一个可使自己被原谅的理由：经证实，他的瓦尔登豆地在1797年属于乔治·米诺特，他是梭罗的外公乔纳斯·米诺特的哥哥，也是埃塞克斯郡（Essex）的托马斯·米诺特的后裔，曾是瓦尔登修道院的院长。[56]梭罗的家族历史早就被深深刻在这片瓦尔登森林里，甚至刻入了"瓦尔登湖"这个名字。

为了弥补阅读时间，梭罗读完了约翰·罗斯金（John Ruskin）的全五卷本《现代画家》(*Modern Painters*)，尽管最后他有点儿失望。他希望看到真正的自然，罗斯金却只想看到艺术中的自然。但罗斯金向他展现了如何通过艺术家的眼睛观看秋天，而且用文字描绘出色彩丰富的瓦尔登红林，它同时也具有抽象的形式——宛如印第安人的刺青。那个秋天，梭罗所见的所有地区里，瓦尔登是属于印第安人的。他们的人或许被赶走了，但是他们的基尼奥箭头留存了下来。"这是我们的遗迹，这也是我们的先辈。为什么我们大肆保留罗马和希腊的文化，却忽视印第安文化？”[57]这种见解渐渐加深：“科学家犯下了这种错误，人类大众跟在后面：你应当平静地把首要注意力给那些启迪你的现象，这种启迪应当来自独立于你之外的事物，而非建立在和你所具有的关联之上。”那么，他和缅因的松树之间有什么**关联**呢？为了建造康科德的新房子，人们成了河狸：在小溪上筑坝，填高湖岸，违背自然规律，只为了把他们的垃圾运出乡村。他们如千万只老鼠一般啃噬着这些高贵树木的根基，推倒它们，拖走，接着争先恐后地“掠夺荒野的其他部分”。这是为了什么？为了积累被 1857 年恐慌摧毁的这种空心的财富。随着中美洲号溺水的 400 多人就像在呼喊“我身价十万美金”，他们沉甸甸的黄金正把他们拖入海底。[58]

梭罗正写的东西带给他愉悦。浪漫主义者错了，写诗不“仅仅适合青年人”。青年人拥有视野，但是真正的诗歌需要用一生“坚定地回应朝着彼岸的努力”——不只是看到道路，更是要走在上面。在那个感恩节，当他把船从河里拖回家过冬的时候，他反思道：这需要真正的决心。为了在即将到来的寒冬进一步保护自己的喉咙，他把高尔韦须蓄成了“恐怖的长胡子”（这是里基森的玩笑话）。不过这个冬天不冷，1 月天气转暖，没有下雪，河面也没有结冰，他们连手套都不用戴。“在这个纬度上，没有冰雪还算什么冬天？赤裸的土地如此丑陋。这个冬天不过是未埋葬的夏天。”[59]心情糟糕的梭罗甚至抨击印第安人：“他们的消亡天经地义——即便我们很努力地教育他们，让他们信奉基督……事实是，白人的历史是进步的历史，而印第安人的历史是拥有固定习惯的历史，是停滞不前。”[60]这就像他从来没有去过缅因，从来没有遇见过乔·波利斯一样。但是，就在那天，他把《奇森库克》寄给了《大西洋月刊》，坚持暂不发表《阿勒加什河和东部支流》，因为波利斯（这位信奉基督且受过教育的印第安人）会读到。梭罗很少相信宿命。或许他是在批评波利斯文化修养太高，以至于不会屈服，抑或是批评洛厄尔坚持要用这同一种阴暗的野蛮主义论调。

还有其他引起梭罗焦躁的原因。他的父亲，这家人沉静、稳固的舵手，病得很重。11 月的时候，家人发电报要他的姑姑简和玛丽亚从坎布里奇港过来。新年的时候，他不祥的咳嗽加重了，家人知道他命不久矣。亨利不得不扛起家族生意，尽管 1857 年的恐慌也深深打击了他的家庭。他们的客户经常没能力付账，或者写下梭罗担心毫无价值的欠条。他努力增加他当测量员的收入，撒切尔来访时，梭罗向他询问商业方面的建议。一个直接的解决方案是雇外人帮忙，1858 年 5 月，亨利这么做了，他去到纽约城，为他们的石墨生意找了经纪人。他父亲写信告诉撒切尔，亨利成功了，不过他把售价减少到了一半；他们的老对手芒罗家也削减了售价，大萧条仍在把生意一点儿一点儿榨干。[61]

随着春天临近，梭罗阴郁的心情得到了改善。3 月 5 日，他把改好的《奇森库克》寄给了洛厄尔，并沉浸在拉斯勒斯神父（Father Rasles）的阿布纳基语词典中，认为它是“该民族非常精要且可信的自然历史”。印第安人又变得激动人心且能催生新知了。那个晚上，梭罗着迷于“一位齐佩瓦部族的印第安人，一个叫蒙什么的医生”的壮举。这位医生是蒙伍道斯（Maungwudaus），或者也可以称为乔治 · 亨利，是来自加拿大米西索加（Mississauga）的奥吉布瓦族人，也是乔治 · 寇普威（梭罗有寇普威的书）的朋友。蒙伍道斯是颇有成就的演讲者，高个子，面对观众既有威严又放松自在，已经带着他的表演团队穿越英格兰周游到欧洲。在他的妻子和三个孩子感染天花离世之后，蒙伍道斯独自周游美国，出售草药——于是有了“医生”之称。蒙伍道斯应观众要求穿着宛如戏服的“印第安”行装（箭猪刺装饰的野牛皮袍子、鹰羽头冠），梭罗认真地听他解释他的族人最早从亚洲渡白令海峡而来，展示他们如何抱起孩子，描绘他们的婚姻习俗，陈列他们用桦树皮制作的篮子。他还当场拉弓，把箭射向 12 英尺以外的苹果。他的助手是一位佩诺布斯科特人——不是别人，正是乔·波利斯的兄弟皮尔波（Pielpole），也叫彼得·波利斯。[62]

当康科德的观众笑话蒙伍道斯的口音——与波利斯或者多数佩诺

布斯科特人类似，他用“嗯”结束每一个词的发音——梭罗捍卫他“没有弱化的印第安口音”，认为那是真正属于“射箭民族的声音”。他还被自己所见到的景象深深感动：“我对侧柏的知识是这么有限，我知道的只有科学能告诉我的！我不过了解‘侧柏’这个词，不了解‘树’的‘生命’。但是，印第安人有 20 多个词来称呼这种树和它不同的部位，我们的植物学里没有，可见我们的科学更关注实用和不可或缺的方面。”通过阿布纳基语，他“用全新的视点”看世界，发现了“生命之中的生命……仍穿过我们镇与镇之间的森林”。几天后，梭罗偶然看到一张柳条编的印第安渔网，里面全是鱼——这巧妙的技艺让他满怀遗憾：倘若他的父亲仍然留在农场，且雇一个印第安帮手，“我们这些孩子能从他们那儿学会多少原住民的生活方式啊！”他拉起这张渔网，想着印第安人的词语所描述的对象，以及用来描述他们生活中出现的对象的词语。编那张渔网的人“用自己的方式构思了一首小诗。这和一首歌咏春天的诗歌具有相同的价值”。[63]

很快，梭罗开始构思他自己的春天诗歌。这一年，他的对象是青蛙，主题是耐心：“他必须找到自己的位置，接着等待、观察。”他把青蛙卵和鱼卵带回家，看它们孵化；晚上，小青蛙们的蹦跳声和呱呱声把他吵醒。他注意到青蛙的叫声反映着温度变化：“完美的温度计、湿度计和气压计”，青蛙用它们的嗓子表达出“大地的感受”。[64] 爱默生很佩服梭罗竟然能一连坐上好几小时，成为“木中之木”，直到鸟儿和青蛙来到他身边。不过，他也觉得他的朋友走火入魔了。“我亲爱的亨利，”他写道，“青蛙可以在沼泽里生活，但是人不能在沼泽里生活。你永久的朋友，拉尔夫。”然而年轻人喜欢加入梭罗的圈子，他们的数量在增加：伊迪丝·爱默生正在培育一座充满野性的花园；巴特利特医生的儿子爱德华有一只满是蜗牛、虫子、蝾螈的水族箱，每个人都羡慕极了；埃伦·爱默生给她的表亲写信说：“通常在这一季，我们都对鲜花和鸟儿特别感兴趣，梭罗先生很抢手。”[65] 还有其他人：玛丽·布朗从佛蒙特州寄来更多的花，伍斯特的朋友寄来了蜂鸟的鸟巢，马斯顿·沃森则从希尔赛德送来了梨树。“这看起来像童话王国。”乐坏了的梭罗回信说。[66]

* * *

“卡塔丁仍在那里，”梭罗一从缅因回来就写信给布莱克，正如“**真理**仍然**真实**”。1857年的一整个秋天，这座山都让他魂牵梦绕；10月下旬，他在梦中攀登它，迷路，为雾蒙蒙的山顶“人迹罕至的光秃秃的石头”而激动不已，觉得自己“被净化了，被升华了”。正如他之后写信告诉布莱克的：“你必须攀登高山来了解你和物质之间的关系，了解你和你自己的身体之间的关系，因为那儿是**它**的家，而不是**你**的……我们是在回家以后才真正摆脱了那座山，如果我们能够摆脱的话。”[67]去“山那边”是他的下一个目标——不是**身处**山间看，而是在山下看**它**——此行最好的同伴就是哲人布莱克。1858年6月2日，两位在特洛伊（Troy）火车站会合，步行4英里来到莫纳德诺克山崎岖的山顶，自从农民们在山头放火毁掉了狼的栖息地，这里的土壤就一直是贫瘠的。[68]

他们没有落单。爬莫纳德诺克山风靡一时，就在那一年，当地的企业家在半山腰开了一家“半山旅店”。梭罗和布莱克的路径不是穿过人迹罕至的山巅，而是穿过画满涂鸦的石头间残留的报纸和蛋壳。在一个宿营点支起帐篷后，他们第二天花了一整天的时间探索了方圆1英里的地方，也参观了山顶教堂的两座十字形侧廊——这也是一场生态调查，梭罗记下了他看见的所有东西：高山上的植物和鸟，被冰川腐蚀的圆润石头，通往深渊的小小沼泽。高处岩石之间的积水边有青蛙，这让梭罗大惑不解。它们是怎么上来的？他无法相信它们可以跳上来。“阿加西或许会说它们诞生之初就在上面”，然而看起来它们也同样有可能是下雨的时候从云上掉下来的。它们如何生存？第二天，梭罗还在思考这个谜团，他俩走下山，在铁路边看到了他从没见过的参天白松，这些树在缅因州应该早就被伐光了。他驻足，惊讶地看着优美的树木笔直地高耸入云。[69]

梭罗的脑袋里全是山。一个月之后，7月2日，爱德华·霍尔雇了一架马车，梭罗把背包扔上去，两人出发了，准备去环游整片怀特山脉，一路上“像吉卜赛人”那样生活，再到华盛顿山和布莱克及布朗会合。梭罗抱怨说，走路更好，“马车让你牺牲掉这么多”，因为马车只能走在修缮完备的道路上，两边都是沉闷的营地，又或是“净招惹苍蝇和浪荡子”的“平常的”旅店。[70]三天后，怀特山脉出现在他们面前，梭罗的精神为之一振。在新罕布什尔州的塔姆沃斯（Tamworth），旅店老板给他们讲关于熊的有趣故事；第二晚，他们在一位姓温特沃斯（Wentworth）的人家附近露宿，温特沃斯说他猎杀过熊，在家里养了失去双亲的熊仔。他们雇了温特沃斯作为攀登华盛顿山的向导。第二天早晨，7 月 7 日，他们驾车沿着平卡姆诺奇（Pinkham Notch）山来到格伦大宅（Glen House），让马车回去停在温特沃斯家。当晚他们和两个快活的运煤工人聊天，后者正忙着给山上的两间酒店制煤。大风摇动棚屋的时候，这五个人都坐起来，喝羊奶，吃煮熟的牛舌。

梭罗迎着清晨的第一缕光亮出门了，赶在云朵翻滚而来之前抵达山顶。霍尔、温特沃斯和赶着羊群的运煤工人跟在后面。在华盛顿山的山顶，在这座新英格兰的最高峰，梭罗再一次没有得到顿悟。人和羊到达的同时，云雾也来了。他们和一位写生的艺术家聊天，也和斯波尔丁（Spaulding）和霍尔（Hall）闲聊，后两位分别是“山顶旅馆”和“巅峰旅馆”的老板，这里旅客成群，他们是来抢客人的。到了上午 8 点半，梭罗已经受够了这些“山顶人”了，他带朋友们翻过岩石，进入塔克曼峡谷（Tuckerman’s Ravine），大雾弥漫，他们只好用指南针导航。地面陡峭险峻，他们无法完成当日的目标，只能在矮杉丛中扎营。温特沃斯不顾梭罗的劝告生了火，大风很快把火引向了杉树。很快，整片山脊都着火了。不会有损失的，温特沃斯说——烧掉越多的树越好。当火势燃烧到山岭，三人蹚过山下的小溪来到一座小湖，他们在这里搭起梭罗的白色帆布帐篷。这时，从上方传来一声微弱的“嘿”，梭罗一下子想起布莱克和布朗大概到了，赶紧跑上去迎接他们，他们“浑身湿透，狼狈不堪，身上都是黑蝇的尸体和血迹”。梭罗充满悔意地写下，他之前告诉过布莱克“找到烟和一顶白色帐篷。我们确实生了一股烟”。[71]

这五人都睡进了梭罗的帐篷，外面下着瓢泼大雨。这顶帐篷会是他们接下来四个晚上的家。这不在计划之内，只因为次日梭罗扭伤了脚踝，几天不能行走。他尽自己的最大所能，研究他能够在营地中看到、听到、够到的一切。他把营火戳旺以驱走苍蝇，其他人则在蒙蒙细雨里四处闲逛。终于，在 7 月 12 日星期一 ——梭罗 41 岁生日时——他们收拾行装，走下山，在温特沃斯家取回马车，接着高兴地往拉斐特山（Mount Lafayette）走，这座山呈弧线往西延展，而后再向南绵延至山脉的底部，这是他们的下一个目标。大雨一直下到周二晚上，他们什么都看不清。接着，杰斐逊山（Jefferson Hill）上的几步路引他们观看到整座总统山脉（Presidential Range）的壮丽景致。大雾在下面翻滚，阳光将山巅映照得闪闪发光。“我所见过的最宏伟的山景。”梭罗赞叹道。两天后，他站在拉斐特山的山顶，眺望南方和西方的浓密森林，还有东方和北方几乎已经被伐掉一半的树林：“豹斑状的土地。”晚餐时分，梭罗砍了几棵矮杉数年轮。这些小树竟然已经几百岁了，意识到这一点让梭罗震惊——最大的一棵矮杉已经超过 1000 岁了。温特沃斯放的那把烧掉塔克曼山谷的火吞噬了一片古老的森林。[72]

回程用了四晚，他们一路向南来到普利茅斯，在这里，梭罗告别了群山，经过富兰克林（Franklin）和韦尔（Weare），接着跨过了州的边界，于 7 月 19 日周一的中午回到家。梭罗在日记里写下了细致的描述，这意味着一篇散文正在构思之中，然而，这两段登山之旅都没有在日记之外成为拥有生命的文学作品。莫纳德诺克山对梭罗而言仍有希望，因为 1860 年，梭罗会回来，但是怀特山是个彻底的失败，马车没法让路途“朴素而具有冒险精神”。[73] 这看起来就像那年夏天爱默生带着一对猎人去往阿迪朗达克山脉（Adirondacks）的旅行：爱默生、路易斯 · 阿加西还有几个朋友“用子弹一发接一发爆开了几十个麦芽酒瓶”。爱默生为阿加西打下了一只斑点矶鹞——这是“他捕到的第一只猎物”，梭罗讥道。梭罗本人在发誓不再用枪很早前的青年时期就弹无虚发了。“想象一下爱默生……为阿加西打矶鹞，还在用他的来福枪打（喝光后的）麦芽酒瓶！”[74]荒野不再是过去的样子。说真的，全世界都在变成梭罗厌恶的样子。当他一年一度带着朋友去郊外采越橘，他很惊讶地发现有木桩竖在那儿，告示上写着“禁止逾越”。“罪恶的日子”来到了：采集者不得不为采集野果的特权付费；越橘会被“宰杀”，出售，一如牛排。[75]

但是，没有人在乎。当时最重要的事情是横跨大西洋的电报。它于8月5日发到康科德，8月16日，当维多利亚女王用它恭贺布坎南总统（President Buchanan）时，整个美国都为此欢腾。在康科德，镇钟欢快地摇响，柱子上挂了花环，横幅悬挂起来，房子为街区舞会而张灯结彩——有个邻居甚至放了一枚大炮——烟火璀璨夺目。这些看起来都如此圣洁，鼓舞人心，简直是神的手笔——除非你是梭罗。[76]电报当然重要，他咆哮说，但如果没有鸣响枪支和为之庆贺的每一座小城，它有什么真正的**意义**？这个世界被小集团控制了，他们用“一系列关于来福枪和作风粗鲁的行为”填满新闻，忽略了新闻的意义。事情已经抵达一个拐点，但是似乎没人注意到。这也波及梭罗的个人生活：有人猎杀了和他成了朋友的鸭子，梭罗对此耿耿于怀。那些鸭子属于所有人，属于她，也属于梭罗，“但是大家认为，某某夫人一尝它们尸体的味道要比我欣赏它们活着的身姿更重要”。[77]那个夏天，无论梭罗望向何处，从村庄到山丘与河流，他看到的都是遭受破坏的公地。

梭罗又做了一次郊游，因为他没有忘掉科德角木工的话：没有海滩能与安妮角的外滩媲美。于是，他重新召集了“雨伞和背包骑士”。9月21日，梭罗和埃勒里·钱宁来到塞勒姆造访了约翰·拉塞尔，后者带他们去马布尔黑德（Marblehead）采集植物。第二天，骑士们离开拉塞尔的家，走到格洛斯特（Gloucester），在曼彻斯特附近探访了“音乐沙”——这片沙滩真的会嘎嘎叫，就像在给桌子上蜡——他俩在一片盐沼里啃硬面包和鲱鱼当晚餐，同时看着星星露出来。次日早晨，他们径直往南来到沙滩，沿着它整整走了一天，周游了安妮角，最后回到格洛斯特。中午他们来到安妮角的最外端，面对着“海难救援点”陡峭的礁石，梭罗推断，早期的探险家一定靠这个地方确定航线。薄暮时分，他们在一片布满大圆石的海滩上用月桂枝生了火，煮茶，望着月亮冉冉升起——“她是它们中最大的圆石”——接着他们在回格洛斯特的路上迷路了。第二天，梭罗在塞勒姆的东印度海事厅仔细查看他们的珍品——猞猁皮、乌龟化石，还有在康科德战役里被遗弃的英国剑。这是场“有趣的”散步，仅此而已，没有收获更多。至少，他和难以捉摸的钱宁，这位令人苦恼的“情绪动物”重聚了。[78]

是时候去见见里基森了，他渴望着梭罗的来访。1858 年 11 月下旬，周游世界的乔姆利突然来信说，他在蒙特利尔，准备往南走，打算冬天去西印度群岛，希望梭罗能够同行。12 月 7 日，梭罗带着这位英格兰绅士兼探险家一起造访里基森。三个人在里基森的“棚子”里聊英国诗歌——托马斯·格雷（Thomas Gray）、丁尼生、华兹华斯——聊到很晚。之后的两天，他们要么是在扫兴的冷雨里散步，要么就是在壁炉旁探讨“此时和此后的人类及人类关系”。12 月 10 日，他们回到康科德。[79]那个冬天的晚些时候，乔姆利真的去南方了，但是梭罗没有同行。乔姆利只去到了弗吉尼亚，然后就放弃了旅行计划——再也不去任何地方了，他回程的时候写信告诉梭罗。尽管他们的通信将会继续，但那是他们在现实中的最后一次对话。“他是个好人，”梭罗写信对里基森说，“我担心我对他的了解不够。”[80]

梭罗在日记里对这些访问只字未提。在日记中，他记录自己关在家里，忙于创作《野果》的第一章《秋色》，以及他的热情思考，关于人类与自然共享的世界中的创造和美感。虽然没几个人能够拥有物质上的财富，但是精神财富向所有人敞开，“在公地上公平分配”。10 月的节日里，每棵树都是自由的标杆，上面挂了数千面亮丽的旗帜——这是由小镇的创建者设立的庆典，是他们在这里的街道上将种满零散的细长树苗。过了一代人的时光，树苗长大了，带给人们这个美丽的节日，这个充满生机的习俗。[81]叶子刚开始飘落，梭罗就在给第二篇散文《十一月的光》（*November Lights*）打腹稿，他要写“一百道银光”，反射自树枝、褐色的树叶、水和窗户。每个季节都带来独特的美。其他人忽略的东西，梭罗视为珍宝。“褐色是我的颜色，”他赞叹说，“它是我们的外套和寻常生活的颜色，是穷人的面包的颜色，”是大地的颜色，是“侧躺着晒太阳”的“漂亮母豹”的颜色。[82]

钱宁抱怨着这个秋天梭罗的学究气，觉得他感染了新的“干腐病”。[83]但是，在这个隐藏的“熔金铺”里，梭罗正在把他多年的科学研究熔解，铸造成新的器具——乐器，每个物件都是琴键，一旦触及，记忆和意义的风箱就会产生共鸣。他把它叫作他的“卡历”（Kalendar），但它还有着更丰富的内涵：交响式的四季循环能够熔化和点燃梭罗的一生——他一辈子都沉浸于这座他熟知并深爱的新英格兰乡村。年轻时的梭罗曾梦想过写“一首叫作康科德的诗”；如今，在他破旧的绿色书桌上，那首伟大的诗正在成形。[84]

现在的问题是怎样才能被听见——他写下的所有东西都被拒绝、忽视或者删节了。他有着职业人士的外表（乏味但技术纯熟），但他的内在情感十分强烈，犹如缅因地的磷火在黑暗中闪耀。在公众场合，当他认出了一个新品种的鱼，他会骄傲地把它献给他的科学家同事，后者认可他的成就，并继续讨论如何将其分类。但是，私底下，他会怀着敬畏描述“那些安静地栖居在瓦尔登蓝绿色湖水里的小斑鲂”，在塔哈塔莞人在这片水域上划着他们的独木舟时它们就已经不见踪迹了。瓦尔登湖回归了野性，美国再次变得年轻。但是，他要怎么超越纯粹的描述呢？他必须把思想“搁在湖边，试图像鲂一样思考”。他思考珠宝、音乐、诗歌、美，还有生命的神秘：“迷人的鲂在湖水里穿梭，仿佛位于世界的中心，它是上帝的另一个形象。”他必须表达出最关键的意思：鲂是“仍然活着的当代生命，发人深省的神秘化身”。[85]

因此，当洛厄尔删去了他把人比作树的段落，梭罗感到这无异于存亡意义上的威胁。“言论自由！”他在日记里号叫，“这几个字的意思没有深入你的内心。”所谓的教会、国家、学校和杂志的自由不过是“监狱大院的自由”。看看那些大众刊物——“我接触过它们之中最开明的两三本。它们都害怕印出一整句话，一句**全面**的呼声，一句自由的言论。”[86] 梭罗经历了1857年的恐慌，路过涂鸦、垃圾，以及圣洁的山顶建造的旅店，听过嘲笑波利斯和蒙伍道斯的声音，见过镇上古老公地上“禁止逾越”的告示牌，读过让最重要的历史事件变得无足轻重的报纸——现在他要在哪里，又要怎么发出他对真正自由的呼求呢？

* * *

1859年1月10日晚上，寒潮冻裂了地面，梭罗家的房子也被震动了。第二天早晨，亨利出门的时候查看了温度计，早上6点的时候是零下28摄氏度。他要去坎布里奇，他被召唤去为巴尔齐拉伊·弗罗斯特的遗嘱做证。火车上的人都在讨论地面上奇怪的冻裂。亨利记了笔记。他一定感到忧郁：三年前，亨利和他的父亲见证了弗罗斯特最后的意志和遗嘱。现在，这位牧师被肺结核带走，亨利需要自己去做证，因为肺结核也正威胁着他的父亲。两天后，他给哈里·布莱克写信，要求推迟他在伍斯特的讲座：约翰·梭罗已经连下楼的力气也没有了。短暂的出访也不可以，因为亨利想全身心地照料父亲。约翰一度想看到下一个春天，但是到了1月末，当他明白自己的希望不可能实现时，他坦然接受了死亡，和家人道别——这样的时刻出现了好几次，直到连他都对死亡的拖延失去了耐心。当最后的时刻终于来到时，家人聚集在他的床边，仔细谛听，“几乎在我们意识到之前”他就已经走了。他的儿子上到阁楼，翻开日记里崭新的一页，在中间位置写下：

> 2月3日，下午三点之前的五分钟，父亲死了。[87]

亨利的所有朋友之中，唯一一位花时间了解他父亲的是丹尼尔·里基森。亨利给他寄了一份父亲的讣告，里基森马上回复了温暖的慰问。约翰·梭罗是“诚实美德的真正化身，也是一位真正的老派绅士”，他让里基森想起自己的父亲："两人的面容上都有忧虑和痛苦的遗迹，人生的经验以最清晰的字迹刻在他们的脸上。"[88] 梭罗回以一篇悼文：他的父亲是工匠——几乎是艺术家——他总在研究怎么把东西做好，而不是把糟糕的东西卖出去赚钱，"仿佛他在为更高的目标而劳作"。梭罗在日记里补充，没有人像他父亲那样熟知康科德的历史和人民，他父亲超过 50 年来都是其中的一部分。"在某种特别的意义上，他属于村里的街道；他爱坐在商店或邮局里读每天的报纸。"其他人要晚些时候才来，有些人避开了葬礼没有前来。亨利忽然想到，为巴尔齐拉伊·弗罗斯特遗嘱签名做证的四个人之中，只有他还活着。"一整代人就这么匆匆地离开了，而且悄无声息！"[89]

亨利用这句感慨结束了给里基森的回信，但是在日记里，他继续写着，因为某种神秘的关联，亨利从父亲的死亡想到了美国印第安人的死亡。他愤怒地抗议，谴责加利福尼亚的淘金者射杀印第安人"宛如射杀野兽"。历史学家的非人道行为也是致命的，唯一的区别在于他们挥动的是"笔而不是来福枪"。这些相互纠缠的死亡让梭罗感到切身相关。"我认识到，在对我们的朋友或亲人之死的同情里，我们自己的一部分也在死去，"他说，"每一段类似的经历都在威胁着我们的生命之源。"他唯一的自我保护方式是写作和坚持写作：句子或许一开始是"死"的，但是"一旦组织好，成熟和成功的句子里会映照出一点儿生命和色彩"，这些句子"有着新生命的脉动"。慢慢地，我们的这位作家把生命的气息吹进他第一份草稿的"粗砺的基石"，摸索着靠近他的主题以"完成中肯且公正的观察"。他的文字一定唤醒了死者，给他们声音，也叫醒了打瞌睡的人。3 月，他按照惯例采集冬末的"石头果实"——新出土的箭头——"印在大地表面的人类行为"，足印——不，他纠正自己，"是思想的印记"，古时的人们把它们"留在了所有地方"。[90]

外在物件是思想的印记，梭罗的观察对象相互关联。4 月，他起草了强有力的文章谴责皮草贸易：这是由"著名公司"经营的"可悲生意"，它们"垄断大部分的地表资源来获取暴利"，搜刮小动物来制成时髦的帽子和律师袍子上的奢侈装饰，让它们"赤裸的红色尸体留在整片英属美国的河岸"。塔哈塔莞和波利斯，缅因的森林和康科德的耕地，玳瑁和兽皮——"我们的时代满是混乱和玷污，几乎没有人能够洁身自好"。为什么？因为就连"我们的糖和棉花都是从奴隶手里偷来的"。当他捧起一把土，他发现它其实是被印第安人的营火熏黑的，因为他仍能看到营火的煤屑："我们确实用犁翻出了一个民族的营地，在他们的煤灰里播种。"[91] 梭罗忧心忡忡。他和他认识的每一个人都责无旁贷：奴隶制的罪恶，印第安人的消亡，动物的全球贸易，对自然的改造，对古老公地的圈占——现代全球经济的经纬线把他和周围的人都织进了一张沦丧人性的大网。22 年前被他收进口袋的塔哈塔莞的箭头以最不祥的方式结出了果实。

* * *

梭罗怎么找到时间写作的？他父亲的死亡意味着他现在是一家之主。这个无产人士突然之间有了一笔 5500 美元的净收入，同时也对母亲、两位姨妈路易莎和索菲娅 · 邓巴，以及妹妹索菲娅负有法律上的赡养义务。他也掌管着家里的石墨生意：提交账单，催讨欠款，支付员工和承包商的工资，管理订单、询问单、款项。他把这些写进了《野果》的草稿。他买下并研读了《商人的辅助和法律指南》（*The Business Man's Assistant and Legal Guide*），并研发改进工业流程。他遵循助手沃伦·迈尔斯的建议，走在阿克顿的森林里，寻找磨石。迈尔斯认为，石头要好过他们现在用的铁球。梭罗找到了一块很好的磨石，试了试，同意了。[92]

需要处理的事情堆了起来：5 月，他帮助爱默生组织他的哥哥巴尔克利（Bulkeley）的葬礼。8 月，他在为一个月后的马萨诸塞州军人集会做准备，康科德要接待 6000 名军人，所有的招待所都会爆满，主街上会被军队、随营人员、庸众和小偷挤得水泄不通。去给家里的前门买锁的时候，有人告诉梭罗州长也会来。"这下我必须再给后门买一把锁。"

他开玩笑说。[93]10 月，他被传召到法庭，为玛丽亚姑妈的官司做证，她的邻居强调她有在玛丽亚后院通行的合法权利，拆掉了玛丽亚的栅栏，在后者的前门和窗口筑起一道“恶意的围栏”，高达 18 英寸（玛丽亚胜诉）。[94] 这一整年，梭罗都感到忙碌和焦躁。那年秋天，他对布莱克说——他已经很久没有写这样一封长长的、富有哲学思考的信件了——他“太像生意人”了，简直不能写作，被“恼人的”家庭责任围剿。“有这么多需要我管的事情，我觉得我总是匆匆忙忙。”他在日记里表达不满。这带来了致命的伤害。要创造艺术，时间必须是静止的；“艺术家不能着急。”他匆忙地写道。[95]

家族之外的事情也堆积起来。1859 年 3 月 28 日，哈佛校长任命梭罗成为哈佛自然历史学科的考试官。这让他进入了最优秀的新英格兰博物学家行列，他们每年 7 月中旬在阿萨 · 格雷的指导下开会讨论哈佛大二学生的植物学期末试题。梭罗如今正式成为科学界的翘楚。[96]4 月的时候，他自己完成了一堂应用植物学“实践课”：用两天半的时间，在两个人、一匹马和一辆手推车的帮助下，他种了 400 棵松树苗，每一棵树都是从阳光充足的牧地精挑细选来的，他亲手掘土，把它们的根茎埋到了曾经屹立着他的小屋的 2 英亩地里。一周后，他回来了，经过计算，他又带来了 100 棵小树——两岁的英格兰落叶松。[97] 他的小树长成了整齐的森林柱廊，成为一直延续到 20 世纪的常青“纪念碑”。

梭罗也忙于讲座。到 1859 年 1 月，《秋色》基本完成。2 月 22 日，他暂别了他悲伤的家人，把它读给伍斯特的朋友们听，在黑板上展示一枚硕大、美丽的红色橡树叶作为图示。他们的第一反应令梭罗失望——有人说，他见过很多秋叶，谢谢你——但是希金森告诉一位朋友，他错过了这一季“最好的讲座之一”。卡罗琳 · 希利 · 达尔觉得讲座很迷人，虽然梭罗并不迷人——那年 12 月，当她来到康科德学园发表演讲《著名女性的人生》（“Lives of Noted Women”）时，她会修正这个印象。女性做文学讲座刚刚兴起，爱默生笑话梭罗不应该来，因为后者觉得女性从没有什么话可说。达尔的讲座开始后不久，她看到一个穿着绿色夹克衫的工人走进来，坐在后方靠门的凳子上。随着她的演讲继续，他“一点儿一点儿前移”，直到她没有再追踪他的行踪。这个人就是梭罗。“但是这位女士说了很多东西！”他回应爱默生的玩笑，接着邀请达尔来自己家多住一天。达尔在几年后写道，那是个“漫溢着迷人对话”的一天。她对梭罗的崇拜读起来像一首艾米莉·狄金森（Emily Dickinson）的诗歌：“他的舌头／像大马士革的刀刃／难做日常用途，但是它的诞生就是为了重塑或切割／这些物质，而大多数武器／只会撕扯。”[98]

和布莱克在伍斯特过了一夜后，梭罗向同一批人朗读《阿勒加什河和东部支流》。他的新工作是寻找听众。一周之后的3月2日，他在康科德学园朗读《秋色》，引起“一阵阵情不自禁的笑声”和掌声。听众的热情鼓舞了他。他第二天如此写道：“演讲者讲得最好的部分，是那些听众最认真听的部分。”[99]一周后，他在爱默生家给爱默生的年轻朋友们读这份讲稿，和以往一样，奥尔科特是他最好的听众之一：“一枚叶子成为宇宙，成为新世界，成为被守护的天堂。”他赞叹说。4月26日，梭罗在回到林恩给一个临时取消讲座的讲者做替补，做了那一季最后一次演讲。当地的报纸报道说，他的听众“聚精会神”地聆听。1860年12月，他还会在临死前的最后一次讲座中直面死亡，再一次朗读这首生命的赞美诗。[100]

梭罗的众多职责没有让他放下测量工作。恰恰相反，1859年的大部分时间他都在田野中。而为了弥补在田野中花的每一分钟，他都会花更多的时间在书桌前，刻苦地进行精确的规划。“这是我能做的最艰苦的活儿，”那年8月他写信对撒切尔说，“为了做这个，我必须每天下午去穆斯黑德，每晚在外面露宿。”对于布莱克——另一个需要养家的梦想家——他深表同情，这个世界不会自己运行，而是一直需要添柴加火。“说穿了，你必须同时经营两座农场，一座在地上，另一座在你的脑中。”供养家庭或国家被简单地比作了供养你的思想之子，然而那是保持原创力的唯一方法。“只要让思想之火燃烧，一切都会好的。”[101]

仅有一次，这“两座农场”融入了一项测量工作——那是1846年

1月，梭罗探测瓦尔登湖的深度时。1859年夏天，他会再次让“两座农场”合二为一，他在康科德农民俱乐部的朋友们找到他，希望他能接一个他从没接过的大项目：测量康科德河，从东萨德伯里一直到比莱利卡工坊区的水坝，全程超过22英里。康科德的未来正遭受威胁。数代以来，这条河边的草地一直是该村的农业经济中心。春洪让土地肥沃，夏天，大草甸上会长出茂盛的草来，它们会被制成最丰盛的康科德干草，牛只要听到它们的声响就会离开最好的英格兰干草。那些牛的粪便可以给农田施肥，上游的林地则能提供木材和燃料——这种可持续的经济已经在两个世纪中维系了康科德村绿意盎然的环境。

但是，有些事情起了变化。春洪的水位升得过高，停留时间过久，而且洪水会在秋天卷土重来。几千英亩珍贵的草地退化成大片大片凝滞的沼泽，满是凋零的植物，散发着恶臭——“一整片死海”，正如这些农民的诉讼书里所写的。他们很肯定，导致这种灾害的原因是米德尔塞克斯运河公司，后者在比莱利卡建造了水坝来给洛厄尔纺织厂提供动力。最近，这家公司给水坝增高了3英尺，加剧了本就严重的问题。村里的农民受够了。1859年春天，他们建立了河岸草地协会（River Meadow Association），准备把这家公司告上法庭。这些人之中有梭罗最亲密的康科德朋友们：沃伦·迈尔斯、西蒙·布朗（Simon Brown）、雅各·法默、萨姆·斯特普尔斯、阿尔伯特·斯泰西、富兰克林·桑伯恩、米诺特·普拉特、埃德蒙·霍斯默——这片土地上的同胞。[102]他们需要一位专家证人，这个人必须对这条河有感情，他见证并记录了这些变化，知道它正面对的危机。这个人也必须能画地图。他们找到了亨利·梭罗。

1859年6月4日，西蒙·布朗和另外三个人聘请梭罗来研究和测量从韦兰（Wayland）到比莱利卡水坝的所有桥梁。很快，梭罗就投入了艰苦的工作，钱宁已经辞去了新贝德福德《水星报》的工作，经常充当他的助手。梭罗划船到每一座桥，研究、测量，在地方志里查找它的历史，采访当地人。6月24日，康科德政府雇梭罗来测量整片河床。他划到这条22英里的河的每一寸流域，测量深度和宽度，记下沙洲、浅滩和潜在的阻碍，把每一条河的曲径都绘成图，记录植被和洪水区，积累起上百页的笔记和数据。爱默生很困惑："亨利·梭罗一头栽到了这条河的历史里，"他写信对伊丽莎白·霍尔说，"测量，称重，用一只漏勺把它滤进永恒。"[103]

梭罗做得越多，就得到越多的数据证明这条河是人类—自然互动系统的一部分。他可以从当天的水位来推测这天是星期几，工人们去上游上班的时候水位就会波动，晚上水位会回落，礼拜日水位则会平稳。当他正用英制尺测量水深的时候，他看到一只白鹭用它的腿来测量。他思考了腐蚀的规律和水的流向、沙子的沉积、沙洲的缓慢移动，以及融冰时河岸线和河床的急剧变化。他通过石桥得知人类的历史，研究河水如何钻入蜿蜒的弯道，以及柳树、芦苇如何找到自己最喜欢的生根地点。他绘制了包括所有桥梁的大型图表，还把测量员的厚布黏合起来，拼成了近 7 英尺的卷轴，在上面放大了 1834 年这条河的地图。这里面记录了他大量的发现，包括比莱利卡水坝的抬升阻碍了河流——他画出了使其提高了 3 英尺的闸板。他的测量显示，22 英里之外，河流的水位跌到 4 英尺左右，几乎不够让河水像过去在冰川时代那样注入一座大的内陆湖。[104]

1860 年 1 月，法院开庭审理了这起诉讼。一位农民做证，这条河"两头都被水坝挟持，中段则遭到了诅咒"。[105] 马萨诸塞州议会通过协议，命令这家公司拆除水坝并支付赔偿。第二年，州政府以一万美元的预算任命一队工人重复了梭罗的工作，绘制出接近梭罗版本的，但是更加细致的地图，并且提供了一份翔实的报告；他们的结论是：水坝只是众多原因之一。恢复康科德河的生态会是一项庞大的重建工程。1862 年，州议会撤回了他们之前的决定：做什么都太迟了。农民们失败了。越来越糟糕的洪涝成为不可避免的现实。今天，昔日这片梭罗曾以干草丰收来作为夏天结束标志的大草甸，成了两岸长满香蒲、布满沟渠的宽阔水域，是水鸟的自然保护区。只有让自己以周围的山丘为原点，梭罗或许才能知晓自己此刻的位置。当时没有人知道，农民们自己的所作所为——

伐光山陵上的林地，把沼泽地排干变成耕地——也帮忙摧毁了这片大草甸。光秃秃的山坡无法蓄纳径流，也没有了吸收水分的沼泽，雨水就直接涌入河流。河流泛滥次数越多，越多的草地被毁灭，就有越多的农民砍伐上游的林地来种英格兰干草，排干更多的湿地改种作物。在梭罗的短暂人生中，这种恶性循环重塑了康科德的风貌。[106]

10 月 14 日，河流的测量工作基本完成，梭罗抽出一下午的时间去看他移植的松树和落叶松。小树苗已经在枯萎的秋草中长成了茂盛的绿林，是个好兆头。第二天，他爬上一座山丘，俯瞰大草甸。当他看着太阳照亮远处森林的红叶，他回到了他先前的想法：“每个镇都应该有一座公园，或者应当说是原始的森林，大概 500 到 1000 英亩那么大，里面的树绝对不能被伐作燃料，永远是公共财产，提供教育也提供娱乐……所有的瓦尔登树林本应被保留作为我们永远的公园，瓦尔登湖就在这座公园的中心。”在《野果》里，他把这个观点发展为提议：每座小镇都应当任命“一个委员会，来保障小镇的美景不被破坏”，保护它的河流和森林、山丘和悬崖，为了高于“金钱”的目的。市政规划人“应当把河流设定为永远的公共财产”，开放河岸给公众散步，作为公园，而不是把土地分到私人手里。[107]

梭罗对于缅因森林没有任何影响力，但是在康科德，他的声音分量很重。1862 年 3 月 6 日，他的朋友阿尔伯特 · 斯泰西，印刷工、书商及临时的邮政局长，手持梭罗的提议站在康科德农民俱乐部面前：“每个村庄难道不都应当有 50 到 1000 英亩由公共财政支持的公园吗？……假设我们在康科德有这样一座 1000 英亩的公园，里面有山丘、山谷和水流等美景，适合散步和驾车，同时也是完美的植物园，因为各种树木和灌木都会在这附近生长……这难道不是全镇的后花园吗？难道不会对每个人施加潜移默化的影响吗？它难道不会让我们更善待彼此，发掘出人性中潜藏的、更好的一面吗？”[108] 梭罗的声音被听到了。他在康科德农民俱乐部的朋友把他的想法付诸实践，很快他的话语也会传到康科德以外的地方，在美国的每一座公园里都留下痕迹——公园是作为“永远的公共财富”被保护起来的，这样，公地会存在下去。

“首先是超验主义者”：梭罗和约翰·布朗

自从1854年的混乱之后，梭罗看着他的世界一步步陷入他在《马萨诸塞州的奴隶制》里谴责的“地狱”中。1856年5月19日，他的朋友、参议员查尔斯·萨姆纳在参议院发表了犀利的演讲，直指南方为支持奴隶制的起义者提供援助，后者用暴力夺取了堪萨斯的统治权。两天后，一支支持奴隶制的几百人的军队袭击了堪萨斯的自治城劳伦斯（Lawrence），这座城是由新英格兰移民于200年前创立的。暴徒们打砸抢，烧毁全城，杀光镇上几乎所有的男性公民——将近200个男人和孩子。第二天，当萨姆纳一个人站在参议院里写作时，南卡罗莱纳州的代表普雷斯顿·布鲁克斯（Preston Brooks）用一根沉甸甸的手杖袭击了他，他用手杖镶嵌黄金的一头敲打萨姆纳的脑袋，直到后者头破血流，倒地不起。布鲁克斯继续敲打萨姆纳流血的身体，他的南卡罗莱纳同事劳伦斯·基特（Laurence Keitt）代表用手枪喝退胆战心惊的围观者。最终，手杖断了。布鲁克斯把它扔在一边，转身离去。这一行为只让他付了300美元的罚款，既没有入监也没有受到训斥。

萨姆纳活了下来，但是用了三年才从脑部损伤中康复过来。堪萨斯正在上演的代理人战争实际上是美国政治权力的争夺。当南卡罗莱纳人沾沾自喜，以谋杀者的骄傲挥舞着“真正的手杖”的残片，爱默生告诉他的康科德同胞，“我们必须结束奴隶制，不然我们就会失去自由”。[109]这之前的两个晚上，1856年5月24日和25日，在堪萨斯的前线，一位牧羊人兼测量员召集了他的随从，为了为劳伦斯报仇雪恨，沿着波特沃托米溪（Pottawatomie Creek）把五个支持奴隶制的房主一个接一个从他们的屋里拖了出来，并谋杀了他们。他现在成了被通缉的人，他的名字叫约翰·布朗。

七个月后，1857年1月初，约翰·布朗来到了堪萨斯州委员会设在波士顿的脏兮兮的办公室，梭罗的朋友兼邻居、康科德的校长富兰克林·桑伯恩在这里任秘书。桑伯恩为康科德历史悠久的反奴运动团体注入了新鲜的激进主义理念，堪萨斯的暴行让他把康科德的温和派也招为盟友：1856 年 6 月，他为救济堪萨斯而设的善款募集活动得到了监狱长萨姆·斯特普尔斯和县警长约翰·S. 凯斯的支持。7 月 4 日，当桑伯恩举着请愿牌巡游康科德，要求马萨诸塞州的州长调查被密苏里边境暴徒逮捕和关押的几位马萨诸塞州公民，副州长西蒙·布朗第一个亲笔签下了大名，接着是爱默生、亨利·梭罗、约翰·梭罗、约翰·S. 凯斯，以及阿尔伯特·斯泰西。[110] 于是，当约翰·布朗坐在桑伯恩的办公室里，解释他来东北部募集资金组建一支援救堪萨斯的军队，桑伯恩洗耳恭听。康科德有不少财力雄厚的人，桑伯恩告诉他，应该来这里动员。

1857 年 3 月，布朗抵达康科德。他和桑伯恩一起住在钱宁的房子里，中午，他们穿过马路到梭罗家吃饭。亨利被布朗迷住了，等桑伯恩离开去学校上班后，梭罗和布朗坐在客厅里聊堪萨斯的事。接着，爱默生正好来造访，梭罗为两人做了介绍。爱默生也特别感兴趣，他请布朗当晚来自己家吃晚饭。他的孩子们记得布朗只对他们说起“平静”的东西，比如每一头绵羊都有独特的脸，他可以认出 500 只羊里的每一只。[111] 但是，在镇议会，布朗并不平静。他讲述着密苏里暴徒的罪行和堪萨斯支持奴隶制的势力，说这个国家不应当再容忍奴隶制；他说一代人的牺牲要好过《圣经》和《独立宣言》里的每一个字都被违背。他承认他憎恨暴力，但是发誓按照上帝的意志行使它。他向人们展示了支持奴隶制的武装者用来捆绑他的儿子约翰的沉重镣铐，也给他们看他在布莱克·杰克战役（Battle of Black Jack）斩获的单刃猎刀，他一直把这把刀放在右腿边的刀鞘里。之后，等布朗用类似的演讲募集好资金，他会把这把单刃猎刀作为塑造他订购给军人的长矛的模版。[112]

虽然布朗抓住了康科德人的注意力，但是他们没有给什么钱。爱默生觉得布朗谈了“太多自己的事”，他给了 50 美元；老约翰·梭罗捐了 10 美元。亨利不知道布朗会用这笔善款做什么，所以他只给了“很少的钱”。[113] 那年春天的晚些时候，布朗回到了堪萨斯，他募集的钱比预想的少，但是他联系到了能够大力支持他的人。从这个重要的关系网里会产生“秘密六人组”（Secret Six），他们会继续为布朗的军队筹集资金。梭罗认识所有这些人，有几位是他亲密的朋友：富兰克林·桑伯恩、T. W. 希金森、西奥多·帕克、乔治·卢瑟·斯特恩斯（George Luther Stearns）、格里特·史密斯（Gerrit Smith）和塞缪尔·格里德利·豪（Samuel Gridley Howe）。他也认识刘易斯·海登和弗雷德里克·道格拉斯，两位布朗真正的秘密支持者、而且他很有可能认识另一个，哈丽雅特·塔布曼（Harriet Tubman），此人于 1859 年的 5 月和 6 月造访康科德。[114]

在直面这些层层升级的屠杀、暴行和针对几百万美国人的兽行（他们被他们自己的政府奴役）时，梭罗和他的朋友们渴望一个英雄，因为这些灾难不会自行停止。1857 年 3 月 6 日，布朗首度造访康科德的夜晚，美国最高法院正式宣布臭名昭著的对德雷德·斯科特（Dred Scott）的决议，声明依照《宪法》，无论自由与否，没有一个黑人是人，更不用提具有公民资格，因为奴隶是财产，因此不具有作为个人的任何权利。这意味着规范奴隶制在美国政府的权责之外，因为美国政府不控制或制约私人财产。这项决议立即取消了来自堪萨斯和内布拉斯加争议地区的奴隶们所受的保护。

作为这项决议的结果，整个西部加入了“堪萨斯内战”地区，这直接摧毁了东西部铁路线，推动了 1857 年金融危机的爆发。这个国家一再被《逃亡奴隶法案》，被“堪萨斯内战”，被 1856 年总统选举分化——当支持“自由土壤”（free-soil）的约翰·C. 弗雷蒙（John C. Frémont）赢下了北方各州，而支持奴隶制的詹姆斯·布坎南（James Buchanan）赢下了南方各州，也因此赢下了总统选举，因为这个国家由南方掌控。战争已经爆发，梭罗写信对乔姆利说。康科德为弗雷蒙疯狂，但是梭罗不认为弗雷蒙有任何胜算。在堪萨斯，自由民被试炼，成为英雄，但是在北方，人们犹豫再三。“我只是希望，”梭罗对这位英格兰朋友坦白道，“我自己能有更多的本事对付他们。”六个月后的 1857 年 4 月，他看着他的朋友，丹尼尔·福斯特牧师告别了他的家人和他美丽的沃楚西特农场，来到堪萨斯加入了布朗的军队。[115]

1858年，他们和地狱的距离更近了，即任总统布坎南计划将堪萨斯州作为奴隶州接纳入联邦。在堪萨斯遭遇失败的约翰·布朗，带着新的战斗计划回到东部：这场战争必须被带到这个国家的心脏，带到“奴隶州中的皇后——弗吉尼亚”之中。1859年1月10日，在父亲垂死之际，梭罗加入了爱默生和乔治·卢瑟·斯特恩斯；斯特恩斯是布朗“秘密六人组”中的一人，是个清醒、富有的波士顿企业家，他发誓为了看到奴隶制的终结，他会倾尽所有。当他们在寒冷的瓦尔登湖上滑冰时，斯特恩斯说服梭罗，布朗是值得信任的英雄。[116]到了3月，即便是温柔敦厚的贵格会成员丹尼尔·里基森也感受到“一场灾祸似乎在逼近”，他在信里如此向梭罗诉说：“反对暴政需要动用‘上帝和自然提供的’一切手段。”5月，约翰·布朗再度造访康科德，5月8日，他第二次在市政大厅演讲，非暴力抵抗的灵魂人物奥尔科特被他深深感动了。这位仪表堂堂、眼神坚毅、宽肩膀的男人孔武有力，还优雅地留着上帝使徒的长胡子。“我们之中最高尚的人倾听他的演讲——爱默生、梭罗、霍尔法官、我的妻子——他们中的几个没问细节就为他的计划提供援助，他用他的正直和才能给予我们足够的信心。”[117]他们找到了他们的英雄。

1859年10月9日，梭罗再次试图把北方人从他们的“醉酒后的嗜睡”中唤醒。[118]桑伯恩之前就听过《秋色》，他很喜欢，把它推荐给西奥多·帕克的第28期公理协会，这个独立教会每周日在波士顿音乐厅举行仪式，这是唯一一个能容纳两千人以上来聆听帕克布道的场所。前不久，帕克的身体因为工作过劳而抱恙，去了意大利疗养。教会领导在寻找替补人选。梭罗同意演讲，但是告诉他们，他要读的不是《秋叶》，而是《荒废的人生》（*Life Misspent*）——他难懂的讲稿《有什么益处？》的修改版。听众已经一再拒绝这个讲座，但是帕克的自由派会众满怀敬意地聆听，并且深受感染。爱默生很高兴也很欣慰梭罗终于成功了。这是一份“原创、泼辣、稀奇”的讲稿，一位评论者说；演讲人有着“好嗓子，也有激励人心、令人印象深刻的演讲技巧”，另一人说；不过，第三位评论者因听众许可梭罗的“疯狂”而感到恶心。[119]梭罗处于他的鼎盛时期——他对自己的想法有足够的自信，也相信自己有能力把它们传递给别人。这是好事，接下来发生的事情需要他具有的所有这些品质。

1859年10月19日，梭罗听闻约翰·布朗对哈珀斯·费里（Harpers Ferry）联邦弹药库的突袭以失败告终。布朗入狱的消息传来时，梭罗做出了发自肺腑且深邃的即时回应：“当一个政府把它的力量聚集在非正义的一方，好比我们（尤其是现在）的政府，维持奴隶制并且杀害奴隶的解放者，它看起来是多么野蛮的势力啊，不，比野蛮更低劣！这是魔鬼的势力！”暴政不仅统治着政府，也统治着他的邻居的身心，他们蔑视布朗：“因为他诉诸武力，抵抗政府，献出他的生命！他们把自己的生命奉献给什么？奉献给祈祷吗？”他的邻居们用武力维持着所谓的和平：警察的棍棒和手铐、监狱和绞刑架都得到了国家的批准。[120]

但是布朗劈开了天空，揭示出另一种秩序。这种超越性的更高律法迫使国家审判自己的犯罪行为：“在此，叛国罪是对暴政的反抗，它的源头是永远对人进行创造和再创造的力量，如今，也是第一次，这种创造的力量犯下了叛国罪。”梭罗立马抓住了其他人没有看到的东西：布朗既不是疯子也不是罪犯，而是撕开这个国家虚伪假面的独异个人，这个国家借助奴役和凌辱子民的权利来宣称它的自由和神圣。布朗的被捕开启了另一个存在意义上的两难境地：美国可以用自己的暴力回应他的暴力，处决布朗来保护自己；或者，美国可以拒绝暴力，宽恕他，也因此承认自己的罪行。要么是它毁灭布朗来拯救自己，要么是它毁灭自己来拯救正义。梭罗意识到，不论哪种方式，布朗诉诸武力的行为都促发了一个具有重大历史意义的危机。他立即预见了布朗会永远被铭记：“暴君坐在那里，手上有400万戴着镣铐的奴隶；但他们英雄般的解放者出现了，如果他倒下，难道他不会始终活在人们心里吗？”[121]

接下来的三天，梭罗在一种白热状态下写作，为他压在心头多年的愤怒寻找语词。梭罗意识到，布朗触发的牺牲逻辑与基督教里的牺牲概念具有同样的超越性本质。“一个假装信仰基督教的政府，却每天把 100 万个基督钉上十字架！”梭罗写道，“大约 1800 年前，基督被钉上了十字架；今天早晨，约翰 · 布朗也许会被实施绞刑。这是镣铐的两端，我很高兴知道它们紧密相连。”布朗的牺牲能不能为美国赎罪，带来美国的新生？政治危机一触即发，但是未来仍旧存疑。没有东西，没有天意来保证救赎。国家的命运在他们的手中：“我将这一事件视为试金石，它被授意来激发这个政府与众不同的特质。”[122] 他们已经迎来了历史的关键时刻——过去、现在和未来一起沦陷并等待决定的神圣时分。下一刻发生的事会展现美国真正的样貌，而且会永远地留在历史上。

当现实垮塌，梭罗开始思考历史，他把哈珀斯费里放到解放史的弧线里，从基督到克伦威尔*，到 1776 年美国独立，再到约翰 · 布朗。当他读着这些神圣的、历史性的预兆，他愤怒地看到所有报纸都在记录无足轻重的细枝末节。[123] 他必须发声，因为没有其他人在发声。他必须找到方法为布朗——“他首先是超验主义者”——向全世界辩护。于是，听到消息的两天后，梭罗想象了他的听众。有效的辩护必须回溯布朗的生平，所以梭罗通过一系列布朗的言行勾画了他的人格。他悲伤地发现，两年前的自己曾怀疑布朗。更糟的是，进入布朗的人生迫使他直面难以想象的命运：“我不希望杀人，也不希望被杀，但是我可以预见我将无法避免这两种境遇。”[124] 梭罗一直在写，在枕下摆放着纸笔。10 月 30 日，周日，他准备好了。那天早上，他走在镇里，告诉大家当晚他会就约翰 · 布朗的事情发言。他的家人意见不一；他的朋友建议他沉默。桑伯

---

* 奥利弗 · 克伦威尔（Oliver Cromwell，1599—1658 年）：英国政治人物、国会议员、独裁者，在英国内战中击败了保王党，1649 年斩杀了查理一世后，克伦威尔废除英格兰的君主制，并统治苏格兰、爱尔兰，于 1653 年至 1658 年期间出任英格兰 - 苏格兰 - 爱尔兰联邦之护国公。克伦威尔是英国历史上最具争议的人物之一，一些历史学家认为他大逆不道，另一些则视他为英雄。

恩——他帮助组织了这场突袭，尽管梭罗不知道这一切——已经在恐慌中逃去过加拿大，几天后才逼自己回来面对现实。他尤其请求梭罗保持沉默。梭罗不为所动，回复道："我没有询问你意见，只是告知，我会发声。"[125]

* * *

教堂挤满了人。这是重大的历史性时刻，梭罗抓住的这一刻会把他的影响力带到远远超越康科德的地方。那一晚之前，这个国家没有一人站在公开场合为约翰·布朗辩护。梭罗演讲的时候，布朗正在弗吉尼亚的法院大楼里因叛国罪而受审，全国各地的每一份报纸都在挑起对他的敌意。在这种千钧一发的局面下作为一个少数意见者发声，需要很大的道德勇气。康科德人聚集起来倾听也需要很大的道德勇气，他们如此做了，而且表现出礼貌和尊重。几乎没有人或极少的人是出于对布朗的同情而来。一些人是来看好戏的，但是更多的人感到痛苦和困惑，不知道该做何想。面对所有人，梭罗朗读了他的《为约翰·布朗上校抗辩》（*Plea for Captain John Brown*），他平静地读，"没有任何华丽词藻，仿佛这会激起他的愤怒"。在爱德华·爱默生看来，"这就像他在为他自己的哥哥发声，他被这个事件深深震动了，他的演讲如此勇敢，质问真相"。米诺特·普拉特震惊于梭罗关于布朗的大胆言论，更震惊于发现梭罗"对可怜的奴隶有着如此强烈的"同情；最终，他认为梭罗的演讲"满是高尚、人性的观点"。正如爱德华·爱默生总结的，"那些来这里看好戏的人多数留下来祷告"。[126]

第二天，梭罗收到一封急电："梭罗必须在周二晚上为兄弟会演讲——道格拉斯不行——附信。"弗雷德里克·道格拉斯原被安排在波士顿的翠蒙堂演讲，作为由西奥多·帕克的会众资助的"兄弟会事业"（Fraternity Course）讲座的一部分，这是每周二晚上举行的面向公众的世俗主题讲座，人气很旺。道格拉斯和布朗一同奋战了很久，但是他早就拒绝参与或支持哈珀斯费里的突袭。当布朗被捕时，他的口袋里有一封道格拉斯寄来的信，这个证据直接把后者卷入事件中。逮捕令发出了，道格拉斯逃亡到加拿大，“兄弟会事业”讲座失去了演讲者，正在此时，爱默生写信给组织方，推荐梭罗的《为约翰·布朗上校抗辩》：“共和国的每个人”都应当听见梭罗所说的话。梭罗已经在康科德“强有力”地感染了“存在极大分化的”听众，他们听了之后“没有一声异议”。[127]

推荐起了作用。11 月 1 日，梭罗带着他的《为约翰·布朗上校抗辩》来到波士顿的翠蒙堂，2500 人聚集起来听他演讲。梭罗走上讲坛，平静地面对庞大的人群。“弗雷德里克·道格拉斯不在这里的原因就是**我**在这里的原因。”他如此开场。接下去的一个半小时，他紧紧抓住听众的注意力，他们时不时爆发出自发的掌声。卡罗琳·希利·达尔听得入神——“我以前以为梭罗先生**只是**一位哲人”——她也有一些不舒服，因为很多梭罗最尖锐的句子在她看来“品味很差”。尽管如此，她觉得这是“向乔治·华盛顿之后最名副其实的美国人献上至高的敬意”。年轻的威廉·迪安·豪威尔斯（William Dean Howells）认为梭罗把握住了一些关键的东西：“布朗成为一种**理念**”，而不只是罪犯。[128] 在那儿，在梭罗的注视之下，历史的潮流似乎在转变。狂热！亵渎！——主张奴隶制的报纸如此评价。但是布朗的支持者越来越多。此刻，温德尔·菲利普斯也站在了布朗这边，爱默生也同意，布朗让“绞刑架如十字架一般神圣”。[129] 报纸竞相转载梭罗的讲稿，他的话语传遍全国。“就是**这些**话，我渴望了很久，希望能有个活着的声音把它们说出来，**大声**说出来，这样全世界或许能听见。”一位读者写信告诉梭罗。[130]

梭罗之后还在 11 月 3 日做了一次《为约翰·布朗上校抗辩》的讲座，面向布莱克召集在伍斯特机械大厅(Mechanics Hall)的兴致高昂的听众。历史行进的速度很快：就在前一天，弗吉尼亚法庭宣判布朗死刑，定于一个月后的 1859 年 12 月 2 日执行。梭罗把这个日期记在讲稿里。第二天，他去见了奥尔科特，后者正忙着挑选他的鲍德温苹果去市场出售。“这两人有太多共同点了，”奥尔科特想，“梭罗能够如此深入地理解布朗的优点是因为这些特质他基本上都有。”但是布朗直接攻击“体制……而梭罗只满足于批评它，然后随它去”。难道什么都做不了吗？梭罗想着某些人应该写信给弗吉尼亚州的州长求情，或许是爱默生？他仍然对大赦存有希望，赦免令可以拯救这个国家的灵魂。桑伯恩认为奥尔科特可以去试着求情，或者至少打听布朗会不会接受营救。抗辩信和抗议集会都没有付诸实践。梭罗试着把讲稿印成小册子，直接卖给公众。他计划把收入捐赠给布朗的遗孀和孩子。但是波士顿没有一个出版人会碰它，他的话只会成为片面报道和扭曲事实的报纸的注脚。[131] 他的声音再一次在完成讲述之前就被消音了。

之后的几周，梭罗沮丧抑郁。1854 年，洁白的荷花曾给过他希望，但是在约翰·布朗受审之后，自然没有提供慰藉。他觉得奇怪，“小河乌”鸊鷉仍旧像过去一样潜入河里，人们像没事发生一样继续过着自己的日子。梭罗被愤怒遮蔽了双眼，他站着，望着日落，他可以看到它的美，甚至可以形容它的美，但是他**看**不见。布朗的命运是“多么大的冤屈”，它“让世间一切的美都失色了”。[132]

梭罗把注意力转向他最低程度所能做的事：组织一个纪念仪式，来铭记布朗行刑的时刻，12 月 2 日周五，下午 2 点。[133] 他在镇上散播这个消息，11 月 28 日周一，150 个康科德公民聚集在市政厅来批准这个纪念仪式，并任命梭罗、爱默生、西蒙 · 布朗和约翰 · S. 凯斯来做具体安排。他们还投票决定，在布朗被绞的那个时辰鸣响镇钟，并由人——可能是梭罗——把美国国旗倒挂在旗杆的中间位置。第二天，梭罗正式要求康科德行政委员的允许，在纪念仪式上鸣响第一教区教堂的钟声，但是他们畏缩并最终拒绝了。康科德几乎从没有联合起来声援布朗。巴特利特医生警告梭罗，他已经听到了“‘五百声’该死”，还威胁说要举行反示威活动——用枪。梭罗总结说，康科德人在很多地方和弗吉尼亚人差不多，“害怕他们自己的黑影”。但是，正如他提醒自己的，“恐惧制造危险，但勇气会驱散它”，他的计划继续进行。[134] 凯斯坚持说他们不做任何演讲，因为“如果我们让自己说出心声，我们很有可能以叛国罪被起诉”。于是他们同意读诗歌、《圣经》，以及布朗写的文章。梭罗让人把一架钢琴搬到市镇厅，为赞美诗奏乐。[135]

12 月 2 日是个温和但异常湿润的日子，云层很厚很低。前一晚，敌对阵营在市政厅前的榆树上挂了一幅和真人一样大小的布朗肖像，一同附上的是约翰·布朗的“最后嘱托”，里面有这样的话：“我遗赠给 H. D. 梭罗先生我的身体和灵魂，他曾赞颂我在哈珀斯费里展现出的人格和行为高过了天堂里的圣人。”[136] 梭罗的支持者把肖像拆下来，毁掉了它。下午 2 点，市政厅人山人海，包括很多从邻镇来的人。西蒙·布朗主持仪式，钢琴声让人群安静下来，从附近的韦兰来的爱德蒙·西尔斯（Edmund Sears）牧师带领大家祷告，所有人一同合唱赞美诗。接着，梭罗起身发言。让凯斯大为恼火的是，他没有遵照安排，而是加了不少“没有关联的题外话”。[137] 如果这是真的，那么或许梭罗即兴发挥了：他的讲稿《约翰·布朗的殉道》（*The Martyrdom of John Brown*）简短、正式、尖锐。爱默生、凯斯和奥尔科特读了他们选的作品，没有加以评论。仪式最后，观众起身合唱桑伯恩为这个场合特别创作的哀歌。仪式结束后，奥尔科特觉得钟声没有被敲响是件好事。比起“引起教会的抗议和人群的愤怒”，克制的悲痛及沉默显得更好。[138]

梭罗对约翰·布朗的声援没有结束。那天晚上，桑伯恩敲响他家的门，天亮之前，梭罗必须从爱默生家借一辆马车，从桑伯恩家把“X”先生送到阿克顿火车南站，不惜一切代价把他送上去加拿大的下一班火车。前一天的乌云把冬天的寒意带到了城里，梭罗驾着爱默生的马车穿过镇中心去桑伯恩家时，他呼出的空气在清晨的空气里结了霜。情绪激动的 X 先生连坐都不肯坐，一直高喊要进攻南方，继续约翰·布朗刚刚开启的工作。“我知道我疯了。”他说。他不相信这位无名的司机，要求立即去见爱默生。坚毅的梭罗消除了他的警戒。“我不知道，但是**你**就是爱默生，对不对？你看起来和他很像。”“不，我不是。”梭罗回答，继续驱赶着爱默生的马。在阿克顿，狂躁的 X 先生跳下马车。梭罗不知用什么方法安抚了他，或许用了一些“明智的武力”，最后终于把 X 先生送上北行的列车，它会让他安全地抵达蒙特利尔。等到梭罗垂死之际，桑伯恩才会告诉他这位 X 先生就是弗朗西斯·杰克逊·梅里亚姆（Francis Jackson Merriam），布朗的其中一位盟友，他用价值 600 美元的黄金资助了哈珀斯费里突袭，从混战中逃脱，逃亡到加拿大，然后又找到办法回来，继续着布朗的事业。那天早上，梅里亚姆或许是全美最炙手可热的通缉犯，他的头颅被悬赏了很高的赏金。梭罗也因此成为最高级别的罪犯同谋。[139]

梭罗的《为约翰·布朗上校抗辩》最终得以发表；詹姆斯·雷德帕思（James Redpath）是为霍勒斯·格里利的报纸在南方做秘密报道的苏格兰移民，他希望能把这篇文章作为第一篇收进他编的文选《哈珀斯·费里的回声》（*Echoes of Harpers Ferry*），所得收入全部献给死于哈珀斯费里的“有色人种”的家人。雷德帕思之前为他书写的布朗传记采访过梭罗，他以闪电般的速度写出了传记并于 1860 年 1 月 5 日出版。“我希望第三页的内容不会冒犯你。”他在文章刊发当日写信对梭罗说。[140] 梭罗翻开样书读了起来：“我谦卑并充满感激地把这本书献给温德尔·菲利普斯、拉尔夫·沃尔多·爱默生和亨利·戴维·梭罗，他们是信仰的守护者，当暴徒叫嚣着‘疯子！’的时候，他们喊着：‘圣人！’”

雷德帕思的文选出版于 1860 年 5 月，这几百页文字记录了北方对约翰·布朗不断增多的支持声音，这股声援的潮流可以追溯到从梭罗笔尖流淌下的第一滴墨水，追溯到他写于 1859 年 10 月 19 日的日记。奥尔科特之前说对了，布朗直接攻击体制，梭罗只满足于从旁批评它；但是如果没有梭罗、菲利普斯、爱默生和之后所有追随者的话语，布朗的刀剑和来福枪不具备更强的力量——它们只是残杀身体的武器，是抵抗国家的暴力工具，而这个国家当前用同样的武器摧毁了布朗。约翰·布朗的刀剑有着重要的意义，然而没有那些文字，它们只是刀剑。在《论公民的不服从权利》的尾声中，梭罗希望成为一种野果，生于民主制度之中，却长在它之外，“为更完美和光辉的国家开辟道路，我也想象过这样的国家，但是还从未在任何地方看到过”。这位超验主义哲人–诗人帮忙把布朗的刀剑变成足够摧毁奴隶制的强大思想——他的思想将随着奴隶制去到这个国家的每一个角落，去到梭罗所知道的和热爱的每一寸土地。

第十一章　永恒的新生

（1860—1862年）

这个国家还不知道，或者说还完全没有意识到，它失去了多么伟大的儿子。

——拉尔夫·沃尔多·爱默生：《梭罗》

达尔文之年

“醒来是冬天。”梭罗记录道。这是1859年12月4日，他把X先生偷偷送走的第二天早晨。整个星期他都在思考他所看到的变化：“整个北方的居民一下子都成了超验主义者”，他们能够在布朗表面的失败下看到正义和光荣。连小孩子都问他们的父母为什么上帝不拯救约翰·布朗。如今，把布朗变成圣人的工作在他身边如火如荼地展开，梭罗的头脑变得清晰且冷静。他突然发现美国文学的泰斗人物华盛顿·欧文（Washington Irving）最近的离世竟然没有引起回响；真正的文学，那些重要的文学，不是像欧文的文学那样是从词典里制造的，而是像来福枪射出的子弹。“我要是修辞学教授，我会坚持这一点”：作家必须“**说出真理**。这是第一条原则，也是第二条、第三条”。做出了这个决定，梭罗把夏天的鞋子换成了冬天的靴子，出门散步。[1]

梭罗42岁了，他亲眼见证过森林的衰败，但也有机会看到新的树林重新从光秃秃的田野里长出来。在瓦尔登湖，雪把他种下的小树映衬得更美了。“几年后这里会多么不同啊，这片秋麒麟草会变成松树林！”随着冬意渐浓，他在各个地方都看到了新生命。睡谷墓园的园丁告诉他，就在工人把梭罗设计的池子造好的几个月后，他们在这座池子里抓到了大头鱼和一条特别大的梭鱼。这座人工池没有出渠，只有一条狭窄的进渠，鱼儿们自己来了，人工池塘变得生机勃勃。梭罗思考，这都与**种子**有关，每棵新树都从种子发芽。照顾好你的种子，你就会重建森林。那么，这些种子从哪里来呢？刚刚落下的雪里就已经埋藏有种子了，桦树和桤木的优良种子，随风飘荡到各处。一天，梭罗在橡树下的雪地上看到了几颗融冰的苹果籽。它们怎么会在这儿？啊，是牛。牛和他一样喜欢这些香甜的果味，当它们把苹果籽掉在雪地上时，它们就种下了未来的苹果树。梭罗放眼望去，每个地方都留下自然的足迹。即便是在隆冬时节，天与地，周围的树林里也都涌动着生机。他甚至能听见它：“高飞的乌鸦为我们触碰天空的鼓膜，揭晓了它的音色。”[2]

1860年的新年，梭罗走到桑伯恩家和布朗森·奥尔科特及桑伯恩的改革家朋友查尔斯·洛林·布雷斯（Charles Loring Brace）共进晚餐，布雷斯是独神论派的牧师，也是热忱的废奴主义者，他来城里宣传他的儿童援助协会，这是他创建于纽约，为孤儿和街头流浪儿提供免费教育、医疗、住所和工作的组织。布雷斯先前在坎布里奇造访了他的姑妈和姑父阿萨·格雷教授夫妇，阿萨·格雷这位著名的植物学家刚读完他老友的新著：查尔斯·达尔文的《物种起源》，五周前出版于伦敦。达尔文给格雷寄来了样书，格雷借给了布雷斯，布雷斯带来给桑伯恩、奥尔科特和梭罗。一下午，这四个朋友都大声朗读《物种起源》，彼此聆听、讨论着达尔文卓越的“自然选择”理论。布雷斯宣布：达尔文推翻了奴隶制的科学基础。路易斯·阿加西还没看过这本书，但是他读的时候非常反感，他坚持说自然万物是由上帝一一创造的，而且永恒不变。阿加西还说，梭罗在莫纳德诺克山顶发现的青蛙就是上帝创造后放到岩石之中的。同样的说法也适用于人类：上帝一一创造了不同的种族，他们是不变的自然种类，不能够融合。在他们之中，只有白人，是完全属于人类的种族。其他种族都是更低劣的造物，有一些——他指的是非裔——接近于猩猩。[3]

达尔文在《物种起源》里几乎没有提到人类，以防引起过多非议，阻碍大家听取他的进化理论。但是，那天在桑伯恩客厅的四人正在讨论达尔文的突破对于人类意味着什么。正如桑伯恩在激动地写给西奥多·帕克的信中所说，达尔文展示了“一个种族可以源自另一个种族”。[4]对于这几位废奴主义者和约翰·布朗的支持者，这不仅意味着所有动物都因为共同的祖先而相互关联，还意味着人类也是。达尔文击垮了种族主义的科学基础，因为如果所有的人类种族都是相互关联的，那么奴隶制就是道德上的羞耻。世界各地的所有种族从生物学上来看都属于人类，不同身形、高矮、肤色的人类是具有差异的统一体，属于一个科。

达尔文的革命性著作会在之后的几年被附上多种含义，但是在这个元旦，对于桑伯恩客厅里的四位激进人士，《物种起源》是拆穿所谓奴隶制的科学基础的首要论据，他们要用达尔文的理论来驳斥由阿加西这样的奴隶制辩护者所鼓吹的美国种族科学。[5]梭罗也会用达尔文的理论来推进他的思考。之后的一个月，他认真研读《物种起源》，在笔记本里摘录好几页的书摘。他也成为在美国国土上最早读完《物种起源》全本的美国人之一。[6]梭罗抄下的段落展现了他紧紧跟随达尔文的观点，也记下了他自己能够证实的具体例子：家畜源自野畜，外加几个能够展示自然选择理论解释力的事实。

“为什么我们面前的这些东西就能组成一个世界？”他曾在《瓦尔登湖》里问过。从那以后，梭罗就在研究生长与毁灭、重生和适应的周期。尽管在《瓦尔登湖》的开头几章，他赞颂无籽松柏的“经济自由”，但是他的兴趣很快转向了代际更替和创造的“生态自由”：他看到的所有东西——白鹭、猫头鹰、山雀、土拨鼠、青蛙和鼯鼠，香蒲和柳树、松树和橡树——就生长在**那里**，因为，基于某种原因，一颗“种子”就出现在那儿，接着茁壮成长。关键是研究种子如何散播，例如桦树和桤树的种子由风传播，苹果籽由那些贪吃的牛来传播，橡果由松鼠埋进土里——就连讨厌的山蚂蝗果也可以粘到梭罗的裤腿上，当他坐下把它们拍掉的时候，它们就落到了土里。梭罗抄下了达尔文的观点，海岛上的动植物总是和邻近大陆上的动植物有相似之处。“所以它们不是在那儿被创造的。”梭罗兴奋地补充道。瞧瞧这个，路易斯·阿加西！达尔文告诉梭罗他走在正确的道路上。**永远是**先有种子，**永远**能找到传播的路径，无论是在地上、水里，还是空中。“人总是只接受他准备好接受的东西，”在品尝过达尔文精神食粮的三天之后，梭罗写道，“我们只能听取和懂得我们已经知晓一半的东西……每个人都在这样的路径上度过人生。”[7]

关于约翰·布朗的讲稿和《秋色》都已经完成，梭罗回到了《野苹果》。从 1855 年起，他就在书写自己对这种长在野树或废弃果园里的酸涩苹果的喜爱。1860 年 2 月 8 日，他走上康科德学园的讲坛，借奥尔科特的话说，梭罗是在庆贺“自然的无限深远”，从伊甸园里的苹果到康科德森林里的野果。桑伯恩认为该讲座“洋溢着趣味和怪异的幽默”，有个康科德男孩认为这是当季最好的讲座。虽然学园已经滋养了梭罗 30 年的演讲生涯，虽然这里的观众很早就为他鼓掌，但是他们是此刻才看到真正的他，全部的他。[8]《野苹果》讲述的是梭罗人生的精髓，是用苹果讲述的恶作剧式的自传，“野苹果如我本人一般狂野，不属于这里任何的土著种族，它源自迷失在森林中的人工栽培的物种”。这些灌木状的小树苗，为了防止牛群把它们当草吃，长出了带刺的硬树枝来保护自己，直到长到 20 岁以后，“一些长在内部、敌人们够不到的新枝，会满怀喜悦地蹿高：它没有忘记自己最重要的使命，它骄傲地结出奇异的果实”。2 月 14 日，梭罗在新贝德福德学园再次讲述了这盛满幽默、智慧和悲伤的秋天的“苦酒”。200 名听众“既高兴，又惊讶”。[9]这是一场很好的讲座，是一场屹立不倒的讲座，可惜他没有机会再次发表这个演说了。

1860 年的冬天带来了好几个寒冷但晴朗的日子，梭罗觉得最适合去河上散步——“我们的脚下是坚固的、水晶般的天空”——他在日记本里画满了冰的形状。就算这么多年过去了，他也不会停止遐思：“思想哺育思想，它在你的手底下生长。”[10] 他从达尔文的前沿科学著作转向了几位最古老的博物学家［亚里士多德、托普赛尔（Topsell）、格斯纳（Gessner），以及杰勒德（Gerard）的《花草》（*Herball*）］——像寻找野苹果一样在文字中寻找思想的根源。3 月初，他在布里斯特山上遇到一群扎营的印第安人，后者问他哪里能找到一种稀有黑蜡树，他们需要用它来制作篮子。六天后，他们做出了独具特色的木篮子，把它们挂在树上卖，包括一只容量为一蒲式耳的结实篮筐，梭罗注意到，它的边缘用的是白橡木。那种大小和样式的篮子不就是印第安人的发明吗？[11] 他在每一处地方都看到了发明和适应力、工匠精神和复原能力。

梭罗也在他的康科德朋友们身上看到这一点。爱德华·霍尔没有像他的朋友们害怕的那样，被加利福尼亚州的金矿引诱回去，而是留下来迎娶了学识和胆识双全的伊丽莎白·普里查德（Elizabeth Prichard），后者也是亨利孩提时代起的朋友——对他而言是真正的邻家女孩。爱德华渴望着乡村生活，他买下附近的农场，亨利在 3 月底为他测量。这之后，亨利定期造访爱德华和伊丽莎白·霍尔夫妇。布朗森·奥尔科特也找到了新生活：1859 年，康科德镇政府聘请这位资深的教育改革者成为康科德学区的主管。奥尔科特显得更年轻了，他投身工作，把这个常规的职务转化成创建模范的公立教育系统的机会。奥尔科特的第一份年终报告显示出他与梭罗重要的合作关系：亨利·梭罗同意修订“给学校用的小开本教科书，包括康科德的地理、历史和古迹”。到 1860 年，奥尔科特把这本书称为“康科德地图集”，并要求当地社区给予支持：“我们很高兴能有这位驻扎此地的综合测量员”，他“为当地公民绘制的地图册”有助于建立户外教学的教学模式，是献给我们的孩子和我们所有人的礼物。“镇政府应当想办法让它最好的子民施展才华。”这位新上任的主管写道。[12]

那年 5 月，在梭罗参加安娜·奥尔科特和约翰·普拉特的婚礼并一同跳舞时，他一定已经知晓安娜的妹妹路易莎想要成为作家，但是他或许不知道她已经在写长篇小说《情绪》(*Moods*) 的草稿了，书中她的女主人公需要在两个情人中抉择—— 一位是教会她独立自治的牧师，另一位则是激发了她深层欲望的时髦的博物学家兼探险家，前者和蔼文静，后者则潇洒气派。明眼人一眼就看出这是对爱默生和梭罗的刻画，这也暗示了路易莎的真实情感，它隐藏在幸存下来的有限的逸事、书信和零碎的日记里。当路易莎看到爱默生亲吻新娘，她想："这种荣耀甚至能让婚姻更长久，因为他是我所崇拜的神。"至于梭罗，她写道，他已经结婚了——娶了"燕子和翠菊、湖泊和松柏"。[13]

霍桑也把梭罗写进了小说：出版于 1860 年年初的《大理石牧神》(*The Marble Faun*) 中，这位牧神就具有霍桑多年前在梭罗身上看到的半疯狂特质。1860 年 6 月，在离开康科德到欧洲七年之后，霍桑一家回来了。他们抵达的那天，阿比和布朗森 · 奥尔科特，以及他们的新邻居，都来打招呼，尽管房里还堆着一大堆没有整理的行李箱。第二天下午，爱默生为他们办了接风宴，霍桑一家一边吃着草莓和奶油一边和旧友新知相互问候。梭罗无视纳撒尼尔的银发丝，写信告诉妹妹，他的老朋友除了在回家的蒸汽船上晒黑了之外，没有一点儿变化，"和过去一样童真朴实"。新来的桑伯恩被惊到了：他从不知道这位著名小说家竟有着"如此的美貌"，这让他成为目前所有康科德作家中外表"最出挑"的一位。[14] 索菲娅 · 霍桑很快就不再拘束：她的姐姐玛丽 · 皮博迪 · 曼 (Mary Peabody Mann) 在有名的教育家丈夫霍勒斯 · 曼 (Horace Mann) 死后搬去了威尔塞德；霍桑一家回来之后，玛丽搬回了她位于萨德伯里路上的房子，隔壁就是桑伯恩的学校，她的两个儿子，小霍勒斯和朱利安 · 霍桑会在这里上学。

然而，纳撒尼尔没有在康科德找到自己的位置。康科德变了，而且梭罗的话不是事实，霍桑也变了。他的老朋友们密切关注着美国民主的危机，但更具世界性眼光的霍桑对现在的美国感到厌恶。布朗森 · 奥尔科特伤心地发现，这位"羞涩的天才"从来不拜访任何人，从来不参加讲座，很少离开他在朴素的新英格兰房子上加盖的意大利式的奇异塔楼——“他的城壕宽广深邃，四边的吊桥统统收起”。梭罗至少有几次成功“攻破”了这些“城壕”。8 月 20 日，他测量了霍桑的 20 英亩田产，他的“巨”眼吓坏了 9 岁的罗丝，它像动物的眼睛那样充满野性，“像秋天灰色的池水，被云层裂缝透出的阳光所照亮”。[15] 梭罗的眼睛也让霍桑不安。他正在自己的“天庭”里努力构思下一部小说，他找到了康科德自己的（虚构）故事：塞普蒂米乌斯·费尔顿（Septimius Felton），“流着印第安人血液的隐士般的学者”，他在康科德战役的激烈战争中手刃了一名英国士兵。霍桑本想在序言里描绘梭罗，但是他从未完成，或许因为他小说里的刻画已经展现了一切：他总是“在沉思，沉思，他的眼睛盯着某个缺口、某块石头、某棵寻常的植物……就仿佛那些是解答某个谜团的线索。”当他抬眼，“总有一种困惑，他的眼睛里有不满、狂野的神色，就好像他的思索永远不会结束”。[16] 梭罗深深地刻入身边这些作家的脑海，他早就有了自己的传记作者。

虽然霍桑对美国政治可怕且恶毒的转向感到恐慌，但所幸的是，他回来的时候约翰·布朗起义最糟糕的余震已经在减退了。布朗被处决之后，桑伯恩让布朗的女儿安妮和萨拉免费入学。她们 2 月来到康科德，辛西娅和索菲娅在梭罗家为她们召开了欢迎宴；安妮是个早熟的 16 岁少女，她告诉奥尔科特，亨利·梭罗“让她想起了父亲”。（亨利对安妮的看法没有留下来，但是她应该给人留下了深刻的印象：在准备哈珀斯费里突袭期间，是她在经营父亲买下的给秘密集会做掩饰的农场。）梭罗家、爱默生家、奥尔科特家和其他人都凑钱为布朗的女儿提供衣物和住宿，索菲娅·梭罗组织妇女为她们的母亲玛丽·布朗缝制了被褥，百衲布的每一块都绣有名言。[17]

这种对约翰·布朗家人的援助和安慰属于激进的挑衅之举。就在他的女儿们被接入康科德之时，参议院调查委员会传召了所有疑与约翰·布朗窜谋的人。詹姆斯·雷德帕思拒绝出庭，他躲了起来，秘密寄给梭罗他的住址，让梭罗传给桑伯恩——后者也无视传讯，每天都生活在对敲门声的恐惧之中。4 月 3 日星期二晚上 9 点过后的几分钟，就在桑伯恩换上拖鞋，坐到书桌前时，敲门声响了。赤脚的桑伯恩打开门，伸出手去向门口的陌生人致意。这个陌生人给他铐上手铐，四个五大三粗的助手冲出来把他押进旁边等候的马车，身材瘦长的桑伯恩一路上都在挣扎，大声要求他们出示证件，他的妹妹则大声尖叫，惊动左邻右舍，接着冲向联邦警员，踹他们，大叫，猛拽他们的胡子，最后他们只好松手，让她的哥哥摔到地上。他们的邻居玛丽 · 布鲁克斯则在大街上跑来跑去，哭喊着这是血腥的谋杀。[18]

很快，整条萨德伯里路上的人都从家里拥出来。有人跑去了第一教区教堂，摇响了教堂的钟声，这让梭罗也警觉起来，不过他的第一反应是火灾——确凿无疑，他后来说，“肯定是康科德前所未遇的严重‘火情’”。当桑伯恩在马车里踹着车门，十多个人勒着马，其他人则用石头砸马车。安娜·怀廷钻进去抽打司机，而她的父亲怀廷上校则抽打马匹，要它们走起来。约翰 · S. 凯斯跑到混乱的人群里打探情况，而后匆匆跑到霍尔法官的家里，后者赶紧写下了一份人身保护令。凯斯赶回去将保护令塞到联邦警员面前，他们拒绝承认，直到县里的副警长解释说，如果他们不释放桑伯恩，他会以个人名义请求康科德公民——此刻已经聚集了超过 100 人——用武力夺回他们的校长先生。这迫使五位联邦警员给桑伯恩松手铐，暴动在造成任何严重伤害之前平息了下来。桑伯恩带上了他的六发式左轮手枪转移到邻居家里，亨利 · 梭罗则在桑伯恩家看守，以免这些联邦警员晚上再回来。[19]

第二天早晨，桑伯恩和凯斯来到了波士顿州的最高法院，莱缪尔·肖（Lemuel Shaw）法官宣布联邦逮捕证无效。消息传回康科德，几百人的欢庆队伍前来迎接桑伯恩和凯斯。他们从火车上下来，走到一座礼炮旁边，桑伯恩骄傲地高举他曾被手铐铐住的双手。喧嚣的人群涌入市政厅，召开一场有关抵抗暴政的“抗议集会”——此刻，桑伯恩再次把手举高，他们挚爱的校长的双手就象征着暴政。桑伯恩当然发了言，还有雷诺兹牧师（Reverend Reynolds）、爱默生、希金森，以及梭罗。梭罗的结束语引发了人群的强烈共鸣。康科德被报纸赞许为“用法治和有序的手段”处理了这一事件。不！他不同意。“康科德人民没有按照法律鸣警报钟，他们没有按照法律庆贺，他们没有按照法律呼号（此处响起响亮的掌声）。梭罗自己也没有按照法律讲话，他觉得他应当停下让其他人发言。”[20]15 年前，康科德关押了抵制民法的梭罗；如今他们奉他为他们联合实践公民抗命运动的领袖。

桑伯恩没有脱险——新的逮捕令发下来了，起诉他袭击联邦官员。好几天，他都避免回家，邻居轮流给他提供庇护所，有一晚他在隔壁的玛丽·曼家里，还有一晚在街角的梭罗家。他的案子这一整年都搅得参议院不安宁，直到南卡罗莱纳退出会议搁置争议。与此同时，布朗事件仍然是抵抗政府的导火线，梭罗继续添柴加火。约翰·布朗的遗体之前落葬于他位于纽约州北埃尔巴（North Elba）的家，1860 年 7 月 4 日，支持者计划为他的墓地竖立纪念碑。他们邀请梭罗来发言，梭罗立马写好了讲稿《约翰·布朗最后的日子》（“The Last Days of John Brown”）。但是，到头来，他没有专门去纽约州的北部，而是把讲稿寄给组织者，让后者代他朗读，《解放者报》于 7 月 27 日刊登该文。[21] 这是梭罗就约翰·布朗流星般的生涯写下的最后一篇文章。“一下子具有了超越性”的北方给梭罗希望，他相信“说出真理”的话语具有无穷的力量。布朗的胜利不是靠武力取得的，而是靠“精神之剑”，这意味着布朗的影响力不仅仅存在于堪萨斯或者北埃尔巴，他的事业也不再是默默无闻的了：“他的事业是面向所有公众的，而且成为了照亮这片土地最清澈的光芒。”[22]

梭罗至少还收到过一次演讲邀约：7 月 11 日，在西奥多·帕克的会众一年一度的野餐集会上演讲。梭罗写信告诉索菲娅，他对野餐会出了名的反感让他有理由推托。但是他愿意在不需要寒暄的政治集会上发言，比如四天后在康科德举行的米德尔塞克斯反奴大会。帕克·皮尔斯伯里（Parker Pillsbury）致开场词，祈祷上帝会鼓舞更多子民来完成约翰·布朗开启的事业，接着他提出了一系列决议来重申“抵抗像我们的政府这样的不良政府”是一种美德和责任——这个政府已经摧毁了公民权利，就在我们的家门口威胁我们同胞所拥有的自由，而且协助奴役其他人。随后，梭罗、奥尔科特和另几名演讲者发了言，这些“非常尖锐”的决议得到一致支持。皮尔斯伯里有理有据地谴责参议员萨姆纳支持亚伯拉罕·林肯（Abraham Lincoln，此刻，林肯竞选总统的立场在激进派看来太过温和）。第二天梭罗试图缓和和萨姆纳之间的关系，他致信这位老友，感谢他的演讲《论奴隶制的野蛮本质》（“On the Barbarism of Slavery”），这份讲稿不再具有狭隘的党派立场，而是讨论了更宏观的种族议题。因为真理从不属于任何党派，而且从不应该用来“给党派或国家政治的齿轮上油”。[23]

在这种环境中，梭罗无法讲述其他事情。那年8月，当乳臭未干的威廉·迪安·豪威尔斯出现在梭罗家门口时，这位年轻人对偶像的崇拜差点因梭罗的现身而破灭——“这个人外形古怪”，穿着不时兴的衣服，长着高贵的脸，“有着凌乱的头发、焦虑不安的眼睛”，虽然长着鹰钩鼻，但是它没能拯救“他不幸的短小身材”。梭罗曾经说过，他不知道怎么招待一个不散步的访客，不幸的是，豪威尔斯走进他家客厅，一屁股坐下，不再挪步。更糟的是，他把话题转到约翰·布朗身上，引发了梭罗如今已经是陈词滥调的分析——“类似约翰·布朗这一类人，有约翰·布朗的理想和约翰·布朗的原则，我们应以某种方式（在这个模糊、神秘的词汇之后做了长时间的停顿）珍视这种理想，需要用它不断鼓舞自己”。豪威尔斯刚刚和霍桑谈了一个小时，后者也在这个年轻的偶像崇拜者面前保持缄默，最后想到了解决方案，陪这位客人走到半山腰，一边沉思一边吸烟。太可惜了，梭罗没有带这个怯生生的青年到河上泛舟一小时。就这样，他们的见面“不仅打击了我的希望，而是扑灭了它”——豪威尔斯的“像神一般崇拜的”偶像“死”在了这个下午。[24]

大概在这个时期，梭罗拿回了他之前为康科德的约翰·布朗纪念仪式所印的余下的传单，他翻了翻，接着在它们背面写起了《野果》。几个月以来，他都在构思作品的结构。3月下旬，他尝试了一个点子，书写“3 月的故事”，从雪橇的铃声被泥地里的马车替代写起，而后是“棕色的季节”，此时大地的颜色像“赶牲口人的外套”或他自己的破旧大衣，棕色的表面沾上了一点儿绿色，穿上这样的衣服，“地主”就没这么容易看到他，他也有机会接近野生动物。[25] 梭罗放弃了，没有**特别**的 3 月故事——每个 3 月都在讲述**相似**的故事，但是没有哪两年讲的是**一样**的故事。他很快发现，答案就在他的日记里：十年里的 3 月天，每一年都相似，但又都不同，每个现象都被仔细地记录，标上日期。梭罗开始工作，翻看十年的日记，绘制每一年中每个月的自然现象图表：植物什么时候冒新芽、开花、落叶、结果，手指什么时候冻僵，什么时候点燃壁炉，什么时候打开窗户通风，什么时候衣服能晾出去晒干。图表的结果几乎利用了无穷无尽的数据，占了几十页的篇幅。[26]

这些图表是梭罗的工具，帮他把宏大背景里的每一个微小事件视觉化，把宏大的季节变迁绘成了无数点彩。奥尔科特任命他来编写《康科德地图册》，梭罗以他的列表为基础画出的地图册里满是正常情况下被忽视的细节。放到一个更大的变迁模式下，最细微的观察也能产出令人惊叹的结果。6 月 4 日，梭罗向开花的油松扔了一块木片，而后观察到一团花粉消散在空中，50 英尺内都清晰可见。几周后，梭罗注意到松树的花粉漂浮在湖面和池塘表面上——他创造了“花粉距离”（pollinometer）这个标尺——离最近的那棵松树也已经很远了。松树的花粉能飘多远？他找到离近旁的这棵松树距离最远的那座池塘，但就算在那里，季末的一场雨后，他发现水里也有黄色的松树花粉。这意味着，花季时，空气中到处都是花粉。这是这个季节导致奇怪的过敏症的源头吗？更重要的是，一如花粉，美也到处都是，可惜连风景画家都没能捕捉到，他们的笔下只有深深浅浅的绿色；然而植物学家知道，每一种绿色都代表一种特别的草，他们能发现“另一种不同的美”，它深藏在生命形成过程的核心。了解的知识越多，便能发现更多的美。梭罗的图表是望远镜，是视觉的工具——也是大地写下的诗稿。[27]

在达尔文的书里，梭罗读到植物和动物是被“复杂的关系网拴在一起的”。[28] 现在，他在周期之中找周期，关联之中找关联。达尔文在例如加拉帕戈斯（Galapagos）这样的海岛上揭开这张网的一部分。梭罗决定，他要在这个夏天回到莫纳德诺克山光秃秃的山顶，这是天空中的一座“高山岛”，他要花足够的时间扎营以研究**所有东西**，在一个地方得到高山的全景。1860 年 8 月 4 日，星期六早晨，梭罗带着随时能出发的钱宁（他从没野营过），在暴雨中长途跋涉来到莫纳德诺克山的山谷，就是两年前他和布莱克野营的地方。他们搭起杉木小棚，生好营火——他们围着火取暖，就像在烤自己身上的肉——他们烘干了身体，脸上闪着高兴的光：山神已经用暴雨驱走了所有的夏季旅客，唯独欢迎这两位从康科德来的朝圣者。那晚，暴雨停歇，纱状的云追逐着群星；猫头鹰在头顶上捕猎，火光则映照着他们四周的湿石头和绿枝。梭罗来到了他的天堂。

他需要时间，很多很多的时间——足够让大山走近他。他可以无忧无虑地待上几个星期，但是过了五晚，钱宁宣称他已经搁置了一周的工作，必须回去了。在第一个营地过了两夜后，他们找到了更好的营地，在那里他们躺着，不用起身就能看到周围的世界。梭罗每天早上 4 点起床，按照日出的时间调整手表，接着吃蓝莓和野生的山蔓越莓作为早餐。在晚餐时，他们就着面包和咸牛肉看日落。在这当中，整整四天，梭罗都在漫步，查看，记笔记，凝视远方，思索。山上不只有他俩——每天至少有 100 人在山顶吆喝，用望远镜打探周边环境，把名字刻在石头上，采野果，整个山顶都是“穿着五颜六色衣服的男人、女人、小孩，就像你的观星室里挤进了一支军队”。[29]

梭罗记了超过 25 页的笔记：几十种植物，从树、草到苔藓；鸟类，包括居住在这里的鸟和途经的鸟；哺乳动物只有两种，他看见了兔子的粪便和一副箭猪的骷髅；昆虫、青蛙——当然还有人，以及他们把山占为己有的方式。梭罗画了山顶的地图，研究了沼泽，推测哪条河是哪条河的支流。他描绘了岩石的草图，描述它们上面的冰蚀沟，这些沟痕如此整齐地从西北指向东南，差点让梭罗栽进迷雾。梭罗还研究山下的云和雾、天光的变化、空气的质感，以及更远的地方，真实的距离如何违背直觉判断，声音又如何被传播。如果他手上有洪堡的那种测量天空蓝度的蓝度表，他肯定会使用的。

在笔记的最后，梭罗写了备忘录——下次要带哪些东西（不带鸡蛋，多带甜食），下次要观察什么。他找到了自己的实验室，看到了“地球在完成之前的样子”。在这片“高山岛”，他可以追溯康科德神秘风景的源头。这座山会是他的加拉帕戈斯。他的日记本满载激动的颤音：莫纳德诺克山不仅是生态学的“实验室”，也是吸引普通人——当地机械师和农家孩子的精神中心。这是美与诡谲之地，也是人们在乎的地方。他会再回来。爱默生家的孩子对他的岩石与野果的故事着了迷，他们都等不及要出发来莫纳德诺克山，要亨利当他们的向导。[30]

这个用山上的日出校准手表的人，他需要的仅仅是时间——更多一点儿的时间。

从莫纳德诺克山回来的梭罗准备好投身写作。康科德农民俱乐部在这个春天设定的讨论主题是“林木”，在随后的踊跃讨论里，人们都觉得自己需要掌握关于树木更准确的知识。一些问题很简单，比如怎么辨认松树和枫树的品种，但是也有较难的问题：“我们发现同一片土地上有不同树木的演替。如果我们砍掉松树，橡树会长出来。如果我们砍掉橡树，松树会长出来。”——但某些土地除外，砍掉橡树，还是长出**橡树**。这很奇怪。他们应该修剪林木吗？是重植森林，还是让种子自然生长？这样的问题极为常见，就连达尔文都自信地写过，“每个人都听过美国的一座森林被伐去之后，不同的植被会长出来”。[31] 但是，这是为什么？读过达尔文后，接着在农民俱乐部听到这个疑问，梭罗警觉起来。他知道为什么——早在 1856 年他就找到问题的关键了。9 月 1 日，他把自己的想法写了下来：这个缺失的环节是**种子**。我们从没把大树和小小的种子联系起来，我们几乎从未想过关于种子的问题。但是，会有一天“这种规律的演替不再发生，我们就有义务来植树”，好比此刻的英格兰和德国。米德尔塞克斯县农销会的组织方宣布，它们的年度荣誉演讲嘉宾会是亨利·梭罗，他的题目会是《林木的演替》(“The Succession of Forest Trees”)。

1860年9月20日周四是个雷雨天，很不适合农销会，但这反而提升了大家欢闹的兴致。最后，这湿漉漉的、略有醉意的一大群人乐呵呵地涌进市政厅，聆听下午由康科德自己的子民所做的“精彩演讲”。“女士们，先生们，”梭罗打趣说，“每个人都有资格来家畜展览会，超验主义者也不例外。”——他发出自嘲的笑声，然后领着听众直接走出市政厅，进入他们熟悉的林地，不失幽默地讲述他自己的困惑和发现，拓展他们的认知。他用六粒有专利的种子作为演讲的结束（他用它们种出了重达310磅的金奖南瓜）。“我认为植物都是从种子里生长出来的，”他对这群种植者说道，但是“我对种子有着更大的信心”。给我一粒种子，我会期待奇迹的出现——包括太平盛世本身，一旦人们开始播下“正义”的种子，他们就会迎来由其主导的时代。[32]

梭罗的老教授，如今已是哈佛校长的科尼利厄斯·费尔顿，起身给这位昔日的学生鼓掌，他曾说梭罗太古怪、太固执，不会有大成就，还曾要求学生掌握“更高的文化以便获得更大的成就”。协会主席乔治·S.鲍特韦尔（George S. Boutwell）——马萨诸塞州前州长，现在的州教委会书记——恭喜听众听到了这样一场“朴实、实用”，展现如此细致观察的讲座。他说，梭罗是他们都应当学习的模范。“如果人们都能展现出梭罗在进行实验和研究时所具有的精神，他们会大大使自己和全社区获益。”[33]从山巅下来的梭罗找到了新的听众。

在梭罗的一生中，《林木的演替》的读者超过了他发表的其他任何作品。霍勒斯·格里利立即将此文刊登在《论坛报》上，全国各地的报纸广泛转载。当梭罗要求他归还手稿的时候，格里利一定皱了眉头。“这只是《种子的散播》(*Dispersion of Seeds*)这一章的其中一部分。”梭罗说。[34]梭罗的意思是他在写新书！格里利自己在周末时也是农夫，他已经准备好给这本书和《瓦尔登湖》同等的宣传造势。他给梭罗写了一封热情的长信，声称梭罗弄错了：被火烧尽的地上突然长出杂草，但附近几英里都没有杂草，只有“自然发生说”* 才能解释这种现象，所以根本不存在种子。梭罗写了一封详细但尖锐的回信，格里利把两封信都刊登在他的报纸上，为这个全国性的争议煽风点火——在达尔文《物种起源》引发的风暴中，这样的辩论正对大家胃口。更重要的是，此时大面积的森林砍伐正困扰着从缅因州到明尼苏达州的地主、农民和社会大众，梭罗的新作不仅能回答他们“朴实、实际”的疑问，也将这些话题转向费尔顿校长所希望看到的“更高的文化”。[35]

现在，梭罗即将写作的不只有一本新书，而是两本。写作《林木的演替》让他重访过去的日记，他带着达尔文《物种起源》带给他的新视角重新阅读——突然，达尔文的理论有了活力。梭罗带着新问题匆匆回到森林。农民们把森林搞得一团糟，他们也知道，但是现在梭罗明白他们无意毁坏自己的林地，他们只是需要更多的知识。拿史密斯山上的乱局举例——这是山腰遭受侵蚀的教科书般的例子。如果史密斯能够不把山胡桃木的种子都除尽，并且不让牛群整年都在这里吃草，他很快就会有一片茂密且价值高昂的山胡桃木林。[36] 对于橡树，1860 年是奇妙的一年，没有人见过白橡树结这么多果子。这些橡果覆盖森林表面——足够供养松鼠，后者正在松树底下忙着种下未来的橡树林，它们还留下了足够的橡果，足以供农民在整个康科德重植橡树园。爱默生也收集了一些给自己的林地。这一切如此美妙：每个地方，自然的美意似乎都暗合着守望这片土地的善良人群。

接着发生了一些奇怪的事。9 月 28 日，一阵“黑霜冻”来袭，持续了近一周。到了 10 月 3 日，梭罗眼见的全是枯萎、苍白的叶子，在变色之前就枯死了。死亡的气息笼罩着森林。十天后，仍然为橡果的丰收而雀跃的梭罗拨开了一些果壳，发现种子已经死在了里面。不过，还剩下这么多呢，采更多就行了，他仍然庆幸自然的慷慨。他追溯着种子

* “自然发生说”是 19 世纪前广泛流行的理论。这种学说认为，生命是从无生命的物质自然中产生的。例如蛙可以从泥中长出，蛆虫可从腐肉中生出。——编注

和树木、林地和旧农田，走过小镇的边界，检查树桩和树苗，为种子的重要性和森林这片温柔的苗圃感到惊奇，在日记本里留下越来越多的文字。[37]10 月 18 日，所有事情都串起来了：莫纳德诺克山上的青蛙、睡谷里的鱼、缺乏进渠的贝克斯托沼泽里的水生植物——“它们是怎么到这里来的？”梭罗写下：这里的关键是，**任何东西**是怎么来到**任何地方**的？“我们不能假设世上有多少池子，就有多少生命被创造。”格里利和路易斯·阿加西都错了；每一样东西都是从一粒具体有形的种子成长而来的，这也意味着达尔文是对的：所有的种子最初源于一颗种子，它繁殖、传播，进化出新的种类。从地质学家找到的百合化石到我们带去教堂的白百合，一切都是靠种子散播的，一切生命都在进化成新的形态和新的生命。“进化论暗示自然有更强大的生命力，因为它会不断适应和调整，这相当于一种永恒的**新**生。”[38]

但是，还有一个问题。梭罗回去再次查看那些白橡树。树上还有橡果，这是个不祥的兆头；这个时候它们应该瓜熟蒂落了。梭罗从树上摘下几颗，切开。死的！里面要么发黑，要么腐烂，每一颗都是这样——地上的**所有**橡果也是。梭罗感到迷惘、灰心，他打消了先前的念头：什么样的苗圃会忍心杀死所有襁褓中的婴儿？方才他还很确信他握到了问题的关键，但现在他看到“自然显而易见的缺陷，橡树一整年的劳作竟然会颗粒无收”。所有的林地生物——鸽子、松鸦、松鼠——因为这种无法估算的损失而“一无所有”。“很难说这种巨大的浪费是出于何种高尚的意图。”[39]

梭罗意识到，达尔文的自然选择有两个而不是一个关键性的突破：自然的丰饶多产和死亡的压力。达尔文的进化论由“差异化存在”，或者说由“适者生存”驱使。梭罗理解大多数的种子都逃不过死亡的命运，但是他推断，它们被吃掉之后仍旧在抚育生命；自然的美意仍然掌管着宇宙的良性循环。但是，这个全年的丰收作物都被残酷摧毁的景象意味着还有其他力量存在：随机性和残酷性。梭罗知道他处在科学的前沿，他是第一个把达尔文的理论付诸实践的人。现在，他知晓了更有力的东西：有更多的东西要学，有更多的东西他不懂。他在为连达尔文也无法解释的问题寻找答案。

每一天梭罗都会出门，寻找新的研究场所，观察、提问、数数、采集。他写下大量的日记，从9月的28页到10月的104页，11月他又写了81页。当他听闻博克斯伯勒（Boxborough）的古老森林英奇斯森林（Inches Woods）即将被砍伐时，他乘火车去看，满怀敬畏地走在广袤的橡树林里。他可以在这片尚未遭遇刀斧之灾的新英格兰森林里研究森林的演替，一窥它们从源头繁衍至今的全貌。曾经，他求过农民们留下几棵树，以免新英格兰的森林只存在于残破的老地契上。现在，他看到了第一批英格兰移民到来之前就存在的森林，它书写着**自己的**地契——梭罗能读懂这份地契："因此你能够展开这份腐烂的莎草纸，上面写有康科德森林的历史。"[40]

"我自己的命运在此处被决定并改善。"这句话应该成为他的招牌，梭罗和布莱克开玩笑说。[41] 父亲过世后的一年充满挑战和压力，他急于应付所有扑面而来的事情，总是严阵以待。这一年确实改善了他的命运：他的生活重获平衡，也再次投身于写作和散步，有了更高的社会性的目标。他和观众之间有了更紧密的联系，无论是在市政厅、康科德教室，还是对于他的声音够不到的远方的读者——听众被他的话语深深打动，他甚至能感到自己在改变历史的进程。1860年11月29日，感恩节，梭罗要表达整整一生的感激。早晨7点，他走到河边，把船拖上岸过冬；那天下午，他视察了费尔黑文山上的森林，望见了一片小小的山胡桃木苗。对于诗人和哲学家而言，从来没有所谓的艰难时刻，梭罗在这天结束的时候思考着，因为他们不是在和空想打交道，而是和"永恒的价值"。[42]

中午时分，奥尔科特来访，敲定关于12月2日约翰·布朗死亡纪念仪式的计划。或许，当他们一同埋头讨论的时候，奥尔科特曾抱歉说自己感冒了，前几天他在市政厅参加人头攒动的教师协会大会，虽然市政厅通风良好，但是第二天他还是因为风寒卧病在家。之后的一天，他病倒了，发烧，咽喉灼痛，咳嗽不止，一整个星期都写不了日记。到12月9日周日，他才觉得好一些，尽管仍旧声音沙哑并“喉咙梗塞”。[43]

梭罗和奥尔科特会面的四天后，也因风寒而倒下了。他肯定想，不过就是感冒，虽然气恼，但他还是按照日程行事：回到费尔黑文山去做更多的黑胡桃木研究，回家的时候顺道去某个邻居家做了一场热烈的讨论——讨论约翰·布朗。尽管鼻涕不止，他还是继续工作：第二天他为一桩逃亡奴隶的事发怒，该奴隶的“绑架者”一直追踪他到多伦多（在自由的加拿大！）。接着，梭罗完成了对纪念碑路（Monument Road）上一栋房产的测量工作。

这是梭罗最后的测量工作。他的日记也在此中断。几周后它会重获生命，又添了几页。梭罗再也不会走过康科德的山坡，不会踏过沼泽，也不会在松林中寻找橡树苗。这只是感冒，或许是流感——但是对一个身体中潜伏着肺结核的人，这预示着一切的终结。

“我所诉说的西部”：梭罗的最后一场旅程

现在包括梭罗本人在内，还没有人知晓这不是普通的感冒。起初，他坚持工作：着急扩大演讲范围的他已经做了更多的宣传，罗切斯特（Rochester）和布法罗（Buffalo）的邀请送到时，他已经在9月向洛厄尔的一群唯灵论者做了两场讲座，很可能早上是讲《行走》，下午是《荒废的人生》。他也计划要于12月11日在康涅狄格州沃特伯里（Waterbury）的年轻人学院（Young Men’s Institute）演讲。到那个时候，他已经病了整整一周了。但是在12月10日，在一场来自东北的暴风雪的裹挟下，梭罗还是登上了去往伍斯特的火车参加几位老友的社交聚会，参加者有布莱克一家、布朗一家，还有其他几个人，包括哈里的朋友E.哈洛·拉塞尔（E. Harlow Russell）。1893年，拉塞尔会从布莱克手中继承梭罗的手稿并决定它们的命运。拉塞尔永远都不会忘记这个夜晚，他和梭罗只见过这一次。他脱下外套时，听见梭罗“低沉、悦耳的嗓音”。当他走进客厅时，梭罗立即起身，伸出手给予友善的问候：“我很高兴见到你，拉塞尔先生。”拉塞尔留意到，梭罗说话时很谨慎：“那些被强调的词汇似乎有意被悬搁，或在诉说时迟疑片刻，以便积蓄更多的力量”——爱默生也是这么说话的——不过，拉塞尔没把这看成是模仿，而认为是在说话前“查看自己的思想”。他也注意到梭罗的虚弱和咳嗽。之后他才意识到它们的严重性。[44]

第二天，梭罗抵达沃特伯里的时候已经筋疲力尽了。他带来取悦听众的讲稿是《秋色》，这么多人不畏这一季节最冷的天气，仍然前来聆听他演讲——最后却大失所望。整场讲座“无聊、平凡、不尽如人意”，既不务实也不诗意，演讲风格如此“单调”，人们无法找到任何优点。这是最差的一场讲座，评论人冷酷地说道，不仅是当年最差的，而且是学院有史以来最差的一场。[45] 从这场完败之旅返回的梭罗已经病得很重了。他确实患了感冒，但是有些东西使感冒钻得更深，深到唤醒了潜伏在他肺里缓慢发展的肺结核。很有可能，他太急于和听众建立联系——尤其是年轻的听众——才让他前功尽弃。

圣诞节的时候，流感症状已经减轻了，梭罗起身去奥尔科特家送上节日问候，也是在那儿，他痛斥了爱默生最新的书《生活的准则》（*The Conduct of Life*），说它缺乏之前作品的“热情与力量”。听起来很狂妄，但是梭罗一回去就在自己的书桌边工作起来，用这段空闲探索他的新点子，而且他写得很棒。梭罗有两个写作项目在手，《野果》和刚开始的《种子的散播》，他再次打开日记本，为两者都打了几页草稿，首先开始写的是《越橘》（*Huckleberries*），这是他的下一篇讲稿。之后的几天，他都在回忆采蓝莓的黄金岁月，重看他的稿子以便将关于蓝莓的内容放入人类历史的伟大叙事中，就像他之前书写苹果那样，把诗歌融入辩论。1 月中旬的时候，他回到了种子的话题上，借用达尔文的书名，这是梭罗的“**万物**起源”。[46]

从年轻时对查尔斯·莱尔的阅读经验一直到看到如今死于 10 月霜

冻的橡果，梭罗展现出他提升了的视野：没有突如其来的创世，创世“是循序渐进的过程，遵照已经存在的法则”。从种子中可以追溯这些法则运行的具体方式。毁灭是容易被看到的，它发生得突然且壮观：每个人都能听见大树的垮塌声。但是谁能听见树的生长，听见生命缓慢但永不停歇的创造过程？“自然的生长是缓慢但确凿的。”她会坚持不懈赢得这场比赛；她知道种子有很多用途，不仅是自我繁殖。“如果今年的每粒橡果都被摧毁了，不用害怕！她还会在之后几年带来更多。”[47]这是梭罗对白橡果的浪费谜题给出的解答：让人类感到难以理喻的东西其实能够被理解，只要把时间的维度拉长，从整个星球而非人类本身的维度来看待问题。这个生命快到尾声的智者思索着，仿佛他握有世上所有的时间。

钱宁很担心，奥尔科特更是懂得这种痛苦，梭罗这么喜欢生活在户外，要他整天关在家里是多么煎熬啊。但是春天会成为一剂良药，与此同时梭罗过得充实、开心，摊开他的日记本，按照主题来组织新的材料，“仿佛他的脑中有一本新书”。[48]或许，奥尔科特推测，它会是那本康科德地图册？“但是他必须用自己的方式，按照他自己的时间表工作”，而且不管它会成为什么，它都会令人惊讶，而且值得等待。奥尔科特把梭罗的名字添加到即将到来的康科德校展的节目单中，钱宁带着新的数据来更新梭罗的季节图表，爱默生来开拓他的思维。“亨利·梭罗说，所有的音乐都通过张力实现，曲子本身不重要，它全靠琴弦的振动构成。他说，人们唱一首歌，奏一曲乐，就是为了其中的一种张力。”沃尔多不同意，他和他的朋友辩论，但是他聆听梭罗的思考，让他畅所欲言，之后，爱默生还继续想着梭罗所说的话，直到他在里面发现自己喜欢的部分。[49]

最忧愁的是钱宁，他的信让玛丽·拉塞尔·沃森也紧张起来：他们亲爱的朋友咳嗽得这么厉害，体重轻了这么多。[50]到了2月下旬，他陪着梭罗出门，在城里散了一两次步——“那是蓝知更鸟吗？”一个温和的下午，梭罗激动地问——3月1日，布莱克和布朗森从伍斯特一路走来，宛如朝圣一般去探访他。奥尔科特觉得在泥地里走了一路未免极端，但是，他仍被他们的行为感动。他在这些梭罗时代“最好的人”身上看到“无微不至的问候和忠诚”,他觉得“梭罗值得被如此尊重”。[51]3 月 14 日，校展开始，梭罗病到无法参加，但是他骄傲地写信给里基森说，奥尔科特现在“或许是镇上最成功的人士”，所有人都称赞他为他们的学校所做的事情。说回到自己身上，梭罗坚持说，虽然他仍然被囚禁在家里，但他很快乐，他刻苦工作，充满希望，而且他相信春天的和煦气候会带走他的咳嗽。[52]

春天带来的是内战。梭罗关注着政治：3 月，他当着撒切尔的面严厉批评刚当选一个月的林肯总统的软弱，现在“简直没有政府”。它没有因为“叛国——盗取公共财产——或者以政治为名的谋杀”而惩罚任何一个南方人，而且北方必须知道“自由民和奴隶主之间没有**联邦**，应当这么来投票和行动”。[53] 两周后，1861 年 4 月 2 日，这场“炼狱”般的经历终结了，南卡罗莱纳在查尔斯顿港口的萨姆特堡（Fort Sumter）向联邦驻军开火。这场战争已经酝酿多月。林肯的当选激化了南方，南卡罗莱纳州在圣诞前夕脱离联邦，另有 6 个南方州紧随其后。1861 年 2 月 4 日，7 个分裂州成立了美利坚联盟国，选举杰斐逊 · 戴维斯（Jefferson Davis）作为他们的总统。林肯在就职演说中宣布这种决议是无效的。由于他没有承认他们的行为属于叛变，因此他不会开火。梭罗被激怒了：已经这样了，还不行动！但是萨姆特堡遭袭改变了一切，这些年积蓄的怒火爆发了。当林肯号召七万五千名志愿者夺回要塞时，康科德沸腾了。“每个人的血管中都涌动着激动的血液。”路易莎 · 梅 · 奥尔科特写道。年轻的男人和男孩“全力操练”，妇女和女孩缝制军装，老人们“埋在报纸堆里研究国家的命运,孩子们用鼓声和横笛奏着军乐，时局阴云密布”。[54]

但是，4 月 19 日，当康科德的四十人军队赶赴战场时，梭罗的日记记下的只有朋友带给他的标本和见闻——多数都是年轻的霍勒斯 · 曼带来的，他是玛丽的长子，最近成了梭罗的眼睛、耳朵和左右手。至于战争，梭罗简直不忍承认它在发生。“在这种时候，那些想读你的《蚂蚁大战》（*Battle of the Pissmires*）的人，还能指望他们做什么？”愤怒的帕克·皮尔斯伯里语无伦次地说，这封信的开头，他还在镇静地为朋友索求一本《瓦尔登湖》。但是上帝啊！“当支持奴隶制的利维坦每一小时都威胁着吞掉如同约拿一般的‘老亚伯’时*，谁想读你怎么和鳊鱼戏水？”一夜之间，梭罗一生的著作都化作了灰土，毫无价值，毫无意义。被疾病囚禁家中时，他仍然意志坚定：“我希望他能忽视萨姆特堡、老亚伯，以及其他一切，因为这是你能战胜罪恶的最致命且唯一致命的武器。”“光明天使”怎么会思考黑暗的事业？“我没有比以往更为这个国家当前的局势感到难受（倘若我难受的话）。”[55]

林肯失算了；南方的分裂不是可以单用政治举措遏制的地方叛乱。在接下来的年月中，残忍的真相和摧毁性的代价造成了一系列事件，但是梭罗无法见证它们了。在春天的战争热潮中，巴特利特医生告诉梭罗，他的肺在下一个新英格兰的冬天到来之前不会痊愈。他必须去某个健康的地方“疗养”，或许去西印度群岛。太闷热了，梭罗想，他决定去明尼苏达（Minnesota）。今天，这看起来是个奇怪的选择，但是在当时，中西部的北部被认为是适合肺结核病人休养的地方。梭罗有着其他更重要的理由：他一直想去看看西部。“我要去西部，付出一切代价都在所不惜。”他年轻时曾经恳求过约翰。他告诉过曾邀请他访问密歇根的加尔文·格林，“西部对我有着很多吸引力，尤其是湖泊区和印第安人”。[56]玛格丽特·富勒去西部重启她的事业，她在那场旅途中写下的书为《河上一周》提供了范例。爱默生定期巡访西部，而且有他引介，梭罗不会缺少朋友。他还有亲戚住在西部：小塞缪尔·撒切尔——乔治·撒切尔的弟弟，他之前从缅因搬去了明尼苏达州的圣安东尼（St. Anthony），他自己的肺病也是在那儿痊愈的，之后都幸福地生活在那里。撒切尔会给他提供一个家，还有值得认识的当地朋友。他要去明尼苏达。

* 利维坦：霍布斯以此比喻君主专制国家；老亚伯：指亚伯拉罕·林肯。

但是和谁一起呢？钱宁是梭罗的第一选择，但是钱宁犹豫不决。因此梭罗转向了布莱克，这位善良、睿智、虔诚的信徒。他们必须慢慢走，而且不能累到，梭罗警告说；他大概需要待三个月，回来的时候走一条不同的路，比如经过麦基诺（Mackinaw）和蒙特利尔。加拿大仍然抓着他的心。“我没有权利让自己成为任何人的累赘。”梭罗道歉说他的身体这么糟糕，但是或许布莱克能陪伴他做部分的旅行？[57] 布莱克不得不婉拒。但是梭罗忠实的新朋友，17 岁的小霍勒斯·曼答应了。霍勒斯在俄亥俄州长大，他著名的父亲创办了安迪亚克（Antioch）大学并出任首任校长，他也去过密歇根，所以他对西部有一些了解。最重要的是，他希望入读哈佛大学劳伦斯科学院，跟随阿加西和格雷学习，成为自然科学家。拥有众多哈佛人脉的梭罗是完美的导师。另外，这孩子也惹上了讨厌的咳嗽——明尼苏达也正是他需要的。年轻的霍勒斯羞涩、和善，急于讨人喜欢，也很天真，没有被需要担负的责任吓退；至于他的母亲——她是老师，也是索菲娅·霍桑和伊丽莎白·皮博迪的妹妹，后者出版了《日晷》和《论公民的不服从权利》——好吧，她当然同意了。亨利·梭罗实际上也是他们家的一员。

“这完全是一个错误。”爱默生抗议道。梭罗应该待在家里，听从“米诺特先生的建议”。爱默生也是如此告诉埃伦的，后者在梭罗预定出发的前一天特地出门给他买了地图。埃伦请亨利来家里吃晚饭，爱默生和亨利这两位老朋友讨论了自然历史和政治，他没有劝梭罗取消行程。第二天早晨，爱默生派人送去了告别信和一张名单，列出了可以为患病的旅行者提供帮助和安慰的“好人”。[58]

就这样，1861 年 5 月 11 日周日下午，亨利·梭罗和小霍勒斯·曼上了火车，火车驶过西康科德的达蒙工坊区（Damon's Mills）后加快了速度，他俩则赶紧脱下蓝色的联邦制服。[59] 他们在伍斯特过了两夜，哈里·布莱克驾车带他们去昆西加蒙湖——这是梭罗最后一次造访这里。他们从那儿乘上了西部大铁路的列车到尼亚加拉瀑布。路过皮茨菲尔德的时候，梭罗可能把头探出窗外望了望地平线上的格雷洛克山。在奥尔巴尼，他们住在德拉文酒店（Delavan Hotel），据说这是城中最好的酒店："比起好，我只是觉得贵。"梭罗抱怨道，担心起经济状况。霍勒斯让母亲放心，梭罗"情况很好，只是很累"。他们会在尼亚加拉瀑布休整，第一晚待在一家旅游纪念品商店，第二天早上才去找住宿，结果发现旅店都满了——他们抵达的那天是5月15日，是旅游旺季的开始。最后，美国人招待所（American House）接纳了他们，一天一美元。霍勒斯一坐下就尽职地给家里写信：梭罗已经好多了；他写作的时候都能听见瀑布声。[60]

梭罗也在写家信：闻名世界的瀑布听起来像"呼啸而来的火车或是喷出蒸汽的引擎"，这个声音太熟悉了，他简直都没有注意。这是"目前为止看到的最壮观的景象"，他写道，就像科德角的海浪。[61] 他们在戈特岛（Goat Island）上采集植物，这也是梭罗此行第一次收集标本，他把植物装进他的标本采集箱里，还列出了几十种植物的名称。当他们为了观赏最好的瀑布景致渡海去加拿大时，和所有旅客一样，他俩也被骗了5美元，梭罗很心痛。他探索了周围所有能够触及的荒野。天气又冷又湿，梭罗能够感受到。为了止咳，他买了几颗润喉糖。

5月20日周二，他们从尼亚加拉来到了芝加哥，火车经过了安大略的南部，或者说加拿大西部，这是梭罗一直以来渴望探索的地方。他喜欢他望见的窗外景色——"宜人且分明"——他也喜欢北边的安大略湖，"很像海"。但是他们没有办法探索。到了温莎（Windsor），他们渡河到底特律。梭罗的笔友加尔文·格林就住在往北几英里远的地方，但是他没有力气去社交。他让火车载着他穿过密歇根的阔叶林，往西至密歇根湖，接着穿过印第安纳高高的沙丘群进入伊利诺伊州，晚饭时分抵达芝加哥。他们在著名的大都会酒店（Metropolitan Hotel）下榻了两晚，1.5美元一晚，之后的一天他们有急事要办：霍勒斯必须把他们的马萨诸塞州银行汇票换成金币。但是芝加哥陷入了金融混乱。这座城市的银行曾经依靠南方的有价证券来维持运转，但这一切在战争期间崩塌了。曼依靠关系，找到了一个家族朋友把银行汇票换成100美元的支票，接着，奇迹般的，梭罗的一位忠实的笔友，如今是银行家的本杰明·威利（Benjamin Wiley），把100美元换成了稀有的金币。

梭罗有自己的访问行程：首先是去罗伯特·科利尔（Robert Collyer）牧师的家，他会提供舒适的沙发。科利尔是个狂热的废奴主义者，也是独神论派牧师，他们聊战争、西部和文学。科利尔一直记得梭罗低沉美妙的嗓音，记得他会停下来想正确的词，或者停下来"耐着性子克服胸腔里的麻烦"，接着说出的词"像伟大的歌手的歌词一样鲜明且悦耳"，连结成完美、完整的句子。[62] 那天晚上，科利尔给梭罗写了封信：我们希望你写下关于西部的伟大作品，对我们而言，这本书"与你的其他作品一样重要"——代梭罗的所有西部书迷，致上这一急切诉求。那天下午，霍勒斯和亨利与一位家族朋友一起在城里转悠，他是威廉·赫尔·克拉克（William Hull Clarke），超验主义者詹姆斯·弗里曼·克拉克的弟弟。克拉克是帮助规划223英里长的芝加哥下水管道系统的工程师，他和梭罗是志同道合的人："下水道或主要排水管每1英里下降2英尺"，这位测量员曾在测量康科德河的沉降的那个夏天里写道。第二天早晨，霍勒斯赶到邮局寄出他最新的汇报：一切都好。梭罗"恢复得非常好"，除了"肠胃有点不舒服"，主要是饮用水里的酸橙惹的祸。[63] 他们的下一封信会在明尼苏达的圣安东尼寄出。

路上需要三天。他们把其中一天花在了乘火车穿越伊利诺伊大草原上，经过了埃勒里·钱宁在1839年试图耕种的160英亩田产。在加速的列车上，梭罗感到绝望，他探头张望一棵开着粉色花朵的树：这是野山楂吗？没办法证实。在迪比克（Dubuque）东部的密西西比河边，铁轨到头了，乘客必须搭船。次日早晨，他们乘坐"埃塔斯卡号"（Itasca）蒸汽船突突地驶过密西西比河，那天下午到达威斯康星州的普雷里德欣（Prairie du Chien），次日傍晚经过了明尼苏达州的雷德温（Red Wing）。5月26日周一清晨，船停泊在圣保罗的码头。几年前，梭罗曾在移动的船上见过密西西比河的全景，他盛赞那是美国黄金时代的景象。河上真实的生活似乎没有这么多光辉色彩。巨大的麦垛让麦田、房子失色，人们像“老鼠一样窝在他们视为全部财富的麦垛里”。河上旅行让梭罗迷醉：每一座只有一条街的小村庄都在上演一出戏剧，蒸汽船庄严地靠近，鸣着汽笛和铃声，邮政局长背着邮包跑下来，乘客们闹哄哄地上船下船，猪啊狗啊都骚动不安，远处是沉默的悬崖。[64] 在圣保罗吃过早餐后，他们乘火车来到 9 英里之外的圣安东尼，一路上都下着暴风雨。经过了整整两周，他们终于到了。现在撒切尔应当会接他们回到温暖的家，之后他们就可以好好地休养了。

事与愿违，撒切尔一家遭遇了灭顶之灾。塞缪尔 · 撒切尔前不久摔下马车，受了致命伤，不久后他会因伤撒手人寰。梭罗和霍勒斯当然不可能住在这里，不过他们离开前，撒切尔设法写了张条子，把他们引荐给他的朋友查尔斯 · L. 安德森医生（Charles L. Anderson），后者是住在河对面的明尼阿波利斯（Minneapolis）的内科医生。在特里蒙特招待所（Tremont House）里能望见河流的房间里，梭罗给索菲娅写信讲述他们亲戚的困境，霍勒斯则给母亲写信报平安。接下来的九天，他们都探索圣安东尼附近的区域。霍勒斯，这位初露头角的博物学家，在当地的杂货店买了个五加仑的水桶，装满了酒精。乐于助人的老板允许他把桶存放在店里，这样霍勒斯可以每天把他打来的动物放进去。等到桶满了之后，他会封好，寄回家进行解剖和研究。得意的霍勒斯带着手枪去工作，向鸟和小动物开火；亨利——他早就收起了他的枪——到处采集植物，观察平原上的鸟类。他一定向霍勒斯解释过自己的想法，因为在他们一起度过的几周时间里，这位年轻人射击的频率越来越低，采集植物的频率越来越高。事实上，在哈佛大学，霍勒斯 · 曼将会成长为这个时代最杰出的青年植物学家，他会是阿萨 · 格雷钦定的继承人。梭罗又多了一个皈依者。

星期二，他们去拜访了安德森医生，后者碰巧也是明尼苏达州的地质学家。他一看到撒切尔留下的条子，立即请他们回家吃饭，那天下午，他驾着他的马车带他们去游览卡尔洪湖（Lake Calhoun）。次日，他带他们去看明尼哈哈瀑布（Minnehaha Falls）——这个地方因为朗费罗的长诗《海华沙之歌》(*Hiawatha*)而著名，但梭罗有点愠怒地发现，诗歌完全是虚构的。接着他们去了斯内灵堡(Fort Snelling)，300个人刚从这里离开，赶赴内战的战场。安德森非常慷慨，之后还带他们去西北边的大森林，向他们敞开自家的书房。因此，当天气转冷转湿，亨利可以蜷在壁炉旁读着《威斯康星州农业协会交易记录》(*Transactions of the Wisconsin State Agricultural Society*)或《明尼苏达历史协会年鉴》(*Annals of the Minnesota Historical Society*)。他记了很多笔记：最后一次在威斯康星见到野牛（1832年）还有河狸（1819年）的时间，印第安人种植野生水稻的文化，这都是继续做深入研究最好的参考书。

梭罗仍在为未来做打算。这片西部的大平原是一道新的靓丽风景线，是用来检验他的理论的全新实验室。他列出的每一株植物都预示着新的关联，它们是解释很多东西的关键性物件，例如正在改变的花果景观，新的动物栖息地，有关原住民土地使用、定居、毁坏和再生的深层历史。梭罗尤其对“橡树空隙”这种特异现象感兴趣，火会把橡树隔成一个个树丛，这样，这些分开的树丛都能长出完整的圆形树冠。他发现，明尼苏达大学就坐落于“这样的橡树空隙之间”，看起来很像人为制造的结果。他有没有回想起英奇斯森林和印第安人利用刀耕火种来让森林获得新生？他走走停停，研究，记笔记，非常努力地工作，写满了他的田野笔记本，为未来的作品打好基础。这是他的一贯作风：在田野中记下密集、简略的速记，留待记日记时进行拓展，修改成讲稿、文章、书籍。这些笔记原本应当开启一部西部之书的新篇章。

明尼阿波利斯西南4英里的卡尔洪湖风光无限，只去匆匆游览一番实在太可惜了。6月5日周三，他们驾车来到湖边由该地的第一批定居者经营的招待所，老板是寡居的汉密尔顿夫人，他们在这个中西部大草原的边缘过了充满诗情画意的九天，吃鱼，游泳，到处探访。梭罗碰到当地木工的时候，总有一肚子问题；他们告诉他，比起佩诺布斯科特，明尼苏达什么都没有。在这里，梭罗终于找到了野山楂。汉密尔顿家以前试过移植几棵树过来，但是它们不好打理，没能活下来；他们的园艺学家邻居，乔纳森 · 格兰姆斯（Jonathan Grimes）种的树也没能活下来。但是格兰姆斯领着梭罗去看他牧场上几棵活着的树，最后，梭罗喜出望外地看到了野苹果，而且“立即为我的标本集采集了一把伞状的花束”。[65]

然而，有事情打断了这种田园诗一般的生活。梭罗本计划住上几个月，但是仅仅三周之后，他就准备离开了。是他的健康情况让他觉得自己无法康复，还是他们的钱不够承担他们的生活？或许是因为从前线传来了战争的消息：第一次主要的正面交战，6 月 10 日的大贝塞尔战役（Battle of Big Bethel）占据了各大报纸的版面，宣告着联邦军的无能和邦联军的胜利，令人焦心；头一次清晰地预示着这不是短暂的冲突，而是一场漫长血腥的战争。北方的部队垂死挣扎，邦联军的势力在扩大。梭罗曾试过逃避战争，但是在卡尔洪湖，和他关系最密切的朋友，安德森医生及乔纳森 · 格兰姆斯两位都是弗吉尼亚人。一谈到战争，气氛就会陷入尴尬。“我们去意已决。”他写信告诉桑伯恩。[66]

但是，首先会有一个梭罗无法抗拒的机会：报纸上刊登了一则特殊的郊游通告，来回只要 10 美元，可以乘船沿着明尼苏达河去到 120 英里外，位于雷德伍德的苏族下游聚居地（Lower Sioux Agency），5000 个印第安人在此接受着政府的年金资助，这是政府和苏族[今天也叫“达科他族”（Dakota）]之间协议的要求，用以换取南部的一半土地。1858 年后，这里被称为新明尼苏达州。旅行的气候也非常适宜。6 月 14 日星期五，他们回到圣安东尼，霍勒斯可以把浸满小动物的酒桶寄回家，然后回圣保罗过周末。星期一，他们登上了单轮的蒸汽船“弗兰克 · 斯蒂尔号”（Frank Steele）——梭罗记道，得名自“第一个在荒野里挥斧的白人”。那天下午，他们踏上“去往苏族聚居地的快乐之旅”，上到蜿蜒的明尼苏达河（或称“天色河”）。[67]

这时候是季末，水位很低，船行得很慢，拐过狭窄、曲折的弯道时，船总是要磕到陆地然后再往后倒。他们有大把大把的时间看着河岸渐渐远去，靠岸的时候他们的手几乎可以触碰到近旁的植物。船上有百来个喧闹的聚会爱好者，他们跟着两支不同的德国舞曲翩翩起舞，还有25位赶赴里奇利堡（Fort Ridgely）换火车参战的士兵，以及明尼苏达州的州长亚历山大·拉姆齐（Alexander Ramsey）和妻子、新的驻印第安代表托马斯·加尔布雷思（Thomas Galbraith）、其他官员，凑巧还有约瑟夫·梅（Joseph May），梅是奥尔科特家的表亲及桑伯恩在哈佛的同学。梭罗计算着，他们在明尼苏达碰到的人有一半都是从马萨诸塞州来的。亨利和霍勒斯有一间客舱，有一些私密空间。很多鱼贯而入的乘客睡在座位上、甲板上，或者干脆躺在箱子上。

四天后的6月20日，上午9点，他们到达了雷德温。亨利和霍勒斯刚好有时间往南走几英里去俯瞰大平原（Great Plains）。亨利渴望能有更多的时间，走到更远的地方去看野牛群，据说它们在20到30英里以外的地方吃草。不过他们没去成，而是回来旁听1点的理事会会议。当天宣布年金——每位“首领”100美元，每位“勇士”20美元——无法发放。但是那天有很多人发言。拉姆齐州长向印第安人保证新的里奇利堡不会制造任何威胁，只是保护他们不受白人歹徒的袭击；加尔布雷思保证说他会照顾他们，“就像父亲照顾自己的孩子”。梭罗觉得这话很讽刺，记录道，达科他族人看起来“饥饿，脸上既没有肉也没有光”，不像被照顾得很好的孩子。印第安人的发言人是雷德·鸮（Red Owl），这是个皮肤黝黑、肌肉发达的灵湖村人（Mdewakanton），属于沃巴什部族（Wabash），他的外表看上去很聪慧，说起话来慷慨激昂、掷地有声。他有很多冤屈：资金的补助非常吝啬，承诺的食物和补给要么被挪用，要么丢失，承诺的学校没有建造。总而言之，他们非常不满，梭罗记道：“而且很可能完全有理由如此抱怨。”他还写道，印第安人一如既往“更诚实守信，因此说话也更有分量”。[68]

发言结束，有人牵来两头牛，其中一头被宰杀，作为宴席的主菜。然后是舞蹈表演：梭罗数了数，有30个人，半裸着身体，12位乐师配乐。有人吹笛，也有人拉弓射箭。他们的节拍把握得很准，移动着“脚和肩，移动其中之一或者同时移动两者”。他对达科他族的观察和思考从来没有公布于众，但是另一位旁观者在报纸上发表了他的报告：印第安人的舞蹈不过是“最原始的单脚跳”外加狂野的呼号和激烈的手势，这种“可悲、恶心的表演”证明了这些“可怜的、孩子样的生物”永远不会变得高尚，除非这些野蛮被剔除。[69]

舞蹈表演结束后，一船微醺的旅客起程返回圣保罗。乐队让他们也大笑着呼号起来，踩着鹿皮鞋狂蹬甲板，披上被单。州长每完成一句自命不凡的公开发言，他们就对彼此拍着嘴嗷嗷地叫。很显然，亨利和霍勒斯躲在他们的舱室里，不想看这个景象。梭罗记录道，很多人买了纪念品，只要50美分或一两美元就可以买到漂亮的用红色烟斗泥做出的精美烟管。梭罗本人没有买旅游纪念品，而是买了实用的衣服。很多达科他人被迫把他们的原住民衣服拿出来交换体面的、欧洲式样的裤子、夹克等衣服。梭罗有可能曾和他们讨价还价，也有可能直接从别人不要的衣服里挑走几件：俊俏的男式镶穗鹿皮夹克和护胫；女式鹿皮裙，镶了美丽的穗饰和珠子；一个优质的马鞍，配了华丽的珠饰和皮质马镫。他还记录下“最引人注目的首领叫‘小乌鸦’(Little Crow)”，这是达科他战争未来的领袖。[70]雷德·鹗没有活过即将到来的这个严酷的冬天；生活在附近的“小乌鸦”会接替他的位置。

年金最终发放了，但这也是达科他人收到的最后一笔年金。那年夏天，切根虫毁坏了他们的庄稼，之后到来的冬天异常寒冷。第二年夏天，他们陷入饥荒。事实证明，加尔布雷思非常无能，他们急需的年金被一次次莫名其妙地拖延。没有钱，达科他人没法购买仓库里的储备粮。8月，冲突爆发，四个年轻的达科他人杀了五名白人定居者。在随后的战争中，数百名白人和无可计数的达科他人死于杀戮。拉姆齐州长誓言，所有明尼苏达的苏族印第安人必须“被剿灭或者永远驱逐在州界之外”。[71]协议被废止，保护区被解散，活下来的达科他人被军事武装押解到斯内灵堡，驱逐出西面的州界。303个达科他人被宣判了绞刑。林肯总统批准了其中38人的行刑，他们在公共场合被吊死，这是美国历史上规模最大的公开处决。

梭罗可能见过这些人中的几个，甚至跟他们说过话。“小乌鸦”逃到了西部。1863 年 7 月，他和儿子采蓝莓的时候被一个白人定居者枪杀；他的坟墓（如果有的话）不知在何处。他的头颅和手臂被放到明尼苏达历史协会公开展示，直到它们被撤去，最终于 1971 年归还他的后人，他们私下举行了葬礼。倘若梭罗，这位约翰 · 布朗的辩护者，活着听闻“小乌鸦”绝望的战争，他会作何感想？他又会对政府撕毁协议的行为，对他们强行驱逐达科他人（梭罗曾见到的这些人）作何反应？还有 38 位为争取自己的协议权利和祖先土地而被送上绞刑架的达科他人？还有“小乌鸦”被砍下的头颅被放在历史博物馆里公开展览？在此，梭罗的生命读起来像是另一种可能历史的序曲，但是它再一次被扼杀在襁褓里了。

弗兰克 · 斯蒂尔号驶离苏族下游聚居区的两天之后，亨利和霍勒斯回到了圣保罗。他们在圣保罗住了一晚，第二天，也就是 6 月 23 日星期天，他们出发去下游的雷德温。他们在那儿待了三天，收取信件，在密西西比河里游泳，探索了巴恩崖（Barn Bluff）的峭壁，眺望山顶雷德温首领的墓地，到哈姆林大学（Hamline University）拜访了霍勒斯·威尔逊（Horace Wilson）教授。6 月 26 日，他们搭乘“战鹰号”（War Eagle）蒸汽船继续顺密西西比河而下，第二天早晨在普雷里德欣上岸，乘坐横穿威斯康星到密尔沃基（Milwaukee）的火车。6 月 27 日，他们经过了麦迪逊（Madison），这里的大学刚放假，23 岁的约翰·缪尔（John Muir）那天正好走路回北边波蒂奇（Portage）的家。这位主修地质学、植物学和化学的学生刚完成了他的第一个学期。直到他退学并加盟“荒野大学”（University of the Wilderness）的时候才听说梭罗，梭罗会成为他的英雄之一；通过缪尔，梭罗开创的环境保护运动将最终发展为全国范围的政治运动。

梭罗和曼到达密尔沃基后，发现这座城市正在实施军事管制，银行系统瘫痪，暴动频发。在戒备森严的湖区招待所（Lake House）过了一夜后，梭罗于第二天早晨寄了封感谢信给安德森医生。之后，他和曼登上“伊迪丝号”（Edith），一艘载有面粉和三个保险箱的货轮，它会带他们穿越密歇根湖北部。霍勒斯曾在麦基诺岛上度过愉快的夏日，所以当他们于6月30日驶进那里的码头，他领着梭罗顺着主街一路走到麦基诺招待所，在那儿住了四天。明尼苏达开始变得酷热难忍——有人读取了弗兰克·斯蒂尔号上的温度计，阴凉处的温度也高达38.9摄氏度——但是岛上凉意很浓，7月2日，梭罗竟然坐在炉火边取暖。他在笔记本上罗列了好几页的麦基诺岛上的植物，可见他还是一贯地好奇和好动。[72]

7月4日，他们求一艘货船搭载他们渡过休伦湖（Lake Huron），这段路程很长，第二天傍晚，他们抵达了安大略的戈德里奇（Goderich），后一天早晨坐上去多伦多的火车。就算在加拿大，他们也没能躲过战争的阴霾：不断升级的暴力迫使加拿大人要求加强边境的军备，以免战争往北蔓延，侵蚀这个很多逃亡奴隶已经在其中找到新生活的国家。他们也担心联邦军封锁南方的港口会切断向英国工坊输送南方棉花的供应链，最终动摇加拿大的经济。特殊的大选被组织起来组建新政府以应对危机。7月17日星期日晚些时候，就在亨利和霍勒斯走下火车站台的时候，投票结束。在他们去到市区的罗辛招待所（Rossin House）的路上，投票结果公布了。就算在这里，世界也一片混乱。

第二天，他们先造访了多伦多大学所在地，接着登上“大干线铁路”的列车，它沿安大略湖一路东去，而后向北抵达圣劳伦斯湖。在普雷斯科特枢纽站（Prescott Junction），他们换渡轮去纽约州的奥格登斯堡（Ogdensburg）。这是7月9日早晨，他们要等待好几小时才能搭上于次日早晨4点去波士顿的下一班火车。没人知道他们在这中间做了什么。亨利的笔记在这里终止，霍勒斯已经寄出了他的最后一封家信。这对疲惫的旅客最后跟随列车疲倦地驶过纽约州最北部，穿过佛蒙特州和新罕布什尔州，再下到马萨诸塞州到达梅里马克河。凝望着一度熟悉得不能再熟悉的景致，梭罗可以看清二十年的工业化带给这里多少变迁。他们到达波士顿的时候已经太晚了，最后一班去康科德的火车已经开走了。他们在城里有朋友，应该可以借宿一晚，但是他们却在火车站等了一整晚。7月11日周四早晨，当他们从康科德火车站出来，走过最后几个街口，到达萨德伯里路上霍勒斯 · 曼的家时，他的母亲已经等着迎接自己的儿子了；梭罗再走了几步路回到主街上自己的家，他的母亲、姐妹和姨妈看到他都如释重负，已经两个月过去了，他终于安全到家了。

这是苦乐参半的重聚。梭罗出发的时候仍旧满怀希望，仍旧在憧憬和规划未来的工作。他回家的时候很清楚，他最多只能活几个月了。这对于家人和朋友都是沉重的打击。他的家信写的都是他的看法和冒险，只字不提他的身体，而霍勒斯总说他恢复得"非常好"，总是在康复。霍勒斯也从没提到自己的咳嗽，但是令人更痛心的是，他最终也会死于肺结核，在26岁那年，在他刚刚开启科学事业的时候。当奥尔科特读到他们寄来的信，他甚至还想着梭罗的西部之旅"一开始就命中注定"，他的"乏力"只不过是因为他穷尽了康科德的材料，需要开拓新的观察领域。但如今真相大白。蒙丘尔 · 康韦在奔牛河战役（Battle of Bull Run）之后不久的7月21日来探望梭罗——这是南北战争的第一个关键战役，联邦军再次惨败。康韦发现他的老朋友是康科德唯一高兴的人，"处在一种兴奋的状态中，憧憬着这个国家的道德重生"，但是他的"健康状况也堪忧"。或许几天后发表在《论坛报》上的告示就是他写的，警告全世界这位著名的博物学家和诗人"身体欠佳"。[73] 告别的季节开始了。

"叶子教会我们如何死去"

在之前的1860年10月，梭罗拆开丹尼尔·里基森寄来的最新来信，他的这位老友非常生气："我的朋友梭罗，从你的沉默中我是不是应当推测，你不想再继续和我通信或交往？"羞赧的梭罗赶紧回复说，他无意忽视，只是很忙；到了1861年3月，他不得不告诉焦躁的里基森，"支气管炎"让他出不了家门。现在，从明尼苏达回来的梭罗发现有封非同凡响的信等着他，里基森这位资深的贵格会成员皈依了基督教，感到自已重获新生。“我简直不知道该说什么，”梭罗回信说，“我必须先看看你再做判断。”当然！——里基森回复道，来我这儿，你需要的只是休息和温和的消遣，完美的“里基森疗养”。[74]8月19日，这对老友在火车站重聚，里基森开始分配“疗方”：“棚子”里的围炉畅聊，坐马车缓慢地周游湖边。但是一看到梭罗，他就几乎崩溃了，梭罗的病情很严重，他咳嗽得很厉害，身体憔悴。但是他的兴致很好，这是他继续与病魔抗争的理由。

两天后，一个晴朗温暖的早晨，里基森驾车带梭罗来到摄影师E. S.邓希（E. S. Dunshee）的工作室，梭罗配合地坐下拍了两张玻璃干版照片。一张照片更亮，里基森带了回去，将另一张更深更暗的留在工作室里。这张照片让他的家人很高兴——很像，他们说，完全看不出梭罗在生病。照片嵌在椭圆形的相框里，衰老的梭罗目光严肃，他穿着正式，长胡子修短了，唇须灰白，头发卷曲得像松果，一如既往。他的目光打动着我们：冷静的灰眼睛，深邃、伤感得像一曲安魂曲。奥尔科特在照片里看到的却是疾病带来的惨白面色，爱默生觉得胡子让梭罗变难看了。但是当里基森把另一张照片寄给索菲娅时，她禁不住落泪了，她似乎“再次看到了她死去的长兄”，唯一的不同是梭罗的“眼睛闪过一丝忧虑的神情”。[75]这是梭罗的最后一张照片，也是他最后一次离开家。

里基森没法看着他的朋友病得这么重。他说服他的私人医生丹尼斯顿（Denniston）来看梭罗。9月2日，两位一起到了。梭罗听着医生开出的处方——在他的温泉先做两周的水疗——但他礼貌地拒绝了。里基森回到家，说服自己梭罗在恢复。其他人也这么想：钱宁写信对玛丽·拉塞尔·沃森说，再这么恢复一个月，梭罗就完全好了。霍尔法官借给他一驾马车，在晴丽的秋日，梭罗带着索菲娅出去郊游。[76]9月的一天，他们一起去到瓦尔登湖，梭罗坐着凝望湖水，从头顶的藤蔓上摘下葡萄扔到清澈的湖里，而玛丽则画下他的肖像——这是他最后一次访问这座自儿时起就出现在他梦境里的湖泊。[77]10月，他要里基森放心，梭罗的健康情况总体上在好转。但是，正如他承认的，“说话不难，写字很困难”。[78] 这是他写给里基森最后的一封信。他们再也没有见到对方。

11 月 3 日，梭罗最后一次取出日记。感染风寒之后，他已经不再每天记日记了，从明尼苏达回来之后，他只把日记本拿出来几次，多数是记录他对家里的几只猫和新添的小猫的动情观察。1861 年 11 月 3 日中午，他看着窗外：一场可怕的暴雨刚刚过去，天气在转晴，他看到的东西提供了他想要的结论。由风裹挟的雨在每一块卵石背后刻出了笔直的线条，从这里，他能读出暴雨准确的行进方向。“只要有心观察，所有一切都一目了然，”他写道，“但是对大多数人来说，它们都被轻易忽略。每一阵风都在为自己做记录。”[79] 他的日记结束在这一句话，这本合上的日记本是他记录自我的伟大丰碑。

冬天的寒冷摧毁了梭罗所有可见的进展。他无法书写，但是说话不难。就像他之前告诉里基森的，他的“书面声音”暂停了，他的口头语言成了他的生命线。一位家族朋友回忆说，在那个最后的冬天，向晚的时候一阵血色会涌上梭罗的面颊，“他的双眼现出不祥的亮光，看着就让人难受”。他的谈话很“精彩”，人们都迷住了，他会不停地说，“直到他虚弱的嗓子再也发不出声音”。12 月的一场家庭晚宴上，奥尔科特发现孱弱的梭罗异常健谈，他聊着书籍，聊着人，还有这个国家的“公民困境”，他无法忍耐政客的“敷衍了事”，以及人们对置国家于危难的重要议题“置之不理”。他尽量和家人一起坐在晚餐桌边，直到他实在吃不消，他对钱宁说：“我自己独自吃饭就没法社交了。”[80] 等他虚弱到没法爬楼梯的时候，索菲娅找人把他的藤床搬到楼下能够望见河流的前厅里，在他周围摆满鲜花和植物。睡觉之前，她会调整家具的位置，这样台灯可以在墙上投射出奇形怪状的影子，如果他失眠，这些影子会给他一些慰藉。索菲娅·霍桑送来她们“悦耳的旧音乐盒”，这样梭罗可以躺着休息，听它奏出如梦的乐曲，邻居们送来更多的鲜花，每天都有人送来慰问品—— 一碗果酱，刚打来的野味，鲜甜的苹果和苹果酒。[81]

一开始，镇上的孩子们都不敢来打扰这位病人。“为什么他们不来看我？”梭罗问索菲娅，他看着窗外的孩子们过门不入，“我把他们当自己的孩子那样疼爱。”索菲娅把梭罗的话转述给丽蒂安，丽蒂安告诉了伊迪丝，伊迪丝把话散播出去，之后，孩子们经常造访。梭罗总是扮演着教师的角色，他有一次问几个偷袭鸟巢的孩子，他们是否知道他们的残忍行为会在田野和树林之中引起多么痛苦的哭嚎。[82] 亨利对世间万物都怀有仁慈，这是他只向最信任的朋友们才展露的一面。当爱默生说，坚忍克己的亨利“很难让人感到亲切”，爱德华·霍尔解释说，亨利“怀有深情”，但是他坚持认为人们总是口是心非。然而此刻，有这么多访客，有这么多鲜花，“他开始改变对人们的想法，他说倘若他早就知道，就不会对人们如此疏远”。[83]

正式的来访者常常看到他坐在安乐椅上，穿着体面的黑西装而不是他落拓不羁的暗色灯芯绒衣服。亲密的朋友则看到他在堆积的书籍和稿子里，忙碌并快乐着，用珠玑妙语招待他们。1 月的一天，布莱克和布朗在暴风雪中溜冰，从弗雷明翰起程滑了好几个小时。“你们在河上滑，”梭罗说，“或许我会到别的地方滑。”或许就是在那一刻，他们的对话中产生了沧桑之感。这一辈子没有遇到什么困难，梭罗自嘲说，至少 14 岁以后就没有，14 岁的时候他为自己的原罪感到悲哀——“但是据我所知，这以后就没有了。那一定是为什么我的头发没有很快变白。但是你看布莱克，他像老鼠一样头发花白。”[84] 当他的正统派基督徒姨妈路易莎问：“亨利，你和上帝和解了吗？”他高兴地回答说：“我从不知道我们吵过架，姨妈。”到帕克·皮尔斯伯里打电话来的时候，梭罗只能发出轻微的声音了。“我猜你现在能做的最多只有这些了，”皮尔斯伯里握起梭罗的手说，“户外活动似乎必须先放弃了。”“是啊，”梭罗微笑着轻声说，“但是，冰会撑着你，直到它裂开。”——这是男孩们在已经消失的储水池的薄冰上奔跑时常说的。皮尔斯伯里接着说：“你看起来这么接近那条暗河的边缘，以至于我都想问你，河的对岸有什么？”“先管好这个世界。”梭罗打趣说。[85]

当他连说话都变得困难的时候，梭罗开始为自己的文学声音做打算。“你知道，把遗产留给朋友是很受人尊敬的事。”他轻声对雷诺兹牧师说，后者看到他坐在一堆手稿之中。不会再有新作品了，玛丽·斯特恩斯很伤心，梭罗没法写约翰·布朗的传记了，他将它留给“天堂里的风”来写。[86] 也不会有《野果》或《种子的散播》了。经过整个秋天的工作，梭罗积累了几百页手稿，冬天的时候他很小心地整理，把一沓沓厚厚的稿纸包好，扎起来，放在一旁留待后人。[87] 然后，他转向他的其他文学遗产。那个冬天的某一天，《瓦尔登湖》的出版人詹姆斯·菲尔茨提出想在《大西洋月刊》刊登梭罗的讲稿，他刚从梭罗的宿敌詹姆斯·拉塞尔·洛厄尔手里接过它们。1862 年 2 月 11 日，梭罗连握羽毛笔的力气也没有，他用铅笔写了一封回信，让索菲娅抄下来，帮他邮寄：好的，《大西洋月刊》可以发表它们。但有两个条件：一、没有梭罗的同意，菲尔茨不能改变“句子或语调”；二、梭罗必须保留版权。

双方都同意了。索菲娅在承担了看护和同伴的职责之外又兼任了梭罗的抄写员和助理编辑，把稿子一页一页递到梭罗的手里。她最后也会成为梭罗的遗稿保管人。当梭罗的眼睛看不清的时候，她大声念出他的草稿，加入他的修正，如果稿纸上有太多修改字迹，她就重抄一份，写下他口述的信件，把一篇又一篇文章寄给《大西洋月刊》的出版人蒂克纳和菲尔茨。[88]《秋色》是第一篇，也是最紧要的一篇。梭罗一周之内就把它修订好了，寄去时随信附上他精心选择的红色橡树叶。秋叶“教会我们如何死去”，他在临终之际重述，“人们想知道他们的时间何时到来，他们……也会躺下，同样优美和成熟——在这个温暖的秋季所带来的平静中，他们会蜕下身体，就像他们会剪去头发和指甲一样”。[89]

接下来轮到《瓦尔登湖》：他们决定出版新版本，梭罗做了一个改动——去掉了副标题“林中的生活”。《瓦尔登湖》的内容当然不只是“林中的生活”。接着是《更高的律法》——这是他在《瓦尔登湖》之后以《有什么益处？》为题所写的讲稿，改了很多次——他最终定下这个新题目。菲尔茨反对这个题目，梭罗又做了改动，最后这篇伟大的论辩定名为《没有原则的生活》。此时已经是 3 月了，梭罗还在润色和它相关的另一篇文章《行走，或荒野》。“我所说的西部不过是荒野的另一个代名词，”从西部回来时只剩半条命的他写道，“我一直以来想说的是，这个世界在荒野中得以保存。”3月剩下的时光，在阅读校样的空余，亨利和索菲娅修订完了《野苹果》，索菲娅雇了伊丽莎白·霍尔来帮忙。

此刻的亨利在和时钟赛跑。他们会重新考虑他的库存书《河上一周》，并重新推出这本书吗？是的，他们同意了，尽管他们的合同条件并不诱人。没关系，梭罗没有时间讨价还价。《缅因森林》尤其让人着急，有关乔·波利斯的第三部分还没有完成。梭罗原本的题目是《阿勒加什和韦伯斯特溪》（*The Allegash and Webster Stream*），但是他的书不可能去荣耀丹尼尔·韦伯斯特的名字，尤其这本书，里面有波利斯所陈述的韦伯斯特对印第安人的歧视。梭罗把冒犯性的语言剔除，在稿纸上方写下“东岸”。在这段心情沉重的日子里，他也把那些因为读起来过于愉快而令他痛苦的句子剔除了。[90]或许这是为什么他删去了他自己为印第安人写下的欢快的辩护词：“好家伙”。然而，他还是没有找到书写结尾的方式：“我没法用这些打出一个结。”他向桑伯恩叹息道，他让它处于未完成的状态，永远停留于印第安岛上对波利斯说再见的那一刻。梭罗之前担心波利斯如果读到书中对他的描绘会有何反应。1864年《缅因森林》出版，握有权力的波利斯正在内战中为联邦军打仗，在战争中失去了一条胳膊。他如何看待梭罗对他的描绘没有留下记录。[91]

梭罗的朋友们惊讶于他面对死亡如此从容。1月初，西奥·布朗发现梭罗处在一种“兴奋”的状态里，布朗甚至觉得“疾病和健康有着一样的好处”。3月的时候，面对一位仰慕者，梭罗回信说，他**觉得**他活不了多久，但是“我像任何时候一样享受生命，不为任何事后悔”。[92]几天后，萨姆·斯特普尔斯探访梭罗后说：“从没见过一个人能这么愉快和平静地面对死亡。”事实上，斯特普尔斯告诉爱默生，康科德没几个人真正了解梭罗先生。索菲娅正努力克服自己的悲伤，她给里基森写信，说自己那位圣人般的哥哥对命运有种“孩童般的信任”，“仿佛他不是像多数的普通人那样死去，而是获得了升华”。来吧，亨利责备这位朋友的忧心忡忡，**快来**，“高兴起来”。[93]从那一刻起，里基森接连寄来开朗的信，但是他不忍亲自来看梭罗。与此相反，钱宁几乎在梭罗身边寸步不离。让他尤其感动的是这位亲爱的朋友拒绝所有鸦片制剂，“始终坚称他宁愿用清晰的脑袋忍受最可怕的苦刑，也不要被这些催眠药带入混沌的睡梦”。梭罗告诉钱宁，睡眠有它自己的恐怖之处。有一晚，他梦见自己被铁轨切割，人们在挖土，铺铁轨，穿过他的肺。[94]

5 月 4 日星期日，奥尔科特来访，钱宁刚巧也走到门口，于是他俩一同进屋探望这位共同的朋友。奥尔科特很为钱宁担心，知道梭罗的死亡会让他“心灰意冷”。钱宁永远也没有忘记那天奥尔科特如何俯身亲吻亨利的眉毛，“死亡的湿气和甜味已经在上面了，即便亨利还不知道”。这似乎是奥尔科特这位最好的牧师施行的“极端的涂油礼”。第二天，里基森的最后一封信来了，索菲娅念给亨利听，“我希望你正在**恢复**”，这位无药可救的乐观者写给他“亲爱的漫游者朋友”。[95]那天下午的晚些时候，索菲娅看到霍斯默的妹妹正好经过门口，对她说亨利希望她哥哥晚上能过来陪他一会儿。爱德蒙这位“有远见的”哲人兼农夫曾帮他一起建起瓦尔登湖小屋。他于当天晚上来了，告诉亨利他来的路上听到了知更鸟的歌声。“这是个美好的世界，”亨利轻声说，“但是很快我会见到更美的世界。我如此热爱自然……”在亨利的要求下，索菲娅取下亨利自己的那本《河上一周》，他就是在这本书里夹了一束约翰的头发，亨利把书放到了这位他最年长的朋友的手中。[96]

5 月 6 日星期二早晨 7 点，霍尔法官在马路对面呼喊梭罗，带着一束春天的风信子，梭罗闻到了，很喜欢。之后，他开始焦躁起来，8 点的时候他叫家人扶他坐起来。索菲娅、辛西娅和路易莎姨妈全都看着他的呼吸变得越来越微弱，然后更加微弱，上午 9 点的时候他没有了呼吸。哥哥的头脑到最后一刻一直保持清醒，索菲娅说；他们听见梭罗留下的最后两个词是“驼鹿”和“印第安人”。[97]亨利 · 梭罗享年 44 岁，他刚好活到了看到最后一个春天，最后一次日出。

* * *

消息很快传开了。钱宁把消息带到奥尔科特家，爱默生写信给布莱克和詹姆斯 · 菲尔茨，有人把消息带到老牧师寓所，萨拉 · 里普利在那儿写信给一位朋友："这是个美好的早晨，但对我们中所有与亨利 · 梭罗的朋友一样哀伤的人而言，它是个难过的日子。梭罗是哲学家和林中人。"他们都同意让奥尔科特来筹办丧礼，它会在第一教区教堂举行。奥尔科特参照梭罗为约翰 · 布朗筹办的纪念仪式举办了公众活动和全镇的纪念礼。作为学区主管的他要求全镇的教师提前结束当天的课程，这样孩子们也可以来参加。5 月 9 日星期五，下午 3 点，这座梭罗曾在其中挺身而出为约翰 · 布朗辩护的教堂再次人山人海：安娜 · 奥尔科特 · 普拉特和路易莎 · 梅 · 普拉特早早地和她们的父亲一同到场，检查并确认亨利 · 梭罗仪容庄重，他的身上撒了野花和森林里的树枝。镇钟鸣响了 44 下，这是镇上的传统，纪念梭罗活过的每一年。梭罗的亲友入场了：梭罗全家和从缅因来的乔治·撒切尔，爱默生一家，从伍斯特来的哈里·布莱克和西奥 · 布朗，从波士顿来的詹姆斯和安妮 · 菲尔茨，纳撒尼尔和索菲娅·霍桑领着尤纳（Una）、朱利安和露丝，还有数不胜数的其他宾客。索菲娅 · 霍桑告诉一个朋友，她原本更想私下悼念，但是她来是为了向其他人展示"她最深的敬意"，梭罗的死亡在康科德留下了"巨大的真空"。[98]

梭罗的声音沉寂了，但是其他人的声音接替了他。雷诺兹牧师用《圣经》中的经文为丧礼做开场，接着是唱诗班合唱由埃勒里 · 钱宁谱写的赞美诗："他完美的信念会让火焰继续燃烧，/ 他光荣的安息会抚慰所有的离丧之痛！"布朗森 · 奥尔科特起身朗读梭罗早年的诗作《这就是生活》及《河上一周》中的选段："我们难道**看不见**上帝吗？"他代梭罗问。[99] 爱默生的布道很长，下午的仪式为此而延长。他在致以最亲密的终生挚友的礼赞末尾如此宣告："他的研究范围如此之广，这需要仰赖他的长寿，我们很难接受他的过早离开。这个国家还不知道，或者说还完全没有意识到，它失去了多么伟大的儿子。”在雷诺兹牧师用祷告词结束丧礼后，梭罗的六位朋友抬起棺材，扛着它走过贝德福德路来到位于新墓园的梭罗墓地，他们的身后跟着梭罗的朋友和超过 300 名康科德年幼的学生。在那儿，在紫罗兰之中和松树之下，他们把他埋进土里，埋在他的哥哥和父亲之间。索菲娅·霍桑心想，“一整个康科德都凝聚在走了的这个人身上”。[100]

多年之后——没有人想到记下具体的时间——亨利·梭罗和家人的墓地从贝德福德路后面的山坡被移到了俯瞰睡谷的冰川山脊，他们被葬在了爱默生一家、奥尔科特一家，以及霍桑一家的旁边，人们把这里称为“作家岭”。睡谷刚对外开放的时候，梭罗不喜欢它，他曾有足够的理由抗议这个献堂礼，但是当建筑师呼吁在山脊后的草地里开凿一座新池塘时，梭罗来做了测量工作——这是他在 1855 年的夏天接受的唯一一份工作，当时他的疾病第一次威胁到他的生命。这之后，梭罗常常造访这个地方，疑心地看着工人们在草地里掘出人工池，看着它于 1859 年夏天完工。

这之后发生的事情曾让他吃惊：仅仅过了几个月，墓园的园丁捞上了体型硕大的鱼——鲷鱼！还有梭鱼！——这之后不到一年的工夫，1860 年 10 月，他发现池子里面有大的黄色睡莲，还有小的睡莲花苞。这些计划之外的野生定居者是从哪儿来的？这是一个启示。“你刚挖出一个池塘，自然就会开始填充它，”梭罗感叹道，“因此死亡的中途总是迎来生命。”[101] 这种见解摇醒了他，他就像在瓦尔登湖时那样清醒，在这之后的 1860 年秋天，他每天都回归户外，几乎在癫狂的状态下记录下了自然无尽的生命力。这是多么合适啊，梭罗可以在“作家岭”的墓地上，俯瞰他曾帮忙开凿的池子，那年春天，那儿的野生生命处在走向死亡的中途——但也在经历永恒的新生。

至于塔哈塔莞的箭头，梭罗从没有找到它的制造者。但是在爱德华·爱默生准备独自踏上去往落基山脉（Rocky Mountains）的西部之旅时，梭罗给他的最后建议是：随身带一枚箭头，拿出来给途中遇到的每一位印第安人看，直到他找到能告诉他箭头如何制成的人。[102] 这个梭罗在 1837 年 9 月马斯科特奎德河岸边被授予的使命，如今交托给了他的继承人。

注释

序言

1. Ralph Waldo Emerson, "History," opening paragraph (*E&L*, 237); *Walden*, 9.
2. Emerson, "History," in *E&L*, 254.
3. *Walden*, 82; Ellery Channing quoted in Henry S. Salt, *The Life of Henry David Thoreau* (London: Richard Bentley, 1890; revised version of 1908, edited by George Hendrick, Willene Hendrick, and Fritz Oehlschlaeger. Urbana: University of Illinois Press, 1993, 2000)., 55. See Alan D. Hodder, *Thoreau's Ecstatic Witness* (New Haven, CT: Yale University Press, 2001), 190; see also Philip Cafaro's *Thoreau's Living Ethics: Walden and the Pursuit of Virtue* (Athens: University of Georgia Press, 2005), an excellent introduction to Thoreau's ethics of simplicity.
4. *Exc.*, 202. For Thoreau and climate science, see the work of Richard B. Primack, starting with *Walden Warming: Climate Change Comes to Thoreau's Woods* (Chicago: University of Chicago Press, 2014). The word *ecology* was coined by the German scientistartist Ernst Haeckel in 1866, four years after Thoreau's death. Donald Worster, *Nature's Economy: A History of Ecological Ideas* (Cambridge: Cambridge University Press, 1977), 191-93.
5. Henry Seidel Canby, *Thoreau* (Boston: Houghton Mifflin, 1939), xvi–xx.
6. 索菲娅 · 梭罗在 1875 年 5 月 23 日写给埃伦 · 休厄尔 · 奥斯古的信中写："只有一封约翰的信因为意外没有被烧毁。我会附上给你。我觉得烧毁所有家信是一种折磨，但这是家族的最后一人必须承担的苦差。"
7. 很多文集为梭罗的生平和他广博的思想提供了高质量的介绍。好的综合性介绍有乔 · 梅尔森（Joel Myerson）主编的《剑桥亨利·戴维·梭罗指南》（剑桥大学出版社，1995 年），威廉·E. 凯恩（William E. Cain）主编的《亨利 · 戴维 · 梭罗历史指南》（牛津大学出版社，2000 年），弗朗西斯·斯派克（Francois Specq），劳拉·达索·沃尔斯 (Laura Dassow Walls) 和迈克尔·格兰杰 (Michael Granger) 共同编辑的《梭罗的现代性：关于一位美国偶像的越洋对话》（佐治亚大学出版社，2013 年），还有威廉 · 罗西（William Rossi）主编的梭罗文集《瓦尔登湖，论公民的不服从权利以及其他》（诺顿出版社，2008 年第三版）。对于《瓦尔登湖》的反思则可见：桑德拉 · 哈伯特 · 佩特里昂尼斯（Sandra Harbert Petrulionis）和劳拉 · 达索 · 沃尔斯主编的《黎明后的光亮更多：二十一世纪再论梭罗的〈瓦尔登湖〉》（马萨诸塞州大学出版社，2007 年），理查德 · J. 施耐德（Richard J. Schneider）主编的《〈瓦尔登湖〉及其他作品教学指南》（美国现代语言协会出版社，1996 年）。梭罗关于自然的写作可见：施耐德主编的《梭罗的地域感》（艾奥瓦大学出版社，2000 年）。有关梭罗的政治和哲学思想则可参考杰克·特纳（Jack Turner）主编的《亨利·戴维·梭罗的政治指南》（肯塔基大学出版社，2009 年）以及瑞克 · 安东尼 · 伏塔克，乔纳森 · 爱斯沃斯和詹姆斯 · D. 里德共同编辑的《梭罗之于哲学的重要意义》（福特汉姆大学出版社，2013 年）。此外，关于梭罗的历史资料可以参见普林斯顿大学的梭罗作品集，里面提供了非常多权威的信息和重要指引。

8. Richard M. Lebeaux, "From Canby to Richardson: The Last Half-Century of Thoreau Biography," in *Thoreau's World and Ours: A Natural Legacy*, ed. Edmund A. Schofield and Robert C. Baron (Golden, CO: North American Press, 1993), 127.

9. 1977 年，哈丁本人说他很"惊愕"地发现尚没有人在他列出的事实基础上建构出他想象过但却没有写下的叙述："我绝对没有意图甚至想都没想要在这个题目上给出决定性意见。"我感谢沃尔特的慷慨，而且在给出我自己的叙事时也和他有同样的感受。

导论

1. PEJ, 1:9 (October 29, 1837. "Musketaquid" was the name of the river, the valley it ran through, and the people who lived upon it.

2. PEJ, 1:5 (October 22, 1837).

3. Lemuel Shattuck, *A History of the Town of Concord* (Boston: Russell, Odiorne; Concord, MA: John Stacy, 1835), 50-51; Ruth R. Wheeler, *Concord: Climate for Freedom* (Concord, MA: Concord Antiquarian Society, 1967), 49–54.

4. Shattuck, *History of Concord*, 32; Jean O' Brien, *Firsting and Lasting: Writing Indians Out of Existence in New England* (Minneapolis: University of Minnesota Press, 2010), xi-xii; see also her *Dispossession by Degrees: Indian Land and Identity in Natick, Massachusetts, 1650–1790* (Cambridge: Cambridge University Press, 1997). Wolverton points out that practicing Native crafts as a form of livelihood was a kind of economic resistance: see Nan Wolverton, "'A Precarious Living' : Basket-Making and Related Crafts among New England Indians," in *Reinterpreting New England Indians and the Colonial Experience*, ed. Colin G. Calloway and Neal Salisbury (Boston: Colonial Society of Massa chusetts and the University of Virgina Press, 2003), 360.

5. PEJ, 3:130-31; R. Wheeler, *Concord*, 60.

6. *J*, 7:132-37 (January 24, 1855); Thoreau was reading William Wood, *New England's Prospect* (1633).

7. Brian Donahue, *The Great Meadow: Farmers and the Land in Colonial Concord* (New Haven, CT: Yale University Press, 2004), 61, 69, 111-12; Shattuck, *History of Concord*, 379; *Walden*, 183.

8. Donahue, *Great Meadow*, 79 and passim, 107; *Walden*, 195.

9. Brian Donahue documented this collapse in "Henry David Thoreau and the Environment of Concord," in *Thoreau's World and Ours: A Natural Legacy*, ed. Edmund A. Schofield and Robert C. Baron (Golden, CO: North American Press, 1993), 181-89.

10. PEJ, 4:166-69. On this "poetic symbiosis" between Thoreau and his home landscape, see J. Walter Brain, "Thoreau's Poetic Vision and the Concord Landscape," in *Thoreau's World and Ours: A Natural Legacy*, ed. Edmund A. Schofield and Robert C. Baron (Golden, CO: North American Press, 1993), 281-97.

11. *Walden*, 182.

12. 按照汤森（Thorson）的记录，瓦尔登湖更准确地说是“四座分开的锅形盆地被注入地下水后汇聚而成的湖。”

13. 克兰肖尔山现如今是爱默生医院。

14. Donahue, *Great Meadow*, 34; see also William Cronon, *Changes in the Land: Indians, Colonists, and the Ecology of New England* (New York: Hill and Wang, 1983), ch. 3.

15. Shattuck, *History of Concord*, 2.

16. R. Wheeler, *Concord*, 19; Shattuck, *History of Concord*, 4; Donahue, *Great Meadow*, 75.

17. Cronon, *Changes in the Land*, 58-66.

18. Shattuck, *History of Concord*, 20-24; 28-31.

19. Ibid., 76-87.

20. *J*, 9:160.

第一章　康科德的儿女

1. 桑伯恩的堂爷爷列维 · 梅尔彻（Levi Melcher）是让 · 梭罗店铺的店员。

2. 让，也有可能是菲利普。

3. 来自亨利 · 戴维 · 梭罗的堂爷爷彼得 / 皮埃尔 · 梭罗的信（写给伊丽莎白 · 梭罗，为了回应她于 1801 年向其告知让的死讯）给康科德的梭罗家传递了来自泽西的家族音讯。梭罗于 1855 年 4 月 21 日将其抄进日志，而且标记了玛丽亚姨妈的观点：这些信中断于 1810 年彼得 / 皮埃尔之死，因为他是泽西梭罗家唯一能写英语的人。

4. *EEM*, 113; *CC*, 183; William Ellery Channing II, *Thoreau: The Poet-Naturalist*, ed. F. B. Sanborn (Boston: Charles E. Goodspeed, 1902), 2.

5. *J*, 9:132-33.

6. Jayne E. Triber, *A True Republican: The Life of Paul Revere* (Amherst: University of Massachusetts Press, 1998), 133; *Days of HT*, 4-5.

7. 感到怀疑的亨利回到约翰 · 亚当斯（John Adams）的日志以便证实家族往事。

8. Ibid., 3:337.

9. Annie Russell Marble, *Thoreau: His Home, Friends, and Books* (New York: Thomas Y. Crowell, 1902), 35-36; Maria Thoreau to Harriet Lincoln Wheeler, Bangor, December 5, 1876, Thoreau Family Papers, vault 35, unit 3, CFPL.

10. 约翰 · 亨利有一次回忆，除了伊丽莎白之外，他和其他姊妹都出生在介于塞勒姆街和汉诺威街的里士满大街；也就是位于波士顿北部的普林斯街后巷，靠近保罗 · 利威尔（Paul Revere）的家和老北教堂（the Old North Church）。让 · 梭罗和简（珍妮）· 彭斯 · 梭罗的孩子包括伊丽莎白（贝蒂，1782-1839），约翰（1783-1884），简（1784-1864），玛丽（1786-1812），约翰（亨利 · 戴维 · 梭罗的父亲，1787-1859），南希（1786-1815），萨拉（1790-1829），戴维（1792 年 7 月 15 日 -1792 年 12 月），玛丽亚（1794-1881）和戴维（1796-1817）。

11. *J*, 11:381, 131, 9:132.

12. Ibid., 10:252, 275; 278-79 (the neighbor was Mrs. William Munroe).

13. Maria Thoreau to Harriet Lincoln Wheeler, December 5, 1856, Thoreau Family Correspondence, vault 35, unit 3, CFPL.

14. Robert A. Gross, "Faith in the Boardinghouse: New Views of Thoreau Family Religion," *TSB* 250 (Winter 2005): 1.

15. Gross, "Faith in the Boardinghouse," 1; Marble, *Thoreau: Home, friends, Books*, 35.

16. 桑伯恩写道，艾萨克 · 赫德医生的儿子和约瑟夫 · 赫德的侄子小艾萨克 · 赫德（从让 · 梭罗的遗产中获益颇丰）让父亲为他还债，而且“一度因为欠债被关进康科德监狱”，这里暗示了应该是赫德而非约翰造成了约翰·梭罗的早期欠债。（参桑伯恩《梭罗的一生》,43 页）

17. *J*, 11:436; Robert A. Gross, *The Transcendentalists and Their World* (New York: Farrar, Straus and Giroux, forthcoming), ch. 5, pp. 5-8.

18. Anne McGrath, "Cynthia Dunbar Thoreau," *Concord Saunterer* 14.4 (Winter 1979): 9.

19. 最终英国政府承认了琼斯一家为英国皇家做出的卓绝贡献，授予琼斯家幸存的四个兄弟每人一百英镑的薄酬。玛丽和另外四个留在美国的琼斯家兄弟什么也没有拿到。（参见埃德蒙 · 哈德森《扩张的琼斯家族》）

20. 按照普林斯顿版的梭罗日记：和梭罗之后的记录不同，逃跑的人不是西蒙，而是约西亚·戴维斯，西蒙是因为在约西亚逃跑中扮演的角色而入狱。梭罗按照家人的回忆尽可能列出了玛丽的兄弟，其中四位已经逃到了和缅因州班戈隔海湾相望的诺瓦斯科舍省（Nova Scotia）。1795 年，当玛丽把妹妹索菲娅，路易莎和辛西娅接来小聚的时候，她们差点遭遇海难——这戏剧性一幕的结局没有留存下来，因为梭罗日记的这一页正好被撕掉了。

21. See Sanborn, *Life of Thoreau*, 18-19, 534; and E. Harlow Russell, "Thoreau's Maternal Grandfather Asa Dunbar: Fragments from His Diary and Commonplace Book," *Proceedings of the American Antiquarian Society*,April 19, 1908, 66-76.

22. 玛丽 · 琼斯 · 邓巴的孩子包括波莉（1773 年生于塞勒姆），威廉（1776 年生于韦斯顿），查尔斯（1780 年生于哈佛市），索菲娅（1781 年生于哈佛市），路易莎（1785 年生于基恩），以及辛西娅（亨利 · 戴维 · 梭罗的母亲，1787 年生于基恩）。

23. Joseph C. Wheeler, "Where Thoreau Was Born," *Concord Saunterer*, n.s., 7 (1999): 8; Robert A. Gross, *The Minutemen and Their World* (1976; New York: Hill and Wang, 2001), 59, 63.

24. *J*, 9:381; Marble, *Thoreau: Home, Fiends, Books*, 55-56; W. E. Channing II, *Poet-Naturalist* (1902), 3; J. Wheeler, "Where Thoreau Was Born." Thoreau's Birth House is the center of Thoreau Farm, an educational institution; see http://thoreaufarm.org/ thoreau-birth-house/ (accessed March 17, 2016).

25. *J*, 9:213.

26. 丹尼尔 · 里基森说辛西娅“罕有的智识”和“非同凡响的生命力”都帮助亨利成为“天生的对话者。”

27. *Days of HT*, 8.

28. *J*, 14:329-30; Leslie Perrin Wilson, *In History's Embrace: Past and Present in Concord, Massachusetts* (Concord, MA: Concord Free Public Library, 2007), 39-42.

29. *J*, 11:436; Wilson, *In History's Embrace*, 42.

30. T. D. Seymour Bassett, "The Cold Summer of 1816 in Vermont: Fact and Folklore," *New England Galaxy* 15.1 (Summer 1973): 16.

31. *Middlesex Gazette*, July 19, 1817; William R. Baron, "1816 in Perspective: The View from the Northeastern United States," in C. R. Harrington, ed. *The Year without a Summer? World Climate in 1816* (Ottawa: Canadian Museum of Nature, 1992), 125-26; Bassett, "Cold Summer" 19.

32. *J*, 9:411, 8:64. David Henry reversed his first two names around the time he graduated from Harvard.

33. W. E. Channing II, *Poet-Naturalist* (1902), 3.

34. *J*, 8:65; Marble, *Thoreau: Home, Friends, Books*, 36.

35. Hendrick, *Remembrances*, 20; Sanborn, *Life of Thoreau*, 33.

36. *J*, 8:93-94.

37. Ralph L. Rusk, *The Life of Ralph Waldo Emerson* (New York: Charles Scribner's Sons, 1949), 84-86; Gay Wilson Allen, *Waldo Emerson: A Biography* (New York: Viking, 1981), 113-14; *JMN*, 14:327-28, September 1859.

38. *J*, 8:23.

39. PEJ, 2:173-74.

40. *Days of HT*, 15; *J*, 8:245-46, 12:38.

41. John Farmer and Jacob P. Moore, eds., *Collections, Historical and Miscellaneous; and Monthly Literary Journal* (Concord, NH: Jacob B. Moore, 1823), 30-31; *Middlesex Observer*, November 9, 1822, 3.

42. For the history of pencil-making in Concord, see Robert A. Gross's definitive exposition in *Transcendentalists and Their World*, ch. 5, pp. 28-42; "Memoir of William Munroe," *Memoirs of the Members of the Concord Social Club*, 2nd series (Cambridge, MA: N.p., 1888): 145-56; Hendrick, *Remembrances* 23-25; Lemuel Shattuck, *A History of the Town of Concord* (Boston: Russell, Odiorne; Concord, MA: John Stacy, 1835), 218. See also Henry Petroski, *The Pencil: A History of Design and Circumstance* (New York: Knopf, 1990), ch. 9.

43. 参见格罗斯（Gross）著的《超验主义者和他们的世界》第五章。哈丁声称约翰 · 梭罗于1820 年在塞勒姆跟约瑟夫 · 迪克森（Joseph Dixon）学习了制造铅笔的工序（参见梅尔茨和哈丁合著的《梭罗档案》第 136 页），但是我没有办法证实这条信息。迪克西被公认是把铅笔介绍到美国的第一人，但是因为他迟至 1829 年才开始制造铅笔（在泽西城的约瑟夫 · 迪克森坩公司），这种说法应该不符合事实。

44. Edward Waldo Emerson, *Henry Thoreau as Remembered by a Young Friend* (1917; Concord, MA: Thoreau Foundation, 1968), 32.

45. *J*, 11: 437; *CHDT*, 543 (Daniel Ricketson to HDT, February 9, 1859), 546 (HDT to Daniel Ricketson, February 12, 1859).

46. Marble, *Thoreau: Home, Friends, Books*, 39; Hendrick, *Remembrances*, 93; records of the Ornamental Tree Society, CFPL.

47. Sanborn, *Henry D. Thoreau*, 24; *JMN*, 15:489; Edward Emerson, *Thoreau as Remembered*, 14, 13; Jean Munro LeBrun, neighbor to the Thoreaus, in Meltzer and Harding, *Profile*, 3; *J*, 12:38 ("*chattable* society").

48. Hendrick, *Remembrances*, 77, 15; Alfred Munroe, quoted in *Thoreau as Seen*, 49.

49. [Joseph Hosmer?], "J. H.," "A Rare Reminiscence of Thoreau as a Child," *TSB* 245 (Fall 2003): 1-2; W. E. Channing II, *Poet-Naturalist* (1902), 5.

50. *J*, 8:94; *EEM*, 15; Edward Emerson, *Thoreau as Remembered*, 14-15.

51. *EEM*, 15-16; W. E. Channing II, *Poet-Naturalist* (1902), 5-6; Sanborn, *Life of Thoreau*, 39.

52. *Autobiography of Hon. John S. Keyes* (CFPL online), 6; Gross, *Transcendentalists and Their World*, ch. 4, p. 7; *Walden*, 330.

53. Tom Blanding, "Beans, Baked and Half-Baked (6)," *Concord Saunterer* 12.4 (Winter 1977): 14.

54. *Autobiography of Hon. John S. Keyes* (CFPL online), 31.

55. 亨利记得七岁的时候在瓦尔登湖的沙洲上帮忙煮一锅巧达浓汤（chowder）。

56. Sanborn, *Life of Thoreau*, 39; JoAnn Early Levin, "Schools and Schooling in Concord: A Cultural History," in *Concord: The Social History of a New England Town, 1750-1850*, ed. David Hackett Fischer (Waltham, MA: Brandeis University, 1983), 366-68; *Autobiography of Hon. John S. Keyes* (CFPL online), 5; *J*, 8:94–95.

57. Details of the Mill Dam are taken from Gross, *Transcendentalists and Their World*, ch. 4, pp. 3-7, and from *Autobiography of Hon. John S. Keyes* (CFPL online), 7-9.

58. Edward Jarvis, *Traditions and Reminiscences of Concord, Massachusetts, 1779-1878*, ed. Sarah Chapin (Amherst: University of Massachusetts Press, 1993), 41.

59. Gross, *Transcendentalists and Their World*, ch. 1, pp. 30-48; *Autobiography of Hon. John S. Keyes* (CFPL online), 7; Jarvis, *Traditions and Reminiscences*, 39-41.

60. The following discussion is deeply indebted to Gross, "Faith in the Boardinghouse."

61. PEJ, 4:458-59; *J*, 8:270-71; Gross, "Faith in the Boardinghouse," 3-4.

62. *Week*, 72-73; *Walden*, 98.

第二章　从康科德到哈佛的学习之旅

1. Edward Jarvis, *Traditions and Reminiscences of Concord, Massachusetts, 1779-1878*, ed. Sarah Chapin (Amherst: University of Massachusetts Press, 1993), 109-18.

2. 见罗伯特 · A. 格罗斯《美好愿景的儿女：康科德的超验主义》（收入《康科德漫游者》1994年秋季刊）：这些市民是威廉·怀廷（他的儿子之前刚在康科德语法学校遭受同学的欺侮，鼻青眼肿回家），塞缪尔·霍尔，约西亚·戴维斯，阿比尔·海伍德（Abiel Heywood）和内森·布鲁克斯（Nathan Brooks）。他们买下地并在如今学院街（Academy Lane）所在的地方造了学校。在当时，学校既招收男生又招收女生的行为被认为是激进之举。

3. 埃伦在刚来康科德的几个月里借住在梭罗家，辛西娅于 1828 年让约翰上了两学期课，亨利则是从 1828 年秋季一直上到 1833 年毕业，索菲娅是 1833 年在学（但埃伦的注册表不全）。

4. *Autobiography of Hon. John S. Keyes* (CFPL online), 10, 30; *Corr.*, 1:308 (HDT to Henry Williams Jr., September 30, 1847).

5. Phineas Allen, letter to the editor, *Concord Freeman*, September 21, 1838; reproduced in *TSB* 193 (Fall 1990): 4-5; Gladys Hosmer, "Phineas Allen, Thoreau's Preceptor," *TSB* 59 (Spring 1957): 1, 3.

6. 莱斯利 · 佩林 · 威尔森（Leslie Perrin Wilson）编辑了这些女士中一位的日记，参见《“我内心的珍宝”:玛莎·劳伦斯·普雷斯科特的日志,1834-1836》,刊于《康科德漫游者》(2003 年)。

7. Gross, "Men and Women of Fairest Promise," 7-9, 15.

8. K. W. Cameron, "Young Henry," 3-8 (no records of this society survive); Dorothy Nyren, "The Concord Academic Debating Society," *Massachusetts Review* 4.1 (Autumn 1962): 81-84.

9. Holbrook's manifesto quoted in Carl Bode, *The American Lyceum* (New York: Oxford University Press, 1956), 12. The lecturer who so inspired Holbrook was Benjamin Silliman, founder of the American Journal of Science.

10. 康科德辩论俱乐部被认为无意义之后，俱乐部解散，成员加入了学园。

11. K. W. Cameron, "Young Henry," 10; Ruth R. Wheeler, *Concord: Climate for Freedom*(Concord, MA: Concord Antiquarian Society, 1967), 152.

12. William Ellery Channing II, *Thoreau: The Poet-Naturalist*, ed. F. B. Sanborn (Boston: Charles E. Goodspeed, 1902), 13.

13. George Frisbie Hoar, *Autobiography of Seventy Years*, 2 vols. (New York: Charles Scribner's Sons, 1903), 1:86; K. W. Cameron, "Young Henry," 7, 14.

14. W. E. Channing II, *Poet-Naturalist* (1902), 13; Thoreau, "Class Autobiography," *EEM*, 114.

15. Hoar, *Autobiography*, 1:82.

16. 这里的资金数量没有留下记录。威廉和拉尔夫 · 沃尔多 · 爱默生都从詹姆斯 · 佩恩的遗产里收到资金，和哈佛的年尾“展示”奖不同，这不是由哈佛校方发放的，而是由波士顿第一基督教堂的长老们发放的。

17. *Autobiography of Hon. John S. Keyes* (CFPL online), 53; Henry Williams, ed., *Memorials of the Class of 1837 of Harvard university* (Boston: George H. Ellis, 1887), 23-24.

18. Andrew Preston Peabody, *Harvard Reminiscences* (Boston: Ticknor, 1888): 196–97; Hoar, *Autobiography* 1:119.

19. Franklin Benjamin Sanborn, *The Life of Henry David Thoreau* (Boston: HOughton Mifflin, 1917), 154.

20. Their visit home was on Saturday, October 6. John Thoreau, letter to George Stearns, Concord October 18, 1833, in K. W. Cameron, "Young Thoreau," 15-16.

21. 乔治 · 蒂克纳在成为史密斯学院法语和西班牙语教授之前曾在德国学习过，梭罗一到，他就愤而辞职，他激烈抱怨道，在十三年的推动改革的努力之后，他已经放弃希望了：“在我自己的部门我是完全成功的，但是我也看到这些改变不会在其他地方实现。”

22. Peabody, *Harvard Reminiscences*, 200; Hoar, *Autobiography*, 1:127; James Freeman Clarke, *Autobiography, Diary, and Correspondence*, ed. Edward Everett Hale (Boston; HOughton Mifflin, 1891), 43.

23. Charles W. Eliot, *Harvard Memories* (Cambridge, MA: Harvard University Press, 1923), 53-54.

24. *Corr.*, 1:287-88 (HDT to Horatio Robinson Storer, February 15, 1847); Edward Waldo Emerson, *Henry Thoreau as Remembered by a Young Friend* (1917; Concord, MA: Thoreau Foundation, 1968), 18; John Weiss, "Thoreau," *Christian Examiner*, July 1865,96.

25. *Thoreau as Seen*, 204; Weiss, "Thoreau," 97.

26. *Autobiography of Hon. John S. Keyes* (CFPL online), 50.

27. Frederick T. McGill Jr., "Thoreau and College Discipline," *New England Quarterly* 15.2 (June

1942): 349-50.

28. 塔夫茨匿名出版了他的书，梭罗的同学私下传阅，他们的情愿是从这本书里受到启发的。
29. 只要通过一套新的考试并且拿出行为良好的证明，会员身份可以在第二年恢复。
30. McGill, "Thoreau and College Discipline," 349-53.
31. Weiss, "Thoreau," 101-2.
32. Peabody, *Harvard Reminiscences*, 201-2; Clarke, *Autobiography*, 38.
33. Tufts, *Tour through College*, 5.
34. Robert D. Richardson Jr. *Henry David Thoreau: A Life of the Mind* (Berkeley: University of California Press, 1986), 14; Hoar, *Autobiography*, 1:103.
35. Horatio Hale, *Remarks on the Language of the St. John's, or Wlastukweek Indians with a Penobscot Vocabulary* (Boston: N.p., 1834).
36. Hoar, *Autobiography*, 1:100-102; *Walden*, 52.
37. Hoar, *Autobiography*, 1:101.
38. Clark A. Elliott, *Thaddeus William Harris (1795-1856): Nature, Science, and Society in the Life of an American Naturalist* (Bethlehem, PA: Lehigh University Press, 2008), 178-79, 194; T. W. Higginson quoted on 191.
39. See Caroline Winterer, *The Culture of Classicism: Ancient Greece and Rome in American Intellectual Life, 1780-1910* (Baltimore: Johns Hopkins University Press, 2002), 2, 60, 77-83.
40. *Walden*, 144.
41. For a full accounting of Thoreau's reading at Harvard, see Robert Sattelmeyer, *Thoreau's Reading: A Study in Intellectual History with Bibliographical Catalogue* (Princeton, NJ: Princeton University Press, 1988), 3-24.
42. 梭罗的朋友们于 1835 年至 1838 年出版过一份文学期刊《哈佛人》(Harvardiana)，这份刊物没有刊登过梭罗的作品。
43. 梭罗和菲尼亚斯·艾伦学习的岁月中只有一篇文章留下来，即《四季》，写于梭罗十二岁那年。虽然口吻童稚，但是对感官非常敏感，而且用的是《瓦尔登湖》式的四季周期结构——和梭罗的其他作品一样。
44. *E&L*, 59; Hoar, *Autobiography*, 1:87.
45. Sandra M Gustafson, *Imagining Deliberative Democracy in the Early American Republic* (Chicago: University of Chicago Press, 2011), 22-23; Peabody, *Harvard Reminiscences*, 87-88.
46. *EEM*, 110.
47. 这个机构在 1770 年（即梭罗到来时）馆藏只有 1400 卷书，但是到 1836 年，藏书多到必须迁移到霍尔斯沃西 2 号。
48. 昆西误读了自己的手写记录，正确的数字是 4068，但是他记成了 4668，该错误从来没有被发觉。如果被发现的话，梭罗应该在 1837 年毕业的时候有一定的位置，不过他的排名也应该是第 21 位，而不是 19 位。
49. McGill, "Thoreau and College Discipline," 350.
50. 1835 年，7 月 13 日，"戴维 · H. 梭罗" 扮演了率领罗马共和国抵抗凯撒的加图一角。梭罗所用的文本留在了《译文集》里。
51. W. E. Channing II, *Poet-Naturalist*, 32.

52. Orestes Brownson, "Independence Day Address at Dedham, Massachusetts," *Works in Political Philosophy, Vol. 2: 1828-1841*, ed. Gregory S. Butler (Wilmington, DE: ISI Books, 2007), 120, 115, 121; *RP*, 64.

53. *EEM*, 60-61.

54. *Corr.*, 1:30 (HDT to Orestes Brownson, December 30, 1837); *Days of HT*, 46 (John Thoreau to Helen Thoreau, June 24, 1836); Brownson, "Independence Day Address," 124.

55. *Corr.*, 1:2-4 (Augustus Peabody to HDT, May 30, 1836), 7-8 (HDT to Henry Vose, July 5, 1836), 12-14 (HDT to Charles Wyatt Rice, August 5, 1836).

56. *Walden*, 50; *J*, 8:66.

57. Philip Gura, *American Transcendentalism* (New York: Hill and Wang, 2007), 69.

58. William Simmons, "Report to the Overseers," in K. W. Cameron, *Thoreau's Harvard Years*, 8-9; *Days of HT*, 47.

59. *Autobiography of Hon. John S. Keyes* (CFPL online), 48-49.

60. 小查尔斯 · 海沃德（Charles Hayward Jr.）在哈佛神学院就读的第一学期没开始几周就死于伤寒。

61. Morton Berkowitz, "Thoreau, Rice and Vose on the Commercial Spirit," *TSB* 141 (Fall 1977): 1-5.

62. *EEM*, 115-18; 115.

第三章　超验主义的学徒

1. *E&L*, 65.

2. *Corr.*, 1:16 (James Richardson to HDT, September 7, 1837); *EEM*, 103; PJ 1:36, March 14, 1838.

3. "Sic Vita," in *CEP*, 542-43.

4. *Thoreau as Seen*, 153, 71.

5. See Dick O' Connor, "Thoreau in the Town School, 1837," *Concord Saunterer*, n.s., 4 (Fall 1996): 150-72.

6. 这栋建筑至今仍在，现在用作共济会的房产，而且很多年来这里都是梭罗协会年会的举办地。

7. William Ellery Channing II, *Thoreau: The Poet-Naturalist* (Boston: Roberts Brothers, 1873), 24; Edward Waldo Emerson, *Henry Thoreau as Remembered by a Young Friend* (1917; Concord, MA: Thoreau Foundation, 1968), 20-21.

8. 奥康纳暗示，根据其他资料，杜兰可能真的有严重的不守纪律的问题。

9. *Corr.*, 1:19-20 (HDT to Henry Vose, October 13, 1837); Prudence Ward to Caroline Ward Sewall, September 25, 1837, Thoreau-Sewall-Ward Letters, letter #14, Thoreau Society Archives, Henley Library.

10. 这句来自爱默生的话最终被写在《论自助》里。哈蒙 · 史密斯（Harmon Smith）考证他们的初次见面是在 1837 年 4 月。

11. PEJ, 1:5.

12. Ibid.;; Ralph Waldo Emerson, *The Early Lectures of Ralph Waldo Emerson, 1833-1842*, ed.

Stephen E. Whicher, Robert E. Spiller, and Wallace E. Williams, 3 vols. (Cambridge, MA: Harvard University Press, 1959–1972), 2:261; *EEM*, 8-9

13. "波士顿的独神教领袖，威廉·艾勒立·钱宁牧师和哈佛大学的爱德华·蒂勒尔·钱宁是亲兄弟。梭罗的挚友艾勒立·钱宁是他们的侄子，改革者威廉·亨利·钱宁也是。

14. "Nature," in *E&L*, 7; Emerson, *Early Lectures*, 2:215.

15. 在莉迪亚·杰克逊和拉尔夫·沃尔多·爱默生于1835年9月结婚之后，爱默生开始称呼她为"丽蒂安"，很可能是因为听起来更悦耳——丽蒂安·爱默生本人接受这一改变。

16. Emerson, *Early Lectures*, 2:215-16; *LRWE*, 7:22.

17. 亨利大概在这个时候给丽蒂安的母鸡做"漂亮小牛皮鞋"，以防它们糟蹋她的花园种子，这一行为讨到了丽蒂安的喜欢。

18. 大卫·哈斯金有类似的观察，提到他本人也开始效仿具有磁力的爱默生。根据蒙丘尔·康威（Moncure Conway）所说，爱默生和梭罗的相似成为"康科德的一个心照不宣的笑话"，蒙丘尔觉得这种模仿很肤浅。

19. James Russell Lowell, "Fable for Critics," in *Thoreau as Seen*, 4; W. E. Channing, *Works*, 3:381.

20. PEJ, 1:73-74.

21. Ibid., 38. All that survives of the lecture "Society" are "Scraps" in Thoreau's Journal (ibid., 35-39).

22. Ibid., 31-32 (March 4, 1838); *Corr.*, 1:36-37 (HDT to John Thoreau, March 17, 1838).

23. Priscilla Rice Edes quoted in *Thoreau as Seen*, 180-81; Sophia, John and Henry D. Thoreau, "Nature and Bird Notes," Berg Collection, New York Public Library. The plants have been removed and preserved in separate envelopes; it is unclear when they were added or how they were positioned.

24. *Translations*, 148, 281. Note that *cenotaph* is, as Thoreau knew, Greek for "empty (*kenos*) tomb (*taphos*)."

25. 按照沃德的信件，到1838年4月，梭罗的家人因为切诺基人被强迁的事件而吵得不可开交。爱默生于1838年4月23日写信抗议。有意思的是，"霍普威尔"（英语Hopewell意思是"希望会好"）引起了1785年美国和切诺基印第安人之间签署的霍普威尔协议，名字来自南卡罗莱纳的一个地方，当地最早通过和美国划清西部边境来保护切诺基人。历史显示，这项协议完全被无视。

26. Kenneth Walter Cameron, *Thoreau and His Harvard Classmates* (Hartford, CT: Transcendental Books, 1965), 91-93.

27. *To Set This World*, 11, 16-19; Michael Sims, *The Adventures of Henry Thoreau: A Young Man's Unlikely Path to Walden Pond* (New York: Bloomsbury, 2014), 91.

28. Henry Petroski, *The Pencil: A History of Design and Circumstance* (New York: Knopf, 1990), 110-14; Edward Waldo Emerson Papers, series 1,box 1, folder 11 (interview of EWE with Warren Miles), CFPL. For the story about the encyclopedia article, see Edward Waldo Emerson, *Thoreau as Remembered*, 32.

29. 找到高质量的石墨是个持续性的难题：等他们用完了布里斯托石墨，梭罗家从斯特布里奇的都铎矿购买了石墨，再之后是从加拿大进口。

30. *Corr.*, 1:31-32 (HDT to Orestes Brownson, December 30, 1837), 34-35 (HDT to David Haskins, February 9, 1838).

31. Ibid., 37 (HDT to John Thoreau, March 17, 1838.

32. PEJ, 1:46 (May 10, 1838).

33. W. E. Channing II, *Poet-Naturalist* (1873), 2.

34. 他们会免费录取无法支付学费的学生。如果学校能收满全日制的自费学生，两兄弟每年的毛收入总和约 600 美金，几乎没有经费留给书籍和其他用品。作为比较，康科德中心学校曾以每年 500 美金的工资聘请亨利 · 梭罗，如果是做临时工，收入约为一天一美金。

35. On Transcendentalism and educational reform, see Wesley T. Mott, "Education," in *The Oxford Handbook of Transcendentalism*, ed. Joel Myerson, Sandra H. Petrulionis, and Laura Dassow Walls (Oxford: University of Oxford Press, 2010), 153-71; and Martin Bickman, *Minding American Education: Reclaiming the Tradition of Active Learning* (New York: Teacher's College Press, 2003).

36. *E&L*, 67, 70.

37. Sanborn, *Life of Thoreau*, 204; Edward Waldo Emerson, *Thoreau as Remembered* 22; George Hendrick, ed., *Remembrances of Concord and the Thoreaus: Letters of Horace Hosmer to Dr. S. A. Jones* (Urbana: University of Illinois Press, 1977), 73; *Thoreau as Seen*, 109.

38. 在日志里，梭罗记下了得到这个测量仪器，"水准仪和圆周仪的结合"。

39. Edward Waldo Emerson Papers, series 1, box 1, folder 8 (interview of EWE with Thomas Hosmer), CFPL.

40. *Corr.*, 1:49 (HDT to Helen Thoreau, October 6, 1838); diary of Edmund Sewall for March 28, 1840, American Antiquarian Society; Hendrick, *Remembrances*, 73-74.

41. Hendrick, *Remembrances*, 74-76.

42. Edward Waldo Emerson, interview notes with Benjamin Lee, box 1, folder 10, and with Benjamin Tolman, box 1, folder 18, CFPL; John S. Keyes quoted in *Thoreau as Seen*, 206.

43. Edward Waldo Emerson Papers, series 1, box 1, folder 8 (interview of EWE with Thomas Hosmer), CFPL.

44. *Walden*, 109-10.

45. ABAJ, 127; PEJ, 1:172, 194; *Thoreau Log*, 59-60.

46. PEJ, 1:38-39, 69-70.

47. Ibid., 74 (June 22, 1839); "Sympathy," *J*, 1:76-77 (June 24, 1839) and *CEP*, 524-25.

48. *Days of HT*, 78-79; *JMN*, 7:230-31; Ralph Waldo Emerson, and Thomas Carlyle, *The Correspondence of Emerson and Carlyle*, ed. Joseph Slater, 2 vols (New York: Columbia University Press, 1964), 1:246; *LRWE*, 2:244.

49. Clayton Hoagland, "The Diary of Thoreau's 'Gentle Boy," *new England Quarterly* 28.4 (December 1955): 488.

50. PEJ, 1:79-81. See also Sharon Stewart, "Transcendental Romance Meets the Ministry of Pain: The Thoreau Brothers, Ellen Sewall, and Her Father," *Concord Saunterer*, n.s., 14 (2006): 4-21.

51. Thoreau-Sewall-Ward Letters, IVJ: Ellen Sewall Papers, Thoreau Society Archives, Henley Library.

52. Two biographers who have famously explored this tension are Henry Seidel Canby, *Thoreau* (Boston: HOughton Mifflin, 1939), ch. 9, and Richard M. Lebeaux, *Young Man Thoreau* (1975; New York: Harper, 1978), esp. ch. 4 and 6.

53. *Thoreau Log*, 47-48; *Thoreau as Seen*, 218; Elizabeth Hoar, undated letter to the Bowles family of Springfield, Massachussetts, *TSB* 138 (Winter 1977): 5.

54. *Week*, 116.

55. Ibid., 196.

56. Ibid., 296.

57. Ibid., 303; *Days of HT*, 92.

58. *Week*, 215; *Days of HT*, 92.

59. *Week*, 334.

60. Ibid., 393.

61. PEJ, 1:124-26, 134-37 (June 11-21, 1840).

62. *JMN*, 7:238.

63. Joel Myerson, *The New England Transcendentalists and the "Dial" : A History of the Magazine and Its Contributors* (Cranbury, NJ: Associated University Presses, 1980), 30-32.

64. 韦利曾在 1838 年被开除，而且还在麦克莱恩疯人院（McLean Asylum）被关押过一个月。出院之后，爱默生把韦利的文章收进了《散文与诗歌》(1839 年)。

65. PEJ, 1:132; joint statement by Elizabeth Osgood Davenport and Louise Osgood Koopman, Thoreau-Sewall-Ward Letters, Thoreau Society Archives, Henley Library; PEJ, 1:158.

66. Tom Blanding, "Passages from John Thoreau, Jr.'s Journal," *TSB* 136 (Summer 1976): 4-6. Very little of John Thoreau's journal survives.

67. PEJ, 1:193.

68. Ellen Sewall to Prudence Ward, November 18, 1840, #28 in IVJ: Ellen Sewall Papers, Thoreau-Sewall-Ward Letters, Thoreau Society Archives, Henley Library.

69. Diary of Ellen Sewall, March 8, 1841, #29 in IVJ: Ellen Sewall Papers, Thoreau-Sewall- Ward Letters, Thoreau Society Archives, Henley Library.

70. 用亨利 · 塞德尔 · 坎拜的话来形容，这段罗曼史似乎是"爱的哲学的实验"，几乎没有身体上的吸引。索菲娅经引用的话语来自埃伦孙女，这是她转述母亲转述外婆的话——好曲折的脉络!

71. "范"指的是在职的民主党总统马丁 · 范布伦，后者被认为是 1837 年美国金融恐慌的罪魁祸首，而且失去了连任资格。

72. *LRWE*, 2:311, 290.

73. Joel Myerson, "A Calendar of Transcendental Club Meetings," *American Literature* 44.2 (May 1972): 205.

74. *LRWE*, 2:323-24n326, 315, 322.

75. See Joel Myerson, Sandra Harbert Petrulionis, and Laura Dassow Walls, eds., *The Oxford Handbook of Transcendentalism*, ed. (Oxford: Oxford University Press, 2010), s.v. "The *Dial*," by Susan Belasco, 373-79.

76. *Corr.*, 1:70 (Margaret Fuller to HDT, December 1, 1840), 1:93, (Margaret Fuller to HDT, October 18, 1841).

77. "Sic Vita" appeared in the *Dial* 2.1, July 1841; "Friendship" appeared in the *Dial* 2.2, October 1841.

78. *Corr.*, 1:70 (Margaret Fuller to HDT, December 1, 1840).

79. 这封信的全文是："先生 / 我不希望被认为是本城第一教区的成员。/ 亨利 · 戴维 · 梭罗。"自从 1833 年政教分离之后，很多其他人也脱离了教区。

80. Hendrick, *Remembrances*, 131.

81. PEJ, 1:277 (March 3, 1841); *Corr.*, 1:72-73 (HDT to Samuel Gridley Howe, March 9, 1841).

82. 这座农场有 30 英亩，位于霍洛威尔区。埃伦于 4 月 25 日的日记显示，尽管亨利在《瓦尔登湖》里说得花好稻好，这家人其实觉得这地方很糟。

83. PEJ, 1:301, 265, 273.

84. Ibid., 295, 302.

85. *The Letters of Nathaniel Hawthorne, 1813-1843*, ed. Thomas Woodson, L. Neal Smith, and Norman Holmes Pearson (Columbus: Ohio State University Press, 1984), 528-29 (Hawthorne to Sophia Peabody, April 13, 1841).

86. *LRWE*, 2:389 (RWE to William Emerson, March 30, 1841).

87. Ibid., 394 (RWE to Margaret Fuller, April 22, 1841).

88. PEJ, 1:304 (April 26, 1841).

89. 这部分的原稿形容说"我勇敢的梭罗"。

90. Emerson and Carlyle, *Correspondence*, 1:300 (RWE to Thomas Carlyle, May 30, 1841);*JMN*, 7:454.

91. PEJ, 1:311, 320; *Letters of Margaret Fuller*, ed. Robert N. Hudspeth, 6 vols. (Ithaca, NY: Cornell University Press, 1983-), 2:210 (Margaret Fuller to Richard Fuller, May 25, 1841).

92. *Corr.*, 1:75 (RWE to HDT, June 7, 1841); "To the Maiden in the East," *Dial* 3.2 (October 1842), 222-24; cf. *CEP*, 550-51.

93. Charles Capper, *Margaret Fuller: An American Romantic Life, the Private Years* (Oxford University Press, 1992), 170.

94. 富勒在这封信里（原稿有着重号）提到的《好周》应当不是指梭罗的书，因为梭罗这时候还不可能把他和约翰的旅行写成《河上一周》。富勒信里其他诱人的引用，说这是大家心照不宣的巨大"危机"，但是无法查证她指的是什么。

95. *Corr.*, 1:79 (HDT to Lucy Jackson Brown, September 8, 1841); Elizabeth Hall Witherell, "Thoreau as Poet," in *Cambridge Companion to Henry David Thoreau*, ed. Joel Myerson, (Cambridge: Cambridge University Press, 1995), 57-70.

96. 这个出版商鲁弗斯 · 格里斯沃德（Rufus Griswold）从没有回信，他的书里也没提到梭罗。 See Robert Sattelmeyer, "Thoreau's Projected Work on the English Poets," *Studies in the American Renaissance* (1980): 239-57. 梭罗于 1841 年 11 月 29 日到 12 月 10 日在哈佛大学，作为"驻校研究生"，他拥有使用哈佛图书馆的资格。

97. PEJ, 1:337-38, 321.

98. bid., 347, 354.

第四章 "不要等到我们一无所有"

1. Ellen Sewall Diary, April 27, 1841, Thoreau-Sewall-Ward Letters, #29 in IVJ: Ellen Sewall Papers

(transcript is misdated April 25), Thoreau Society Archives, Henley Library; PEJ, 1:354-55.

2. Letter to W. S. Robinson from an unknown correspondent, printed in Max Cosman, "Apropos of John Thoreau," *American Literature* 12.2 (May 1940): 242; PEJ, 1:362 (January 8, 1842); *THOT*, 2.

3. 即便到今天，破伤风仍然无药可医。恢复治疗包括注射肌肉松弛剂以控制抽搐，但是神经的损伤是终身性的。

4. *Corr.*, 1:107 (HDT to Isaiah Williams, March 14, 1842); *THOT*, 2, letter, Lidian Jackson Emerson to Lucy Jackson Brown, January 11-12, 1842.

5. "Mr. Frost's Sermon on the Death of John Thoreau Jr.," Thoreau-Sewall-Ward Letters, Thoreau Society Archives, Henley Library.

6. *LRWE*, 3:4 (RWE to William Emerson, January 24, 1842); Edward Waldo Emerson, *Henry Thoreau as Remembered by a Young Friend* (1917; Concord, MA: Thoreau Foundation, 1968), 26; PEJ, 1:237.

7. *LRWE*, 3:6-8; 9 (RWE to Margaret Fuller, February 2, 1842).

8. *JMN*, 8:165-66.

9. PEJ, 1:364-66 (February 20-21, 1842).

10. Ibid., 365, 369 (February 20, 1842).

11. 梭罗在搬去斯塔滕岛之后给海伦寄了一个悲伤的版本，作为自我的指涉。

12. *Corr.*, 1:102 (HDT to Lucy Jackson Brown, March 2, 1842), 105-6 (HDT to RWE, March 11, 1842).

13. *E&L*, 473; *Corr.*, 1:107 (HDT to Isaiah Williams, March 14, 1842). See also PEJ 1:369.

14. 爱默生选择在《梭罗》一文里将这一刻永久保存下来。

15. PEJ, 1:368, 393.

16. *LRWE*, 3:47 (RWE to Margaret Fuller, April 10, 1842), 75 (RWE to Margaret Fuller, July 19, 1842).

17. *Exc.*, 3-28. 芬克详细地分析了梭罗的自然历史写作让他获得了更广大的读者群体。Steven Fink, *Prophet in the Marketplace: Thoreau's Development as a Professional Writer* (Princeton, NJ: Princeton University Press, 1992), allusion to p. 43. 至于这篇文章怎么成为梭罗争夺文化权力的关键时刻的，一篇鞭辟入里的分析可见 Kevin P. Van Anglen, "True Pulpit Power: 'Natural History of Massachusetts' and the Problem of Cultural Authority," *Studies in the American Renaissance* (1990): 119-47.

18. ABAL, 88; Nathaniel Hawthorne, *The American notebooks*. Columbus: Ohio State University Press, 1932, 1960, 1972, 355.

19. 爱默生喜欢朋友的陪伴，比如他写信叫纽科姆从布鲁克农场搬到康科德来居住，"我们虽然不相信社群，但相信友邻，也相信天堂就是友邻成伴的样子"。

20. "The Old Manse," in Nathaniel Hawthorne, *Tales and Sketches* (New York: Library ofAmerica, 1982), 1145-47.

21. *Days of HT*, 137; Hawthorne, *American Notebooks*, 353-54.

22. Hawthorne, *American Notebooks*, 356–57; *Thoreau as Seen*, 88-89; William Ellery Channing II, *Thoreau: The Poet-Naturalist* (Boston: Roberts Brothers, 1873), 257.

23．Richard Fuller, "Visit to the Wachusett, July 1842," *TSB* 129 (Fall 1972): 2.

24．*Corr.*, 1:94 (Margaret Fuller to HDT, October 18, 1841).

25．*Exc.*, 29-46.

26．见索菲娅，约翰和亨利·戴维·梭罗《自然和鸟类笔记》，纽约公共图书馆伯格馆藏（Berg Collection）。罗宾森指出，梭罗对待物理世界的方式好比"创作，用大自然中发生的事情和客观细节来抒发自我"。

27．PEJ, 2:378; *Exc.*, 405. See Kevin P. Van Anglen, "Thoreau's Epic Ambition: 'A Walk to Wachusett' and the Persistence of the Classics in an Age of Science," in *Thoreau at 200: Essays and Reassessments*, ed. Kevin P. Van Anglen and Kristen Case, (Cambridge: Cambridge University Press, forthcoming 2016).

28．*LRWE*, 2:253; Emerson, "New Poetry," *Dial* 1.2 (October 1840): 222.

29．*LRWE*, 3:41, 571; *Corr.*, 1:153–54 (Ellery Channing to HDT, April 6, 1843), 157 (Ellery Channing to HDT, May 1, 1843).

30．*JMN*, 8:352; Robert N. Hudspeth, "Dear Friend: Letter Writing in Concord," *Concord Saunterer*, n.s., 11 (2003): 84.

31．Hawthorne, *Tales and Sketches*, 1141; Hawthorne, *American Notebooks*, 357.

32．Robert N. Hudspeth, *Ellery Channing* (New York: Twayne, 1973), 139.

33．ABAJ, 164.

34．*LRWE*, 3:96, 7:517; Ward quoted in Franklin Benjamin Sanborn, *The Life of Henry David Thoreau* (Boston: HOughton Mifflin, 1917), 470-71.

35．*Liberator*, September 28, 1838; Edson L. Whitney, *American Peace Society: A Centennial History*, 3rd ed. (Washington, DC: American Peace Society, 1929), 44; *Days of HT*, 142.

36．*Corr.*, 1:124 (HDT to RWE, January 24, 1843); ABAJ, 151. Staples's saying made the rounds: see Caroline Ward Sewall to Edmund Sewall [Sr.], January 25, 1843, Thoreau- Ward-Sewall Letters; and Edward Emerson interview notes with Sam Staples, box 1, folder 17, CFPL.

37．佩里科的著作《我的监狱生涯》详细记录了这位意大利爱国者在奥地利被监禁的十年。

38．Charles Lane, "State Slavery—Imprisonment of A. Bronson Alcott—Dawn of Liberty," *Liberator*, January 27, 1843, 16.

39．*LRWE*, 3:230 (RWE to Margaret Fuller, December 17, 1843).

40．支付 2.5 美金的年费，会员可以阅读包括地方、全国以及国际性的报纸和期刊，比如《伦敦方阵》（the London Phalanx），《纽约论坛报》，《日晷》，《全国反奴旗帜报》以及《波士顿汇编》，这些报纸刊物都是由梭罗和爱默生共同捐赠的。参见基思·沃尔特·卡梅隆《超验主义者和米涅尔瓦》第三卷。

41．Quoted in *Days of HT*, 143; Walter Harding, "Thoreau and the Concord Lyceum," *TSB* 30 (January 1950): 2.

42．*LRWE*, 3:129; *Days of HT*, 143-44; *THOT*, 3; *Corr.*, 1:135 (HDT to RWE, February 10, 1843).

43．For further details, see *To Set This World*, 26-30.

44．Ibid., 30-32.

45．*LRWE*, 3:39; Hawthorne, *American Notebooks*, 361–62; *LRWE*, 3:90–93.

46. *LRWE*, 3:90-91n 334; *JMN*, 8:257.

47. *Corr.*, 1:272 (Daniel Waldo Stevens to HDT, May 24, 1845); Kevin P. Van Anglen, introduction to *Translations*, 218; PEJ, 1:436 ("the sweetness of sugar merely").

48. Ralph Waldo Emerson, "Veeshnoo Sarma," *Dial* 3.1 (July 1842), 82-85. See Arthur Ver- sluis, *American Transcendentalism and Asian Religions* (New York: Oxford University Press, 1993), ch. 2 and 3; Alan D. Hodder, *Thoreau's Ecstatic Witness* (New Haven, CT: Yale University Press, 2001), ch. 5; and Robert D. Richardson Jr., *Henry David Thoreau: A Life of the Mind* (Berkeley: University of California Press, 1986), esp. 106-9, 204-7.

49. 《摩奴法典》(The Laws of Manu)被梭罗写成"曼奴"(Menu)。

50. *EEM*, 141, 148; PEJ, 1:426.

51. *Corr.*, 1:245 (HDT to RWE, October 17, 1843), 2:43 (HDT to H. G. O. Blake, November 20, 1849).

52. PEJ, 1:447; *Corr.*, 1:117-18 (HDT to Richard Fuller, January 16, 1843); Lidian Emerson in *THOT*, 3.

53. *Corr.*, 1:123-14 (HDT to RWE, January 24, 1843); *LRWE*, 3:75; Ellen Tucker Emerson, *Life of Lidian Emerson*, xlv; *Corr.*, 1:126n6.

54. *Corr.*, 1:145-46n6; 120 (HDT to Lucy Jackson Brown, January 24, 1943).

55. *Corr.*, 1:138–39 (RWE to HDT, February 12, 1843), 141 (HDT to RWE, February 15,1843).

56. 爱默生换了出版人，从皮博迪换成了詹姆斯·门罗，希望有更好的分销渠道。

57. *Corr.*, 1:149 (HDT to RWE, March 1, 1843); *LRWE*, 3:158.

58. *Days of HT*, 10 (the editor was Epes Sargent); *Corr.*, 1:124 (HDT to RWE, January 24, 1843).

59. *Corr.*, 1:152 (HDT to Richard Fuller, April 2, 1843); Hawthorne, *American Notebooks*, 369, 371.

60. *Corr.*, 1:158-59 (Elizabeth Hoar to HDT, May 2, 1843); *LRWE*, 3:172.

61. *Corr.*, 1:159-61 (HDT to Cynthia Thoreau, May 11, 1843).

62. 这个舒适的小屋于 1855 年被烧毁，没有遗迹留下。这个小区今天仍被叫做爱默生山。

63. *Week*, 181; Fuller quoted in Ronald A. Bosco and Joel Myerson, *The Emerson Brothers: A Fraternal Biography in Letters* (Oxford: Oxford University Press, 2006), 343.

64. *Corr.*, 1:184 (HDT to John and Cynthia Thoreau, June 8, 1843); *LRWE*, 3:182, 162-63.

65. *Corr.*, 1:174 (HDT to RWE, May 23, 1843), 170 (HDT to Sophia Thoreau, May 22, 1843), 198 (HDT to Cynthia Thoreau, July 7, 1843).

66. Ibid., 174-75 (HDT to RWE, May 23, 1843).

67. Ibid., 181, 185 (HDT to RWE, June 8, 1843), 210 (HDT to Helen Thoreau, July 21, 1843).

68. 爱默生对此也有怨言："我在这座城感受到空间的暴政：三到四个访客，一天的时间就没了，除非你是个卓绝的地理学家。"（着重号是原稿里就有的）

69. *Corr.*, 1:171-72 (HDT to Sophia Thoreau, May 22, 1843), 175 (HDT to RWE, May 23, 1843).

70. Ibid., 174(HDT to RWE, May 23, 1843), 180–81 (HDT to RWE, June 8, 1843).

71. Ibid., 181-82 (HDT to RWE, June 8, 1843); 198 (HDT to Cynthia Thoreau, July 7, 1843); William Emerson quoted in Bosco and Myerson, *Emerson Brothers* 343.

72. *LRWE*, 7:542-43; *Corr.*, 1:163 (Henry James Sr. to HDT, May 12, 1843), 179 (HDT to RWE, June 8, 1843); 252 (RWE to HDT, October 25, 1843); *LRWE*, 7:566-67.

73. *Corr.*, 1:225 (HDT to Cynthia Thoreau, August 29, 1843), 238 (HDT to Cynthia Thoreau, October 1, 1843), 210 (HDT to Helen Thoreau, July 21, 1843), 180. Henry McKean had also done editorial work for Emerson.

74. Ibid., 211 (HDT to Helen Thoreau, July 21, 1843).

75. 梭罗的书评和霍桑的《通天铁路》(The Celestial Railroad) 有相似，爱默生这个时候向梭罗推荐了此书。

76. *Corr.*, 1:214 (John O'Sullivan to HDT, July 28, 1843), 250 (HDT to Helen Thoreau, October 18, 1843).

77. Ibid., 185 (HDT to John and Cynthia Thoreau, June 8, 1843), 238 (HDT to Cynthia Thoreau, October 1, 1843).

78. Ibid., 224 (HDT to Cynthia Thoreau, August 29, 1843), 233-34 (HDT to RWE, September 14, 1843), 238 (HDT to Cynthia Thoreau, October 1, 1843).

79. Ibid., 199 (HDT to Cynthia Thoreau, July 7, 1843), 218-19 (HDT to Cynthia Thoreau, August 6, 1843), 221 (HDT to RWE, August 7, 1843).

80. Ibid., 164 (RWE to HDT, May 21, 1843), 174 (HDT to RWE, May 23, 1843), 203 (HDT to RWE and LJE, July 8, 1843).

81. 但是钱宁喜欢这篇文章,格里利在 1843 年 10 月 27 日的《纽约每日论坛报》里刊登了节选，之后 1843 年 11 月 4 日的《纽约每周论坛报》也转载了。

82. *Corr.*, 1:229 (RWE to HDT, September 8, 1843), 245 (HDT to RWE, October 17, 1843). Emerson normalized Thoreau's prose, muting his meaning; see Francis B. Dedmond, "'Pretty Free Omissions': Emerson Edits a Thoreau Manuscript for the *Dial*," *TSB* 227 (Spring 1999): 8.

83. *Corr.*, 1:208, 222, 229, 252 (Emerson prompting Thoreau), 216 (HDT to O'Sullivan, August 1, 1843), 234 (HDT to RWE, September 14, 1843).

84. 见梭罗书信。钱宁本人延续着和梭罗的友谊，他当着爱默生的面为《冬天漫步》辩护，而且梭罗也发自内心地欣赏钱宁刚刚出版的诗集。梭罗说:"他的诗集我反复读了两三遍（每次读完对它的喜爱都是有增无减）,告诉他我在利多和布朗的店看到有个男人买了他的书。"

85. *Thoreau Log*, 94; *Corr.*, 1:164 (RWE to HDT, May 21, 1843); *JMN*, 8:399.

86. *LRWE*, 3:149, 137, 183. On Emerson, Waldo and Tappan, see Harmon Smith, "Henry Thoreau and Emerson's 'Noble Youths,'" *Concord Saunterer* 17.3 (December 1984): 4-12; see also Smith, *My Friend, My Friend: The Story of Thoreau's Relationship with Emerson* (Amherst: University of Massachusetts Press, 1999), 78-94.

87. Giles Waldo quoted in Harmon, "Henry Thoreau and Emerson's 'Noble Youths,'" 5; *Corr.*, 1:180 (HDT to RWE, June 8, 1843), 207 (RWE to HDT, July 20, 1843).

88. *Corr.*, 1:187 (Charles Lane to HDT, June 9, 1843).

89. Ibid., 199 (HDT to Cynthia Thoreau, July 7, 1843), 208 (RWE to HDT, July 20, 1843), 211-12 (HDT to Helen Thoreau, July 21, 1843).

90. Ibid., 224 (HDT to Cynthia Thoreau, August 29, 1843); 228 (RWE to HDT, September 8, 1843).

91. Ibid., 218 (HDT to Cynthia Thoreau, August 6, 1843); 240 (HDT to Cynthia Thoreau, October

1, 1843).

92. PEJ, 1:465 (September 24, 1843), 478 (October 21, 1843).

93. For details, see Sterling F. Delano, "Thoreau's Visit to Brook Farm," *TSB* 221/222 (Fall 1997/ Spring 1998): 1-2; and Edmund A. Schofield, "The Date(s) and Context of Thoreau's Visit to Brook Farm," *TSB* 258 (Spring 2007): 8-10.

94. Delano, "Thoreau's Visit," 221-22.

95. *JMN*, 8:433; *Corr.*, 1:258 (Charles Lane to HDT, December 3, 1843).

96. *Corr.*, 1:202 (HDT to RWE and LJE, July 8, 1843); PJ 1:495.

97. *LRWE*, 3:4, 168; *Corr.*, 1:191 (RWE to HDT, June 10, 1843), 228 (RWE to HDT, September 8, 1843).

98. *JMN*, 9:7; *Corr.*, 1:229 (RWE to HDT, September 8, 1843)), 171 (HDT to Sophia Thoreau, May 22, 1843).

99. *Corr.*, 1:239 (HDT to Cynthia Thoreau, October 1, 1843), 246 (HDT to RWE, October 17, 1843).

100. Hawthorne, *American notebooks*, 395-96; *Corr.*, 1:236 (Margaret Fuller to HDT, September 25, 1843); *JMN*, 7:590.

101. Edward Emerson interview notes with Marshall Miles, box 1, folder 11, CFPL.

102. PEJ, 2:289; *JMN*, 9:77.

103. 这位艺术家是卡洛琳 · 斯特吉斯（Caroline Sturgis）。这种老式的铅笔分为一到四级，用数字标记；新款、质量最优的绘图铅笔则是用字母标记，S 偏软，H 则偏硬。两套系统都沿用至今。所以就用了这种广泛使用的 2 号铅笔，不过今天的绘图铅笔用 B 标记软度，而不是用 S。

104. *Days of HT*, 157-59; Henry Petroski, "H. D. Thoreau, Engineer," *Invention and Technology* 5.2 (Fall 1989): 8-16.

105. *JMN*, 9:45.

106. "Homer. Ossian. Chaucer," in *EEM*, 154-55, 173; PEJ, 2:59. For Thoreau on making arrowheads, see PEJ, 2:58-60.

107. *To Set This World*, 36-40.

108. Helen Thoreau's Scrapbook, CFPL; Robert A. Gross, "Helen Thoreau's Anti-slavery Scrapbook," *Yale Review* 100.1 (January 2012): 103-20.

109. 奥沙利文的《民主党评论》于 1845 年的七月至八月间造了这个词汇，用于讨论德克萨斯吞并，而且那年十二月将其推广——呼应爱默生的语言。

110. 梭罗是在 1844 年 3 月 10 日的上午 10:30 至晚上 7:30 之间发表的演讲。当天下午有一场关于"不抵抗主义"的讨论，很有可能（但不能完全确定）梭罗也在场。

111. *RP*, 182-83; *Corr.*, 1:250-51 (HDT to Helen Thoreau, October 18, 1843).

112. *RP*, 183-185.

113. 梭罗的早期讲稿显然从未被发表，但是他的笔记留了下来。

114. Rogers quoted in *To Set This World*, 39-40.

115. *LRWE*, 3:243, 7:595.

116. David S. Reynolds, *Walt Whitman's America: A Cultural Biography* (New York: Knopf, 1995),

82; Sanborn, *Life of Thoreau*, 129; *E&L*, 465; Elizabeth Hall Witherell, "Thoreau as Poet," in *The Cambridge Companion to Henry David Thoreau*, edited by Joel Myerson, 57-70. (Cambridge: Cambridge University Press, 1995), 60, 68n10.

117. PEJ, 3:75-76.

118. Ibid., 80, 85.

119. Daniel F. Potter (whom Thoreau had feruled at school, now a grown man), in Edward Emerson interview notes, box 1, folder 14, CFPL.

120. The daughter of A. H. Wheeler, quoted in *Days of HT*, 161; Edmund A. Schofield, "'Burnt Woods': Ecological insights into Thoreau's Unhappy Encounter with Fire," *Thoreau Research Newsletter* 2.3 (July 1991): 3.

121. PEJ, 3:76-78, 4:68-69.

122. 他可能在路途中搭乘了火车或马车。

123. 这个女人曾被认为是丽贝卡·戴琳·艾迪。梭罗写道，她让他想起他的堂妹，很可能是指丽贝卡·撒切尔，梭罗应该是在 1838 年于缅因州班戈寻找教职的时候碰到她的。

124. *Week*, 183-90; Channing quoted in Bernard A. Drew, "Thoreau's Tarn Identified: Guilder Pond," *Concord Saunterer*, n.s., 9 (2001): 128.

125. *Walden*, 323; W. E. Channing II, *Poet-Naturalist* (1902), 34.

126. PEJ, 2:155. Drew, "Thoreau's Tarn Identified," identifies this tarn as Guilder Pond.

127. *To Set This World*, 40-43.

128. 安娜·怀挺和乔治·柯蒂斯共同见证并讲述了这件事。关于乔治·柯蒂斯的记录，参见 Sterling Delano and Joel Myerson, "'The General Scapegoat': Thoreau and Concord in 1844," *TSB* 264 (Fall 2008): 1-2; for Anna Whiting's report to the *Herald of Freedom*, see *To Set This World*, 44.

129. *Corr.*, 1:267 (HDT to James Munroe and Company, October 14, 1844), 275 (James Munroe and Company to HDT, September 17, 1844); see Richardson, *HDT: Life of the Mind*, 146.

130. *Corr.*, 1:257 (Charles Lane to HDT, December 3, 1843). Hecker had, like Thoreau, experienced his first *Lebenstag* with Orestes Brownson; Charles Lane had encouraged Hecker and Thoreau to meet.

131. *Thoreau Log*, 106; *Corr.*, 1:259 (Isaac Hecker to HDT, July 31, 1844).

132. *Corr.*, 1:261-62 (HDT to Hecker, August 14, 1844).

133. Ibid., 264 (Isaac Hecker to HDT, August 15, 1844), 266 (HDT to Hecker, after August 15, 1844).

134. George Curtis quoted in Delano and Myerson, "General Scapegoat," 2; *Walden*, 10.

135. *JMN*, 9:103.

第五章 "是你吗，瓦尔登湖？"

1. 一般认为亨利·梭罗建造这座房子的时候得到了父亲和一位木工的帮助，尽管如此，这么浩大的工程怎么能在新英格兰的寒冬短短几个月里完成，没有留下什么资料。最近新发现的由弗朗西斯·珍妮·哈雷特·普里查德写的信里说这栋房子是从另一个地方买下整体搬迁过来的："买房子并整体搬移已经是现在的流行了—梭罗夫人买下了马歇尔太太居住的房子，而且准备把房子搬到洛林先生给他们的那片地上……这跟我们野心勃勃的市民把房子从一个地方搬到另一个地方比起来不算什么——我说不准你会在哪儿看到我们。"（见弗朗西斯·珍妮·哈雷特·普里查德 1844 年 4 月 16 日写给母亲珍妮·哈雷特·普里查德的信）可惜的是，这所房子于 1938 年焚毁了，一同焚毁的还有梭罗的铅笔和其他收藏品，1959 年，残余的废屋被铲平。

2. 这份地契是于 1844 年 9 月 14 日被留档的，见证人是约翰，辛西娅，海伦和亨利·梭罗。

3. Annie Russell Marble, *Thoreau: His Home, Friends, and Books* (New York: Thomas Y. Crowell, 1902), 265.

4. *J*, 14:99, October 3, 1860.

5. *LRWE*, 3:262-63; Ralph Waldo Emerson and Thomas Carlyle, *The Correspondence of Emerson and Carlyle*, ed. Joseph Slater, 2 vols (New York: Columbia University Press, 1964), 2:369. For details, including previous ownership by Thomas Wyman, see W. Barksdale Maynard, "Emerson's 'Wyman Lot: Forgotten Context for Thoreau's House at Walden,'" *Concord Saunterer*, n.s., 12/13 (2004–5): 63-68.

6. *LRWE*, 3:263; CCE, 2:101-02; ABAJ, 178. See also Raymond Adams, "Emerson's House at Walden," *TSB* 24 (July 1948): 1-5.

7. *Corr.*, 1:94 (HDT to Margaret Fuller, October 18, 1843), PEJ, 1:347. 至于当时农村和市郊的休闲以及梭罗有关这些习俗和理想的讨论，参见 W. Barksdale Maynard, "Thoreau's House at Walden," *Art Bulletin* 81.2 (1999): 303-25.

8. *LRWE*, 3:231; Harmon Smith, "Henry Thoreau and Emerson's 'Noble Youths," *Concord Saunterer* 17.3 (December 1984): 4-12.

9. Charles Lane, "Life in the Woods," *Dial* 4.4 (April 1844): 422, 424. Lane's essay gave Thoreau his original subtitle for *Walden, or Life in the Woods*, which was dropped in the second edition.

10. Robert N. Hudspeth, *Ellery Channing* (New York: Twayne, 1973), 31; *Corr.*, 1:268 (Ellery Channing to HDT, March 5, 1845).

11. 木屋和塔都从来没有被造起来。

12. Francis B. Dedmond, "George William Curtis to Christopher Pearse Cranch: Three Unpublished Letters from Concord," *Concord Saunterer* 12.4 (Winter 1977): 6.

13. *LRWE*, 8:13, 15-16 (RWE to Samuel Gray Ward, March 13?, 1845).

14. "Wendell Phillips before Concord Lyceum," in *RP*, 60-61. *Narrative of the Life of Frederick Douglass, an American Slave*, featuring prefaces by Garrison and Phillips, was published months later.

15. *RP*, 61; *Corr.*, 1:181 (HDT to RWE, June 8, 1843).

16. PEJ, 2:121, 124; *RP*, 74.

17. PEJ, 2:107; "Reminiscences of Thoreau," *Concord Freeman* (September 1, 1882), quoted in TL I, 146.

18. 爱默生曾经给卡莱尔描述过这栋棚屋废墟。

19. *Walden*, 42; PEJ, 2:140; ABAJ, 317 ("dreadful dissenter"); "a bit of life as Arcadian as any at Brook Farm," said George Curtis of the house-raising (Dedmond, "Three Unpublished Letters," 8).

20. 就在豆田，这里有几十年都被错误认作是梭罗家附近的平地。

21. *Walden*, 20-21; cf. PEJ, 2:132-33.

22. PEJ, 2:155.

23. "Walden," in *CEP*, 516; *Walden*, 193.

24. 参与挖掘原始房址的罗兰德 · 罗宾斯（Roland Robbins）记录道：有关梭罗在《瓦尔登湖》里提及这栋房子的近一百处条目，"八十多处他写作 '房子，' 有三次他提作 '木屋'，两次 '住房'，两次 '寓所'，一次 '家'，仅有一次他用了 '棚屋' 这个词"。

25. 爱默生很错愕："那些日子，艾勒立和亨利 · 梭罗一起住在湖边，连老婆也不要了！"

26. Edward Emerson interview notes, Mrs. White, box 1, folder 20, CFPL.

27. PEJ, 2:156.

28. Nathaniel Hawthorne, *The American Notebooks* (Columbus: Ohio State University Press, 1932, 1960, 1972), 369; *JMN*, 9:121.

29. PEJ, 2:156-57, 165.

30. 布拉德 · 迪恩数过，按照《波士顿早晚新闻》的时刻表，截止 1846 年，每天有十班火车经过瓦尔登湖，八班客车和两班货车；到 1847 年，这个数字至少翻倍了。

31. PEJ, 2:170-74, 156.

32. Ibid., 148, 160-61, 151-52.

33. *Walden*, 153; *Thoreau as Seen*, 94, 106.

34. *Walden*, 157; George Hendrick, ed., *Remembrances of Concord and the Thoreaus: Letters of Horace Hosmer to Dr. S. A. Jones* (Urbana: University of Illinois Press, 1977), 53.

35. Quoted in Henry Seidel Canby, *Thoreau* (Boston: Houghton Mifflin, 1939), 216 (January 20, 1846).

36. Mabel Loomis Todd quoted in *Thoreau as Seen*, 187; Marble, *Thoreau: Home, Friends, Books*, 129; John S. Keyes quoted in *Thoreau as Seen*, 174.

37. Edward Waldo Emerson, *Henry Thoreau as Remembered by a Young Friend* (1917; Concord, MA: Thoreau Foundation, 1968), 61-62.

38. *Corr.*, 1:276 (RWE to HDT, October 8, 1845), 282 (RWE to HDT, late September 1846); *J*, 10:61-62. Emerson's payments are recorded in Walter Harding, "Thoreau in Emerson's Account Books," *TSB* 159 (Spring 1982): 1-3.

39. Stanley Cavell, *The Senses of Walden: An Expanded Edition* (Chicago: University of Chicago Press, 1992), 11; *Exc.*, 47, 54.

40. 丽贝卡 · 索尔妮特（Rebecca Solnit）在文章《未解的梭罗之谜：关于脏衣服和姊妹的坚韧》的开篇就谈到这个观点：在梭罗的住宿之家，换下的衣服是由住家佣人洗的，这是当时的惯例，美国的中产阶级很少自己洗衣服。

41. *Days of HT*, 182.

42. David Wood, *An observant Eye: The Thoreau Collection at the Concord Museum* (Concord, MA: Concord Museum, 2006), 10-13, 57-59; Mary Hosmer Brown, *Memories of Concord* (Boston: Four Seas, 1926), 95, 98.

43. Joseph Hosmer, in Hendrick, *Remembrances*, 140-42; PEJ, 3:22.

44. *Walden*, 242-43.

45. Ibid., 140; PEJ, 2:160.

46. PEJ, 2:176-77, 210-11.

47. 科伊尔死于布里斯特山脚下的瓦尔登路，1845 年 10 月 1 日。两天后，《康科德自由人报》刊登了讣告："居住在本镇瓦尔登湖畔的脾气温和的休 · 科伊尔先生，上周三下午被发现死在了寓所所在的路边。因为他是在回家途中突然倒地的，死前表情狰狞，而且气息虚弱，他很有可能是死于震颤性谵妄(delirium tremens)。他是一位老斗士，曾参与过滑铁卢战役。"

48. See Elise Lemire, *Black Walden: Slavery and Its Aftermath in Concord, Massachusetts* (Philadelphia: University of Pennsylvania Press, 2009), 122-27.

49. Lemire, *Black Walden*, 162-63.

50. 约翰 · 弗里曼，布里斯特的弗里曼的孙子，也是这个家族最后的幸存者，于八岁那年死于发烧（1822 年），这是"瓦尔登森林当地奴隶的最后一位后代"。

51. *Walden*, 258-61; Lemire, *Black Walden*, 162-63.

52. Lemire, *Black Walden*, 157.

53. *Walden*, 264.

54. PEJ, 2:159, 235-36 (emphasis in the original).

55. Ibid., 2:162; Joseph Hosmer repr. in Hendrick, *Remembrances*, 142; Marble, *Thoreau: Home, Friends, Books*, 120. See also Prudence Ward's charming children's story, "The Story of the Little Field Mouse," in the Thoreau-Ward-Sewall Papers, Thoreau Society Archives, Henley Library.

56.（这位路易斯 · 梅 · 奥尔科特的男生朋友，就是《小妇人》里"劳里"的原型）

57. *Thoreau as Seen*, 183.

58. See John Hartigan Jr., *Aesop's Anthropology: A Multispecies Approach* (Minneapolis: University of Minnesota Press, 2014), 25.

59. PEJ, 2:159.

60. *Walden,* 59; PEJ, 2:177, 241.

61. PEJ, 2:242.

62. Ibid., 2:227, 166.

63. 见帕特里克 · 楚拉《土地测量员梭罗》(佛罗里达大学出版社，2010 年)，30-44 页。当梭罗在准备把 1846 年的原始测量稿付梓出版时，他做了简化，或者说"删削"，他去掉了很多声距资料，缩小了比例，把指南针从北磁极调整到他的"真子午线"，是指转向地球北极的重大调整，梭罗花了多日的努力来进行校准。梭罗的这份资料也是 1854 年掘墓人按照专业测量图风格和样式重制版本的"简化"版。

64. *JMN*, 9:329, *Walden*, 287.

65. 写于 1846 年 4 月 18 日至 5 月 3 日。

66. *Walden*, 98.

67. *JMN*, 9:430-31; Daniel Walker Howe, *What hath God Wrought: The Transformation of America, 1815-1848* (Oxford: Oxford University Press, 2007), 686.

68. Howe, *What Hath God Wrought*, 703; *To Set This World*, 52, 178n37.

69. Howe, *What Hath God Wrought*, 752. Estados Unidos Mexicanos, or the "United Mexican States," was (and to the date of writing, remains) the nation's formal name.

70. Edward Waldo Emerson interview with Sam Staples, Edward Waldo Emerson Papers, series 1, box 1, folder 17, CFPL. For a helpful article on the poll tax, see John C. Broderick, "Thoreau, Alcott, and the Poll Tax," *Studies in Philology* 53.4 (October 1956): 612-26.

71. 最早出版时题为《抵抗公民政府》(1849 年)。

72. 他最后被判无罪释放；监狱长萨姆 · 史泰博曾有一度是米德尔塞克斯酒店的经理。

73. Fritz Oehlschlaeger and George Hendrick, eds., *Toward the Making of Thoreau's Modern Reputation* (Urbana: University of Illinois, 1979), 199-201.

74. *RP*, 82-83; cf. PEJ, 2:262-64.

75. Oehlschlaeger and Hendrick, *Thoreau's Modern Reputation*, 201; Edward Waldo Emerson interview notes with Sam Staples, box 1, folder 17, CFPL.

76. *RP*, 83-84. The description of a typical huckleberry party is taken from Ellen Tucker Emerson, *The Life of Lidian Jackson Emerson* (East Lansing: Michigan State University Press, 1992), 107.

77. 梭罗指的是西尔维奥 · 佩里科的回忆录。

78. Quoted in *To Set This World*, 59; Edward Emerson interview notes with George Bartlett, box 1, folder 1, CFPL.

79. PEJ, 2:262-64.

80. ABAJ, 179 (May 4, 1846), 183.

81. *JMN*, 9:445-47.

82. *LRWE*, 3:340.

83. I am indebted to the excellent and detailed descriptions of this event in *To Set This World*, 60–62, and Randall Conrad, "Realizing Resistance: Thoreau and the First of August, 1846, at Walden," *Concord Saunterer* 12/13 (2004–5): 165-93. There were other picnics at Walden as well (but Thoreau kept no records); for instance, Emerson men- tions a "Young Concord" levee at Walden, held on July 5, 1847 (*LRWE*, 3:403).

84. *Walden*, 140.

85. See *To Set This World*, 61. Harding also points out that the antislavery movement was not respectable until *after* the Civil War—once the need for it no longer existed (*Days of HT*, 201).

86. Anna Whiting, "First of August in Concord," *Liberator*, August 7, 1846.

87. 海登在康科德的讲座没有留下记录，这里的引用来自他一年后在全美反奴协会的演讲。

88. Oehlschlaeger and Hendrick, *Thoreau's Modern Reputation*, 143; EWE interview with Bigelow, folder 2, CFPL; *To Set This World*, 63-65, 18n59.

89. ABAJ, 190; *Walden*, 152; *To Set This World*, 62-63.

90. ABAJ, 193 (March 1847); PEJ, 2:167, 1:46.

91. 参见普林斯顿版梭罗日记，第一卷。爱默生曾经记录过 1843 年康科德的类似族群："夏天佩诺布斯科特印第安人会来这儿，在河岸为我们编织篮子。" 1834 年于哈佛市附近扎营的土著族群曾激发梭罗的同学霍雷肖 · 黑尔写下一篇有关他们的语言的研究专著。

92. PEJ, 2:281. See Richard S. Sprague, "Companions to Katahdin: Henry David Thoreau and George A. Thatcher of Bangor," in *Thoreau Journal Quarterly* 12.1 (January 1980): 41-65.

93. 梭罗的资料来源是查尔斯 · T. 杰克逊，后者是本州的地质学家和爱默生的姐夫，他曾于

1837 年考察过佩诺布斯科特并爬过卡塔丁山。梭罗把 Katahdin 拼为 “Ktaadn”。

94. PEJ, 2:281-83, MW, 6.

95. PEJ, 2:284.

96. Ibid., 286-88.

97. Ibid., 289; *MW*, 14-16; PEJ, 2:293-94.

98. PEJ, 2:294-98; *MW*, 16-21.

99. PEJ, 2:298-302; *MW*, 21-26.

100. PEJ, 2:302-7; *MW*, 26-31.

101. PEJ, 2:307-10; *MW*, 31-35.

102. PEJ, 2:311-15; *MW*, 35-41.

103. PEJ, 2:315-20; *MW*, 41-45.

104. PEJ, 330-32, 278; *MW*, 53-55.

105. 卡塔丁的真正顶峰是巴克斯塔峰（Baxter Peak），山下的河流望不见这座峰。梭罗去的是南峰。

106. PEJ, 2:338-40; cf. *MW*, 64-65.

107. PEJ, 2:278; *MW*, 70-71.

108. *MW*, 81-82; PEJ, 2:352-54.

109. PEJ, 2:175.

110. 这篇报道的作者是霍雷肖的父亲：大卫 · 汉弗莱 · 斯托勒（David Humphreys Storer）。

111. Christoph Irmscher, *Louis Agassiz: Creator of American Science* (Boston: Houghton Mifflin, 2013), 92-93; *Corr.*, 1:290-91 (James Elliot Cabot to HDT, May 3, 1847).

112. *Corr.*, 1:292-94 (HDT to James Elliot Cabot, May 8, 1847), 299-300 (Cabot to HDT, May 27, 1847), 303-4 (Cabot to HDT, June 1, 1847) .

113. *LRWE*, 3:397 (May 4, 1847); *Corr.*, 1:301n1.

114. *LRWE*, 3:288, 290, 293; PEJ, 2:256-57.

115. 两位学者都强调梭罗设想的印第安和康科德之间的通衢不是单向的，而是双向的，迪莫克（Dimock）在她有关甘地接受梭罗影响的分析文章中指出过这一点。（见迪莫克《经过其他大洲》，20-22 页）。正如斯坦利·卡维尔指出，“和《瓦尔登湖》一样，《吉檀迦利》也是分为十八部分的经文”，从一个绝望的英雄开始，结束于英雄以行动破解他的困境。（见卡维尔，《瓦尔登湖之义》，117-118 页）

116. PEJ 4:275, 276; *Walden*, 323.

117. *LRWE*, 3:413, 415; Ellen Tucker Emerson, *Life of Lidian Jackson Emerson*, 108. For Thoreau's description of Emerson's cramped stateroom, see *Corr.*, 1:310 (HDT to Sophia Thoreau, October 24, 1847).

第六章　作家生涯

1. ABAJ, 194; *Corr.*, 1:308 (HDT to Henry Williams, September 30, 1847).

2. Ellen Tucker Emerson, *The Life of Lidian Jackson Emerson* (East Lansing: Michigan State University Press, 1992), 108 ("prophet's chamber"); *Corr.*, 1:316 (HDT to RWE, November 14, 1847). Lucy Jackson Brown was living in the main house while her new house next door was being built.

3. 梭罗用双关借指西奥多·帕克 1841 年的文章《有关基督教中的暂时性和永恒性》。梭罗经常咨询爱默生的财务经理亚伯·亚当斯。

4. Ibid., 313-14; *LRWE*, 3:455 (i.e., a father or a nice fellow in spite of himself).

5. *Corr.*, 1:316, 325 (RWE to HDT, December 2, 1847).

6. Ellen Tucker Emerson, *Life of Lidian Jackson Emerson* 105, 107; *Days of HT*, 224-26.

7. 玛丽亚提到亨利从改革者索菲娅·弗德那里收到过一封"前言不搭后语"的信，她请求他加入一个协会来求证船难的原因；梭罗当时正好刚目睹了圣约翰号的沉船。（参见玛丽亚·梭罗于 1849 年 11 月 15 日写给普鲁登斯·沃德的信。）

8. *JMN*, 10:116-17; *Days of HT*, 217.

9. *LRWE*, 3:411, 413.

10. 玛丽亚·梭罗于 1847 年 9 月 25 日写给普鲁登斯·沃德的信里写道："当他们从云间下落的时候，我希望他们能找到一个柔软的着陆点。"

11. *Corr.*, 1:314; ABAJ, 197.

12. *Days of HT*, 219; Franklin Benjamin Sanborn, *The Life of Henry David Thoreau* (Boston: Houghton Mifflin, 1917), 300–301; *LRWE*, 3:411n; Walter Harding, "Thoreau in Emerson's Account Books," *TSB* 159 (Spring 1982): 1-3. Marston Watson liked Alcott's summerhouse so much that in 1854 he commissioned Alcott to build one on his Plymouth property.

13. 买下梭罗损坏的房子的农民叫詹姆斯·克拉克（James Clark），位于卡莱尔老街。

14. 参大卫·伍德（David Wood）《观察者所见：康科德博物馆的梭罗馆藏》（康科德博物馆，2006），第 125 页：沃尔顿·里基森（Walton Ricketson）之后于 1868 年和钱宁一同造访遗址，拿走了一些残片，如今保存于康科德博物馆。

15. 1848 年 8 月 31 日，菲奇堡铁路公司支付了爱默生五十美金作为赔偿。

16. 截止 1854 年，瓦尔登湖周边尚存约百分之十的森林。

17. *Corr.*, 1:345 (HDT to RWE, February 23, 1848), 2:27 (HDT to Ellen Emerson, July 31, 1849). The *Penny Magazine of the Society for the Diffusion of Useful Knowledge* was a vehicle for popular natural history.

18. *LRWE*, 4:40-41.

19. Lidian Emerson to RWE (May 17, 1848), in *ThoT*, 3; *LRWE*, 4:80–81.

20. *LRWE*, 4:33.

21. PEJ, 3:17-18, 125-26; see also 44-46.

22. 梭罗的记载应和了玛格丽特·富勒在散文《伟大的诉讼》（The Great Lawsuit）里有关至高，或说"神圣"婚姻的描述：新人将会"随着我们进步而进入到更多光荣的盛景之中。"梭罗则想象爱情是一种"超验的婚姻"，见梭罗的散文《爱》以及《贞洁和性》，后者他自己整理成集，于 1852 年 9 月寄给了哈里森·格雷·奥蒂斯·布雷克。

23. Emerson, "Thoreau," 415, 416-17.

24. *Walden*, 219-21; *EEM*, 274.

25. *EEM*, 277; Emerson, "Thoreau" 767n5.

26. 沃尔特·哈丁在《梭罗的性问题》里给出了广泛证据证明梭罗的同性恋倾向。哈丁总结说，和他提到的其他人一样，梭罗的创作力来自一种同性恋倾向的升华。有一段时间关于梭罗的(同性)性取向的讨论颇为热闹，始于1970年代末期，这个话题今天值得重新拿出来检验。

27. *Corr.*, 1:357 (H. G. O. Blake to HDT, before March 27, 1848).

28. *Corr.*, 1:359-62 (HDT to H. G. O. Blake, March 27, 1848). For the complete Thoreau Blake correspondence in a single volume, see Henry David Thoreau, *Letters to a Spiritual Seeker*, ed. Bradley P. Dean (New York: Norton, 2004).

29. *Corr.*, 1:332 (HDT to RWE, December 29, 1847).

30. *EEM*, 232, 224, 264-65.

31. Ibid., 243, 250-51, 254, 257 (emphases in the original).

32. *Corr.*, 1:365-66 (Horace Greeley to HDT, April 17, 1848), 372-73 (Greeley to HDT, May 17, 1848); Ralph Waldo Emerson, and Thomas Carlyle, *The Correspondence of Emerson and Carlyle*, ed. Joseph Slater, 2 vols (New York: Columbia University Press, 1964), 1:422 (Carlyle to Emerson, May 18, 1847).

33. *Corr.*, 1:286 (Greeley to HDT, February 5, 1847); J. Lyndon Shanley, *The Making of "Walden," with the Text of the First Version* (Chicago: University of Chicago Press, 1957), 106; cf. PEJ, 2:142. Thoreau apparently gave this lecture first in Lincoln, on January 19, 1847; see TL I, 148-50.

34. *LRWE*, 3:378; *THOT*, 5; *Days of HT*, 187-88.

35. Shanley, *Making of "Walden,"* 153.

36. *Corr.*, 1:339 (HDT to RWE, January 12, 1848); Alcott quoted in TL I, 153.

37. Shanley, *Making of "Walden,"* 141.

38. *Corr.*, 1:350 (HDT to James Elliot Cabot, March 8, 1848), 366 (Greeley to HDT, April 17, 1848).

39. Ibid., 373, 375, 383 (Greeley to HDT, May 17 to May 25, 1848).

40. Ibid., 388-90 (Greeley to HDT, October 28 and November 19, 1848).

41. *LRWE*, 4:56; *Corr.*, 1:378-80 (HDT to RWE, May 21, 1848); *LRWE*, 4:81.

42. ABAJ, 201.

43. 在英格兰，女性主义者和自由思想家索菲娅·多布森·科莱特（Sophia Dobson Collet）——她本人处于"红色共和党人"的边缘——在伦敦的《人民评论》上提到梭罗的散文。这篇文章的原始稿已经遗失，所以发表的版本和原始讲稿有多少出入已经无法得知。第二版的题目《公民不服从》应当出自梭罗的手笔，但是证据不够充分。这也就解释了为什么同一篇文章会有两个标题。

44. *RP*, 63-64.

45. *JMN*, 9:446; *RP*, 84, 67.

46. Frederick Douglass, *Narrative of the Life of Frederick Douglass, an American Slave*, in *Autobiographies* (New York: Library of America, 1994), 64.

47. *RP*, 68. In resisting Covey, then, Douglass was asserting himself as a free *citizen*.

48. Ibid., 78-79, 85.

49. Ibid., 73-77.

50. Ibid., 89-90.

51. *Week*, 77.

52. PEJ, 2:205-6.

53. *Week*, "Historical Introduction" 453.

54. Ibid, 451. For more on Fuller's and Thoreau's influence on each other, see Marie Urbanski, "Henry David Thoreau and Margaret Fuller," *Thoreau Journal Quarterly* 8.4 (1976): 24-30.

55. *LRWE*, 3:338 (RWE to Charles Newcomb).

56. *ABAJ* , 213-14; *LRWE*, 3:384.

57. *The Letters of Nathaniel Hawthorne, 1843-1853*, edited by Thomas Woodson, L. Neal Smith, and Norman Holmes Pearson (Columbus: Ohio State University Press, 1985), 106 (Hawthorne to E. A. Duyckinck, July 1, 1845); *Corr.*, 1:316 (HDT to RWE, November 14, 1847).

58. *Corr.*, 1:325 (RWE to HDT, December 2, 1847); *LRWE*, 4:16.

59. *Corr.*, 1:376 (HDT to Greeley, May 19, 1848).

60. Ibid., 376; 384 (HDT to George Thatcher, August 24, 1848); Ellen Tucker Emerson, *Life of Lidian Jackson Emerson*, 109.

61. *JMN* 10:347, 343, 344.

62. 桑伯恩在书里收入了一张梭罗写给父亲的典型欠条，是手写在一首诗作背面的："1840 年 12 月 8 日，欠父亲 41.73 美金"，诸如此类。(桑伯恩《梭罗的一生》，第 241 页)。

63. 按照梭罗的记录，尤坎努努克山是成对的山峰，山名（意思是"乳房"）把这一讯息呈现得很清晰。但是他们究竟爬了哪两座山峰并不清楚。

64. Maria Thoreau to unknown correspondent, September 7, 1848. "Thoreau Memorial Scrap Book," item #17, Thoreau-Ward-Sewall Papers, Thoreau Society Archives, Henley Library.

65. Keith Walter Cameron, *Transcendentalists and Minerva*, 3 vols. (Hartford, CT: Transcendental Books, 1958), 2:374-76.

66. CFPL has Thoreau's surveys online, under Special Collections (http://www.concordlibrary.org/scollect/Thoreau_surveys/Thoreau_surveys.htm). See also Marcia E. Moss, *A Catalog of Thoreau's Surveys in the Concord Free Public Library*, Thoreau Society Booklet 28 (Geneseo, NY: Thoreau Society, 1976); and Patrick Chura, *Thoreau the Land Surveyor* (Gainesville: University Press of Florida, 2010). Thoreau surveyed Emerson's Walden holdings three times over many years to settle a boundary dispute dating back to colonial days; see *LRWE*, 8:210-11n34.

67. The complete schedule of Thoreau's Walden lectures this season, with supporting details, is given in TL I, 155-84.

68. *Corr.*, 1:391 (HDT to George Thatcher, December 26, 1848); TL I, 157-59.

69. *Thoreau as Seen*, 117; *Thoreau Log*, 153.

70. TL I, 165-66; Maria Thoreau to Prudence Ward, February 28, 1849, Thoreau-Sewall Papers, 1790-1917, HM 64932, Huntington Library, San Marino, California.

71. TL I, 16970.

72. *Thoreau Log*, 145.

73. TL I, 177.

74. Maria Thoreau to Prudence Ward, February 28, 1849, Thoreau-Sewall Papers, 1790-1917, HM 64932, Huntington Library, San Marino, California; Maria Thoreau to Prudence Ward, March 15, 1849, Thoreau-Sewall Papers, 1790–1917, HM 64933, Huntington Library, San Marino, California.

75. *Corr.*, 2:12 (HDT to Nathaniel Hawthorne, February 20, 1849).76

76. Maria Thoreau to Prudence Ward, May 1, 1849, Thoreau-Sewall Papers, 1790-1917, HM 64935, Huntington Library, San Marino, California; *JMN*, 15:165.

77. ABAJ, 209. For a synopsis of the major reviews, see "Historical Introduction," in *Week*, 472-77.

78. Anon., "H. D. Thoreau's Book," *new-York Daily Tribune*, June 13, 1849; reprinted in Myerson, ed. *Emerson and Thoreau: The Contemporary Reviews* (Cambridge: Cambridge University Press, 1992), 341-43.

79. PEJ, 4:310; *Week*, "Historical Introduction," 472.

80. *LRWE*, 4:145, 151.

81. Myerson, *Emerson and Thoreau: Reviews*, 352–59; Maria Thoreau to Prudence Ward, December 17, 1849, Thoreau-Sewall Papers, 1790–1917, HM 64937, Huntington Library, San Marino, California; *Days of HT*, 251.

82. Walter Harding, "Amanda Mather's Recollections of Thoreau," *TSB* 188 (Summer 1989): 2.

83. *Liberator*, June 22, 1849 (it is unclear whether the author was Garrison or Mary Brooks); "Farewell," in *CEP*, 622-23; Harding, "Mather's Recollections," 2.

84. PEJ, 3:19, 26.

85. Ibid., 3:29.

86. 也可以参见爱默生写给埃伦的信，针对如何给梭罗写信，他给出了作为父亲的建议。

87. 针对这段垮塌而后部分恢复的艰难且著名的友谊，可参见罗伯特 · 萨特尔迈尔（Robert Sattelmeyer）的文章《当他成了我的敌人：爱默生和梭罗，1848-1849》，收于《新英格兰季刊》（1989 年 6 月）以及威廉·罗西《表演丧失，挽歌和超验的友谊》，收于《新英格兰季刊（2008 年 6 月）。

88. 参林克 · C. 约翰逊（Linck C. Johnson）《梭罗的复杂织品：<康科德和梅里马克河上的一周>的写作，收入该书初稿》（弗吉尼亚大学出版社，1986 年）。约翰逊的专著给出了梭罗处女座最详实的分析。还可参见史蒂芬 · 芬克（Steven Fink）《市场中的先知：梭罗作为专业作家的成长》（普林斯顿大学出版社，1992 年）。

89. *Walden*, 19; *Week*, 353.

90. *Week*, 5.

91. Ibid., 15-16.

92. See Alan D. Hodder, *Thoreau's Ecstatic Witness* (New Haven, CT: Yale University Press, 2001), 123.

93. *Week*, 393.

94. 1846 年 4 月 16 日，当伊丽莎白·霍尔主持奥尔科特关于耶稣的讲座时，霍尔称奥尔科特是“现代文化的天才”，梭罗对此“颇有”异议。

95. *Week*, 72-73.

96. Ibid., 140, 70.

第七章　从康科德到宇宙：梭罗转向科学

1. *LRWE*, 4:156-57; PEJ, 3:23-24.

2. *Corr.*, 2:42 (HDT to H. G. O. Blake, November 20, 1849); *JMN*, 11:240; *Week*, 70.

3. PEJ, 3:201.

4. 对于梭罗用查尔斯 · 莱尔来打通诗歌和科学的边界，参见威廉 · 罗西《诗歌和进步：梭罗，莱尔和〈河上一周〉的地理原则》(《美国文学》1994 年 6 月刊，第 275-300 页)，还可见劳拉 · 达索 · 沃尔斯《看到新世界：亨利 · 戴维 · 梭罗和十九世纪自然科学》(威斯康星大学出版社，1995 年)，第 42-45 页。

5. *Week*, 128.

6. Ibid., 363; PEJ, 4:385, *Walden*, 290.

7. *E&L*, 20, 25; *Week*, 382.

8. PEJ, 3:27.

9. *CC*, 5-7.

10. *CHDT*, 498 (RWE to H. G. O. Blake, November 16, 1857). See Bradley P. Dean, "Natural History, Romanticism, and Thoreau," in *American Wilderness: A New History*, ed. Michael Lewis (Oxford: Oxford University Press, 2007): 78-79.

11. *CC*, 23, 32, 50.

12. 10 月 23 日，就在梭罗和钱宁回到波士顿不久之后，有两个人抢劫了位于普罗温斯顿的联合码头公司 (the Union Wharf Company)，获利约 15000 美金。在之后的调查中，警察追踪了梭罗和钱宁，问询了和他们有联系的所有人，包括纽科姆。当梭罗于 1850 年 6 月回城，这桩案子还没有破，但没有证据显示梭罗是嫌疑犯。参见詹姆斯·H. 埃利斯 (James H. Ellis)《普罗温斯顿劫案》。

13. *CC*, 98, 137.

14. 梭罗的印第安十二书 ("加拿大" 卷以及另外的十一本) 在他身前只有部分发表，并没有结集出版。摩根图书馆存有一份不完全的书稿。

15. William Ellery Channing II, *Thoreau: The Poet-Naturalist* (Boston: Roberts Brothers, 1873), 55; *Corr.*, 2:35-36 (HDT to Jared Sparks, September 17, 1849; emphasis in the original). Emerson had claimed, and been awarded, the same privilege in 1846 (*LRWE*, 3:335-36).

16. Maria Thoreau to Prudence Ward, December 17, 1849, Thoreau-Sewall Papers, 1790-1917, HM 64937, Huntington Library, San Marino, California; Corr 2:50 (RWE to HDT, February 6, 1850).

17. 梭罗的纽伯里波特讲座主持人是亨利 · 科伊特 · 珀金斯，也是他带梭罗领略了显微镜下的微观学。梭罗位于克林顿的讲座的主持人是富兰克林 · 福布斯，后者作为磨坊经纪人带梭罗游览了当地的磨坊群。梭罗于 1851 年 1 月 1 日发表讲座，这个系列的讲者还包括爱默生，格里利和亨利 · 沃德 · 比彻。

18. Quoted in TL I, 193 (Clinton, Mass.), 194-96 (Portland, Maine).

19. PEJ, 3:43.

20. Ibid., 3:133, 4:32, 3:84.

21. *Days of HT*, 261-63; Henry Petroski, "H. D. Thoreau, Engineer," *Invention and Technology* 5.2 (Fall 1989), 8-16, pp. 14-15; Petroski, *The Pencil: A History of Design and Circumstance* (New York: Knopf, 1990), 148-51; Randall Conrad, "The Machine in the Garden: Reimagining Thoreau's Plumbago Grinder," *TSB* 243 (Fall 2005): 5-8. The Thoreaus used Eben Wood's mill in Acton, and after 1853, according to Conrad, they used Warren Miles's mills; there may have been others.

22. Maria Thoreau to Prudence Ward, November 15, 1849, Thoreau-Sewall Papers, 1790-1917, HM 64936, Huntington Library, San Marino, California.

23. PEJ, 3:326; *J*, 9:83. Thoreau's herbarium alone eventually included more than nine hundred specimens; see Ray Angelo, "Thoreau as Botanist: An Appreciation and a Critique," *Arnoldia* 45.3 (Summer 1985): 20.

24. 当梭罗发现了纽约的越橘卖得比波士顿还便宜的时候就放弃了该项计划。

25. 梭罗的招贴收入在弥尔顿·梅尔策和沃尔特·哈丁的《梭罗档案》(托马斯·Y. 科罗威尔出版社，1962年)和帕特里克·楚拉《土地测量员梭罗》(佛罗里达大学，2010年)中。

26. 土地测量员用的卷尺有一百个铁扣，一共有四竿长，也就是66英尺。梭罗的指南针是由波士顿布罗德街的C. G. 金公司制造，如今收在康科德自由图书馆里。他使用过的部分测量工具陈列在康科德博物馆里。发现真正的地理北极和梭罗对这一结果的精神性应用在帕特里克·楚拉的《土地测量员梭罗》里有详细的描述。马塞诸塞州1852年的注册记录里登记梭罗的身份是"土木工程师"。

27. 这没有给梭罗本人留下特别的印象："天黑后得到的最后两个方位几乎无效，"他强调说。

28. ABAJ 239 (January 22, 1851).

29. PEJ, 3:134-35, 139, 315.

30. 梭罗曾期待过这份工作，但是当他发现自己是在帮忙裁定肮脏的边界纠纷时，这份工作黄了。

31. PEJ, 4:203-4.

32. *Corr.*, 1:310 (HDT to Sophia Thoreau, October 24, 1847), 315-16 (HDT to RWE, November 14, 1847);.

33. PEJ, 3:296-99 (Harvard observatory, July 9, 1851); *Corr.*, 2:23-26 (HDT to Louis Agassiz, June 30, 1849, and Agassiz's reply, July 5, 1849).

34. Ibid., 2-3 (HDT to George Thatcher, February 9, 1849); PEJ, 3:170-77.

35. 更多有关玩具水车的记录，参见劳拉·达索·沃尔斯《浪漫化现实：梭罗题词里的科技》(收于威廉·E. 凯恩主编的《亨利·戴维·梭罗历史指南》，牛津大学出版社，2000年)。这里提到的风琴联想对于梭罗至关重要，1852年，在穿过底普卡特的铁路上，他多次因为电报网之中穿梭而过的风声而陷入狂想。梭罗自己做了一座迷你的风琴，可以放到窗框里，这样可以把风声带进他家。这座风琴现在藏于康科德博物馆。

36. 对于梭罗和早期的达尔文，参见小罗伯特·D. 理查德森的《亨利·戴维·梭罗：思想的一生》(加州大学出版社，1986年)，约翰·奥德里奇·克里斯蒂整理了由梭罗朗读过的172篇旅行散记，其中146篇是完整的，此外还有藏品和期刊，参见《世界旅行者梭罗》(哥伦比亚大学出版社，1965年)。我在《看到新世界：亨利·戴维·梭罗和十九世纪自然科学》一文里详细地分析过梭罗对自然科学的涉猎，我也是在该文中确立了梭罗收到亚历山大·冯·洪堡和洪堡科学传统影响的结论。有关洪堡科学传统，我在《通往寰宇：亚历山

大 · 冯 · 洪堡和美洲的成形》(芝加哥大学出版社，2009 年）一书中有详细展开。

37. *Corr.*, 1:94 (Margaret Fuller to HDT, October 18, 1841), 203 (HDT to RWE and LJE, July 8, 1843).

38. 当爱默生于 1849 年 10 月第一次听闻她的隐秘婚姻，他假设他们都会回美国安家，但是到了 1850 年 4 月，随着政治局势稳定，他劝她留在那里：意大利的生活会“像星星一样给你带来璀璨的灵感和名声”。

39. Charles Capper, *Margaret Fuller: An American Romantic Life, the Public Years* (Oxford: Oxford University Press, 2007), 495-503.

40. 梭罗基于这些脚注写过一篇报告，他回城之后读给沃尔多和丽蒂安 · 爱默生夫妇以及伊丽莎白 · 霍尔听。这份讲稿已经散逸，但是大部分得到恢复。有一页转述于史蒂夫 · 格莱斯（Steve Grice）的《梭罗火岛手卷的一页》。

41. *Corr.*, 2:63-64 (HDT to RWE, July 25, 1850).

42. *LRWE*, 8:254, 4:219.

43. Bayard Taylor, “The Wreck on Fire Island,” *New-York Daily Tribune* July 24, 1850, 1; “Thoreau’ s Account of the Wreck.”

44. PEJ, 3:99-100; Grice, “Thoreau’s Fire Island Manuscript.”

45. 史密斯 · 欧科斯（Smith Oakes）和其他六个人之后被美国法警局起诉，罪名是非法占有伊丽莎白号的物品。见格莱斯《梭罗火岛手卷的一页》，以及《发自火岛：伊丽莎白号掠夺案的诉讼》(《纽约每日论坛报》，1850 年 7 月 31 日，第四版）。

46. *Corr.*, 2:76 (HDT to Charles Sumner, July 29, 1850), 76-77 (Sumner to HDT, July 31, 1850).

47. PEJ, 3:95; *Corr.*, 2:78 (HDT to H. G. O. Blake, August 9, 1850).

48. PEJ, 3:95; *CC*, 84-85 (cf. PEJ, 3:127-28).

49. Ellery Channing quoted in Robert N. Hudspeth, “Dear Friend: Letter Writing in Concord,” *Concord Saunterer*, n.s., 11 (2003): 84; *Corr.*, 2:78; PEJ, 3:96-97.

50. 去看河的全景当时正流行，梭罗当时也去看莱茵河以及另一条密西西比河流域的全景。

51. PEJ, 3:110.

52. *Exc.*, 101-5.

53. Ibid, 88-89.

54. Ibid., 93-94.

55. Ibid., 103.

56. Ibid., 122-25, 131-32.

57. Ibid., 117 (Thoreau spells them “*snells*”); “Headnote,” in *Exc.*, 471-96, p. 474

58. Ibid., 161.

59. Ibid., 126, 163. See also PEJ, 3:328: “Where there were books only—to find realities.”

60. 梭罗思想和作品中的花期研究应当从罗伯特 · 萨特尔迈尔的《梭罗的阅读：附书目资料的思想史研究》(普林斯顿大学出版社，1988 年）开始，接着可以参考理查德森的《亨利·戴维 · 梭罗：思想的一生》。

61. PEJ, 4:7-8 (August 22, 1851); TL I, 202.

62. *Corr.*, 2:102 (Greeley to HDT, March 18, 1852); *Exc.*, 88-89; *Corr.*, 2:139 (Greeley to HDT,

January 2, 1853), 145 (HDT to H. G. O. Blake, February 27, 1853).

63. PEJ, 3:131-34 (November 8, 1850), 134-36 (November 9, 1950).

64. Ibid., 141-42.

65. 梭罗的日记本身作为完整的艺术品被研究是莎伦·卡梅隆（Sharon Cameron）提出的重要洞见，参见她影响深远的著作《自然写作：亨利·梭罗的日记》（芝加哥大学出版社，1985 年）。

66. Franklin Benjamin Sanborn, *Henry D. Thoreau* (Boston: Houghton Mifflin, 1882), quoted in *THOT*, 132.

67. PEJ, 4:133, 329; W. E. Channing II, *Poet-Naturalist* (1873), 47; Emerson, "Thoreau," 419. See also Channing's detailed, eloquent pages describing Thoreau's exact method of taking field notes and expanding them (*Poet-Naturalist* [1902], 65-66).

68. PEJ, 4:170 ("with these I deal"), 3:150 ("out of my senses"), 151 ("a different sort of man").

69. Ibid., 3:152-54 (November 26, 1850).

70. Ibid., 3:41-42; *Corr.*, 2:48 (Samuel Cabot to HDT, before December 10, 1849); *JMN*, 11:277-78.

71. PEJ, 3:44; *Corr.*, 2:89 (Samuel Cabot to HDT, December 27, 1850). The BSNH's present-day avatar is the Museum of Science, Boston.

72. 一般认为梭罗以决绝的姿态拒绝成为美国科学进步协会会员，而且在忽视会员资料表将近一年后才将其返还。但是，按照美国科学进步协会的记录，梭罗 1853 年就是会员，梭罗本人也说他一收到会员问询表（列举他的科学兴趣），很快就填写上交了。尽管他私底下对美国科学进步协会颇多微词，但他还是对协会很有兴趣，而且对受邀入会感到无上光荣，发出邀请的人很可能是斯宾塞·富勒顿·贝尔德（Spencer Fullerton Baird）。

73. 梭罗是在去梅德福发表演讲《经济篇》（1851 年 1 月 22 日）的路上造访奥尔科特的。

74. See *JMN*, 11:404 (July 1851) ("pounding beans"), 400 (draft of "captain of a huckleberry party"); Emerson, "Thoreau," 429.

75. *JMN*, 15:352-53.

76. PEJ, 3:148; cf. 192-93, where he rewrites this passage, marking it as a significant moment.

77. Ibid., 198.

78. Ibid., 245 (June 7, 1851).

79. 一个梭罗如何使用触觉的例子：在一个大热天触摸毛蕊花叶子的时候，他发现活着的叶子是凉的，而死掉的叶子是温热的。

80. 即便是让牙医拔牙（发生于 1851 年 5 月 12 日）也激发了梭罗对生命经验的探索——向内的探索，对梭罗而言这是对心灵 / 思想理性的实验：人成了"没有器官的健康心智——但是在探索器官"，存在于"你的根——好比冬天的树。"他还开了一句玩笑："就算我装了假牙，我也相信我的良心不是假的。"

81. Ibid., 337.

82. Ibid., 3:338-40. Thomas Blanding details various versions of this story in "Mary Russell Watson's Reminiscences of Thoreau," *Concord Saunterer* 9.2 (June 1974): 1-6.

83. PEJ, 3:341. Thoreau says 1690, but Lawrence D. Geller says 1700. See his *Between Concord and Plymouth: The Transcendentalists and the Watsons* (Concord, MA: Thoreau Foundation; Plymouth, MA: Pilgrim Society, 1973), the source for much of the following information.

84. PEJ, 3:348-49.

85. Ibid., 352; *Days of HT*, 293; W. E. Channing II, *Poet-Naturalist* (1873), 35.

86. 梭罗还写道，旅行者或许会看到“最早的定居者没有观察到的东西”。

87. Ibid., 4:154-55.

88. Ibid., 200-201.

第八章　自然之美，人之卑贱

1. *RP*, 108; PEJ, 8:200.

2. PEJ, 2:123; *RP*, 61.

3. PEJ, 5:120.

4. Ralph Waldo Emerson, *Emerson's Antislavery Writings*, ed. Len Gougeon (New Haven, CT: Yale University Press, 1995), 79.

5. *To Set This World*, 77-78.

6. PEJ, 3:194; *To Set This World*, 80-83.

7. Elizabeth Hoar to Frances Jane Hallett Prichard, April 1851, Prichard, Hoar, and Related Family Papers, vault A45, Prichard unit 2, box 5, folder 11, CFPL; PEJ, 3:204-05, 4:288.

8. PEJ, 3:202-07; Emerson, "Address to the Citizens of Concord" (May 3, 1851), in *Emerson's Antislavery Writings*, 57..

9. Seward gave his speech on March 11, 1850. Albert J. von Frank, *The Trials of Anthony Burns: Freedom and Slavery in Emerson's Boston* (Cambridge, MA: Harvard University Press, 1998), 281-82. in Wesley T. Mott, ed., *Encyclopedia of Transcendentalism*, s.v. "Higher Law," by Linck C. Johnson, 82-84; and Sandra Harbert Petrulionis, "The 'Higher Law' : Then and Now," *TSB* 262 (Spring 2008): 5-7.

10. Quoted in TL I, 199; *Exc.*, 185. See Daniel S. Malachuk, *Two Cities: The Political Thought of American Transcendentalism* (Lawrence: University Press of Kansas, 2016), especially ch. 5, "'So we saunter to the Holy Land' : Thoreau and the City of God."

11. PEJ, 4:114-15. Henry Williams's fate is unknown.

12. Ibid., 7:134-35.

13. Moncure Daniel Conway, *Autobiography, Memories and Experiences*, 2 vols. (Boston: Houghton Mifflin, 1904), 1:141; see also Annie Russell Marble, *Thoreau: his home, Friends, and Books* (New York: Thomas Y. Crowell, 1902), 198-99, although Marble conflates the two incidents.

14. David Wood, *An observant Eye: The Thoreau Collection at the Concord Museum* (Concord, MA: Concord Museum, 2006), 46-47; the statue is on display at the Concord Museum.

15. PEJ, 7:102-3; *To Set This World*, 94-95.

16. 这三个人是安德鲁 · T. 福斯（Andrew T. Foss）牧师，H. C. 怀特牧师和洛林 · 穆迪。

17. Margaret Fuller, "The Great Lawsuit," *Dial* 4.1 (July 1843): 10, 14.

18. *Corr.*, 1:199 (HDT to Cynthia Thoreau, July 7, 1843), 211 (HDT to Helen Thoreau, July 21, 1843).

19. *Thoreau Log*, 206; PEJ, 4:233. Smith lectured at the Concord Lyceum on December 31, 1851.

20. PEJ, 4:183-84, 266.

21. "Love," in *EEM*, 270.

22. PEJ, 4:309-10, 426.

23. *JMN*, 13:26-27, 183.

24. *LRWE*, 4:413, 426; *Walden*, 270.

25. *JMN*, 13:20; PEJ, 3:302; see also *Walden*, 267-68.

26. *JMN*, 13:61.

27. PEJ, 5:293; for Thoreau on Channing's dog, see 4:286, 4:20, 6:10, 4:418.

28. Ibid., 4:170 ("moodiest person"), 6:150-51 ("shut them out"), 7:247 (Channing punches cat).

29. George Hendrick, ed., *Remembrances of Concord and the Thoreaus: Letters of Horace Hosmer to Dr. S. A. Jones* (Urbana: University of Illinois Press, 1977), 26; *Walden*, 268. For more on the difficult Ellery Channing, see Frederick T. McGill Jr., *Channing of Concord: A Life of William Ellery Channing II* (New Brunswick, NJ: Rutgers University Press, 1967); and Robert N. Hudspeth, *Ellery Channing* (New York: Twayne, 1973).

30. *Walden*, 268–69, PEJ, 6:101-02.

31. *Thoreau as Seen*, 166, 165.

32. *Walden*, 268-69, see also PEJ, 6:294.

33. *Corr.*, 2:13-14 (Bronson Alcott to "Dear Sir," February 20, 1849).

34. PEJ, 4:451; TL I, 206.

35. PEJ, 4:487; TL I, 206-08; *RP*, 168.

36. TL I, 209-11.

37. PEJ, 3:92; William Ellery Channing II, *Thoreau: The Poet-Naturalist*, ed. F. B. Sanborn (Boston: Charles E. Goodspeed, 1902), 10-11; J. Lyndon Shanley, *The Making of "Walden," with the Text of the First Version* (Chicago: University of Chicago Press, 1957), 60n7.

38. PEJ, 4:491-92, 582n.

39. 感谢罗伯特 · 格罗斯澄清了当时的学校教育仍然基于自愿原则，也就是说约翰尼是自己做出去上学这一勇敢的决定的（见于他的私下通信）。

40. 需要更多的信息，请参见拙作《因为你们是我的兄弟：梭罗和爱尔兰人》（刊于《新英格兰季刊》，2015 年 3 月）。在 1850 年 11 月下旬，梭罗写下《爱尔兰小男孩》一诗，借鉴了威廉 · 布雷克的《黑人小男孩》；梭罗还为约翰尼 · 莱尔顿（Johnny Riordan）写了一篇文章，没有编入文集（1852 年 1 月 28 日）。这两个作品都应当得到重视。

41. *Corr.*, 2:176 (HDT to various recipients, October 12, 1853), 175 (HDT to various recipients, October 12, 1853); PEJ, 7:102-3, 134-35; Flannery quoted in 8:33-34. See also Bradley P. Dean, "Thoreau and Michael Flannery," *The Concord Saunterer* 17.3 (December 1984): 27-33. The man who cheated Flannery, Abiel Wheeler, was the Concord farmer who still bore Henry a grudge for burning his woodlot in 1844.

42. 一如霍德（Hodder）的观察，梭罗的"听觉狂想"是他日记里的主导动机（leitmotif），而且时常激发出梭罗最深层的反思。可以说任何声音——火车的轰鸣，电报的声音，罗宾鸟或画眉鸟的歌声，甚至是远处的犬吠——都可以让梭罗陷入迷思。

43. 梭罗这么描述他的“植物盒”：一顶藏了暗格的草帽，他把植物标本寄放在里面。

44. PEJ, 6:244, 7:30-33.

45. Quoted in Sarah Gertrude Pomeroy, “Sophia Thoreau,” in *Little-known Sisters of Well-known Men* (Boston: Dana Estes, 1912), 259-61.

46. PEJ, 6:41 (Aunt Maria), 5:417 (Uncle Charles).

47. Ibid., 5:403.

48. Ibid., 4:41, 178.

49. Ibid., 4:269, 392; cf. “Walking,” in *Exc.*, 209.

50. Ibid., 7:15, 4:252.

51. Ibid., 4:291; 6:172.

52. Ibid., 4:270-73, 277. The standard source on the composition of *Walden* is Shanley, *Making of “Walden”* ; for a useful, concise treatment, see Robert Sattelmeyer, “The Remaking of *Walden*,” in *Writing the American Classics*, ed. James Barbour and Tom Quirk (Chapel Hill: University of North Carolina Press, 1990): 53-78; repr. in Henry David Thoreau, *“Walden,” “Civil Disobedience,” and other Writings*, ed. William Rossi (New York: Norton, 3rd edition, 2008), 489-507.

53. For this exchange of letters between Greeley and Thoreau, see *Corr.*, 2:100-104, 111-12 (February 24-July 8, 1852).

54. *Corr.*, 2:137-38 (HDT to Benjamin Marston Watson, December 31, 1852).

55. Ibid., 140 (HDT to H. G. O. Blake, February 27, 1853), PEJ 7:201; PEJ, 6:234 (June), 303 (August), 7:3, 310.

56. PEJ, 8:6; *Corr.*, 2:197-98 (HDT to George Thatcher, February 25, 1854).

57. *Corr.*, 2:140-41 (HDT to H. G. O. Blake, February 27, 1853); PEJ, 7:156.

58. PEJ, 6:236, 245.

59. *MW*, 95.

60. *MW*, 97, 99; PEJ, 7:51-58.

61. PEJ, 7:61-63.

62. Ibid., 66, 69-70.

63. 说这个朋友是塞巴提斯 · 达纳，是根据范尼 · 哈迪 · 艾克斯特龙（Fanny Hardy Eckstorm）的意见，后者证实梭罗的同伴还有“斯瓦森（约阿希姆）· 塔蒙特”。见《有关梭罗〈缅因森林〉的说明》：塞巴提斯 · 达纳不是“塞巴提斯 · 所罗门”，根据梭罗所言，达纳之前和乔 · 艾特翁（Joe Aitteon）从奥尔德敦来到撒切尔家，和艾特翁一起在撒切尔的谷仓住了一夜，然后自己去班戈待了几天，再来到奇森库克和乔以及约翰·艾特翁会和，一起猎驼鹿。

64. Ibid., 83-86.

65. Ibid., 83-84, 117. On the crucial role of the Penobscot in redirecting Thoreau’s thinking, see Phillip Round, “Gentleman Amateur or ‘Fellow-Creature’ ? Thoreau’s Maine Woods Flight from Contemporary Natural History,” in *Thoreau’s World and Ours: A Natural Legacy*, ed. Edmund A. Schofield and Robert C. Baron (Golden, CO: North American Press, 1993), 316-29.

66. PEJ, 7:90, 93; *MW*, 149.

67. 这些在地的观察颠覆了梭罗先前于1846年乘轮渡经过时对印第安岛做出的随意批评。

68. 伍德（Wood）指出，梭罗的雪地靴是用白蜡木和枫树做的鞋帮子，表面敷鹿皮，这很显然是印第安人的技艺，尽管当时的雪地靴多出自奥尔德敦，但是这一双很显然来自佩诺布斯科特人之手。

69. *MW*, 155-56.

70. PEJ, 7:160.

71. 邀请人是弗朗西斯·安德伍德（Francis Underwood）。

72. PEJ, 7:99, 103-7.

73. Ibid., 7:201, 203; Leslie Perrin Wilson, *In History's Embrace: Past and Present in Concord, Massachusetts* (Concord, MA: Concord Free Public Library, 2007), 43-45; Jane Hallett Prichard to Moses B. Prichard, December 15, 1853, Prichard, Hoar, and Related Family Papers, vault A45, Prichard unit 2, box 6, folder 6, CFPL.

74. PEJ, 7:209-10 (tries on snowshoes), 211 (measuring snow), 224, 259 (thaw).

75. Ibid, 224, 233.

76. *Corr.*, 2:192-93 (HDT to H. G. O. Blake, January 21, 1854); PEJ, 7:241 (new coat), 245 (Harris). The court case is detailed in PEJ, 7:349-51; Thoreau had to return on January 26.

77. PEJ, 7:123. For details see Steven Fink, *Prophet in the Marketplace: Thoreau's Develop-ment as a Professional Writer* (Princeton, NJ: Princeton University Press, 1992), 211-13.

78. PEJ, 7:176, 216.

79. Ibid., 276 (sand-foliage), 268 (living earth).

80. Ibid., 285-86.

81. 梭罗学者喜欢指出说，在1854年4月，当菲奇堡铁路把火车车票从1.3美金涨到1.55美金后，一丝不苟的梭罗在书里更新了这个细节。

82. PEJ, 8:57, 61, 125.

83. Ibid., 148-54.

84. 伯恩斯很快就被波士顿的社会运动人士莱昂纳德·格莱姆斯（Leonard Grimes）牧师买下，重获自由，在这之后，伯恩斯移民去了加拿大。1862年他死于肺结核，梭罗死于这之后的十三周。

85. PEJ, 8:161-62 (cf. 278, on killing a box turtle [*Cistudo*] for science), 164.

86. See Sandra Harbert Petrulionis, "Editorial Savoir Faire: Thoreau Transforms His Journal into 'Slavery in Massachusetts,'" *Resources for American Literary Study* 25.2 (1999): 206-31.

87. *To Set This World*, 103; Bradley P. Dean, "More Context for Thoreau's 'Slavery in Massachusetts,'" *Thoreau Research Newsletter* 1.3 (July 1990): 12.

88. 梭罗没有时间念完全部的讲稿，至于他讲了多少，讲了哪一部分，没有留下记录。

89. *RP*, 108-9.

90. 梭罗把他熟悉的白莲花称为"我们的莲花"，明确地将其和佛教里神圣的莲花做联系，他也和基督教的象征主义联系起来，在春季礼拜日的早晨，年轻人总是佩戴着白莲花去教堂。

91. PEJ, 8:161-62; *RP*, 109.

92. 格里利的前言刊登在《梭罗纪要》，第 298 页。至于梭罗从“改革和改革家”的寂静主义转变为“激进运动人士的呐喊”，参见林克 · C. 约翰逊的《革新改革家：爱默生，梭罗和波士顿埃默里大厅的周日讲座》(《爱默生协会季刊》，1991 年)。

93. “Historical Introduction,” in *RP*, 331-32; PEJ, 8:221.

94. PEJ, 8:247; *Corr.*, 2:213-14 (Charles Scribner, circular letter, May 1854). Scribner's *Cyclopaedia* was published in 1855, and the notice of Thoreau appears in 2:653-56.

95. 菲尔茨和爱默生之前都就在英格兰出版《瓦尔登湖》的事情，写信给伦敦出版人理查德·宾利 (Richard Bentley)，菲尔茨还寄过一本《瓦尔登湖》给宾利的经纪人，希望后者能找到一位伦敦出版商。7 月 2 日，菲尔茨把样书寄给宾利，再次询问后者是否有意出版。宾利没有兴趣。《瓦尔登湖》一直到 1884 年才在英格兰出版，新版在 1886 年出版。(见《历史性介绍》，《瓦尔登湖》第 370 页)。

96. 梭罗用 X 来标记周期现象，比如植物的花期或者秋季树叶变色的开始。

97. *Walden*, 4, 8, 16.

98. Quoted by Martin Bickman, *Walden: Volatile Truths* (New York: Twayne, 1992), 18..

99. The landmark treatment of this dimension of Thoreau's writing is Lawrence Buell, *The Environmental Imagination: Thoreau, Nature Writing, and the Formation of American Culture* (Cambridge, MA: Harvard University Press, 1995).

100. 更详细的解释见于拙作《因为你们是我的兄弟》。

101. 至于“双重意识”的问题，参见乔·波特 (Joel Porte)《意识和文化：再谈爱默生和梭罗》(耶鲁大学出版社，2004 年)。至于笛子对梭罗的重要意义(是梭罗亡兄约翰的遗物)，请见《梭罗的笛子》，收入《路易莎 · 梅 · 奥尔科特给友人的悼词》。至于梭罗更隐晦的改信过程，笛子有暗示，参见劳伦斯 · 比尔 (Lawrence Buell)《梭罗和自然环境》，收入乔 · 梅尔森主编的《剑桥亨利 · 戴维 · 梭罗指南》第 186 页 (剑桥大学出版社，1995 年)

102. *Walden*, 223-25; PEJ, 4:291, January 26, 1852 (emphasis in the original).

第九章　缅因州的瓦尔登

1. *LRWE*, 4:460; ABAJ, 273-74.

2. 希金森买了一本给自己，还买了一本给哈里特 · 普雷斯科特 · 斯波福德 (Harriet Prescott Spofford)，一位前途无量的年轻作家，希金森觉得他会喜欢梭罗的书。

3. *Corr.*, 2:238-39 (Richard Fuller to HDT, August 31, 1854), 267 (Charles Sumner to HDT, October 31, 1854); *LRWE*, 4:460.

4. 参见《梭罗纪要》。霍桑寄出两本《瓦尔登湖》给英格兰的朋友，其中一位朋友蒙克顿 · 米尔恩斯 (Monckton Milnes) 一口气读到凌晨两点。参见小爱德华 · C. 皮普 (Edward C. Peple Jr.)《霍桑论梭罗：1853-1857》。

5. *Walden* reviews are quoted from Joel Myerson, ed., *Emerson and Thoreau: The Contemporary Reviews* (Cambridge: Cambridge University Press, 1992), 371-406; see also Bradley P. Dean and Gary Scharnhorst, “The Contemporary Reception of *Walden*,” *Studies in the American Renaissance* (1990): 293-328.

6. 梭罗通过研读其他人的演讲风格来学习公开讲演，他通过对朋友们的批评意见来确立自己的主要演讲目的是诚恳地传达真理。

7. 显然，第四张相片（玻璃版照相）摄于 1857 年 1 月 17 日，但是根据埃伦 · 爱默生所说，这是一张“如此可怕，幽灵般”的照片，她之后把它退回去了。梭罗本应重拍的，但是没有相关的照片留下。

8. 这位朋友是埃本 · 卢米斯（Eben Loomis）。

9. John Lewis Russell, “Visit to a Locality of the Climbing Fern,” *Magazine of Horticulture*, March 1855, 132.

10. PEJ, 8:273-76; *J*, 8:421-25, 11:170-80. See also Ray Angelo, “Thoreau’s Climbing Fern Rediscovered,” *Arnoldia* 45.3 (Summer 1985): 24-26.

11. *Corr.*, 2:268-69 (Adrien Rouquette to HDT, November 1, 1854), 274 (HDT to Adrien Rouquette, November 13, 1854).

12. *Corr.*, 2:227-31 (Daniel Ricketson to HDT, August 12, 1854), 248-49 (HDT to Daniel Ricketson, October 1, 1854), 256-58 (Daniel Ricketson to HDT, October 12, 1854); Anna Ricketson and Walton Ricketson, *Daniel Ricketson and His Friends* (Boston: Houghton Mifflin, 1902), 280.

13. *Corr.*, 2:275-76 (HDT to Bronson Alcott, November 15, 1854).

14. *LRWE*, 4:479.

15. 9 月 29 日，斯普纳（Spooner）亲自来到康科德确立了此事。

16. 有关“月光”和梭罗夜间漫步的最杰出的讨论，请参见大卫·N. 罗宾森（David N. Robinson）《自然生活：梭罗的世俗超验主义》（康奈尔大学出版社，2004 年），第 140-147 页。

17. TL II, 249-55.

18. *Corr.*, 2:258-59 (HDT to H. G. O. Blake, October 14, 1954); *J*, 7:64-65.

19. *J*, 7:64-65; *Corr.*, 2:272 (Daniel Foster to HDT, November 6, 1854).

20. The surviving correspondence appears in *Corr.*, 2:259-60 (Asa Fairbanks to HDT, October 14, 1854), 264 (Charles B. Bernard to HDT, October 26, 1854), 270 (Asa Fairbanks to HDT, November 6, 1854), 278 (HDT to William E. Sheldon, November 17, 1854), 278 (HDT to Charles B. Bernard, November 20, 1854), 279 (HDT to John D. Milne, November 20, 1854), 280 (Andrew Whitney to HDT, November 27, 1854).

21. *J*, 7:72-73.

22. TL II, 259; *J* 7:74-75; Blanding and Harding, *Thoreau Iconography*, 4-6.

23. 沃纳 · 赫尔佐格（Werner Herzog）作品《陆上行舟》（Fitzcarraldo）的影迷或许会想起，那个疯癫的爱尔兰梦想家把《清教徒》的演员阵容带去了亚马逊的腹地。

24. PEJ, 3:194, *RP*, 174; the Bible quotation is Mark 8:36. See also TL II, 243.

25. *J*, 7:79, 46.

26. *Corr.*, 2:259-60 (Asa Fairbanks to HDT, October 14, 1854); *J*, 7:79; *Corr.*, 2:283 (HDT to H. G. O. Blake, December 19, 1854).

27. *J*, 7:79.

28. *Corr.*, 2:256-58 (D. Ricketson to HDT, October 12, 1854); Ricketson and Ricketson, *Ricketson and Friends*, 280; *Corr.*, 2:289 (HDT to D. Ricketson, December 19, 1854), 290-91 (D. Ricketson to HDT, December 20, 1854).

29. Thomas Blanding, “Daniel Ricketson’s Reminiscences of Thoreau,” *Concord Saunterer* 8.1

(March 1973): 8-9; for a later version of this story see Ricketson and Rickeston, *Ricketson and His Friends*, 11-12, repr. in *Corr.*, 2:291.

30. *J*, 7:90.

31. TL II, 266; *Corr.*, 2:300-01 (D. Ricketson to HDT, January 9, 1855).

32. 有关梭罗对重新造林问题的思考，可以参见小罗伯特 · D．理查德森《亨利 · 戴维 · 梭罗：思想的一生》(加州大学出版社，1986 年)。

33. TL II, 267-68; *J*, 7:96.

34. *J*; 7:166, 172.

35. Ibid., 171-73, 202, 215.

36. 这个匿名的学生是埃德温 · 莫顿 (Edwin Morton)。

37. Sanborn quoted in *Days of HT*, 353.

38. Leslie Perrin Wilson, *In History's Embrace: Past and Present in Concord, Massachusetts* (Concord, MA: Concord Free Public Library, 2007), 66.

39. *J*, 7:263-67.

40. Ibid., 364-65; *Thoreau as Seen*, 79-80.

41. *LRWE*, 4:512; *Corr.*, 2:332 (HDT to H.G.O. Blake, June 27, 1855); *J*, 7:417.

42. *J*, 7:417; *Corr.*, 2:333-34 (HDT to H.G.O. Blake, June 27, 1855).

43. *J*, 7:431-43; *Corr.*, 2:337 (HDT to H.G.O. Blake, July 14, 1855).

44. "Historical Introduction," in *CC*, 262-77; *J*, 7:455.

45. *Corr.*, 2:353 (William D. Ticknor and Company to HDT, September 29, 1855).

46. *CHDT*, 465-66 (Ticknor and Fields to HDT, n.d.), 532-33 (Ticknor and Fields to HDT, December 15, 1858).

47. 睡谷由景观建筑师先驱罗伯特 · 科普兰 (Robert Copeland) 和霍勒斯 · 克利夫兰 (Horace Cleveland) 于 1855 年共同设计的，两人由爱默生和其他墓园管理委员会人士雇佣，睡谷建在一座开放公园里，因为公园传递着人类有限生命向自然无限绵延让渡这一信息。睡谷和爱默生的文章都对后来著名的景观设计师弗雷德里克 · 劳尔 · 奥姆斯德 (Frederick Law Olmsted) 产生了巨大的影响。

48. 这条笔记标记的时间是 9 月 16 日，出现在次年 6 月 11 日的日记条目里，显示了梭罗当时把笔记本里没有充分讨论的条目在日志里展开。在梭罗病重的时候，很可能是钱宁带给他植物和观察记录，让梭罗可以延续日志里的记录。

49. *Corr.*, 2:345-46 (D. Ricketson to HDT, September 23, 1855), 354 (HDT to D. Ricket- son, September 27, 1855), 349 (HDT to H. G. O. Blake, September 26, 1855).

50. Ricketson and Ricketson, *Ricketson and His Friends*, 281–83; *J*, 7:463-82.

51. *Corr.*, 2:354-55 (William Allen to HDT, October 3, 1855); *J*, 7:505 (October 21, 1855).

52. *Corr.*, 2:355-56 (Thomas Cholmondeley to HDT, October 3, 1855).

53. Ibid., 367 (HDT to D. Ricketson, October 16, 1855).

54. ABAJ, 281-82.

55. *J*, 7:485, 495 (oak leaf), 513-14 (old trees).

56. Ibid., 7:502 (wood on the fire); *J*, 8:18, 25 (bookshelves); 7:521 ("eaten in the wind").

57. Ibid., 7:527 (emphasis in the original).

58. 58. Ibid., 8:7-8, 36-37.

59. *Corr.*, 2:378-79 (HDT to Thomas Cholmondeley, November 8 and December 1, 1855); for the packing list, see 371-75 (John Chapman to HDT, October 26, 1855).

60. Ibid., 378-79; 394 (HDT to D. Ricketson, December 25, 1855).

61. *CHDT*, 485 (HDT to Calvin Greene, July 8, 1857).

62. *J*, 8:146, 104-14.

63. Ibid., 8:158, 192-93, 9:178-79.

64. Ibid., 8:217 (March 21, 1856).

65. Ibid., 229-30.

66. *J*, 12:38 (ladder); *J*, 8:269 (spring sap).

67. Ibid., 8:269.

68. Ibid., 315, 335.

69. 康科德自由图书馆留下了可观的康科德农民俱乐部的记录，包括他们讲座的讲稿以及好几卷详细的会议记录。他们提供了丰富且未被充分运用的信息。

70. Emerson, "Thoreau," 424-25.

71. 这封信暗示了梭罗和里普利早在1856年秋就在讨论偶然发生（spontaneous generation）的问题。

72. *LRWE*, 5:42.

73. "生态学"这个词1866年才由恩斯特·海克尔（Ernst Haeckel）提出。把梭罗追认为生态学的先驱的研究可参考拙作《看到新世界》(1995年)，迈克尔·本杰明·伯格（Michael Benjamin Berger）《梭罗的晚期生涯和〈种子的散播〉:漫游者的先见》(卡姆登书屋,2000年)，以及弗兰克·埃格顿（Frank Egerton）的《生态科学史，第39章:生态学家亨利·戴维·梭罗》(美国生态协会公告，2011年)。

74. *J* 9:115-17 (his 1906 editors deleted Thoreau's too-realistic drawing of the phallic mushroom); *Corr.*, 2:449 (HDT to Calvin Greene, May 31, 1856); 454 (Greene to HDT, June 29, 1856).

75. *Corr.*, 2:440-41 (Horace Greeley to HDT, May 7, 1856), 447 (HDT to H. G. O. Blake, May 21, 1856).

76. *JMN*, 14:76, c. March 1856; *J*, 8:199 (March 4, 1856).

77. *JMN*, 14:91-92; Emerson repeated some of these observations in "Thoreau" 423.

78. Blanding and Harding, *Thoreau Iconography*, 11-19; M. W. Sullivan, *Picturing Thoreau*, 17-21; *Corr.*, 2:452 (HDT to C. Greene, June 21, 1856).

79. George Hendrick, ed., *Remembrances of Concord and the Thoreaus: Letters of Horace Hosmer to Dr. S. A. Jones* (Urbana: University of Illinois Press, 1977), 5-6.

80. Ricketson and Ricketson, *Ricketson and His Friends*, 286-87.

81. *J*, 8:392-94, Ricketson and Ricketson, *Ricketson and His Friends* 290-94.

82. *J*, 8:390-92.

83. *Corr.*, 2:406-7 (D. Ricketson to HDT, February 26, 1856), 414-15 (D. Ricketson to HDT, March 3, 1856), 420 (HDT to D. Ricketson, March 5, 1856), 424 (D. Ricketson to HDT, March 7, 1856).

84. Ibid., 442 (D. Ricketson to HDT, May 10, 1856; Ricketson did not mail this letter until August 1857); Ricketson and Ricketson, *Ricketson and His Friends*, 285.

85. 我确定日记里梭罗指的第二位“朋友”是艾勒立 · 钱宁。

86. 里基森的体量庞大的日志是从他年轻时候就开始写的，一直延续到 1898 年死前。他的孩子安娜和沃尔顿 · 里基森损毁了日记的大部分。

87. *J*, 8:438-39, 444-45.

88. Anonymous, *THOT*, 168; *J*, 8:451-56, with a sequel in 9:26-28.

89. *J*, 9:65; *Corr.*, 2:303-4 (Ann Wetherbee Brown to HDT, January 25, 1855).

90. *CHDT*, 472 (unpublished letter); *Corr.*, 3: [in press, previously unpublished] (HDT to Mary Brown, March 8, 1857).

91. ABAJ, 283-85.

92. Carl J. Guarneri, *The Utopian Alternative: Fourierism in Nineteenth-Century America* (Ithaca, NY: Cornell University Press, 1991), 322-26.

93. *Corr.*, 2:477-80 (HDT to Sophia Thoreau, November 1, 1856). For the text of what the spirit moved Thoreau to say, see TL II, 355.

94. *Corr.*, 2:483 (HDT to H. G. O. Blake, November 19, 1856); ABAL, 209, ABAJ, 287.

95. ABAJ, 287-89.

96. Ibid., 290-91, ABAL, 210-11; *Corr.*, 2:484 (HDT to H.G.O. Blake, November 19, 1856), 489 (HDT to H.G.O. Blake, December 7, 1856).

97. *Corr.*, 2:483-84 (HDT to H. G. O. Blake, November 19, 1856).

98. *J*, 9:149; *Corr.*, 2:488-89 (HDT to H. G. O. Blake, December 7, 1856).

99. 桑伯恩也声称爱默生，奥尔科特和梭罗想邀请惠特曼于 1860 年访问康科德，但是丽蒂安，阿比盖尔和索菲娅都反对此项邀请。

100. *Corr.*, 2:486-87 (HDT to H. G. O. Blake, December 6, 1856).

101. *J*, 9:139, 141.

102. Ibid., 150.

103. Ibid., 151, 160 (“countrymen”), 207 (“exist for joy”), 167 (“grand old poem”), 160 (“nick of time”).

104. Ibid., 214 (January 11, 1857).

105. Ibid., 187-90 (December 18, 1856).

106. Ibid., 236-38; TL II, 285.

107. *J*, 9: 195, 198.

108. Ibid., 258.

109. Ibid., 210-11 (January 7, 1857).

110. Ibid., 246-47.

111. Ibid., 249-50, 276; *LRWE*, 5:63.

112. See also Harmon Smith, *My Friend, My Friend: The Story of Thoreau's Relationship with Emerson* (Amherst: University of Massachusetts Press, 1999), 165-66.

113. *Corr.*, 2:501-503 (Thomas Cholmondeley to HDT, December 16, 1856).

114. “匿名人士”记得还有一次，亨利被钢琴声吸引，下楼高歌，很快他就翩翩起舞，“一个人跳，轻快地转圈，显示出极好的柔韧性，”直到“他最终一下子跳上主桌，像羽毛一样落到桌子另一端的地板上”，大气不喘，继续跳他的华尔兹直到热情消退。

115. 沃尔顿·里基森引用爱德华·沃尔多·爱默生《一个年轻朋友记忆中的亨利·梭罗》(康科德梭罗基金会，1968 年)：爱德华·爱默生总是想起“汤姆·鲍林”，对这位葬身大海的水手的哀悼“一直留在他(梭罗)的心中，作为他对亡兄的追记，”因为只要他唱起这首歌，“他的声音里总有同情，仰慕和眼泪”。

116. *J*, 7:467-68, 9:335-37; Walter Harding, “Thoreau and Kate Brady,” *American Literature* 36.3 (November 1964): 347-49.

117. *CHDT*, 476 (HDT to H. G. O. Blake, April 17, 1857).

118. *J*, 9:377-78, *JMN*, 14:143.

119. *CHDT*, 480 (HDT to D. Ricketson, May 13, 1857); *J*, 9:379.

120. *J*, 9:373-74, *JMN*, 14:144; *J*, 9:391-93.

121. *J*, 9:397-98.

第十章　野果

1. 她很显然把梭罗第一次去克拉克岛的旅行(1851 年 7 月)和他于 1854 年在普利茅斯所做的演讲(他可能是再去了克拉克岛)合并起来。

2. *J*, 9:420; Francis B. Dedmond, “James Walter Spooner: Thoreau's Second (though Unacknowledged) Disciple,” *Concord Saunterer* 18.2 (December 1985): 40.

3. *J*, 9:435-36.

4. Ibid., 439-55.

5. [Isaac Hecker, review of *Cape Cod*, *Catholic World* 2.8 (November 1865): 281.

6. *CC*, 137.

7. Ibid., 59, 147.

8. Ibid., 128, 215.

9. *CHDT*, 485-86 (HDT to George Thatcher, July 11, 1857); *J*, 9:481.

10. Edward S. Burgess Papers, vault A45, Burgess unit 1 [interviews with Edward S. Hoar], folder 4b, CFPL; *J*, 9:402. For a profile of Ed Hoar, see Ray Angelo, “Edward S. Hoar Revealed,” *Concord Saunterer* 17.1 (March 1984): 9-16.

11. 1996 年版的梭罗日志没有任何之后收在《缅因森林》里的。梭罗当时真实的反应可以参见初版的日记，当时没有出版，但是可以在加州大学圣巴巴拉分校图书馆网页中“亨利·戴维·梭罗作品”的条目下查看。

12. PEJ transcript, 23:221-22; cf. *MW*, 158.

13. PEJ transcript., 23:222.

14. 爱德华·霍尔的父亲拒绝买“印第安”篮子，这给了梭罗《瓦尔登湖》里另一种经济体系提供了灵感。至于伯吉斯和霍尔的访谈，可以参看玛莎·E. 莫斯的《爱德华·S. 霍尔和爱德华·S. 布吉斯关于康科德的对话》(《康科德漫游者》1984 年 3 月)。

15. PEJ transcript, 23:361.

16. 梭罗指出波利斯从来没有直接用名字称呼他的客户，“但是我们一直叫他波利斯”。

17. PEJ transcript, 23:237; *MW*, 169.

18. 在日志里，梭罗留下的空档，想写进“伟大的印第安猎人”的名字，但最后用铅笔划掉了，“我忘记了”。

19. PEJ transcript, 23:242, 244-45.

20. Edward S. Burgess Papers, vault A45, Burgess unit 1 [interviews with Edward S. Hoar], folder 4b, CFPL; PEJ transcript, 23:247 and *MW*, 180-81.

21. *MW*, 181.

22. PEJ transcript, 23:251; *MW*, 185.

23. 据梭罗观察，波利斯“非常虔诚”，每天早晚都“用印第安语大声”念祷告词。

24. 波利斯的标记今天会被叫做“木符”（arborglyph）。

25. PEJ transcript, 23:283 and *MW*, 217.

26. PEJ transcript 23:286.

27. Ibid., 304.

28. Ibid., 316; *MW*, 253; Kucich, “Lost in the Maine Woods,” 45.

29. 梭罗发表的记录淡化了他对霍尔能否继续的怀疑和自己的情绪波动。

30. PEJ transcript 23:325-26.

31. Ibid., 328-29.

32. Ibid., 331-32.

33. PEJ transcript, 24:356; cf. *MW*, 284..

34. PEJ transcript, 24:358; cf *MW*, 285-86.

35. *MW*, 295-96; PEJ transcript, 24:366.

36. 波利斯提出把自己的独木舟卖给梭罗，后者婉拒了。

37. *MW*, 235-36.

38. See Courtney Traub, “‘First-Rate Fellows’: Excavating Thoreau’s Radical Egalitarian Reflections in a Late Draft of ‘Allegash,’” *Concord Saunterer* 23 (2015): 74-96.

39. *CHDT*, 491 (HDT to H. G. O. Blake, August 18, 1857).

40. “Private Journal of John Langdon Sibley of Harvard University Library,” 1846-82, 2 vols., 1:443-45, Harvard University Archives, repr. in Keith Walter Cameron, *Transcendentalists and Minerva*, 3 vols. (Hartford, CT: Transcendental Books, 1958), 2:485-86.

41. *THOT*, 79–80; ABAJ, 325, *JMN*, 14:166.

42. See Robert F. Sayre, *Thoreau and the American Indians* (Princeton, NJ: Princeton University Press, 1977), 119.

43. 请梭罗重访的人是查尔斯 · C. 沙克福德（Charles C. Shackford）牧师。

44. *CHDT*, 504 (HDT to James Russell Lowell, January 23, 1858), 509 (HDT to Lowell, February 22, 1858, and March 5, 1858).

45. Bradley P. Dean and Gary Scharnhorst, “The Contemporary Reception of *Walden*,” *Studies in*

the *American Renaissance* (1990): 328; *MW*, 156.

46. *MW*, 121-22; *CHDT*, 515-16 (HDT to Lowell, June 22, 1858), 520-21 (HDT to Lowell, September 1, 1858, and October 4, 1858).

47. *J*, 10:4; *CHDT*, 491 (HDT to H. G. O. Blake, August 18, 1858).

48. 这位纳提克自然学家是奥斯丁 · 培根（Austin Bacon）。

49. 这栋房子售价 600 美金，土地售价 345 美金。奥尔科特得到爱默生设立的年金的资助，梭罗对这笔年金的支持还不到一美金。

50. 安娜 · 奥尔科特和约翰 · 普拉特于 1860 年 5 月 23 日成婚。

51. *To Set This World*, 126-29; *J*, 10:266 (January 28, 1858).

52. 梭罗或许没有记清楚标牌，"poitrine" 的意思是 "胸脯"，"南瓜" 应当是 "gourde" 或 "courge"。

53. Frances Jane Hallett Prichard (Fanny) to Jane Hallett Prichard, October 22, 1857, Prichard, Hoar, and Related Family Papers, vault A45, Prichard unit 2, box 2, folder 7, CFPL.

54. *J*, 10:92-93; *CHDT*, 496 (HDT to H. G. O. Blake, November 16, 1858).

55. *CHDT*, 500 (D. Ricketson to HDT, December 11, 1858).

56. *J*, 10:233-34, 219.

57. Ibid., 69, 80 (Ruskin); 75-76, 118 (Red Walden). For more on Thoreau and Ruskin, see Robert D. Richardson Jr., *Henry David Thoreau: A Life of the Mind* (Berkeley: University of California Press, 1986), 358-60.

58. 1906 年版的编辑在《缅因森林》的材料里撤掉了梭罗对于 "科学人士" 的批注，就此也删除了梭罗有关科学客观性最具创见的批评的社会语境。

59. *J*, 10:202, 253-54.

60. PEJ transcript, 25:55 (January 23, 1858).

61. *CHDT*, 495 (HDT to George Thatcher, November 12, 1857), 502 (HDT to Thatcher, January 1, 1858); *Days of HT*, 397.

62. *J*, 10:291-93. The name of Joe Polis's brother is from Fanny Hardy Eckstorm, "Notes on Thoreau's *Maine Woods*," *TSB* 51 (Spring 1955): 1. On Maungwudaus (George Henry), see Donald B. Smith, *Mississauga Portraits: ojibwe Voices from nineteenth-Century Canada* (Toronto: University of Toronto Press, 2013), 126-63.

63. *J*, 10:291-95, 313-14.

64. Ibid., 369, 388, 404.

65. *JMN*, 14:203-04; *The Letters of Ellen Tucker Emerson*, ed. Edith E. W. Gregg, 2 vols. (Kent, OH: Kent State University Press, 1982), 1:142.

66. *Corr.*, 3: [in press, previously unpublished letter] (Mary Brown to HDT, April 23, 1858); *CHDT*, 511 (HDT to Marston Watson, April 25, 1858).

67. *J*, 10:142-44; *CHDT*, 491 (HDT to H. G. O. Blake, August 18, 1858), 497-98 (HDT to H. G. O. Blake, November 16, 1858).

68. 蒙纳德诺克 (Monadnock) 如今用来指称平地上耸起的贫瘠、多岩石的山峰。

69. *J*, 10:467-68, 477-80.

70. Ibid., 11:3-8.

71. Ibid., 16-29.

72. Ibid., 29-49.

73. 布雷克似乎同意（尽管布朗也承认），他很喜欢它，对此他很难为情。

74. *J*, 11:120.

75. "The wild fruits of the earth disappear before civilization, or are only to be found in large markets." Ibid., 78-79.

76. 这段联系很少，而且没有撑到一个月，要到 1866 年改善的电报系统才使他们可以延续跨洋通讯。

77. *J*, 11:86-87, 107.

78. Ibid., 170-80; *CHDT*, 521 (HDT to D. Ricketson, October 31, 1858), 527 (D. Ricketson to HDT, November 10, 1858).

79. *CHDT*, 528-29 (T. Cholmondeley to HDT, November 26, 1858); Anna Ricketson and Walton Ricketson, *Daniel Ricketson and His Friends* (Boston: Houghton Mifflin, 1902), 309-10.

80. 他们的通信延续到梭罗的死亡。乔姆利死于 1863 年 4 月，在他的美国朋友死后不久。

81. *J*, 11:218-21.

82. Ibid., 12:97.

83. *JMN*, 14:158.

84. PEJ, 1:330 (September 4, 1841).

85. *J*, 11:358-59.

86. Ibid., 324-25.

87. Ibid., 396, 435.

88. *CHDT*, 543 (D. Ricketson to HDT, February 9, 1859).

89. *J*, 11:436-37; *ChDT*, 546 (HDT to D. Ricketson, February 12, 1859). See also *Days of HT*, 408, for Thoreau's thanks to Rev. Grindall Reynolds, who conducted the funeral.

90. *J*, 11:437-39, 12:88-93.

91. Ibid., 12:120-23, 175.

92. Ibid., 316 (September 5, 1858); *Days of HT*, 409.

93. 这位行政委员 1859 年的报告列出了当地对损坏公物行为的恐惧。梭罗的玩笑或许可以博大家一笑。

94. For details, see *CHDT*, 559–60.

95. *J*, 12:344.

96. 至于梭罗给哈佛图书馆捐献的五美金，他告诉他们，这笔钱超出了他"最近四个月来自各种渠道"的收入总和。梭罗于 1859 年 7 月 13 日和 1860 年 7 月 13 日作了两次年度调研，调研收在阿萨·格雷的《植物学课本》上。

97. *J*, 12:152-55, 166.

98. *THOT*, 47-48. Dall's lecture was December 14, 1859. See "Caroline Dall in Concord," *TSB* 62 (Winter 1958): 1.

99. TL II, 297; *Letters of Ellen Tucker Emerson*, 1:174; *J*, 12:9.

100. TL II, 299–303.

101. *CHDT*, 555 (HDT to G. Thatcher, August 25, 1859), 558 (HDT to H. G. O. Blake, September 26, 1859).

102. *J*, 11:287; "Report of the Joint Special Committee upon the subject of the Flowage of Meadows on Concord and Sudbury Rivers," January 28, 1860 (Boston: William White Printer to the State, 1860), 15, 18.

103. *LRWE*, 8:622.

104. Thoreau's "Plan of Concord River from East Sudbury & Billerica Mills, 22.15 Miles" is held by the CFPL (along with associated records), and may be viewed online: http:// www.concordlibrary.org/scollect/Thoreau_surveys/107a.htm (accessed September 4, 2016).

105. *J*, 13:149 (Minot Pratt is reporting David Heard's testimony).

106. See Brian Donahue, *The Great Meadow: Farmers and the Land in Colonial Concord* (New Haven, CT: Yale University Press, 2004), 230-34. Donahue documents, in detail, the unintended destruction of the ecological/social order witnessed by Thoreau.

107. *J*, 12:387; Henry David Thoreau, *Wild Fruits: Thoreau's Rediscovered Last Manuscript*, ed. Bradley P. Dean (New York: Norton, 2000), 236-28.

108. Records of the Concord Farmers' Club, 1852-1883, vault A10, unit 3, series 1, vol. 6, 170-72, CFPL.

109. Ralph Waldo Emerson, *Emerson's Antislavery Writings*, ed. Len Gougeon (New Haven, CT: Yale University Press, 1995), 107.

110. *To Set This World*, 114; the petition is reproduced in *Concord Saunterer* 15.4 (Winter 1980): 1-6.

111. Ellen Tucker Emerson, *Life of Lidian Jackson Emerson*, 131.

112. Franklin Benjamin Sanborn, Recollections of Seventy Years, 2 vols. (Boston: Gorham Press, 1909), 1:102-8; To Set This World, 120-23.

113. JMN, 14:125-26; *J*, 12:437. Edward J. Renehan Jr., *The Secret Six: The True Tale of the Men Who Conspired with John Brown* (Columbia: University of South Carolina Press, 1997), 118.

114. 很多人提出过这个疑问：在布朗两次造访康科德（1857 年和 1859 年秋天）时，梭罗或者他身边是否有人知晓布朗在波特瓦特米屠杀里的角色，1859 年正好是哈珀斯渡口事件之后，东北部的报纸广泛报道了波特瓦特米屠杀。梭罗和他的同伴或许把这些报道看作是支持奴隶制的宣传。但是富勒指出梭罗的朋友 T. W. 希金森，"秘密六人组"中的一位很显然是知晓的，因为在 1856 年 9 月，当他作为全国堪萨斯协会（National Kansas Committee）的传话人来到堪萨斯时，希金森和堪萨斯的自由州州长查尔斯·罗宾森（Charles Robinson）讨论了这起谋杀事件。正如他所代表的堪萨斯自由州，罗宾森认为这一谋杀事件有益于他们的事业，因为这些暴力事件拦截了支持奴隶制的密苏里武装的进攻。希金森之后承认他自己对屠杀是持有个人的异议的，桑伯恩宣称他当时不知道。梭罗是否知道波特瓦特米屠杀，或者知晓多少，至今仍然是一桩悬案。

115. *CHDT*, 435-36; *To Set This World*, 125.

116. Brown quoted in *To Set This World*, 127-28; *Days of HT*, 416.

117. *CHDT*, 550 (D. Ricketson to HDT, March 6, 1859); ABAJ, 315-16.

118. The phrase is Ricketson's, from *CHDT*, 560 (D. Ricketson to HDT, October 14, 1859).

119. TL II, 304-8; *LRWE*, 8:639.

120. *J*, 12:400-402. My interpretation is indebted to Ted A. Smith's penetrating discussion in *Weird John Brown: Divine Violence and the Limits of Ethics* (Stanford, CA: Stanford University Press, 2015). See also Jack Turner, "Thoreau and John Brown," in *A Political Companion to John Brown*, ed. Turner (Lexington: University Press of Kentucky, 2009), 151-77.

121. *J*, 12:401-02, October 19, 1859.

122. *J*, 12:404, 406, 420.

123. On the newspaper accounts Thoreau read, see David G. Fuller, "Correcting the Newspapers: Thoreau and 'A Plea for Captain John Brown,'" *Concord Saunterer*, n.s., 5 (Fall 1997): 165-75.

124. *J*, 12:420, 437.

125. Thoreau's words, according to Ralph Waldo Emerson, quoted in TL II, 311-12 (which collects several versions of this same story, including an alternate version told by Edward Emerson).

126. Edward Emerson and Minott Pratt quoted in TL II, 312-13; see also Edward Waldo Emerson, *Henry Thoreau as Remembered by a Young Friend* (1917; Concord, MA: Thoreau Foundation, 1968), 71.

127. *CHDT*, 564 (Charles W. Slack to HDT, October 31, 1859); see also Milton Meltzer and Walter Harding, *A Thoreau Profile* (New York: Thomas Y. Crowell, 1962), which reprints a photograph of the telegram; Emerson quoted in *To Set This World*, 137.

128. Thoreau and Dall quoted in TL II, 316 (emphasis in the original); Howells quoted in ibid., 319 (emphasis added). This source usefully compiles a wide range of responses from newspapers and various unpublished manuscripts.

129. 这个动人的词汇不是爱默生本人的，来自于废奴主义者和女权运动支持者马蒂·格里菲斯（Mattie Griffith）。关于其他废奴主义者最初对约翰·布朗起义作何回应，参见《重整世界》（To Set This World），第135-136页。

130. *Corr.*, 3: [in press,previously unpublished letter] (Mary Jane Tappan to HDT, November 7, 1859).

131. 1859年11月29日，爱默生记录道梭罗为约翰·布朗的家庭援助金捐了十美金。

132. *J*, 12:447-48, 443.

133. 《解放者》发表过全美反奴协会通过的动议，号召自由的朋友们用合适的纪念仪式来见证布朗的死刑，威廉·劳埃德·加里森(William Lloyd Garrison)进一步建议摇响教堂的钟声长达一小时。

134. *J*, 12:457-58: ABAJ, 322; *J*, 12:443.

135. "John Shepard Keyes's Unpublished Account," *TSB* 143 (Spring 1978): 4; ABAJ, 322; *Days of HT*, 420.

136. 完整的文件参见《重整世界》第140页以及梅尔的《康科德的不合》。梭罗在日志里记录说那些悬挂肖像的人没有一个是久居康科德的。

137. "Keyes's Unpublished Account."

138. 爱默生补偿给梭罗三美金印刷费。

139. *To Set This World* 142. Petrulionis tells the story of Thoreau and Merriam in *To Set This World*, 1-2; Thoreau tells it in *J*, 13:3-4. For Sanborn's version, see *Thoreau as Seen*, 53-55.

140. *Corr.*, 3: [in press, previously unpublished letter] (James Redpath to HDT, January 5, 1860).

第十一章　永恒的新生

1. *J*, 13:4–14.

2. Ibid., 30 (Walden pines), 41 (fish in Sleepy Hollow pond), 50 (take care of seeds), 76 (crows and apples), 115 (crow touches the sky).

3. 关于这顿“达尔文晚餐”以及它之后的深远影响，请见 Randall Fuller, *The Book That Changed America: How Darwin's Theory of Evolution Ignited a Nation* (New York: Viking, 2017.

4. Franklin Benjamin Sanborn to Theodore Parker, January 2, 1860 (Franklin Benjamin Sanborn Papers, vault A35, Sanborn, unit 1, series 3, folder 23, CFPL).

5. Charles Loring Brace, *Races of the old World: A Manual of Ethnology* (London: Charles Murray, 1863).

6. 梭罗于 1860 年 2 月 7 日完成了他对《物种起源》(英国的初版本)的摘要。

7. 理查德森指出，和《瓦尔登湖》不同，梭罗引用普林尼（Pliny）有关树木的“不幸福”（比如柏树从不结果）作为《种子的散播》的开场。

8. ABAJ, 326; Sanborn quoted in TL II, 332-33.

9. *Exc.*, 281, 280, 270-74; Bronson Alcott quoted in TL II, 333.

10. *J*, 13:141, 145.

11. Ibid., 186-87, 192.

12. Amos Bronson Alcott, “Superintendent's Report for the Concord Schools . . . for the Year 1859-60,” 11; “Superintendents Report for the Concord Schools . . . for the year 1860–61,” 26, in *Essays on Education by Amos Bronson Alcott*, ed. Walter Harding (Gainesville, FL: Scholars Facsimiles and Reprints, 1960).

13. ABAJ, 326-27; Louisa May Alcott, “Thoreau's Flute,” in *THOT*, 55-56.

14. ABAJ, 328; *CHDT*, 582; Sanborn quoted in Philip McFarland, *Hawthorne in Concord* (New York: Grove, 2004), 229.

15. ABAJ, 334-36, 339; Rose Hawthorne quoted in *THOT*, 145-46.

16. Nathaniel Hawthorne, “Septimius Felton,” in *The Elixir of Life Manuscripts*, Centenary Edition of the Works of Nathaniel Hawthorne, vol. 13 (Columbus: Ohio State University Press, 1977), 6; see Larry J. Reynolds, *Righteous Violence: Revolution, Slavery, and the American Renaissance* (Athens: University of Georgia Press, 2011), 130.

17. *To Set This World*, 146-48; Annie Brown quoted on 147.

18. Sanborn, *Recollections*, 1:208-10; *To Set This World*, 148-51.

19. *To Set This World*, 151-52; Sanborn, *Recollections*, 1:210-12; *Liberator*, April 13, 1860.

20. Quoted in TL II, 359.

21. J. R. 辛顿（J.R.Hinton）在去北厄尔巴岛的路上造访了梭罗家，并从梭罗本人手里得到他的演讲词，辛顿觉得这份讲词给北厄尔巴岛增加了荣誉。

22. *RP*, 147, 152-53.

23. *CHDT*, 585 (HDT to Charles Sumner, July 16, 1860); *Liberator*, July 31, 1860.

24. *J*, 10:74; William Dean Howells, *Literary Friends and Acquaintances* (New York: Harper, 1911),

59-60.

25. *J*, 13:218, 231.

26. 对于这些图表的分析以及他们的深意，请参见克里斯汀·凯斯（Kristen Case）的开创性作品，可以从她新近的文章开始。

27. *J*, 13:328, 364-67 (emphasis in the original), 14:3.

28. Charles Darwin, *On the Origin of Species by Means of Natural Selection* (London: John Murray, 1859), 73; 梭罗从这一页抄下了一个段落。

29. 钱宁抱怨过野营的疲倦和脏污，但是他还是把他们在蒙纳德诺克山的历险和争辩作为长诗《漫游者》的高潮。

30. *J*, 14:52; *The Letters of Ellen Tucker Emerson*, ed. Edith E. W. Gregg, 2 vols. (Kent, OH: Kent State University Press, 1982), 1:216-17.

31. 梭罗把《物种起源》里的一段摘录到他的笔记里，此段出现的这一页正好有达尔文关于美国森林的评论。

32. *Exc.*, 181-82.

33. TL II, 339-41; *Days of HT*, 33.

34. 梭罗未完成的手稿《种子的散播》最终收入了布莱德利·P. 迪恩（Bradley P. Dean）编辑的《种子里的信仰：〈种子的散播〉和其他后期自然历史书写》（华盛顿特区：岛屿出版社，1993年），第23-173页。

35. *Corr.*, 3: [in press], Horace Greeley to HDT, December 13, 1860; HDT to Horace Greeley, December 30, 1960; "Are Plants Ever Spontaneously Generated," *New-York Weekly Tribune*, February 2, 1861.

36. *J*, 14:93-94.

37. Ibid., 97 (frost kills everything); 112, 132, 139 (tracking the significance of the seed).

38. 梭罗特别把这个词"进步理论"和达尔文联系起来。研究梭罗和进化论的学者毫不怀疑梭罗的晚期作品深受达尔文的影响，而不是来自罗伯特·钱伯斯（Robert Chambers）的《创世的自然科学史遗迹》（1845年美国版），钱伯斯提出了被爱默生简单概括为"压制和进步发展"的理论。梭罗有关达尔文的笔记很详尽，他只提到过一次钱伯斯（在1851年，9月28日的日记条目），批评这位苏格兰记者"潜在的不可信"，因为他"把事实上的常态描述成是特例"，或用萨特尔迈尔的话说，这种例外实际是"一种持续成长的状态，在持续进化的自然之中"。

39. *J*, 14:148-49.

40. Ibid., 11:299, 14:152.

41. *CHDT*, 579 (HDT to H. G. O. Blake, May 20, 1860).

42. *J*, 14:279-84.

43. Edmund A. Schofield, "The Origin of Thoreau's Fatal Illness," *TSB* 171 (Spring 1985): 2.

44. Quoted in TL II, 349.

45. Quoted in ibid., 352.

46. 即便是巨大的加州红木的种子也是微小的，"万事万物的起源或种子也是如此"；着重号是作者所加。

47. *J*, 14:310-12.

48. ABAJ, 333-34.

49. *JMN*, 15:112 (February 1861).

50. Francis B. Dedmond, "The Selected Letters of William Ellery Channing the Younger (Part Three)," in *Studies in the American Renaissance* (1991): 289-90.

51. *J*, 14:320; *CHDT*, 609 (HDT to D. Ricketson, March 22, 1861), ABAJ, 337.

52. *CHDT*, 609 (HDT to D. Ricketson, March 22, 1861); *Corr.*, 3: [in press] (HDT to G. Thatcher, March 31, 1861).

53. *Corr.*, 3: [in press] (HDT to G. Thatcher, March 31, 1861).

54. Quoted in *To Set This World*, 154.

55. *Corr.*, 3: [unpublished letter in press] (Parker Pillsbury to HDT, April 9, 1861); *CHDT*, 611 (HDT to Parker Pillsbury, April 10, 1861)

56. *CHDT*, 425 (HDT to C. Greene, May 31, 1856).

57. *CHDT*, 615 (HDT to H. G. O. Blake, May 3, 1861).

58. *Letters of Ellen Tucker Emerson*, 1:250; *CHDT*, 616 (RWE to HDT, May 11, 1861); the list, sadly, is lost.

59. Corinne Hosfeld Smith, *Westward I Go Free: Tracing Thoreau's Last Journey* (Winnipeg: Green Frigate Books, 2012), 62. The following account is deeply indebted to Smith's lively and painstaking reconstruction of Thoreau's trip to Minnesota.

60. *J*, 14:340; Walter Harding, ed., *Thoreau's Minnesota Journey: Two Documents* (Geneseo, NY: Thoreau Society Booklet No. 16, 1962), 47. This booklet prints Harding's tran- script of Thoreau's "Notes on the Journey West" (held at the Huntington Library, San Marino, California), as well as the letters Horace Mann Jr. wrote home during their excursion to Minnesota; the following account draws from this source as well.

61. *Corr.*, 3: [in press, previously unpublished letter] (HDT to Cynthia and Sophia Thoreau, May 15, 1861); Harding, *Thoreau's Minnesota Journey*, 1.

62. *Thoreau as Seen*, 130-31.

63. Harding, *Thoreau's Minnesota Journey*, 3, 48.

64. Ibid., 4-5.

65. Ibid., 17-18; *Exc.*, 271-72; cf. C. H. Smith, *Westward I Go Free*, 229-31.

66. *CHDT*, 622 (HDT to F. B. Sanborn, June 25, 1861).

67. Harding, *Thoreau's Minnesota Journey*, 12; C. H. Smith, *Westward I Go Free*, 251; for a detailed account of Thoreau's journey aboard the *Frank Steele*, see C. H. Smith, 251-84).

68. *CHDT*, 621 (HDT to F. B. Sanborn, June 25, 1861).

69. Harding, *Thoreau's Minnesota Journey*, 22; C. H. Smith, *Westward I Go Free*, 264.

70. 马鞍和达科塔衣服上的易碎品现藏于康科德博物馆。

71. Quoted in C. H. Smith, *Westward I Go Free*, 270.

72. Ibid., 285-347; Harding, *Thoreau's Minnesota Journey*, 25-27.

73. ABAJ, 340; Daniel Moncure Conway, *Autobiography, Memories and Experiences*, 2 vols. (Boston: Houghton Mifflin, 1904), 1:335; *New-York Tribune*, July 30, 1861.

74. *CHDT*, 593 (D. Ricketson to HDT, October 14, 1860), 599-600 (HDT to D. Ricketson, November 4, 1860), 609 (HDT to D. Ricketson, March 22, 1861); *Corr.*, 3: [in press] (D. Ricketson to HDT, June 30, 1861), *CHDT*, 625 (HDT to D. Ricketson, August 15, 1861); *Corr.*, 3: [in press] (D. Ricketson to HDT, August 16, 1861).

75. 里基森的那份现藏于康科德博物馆；索菲娅 · 梭罗更深、"更强烈" 的相片于 1910 年被盗，至今尚未重现。

76. Ricketson and Ricketson, *Ricketson and His Friends*, 320-22; Dedmond, "Letters of Channing," 302 (October 2, 1861); Annie Russell Marble, *Thoreau: His Home, Friends, and Books* (New York: Thomas Y. Crowell, 1902), 175.

77. Ricketson and Ricketson, *Ricketson and His Friends*, 135; *Thoreau Log*, 599.

78. *CHDT*, 629 (HDT to D. Ricketson, October 14, 1861).

79. *J*, 14:346.

80. Anonymous quoted in *THOT*, 170; ABAJ, 343; William Ellery Channing II, *Thoreau: The Poet-Naturalist* (Boston: Roberts Brothers, 1873), 323.

81. 奥尔科特带来了苹果和苹果酒。

82. Anonymous quoted in *THOT*, 154-55; Edith Emerson quoted in *Days of HT*, 463 ("I love them as if they were my own").

83. *JMN*, 15:441; Edward S. Burgess Papers, vault A45, Burgess unit 1 [interviews with Edward S. Hoar], folder 4b, CFPL.

84. Sarah Alden Bradford Ripley in *THOT*, 49 ("in a handsome suit of black," letter to Sophia Thayer, 1862); Ricketson and Ricketson, *Ricketson and His Friends*, 214 ("skating on this river"); Anonymous in *THOT*, 155 ("gray as a rat").

85. Edward Waldo Emerson, *Henry Thoreau as Remembered by a Young Friend* (1917; Concord, MA: Thoreau Foundation, 1968), 117-18 ("I did not know we had ever quarreled"); Parker Pillsbury quoted in *Thoreau as Seen*, 101.

86. E. W. Emerson, *Henry Thoreau as Remembered*, 117 ("it's respectable to leave an estate"); *Corr.*, 3: [in press, previously unpublished letter] (Mary Stearns to HDT, February 23, 1862). Mary Stearns was the wife of George Luther Stearns, one of Brown's "Secret Six," and the niece of Lydia Maria Child.

87. E. 哈罗 · 罗素（E. Harlow Russell）会把这些手稿打散，然后把纸页——如今价值相当于这位伟大作家的全息照相手稿——散发到风中；布莱德 · 迪恩（Brad Dean）会把他短暂生命的很大一部分用来收集梭罗的手稿，成书时题为《野果》和《种子里的信仰》。关于《野果》研究的一份精彩的入门文章，可以参见兰斯 · 纽曼 (Lance Newman) 富于启迪的讨论，收入 *our Common Dwelling: Henry Thoreau, Transcendentalism, and the Class Politics of Nature* (New York: Palgrave Macmillan, 2005), 171-83.

88. 索菲娅 · 梭罗对梭罗遗作做了至关重要的编辑工作，她也为后人保存了完整的哥哥的作品，但是这些贡献一直遭受忽视，参见 Kathy Fedorko, "'Henry's Brilliant Sister' : The Pivotal Role of Sophia Thoreau in Her Brother's Posthumous Publications," *ESQ: A Journal of the American Renaissance* 84.2 (2016): 222-56.

89. 梭罗曾想要在书的扉页也用铜版印刷一片白橡树的叶子，这样读者可以有比较，但是铜版印刷太贵了，所以他最后只留了一片叶子。

90. 皮尔斯伯里和钱宁都记录说，这几周梭罗在删去他更加愉悦的一些段落。

91. Mary P. Sherwood, "Thoreau's Penobscot Indians," *Thoreau Journal Quarterly* 1.1 (January 1969), 6.

92. Ricketson and Ricketson, *Ricketson and His Friends*, 214; *CHDT*, 641 (HDT to Myron Benson, March 21, 1862).

93. *JMN*, 15:246; Ricketson and Ricketson, *Ricketson and His Friends*, 137.

94. W. E. Channing II, *Poet-Naturalist* (1902), 337; W. E. Channing II, *Poet-Naturalist* (1873), 320, 322.

95. ABAJ, 346; W. E. Channing II, *Poet-Naturalist* (1902), 343; *CHDT*, 65051 (D. Ricketson to HDT, May 4, 1862).

96. *Walden*, 267 ("long-headed farmer"); Mary Hosmer Brown, *Memories of Concord* (Boston: Four Seas, 1926), 105-6.

97. 沃尔特·哈丁对钱宁的引用是错误的。钱宁在 1873 年和 1903 年两个版本里都把"印第安人"写为复数。

98. *THOT*, 50 (Sarah Ripley's quote), 49 (Sophia Hawthorne's quote).

99. Ricketson and Ricketson, *Ricketson and His Friends*, 138; ABAJ, 348. Alcott's "Readings" were quite a mash-up.

100. Ralph Waldo Emerson, "Thoreau," 431; Sophia Hawthorne quoted in *THOT*, 49. Significantly, at Thoreau's death, the town clerk listed his occupation as "natural historian."

101. *J*, 14:109-10 (October 10, 1860).

102. 爱德华于梭罗葬礼的三日之后，也就是 1862 年 5 月 12 日踏上了他自己的西部之旅。

参考文献

Abelove, Henry. "From Thoreau to Queer Politics," *Yale Journal of* **Criticism** 6.3 (1993): 17–27.

Adams, Raymond. "Emerson's House at Walden." *Thoreau Society Bulletin* 24 (July 1948): 1–5.

Alcott, Amos Bronson. *Essays on Education by Amos Bronson Alcott.* Edited by Walter Harding. Gainesville, FL: Scholars Facsimiles and Reprints, 1960.

———. *The Journals of Amos Bronson Alcott.* Edited by Odell Shepard. Boston: Little, Brown, 1938. [ABAJ]

———. *The Letters of Amos Bronson Alcott.* Edited by Richard L. Herrnstadt. Ames, Iowa: Iowa State University Press, 1969. [ABAL]

Allen, Gay Wilson. *Waldo Emerson: A Biography.* New York: Viking, 1981.

Angelo, Ray. "Edward S. Hoar Revealed." *Concord Saunterer* 17.1 (March 1984): 9–16.

———. "Thoreau as Botanist: An Appreciation and a Critique." *Arnoldia* 45.3 (Summer 1985): 13–23.

———. "Thoreau's Climbing Fern Rediscovered." *Arnoldia* 45.3 (Summer 1985): 24–26.

Arsić, Branka. *Bird Relics: Grief and Vitalism in Thoreau.* Cambridge, MA: Harvard University Press, 2016.

Bassett, T. D. Seymour. "The Cold Summer of 1816 in Vermont." *New England Galaxy* 15.1 (Summer 1973): 15–19.

Belasco, Susan. "The Dial." In *The Oxford Handbook of Transcendentalism,* edited by Joel Myerson, Sandra Harbert Petrulionis, and Laura Dassow Walls, 373–79. Oxford: Oxford University Press, 2010.

Bennett, Jane. *Thoreau's Nature: Ethics, Politics, and the Wild.* Walnut Creek, CA: Alta Mira Press, 2000.

Bentinck-Smith, William. *The Harvard Book: Selections from Three Centuries.* Cambridge, MA: Harvard University Press, 1960.

Berger, Michael Benjamin. *Thoreau's Late Career and "The Dispersion of Seeds": The Saunterer's Synoptic Vision.* Rochester, NY: Camden House, 2000.

Berkowitz, Morton. "Thoreau, Rice and Vose on the Commercial Spirit." *Thoreau Society Bulletin* 141 (Fall 1977): 1–5.

Bickman, Martin. *Minding American Education: Reclaiming the Tradition of Active Learning.* New York: Teacher's College Press, 2003.

———. *Uncommon Learning: Henry David Thoreau on Education.* Boston: Houghton Mifflin, 1999.

———. *Walden: Volatile Truths*. New York: Twayne, 1992.

Blancke, Shirley, and Barbara Robinson. *From Musketaquid to Concord: The Native and European Experience*. Concord, MA: Concord Antiquarian Museum, 1985.

Blanding, Thomas. "Beans, Baked and Half-Baked." *Concord Saunterer* 11.3 (Fall 1976): 11–14.

———. "Beans, Baked and Half-Baked (6)." *Concord Saunterer* 12.4 (Winter 1977): 14–15.

———. "Daniel Ricketson's Reminiscences of Thoreau." *Concord Saunterer* 8.1 (March 1973): 8–9.

———. "Mary Russell Watson's Reminiscences of Thoreau." *Concord Saunterer* 9.2 (June 1974): 1–6.

———. "Passages from John Thoreau, Jr.'s Journal." *Thoreau Society Bulletin* 136 (Summer 1976): 4–6.

Blanding, Thomas, and Walter Harding. *A Thoreau Iconography*. Geneseo, NY: Thoreau Society Booklet 30, 1980.

Bode, Carl. *The American Lyceum*. New York: Oxford University Press, 1956.

Borst, Raymond R. *The Thoreau Log: A Documentary Life of Henry David Thoreau, 1817–1862*. New York: G. K. Hall, 1992. [*Thoreau Log*]

Bosco, Ronald A., and Joel Myerson. *The Emerson Brothers: A Fraternal Biography in Letters*. Oxford: Oxford University Press, 2006.

Brain, J. Walter. "Thoreau's Poetic Vision and the Concord Landscape." In *Thoreau's World and Ours: A Natural Legacy*, edited by Edmund A. Schofield and Robert C. Baron, 281–97. Golden, CO: North American Press, 1993.

Broderick, John C. "Thoreau, Alcott, and the Poll Tax." *Studies in Philology* 53.4 (October 1956): 612–26.

Brownson, Orestes. "Independence Day Address at Dedham, Massachusetts." In *Works in Political Philosophy, Vol. 2: 1828–1841*, edited by Gregory S. Butler, 111–24. Wilmington, DE: ISI Books, 2007.

Buell, Lawrence. *The Environmental Imagination: Thoreau, Nature Writing, and the Formation of American Culture*. Cambridge, MA: Harvard University Press, 1995.

———. "Thoreau and the Natural Environment." In *The Cambridge Companion to Henry David Thoreau*, edited by Joel Myerson, 171–93. Cambridge: Cambridge University Press, 1995.

Cafaro, Philip. *Thoreau's Living Ethics: Walden and the Pursuit of Virtue*. Athens: University of Georgia Press, 2005.

Cain, William E., ed. *A Historical Guide to Henry David Thoreau*. Oxford: Oxford University Press, 2000.

Cameron, Kenneth Walter. *Thoreau and His Harvard Classmates*. Hartford, CT: Transcendental Books, 1965.

———. "Thoreau's Early Compositions in the Ancient Languages." *Emerson Society Quarterly* 8.3 (1957): 20–29.

———. *Thoreau's Harvard Years*. Hartford, CT: Transcendental Books, 1966.

———. *Transcendental Apprenticeship: Notes on Young Henry Thoreau's Reading*. Hartford, CT: Transcendental Books, 1976.

———. *Transcendentalists and Minerva*. 3 vols. Hartford, CT: Transcendental Books, 1958.

———. "Young Henry Thoreau in the Annals of the Concord Academy (1829–1833)." *Emer-*

son Society Quarterly 9.4 (1957): 1–21.
Cameron, Sharon. *Writing Nature: Henry Thoreau's Journal.* Chicago: University of Chicago Press, 1985.
Canby, Henry Seidel. *Thoreau.* Boston: Houghton Mifflin, 1939.
Capper, Charles. *Margaret Fuller: An American Romantic Life, the Private Years.* Oxford: Oxford University Press, 1992.
———. *Margaret Fuller: An American Romantic Life, the Public Years.* Oxford: Oxford University Press, 2007.
Carey, Patrick W. *Orestes Brownson: American Religious Weathervane.* Grand Rapids, MI: William B. Eerdmans, 2004.
Case, Kristen. "Knowing as Neighboring: Approaching Thoreau's Kalendar." *J19: The Journal of Nineteenth-Century Americanists* 2.1 (Spring 2014): 107–29.
———. "Thoreau's Radical Empiricism: The Kalendar, Pragmatism, and Science." In *Thoreauvian Modernities: Transatlantic Conversations on an American Icon,* edited by François Specq, Laura Dassow Walls, and Michel Granger, 187–99. Athens: University of Georgia Press, 2013.
Cavell, Stanley. *The Senses of Walden: An Expanded Edition.* Chicago: University of Chicago Press, 1991.
Channing, William Ellery. *The Works of William E. Channing, D.D.* 6 vols. 8th edition. Boston: James Munroe, 1848.
Channing, William Ellery II. *Poems of Sixty-Five Years.* 1901. New York: Arno Press, 1971.
———. *Thoreau: The Poet-Naturalist.* Boston: Roberts Brothers, 1873.
———. *Thoreau: The Poet-Naturalist.* New edition. Edited by F. B. Sanborn. Boston: Charles E. Goodspeed, 1902.
Christie, John Aldrich. *Thoreau as World Traveler.* New York: Columbia University Press, 1965.
Christy, Arthur. *The Orient in American Transcendentalism: A Study of Emerson, Thoreau, and Alcott.* New York: Columbia University Press, 1932.
Chura, Patrick. *Thoreau the Land Surveyor.* Gainesville: University Press of Florida, 2010.
Conrad, Randall. "The Machine in the Garden: Re-imagining Thoreau's Plumbago Grinder." *Thoreau Society Bulletin* 243 (Fall 2005): 5–8.
———. "Realizing Resistance: Thoreau and the First of August, 1846, at Walden." *Concord Saunterer* 12/13 (2004–5): 165–93.
———. "A Thoreau Christmas." *Thoreau Society Bulletin* 272 (Fall 2010): 3.
Conway, Moncure Daniel. *Autobiography, Memories and Experiences.* 2 vols. Boston: Houghton Mifflin, 1904.
Cooke, George Willis. *An Historical and Biographical Introduction to Accompany the "Dial," in Two Volumes.* New York: Russell and Russell, 1961.
Cosman, Max. "Apropos of John Thoreau." *American Literature* 12.2 (May 1940): 241–43.
Cronon, William. *Changes in the Land: Indians, Colonists, and the Ecology of New England.* New York: Hill and Wang, 1983.
Dean, Bradley P. "More Context for Thoreau's 'Slavery in Massachusetts.'" *Thoreau Research Newsletter* 1.3 (July 1990): 12.
———. "Natural History, Romanticism, and Thoreau." In *American Wilderness: A New His-*

tory, edited by Michael Lewis, 73–89. Oxford: Oxford University Press, 2007.

———. "Rediscovery at Walden: The History of Thoreau's Bean-Field." *Concord Saunterer*, n.s., 12/13 (2004–5): 86–137.

———. "Thoreau and Michael Flannery." *Concord Saunterer* 17.3 (Dec. 1984): 27–33.

Dean, Bradley P., and Gary Scharnhorst. "The Contemporary Reception of *Walden*." *Studies in the American Renaissance* (1990): 293–328.

Dean, Bradley P., and Ronald Wesley Hoag. "Thoreau's Lectures after *Walden*: An Annotated Calendar." *Studies in the American Renaissance* (1996): 241–362. [TL I]

———. "Thoreau's Lectures before *Walden*: An Annotated Calendar." *Studies in the American Renaissance* (1995): 127–228. [TL II]

Dedmond, Francis B. "George William Curtis to Christopher Pearse Cranch: Three Unpublished Letters from Concord." *Concord Saunterer* 12.4 (Winter 1977), 1–7.

———. "James Walter Spooner: Thoreau's Second (though Unacknowledged) Disciple." *Concord Saunterer* 18.2 (December 1985): 35–44.

———. "The Selected Letters of William Ellery Channing the Younger (Part Three)." *Studies in the American Renaissance* (1991): 257–343.

———. "'Pretty Free Omissions': Emerson Edits a Thoreau Manuscript for the *Dial*." *Thoreau Society Bulletin* 227 (Spring 1999): 8–9.

Delano, Sterling F. *Brook Farm: The Dark Side of Utopia*. Harvard University Press, 2004.

———. "Thoreau's Visit to Brook Farm." *Thoreau Society Bulletin* 221/222 (Fall 1997/Spring 1998): 1–2.

Delano, Sterling F., and Joel Myerson. "'The General Scapegoat': Thoreau and Concord in 1844." *Thoreau Society Bulletin* 264 (Fall 2008): 1–2.

Dimock, Wai Chee. *Through Other Continents: American Literature across Deep Time*. Princeton, NJ: Princeton University Press, 2003.

Donahue, Brian. *The Great Meadow: Farmers and the Land in Colonial Concord*. New Haven, CT: Yale University Press, 2004.

———. "Henry David Thoreau and the Environment of Concord." In *Thoreau's World and Ours: A Natural Legacy*, edited by Edmund A. Schofield and Robert C. Baron, 181–89. Golden, CO: North American Press, 1993.

Douglass, Frederick. *Narrative of the Life of Frederick Douglass, an American Slave*. In *Autobiographies*, 1–102. New York: Library of America, 1994.

Dowling, David. *Emerson's Protégés: Mentoring and Marketing Transcendentalism's Future*. New Haven, CT: Yale University Press, 2014.

———. *Literary Partnerships and the Marketplace: Writers and Mentors in Nineteenth-Century America*. Baton Rouge: Louisiana State University Press, 2012.

Drew, Bernard A., "Thoreau's Tarn Identified: Guilder Pond." *Concord Saunterer*, n.s., 9 (2001): 126–39.

Egerton, Frank. "History of Ecological Sciences, Part 39: Henry David Thoreau, Ecologist." *Bulletin of the Ecological Society of America* 92.3 (2011): 251–75.

Elliott, Clark A. *Thaddeus William Harris (1795–1856): Nature, Science, and Society in the Life of an American Naturalist*. Bethlehem, PA: Lehigh University Press, 2008.

Ellis, James H. "The Provincetown Burglary." *Thoreau Society Bulletin* 162 (Winter 1983): 3.

Emerson, Edward Waldo. *Henry Thoreau as Remembered by a Young Friend*. 1917. Concord,

MA: Thoreau Foundation, 1968.

Emerson, Ellen Tucker. *The Letters of Ellen Tucker Emerson*. Edited by Edith E. W. Gregg. 2 vols. Kent, OH: Kent State University Press, 1982.

———. *The Life of Lidian Jackson Emerson*. East Lansing: Michigan State University Press, 1992.

Emerson, Ralph Waldo. *The Collected Works of Ralph Waldo Emerson*. Edited by Ronald A. Bosco and Joel Myerson. 10 vols. Cambridge, MA: Harvard University Press, 2013.

———. *The Early Lectures of Ralph Waldo Emerson, 1833–1842*. Edited by Stephen E. Whicher, Robert E. Spiller, and Wallace E. Williams. 3 vols. Cambridge, MA: Harvard University Press, 1959–1972.

———. *Emerson's Antislavery Writings*. Edited by Len Gougeon. New Haven, CT: Yale University Press, 1995.

———. *Essays and Lectures*. Edited by Joel Porte. New York: Library of America, 1983. [*E&L*]

———. "Henry D. Thoreau." In *Uncollected Prose Writings*, edited by Ronald A. Bosco and Joel Myerson, *The Collected Works of Ralph Waldo Emerson*, 10:411–31.

———. *The Journals and Miscellaneous Notebooks of Ralph Waldo Emerson*. Edited by William Gilman et al. 16 vols. Cambridge, MA: Harvard University Press, 1960–82. [*JMN*]

———. *The Letters of Ralph Waldo Emerson*. Edited by Ralph L. Rusk and Eleanor M. Tilton. 10 vols. New York: Columbia University Press, 1939–91. [*LRWE*]

———. "New Poetry." *Dial* 1.2 (October 1840):220–32.

Emerson, Ralph Waldo, and Thomas Carlyle. *The Correspondence of Emerson and Carlyle*. Edited by Joseph Slater. 2 vols. New York: Columbia University Press, 1964.

Fedorko, Kathy. "'Henry's Brilliant Sister': The Pivotal Role of Sophia Thoreau in Her Brother's Posthumous Publications." *ESQ: A Journal of the American Renaissance* 84.2 (2016): 222–56.

Fink, Steven. *Prophet in the Marketplace: Thoreau's Development as a Professional Writer*. Princeton, NJ: Princeton University Press, 1992.

Fischer, David Hackett, ed. *Concord: The Social History of a New England Town, 1750–1850*. Waltham, MA: Brandeis University, 1983.

Frost, Geneva. "An Early Thoreau's Bangor." *Concord Saunterer* 19.1 (July 1987): 44–53.

Fuller, David G. "Correcting the Newspapers: Thoreau and 'A Plea for Captain John Brown.'" *Concord Saunterer*, n.s., 5 (Fall 1997): 165–75.

———. "Thoreau and John Brown's Pottawatomie." *Thoreau Society Bulletin* 210 (Winter 1995): 2–3.

Fuller, Margaret. "The Great Lawsuit," *Dial* 4.1 (July 1843): 1–47.

Fuller, Randall. *The Book That Changed America: How Darwin's Theory of Evolution Ignited a Nation*. New York: Viking, 2017.

Fuller, Richard. "Visit to the Wachusett, July 1842." *Thoreau Society Bulletin* 129 (Fall 1972): 1–4.

Furtak, Rick Anthony, Jonathan Ellsworth, and James D. Reid, eds. *Thoreau's Importance for Philosophy*. New York: Fordham University Press, 2013.

Geller, Lawrence D. *Between Concord and Plymouth: The Transcendentalists and the Watsons*. Concord, MA: Thoreau Foundation; Plymouth, MA: Pilgrim Society, 1973.

Glick, Wendell. "The Jersey Thoreaus." *Thoreau Society Bulletin* 148 (Summer 1979): 1–5.

Greeley, Dana McLean. "The Grandparents of Henry David Thoreau." *Concord Saunterer* 14.4 (Winter 1979): 2–30.

Grice, Steve. "A Leaf from Thoreau's Fire Island Manuscript." *Thoreau Society Bulletin* 258 (Spring 2007): 1–4.

Griffin, S. G. *A History of the Town of Keene*. Keene, NH: N.p., 1904. Accessed September 4, 2015. https://archive.org/details/historyoftownofkoogrif.

Gross, Robert A. "Cosmopolitanism in Concord: The Transcendentalists and Their Neighbors." *Thoreau Society Bulletin* 261 (Winter 2008): 1–4.

———. "Faith in the Boardinghouse: New Views of Thoreau Family Religion." *Thoreau Society Bulletin* 250 (Winter 2005): 1–5.

———. "Helen Thoreau's Anti-Slavery Scrapbook." *Yale Review* 100.1 (January 2012): 103–20.

———. "Men and Women of Fairest Promise: Transcendentalism in Concord." *Concord Saunterer*, n.s., 2.1 (Fall 1994): 5–18.

———. *The Minutemen and Their World*. 1976. 25th anniversary edition, New York: Hill and Wang, 2001.

———."Talk of the Town." *American Scholar* 84.3 (Summer 2015), 31–43.

———. "'That Terrible Thoreau': Concord and Its Hermit." In *A Historical Guide to Henry David Thoreau*, edited by William E. Cain, 181–241. Oxford: Oxford University Press, 2000.

———. "Thoreau and the Laborers of Concord." *Raritan* 33.1 (June 2013): 50–66.

———. *The Transcendentalists and Their World*. New York: Farrar, Straus and Giroux, forthcoming.

Guarneri, Carl J. *The Utopian Alternative: Fourierism in Nineteenth-Century America*. Ithaca, NY: Cornell University Press, 1991.

Gura, Philip. *American Transcendentalism*. New York: Hill and Wang, 2007.

Gustafson, Sandra M. *Imagining Deliberative Democracy in the Early American Republic*. Chicago: University of Chicago Press, 2011.

Hale, Horatio. *Remarks on the Language of the St. John's, or Wlastukweek Indians with a Penobscot Vocabulary*. Boston: N.p., 1834. 8 pp.

Harding, Walter, ed. "Amanda Mather's Recollections of Thoreau." *Thoreau Society Bulletin* 188 (Summer 1989): 1–2.

———. *The Days of Henry Thoreau: A Biography*. 1965. New York: Dover, 1982. [*Days of HT*]

———, ed. *Thoreau as Seen by His Contemporaries*. New York: Holt, Rinehart and Winston, 1960; New York: Dover, 1989. [*Thoreau as Seen*]

———. "Thoreau and the Concord Lyceum." *Thoreau Society Bulletin* 30 (January 1950): 2–3.

———. "Thoreau and Kate Brady." *American Literature* 36.3 (November 1964): 347–49.

———. "Thoreau in Emerson's Account Books." *Thoreau Society Bulletin* 159 (Spring 1982): 1–3.

———. "Thoreau Scholarship Today." *Thoreau Society Bulletin* 139 (Spring 1977): 1–2.

———, ed. *Thoreau's Minnesota Journey: Two Documents*. Geneseo, NY: Thoreau Society Booklet No. 16, 1962.

———. "Thoreau's Sexuality." *Journal of Homosexuality* 21.3 (1991): 23–45.

Hartigan, John, Jr. *Aesop's Anthropology: A Multispecies Approach.* Minneapolis: University of Minnesota Press, 2014.

Harrington, C. R., ed. *The Year without a Summer? World Climate in 1816.* Ottawa: Canadian Museum of Nature, 1992.

Hawthorne, Nathaniel. *The American Notebooks.* Columbus: Ohio State University Press, 1932, 1960, 1972.

———. "Septimius Felton." In *The Elixir of Life Manuscripts,* Centenary Edition of the Works of Nathaniel Hawthorne, vol. 13, 3–194. Columbus: Ohio State University Press, 1977.

———. *Tales and Sketches.* New York: Library of America, 1982.

Hendrick, George, ed. *Remembrances of Concord and the Thoreaus: Letters of Horace Hosmer to Dr. S. A. Jones.* Urbana: University of Illinois Press, 1977.

Herrick, Gerri L. "Sophia Thoreau—'Cara Sophia.'" *Concord Saunterer* 13.3 (Fall 1978): 5–12.

Hoagland, Clayton. "The Diary of Thoreau's 'Gentle Boy.'" *New England Quarterly* 28.4 (December 1955): 473–89.

Hoar, George Frisbie. *Autobiography of Seventy Years.* 2 vols. New York: Charles Scribner's Sons, 1903.

Hodder, Alan D. *Thoreau's Ecstatic Witness.* New Haven, CT: Yale University Press, 2001.

Hoeltje, Hubert H. "Thoreau and the Concord Academy," *New England Quarterly* 21.1 (March 1948): 103–9.

[Hosmer, Joseph?] "J. H." "A Rare Reminiscence of Thoreau as a Child." *Thoreau Society Bulletin* 245 (Fall 2003): 1–2.

Howarth, William. *The Book of Concord: Thoreau's Life as a Writer.* New York: Viking, 1982.

Howe, Daniel Walker. *What Hath God Wrought: The Transformation of America, 1815–1848.* Oxford: Oxford University Press, 2007.

Hudson, Edmund. "The Wide Spreading Jones Family." 1917. Reprinted in *Thoreau Society Bulletin* 221 (Fall 1997): 4–12; 222 (Spring 1998): 5.

Hudspeth, Robert N. "Dear Friend: Letter Writing in Concord." *Concord Saunterer,* n.s., 11 (2003): 77–91.

———. *Ellery Channing.* New York: Twayne, 1973.

Irmscher, Christoph. *Louis Agassiz: Creator of American Science.* Boston: Houghton Mifflin, 2013.

Jarvis, Edward. *Traditions and Reminiscences of Concord, Massachusetts, 1779–1878.* Edited by Sarah Chapin. Amherst: University of Massachusetts Press, 1993.

Johnson, Linck C. "The Life and Legacy of Civil Disobedience." In *The Oxford Handbook of Transcendentalism,* edited by Joel Myerson, Sandra Harbert Petrulionis, and Laura Dassow Walls, 629–41. Oxford: Oxford University Press, 2010.

———. "Higher Law." In *Encyclopedia of Transcendentalism,* edited by Wesley T. Mott, 82–84. Westport, CT: Greenwood, 1996.

———. "Reforming the Reformers: Emerson, Thoreau, and the Sunday Lectures at Amory Hall, Boston." *ESQ [Emerson Society Quarterly]* 37.4 (1991): 235–89.

———. *Thoreau's Complex Weave: The Writing of "A Week on the Concord and Merrimack Rivers," with the Text of the First Draft.* Charlottesville: University Press of Virginia, 1986.

Judd, Richard W. *Second Nature: An Environmental History of New England*. Amherst: University of Massachusetts Press, 2014.

Keyes, John Shepard. *Autobiography of Hon. John S. Keyes*. Concord, Massachusetts: Concord Free Public Library, 2010. Accessed September 4, 2015,http://www.concordlibrary.org/scollect/Keyes/index.html.

Kohlstedt, Sally Gregory. "Creating a Forum for Science: AAAS in the Nineteenth Century." In *The Establishment of Science in America: 150 Years of the American Association for the Advancement of Science*, edited by Sally Gregory Kohlstedt, Michael M. Sokal, and Bruce V. Lewenstein, 7–49. New Brunswick, NJ: Rutgers University Press, 1999.

Koopman, Louise Osgood. "The Thoreau Romance." *Massachusetts Quarterly* 4.1 (Autumn 1962): 61–67.

Kucich, John J. "Lost in the Maine Woods: Henry Thoreau, Joseph Nicolar, and the Penobscot World." *Concord Saunterer*, n.s., 19/20 (2011–12): 22–52.

Lane, Charles. "Life in the Woods." *Dial* 4.4 (April 1844): 415–25.

———. "State Slavery—Imprisonment of A. Bronson Alcott—Dawn of Liberty." *Liberator*, January 27, 1843. 16.

Lebeaux, Richard M. "From Canby to Richardson: The Last Half-Century of Thoreau Biography." In *Thoreau's World and Ours: A Natural Legacy*, edited by Edmund A. Schofield and Robert C. Baron, 126–35. Golden, CO: North American Press, 1993.

———. *Young Man Thoreau*. 1975. New York: Harper, 1978.

———. *Thoreau's Seasons*. Amherst: University of Massachusetts Press, 1984.

Lemire, Elise. *Black Walden: Slavery and Its Aftermath in Concord, Massachusetts*. Philadelphia: University of Pennsylvania Press, 2009.

Levin, JoAnn Early. "Schools and Schooling in Concord: A Cultural History." In *Concord: The Social History of a New England Town, 1750–1850*, edited by David Hackett Fischer, 343–400. Waltham, MA: Brandeis University, 1983.

Malachuk, Daniel S. *Two Cities: The Political Thought of American Transcendentalism*. Lawrence: University Press of Kansas, 2016.

Marble, Annie Russell. *Thoreau: His Home, Friends and Books*. New York: Thomas Y. Crowell, 1902.

Marx, Leo. *The Machine in the Garden: Technology and the Pastoral Ideal in America*. Oxford: Oxford University Press, 1964.

———. "The Two Thoreaus." In *The Pilot and the Passenger: Essays on Literature, Technology, and Culture in the United States*, edited by Leo Marx, 83–100. Oxford: Oxford University Press, 1988.

Maynard, W. Barksdale. "Emerson's 'Wyman Lot': Forgotten Context for Thoreau's House at Walden." *Concord Saunterer* 12/13 (2004–2005): 60–84.

———. "Thoreau's House at Walden." *Art Bulletin* 81.2 (1999): 303–25.

———. *Walden Pond: A History*. Oxford: Oxford University Press, 2004.

McFarland, Philip. *Hawthorne in Concord*. New York: Grove, 2004

McGill, Frederick T., Jr. *Channing of Concord: A Life of William Ellery Channing II*. New Brunswick, NJ: Rutgers University Press, 1967.

———. "Thoreau and College Discipline." *New England Quarterly* 15.2 (June 1942): 349–53.

McGrath, Anne. "As Long as It Is in Concord." *Concord Saunterer* 12.2 (Summer 1977): 9–11.

———. "Cynthia Dunbar Thoreau." *Concord Saunterer* 14.4 (Winter 1979): 8–14.

Meltzer, Milton, and Walter Harding, *A Thoreau Profile*. New York: Thomas Y. Crowell, 1962.

Mesa-Pelly, Judith Broome. "Thoreau's 'Basket of a Delicate Texture': Weaving History in *A Week*." *Concord Saunterer*, n.s., 4 (Fall 1996): 174–85.

Meyer, Michael. "Discord in Concord on the Day of John Brown's Hanging." *Thoreau Society Bulletin* 146 (Winter 1979): 1–3.

Moldenhauer, Joseph J. "Thoreau, Hawthorne, and the 'Seven-Mile Panorama.'" *ESQ: A Journal of the American Renaissance* 44.4 (1998): 227–73.

Mortland, Don. "Ellery Channing and Daniel Ricketson: Thoreau's Friends in Conflict," *Concord Saunterer* 19.1 (July 1987): 22–43.

———. "Thoreau's Friend Ricketson: What Manner of Man?" *Concord Saunterer* 18.2 (December 1985): 1–19.

Moss, Marcia E. *A Catalog of Thoreau's Surveys in the Concord Free Public Library*, Thoreau Society Booklet 28. Geneseo, NY: Thoreau Society, 1976.

———. "Edward S. Hoar's Conversations on Concord with Edward S. Burgess." *Concord Saunterer* 17.1 (March 1984): 17–33.

Mott, Wesley T., ed. *Biographical Dictionary of Transcendentalism*. Westport, CT: Greenwood, 1996.

———, ed. *The Bonds of Affection: Thoreau on Dogs and Cats*. Amherst: University of Massachusetts Press, 2005.

———. "Education." In *The Oxford Handbook of Transcendentalism*, edited by Joel Myerson, Sandra Harbert Petrulionis, and Laura Dassow Walls, 153–71. Oxford: Oxford University Press, 2010.

———, ed. *Encyclopedia of Transcendentalism*. Westport, CT: Greenwood, 1996.

Munroe, William, Jr. "Memoir of William Munroe." Memoirs of the Concord Social Club. 2nd Series. Cambridge, MA: N.p., 1888.

Myerson, Joel. "A Calendar of Transcendental Club Meetings." *American Literature* 44.2 (May 1972): 197–207.

———. *The Cambridge Companion to Henry David Thoreau*. Cambridge: Cambridge University Press, 1995.

———. ed. *Emerson and Thoreau: The Contemporary Reviews*. Cambridge: Cambridge University Press, 1992.

———. *The New England Transcendentalists and the "Dial": A History of the Magazine and Its Contributors*. Cranbury, NJ: Associated University Presses, 1980.

Myerson, Joel, Sandra Harbert Petrulionis, and Laura Dassow Walls, eds. *The Oxford Handbook of Transcendentalism*. Oxford: Oxford University Press, 2010.

Neufeldt, Leonard N. *The Economist: Henry Thoreau and Enterprise*. New York: Oxford University Press, 1989.

Newman, Lance. *Our Common Dwelling: Henry Thoreau, Transcendentalism, and the Class Politics of Nature*. New York: Palgrave Macmillan, 2005.

Nyren, Dorothy. "The Concord Academic Debating Society." *Massachusetts Review* 4.1 (Autumn 1962): 81–84.

O'Brien, Jean M. *Dispossession by Degrees: Indian Land and Identity in Natick, Massachusetts,*

1650–1790. Cambridge: Cambridge University Press, 1997.
———. *Firsting and Lasting: Writing Indians out of Existence in New England*. Minneapolis: University of Minnesota Press, 2010.
O'Connor, Dick. "Thoreau in the Town School, 1837." *Concord Saunterer*, n.s., 4 (Fall 1996): 150–72.
Oehlschlaeger, Fritz, and George Hendrick, eds. *Toward the Making of Thoreau's Modern Reputation: Selected Correspondence of S. A. Jones, A. W. Hosmer, H. S. Salt, H.G.O. Blake, and D. Ricketson*. Urbana: University of Illinois, 1979.
Parel, Anthony J. "Thoreau, Gandhi, and Comparative Political Thought." In *A Political Companion to Henry David Thoreau*, edited by Jack Turner, 372–92. Lexington: University Press of Kentucky, 2009.
Peabody, Andrew Preston. *Harvard Reminiscences*. Boston: Ticknor, 1888.
Peck, H. Daniel. *Thoreau's Morning Work: Memory and Perception in "A Week on the Concord and Merrimack Rivers," the "Journal," and "Walden."* New Haven, CT: Yale University Press, 1990.
Peple, Edward C., Jr., "Hawthorne on Thoreau: 1853–1857." *Thoreau Society Bulletin* 119 (Spring 1972): 1–4.
Petroski, Henry. "H. D. Thoreau, Engineer." *Invention and Technology* 5.2 (Fall 1989): 8–16.
———. *The Pencil: A History of Design and Circumstance*. New York: Knopf, 1990.
Petrulionis, Sandra Harbert. "Editorial Savoir Faire: Thoreau Transforms His Journal into 'Slavery in Massachusetts.'" *Resources for American Literary Study* 25.2 (1999): 206–31.
———. "The 'Higher Law': Then and Now." *Thoreau Society Bulletin* 262 (Spring 2008): 5–7.
———, ed. *Thoreau in His Own Time: A Biographical Chronicle of His Life, Drawn from Recollections, Interviews, and Memoirs by Family, Friends, and Associates*. Iowa City: University of Iowa Press, 2012. [*THOT*]
———. *To Set This World Right: The Antislavery Movement in Thoreau's Concord*. Ithaca, NY: Cornell University Press, 2006. [*To Set This World*]
Petrulionis, Sandra Harbert, and Laura Dassow Walls, eds. *More Day to Dawn: Thoreau's Walden for the Twenty-First Century*. Amherst: University of Massachusetts Press, 2007.
Pomeroy, Sarah Gertrude. "Sophia Thoreau." In *Little-Known Sisters of Well-Known Men*, 253–74. Boston: Dana Estes, 1912.
Porte, Joel. *Consciousness and Culture: Emerson and Thoreau Reviewed*. New Haven, CT: Yale University Press, 2004.
Primack, Richard B. *Walden Warming: Climate Change Comes to Thoreau's Woods*. Chicago: University of Chicago Press, 2014.
Renehan, Edward J., Jr. *The Secret Six: The True Tale of the Men Who Conspired with John Brown*. Columbia: University of South Carolina Press, 1997.
Reynolds, David S. *John Brown, Abolitionist: The Man Who Killed Slavery, Sparked the Civil War, and Seeded Civil Rights*. New York: Knopf, 2005.
———. *Walt Whitman's America: A Cultural Biography*. New York: Knopf, 1995.
Reynolds, Larry J. *Righteous Violence: Revolution, Slavery, and the American Renaissance*. Athens: University of Georgia Press, 2011.
Richardson, Robert D., Jr. *Henry David Thoreau: A Life of the Mind*. Berkeley: University of California Press, 1986.

———. "A Perfect Piece of Stoicism." *Thoreau Society Bulletin* 153 (Fall 1980): 1–5.

———. "Thoreau and Science." In *American Literature and Science*, edited by Robert J. Scholnick, 110–27. Lexington: University Press of Kentucky, 1992.

Ricketson, Anna, and Walton Ricketson. *Daniel Ricketson and His Friends*. Boston: Houghton Mifflin, 1902.

Robbins, Roland Wells. *Discovery at Walden*. 1972. Lincoln, MA: Thoreau Society, 1999.

Robinson, David N. *Natural Life: Thoreau's Worldly Transcendentalism*. Ithaca, NY: Cornell University Press, 2004.

Rosenwald, Lawrence A. "The Theory, Practice, and Influence of Thoreau's Civil Disobedience." In *A Historical Guide to Henry David Thoreau*, edited by William E. Cain, 153–79. Oxford: Oxford University Press, 2000.

Rossi, William. "Evolutionary Theory." In *The Oxford Handbook of Transcendentalism*, edited by Joel Myerson, Sandra Harbert Petrulionis, and Laura Dassow Walls, 582–96. Oxford: Oxford University Press, 2010.

———. "Performing Loss, Elegy, and Transcendental Friendship," *New England Quarterly* 81.2 (June 2008): 252–77.

———. "Poetry and Progress: Thoreau, Lyell, and the Geological Principles of *A Week*." *American Literature* 66.2 (June 1994): 275–300.

———. "Roots, Leaves, and Method: Henry Thoreau and Nineteenth-Century Natural Science." *Journal of the American Studies Association of Texas* 19 (Oct. 1988): 1–22.

Rossi, William, and John T. Lysaker, eds. *Emerson and Thoreau: Figures of Friendship*. Bloomington: Indiana University Press, 2010.

Round, Phillip. "Gentleman Amateur or 'Fellow-Creature'? Thoreau's Maine Woods Flight from Contemporary Natural History." In *Thoreau's World and Ours: A Natural Legacy*, edited by Edmund A. Schofield and Robert C. Baron, 316–29. Golden, CO: North American Press, 1993.

Rusk, Ralph L. *The Life of Ralph Waldo Emerson*. New York: Charles Scribner's Sons, 1949.

Russell, E. Harlow. "Thoreau's Maternal Grandfather Asa Dunbar: Fragments from His Diary and Commonplace Book." *Proceedings of the American Antiquarian Society*, April 19, 1908, 66–76.

Russell, John Lewis. "Visit to a Locality of the Climbing Fern." *Magazine of Horticulture* March 1855, 126–34.

Salt, Henry S. *The Life of Henry David Thoreau*. London: Richard Bentley, 1890; revised version of 1908, edited by George Hendrick, Willene Hendrick, and Fritz Oehlschlaeger. Urbana: University of Illinois Press, 1993, 2000.

Sanborn, Franklin Benjamin. "Emerson and His Friends in Concord," *New England Magazine* III (1890), reprinted in *Concord Saunterer* 16.1 (Spring 1981): 3–22.

———. *Henry D. Thoreau*. Boston: Houghton Mifflin, 1882.

———. *The Life of Henry David Thoreau*. Boston: Houghton Mifflin, 1917.

———. *The Personality of Thoreau*. Boston: Charles E. Goodspeed, 1901.

———. *Recollections of Seventy Years*. 2 vols. Boston: Gorham Press, 1909.

Sattelmeyer, Robert. "Journals." In *The Oxford Handbook of Transcendentalism*, edited by Joel Myerson, Sandra Harbert Petrulionis, and Laura Dassow Walls, 291–308. Oxford: Oxford University Press, 2010.

———. "The Remaking of *Walden*." In *Writing the American Classics*, edited by James Barbour and Tom Quirk, 53–78. Chapel Hill: University of North Carolina Press, 1990, reprinted in "*Walden," "Civil Disobedience," and Other Writings*, by Henry David Thoreau, edited by William Rossi, 489–507. New York: Norton Critical Edition, 3rd edition, 2008.

———. *Thoreau's Reading: A Study in Intellectual History with Bibliographical Catalogue*. Princeton, NJ: Princeton University Press, 1988.

———. "Thoreau and Melville's *Typee*." *American Literature* 52.3 (November 1980): 462–68.

———. "Thoreau's Projected Work on the English Poets." *Studies in the American Renaissance* (1980): 239–57.

———. "'When He Became My Enemy': Emerson and Thoreau, 1848–1849." *New England Quarterly* 62.2 (June 1989): 187–204.

Sayre, Robert F. *Thoreau and the American Indians*. Princeton, NJ: Princeton University Press, 1977.

Schneider, Richard J., ed. *Approaches to Teaching Thoreau's "Walden" and Other Works*. New York: Modern Language Association of America, 1996.

———. *Henry David Thoreau: A Documentary Volume*. Dictionary of Literary Biography 298. Farmington Hills, MI: Gale, 2004.

———. "Thoreau's Panorama of the Mississippi: Its Identity and Significance," *Thoreau Society Bulletin* 245 (Fall 2003): 5–6.

———, ed. *Thoreau's Sense of Place: Essays in American Environmental Writing*. Iowa City: University of Iowa Press, 2000.

Schofield, Edmund A. "'Burnt Woods': Ecological Insights into Thoreau's Unhappy Encounter with Forest Fire." *Thoreau Research Newsletter* 2.3 (July 1991): 1–9.

———. "The Date(s) and Context of Thoreau's Visit to Brook Farm." *Thoreau Society Bulletin* 258 (Spring 2007): 8–10.

———. "Further Particulars on Thoreau's Harvard Scholarship Awards." *Thoreau Society Bulletin* 264 (Fall 2008): 4–6.

———. "The Origin of Thoreau's Fatal Illness." *Thoreau Society Bulletin* 171 (Spring 1985): 1–3.

Schofield, Edmund A., and Robert C. Baron, eds. *Thoreau's World and Ours: A Natural Legacy*. Golden, CO: North American Press, 1993.

Seybold, Ethel. *Thoreau: The Quest and the Classics*. New Haven, CT: Yale University Press, 1951.

Shanley, J. Lyndon. *The Making of "Walden," with the Text of the First Version*. Chicago: University of Chicago Press, 1957.

Shattuck, Lemuel. *A History of the Town of Concord*. Boston: Russell, Odiorne; Concord: John Stacy, 1835.

Sherwood, Mary P. "Thoreau's Penobscot Indians." *Thoreau Journal Quarterly* 1.1 (January 1969): 1–13.

Sims, Michael. *The Adventures of Henry Thoreau: A Young Man's Unlikely Path to Walden Pond*. New York: Bloomsbury, 2014.

Smith, Corinne Hosfeld. *Westward I Go Free: Tracing Thoreau's Last Journey*. Winnipeg: Green Frigate Books, 2012.

Smith, Donald B. *Mississauga Portraits: Ojibwe Voices from Nineteenth-Century Canada.* Toronto: University of Toronto Press, 2013.

Smith, Harmon. "Henry Thoreau and Emerson's 'Noble Youths.'" *Concord Saunterer* 17.3 (December 1984): 4–12.

———. *My Friend, My Friend: The Story of Thoreau's Relationship with Emerson.* Amherst: University of Massachusetts Press, 1999.

Smith, Ted A. *Weird John Brown: Divine Violence and the Limits of Ethics.* Stanford, CA: Stanford University Press, 2015.

Solnit, Rebecca. "Mysteries of Thoreau, Unsolved: On the Dirtiness of Laundry and the Strength of Sisters." *Orion,* May–June 2013, 18–23.

Specq, François, Laura Dassow Walls, and Michel Granger, eds. *Thoreauvian Modernities: Transatlantic Conversations on an American Icon.* Athens: University of Georgia Press, 2013.

Stewart, Sharon. "Transcendental Romance Meets the Ministry of Pain: The Thoreau Brothers, Ellen Sewall, and Her Father." *Concord Saunterer,* n.s., 14 (2006): 4–21.

Stowell, Robert E. *A Thoreau Gazetteer.* Princeton, NJ: Princeton University Press, 1970.

Sullivan, Mark W. *Picturing Thoreau: Henry David Thoreau in American Visual Culture.* Lanham, MD: Lexington Books, 2015.

Sullivan, Robert. *The Thoreau You Don't Know: What the Prophet of Environmentalism Really Meant.* New York: HarperCollins, 2009.

Thoreau, Henry David. *Cape Cod.* Edited by Joseph J. Moldenhauer. Princeton, NJ: Princeton University Press, 1988. [CC]

———. *Collected Essays and Poems.* Edited by Elizabeth Hall Witherell. New York: Library of America, 2001. [*CEP*]

———. *The Collected Poems of Henry Thoreau.* Edited by Carl Bode. Baltimore: Johns Hopkins University Press, 1965.

———. *The Correspondence, Volume 1: 1834–1848.* Edited by Robert N. Hudspeth. Princeton, NJ: Princeton University Press, 2013. [*Corr.,* 1]

———. *The Correspondence, Volume 2: 1849–1856.* Edited by Robert N. Hudspeth. Princeton, NJ: Princeton University Press, forthcoming. [*Corr.,* 2]

———. *The Correspondence, Volume 3: 1857–1862.* Edited by Robert N. Hudspeth. Princeton, NJ: Princeton University Press, forthcoming. [*Corr.,* 3]

———. *The Correspondence of Henry David Thoreau.* Edited by Walter Harding and Carl Bode. New York: New York University Press, 1968. [*CHDT*]

———. *Early Essays and Miscellanies.* Edited by Joseph J. Moldenhauer et al. Princeton, NJ: Princeton University Press, 1975. [*EEM*]

———. *Excursions.* Edited by Joseph J. Moldenhauer. Princeton, NJ: Princeton University Press, 2007. [*Exc.*]

———. *Faith in a Seed: "The Dispersion of Seeds" and Other Late Natural History Writings.* Edited by Bradley P. Dean. Washington, DC: Island Press, 1993.

———. *The Journal of Henry D. Thoreau.* 8 vols. to date. Princeton, NJ: Princeton University Press, 1981–. [PEJ]

———. *The Journal of Henry David Thoreau.* Edited by Bradford Torrey and Francis Allen. 14 vols. Boston: Houghton Mifflin, 1906; New York: Dover, 1962. [*J*]

———. *Letters to a Spiritual Seeker*. Edited by Bradley P. Dean. New York: Norton, 2004.

———. *The Maine Woods*. Edited by Joseph J. Moldenhauer. Princeton, NJ: Princeton University Press, 1972. [*MW*]

———. *Reform Papers*. Edited by Wendell Glick. Princeton, NJ: Princeton University Press, 1973. [*RP*]

———. *Translations*. Edited by Kevin P. Van Anglen. Princeton, NJ: Princeton University Press, 1986. [*Translations*]

———. *Walden*. Edited by J. Lyndon Shanley. Princeton, NJ: Princeton University Press, 1971. [*Walden*]

———. *Walden: A Fully Annotated Edition*. Edited by Jeffrey S. Cramer. New Haven, CT: Yale University Press, 2004.

———. *"Walden," "Civil Disobedience," and Other Writings*. Edited by William Rossi. New York: Norton Critical Edition, 3rd edition, 2008.

———. *A Week on the Concord and Merrimack Rivers*. Edited by Carl F. Hovde et al. Princeton, NJ: Princeton University Press, 1980. [*Week*]

———. *Wild Fruits: Thoreau's Rediscovered Last Manuscript*. Edited by Bradley P. Dean. New York: Norton, 2000.

Thorson, Robert M. *Walden's Shore: Henry David Thoreau and Nineteenth-Century Science*. Cambridge, MA: Harvard University Press, 2014.

Traub, Courtney. "'First-Rate Fellows': Excavating Thoreau's Radical Egalitarian Reflections in a Late Draft of 'Allegash.'" *Concord Saunterer* 23 (2015): 74–96.

Tufts, Marshall. *A Tour through College*. Boston: Marsh, Capen, and Lyon, 1832.

Turner, Jack, ed. *A Political Companion to Henry David Thoreau*. Lexington: University Press of Kentucky, 2009.

———. "Thoreau and John Brown." In *A Political Companion to Henry David Thoreau*, 151–77. Lexington: University Press of Kentucky, 2009.

Urbanksi, Marie. "Henry David Thoreau and Margaret Fuller." *Thoreau Journal Quarterly* 8.4 (1976): 24–30.

Van Anglen, Kevin P. Introduction to *Translations*, by Henry David Thoreau, 159–233. Edited by Kevin P. Van Anglen. Princeton, NJ: Princeton University Press, 1986.

———. "Thoreau's Epic Ambition: 'A Walk to Wachusett' and the Persistence of the Classics in an Age of Science." In *Thoreau at 200: Essays and Reassessments*, edited by Kevin P. Van Anglen, and Kristen Case. Cambridge: Cambridge University Press, 2016

———. "True Pulpit Power: 'Natural History of Massachusetts' and the Problem of Cultural Authority." *Studies in the American Renaissance* (1990): 119–47.

Van Anglen, Kevin P., and Kristen Case, eds. *Thoreau at 200: Essays and Reassessments*. Cambridge: Cambridge University Press, 2016.

Versluis, Arthur. *American Transcendentalism and Asian Religions*. New York: Oxford University Press, 1993.

Von Frank, Albert J. *The Trials of Anthony Burns: Freedom and Slavery in Emerson's Boston*. Cambridge, MA: Harvard University Press, 1998.

Walls, Laura Dassow. "Articulating a Huckleberry Cosmos: Thoreau's Moral Ecology of Knowledge." In *Thoreau's Importance for Philosophy*, edited by Rich Anthony Furtak and Jonathan Ellsworth, 91–111. Fordham University Press, New York: Fordham University

Press, 2012.

———. "'As You Are Brothers of Mine': Thoreau and the Irish." *New England Quarterly* 88.1 (March 2015): 5–36.

———. *Emerson's Life in Science: The Culture of Truth*. Ithaca, NY: Cornell University Press, 2003.

———. Foreword to Corinne Hosfeld Smith, *Westward I Go Free: Tracing Thoreau's Last Journey*. Winnipeg: Green Frigate Books, 2012.

———. "From the Modern to the Ecological: Latour on Walden Pond." In *Ecocritical Theory: New European Approaches*, edited by Axel Goodbody and Kate Rigby, 98–110. Charlottesville: University of Virginia Press, 2011.

———. "Greening Darwin's Century: Humboldt, Thoreau, and the Politics of Hope." *Victorian Review* 36.2 (Fall 2010): 92–103.

———. "The Man Most Alive." Introduction to *Material Faith: Thoreau on Science*, ix–xviii. NY: Houghton Mifflin, 1999

———. "Of Compass, Chain and Sounding Line: Taking Thoreau's Measure." In *Reasoning in Measurement*, edited by Alfred Nordmann and Nicola Mößner. London: Routledge, forthcoming.

———. *The Passage to Cosmos: Alexander von Humboldt and the Shaping of America*. Chicago: University of Chicago Press, 2009.

———. "Rethinking Thoreau and the History of American Ecology." With Frank Egerton. *Concord Saunterer*, n.s., 5 (Fall 1997): 4–20.

———. "Romancing the Real: Thoreau's Technology of Inscription." In *Historical Guide to Henry David Thoreau*, edited by William E. Cain, 123–51. Oxford: Oxford University Press, 2000.

———. *Seeing New Worlds: Henry David Thoreau and Nineteenth-Century Natural Science*. Madison: University of Wisconsin Press, 1995.

———. "Textbooks and Texts from the Brooks: Inventing Scientific Authority in America." *American Quarterly* 49.1 (March 1997): 1–25.

———. "*Walden* as Feminist Manifesto." *ISLE: Interdisciplinary Studies in Literature and Environment* 1.1 (1993):137–44. Reprinted in Henry David Thoreau, *"Walden," "Civil Disobedience," and Other Writings*, third edition, edited by William Rossi, 521–27. New York: Norton, 2008.

Warner, Michael. "Thoreau's Bottom," *Raritan* 11.3 (Winter 1992): 53–79.

———. "Walden's Erotic Economy." In *Comparative American Identities: Race, Sex, and Nationality in the American Text*, edited by Hortense Spillers, 157–74. New York: Routledge, 1991.

Weiss, John. "Thoreau." *Christian Examiner*, July 1865, 96–117.

Wheeler, Joseph C. "Where Thoreau Was Born." *Concord Saunterer*, n.s., 7 (1999): 4–31.

Wheeler, Ruth R. *Concord: Climate for Freedom*. Concord, MA: Concord Antiquarian Society, 1967.

———. "Thoreau Farm." *Thoreau Society Bulletin* 42 (Winter 1953): 2–3.

Whitmore, George. "Friendship in New England: Henry Thoreau. I." *Gai Saber* 1.2 (Summer 1977): 104–11.

———. "Friendship in New England: Henry Thoreau. II." *Gai Saber* 1.3–4 (Summer 1978):

188–202.

Wilson, Leslie Perrin. *In History's Embrace: Past and Present in Concord, Massachusetts*. Concord, MA: Concord Free Public Library, 2007.

———. "'Treasure in My Own Mind': The Diary of Martha Lawrence Prescott, 1834–1836." *Concord Saunterer*, n.s., 11 (2003): 92–152.

Winterer, Caroline. *The Culture of Classicism: Ancient Greece and Rome in American Intellectual Life, 1780–1910*. Baltimore: Johns Hopkins University Press, 2002.

Witherell, Elizabeth Hall. "Thoreau as Poet." In *The Cambridge Companion to Henry David Thoreau*, edited by Joel Myerson, 57–70. Cambridge: Cambridge University Press, 1995.

Wolverton, Nan. "'A Precarious Living': Basket Making and Related Crafts among New England Indians." In *Reinterpreting New England Indians and the Colonial Experience*, edited by Colin G. Calloway and Neal Salisbury, 341–68. Boston: Colonial Society of Massachusetts and the University of Virginia Press, 2003.

Wood, David. *An Observant Eye: The Thoreau Collection at the Concord Museum*. Concord, MA: Concord Museum, 2006.

Wood, Gillen D'Arcy. *Tambora: The Eruption That Changed the World*. Princeton, NJ: Princeton University Press, 2014.

Woodson, Thomas. "Thoreau's Excursion to the Berkshires and Catskills." *ESQ* [*Emerson Society Quarterly*] 21.1 (1975): 82–92.

译后记

"把生活中最简单的行为转化为艺术"：亨利 · 戴维 · 梭罗丰饶的一生

两个梭罗

2014 年《纽约客》杂志发表了凯瑟琳 · 舒尔茨（Kathryn Shultz）对亨利 · 戴维 · 梭罗的讨伐文章《湖渣》(*Pond Scum*)，舒尔茨列举了梭罗身上的三大罪状:伪善,厌世,自恋。以梭罗的传世名篇《瓦尔登湖》为例，其实他在湖边住了两年两个月零两天，但是书里将这压缩成一年，如果这可以算作"艺术加工"的话，舒尔茨认为其他的"粉饰"则完全在篡改真相。梭罗每个周末都回家吃晚饭，他的朋友常常来到这座湖畔小屋看他，他的母亲很有可能帮他洗了衣服。对舒尔茨而言，正是因为梭罗从来没有像他书中所说的那样在湖畔生活过，他才会浪漫化这种孤独的生活，他的讴歌乃至以其为基础的道德教谕都是空中楼阁，全无事实基础。

虽然舒尔茨的檄文毫无意外地引起轩然大波，但她远非第一个做出类似批评的人。历史上一直有两个梭罗：一个是《瓦尔登湖》里拒斥人类文明的隐士，他亲手造起自己的小屋，歌咏自立，以此保持道德上的自洁；另一个是《论公民的不服从权利》里愤怒的斗士，他因拒绝缴人头税而入狱，但是他并不惧怕，他走上讲坛，号召他的康科德邻居们不要苟同奴隶制和美墨战争，而要成为"勒停这架机器的反摩擦力"。前一个渴望避世，后一个勇于承担政治责任；前一个栖身于自然，后一个却积极介入人类社会的纷扰。很长时间以来，读者都在思考：究竟哪一个才是梭罗本尊？

劳拉·达索·沃尔斯的这本最新传记并不提供这道选择题的答案，而是告诉我们这道选择题本身就是假命题。

在沃尔斯看来，两个梭罗并不矛盾，他们统一于梭罗对信仰的追求之中。众所周知，梭罗是超验主义者（transcendentalist）。美国超验主义受到 19 世纪欧洲浪漫主义的影响，比起规则、逻辑和平衡，他们更重视自觉、直觉和情感；但与此同时，美国超验主义还和新英格兰基督新教独神论派有着更亲密的联系，而爱默生和梭罗毕业的哈佛大学正是当时独神论派的大本营。独神论派和更正统的圣三一教会的最大区别在于，独神论派驳斥基督的神性、祂奇迹的降生以及复活，还有三位一体的概念，通过强调基督的人性一面，独神论派和超验主义者们暗示：人可以直接与上帝交流，且每个人都可以依赖自己的直接经验在此世实现基督的道德完满。（纳撒尼尔·卡普兰和托马斯·卡察罗斯《美国超验主义的起源》）而对于梭罗而言，基督的道德和智慧首先显现于自然。

梭罗出版的第一部作品《康科德和梅里马克河上的一周》记录的是他和兄长约翰生前所做的最后一次郊游。他在《一周》的开篇就描绘了鱼儿遭受工业文明蹂躏的画面，它们被无情地卷入比莱利卡水利机械。“谁听见了鱼儿的哭声？”梭罗问道。而后，他总结说：“只有纯真和一项正义的事业来护卫它们的肉身。”可他不知道什么能够帮忙撬开水坝，只能宣誓：“我与你们同在。”也就是说，是在自然里，梭罗见证了爱默生所言的“人就是一捆关联和一团根蒂”（爱默生《论历史》）。这种人与世间万物相互依存的关系威胁了梭罗对人寄寓的道德理想，按照沃尔斯的总结，梭罗在“护卫任何与我们相关的生命体”：遭受人类工业文明威胁的树木和野生鱼类，整个生态系统；奴隶，在掠夺战争中受苦的墨西哥人，以及盎格鲁文明所否定的印第安土著居民。

梭罗见证了他所在世代的人的道德危机，但他没有就此消沉，他相信人可以通过与上帝对话来达到道德上的完满，也就是说，在最有限的程度上，人至少可以抵制周遭的恶，坚守自己的道德。这也是他搬去瓦尔登湖最初的原因，他可以对工业文明和物质主义说不，也可以在自然中接近上帝：他用白松木造起的小屋是“一座庙宇”，“吃”是“一桩圣事……坐在世界的圣餐桌面前”，他希望自己写下的文字成为“一部给现代世纪的经书”。之后，他不断扩大他的责任感，他拒绝缴纳的人头税其实是对奴隶制和美墨战争的拒绝；他一生不断行走，记录，相信“野外保存着这个世界”，他每年记下的康科德每种花的花期、瓦尔登湖融冰的日期、树叶变色的时间，还有降雪的时长和积雪的深度，这些都将成为后世生态学家（当时生态学这门学科尚未诞生）研究气候变化的珍贵材料。他的家乡是马萨诸塞州运送黑奴出逃的“地下铁路”（underground railway）关键的一站。1850 年,《逃亡奴隶法》通过之后，每个公民都被要求帮助拦截、保管、归还可能是“财产”的逃亡奴隶，即便后者已经是自由民。这项法案把梭罗的家乡直接变作了奴隶制的温床，震怒的梭罗发表了“马萨诸塞州的奴隶制”这一演讲：“我对国家的记忆糟蹋了我的散步，我的思想对于国家无异于谋杀，我非自愿地走向了对她的颠覆。”九年之后的 1859 年 10 月，约翰 · 布朗以暴力袭击的方式来反抗奴隶制，起义失败，布朗入狱，面临的是叛国罪的指控。在所有人都将布朗视作疯子或者以沉默谋求自保的时刻，梭罗第一个挺身而出，在公开场合发表名为“为约翰 · 布朗上校抗辩”的演讲，他在布朗身上看到的是基督的道德完满，以殉道的方式来救赎美国的原罪，这和他年轻时候的想法一脉相承：“没几个公民会接受召唤或有能力成为殉道者，但有些人是殉道者，”梭罗的责任在于，“当这样的异见英雄现身的时候，他们不应被视作疯子，而应被视为救世主。”

时间的深处，星辰的高度

梭罗 1817 年出生于马萨诸塞州的康科德，距离今天已经过去了两百年有余，很多梭罗成长时期的“常规”在今天看来或许不可思议。这其中首先包括他所接受的学校教育：梭罗就读的康科德书院是镇上精英阶层改良原本免费但不尽如人意的公立学校的产物，他们致力于把男孩们送入大学（当时的女性无法入读大学），书院设有全套课程：拉丁文和希腊语，外加法语和意大利语，英语的修辞学和作文，数学，一些化学和自然科学，一点儿历史和地理。

虽然这个学校将会走出一大批杰出人士，法官，参议员，至少一位著名作家，但是学生们认为这是“最差劲的学校”。当时学校教育的常态是用戒尺建立权威，有一天，不满如此“伺候”的男孩把戒尺在校长菲尼亚斯·艾伦（Phineas Allen）头上敲成了两半，在此以后，学校“彻底降格为无用的机器”。中学毕业后，他就读的是赫赫有名的哈佛大学，但这所名校当时正处于其历史上的低谷，督导会记录下晨祷的缺勤和违纪（包括没有穿上规定的黑色外套），以此给学生评定成绩，批评家说学校的课程“落后于时代”，每届学生被严格分开，同一拨学生一起上每学期的标准课程，由同一批教师执教，听不到其他观点。哈佛的教授在课外不和学校交流，梭罗感到自己来到了另一个康科德书院，“年轻人被置之不理，只能依靠同伴的相互学习以取得进步”。

所幸的是，非常有限的学校教育让梭罗把目光投向了学校之外。更幸运的是，一场打破学校围墙，倡导全民教育与知识共享的学园运动很早就影响了梭罗的一生。这场运动由约西亚·霍尔布鲁克（Josiah Holbrook）发起，“他想象这样一个美国：所有工作阶层（不，所有公民！）能够受到科学知识（不，所有知识！还有艺术、文学和历史，所有有用的、和生活密切相关的知识）的启迪”。1828 年，梭罗 11 岁的时候，康科德学园（Concord Lyceum）的动议经过全镇公民投票一致通过。每年两美金的费用，每个公民可以在周会携带“两位女眷，如果结婚，可以带上孩子”，会议由演讲和辩论组成，多有关政治议题，比如“该州是否应当建造连通波士顿和奥尔巴尼的铁路（是），学校是否应当禁止体罚学生（否），把印第安部落从他们的原住地迁移到密西西比以外是否正确（没有结论）。学园的讲座总是引来满屋的听众，大家都迫切地学习地理、历史、政治、神学和科学知识”。

如沃尔斯所言，学园对梭罗的重要意义是无法估量的。梭罗在这里汲取知识，开阔眼界，他母亲运营的家庭招待所常常是讲座嘉宾下榻的不二选择，年少的梭罗不用出家门就能看见世界，因为世界自会来到他家。而当梭罗成为作家之后，他包括《瓦尔登湖》《论公民的不服从权利》《科德角》在内的诸多名篇都首先作为讲稿在这里发表，学园的听众——他的邻居——给他提供了最初的反馈和建议。

更重要的是，学园启发梭罗把生活本身就看成是对真理的追求。梭罗思索着，我们为什么要在“成年的时候离开教育”？“应当让乡村成为大学”，成为公民可以在余生继续追求文理知识的不寻常的学校，大家联合起来支持艺术和教育，不是为了让这个村镇能走出几个杰出人士，而是让它成为“所有人的高尚村镇”。

他的知识没有边界，正如对真理的追寻不应存有边界，年幼时，康科德“独神论派”和圣三一教会的纷争造成了梭罗家内部的分裂，母亲辛西娅和三位姑妈持有不同的宗教观点，梭罗目睹着冲突所造成的伤害，暗暗决定“拒绝一切”：“不应该建礼拜堂，因为真正的教会不在某栋建筑里，而且不应当被某个体制限制。”在往后的人生中，他除了要求自己钻研《圣经》，还进而学习其他主要宗教流派的经文，包括印度教、伊斯兰教和佛教。他希望找到“精神真理的真正源泉”。往后，他把印度教和基督教放在同一纬度赞颂的篇章会被保守的新教徒视为“亵渎”，但这却是他超越同时代人的卓越视野。文学也一样，对他而言，文学从始至终就是“世界文学”：“荷马，维吉尔，《圣经》，印度和中国的典籍，古英语诗歌……一直到新近的德国哲学和科学，法国人关于新大陆的历史研究，英格兰最前卫的浪漫主义诗歌，苏格兰最雄壮的散文。梭罗把上百卷书里摘录的笔记填满了几十本本子，创建了属于自己的图书馆：诗歌，历史，科学，人类学，旅行，探险。他无穷的好奇心意味着他家后院的蛛丝马迹都可以将遥远的时代和地域带到他身边：耕作的农民让他想起维吉尔的《农事诗》(*Georgics*)；南极探险者帮他分析的是新英格兰的冬天；爱尔兰的劳工为他展现的是瓦尔登湖里的《薄伽梵歌》(*Bhagavad Gita*)。”

其实梭罗一生因为受限于经济条件，主要的活动范围就是康科德以及附近的新英格兰地区。但是，他对知识的好奇让他对这些包括森林、田野、山丘在内的“公共领域”的探索具有了非同凡响的意义。如沃尔斯所说：“当梭罗在康科德和梅里马克河上泛舟时，他经过的是时间的深河；当他沿着科德角的海岸行走时，他把脚趾探入了环绕地球的大洋；当他站在卡塔丁山的山脊上时，他是在星辰的高度呼吸这颗星球稀薄、冰冷的空气。”当他成为测量员之后，他用双脚一步一步获取马萨诸塞州的知识，“漫步成了写作的同义词，测步距宛如衡量音部”。因为从不限定自己的知识边界，时间的深处、星辰的高度就成了梭罗看待世界的视角。

行为艺术与思想的播种

梭罗的另一个成长背景，如沃尔斯所言，是当时颇为“原始”的美国民主制度，这一制度充满实验性和不确定性，尤其在康科德，“美国完全成了家族产业，由一代人挣得，再传递给下一代人”。这种粗野制度的好处是，作为康科德公民的梭罗感到了无上的责任，他“为自己重审美国民主制度的根基”；但是另一方面，这个根基千疮百孔，物质主义猖狂，经济完全仰赖奴隶制，既得利益阶层想方设法使这项处处不平等的制度继续运转下去。梭罗深感自己不能相信这些人，“他必须为自己来实验”。

值得注意的是，梭罗不能完全相信的人也包括当时美国文坛的雄狮：拉尔夫 · 沃尔多 · 爱默生。不可否认，在梭罗的一生中，爱默生都扮演着对他影响至深的导师和挚友的角色。1836 年，梭罗正在哈佛大学依靠奖学金苦苦支撑，爱默生则搬到了康科德定居，次年 8 月，爱默生会在哈佛发表重要的演说“美国学者”，宣布学者的“自由”和“独立”。梭罗并不在听众席里，他和爱默生初次见面的具体时间如今仍无法确知，但是至迟在 1837 年 10 月 22 日，他们相遇了，因为那一晚梭罗记录下爱默生对他看似无心的建议：“‘你现在在做什么？’他问道，‘你记日记吗？’”就是因为这句话，梭罗开始了这项会一直延续到生命尾声的习惯：记日记。两个月之后，梭罗应邀加入了爱默生的“超验主义俱乐部”。但是，比起已成为文学常识的两人之间亲密的友谊，沃尔斯所追溯的两人之间思想的嫌隙展现了梭罗对自己的不同期待。

1844 年，27 岁的梭罗应邀在波士顿发表有关反对奴隶制的演讲。此前，爱默生刚在同一个地方做过题为“新英格兰改革者”的演讲。在演讲中，爱默生嘲笑了两种改革的极端：“一种是骄傲的异见者和‘形单影只的否决者’，他们只拥护‘王国为我造’；另一种是放低身段只‘适应协会能够达成的绝对共识’的公民。”爱默生的立场是两个极端之间的中间地带。然而，梭罗在自己的演讲中，首次公开划清了和爱默生的界限，因为梭罗自己就是骄傲的异见者和形单影只的否决者，他不再相信爱默生固守温和派立场的“言辞”，他对听众说，“给我们看行动”，“行为要比言辞有力”。也就是说，从这一刻开始，梭罗的偶像不再是爱默生，而是践行道德标准的废奴主义者温德尔·菲利普斯和弗雷德里克·道格拉斯（后者是《一个美国奴隶的生平自述》的作者），梭罗渴望用自身的生命经验来“颠覆并持续颠覆封闭的传统和舒适的习惯”，把他的抗争“变作一项又一项行为艺术”。

“行为艺术”是沃尔斯的原话，她在此用作褒奖，意指梭罗把生活中最简单的行为都转化为富有内涵的艺术。但她当然也知道这个词的贬义外延，在谈到梭罗在当时就富有争议的“瓦尔登湖”生活实验时（爱默生警告说：“绅士不会住在棚屋里。”），她也不无遗憾地感慨：“他在瓦尔登湖生活的两年两个月零两日会成为而且永远是讽刺的行为艺术。”这也是后世，尤其是政治学者争执不休的论题：类似梭罗这样的“形单影只”的公民不服从行为究竟有没有效力？

汉娜·阿伦特是对此类“行为艺术”最有影响的批评者之一，在她看来，如梭罗和苏格拉底这样独异个体的“公民不服从”只会被公众当成怪物围观（阿伦特《公民不服从》）。普林斯顿大学教授杰克·特纳（Jack Turner）则反驳说，当梭罗在公众面前“表演良知”（performing conscience）的那一刻，这种表演已经在观众之中得到转化，观众的良知会被唤醒。

这里边一来一回的论证牵扯很多维度，特纳的驳论作为与阿伦特的对话写于阿伦特逝世多年之后，但是，阿伦特原文中的很多观点仍然可以用来质疑特纳，比如，所谓“良知”应该如何定义？梭罗的良知是他在《瓦尔登湖》里谈及的“更高的律法”，有着重要的信仰语境，然而在阿伦特看来，当社会走向世俗化，上帝的“良知”不再被共享，也就是说，让梭罗感到“污浊”的恶并不影响其他人的良知和生活，因而，指出“罪恶”的行为本身不具备转化力量，更不可能是启蒙的保障。

沃尔斯换一个角度来看待梭罗的实践——作为作家而非政治活动家的梭罗。她不否认梭罗在世时影响力有限，他的巅峰之作《瓦尔登湖》在他离世的时候也没把首印的两千册卖完，他的演讲在吸引喝彩的同时也饱受批评和抵制，在世的时候，就有很多人指责他厌世、伪善和自恋，这些都符合阿伦特的观察。但是，以为暴力反抗奴隶制的约翰·布朗上校辩护为例，梭罗的朋友奥尔科特的评价是中肯的：“布朗直接攻击体制，梭罗只满足于从旁批评他们。”沃尔斯把这些看法都纳入了她的传记，然而她同时指出，如果没有梭罗，没有之后所有追随者的话语，“布朗的刀剑和来福枪不具备更大的力量——它们只是残杀身体的武器，是抵抗国家的暴力工具，而这个国家当前用同样的武器摧毁了布朗。约翰·布朗的刀剑有着重要的意义，然而没有那些文字，它们只是刀剑”。也就是说，梭罗的文字和行为把他自己和其他杰出个体的生命经验“转化”为思想和艺术的同时，这些经验就超验于平凡且会随时间流转而失去价值的日常生活。

梭罗所践行的这项事业像极了在他生命末梢带给他莫大希望的种

子。“毁灭是容易看到的，它突然而且壮观：每个人都能听见大树的垮塌。但是谁能听见树的生长，听见生命缓慢，但永不停歇的创造过程？”梭罗认为，只要把时间的维度拉长，从整个星球而非人类本身的维度来看，我们就可以看到自然“缓慢但确凿”的再生。

距离梭罗离世大约一个世纪之后，他的“公民不服从”在甘地和马丁·路德·金各自的民权运动里被转化成武器，梭罗原本显得过于天真的号召在那两场影响深远的非暴力抵抗运动里成为现实：官员出于道德愧疚而辞去公职，有意识抵制的公民一度将监狱填满，使得政府机器被这些“反摩擦力”拖垮，不得不做出让步和调整。梭罗的效力不是通过“表演良知”那一瞬间得以实现的，而是通过书本，通过作者和读者一对一的精神交流，他播下思想的种子，润物无声，我们把时间的维度拉长，最终在一个世纪之后见证了人类社会“缓慢却确凿”的成长。

梭罗的一生短暂，他 45 岁那年死于肺结核的时候，南北战争刚刚打响不久，而且此时的北方仍处于节节败退的时刻。可以说，梭罗的一生正是在美国终结奴隶制最黑暗的前夜中度过，他的愤怒、哀愁、沮丧或许是那个年代有良知的人再正常不过的反应。不过，令沃尔斯敬佩的是梭罗身上对走入“良夜”永远做出拒绝的姿态，也是因为这个姿态他永远在其对人性、对自然和对文学的笃信中发掘出无限的希望。他相信“人与人之间的对话不是徒劳的。这就是文学的价值”；他相信“大地上没有一个地方低到不能望见天堂”；他也相信人可以挣脱物质的枷锁，不断往前走，“自由地走进天堂”。

每个时代都有各自的黑暗，每个时代有良知的人都有着各自的无奈和绝望，然而，梭罗的希望和信仰或许能够给予我们力量，让我们不畏于或许注定是痛苦且在我们在世时看不到结果的生命实践。

翻译这本书是一个漫长的过程，我查阅了大量英语文献，其中给我提供最重要背景的是纳撒尼尔·卡普兰和托马斯·卡察罗斯的《美国超验主义的起源》(Nathaniel Kaplan and Thomas Katsaros, *The Origins of American Transcendentalism*）和杰克·特纳教授主编的《亨利·戴维·梭罗政治手册》（*A Political Companion to Henry David Thoreau*, edited by Jack Turner）。我重读了爱默生和梭罗主要的作品，在梭罗的作品方面，我参考了徐迟先生和王家湘先生的译本，但是最终，基于各种原因，传记中引用的篇章，我还是选择重译。对于传记中存在的疑惑，我在爱荷华的朋友给予了我极大的帮助，我特别感谢本身就来自波士顿郊区，离康科德不到一小时步行路程的阿利莎·阿斯奎斯（Alyssa Asquith）以及对宗教有深入见地的菲利普·库里安（Philip Kurian）。最后，我很感谢"理想国"的编辑王家胜老师给我这个机会走进梭罗丰饶且富于勇气的一生，梭罗会永远成为我迷茫时的向导，也提醒我要"颠覆并持续颠覆封闭的传统和舒适的习惯"。这本传记体量浩瀚，译文不免存在错漏之处，但求在得到读者指正的同时，瑕不掩瑜，没有消去梭罗或沃尔斯声音的力量。

钱佳楠

2020 年 1 月 1 日

于美国圣路易斯